嘉定年鉴

中国知识资源总库

中国年鉴全文数据库全文收录年鉴

2015

（总第二十五卷）

《嘉定年鉴》编纂委员会 编

上海锦绣文章出版社

嘉定速览 2014年

行政区域面积	463.55 平方公里 –
可耕地面积	10 514.8 公顷 ↓
常住人口	151.41 万人 ↓
年末户籍人口	58.83 万人 ↑
每平方公里人口密度	1 270 人 ↑
人口出生率	8.24‰ ↑
人口自然增长率	0.03‰ ↑
镇人民政府	7–
街道（新区、工业区）	5–
居委会	165 ↑
村委会	144 ↓
村民小组	1 886 ↓

增加值	1 630.16 亿元 ↑
增加值（属地）	1 133.34 亿元 ↑
# 第一产业	4.56 亿元 ↑
第二产业	685.02 亿元 ↑
第三产业	443.76 亿元 ↑
规模以上工业总产值（属地）	3 200.57 亿元 ↑
规模以上工业利润总额（属地）	253.68 亿元 ↑
汽车零部件工业总产值	1 597.17 亿元 ↑
工业综合经济效益指数（属地）	235.6 ↓
第一、第二、第三产业比例	0.4:60.4:39.2
财政总收入	745.71 亿元 ↑
财政总收入（属地）	552.33 亿元 ↑
地方财政收入	167.78 亿元 ↑
地方财政支出	197.84 亿元 ↑

全社会固定资产投资	485.08 亿元 ↑
社会消费品零售总额	714.08 亿元 ↑
金融机构存款余额	2 068.55 亿元 ↑
# 居民储蓄存款余额	1 011.23 亿元 ↑
金融机构贷款余额	1 031.42 亿元 ↑
合同外资	116 997 万美元 ↑
进出口总额	216.09 亿美元 ↑
# 出口总额	99.48 亿美元 ↑
进口总额	116.61 亿美元 ↑

空气质量优良率	74.5% ↓
年平均气温	17.1℃ ↓
年降水量	1 286.4 毫米 ↑
年日照时数	1 735.8 小时 ↓
城区绿化覆盖面积	1 449.4 万平方米 ↓
园林绿地面积	1 353.5 万平方米 ↑
公共绿地面积	664.6 万平方米 ↑
人均公共绿地面积	17.9 平方米 / 人 ↑
绿化覆盖率	38.4% ↑
污水处理厂污水处理能力	38 万吨 / 日 –
城市道路长度	131.66 公里 ↑
公共交通线路	70 条 ↑
公交运营线路长度	1 253 公里 ↑
公交客运量	9 445 万人次 ↑
城市道路面积	300.62 万平方米 ↑
公路总里程	860.99 公里 ↓
自来水销售总量	16 383.3 万吨 ↓

全区用电量	910 924 万千瓦时↓
天然气使用量	21 862 万立方米↑
液化气供应量	33 059 吨↑
移动电话用户	145 万户↑
有线电视用户	32.37 万户↑
交互式网络电视（IPTV）用户	14.42 万户↑
宽带接入用户	29.05 万户↑
旅游星级饭店	6 家↓

市科技“小巨人”（培育）企业	123 户↑
高新技术企业	510 户↑
技术贸易额	8.79 亿元↓
专利申请量	5 892 件↓
专利授权量	3 903 件↓
一般预算内教育事业拨款额	26.49 亿元 –
普通中等学校在校学生	29 026 人↑
小学在校学生	48 486 人↓
博物馆	1 个 –
文化馆（站）	13 个 –
图书馆	14 个 –
影剧院	13 座↑

国家级文物保护单位	1–
市级文物保护单位	10 ↑
区级文物保护单位	43 ↓
社区公共运动场	22 个 –
百姓健身步道	32 条↑
广播公共节目每天播出时间	14 小时 –
电视公共节目每周播出时间	84 小时 –
卫生技术人员	6 275 人↑
医院床位	3 604 张↑
机构养老服务床位数	6 361 张↑

居民消费价格指数	102.7 ↑
全部在岗职工人数	345 338 人↓
全部在岗职工年平均工资	81 357 元 / 年↑
新增就业岗位	35 162 个↑
转移农村富余劳动力	8 333 名↓
登记结婚	4 510 对↓
离婚登记	1 841 对↓
城市居民家庭人均可支配收入	40 042 元↑
农村居民家庭人均可支配收入	23 831 元↑
城镇人均住房建筑面积	32.4 平方米↑
农村人均居住面积	60.4 平方米↑

注：↑表示统计数据与上年相比有所增加；↓表示统计数据与上年相比有所减少；–表示统计数据与上年相比持平，或统计事项有所调整

嘉定新城一瞥（李建荣 摄）

3月26日，中央第六巡回督导组视察嘉定新城

（嘉定新城公司 供稿）

8月，上海保利大剧院落成

（张建华 摄）

8月31日，上海保利大剧院首演秀部分演出票正式发售

（嘉定报社 李华成 摄）

3 月 22 日，2014 环上海公路自行车赛“嘉定新城杯”序幕站在嘉定新城远香湖畔拉开帷幕　（嘉定报社 李华成 摄）

11 月 15 日，嘉定新城举行远香湖环湖慢跑活动

（嘉定报社 唐敏 摄）

正在开工建设的嘉定区教育考试中心及阳光天地

（嘉定新城公司 供稿）

10月22日，以“面向未来的汽车与交通”为主题的2014中国汽车工程学会年会暨展览会在上海汽车会展中心开幕

（上海国际汽车城管委会办公室 供稿）

4月18日，2014上海汽车文化节在上海国际赛车场开幕

（上海国际汽车城管委会办公室 供稿）

9月1日，法兰西商学院在上海国际汽车城开学，130名法国学生在上海国际汽车城校区开始新学期

（上海国际汽车城管委会办公室 供稿）

4 月 10 日，“2014 中国汽车后市场连锁发展论坛”在安亭颖奕皇冠假日酒店举行

（上海国际汽车城管委会办公室　供稿）

12 月 11 日，由上海汽车金融港、建元资本和汽车商业评论主办的“2014 安亭汽车金融论坛”在安亭颖奕皇冠假日酒店举行（上海国际汽车城管委会办公室　供稿）

5 月 8 日，“2014 中国 · 上海汽车产业金融创新论坛”在安亭颖奕皇冠假日酒店举行

（上海国际汽车城管委会办公室　供稿）

12 月 27 日，上海大众汽车第 1200 万辆轿车下线　（上海国际汽车城管委会办公室　供稿）

7月28日，上海机动车检测中心与清华大学苏州汽车学院举行战略合作协议签约仪式（上海国际汽车城管委会办公室 供稿）

6月6日，天合汽车亚太技术中心在上海国际汽车城举行开业典礼
（上海国际汽车城管委会办公室 供稿）

3月29日，上海威派格环保科技有限公司新建给排水成套设备厂房举行典基仪式
（上海国际汽车城管委会办公室 供稿）

1. 6月28日，2014年全国定向公开赛上海分站赛在安亭举行（上海国际汽车城管委会办公室 供稿）

2. 4月26日，“2014斯柯达明锐杯”上海公路·自行车赛上海国际汽车城站比赛在上海汽车博览公园拉开帷幕（上海国际汽车城管委会办公室 供稿）

3. 11月8日，由美国《男士健康》杂志和上海国际汽车城（集团）有限公司联合举办的城市酷跑赛在上海汽车博览公园举行（上海国际汽车城管委会办公室 供稿）

4. 新源路商业街（上海国际汽车城管委会办公室 供稿）

4月23日，上海市基层党的群众工作现场经验交流会在嘉定召开 （嘉定报社 沈青 摄）

2月12日，嘉定区召开党的群众路线教育实践活动动员大会 （嘉定报社 李华成 摄）

10月10日，嘉定区召开党的群众路线教育实践活动总结大会 （嘉定报社 孙凌 摄）

2 月 26 日，嘉定区举办党政负责干部学习贯彻习近平总书记系列讲话精神研讨班
（区委党校 供稿）

12 月 1 日，嘉定首个志愿者广场在菊园新区揭幕
（区文明办 供稿）

6 月 13–15 日，嘉定区举办首届中华传统文化公益道德论坛 （区文明办 供稿）

1 月 24 日，2013 年度嘉定区二、三产业表彰会召开　　　　（嘉定报社　李华成　摄）

2 月 27 日，嘉定区人民政府与上海市电力公司举行《2014 年嘉定区电网建设和发展计划》签约仪式　　（嘉定供电公司　供稿）

12 月 2 日，嘉定区人民政府与上海海关举行战略合作协议签约仪式

（嘉定报社　唐敏　摄）

10 月 23 日，《福布斯》中文版在上海南翔智地园区举办“创客造物——Forbes china the Makers Talk”论坛

（南翔镇 供稿）

3 月 21 日，无线推新中国服务——第二届“321 中国创业节”在真新街道举行

（真新街道 供稿）

10 月 18 日，2014 上海海归创业千人大会在嘉定区召开

（嘉定报社 孙凌 摄）

9 月 13 日，“2014 中国 · 上海互联网金融生态环境建设高峰论坛”在嘉定举行

（嘉定报社 唐敏 摄）

1

2

3

1. 7月16日，清华控股创新基地暨科创慧谷嘉定项目落户菊园新区（菊园新区 供稿）

2. 5月21日，迅达扶梯新工厂开业典礼在嘉定工业区举行（嘉定工业区 供稿）

3. 6月18日，上海开米科技有限公司万吨环保浓缩型洗涤剂项目在徐行镇举行开工典礼（徐行镇 供稿）

4. 7月31日，历经四年建设的S6沪翔高速公路工程竣工通车（孙剑华 摄）

5. 6. 京东“亚洲一号”上海现代物流中心（嘉定工业区 供稿）

4

5

6

3 月 28 日，陈行水源地嘉定原水支线工程开工　　（嘉定报社　李华成　摄）

12 月 9 日，总投资概算 3.61 亿元的嘉定新城（北区）污水厂二期扩建工程开工建设　　（城发集团　供稿）

8 月 15 日，嘉闵高架道路北段一期工程跨沪宁高速公路主线架设首根大梁　　（江桥镇　供稿）

即将竣工的国家肝癌科学中心

（嘉定报社　李华成　摄）

3月28日，嘉定区召开村居社会管理工作领导班子扩大会议　　（嘉定报社　孙凌　摄）

2月16日，嘉定区举办2014年春风行动暨百家企业招聘洽谈会　　（嘉定报社　李华成　摄）

4月8日，嘉定至江苏昆山公交班车开通　　（嘉定报社　李华成　摄）

1月16日，嘉定在多家超市设16家冷鲜鸡直销点　　（嘉定报社　冉涛　摄）

2014 年上海旅游节嘉定系列活动

安亭赛车季

上海孔子文化节——中式婚礼

上海南翔小笼文化展——包小笼

上海南翔小笼文化展——品小笼

华亭乡村欢乐节——毛桥民俗美食节

曹安购物旅游节——茶文化艺术节

3月31日，“燕京啤酒 2014 中国足协杯”上海赛事在嘉定体育场举行（嘉定报社 李华成 摄）

2月15日，2014 年上海“体彩杯”冬泳比赛在嘉定举行（嘉定报社 李华成 摄）

9月21日，“我们的街道，我们的选择——2014 年世界无车日，怀旧慢骑行”在嘉定客运中心举行，吸引来自嘉定的 200 位骑友参与（嘉定报社 冉涛 摄）

即将竣工的嘉定新体育馆（嘉定报社 李华成 摄）

9 月 25 日，上海市嘉定区科学技术协会第三次代表大会召开　　（嘉定报社 孙凌 摄）

8 月 21–23 日，2014 年上海嘉定科技博览会在上海汽车展览中心举行　　（嘉定报社 李华成 摄）

11月2日，嘉定区举办“我的舞台我的梦”2014年嘉定区创作节目展演　　（区文广局　供稿）

11月17日，首届“法宝杯”长三角法治故事创作讲演大赛在安亭镇举行　　（安亭镇　供稿）

送春联活动　　（区文广局　供稿）

9月16日，“新生开笔礼”在嘉定孔庙举行　　（嘉定镇街道　供稿）

4月5日，甲午年上海孔子后裔清明祭祖大典在嘉定孔庙举行　　（嘉定报社　李华成　摄）

1. 11月2日，首届中国字砖文化学术研讨会在嘉定举行
（嘉定报社 顾娴慧 摄）

2. 9月10日–10月10日，嘉定博物馆举办中国古代青铜文明特展
（嘉定报社 李华成 摄）

3. 4. 2月1日，投资800多万元、改建一新的安亭镇图书馆新馆试运营
（安亭镇 供稿）

11 月 18 日，江桥镇农户动迁基地——江桥新市镇南社区小区全面开工建设　　（江桥镇 供稿）

4 月 25 日，嘉定区人民政府与上海联影医疗科技有限公司举行联影—嘉定区域影像中心启用暨战略合作签约仪式

（嘉定报社 孙凌 摄）

11 月 1 日，嘉定区举行联影—嘉定区域影像中心远程教育平台启动仪式　　（嘉定报社 冉涛 摄）

嘉定镇街道日间照料中心内的助餐点

（嘉定报社 李华成 摄）

11 月 22 日，2014 嘉定睦邻节在新成路街道举行闭幕式　　（新成路街道 供稿）

上海市嘉定区政区简图

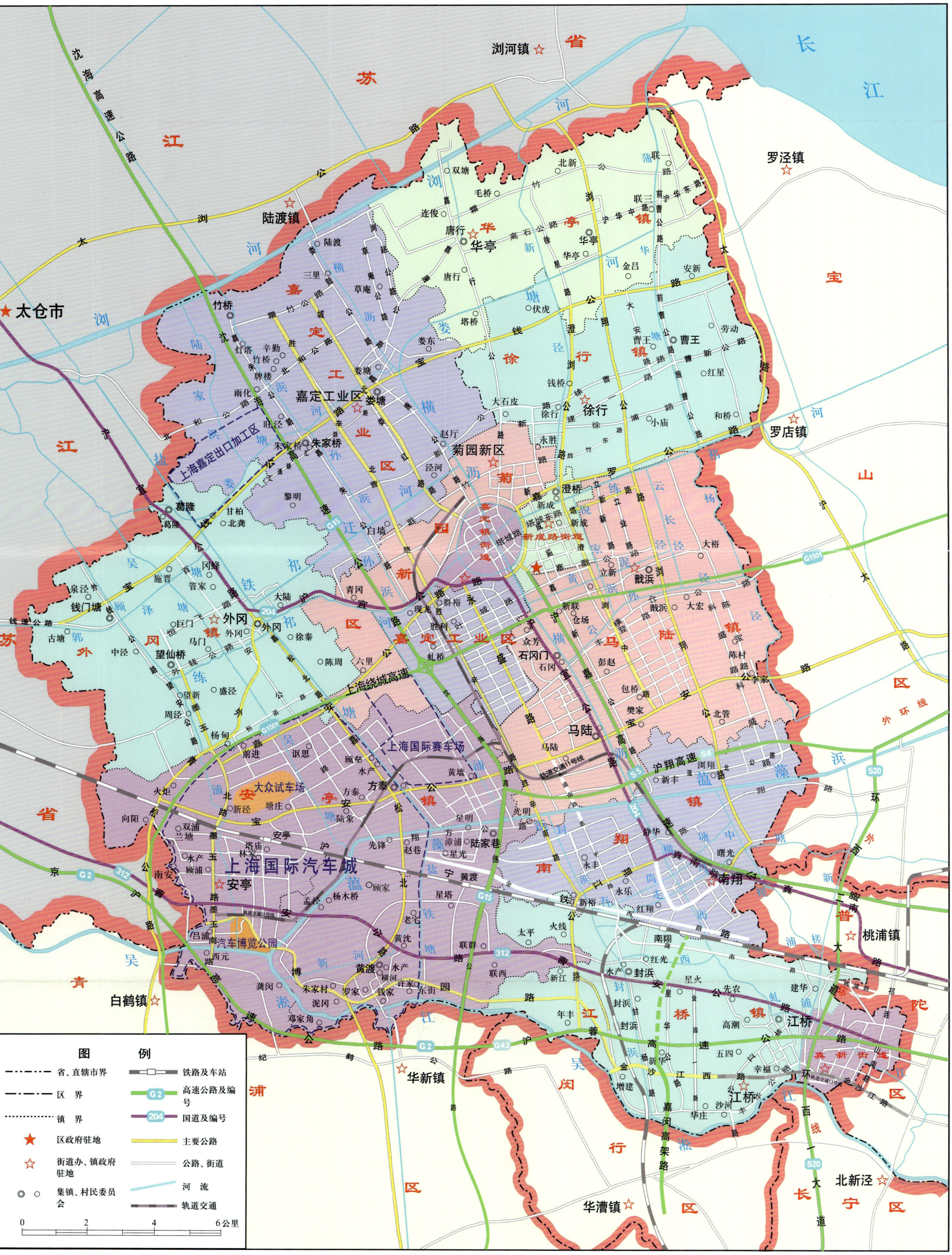

说明：图上各级境界线仅供参考，不作行政法定依据

上海市嘉定区地方志办公室2015年8月编

《嘉定年鉴》编纂委员会

主　　任：杲　云
常务副主任：周金林
副 主 任：张国民　朱建江　章宇慧
委　　员：（按姓氏笔画为序）

丁耀臣　于森鹤　万　平　王炜芳　计浩军　甘永康
叶晓华　朱健民　朱维强　朱楚龙　刘　骏　汤　艳
孙书军　严伟中　严健明　时　洁　吴伟民　吴建军
吴雪芬　何　蓉　汪　洁　沙建秋　沈　峰　沈　燕
沈绍裘　沈越岭　宋振宇　张　杰　张　锋　张玉利
张丽萍　张家平　张惠芳　陆　强　陆建新　陆俊敏
陆曙华　陈　技　陈　钢　陈蕴珠　郁建华　季　平
金伟荣　金林泉　周上游　郑益川　郑继明　宗　伟
封建华　赵　杰　赵志坚　赵晓波　胡明华　柏永明
俞　敏　俞　鑫　姚　伟　袁　军　顾忠宝　顾惠文
顾惠清　钱　燕　倪　琴　徐　骏　徐亚兴　郭　箐
谈　兵　桑健明　董爱华　傅　俊　谢志音　燕小明

《嘉定年鉴》编辑部

主　　编：沈越岭
副 主 编：宋振宇　张建华
执行主编：孙培兴
编　　辑：孙培兴　袁黛英　吴　庆　宋怀常　王健欣
美术编辑：张建华　陈启宇
审稿单位：上海市地方志办公室

编辑部地址：上海市嘉定区墅沟路2003号
电　　话：021—69989053
邮政编码：201822

撰稿单位审稿人名录

（以姓氏笔画为序）

丁耀臣　马乐莺　王　鹃　王永刚　王圣嘉　王光华　王旭虹
王宇伟　王国忠　王忠明　王建中　王建平　方顺民　计浩军
尹小兴　邓惠娟　叶晓华　田晓余　邢培毅　过永峰　朱　红
朱　芳　朱　青　朱　敏　朱文波　朱佳逸　朱建忠　朱楚龙
朱慧敏　庄明秋　刘　军　刘冰岩　汤　艳　汤文斐　汤煜敏
许建华　许琦星　孙　巍　孙红良　严伟中　杜文明　李　正
李向红　杨　勇　杨　燕　杨卫文　杨文豪　杨炳康　杨莉萍
杨海龙　肖惠兴　吴　晖　吴伟民　何冬英　何志军　沈　杰
沈　勇　沈伟法　沈奇青　沈建民　沈绍裘　沈越岭　宋　婷
宋力昕　宋其峥　张　伟　张　良　张　青　张龙妙　张永娥
张明强　张嘉辉　陆　玲　陆　勇　陆　敏　陆叶青　陆建新
陆俊敏　陆铁龙　陈　技　陈　杰　陈　懿　陈贤章　陈培新
苑鼎宏　林晓洁　郁　标　罗日军　金世珍　金伟荣　金林泉
周　玮　周　健　周文彬　周芳珍　周坚钢　郑艳辉　屈　炜
赵　刚　赵　军　赵志坚　赵晓波　荣文伟　胡晓镛　俞　敏
施贵腾　祝加林　夏以群　夏左鹄　夏伟芳　顾惠文　顾惠清
钱　逸　钱小萍　钱名海　徐　伟　徐　军　徐　炯　徐　嵘
徐　慧　徐加军　徐向军　徐崧鹏　徐慧泉　奚军俊　高　远
高李平　高明学　高校亚　高雷平　郭　箐　郭伟钧　郭安吉
郭洪其　郭海萍　浦昀弋　浦浩东　黄友斌　符国昌　章保金
葛月宝　董爱华　蒋震华　嵇人凤　傅思祖　童伟跃　浦忠明
褚宝忠　潘金根　潘定生　潘晓红　潘德安　薛志雄　戴东传
戴敏耀　魏晓栋

编 辑 说 明

一、《嘉定年鉴》是中共嘉定区委、嘉定区人民政府决定编纂的地方综合性年鉴，由《嘉定年鉴》编纂委员会主持编纂，区地方志办公室负责编辑。

二、《嘉定年鉴》以邓小平理论和“三个代表”重要思想为指导，贯彻落实科学发展观，增强建设社会主义先进文化的能力，推进和谐社会建设。力求全面系统、翔实准确地按年度汇辑全区各方面的资料和信息，为物质文明、政治文明和精神文明建设服务。是嘉定政治、经济、文化、社会等领域信息的总汇，是具有权威性、系统性、科学性的工具书。

三、《嘉定年鉴（1988-1990）》为首卷。至1994年卷（总第五卷）止，其封面上所标的年份与书内汇辑的资料年份是一致的。自1996年卷（总第六卷）起，封面上所标的年份为编辑年份，其内容为上一年的资料。《嘉定年鉴（2015）》为总第二十五卷，记录时限为2014年1月1日到12月31日。因此，本卷中未特别注明年份的，均为2014年中所发生。

四、本年鉴卷首为特载、嘉定概貌、大事记、专记、专文。“百科”部分按栏目、分目、条目3个层次编排。栏目大体以党政群团、治安司法、经济发展、城镇建设、社会事业、镇（街道）、部（市）属单位选介、先进人物与集体等为序。共设栏目30个，分目216个，条目1512条，收录统计表格79张。全区经济及社会发展统计资料等编入附录。全书有卷首照片78帧，串文照片184帧。卷末有索引。特设专题宣传彩页，收录照片71帧。

五、本年鉴“荣誉榜”栏目选收2014年度市级条线以上及部分区级先进个人与集体名录。

六、本年鉴附录内的统计资料由区统计局提供。正文中的数据由各部门提供，若有出入，则以统计资料为准。

七、本年鉴的条目由各撰稿单位确定专人撰稿，并经单位有关领导审定。撰稿人姓名署于条目之后。若同一人撰写数个条目且又连在一起的，则在最后一个条目下署名。

八、本年鉴前有目录，后有索引。索引主要采用主题分析法，按主题词首字的汉语拼音字母顺序排列。索引包括条目索引、附表索引、串文图片索引，其使用方法详见索引说明。

九、本年鉴在编纂过程中得到各撰稿单位的大力支持，在此谨致谢忱。疏漏和错误之处，祈请读者批评指正。

《嘉定年鉴》编辑部

2015年11月

要　目

目　录

特　载

嘉定概貌

大 事 记

专　记

中共嘉定区委员会

嘉定区人民代表大会

嘉定区人民政府

政协嘉定区委员会

民主党派·工商联·群众团体

武装民防·治安司法

上海国际汽车城

嘉定新城

工　业

对外经济·民营经济

商贸服务业

旅　游　业

建筑业·房地产业

交通运输业

邮电·公用事业

金　融　业

农　业

综合经济管理

劳动与社会保障

城 镇 建 设

科技·信息化

教　育

文　化

卫　　生

体 育

民政·社会生活

镇·街道·工业区·新区

部市属单位选介

荣 誉 榜

干部名录

附　　录

索　　引

彩　　页

封底摄影　张建华

特　载

编辑　孙培兴

主动适应经济发展新常态，大力实施创新驱动发展战略，奋力开创嘉定现代化新型城市建设新局面

——2014年12月29日在区委五届七次全会上的讲话

中共嘉定区委书记　马春雷

2014年是全面深化改革的开局之年，也是深入推进我区“十二五”规划的关键一年。一年来，面对复杂严峻的宏观经济形势和自身转型发展的双重挑战，区委常委会全面贯彻习近平总书记系列重要讲话精神和中央、市委决策部署，不断深化“稳中求进、进中求变、变中领先”的发展思路，不断强化争当建设现代化新型城市探索者和先行者的发展追求，坚持落实“产业转型发展、城市品质发展、社会和谐发展、党建科学发展”的发展举措，开拓进取、奋发有为，保持了经济社会平稳健康的发展态势，推动党的建设取得了新进展。现将区委常委会一年来的主要工作报告如下，提请全会审议。

一、深入开展党的群众路线教育实践活动，为民务实清廉的形象进一步树立

根据中央和市委的总体部署，在中央第六巡回督导组和市委第五督导组的严格督导下，在副市长周波同志的悉心指导下，区委常委会率先垂范，带领全区82家处级单位、2 824个党组织和57 320名党员，按照“照镜子、正衣冠、洗洗澡、治治病”的总要求，坚持“求真察实情、动真改问题、认真立规章”，扎实开展教育实践活动。活动过程中，坚持领导带头、以上率下，坚持教育和实践并重，坚持问题导向、立行立改，坚持敞开大门、依靠群众，坚持分类指导、严督实导，坚持宣传引导、舆论推动，取得了较好成效。

深化了践行群众路线的思想自觉和行动自觉。认真对照弘扬焦裕禄精神、践行“三严三实”要求，把深化学习教育、提高思想认识贯穿始终。区委常委坚持把自己摆进去，带头认真撰写交流学习体会，带头为基层联系点上党课，以身作则并要求广大党员、干部拿起批评与自我批评武器，把召开高质量专题民主生活会和组织生活会作为关键举措，引导党员干部抛开面子、揭短亮丑，坦诚相见、掏心见胆。通过严格的党性锤炼和党内政治生活的实践，全区广大党员干部醒了脑，提了神，理想信念更加坚定，切实增强了中国特色社会主义的道路自信、理论自信和制度自信；宗旨观念更加牢固，更加清楚认识到群众路线是党的生命线，切实增强了与群众同甘苦、共命运的自觉性；忧患意识更加强烈，更加清醒认识到党所面临的“四大危险”，更加清楚看到自身存在的作风问题，切实强化了严格党性修养、扩大党的群众基础和社会基础的紧迫意识。

提高了整治“四风”问题和服务基层群众的针对性和有效性。注重一风一风地查，一风一风地改，切实解决了一批群众反映强烈、社会高度关注的“四风”问题。教育实践活动开展以来，全区精简会议活动922场次，减少文件简报1 260份，“三公”经费支出较活动开展前减少31.7%，压缩各类评比达标表彰活动45个，清理清退公务用车36辆。严格干部日常管理，建立干部日常管理信息化平台，强化对干部德、能、勤、绩、廉的记实考实，截至11月底，平台已累计发布工作记实244.7万条，用户数量达8 300多人。把“畅通最后一公里、服务群众零距离”放在突出位置，切实解决关系群众切身利益的问题，以实际成效取信于民。发动全区各级党员干部开展“换位体验察实情”主题活动，共计2 278人次参加，着力消除思想感情上的“最后一公里”。

深化“零距离服务群众工程”，实施200个指向明确、贴近民生的实事项目，集中力量解决食品安全、公共区域停车难、低洼地段积水等难题，着力消除服务平台上的“最后一公里”。扎实开展整顿软弱涣散基层党组织工作，深入推进基层服务型党组织建设，着力消除组织保障上的“最后一公里”。成立“群众监督巡访组”，对干部作风和基层党建工作进行集中督访和分散巡访，着力消除监督评价上的“最后一公里”。

推动了制度建设的常态化和长效性。注重标本兼治、立破并举，以加强制度建设巩固整改成果，努力形成作风建设抓常、抓细、抓长的有效机制和刚性约束。按照“五个回应”要求，建立“两方案一计划”，明确了常委会68项整改事项、36项专项整治任务以及60项制度建设计划，常委会成员也全部制定个人整改方案，通过上下联动整改、评议推动整改、分层分类整改等措施，持续加大整治力度。在常委会带动下，全区82家处级单位结合自身实际制定1 823项整改事项和412项专项整治任务，其中已完成1 200多项。教育实践活动有阶段，作风建设无止境。常委会将继续巩固和扩大教育实践活动成果，以锲而不舍的毅力，不断把作风建设引向深入。

二、加快推动产业转型发展，经济发展的质量和效益持续提高

区委常委会积极应对经济发展新常态，主动对接上海自贸区建设，坚定不移强化科技创新驱动、加速产业转型升级，不断提高经济发展的质量和效益，积极打造区域经济升级版。全年预计完成增加值1 600亿元，可比增长8.5%；完成财政总收入745.7亿元，其中地方财政收入167.8亿元，同比分别增长13%和15.4%。

产业结构调整向好趋势持续巩固。突出特色差异发展，集中做嘉定想要做、做得了、能做好的产业，着力提升产业发展的层次和能级。以汽车为特强产业的高端制造业引领增长。全年预计完成规模以上工业总产值5 100亿元，同比增长7%，企业效益稳步提升，实现利润同比增长12.5%。汽车零部件产业实现产值1 660亿元，同比增长8%，转型发展的支撑效应进一步突显。以战略性新兴产业为主体的高科技产业加速发展。高性能医疗设备、重大装备等一批重大项目建设有力推进，中科院上海产业化基地、中电科上海产业化基地、物联网芯天地等载体建设不断加快，战略性新兴产业全年预计实现产值550亿元。有特色的生产性服务业和高品质生活性服务业增势强劲。全年预计完成商品销售总额4 250亿元，实现社会消费品零售总额690亿元，增幅继续位居全市前列。文化与信息产业集群发展的规模优势不断凸显，预计实现营业收入1 050亿元，同比增长30%。新型金融产业不断壮大，互联网金融、商业保理、融资租赁以及小贷公司等加速集聚，“嘉定创投”品牌效应日趋凸显，年内新增股权投资和管理类企业637家，累计达到1 477家，全区资金管理规模超千亿元。总部经济发展内涵不断深化，年内新增3家外资企业地区总部。旅游目的地建设扎实推进，商旅文融合发展态势不断显现。

创新驱动发展积极效应持续显现。强化创新内涵发展，全力加速科技、资本、人才与产业有机融合，不断激发内生发展动力。“建设具有全球影响力的科技创新中心”系列培训及专题研究全面开展，嘉定科技创新行动计划专项调研深入开展。“小巨人”计划扎实推进，年内新认定企业技术中心25家、高新技术企业（含复审）224家、上海市科技小巨人（培育）企业28家，全区累计达190家、510家和123家；新增著名商标、驰名商标13家和4家，累计达到127家和16家，企业自主创新能力持续提高。“大孵化”战略深入实施，一批综合型、专业性大孵化器建设有力推进，多种形式的创新创业活动成功举办，区域创新创业氛围不断优化。金融资本助力产业转型的平台不断深化，年内新增主板上市企业1家、新三板12家、股交中心E板挂牌企业54家，全区累计拥有上市企业9家、新三板17家、股交中心E板挂牌企业74家，另有100多家企业进入储备库，多元化、梯队式的金融服务体系进一步健全。张江嘉定园第三次扩区顺利完成，总面积达50.07平方公里，园区规划布局、体制机制以及综合配套功能持续优化。国家级科研院所规划建设稳步推进，产学研合作创新载体不断完善，科技创新溢出效应不断强化。

集约节约发展整体水平持续提高。坚持增量高效与存量提效并举、招大引强与做大做强并重，着力提高产业发展效益。加快推进产业园区“二次开发”，不断完善工作机制、配套政策，分类推动3个全市首批试点乡镇区域转型以及22个乡镇工业区转型试点工作，存量土地产出水平不断提高。着力拓展专业化招商平台，引进一批高端高质高效项目，为产业转型注入新动力。年内预计合同引进外资11.6亿美元，实际到位资金4.7亿美元。引导经济小区加速功能转型，民营经济的稳定器作用不断显现。深化国资国企改革，完善区管企业分类，扎实推进委办局与下属企业脱钩，国有经济活力不断增强。全力推进重点区域、重大项目房地征收工作，年内共征收居民4 017户、企业217家，腾空基地36个。年内淘汰劣势企业200家，节约标煤43 400吨，盘活土地1 515亩。不断加大低效违法用地整治和土地整理复垦力度，全面推进198工业用地减量化，为产业转型进一步腾出空间。

三、加快推动城市品质发展，新城建设的实力和魅力不断展现

区委常委会按照“二级市”的标准和要求，加强工作聚焦，把培育塑造相对独立、完善、高等级的城市功能作为核心举措，加强城乡统筹，进一步提高城市集聚辐射能力。

城市功能进一步完善。坚持形态优化与功能提升并重，不断提高城市承载力。加强区域整体空间框架研究，深化空间设计成果应用，城市发展布局进一步明晰。加强组团间融合互动，蕰藻浜沿线地区空间设计以及轴线优化工作启动研究，沪嘉快速路两侧绿化生态工程综合改造有序推进，城市整体风貌更加和谐统一。城市综合配套设施建设不断加快，嘉闵高架路北段一期年内建成、二期征收工作有序推进，沪嘉快速路二期工程嘉定段基本完成，沪翔高速（S6）全线建成通车，区域对外通行能力切实增强。轨交11号线陈翔路站选址规划获批、施工招标完成，14号线嘉定段工可顺利获批，“嘉定区公交便利出行”专项规划完成初步编制，高效便捷的城市交通体系持续优化。陈行原水支线、泰和水厂扩建等项目进展顺利，市政配套功能进一步完善。上海保利大剧院顺利开业首演，区工人文化宫建成交付，区第一社会福利院一期主体结构完成，东方肝胆外科医院和国家肝癌科学中心建设进入收尾阶段，优质社会事业资源的辐射集聚效应凸显。

产城融合进一步加快。大力发展符合城市定位的业态，以产业集聚促进城市发展。调整优化嘉定新城管理委员会设置，健全管理体制和开发机制，新城发展活力进一步增强。新城核心区企业总部集聚商务区吸引多个项目落地，一批地标性商业街区、高星级酒店、邻里中心加快建设，产城融合示范效应不断增强。老城保护和改造同步实施，西门历史文化风貌区征收工作稳步推进，“疁城天地”商区正式开业，南门商务圈和北水湾开发力度不断加大，古朴底蕴与现代气息相得益彰。安亭地区研发科技港建设进入收尾阶段，北部新区征收工作进展顺利，同济科技园建设积极推进，区域转型步伐不断加快。南翔江桥地区大型商业综合体正式营业，一批总部经济、商务商贸项目加速发展，集聚效应更加突显。

生态文明建设体系进一步完善。坚持生态先行战略，加大资源节约和环境保护力度，以绿色宜居涵养城市魅力。深入实施“百、千、万”生态发展战略，嘉北郊野公园、沪翔高速生态廊道等大型生态项目加快规划建设，景观成片、绿树掩映的绿化体系不断完善。着力强化污染防治，区再生能源利用中心完成环评公示和工可批复，南翔污水厂、大众污水厂三期扩建稳步推进，清洁空气计划全面实施。深入开展节能降耗，“四高一低”落后产能加快调整，重点领域节能减排加快推进，循环经济发展水平不断提升。

城乡一体化发展水平进一步提高。坚持以城带乡，进一步深化农村综合改革，以城乡统筹促进可持续发展。继续扩大农村集体经济组织产权制度改革试点，撤村撤队工作顺利推进。积极推进“美丽乡村”建设，大力开展村庄布点规划和村庄规划编制工作，加大宅基地置换和村庄改造力度，新建农民集中居住区 67.19 万平方米，农村居民生产生活环境持续改善。积极推进新市镇建设，外冈、工业区朱桥、徐行、华亭新市镇规划编制工作有序开展，“支撑新城、带动农村”的作用进一步发挥。积极探索推进“家庭农场 + 合作社”经营模式，农业规模化、专业化水平有效提高。大力实施科技兴农、服务为农，高水平粮田和设施菜田项目建设加快推进，农产品安全、市场供应和效益得到切实保障，农业基础地位进一步夯实。

四、加快推动社会和谐发展，共建共享的水平和标准日益提升

区委常委会坚持把促进社会和谐、增进人民福祉贯穿于现代化新型城市建设全过程，统筹改善民生与转型发展，兼顾各方利益和群众诉求，以改革创新的务实举措不断完善公共服务、强化社会治理、维护社会稳定，确保发展成果更多更好惠及人民群众。

就业服务和社会保障水平持续提升。坚持实施更加积极的就业政策，不断完善社会保障机制，多渠道促进群众增收，进一步凸显民生改善在发展中的优先地位。预计全年城乡居民家庭人均可支配收入分别可达 40 100 元和 23 750 元，同比分别增长 10.4% 和 10.8%。健全促进就业创业长效机制，努力实现更高质量就业。细化完善各类就业扶持政策，着力提高劳动者职业技能，加大岗位开发和就业援助力度，全年新增就业岗位 34 965 个，完成指标的 134.5%。积极创建创业型城区，稳步提升区、镇两级创业带动就业水平。全面创建和谐劳动关系，妥善做好协管员队伍调整转制后续工作。深入贯彻落实《社会保险法》，进一步完善社会保障体系。在落实全市统一提高养老待遇政策的基础上，为“镇保”退休人员、征地养老人员每人每月增加 80 元区级补贴，为“农保”养老人员每人每月增加 80 元土地流转费补贴。拓宽自由职业者和“土地换保障”人员城保参保渠道，加大补贴力度，户籍人员中城保参保人数持续增加。加大社会救助力度，深化医疗救助一站式服务，截至 11 月底，通过社会救助“一口上下”运行机制共救助 36.63 万人次、发放救助金 19 706 万元。进一步完善住房保障体系，扎实推进住房保障工作，全年新开工、竣工征收安置房 68.9 万平方米和 43.2 万平方米，1 400 户群众搬入新居。

公共服务能力稳步提高。坚持公共服务水平同经济发展相适应，与群众期盼趋一致，全力构建更均等、更多样、更高效的公共服务体系。统筹优化教育资源配置，丰富“品质教育”内涵。稳步推进新增公建配套学校建设，加大优质教育资源引进力度，教育发展效益日益提升。深化教育综合改革，全面实施十大主体项目，教育发展活力充分激发。制定实施来沪人员随迁子女招生入学入园工作实施意见和操作细则，随迁子女入学入园工作进一步规范。不断深化医药卫生体制改革，提高医疗服务保障水平。明确公立医院改革思路，加快卫生信息化建设，医改重点工作扎实推进。稳步实施重大及基本公共卫生服务项目，合理规划布局区域医疗资源，公共卫生服务能力不断增强。有序落实“单独两孩”新政，大力倡导优生优育，人口计生工作成效进一步显现。持续加大文化体育产品和服务供给，推动文体事业蓬勃发展。加大公共文化共建共享力度，加快文化惠民设施建设，启用区公共文化数字服务平台，成立公共文化服务议事会，积极开展“百姓系列”群文活动，国家公共文化服务体系示范区创建工作稳步推进。深入实施 30 分钟体育生活圈总体方案，建成嘉定体育馆(新馆)及一批社区体育设施，群众健身服务水平持续提升。全面推进社区事务受理服务中心标准化建设，窗口服务进一步规范。加强老年人和残疾人权益保障，养老助残事业取得新进展。编制完成《养老设施布局专项规划》，各类养老实事项目建设有力推进。落实助残社会化运作机制，稳步提高残疾人生活补助，成功创建“全国残疾人文化体育建设示范区”。

社会治理体系建设不断深化。成立区联勤和城市网格化综合管理中心，推动大联勤、城市网格化管理、市民服务热线等资源整合，城市综合管理效能不断提升。加强和创新村居社会管理，积极推广来沪人员“点勤式”管理、房屋租赁托管及青客模式等创新做法，扎实推进拆违、无证无照整治、群租整治、非法客运整治等专项工作，全年共拆除违法建筑 76 万平方米，完成群租整治 2 700 户，村居社会面貌不断改善。强化人口规模综合调控和管理服务，进一步完善组织架构，通过“以规控人、以业调人、以房管人、以证疏人”等综合举措，人口调控成效初步显现，呈现“人口总量逐步稳定，来沪人员缓中略降”态势。截至11月底，全区实有来沪人员92.4万人，环比减少1.5%，同比减少7.3%。不断健全“一纵四横”大调解工作格局，加大医患纠纷、劳动争议、交通事故、物业纠纷等专业领域调解力度，全年各基层人民调解组织共成功调解矛盾纠纷5 810件，调解成功率超过96%。以法治城区创建、依法行政示范单位创建、基层民主法治创建为载体，全面推进“法治嘉定”建设。

社会面持续保持和谐稳定。深入开展系列平安创建活动，有效落实10项平安建设实事项目，分类抓好特殊人群帮教管控，平安嘉定建设稳步推进。规范街镇综治工作中心和村居委综治联勤工作站建设，基层综治工作基础不断夯实。逐步织密街面道口、居住小区和公共复杂场所等技防网络，深入推进智慧城市“安防视频资源共享系统”建设，立体化治安防控体系不断完善。全力抓好入沪道口查控、社会面防控、重点对象管控等工作，圆满完成亚信峰会、习近平总书记视察嘉定和APEC峰会等重要节点安保任务。强化信访维稳工作，扎实开展区领导周四接待来访群众和每季度联系街镇开展信访调研督导工作，建立完善分级分责化解矛盾工作制度，规范工作流程，认真落实每周重大不稳定因素研判、每月维稳形势分析和“三人工作小组”等工作机制，推进信访维稳工作常态化、长效化，初次信访事项一次性解决率达97%。稳步落实重大事项社会稳定风险评估工作，进一步推进关口前移，全力预防和化解社会矛盾。严厉打击各类违法犯罪活动，大力整治突出治安问题，不断净化地区社会治安环境，今年以来未发生重大群体性事件和严重暴力恐怖事件，刑事案件万人发案率低于全市平均水平。进一步强化交通、消防、食品药品和生产安全保障，今年以来未发生重特大安全事故。

五、加快推动党建科学发展，保障发展的能力和素质进一步强化

面对新形势新任务，区委常委会全面落实党要管党、从严治党的政治责任，统筹抓好党的各方面建设，努力为经济社会持续健康发展提供坚强的政治保证。

宣传和精神文明创建工作深入开展。以深入学习党的十八届三中、四中全会和习近平总书记系列重要讲话精神为引领，深入推进宣传思想和精神文明创建工作，大力培育和践行社会主义核心价值观。持续深化党委中心组学习，建立并试行中心组学习督导制度，组织第四届“党员学习月”活动，学习型党组织建设深入推进。聚焦“百姓系列”特色，加大理论大众化工作经验的培育、总结和推广力度。深入发掘、选树基层涌现的先进典型，组织开展第二届“我是文明嘉定人”十大杰出人物评选表彰和苏兴华同志先进事迹宣传以及“我们身边的道德模范”群众性主题巡回宣讲，充分发挥先进典型的示范引领作用。加强主题宣传和舆论引导，努力加大对外宣传和舆情处置工作力度，打造以“嘉定发布”政务微博、微信为核心的全区政务新媒体平台，舆论引导能力持续提升。不断优化全国文明城区创建工作格局，建立区分管领导负责制，健全创城专项工作组，创新实践问题督查整改条块协作机制，开展创城实地督查和十大专项整治行动，全力冲刺全国文明城区提名资格，在上海城市文明进步指数试测评中名列第一，以优异成绩率先获评新版标准首批上海市文明城区，为冲刺全国文明城区提名资格提振了信心、集聚了力量。

领导班子和干部队伍建设进一步加强。坚持扩大选人视野，不断加大交流力度，着力优化领导班子结构、提升干部队伍素质。积极贯彻新修订的《干部任用条例》，探索实施非定向无任用推荐干部，进一步扩大提名推荐主体，探索建立“一次推荐、分次使用、循环补充”的工作机制。坚持“四个统筹”，积极推进街镇、委办局、区管企业之间干部的交流任职。今年以来，共调整干部154人次，涉及交流36人次，交流面达23.4%。继续实施好后备干部培养“双百”工程、第二批年轻干部“成长”工程，加强年轻后备干部实践锻炼，突出群众工作能力培养。开展党外代表人士和优秀人才专项调研，健全工作机制，进一步加大党外代表人士队伍建设力度。扎实开展领导干部企业兼职(任职)等“4+3”专项整治工作，坚持从严从实加强干部监督管理。努力强化干部教育培训，加强任职能力和综合素质培养。

人才队伍建设不断强化。努力完善人才工作政策、运行和服务三大平台，积极打造与现代化新型城市建设相适应的人才队伍。完善针对各类人才的事业发展政策、生活保障政策和关怀激励政策，建立人才工作重要事项报告制度和招才引智与招商引资联动制度，进一步激发人才创造力，提高人才对区域发展的贡献率。积极整合各类社会力量参与人才工作，为人才引进、培养、使用提供专业化、个性化服务。大力实施“人才领先计划”，创新“精英人才活动周”内容和形式，深入推进国家级、市级海外高层次人才创新创业基地建设，进一步完善“千人计划”扶持政策，引进和培育各类高层次创新创业和急需紧缺人才，目前已累计集聚80名中央、本市“千人计划”专家。

党的基层组织建设不断巩固。围绕组织有活力、党员起作用、群众得实惠，制定实施加强基层服务型党组织建设的若干意见，全面加强基层服务型党组织建设。开展基层党建工作责任制落实情况专项检查和街镇党(工)委书记抓基层党建工作述职评议考核工作，积极树立大抓基层的鲜明导向。深入开展“党员到社区、人人做公益”志愿行动。深化“班长工程”“基石工程”，加强基层党组织书记和村居后备干部队伍建设。加强党员教育管理服务，推进“5+7”组织生活模式，严格落实党内组织生活各项制度。推进新村(居)民党支部组建，强化村民组党建，进一步扩大组织覆盖。加强基层党组织领导下的群众自治，“楼组党建”“睦邻点”“客堂汇”等载体建设不断深化。强化党代表任期制工作，稳步推进镇党代会常任制试点工作，探索开展党代表工作室建设，着力加强党内基层民主建设。完善党代表联系服务群众机制，组织“两代表”开展联系村居活动，强化党代表履职能力，进一步发挥党代表在联系服务群众和参政议政中的作用。

党风廉政建设深入推进。做实党风廉政建设责任制，认真落实党委主体责任和纪委监督责任，研究制定《嘉定区关于落实党风廉政建设党委主体责任的实施办法(试行)》

《嘉定区关于落实党风廉政建设纪委监督责任的实施办法(试行)》,抓好任务分解和监督检查。不断强化反腐败体制机制创新和制度保障,开展纪委内设机构调整和议事协调机构清理工作。严明纪律规范,研究制定《嘉定区党政机关国内公务接待管理细则(试行)》等八项制度,在重要节点开展专项督查整治,逐步形成查纠"四风"长效机制。坚决把遏制腐败作为重要任务,发挥区反腐败协调小组作用,健全信息沟通、线索研判、案件移送等方面的工作机制,拓宽案源渠道,规范工作流程,加大查信办案力度,做到有腐必惩、有贪必肃。运用科技防腐,深化网络监察系统、食品安全监管责任网络监察系统建设,扩大系统应用,强化对权力的制约监督。健全廉政风险防控机制,实行重点领域防控工作项目化管理。加强党风廉政教育和廉政文化建设,开展"严党纪、正作风、促廉政"主题教育活动,建成区廉政教育基地,打造党员干部理想信念、宗旨意识和党风党纪教育的平台和阵地。今年 11 月上旬以来,市委巡视组进驻我区开展巡视工作。区委常委会高度重视、积极配合市委巡视组工作,并以此为契机,聚焦党风廉政建设和反腐败工作,进一步查问题、改作风、促工作。

总揽全局、协调各方的能力稳步提升。切实加强区委常委会自身建设。坚持集体学习制度,全年共组织 21 次专题学习会,着力提高理论素养和战略思维能力。坚持民主集中制,按规则议事、决策、办事。严肃党的纪律特别是政治纪律,严格执行廉洁自律各项规定,自觉接受各方面监督。注重远近结合,突出抓好重点调研课题和重点推进督查工作。紧密对接市委调研工作方向,认真开展加强基层建设、推进城乡一体化发展、对接自贸区建设三项重点课题调研,进一步理清发展思路;确定五项重点推进与督查工作,全力跟踪督办、狠抓推进落实,以重点突破带动面上工作开展;着眼未来开展"十三五"规划前期研究。积极推进人大工作创新。隆重开展纪念人民代表大会成立 60 周年、首个"国家宪法日"宣传活动。支持区人大围绕全区大局和群众生活,运用多种监督形式对产业园区二次开发、征收安置、老龄事业发展、城市防汛排涝、来沪人员随迁子女招生入学入园管理等工作进行重点监督,不断加大监督力度,增强监督实效。支持区人大创新工作机制,召开有关专项财政预算听证会,探索人代会各代表小组进行"一对一"部门预算审查,加强全口径预算监督,切实担负起法律赋予的职能。支持区人大建章立制,切实提高区人大常委会审议质量,运用多种形式服务代表履职,进一步发挥代表主体作用。扎实推进区政府提高依法行政水平。支持区政府加快转变职能,进一步深化行政审批制度改革,切实提高行政效率和服务水平,大力推进服务型政府、法治政府建设。注重发挥区政协作为协商民主重要渠道作用。支持区政协围绕团结和民主两大主题履行政治协商、民主监督、参政议政职能;及时向政协委员和各界人士通报全区经济社会建设和发展情况,鼓励政协创新履职方式,积极搭建平台,畅通社情民意反映渠道。进一步巩固和深化统战工作,开展"同心"系列教育实践活动,不断深化同民主党派、工商联、无党派人士政治协商和合作共事。做好新形势下民族、宗教和港澳台侨海外统战工作,江桥镇成功创建全国民族团结进步模范社区。支持法院、检察院独立公正开展工作,保证司法公正、维护司法权威。认真开展国防教育、双拥共建、民兵预备役等工作,做好新形势下的党管武装工作。支持工会、共青团、妇联等人民团体按章程履行职责,扎实做好老干部、保密和档案等工作。

总结成绩的同时,我们也清醒看到,在嘉定发展的道路上还充满各种风险和挑战,在我们的工作中还存在着很多不足。主要是:在经济发展方面,科技创新与产业转型升级融合互动不够,推动企业提高自主创新能力的有效举措不多;增量空间少与存量调整难并存,加快园区"二次开发"和 198 工业用地减量化的思路不宽、力度不大。在城市建设方面,城市综合功能亟待进一步完善,新城核心区产城融合发展的载体有待进一步拓展,城乡一体化发展任务繁重。在社会治理方面,人口综合调控、村居社会管理、拆违、整治群租等工作开局良好,但基础尚不稳固,保持向好发展态势需要付出更大努力。在党的建设方面,部分基层党组织活力和战斗力不强,凝聚群众、服务群众的作用有待进一步发挥;有的党员干部解放思想、创新突破不够,敢于率先争先、敢于攻坚克难的工作干劲有待进一步激发;从严管党治党、管干部带队伍有待加强,一些村干部"小官贪腐"现象仍有发生。我们将高度重视这些挑战和问题,采取更为有力举措切实加以解决。

政府工作报告

——2015年1月19日在上海市嘉定区第五届人民代表大会第七次会议上

嘉定区区长 杲 云

各位代表:

现在,我代表嘉定区人民政府,向大会作政府工作报告,请予审议,并请各位政协委员和其他列席人员提出意见。

一、2014年工作回顾

2014年,在市委、市政府和区委的坚强领导下,在区人大、区政协的监督支持下,区政府紧紧围绕争当建设现代化新型城市探索者和先行者的发展理念,坚持产业转型发展、城市品质发展、社会和谐发展的发展举措,统筹推进稳增长、促改革、调结构、惠民生、防风险,保持了全区经济社会健康平稳有序的发展态势,圆满完成了区五届人大五次会议确定的各项目标任务。

(一)聚焦提质增效,经济发展稳中有进

主要经济指标保持平稳增长。面对严峻的外部经济形势和繁重的转型发展任务,全区经济运行稳中有进。实现增加值1 630.2亿元,可比增长8.6%;完成规模以上工业产值5 082.7亿元,同比增长7.1%;完成财政总收入745.7亿元,同比增长13%,其中地方财政收入167.8亿元,同比增长15.4%;完成商品销售总额和社会消费品零售总额4 279.8亿元和714.1亿元,同比分别增长12.6%和26.5%;实现合同利用外资11.7亿美元,实际利用外资4.7亿美元,同比分别增长44.7%和14.6%;预计实现进出口总额216亿美元,同比增长3.3%;完成固定资产投资485.1亿元;城乡居民家庭人均可支配收入分别达到40 042元和23 831元,同比分别增长10.2%和11%。

重点产业发展有力推进。先进制造业量质齐升,汽车及零部件产业实现产值3 645.6亿元,同比增长10%,占全区工业总产值的71.7%。积极推进上海大众安亭地区百万辆产能达纲,大众动力总成的产值突破百亿元大关。战略性新兴产业加速发展,预计实现产值555亿元,同比增长8.5%。上海微技术工业研究院启用,物联网中心二期基本建成,联影医疗、矽睿科技等多个产业化项目取得重大进展,新能源汽车创新示范应用稳步推进。现代服务业优势凸显,总部经济实现跨越式发展,德尔福派克(上海)国际管理有限公司等3家企业总部落户嘉定,跨国公司地区总部及各类研发、销售中心达43家。文化与信息产业保持强劲增长,预计实现营业收入1 050亿元,同比增长30%。主动对接上海自贸区,被上海海关列为跨境电商试点区,电子商务交易额预计突破1 000亿元,同比增长30%。游戏产业呈现集聚式发展,全区集聚了400多家各类游戏企业。新型金融业态进一步丰富,上海金融谷、汽车金融港建设加快推进,汽车产品现货交易平台、全国中小企业信用融资公共服务平台先后成立。商业保理、融资租赁和小贷公司加速集聚,年内分别新增4家、13家和1家,股权投资及管理类企业累计近1 500家。旅游品牌效应不断放大,“观赛事•游嘉定”等特色项目成为新亮点,预计全区旅游直接收入增长140%,商务会展和休闲体验旅游目的地建设成效显现。

经济发展质量显著提升。全面推进创新驱动发展,加强科技与产业有机融合,提升企业自主创新能力,全年新认定高新技术企业70家、市科技小巨人(培育)企业28家、企业技术中心19家、工程技术研究中心13家。全年新增中国驰名商标4件、上海市著名商标14件。深入推进“大孵化”战略,加快创建各类综合型、专业型的孵化器,开展形式多样的创新创业活动,营造良好创新创业氛围,新增各类市场主体2.3万家,注册资金756亿元。加强资本与产业深度融合,多元化、梯队式金融服务体系进一步健全,新增主板上市企业1家、新三板挂牌12家、股权交易中心E板挂牌61家,累计分别达到9家、17家和83家。“嘉定创投”品牌效应进一步放大,投资基金33支,资金总规模近216亿元,累计投资项目近200个。全面推进存量资源调整,园区二次开发有序开展,因地制宜推进22个条件相对成熟的区域转型,其中3个项目完成建设、6个项目开工。积极推进出口加工区向综合保税区转型升级,顺利完成张江嘉定园第三次扩区。加大淘汰调整力度,完成劣势企业调整203家,节约标煤4.4万吨,腾出土地1 630亩。加大节能技改扶持力度,实施锅炉清洁能源替代工程,完成改造或关停锅炉214台、窑炉18台。

(二)聚焦宜居宜业,城市功能持续完善

重点区域发展不断深入。聚焦“一核两翼”,全力推进重点区域功能提升。新城核心区产城融合示范效应显著增强,企业总部集聚商务区首个项目顺利落地,一批商业街区、高星级酒店、邻里中心等项目加快建设,上海保利大剧院正式启用,演出42场次,观看人次3.6万,区工人文化宫建成交付,进一步丰富了新城文化功能。智慧城市建设稳步推进,交通、医疗、教育、文体等智慧应用加快试点。老城改造有序实施,聚焦重点,进一步完善西门历史文化风貌区改造方案,不断提升州桥地区环境质量,市心河水质得到改善。安亭地区加快功能性项目建设,东方肝胆外科医院和国家肝癌中心基本建成,研发科技港和同济科技园初具形象。南翔江桥地区整体转型有力有序,多个总部经济、商务商贸项目加快推进,区域功能不断优化。

城市综合配套进一步完善。统筹推进重大工程项目建设,陈行原水支线项目加快建设,泰和水厂扩建工程顺利推进,大众污水厂三期扩建主体结构完成,南翔污水厂有序推进,区再生能源利用中心顺利完成环评审批。持续加强交通路网建设,S5(沪嘉高速)大修二期嘉定段改造完成,S6(沪翔高速)、嘉闵高架路北段一期主线高架建成通车,沪宜公路改建工程稳步推进,区区对接道路加快建设。轨道交通11号线陈翔路站和14号线嘉定段建设前期工作加快推进。公交服务水平进一步提升，新辟、调整公交线路18条，新增、更新公交车75辆。全面实施积水点改造等五类重点防汛整改项目，整治河道82.7公里。完成第五轮环保三年行动计划，全力推动清洁空气行动计划。实施重点区域、高快速道路绿色廊道建设和特色绿化建设，新增绿地39.3公顷。有序推进多层级垃圾资源化处置体系建设，不断扩大生活垃圾分类减量覆盖面。加强土地储备和房地征收工作，腾空基地41个。

城乡一体化发展深入推进。开展嘉定城乡一体化发展调研，启动新一轮嘉定区总体规划编制，全面推进各镇郊野单元规划，在全市率先完成村庄布点规划，试点推进村庄规划，不断优化城乡发展空间布局。大力推进集建区外建设用地减量化工作，已完成及正在实施的减量化地块总面积达279公顷。积极推进美丽乡村建设，有序推进宅基地置换和村庄改造，新建农民集中居住区67.2万平方米。推进农业生产经营方式转变，探索“合作社+家庭农场”新模式，发展家庭农场53家，涉及粮食种植面积6 705亩。全面提升农业现代化水平，完成粮食、蔬菜、生猪等保有量任务，完成8 400亩土地整治项目，建成2 370亩高水平粮田项目并投入使用，顺利建成3个区域特色农产品项目。狠抓农产品质量安全监管，加强动物产品检验检疫和无害化处理工作。加大农村集体经济组织产权制度改革试点，完成12个村的改制工作。

（三）聚焦民生保障，公共服务显著加强

就业和社会保障不断完善。深化“创业型城区”创建工作，全面推动就业公共服务平台延伸至村居，新增就业岗位3.5万个，转移农村富余劳动力8 333名，334名就业困难人员得到妥善安置，新增创业组织680家，全面创建和谐劳动关系。持续扩大城保覆盖面，提高各类保障水平，在落实全市统一提高养老金基础上，为“镇保”退休人员、征地养老人员每人每月再增加80元区级补贴。深化“一口上下”社会救助机制，实施各类救助40.9万人次，救助金额2.2亿元。推进城乡低保一体化救助和区级因病支出型贫困救助，民生综合保险工程和民生救助保险工程共受理理赔案件1 597起，支付理赔款267.5万元。加强养老服务，编制完成区养老设施布局专项规划，新增养老床位448张，区第一社会福利院主体工程完工。不断创新助残服务模式，创建成为全国残疾人文化体育建设示范区，成为政府购买残疾人服务全国试点区。加大社会组织培育力度，区社会组织公益实践园启用，已有21家社会组织入驻。扎实推进住房保障工作，新开工、竣工征收安置房68.9万平方米和43.2万平方米，1 400户居民搬入新居，大居外配套建设有序推进。

公共服务能力稳步提高。教育综合改革全面启动，成立区教育咨询委员会、教育安全管理中心、中小学学业质量监测中心。实施“品质教育”十大项目计划，联盟化实施“新优质学校”项目，加强市区两级委托管理和国际合作办学。完成教育千兆骨干网络升级改造，基本建成教育资源共享云平台。稳步推进公立医院改革，加快区域卫生信息化建设，探索建立监管评价、收入分配、分级诊疗等机制，启动实施医疗卫生分级分类管理与服务。合理规划布局区域医疗资源，安亭医院迁建、江桥医院新建等项目前期工作稳步推进。文化体育服务供给持续加大，嘉定体育馆（新馆）主体竣工，一批文化体育惠民实事工程圆满完成。启用区公共文化数字服务平台，成立公共文化服务议事会，积极开展“百姓系列”群文活动，参与人次195万。多圈层全民健身公共服务体系不断完善，全民健身发展指数测评再列全市首位。深入推进全国文明城区创建，继续做好民族宗教、对台侨务、红十字会、妇女儿童和档案方志等工作。

人才强区深入推进。建立招才引智与招商引资联动机制，整合社会力量做好人才服务工作。强化国际汽车城国家级海外人才基地和上海张江嘉定园市级海外人才基地建设，继续推进“学术技术带头人”“名师工作室”等工作。新增16名中央“千人计划”专家，引进105名创新创业和急需紧缺人才。强化人才服务保障，248名优秀人才获得配售房资格，完成配售房签约231套；574名优秀人才获得租房补贴资格，全年发放补贴999.5万元。

（四）聚焦常态长效，社会治理不断创新

强化村居社会治理。结合城市基本管理单元理念，深入推进“镇管社区”试点工作。12个街镇社区事务受理服务中心全部实现“一口受理”。继续举办嘉定睦邻节，居民自发组织活动1 908次，参与人次25万，新增睦邻点107个。开展社区生活地图试点工作，完成60个社区居委会“一站式”服务点建设，因地制宜推进农村组务管理创新，全区50%的村建立组务工作站。村居社会管理信息平台投入运行，全面梳理归并村居台帐。全力开展村居社会治理专项整治行动，多项任务超额完成年度目标，全区共拆除违法建筑80.5万平方米，完成群租整治2 500户。

加强人口服务管理。健全人口服务管理组织架构，建立条块联动的工作机制，加强公共服务与人口综合调控统筹协调。完善随迁子女入学入园管理服务，推广“点勤式”及房屋租赁托管等创新做法，规范农村住房租赁管理，强化年度目标考核。人口综合调控成效初显，呈现“人口总量逐步稳定，来沪人员缓中略降”态势，人口结构逐步优化，素质稳步提升。

社会面保持和谐稳定。推动联勤、城市网格化、市民服务热线、应急管理等职能深度融合，初步建成城市综合管理工作体系和机制，联勤和网格化平台处置率分别达99.7%和99.9%。扎实推进10项平安建设实事项目和反恐防范基础设施建设，严厉打击各类突出违法犯罪，大力整治治安突出问题。全面推进“法治嘉定”建设，建立健全信访分级分责工作制度，完善人民调解与行政调解、司法调解衔接机制。圆满完成“亚信峰会”等重要时期安保任务，全面落实生产、消防、食品药品等安全责任。

（五）聚焦作风建设，政府效能全面提升

狠抓政府作风改进。根据中央和市委统一部署，在区委领导下，区政府统筹兼顾，努力做到开展党的群众路线教育实践活动与扎实推进各项工作“两手抓”。着力解决“四风”问题，全面精简会议活动、文件简报，压缩各类评比表彰活动。结合群众反映强烈的问题，制定整改事项和专项整治任务，并积极加以推进解决。进一步细化规范公务接待、因公出国（境）经费等管理办法，明确有关工作标准，政府作风明显改善。

深入推进行政体制改革。围绕十八届三中全会，积极推进各领域的改革创新。制定完成政府职能转变和机构改革方案，推进新城建设管理、老城发展的体制机制调整。优化行政审批制度改革工作体制，大力推进简政放权，取消调整163项行政审批事项，加强行政审批目录管理，加快办事指南编制，优化产业项目审批流程，积极探索加强事中事后监管。稳步实施国资国企改革，推进区级机关下属经营性企业的政企分开，优化调整国资布局，完善区管企业分类监管。

规范优化政府运行机制。完善重大事项集体决策制度，积极推进重大决策后评估制度。加强政府信息公开，提高行政透明度，政府公文主动公开率较上一年度提高14.6%。加强规范性文件审查备案。全力做好财政资金结余清理，盘活存量资金，提高使用效率。依托干部日常管理信息化平台，加强公务员队伍管理。办理区人大代表书面意见71件，政协提案113件。

各位代表，过去的一年，我们继续保持了经济健康发展、社会和谐稳定的良好态势，这既是我们认真执行市委、市政府和区委正确决策与部署的结果，也是全区人民团结一心、开拓进取的结果。在此，我谨代表嘉定区人民政府，向辛勤工作在各条战线上的全区人民，向给予政府工作监督支持的人大代表和政协委员，向所有关心支持嘉定建设并为之做出贡献的同志们、朋友们，致以崇高的敬意和衷心的感谢！

回顾过去的一年，在看到成绩的同时，我们也清醒地认识到，当前发展仍然面临着不少困难和问题。主要表现在：新常态下稳增长、调结构的任务日益艰巨，科技创新与产业升级融合互动缺少有效办法，园区二次开发与建设用地减量化缺少有效手段，面临增量空间少与存量调整难并存的困境。城市管理的顽症和社会治理的薄弱环节仍然不少，要保持社会面持续向好的态势还需付出更大的努力。政府财政收入增幅趋缓与公共服务支出刚性增加的矛盾不断加大，存在融资难与资金使用效率偏低并存的问题。政府部门依法行政能力水平和工作效率还需进一步提升，作风建设任重道远。我们必须正视问题、敢于担当，采取更为有力的措施予以突破和解决。

二、2015年主要任务

2015年是全面深化改革的关键年，是深入推进依法治国的开局年，也是“十二五”规划的收官年。在我国经济发展进入新常态的大背景下，我区经济发展速度、结构、动力、路径和方式等方面也将发生一系列重大变化，面对这样的形势和背景，全区经济社会发展的指导思想是：深入贯彻党的十八届三中、四中全会和习近平总书记系列重要讲话精神，按照市委十届七次全会、区委五届七次全会的要求，坚持稳中求进工作总基调，主动适应新常态，加强自主创新和科技成果产业化，引领产业转型新局面；加强产城融合和城乡一体化，引领城市建设新格局；加强依法行政和基层建设，引领社会治理新秩序；加强改革开放和作风建设，引领政府效能新高度，圆满完成“十二五”规划目标任务，谋划好“十三五”发展，努力开创嘉定现代化新型城市建设新局面。

经济社会发展的主要目标是：增加值比上年增长7.5%左右，地方财政收入比上年增长10%，固定资产投资完成300亿元以上，规模以上工业产值比上年增长6%左右，单位增加值综合能耗下降率和主要污染物减排量完成市下达目标，城乡居民家庭人均可支配收入增长与经济增长保持同步，城镇登记失业人数控制在市下达指标以内。

重点做好以下六个方面的工作：

（一）深化科技创新，促进产业转型升级

着力打造自主创新产业化引领区。制定实施嘉定科技创新三年行动计划，全力支持高校科研院所发展，在集成电路、新能源汽车、高性能医疗设备及智能制造等领域，布局一批重大创新工程，支持一批关键技术攻关，形成一批具有自主知识产权的核心技术。强化企业科技创新主体地位，深入实施“小巨人”计划，鼓励企业加大研发投入，建设企业技术中心、工程技术研究中心等机构，加快培育一批高新技术企业。充分发挥市场配置创新资源作用，推进创新资源共享，着力构建大型仪器设备、测试中试等科技资源共享平台，推动重点实验室等研发平台开放。加强科技金融体系、政府创新管理、科技人才等方面的改革，加强知识产权保护，加快科技中介服务培育，形成有利于产学研用合作共赢的市场化机制，激发社会各界创新活力和动力，建设宜业宜居的现代化科技城。

着力推动优势产业集群集聚式发展。以龙头企业带动创新联盟、创新团队、创新基地和创新基金，形成“五位一体”的产业集群发展模式。持续推进以汽车智能化及新能源汽车为重点的研发设计、生产制造和示范应用的汽车全产业链发展，带动先进制造业能级提升。全力打造以分子影像技术为核心的涵盖前端研究以及设计生产、售后服务的高性能医疗设备产业集群。着力推动以半导体芯片和传感器为主要方向的世界级研发设计中心建设，积极推进具有自主知识产权的智能制造与智能服务产业集聚。进一步加大对具有核心制造功能的企业总部集聚力度，加快培育“新技术、新产业、新模式、新业态”经济发展，继续全力推进互联网、电子商务、文化信息、新型金融、商务商业等现代服务业快速发展，深入打造商务会展和旅游休闲目的地，提升城市软实力。

着力打造良好的创新创业环境。主动对接上海自贸区，全力承接并做好跨境电子商务、贸易便利化、投资管理制度改革等试点工作。继续实施“大孵化”战略，做好创新中国、321中国创业节、嘉定科技博览会等创新创业活动，主动适应招商政策调整，优化提升经济小区服务功能。全面推进园区二次开发，加强政策引导和模式创新，推进大众总部园区和出口加工区转型升级，进一步发挥张江嘉定园效应，通过“基金＋产业＋园区”模式，着力提高园区科技创新承载能力，引导有条件的区域功能提升，吸引研发设计、信息服务等生产性服务业集聚。进一步加强落后产能淘汰，全力推进传统产业转型升级。健全金融扶持体系，发挥“嘉定创投”引导基金撬动作用，支持优质企业通过上市、新三板及股权交易中心挂牌等渠道做大做强。进一步优化人才培养和引进政策，集聚更多的企业家、领军人才、高技能人才和创新创业团队。

（二）深化产城融合，完善提升城市功能

优化城市功能建设。深入推进新一轮嘉定区总体规划编制,加强城镇体系和空间优化等重点内容研究,着力推进新城核心区东区等重点区域规划定位研究。深入推进建设用地减量化工作,完成增减挂钩周转指标归还任务。加快新城核心区企业总部集聚商务区项目引进和开工建设,加快社区配套商业等一批公共服务设施建设,基本建成白银路地下车库等重大项目。稳步推进老城改造,围绕重点区域,加快推进西门、州桥历史文化风貌区改造,提升南门商务圈、北水湾建设开发品质。加快推进安亭地区汽车城核心区和北部新区、环同济板块、F1板块等功能区域开发,不断提升产城融合水平。聚焦南翔地区重点区域,加快重大功能性项目建设。深入推进江桥地区北虹桥商务区功能定位和规划研究,进一步推动区域转型。

加快基础设施建设。加快陈行原水支线、泰和水厂扩建工程建设,积极推进安亭水厂扩建,确保南翔污水厂开工建设。进一步完善骨干道路网络,提升区域道路通行能力,加快嘉闵高架路北段二期建设,配合完成宝安公路大修和沪宜公路改建工程。推进穿跨越高速公路和铁路等道路节点建设,加强道路下立交排水改造。加快推进轨道交通11号线陈翔路站和14号线嘉定段建设前期工作。全面实施公交城区创建,加快公交枢纽和候车亭建设,推进公交信息化建设,不断优化区域公交线网布局,加强静态交通管理。稳步推进大居内外配套建设,加快区重大工程项目基地房地征收。

加强生态环境建设。强化综合治理与源头防控,全面完成"十二五"减排目标任务,启动第六轮环保三年行动计划,扎实推进清洁空气行动计划、水污染防治与土壤污染治理等环保领域重点工作,全面完成截污纳管工作任务,实施部分河道的生态修复。完善生活垃圾分类减量与收集处置体系,稳步推进垃圾中转压缩站建设,确保区再生能源利用中心顺利开工。开展新一轮绿化三年行动计划,稳步推进嘉北郊野公园等重大生态工程项目建设,全面推进高快速路绿色廊道建设,进一步展现城市绿色生态环境。

(三)深化保障服务,提高人民生活水平

健全社会保障体系。实施更加积极的就业政策,加大"创业型城区"创建力度,完善区、街镇、村居三级就业服务信息平台,强化对长期失业青年、大学生等各类重点群体的就业援助工作,探索创建"充分就业社区"。支持企业开展职业技能培训,全面提高劳动者职业技能水平。进一步完善社会保障体系,持续提高城保参保率和其他各类人员社会保障水平。落实政府托底保障救助职责,继续推进城乡低保一体化救助,稳步推进"新农合"市级统筹,适度拓展区级因病支出型贫困救助范围,全面推进医疗救助"一站式"实时结算,持续做好民生综合保险和民生救助保险工作。

提高公共服务水平。对接教育综合改革,提升"品质教育"内涵,加快推进与国内知名高校和国际教育机构合作办学项目。健全基础教育质量综合评价机制,探索学区化、集团化办学模式,加快教育云平台建设,推动优质教育资源共建共享与辐射服务。全力完成公立医院改革三年行动计划,启动新一轮社区卫生服务综合改革,推广家庭医生制服务模式。推进瑞金医院肿瘤(质子)中心项目建设,启用东方肝胆外科医院和国家肝癌中心。完善区域影像中心运营机制,推进卫生信息化建设。创建国家公共文化服务体系示范区,深化文化体制改革,完善区公共文化数字服务平台运行机制。创新公共文化体育服务配送方式和设施运营管理模式,引入社会力量参与,优化设施布局,做好嘉定体育馆(新馆)开业运营工作,加快博物馆综合体前期准备工作。举办嘉定首届市民运动会、市民文化节等赛事活动。

强化民生保障服务。有序实施区养老设施布局专项规划,新增养老床位740张。建成启用区第一社会福利院,推进区第一社会福利院二期工程立项、安亭社会福利院二期扩建。加快区级"智慧养老服务平台"建设,深入推进医养融合发展,创建老年宜居社区。加强残疾人保障,实施残疾人安居工程,不断改善居住条件。强化军地两用人才职业技能培训,完成复退军人创业实践示范基地建设,争创全国双拥模范城"八连冠"。进一步完善住房保障体系,新建、筹措各类保障性住房7 000套。全面启动菊园新区"城中村"改造,加强老旧住房安全整治和修缮管理,推进住宅小区供电设施、二次供水设施维护更新和改造。

(四)深化社会治理,营造和谐稳定环境

全面加强基层建设。创新镇域管理体制,推进资源整合下沉,充分调动社会力量参与社区治理,引导居民自治,举办2015嘉定睦邻节系列活动,丰富"一镇一品"社区服务品牌内涵。深入推进社区事务受理服务中心标准化建设,做好信息化系统更换试点和群众服务事项下沉工作。继续推进居委会"一站式"服务点建设,完善村居社会管理信息平台,全面推进电子台帐应用。确保村居换届选举依法、规范、有序开展。推动社会组织健康发展,发挥区社会组织公益实践园培育孵化功能,加大引进扶持力度。

积极创新社会治理。完善城市综合管理体制机制,加强区、街镇两级联勤网格化工作,严格落实标准化管理,强化监督考评。优化村居考核评级意见,继续深入推进村居专项整治,加大违法用地、违法建筑、群租和无证无照经营等顽症整治力度,加强住宅小区综合治理。深入推进"法治嘉定"建设,发挥新媒体在普法宣传中的作用。继续做好人口规模综合调控和管理服务工作,严格落实"合法稳定居住、合法稳定就业"标准,建立长效人口调查制度,全面加强实有人口数据核查。

全力确保社会稳定。深入开展系列平安创建活动,加大治安突出问题及重点地区的排查整治力度,推进立体化治安防控体系建设,切实提高防范水平,始终对各类犯罪保持严打高压态势。强化信访工作信息化三级平台应用,推进"阳光信访",提高信访事项办理的公信力和透明度,加大涉法涉诉信访案件化解。深入开展矛盾纠纷排查,充分发挥人民调解第一道防线作用,鼓励和支持社会力量参与专业领域矛盾纠纷化解。

着力保障城市安全。以责任重于泰山的意识和如履薄冰、如临深渊的态度重视安全工作,健全落实"党政同责、一岗双责、齐抓共管"责任体系,完善各项管控制度措施,强化源头管理和综合施策,全方位加大监管力度。认真落实好公共场所安全防范措施,严格履行大型活动报备报批程序,加强对重大活动的安全检查,重点做好人员密集场所、校园及医院周边的安全管理工作。继续做好消防安全隐患排查，全力以赴做好生产安全、食品药品安全、道路交通安全等工作。

（五）深化城乡统筹，加强区域协调发展

加快新市镇和美丽乡村建设。依托"一核两翼"，结合农村实际，因地制宜编制、优化农村地区各类规划，促进镇、村规划体系全覆盖。制定2015-2020年美丽乡村建设计划，明确项目建设任务和实施办法，着力推进规划保留的农民集中居住区基础设施、生态环境和公共服务配套设施建设，探索推进规划保留自然村的村庄改造与环境整治。

加快发展现代农业。不断提高农业规模化与现代化水平，继续推进家庭农场发展，力争实现粮食生产面积的30%由家庭农场经营。进一步优化种养殖结构，稳定粮食种植面积，减少蔬菜种植面积，关闭所有非规范化养殖场，加快现代化养殖场和农产品检测中心建设。加强农业服务体系建设，加大农业科技应用推广力度，因地制宜发展特色生态农业，推动土地整治、高水平粮田、设施菜田和农田水利项目建设，持续提高农业生产效率。

推进农村产权制度改革。全面推进农村集体经济组织产权制度改革三年行动计划，落实奖励补偿政策，力争70%的行政村完成改制，启动镇级集体经济组织产权制度改革试点。发展壮大农村集体经济，在建设用地减量化过程中采取用地安置、物业安置等多种补偿方式，实现农村集体经济可支配收入稳定增长。继续加强"三资"监管，将农村集体土地和物业租赁等信息纳入监管平台。加大新一轮经济欠发达村扶持力度，促进农民持续增收。

（六）深化依法治区，加强政府自身建设

全面加强依法行政。牢固树立法治思维和责任意识，主动适应依法行政新要求，全面推进依法治区。健全依法决策机制，加强对关键部门和重点岗位的行政权力制约和管理，强化内部流程控制，完善政府督查体系，落实行政问责制。加强政府法治工作队伍建设，推行政府法律顾问制度，全力做好行政复议和行政应诉工作，落实行政机关负责人出庭应诉制度，进一步做好规范性文件的审查备案。

深化行政管理体制改革。推进街道体制改革，取消街道招商引资职能，增强公共服务、公共管理和公共安全职能。调整优化区政府机构设置，探索建立权力清单、责任清单制度，积极推进城市管理、市场监管、交通运输等重点领域综合执法体制改革工作，同步推进不同类别事业单位的改革工作。深化行政审批制度改革，继续清理行政审批事项，推进行政审批标准化建设，建立健全事中事后监管机制。推进国资国企改革方案实施，优化调整国资布局，加强分类监管，探索建立出资人管理事项清单，完善法人治理结构。

规范政府行政行为。坚持问题导向，广泛开展讨论，广泛征求意见，全力做好"十三五"规划编制。进一步加强政府信息公开，推进电子政务建设。主动适应地方政府债务管理新要求，吸引社会资本参与公益性事业投资和运营。加强公务员队伍管理，推进干部日常管理信息化平台的使用。落实教育实践活动整改措施，持续改进政府作风。依法接受区人大及其常委会的监督，主动接受区政协的民主监督。

各位代表，新的一年，我们面临的任务艰巨而繁重，肩负的责任重大而光荣，我们要在市委、市政府和区委的坚强领导下，进一步坚定信心，深刻认识新常态，主动适应新常态，积极引领新常态，用改革开放打破发展阻力，用简政放权释放发展活力，用科技创新增添发展动力，用依法执政提高发展能力，为全面完成"十二五"规划三大奋斗目标，争当建设现代化新型城市探索者和先行者而努力奋斗！

嘉定概貌

编辑 孙培兴

概　况

【位置、面积与地形、河道】 嘉定区位于上海西北部，是建设中的上海国际汽车城所在地。其中心位置在东经121°26′，北纬31°39′。东与宝山、普陀两区接壤；西与江苏省昆山市毗连；南襟吴淞江，与闵行、长宁、青浦三区相望；北依浏河，与江苏省太仓市为邻。总面积463.55平方公里。可耕地面积9 561.8公顷。全境地势平坦，东北略高，西南稍低。市、区级河道蕰藻浜、练祁河、娄塘河横卧东西，向东流经宝山区直通长江和黄浦江；盐铁塘、横沥、新槎浦（罗蕰河）纵贯南北，与吴淞江、浏河相连。全区地表水资源量18 053.3万立方米，水面率7.71%。河道总长1 800余公里，平均河网密度为每平方公里4.12公里。（申　文）

【气候】 2014年气候特点为：年平均气温偏高，夏季少酷热天气，年降水量略偏多，日照正常。

年平均气温17.1℃，比历年平均（1981-2010年30年平均，下同）偏高0.7℃，比上年的17.6℃偏低0.5℃。6-8月和12月比历年同期平均偏低，其偏低幅度分别为-0.3℃～-1.3℃和-1.0℃。其余月均比历年同期平均偏高。年极端最高气温36.6℃，出现在8月4日。全年出现≥35℃的高温4天，其中7月4天，8月2天，比常年少4.6天，少于上年的47天。极端最低气温-3.8℃，出现在1月22日。冬季无严寒。

年总降水量1286.4毫米，与历年平均相比偏多146.4毫米，属略偏多年份。降水明显偏多的月份为2月、4月和8-9月，其降水量分别偏多80%、90%、40%~60%。明显偏少的月份是1月和12月，分别偏少70%和90%。全年出现≥0.1毫米降水日数为125天，比上年的112天多13天。≥50毫米的暴雨2天。日最大降水量64.5毫米，出现在8月8日。6月20日入梅，比常年（6月17日）偏晚，7月7日出梅，比常年（7月10日）偏早，梅雨期17天，梅雨量171.3毫米，属正常年份。

年日照时数1735.8小时，与历年平均相比偏少44小时，为正常年份。日照较充沛的月份是1月、3月和10月，分别偏多50%、40%和40%；日照稀少的月份是2月、6月和8-9月，分别偏少30%、30%、50%和30%，其余月份基本正常。

年内主要灾害性天气是短时强降水。7月12日下午，受强雷暴云团影响，区内出现局地强降水，19-21时黄渡降水量47.7毫米，上海国际赛车场44.3毫米，嘉定镇39.1毫米。由于此次降水时间短，强度大，分布不均，造成部分下立交积水，京沪高速（G2）往市区方向匝道暂时封闭。8月8日晨起，嘉定大部分地区出现暴雨，其中嘉定镇地区12小时降水量92.6毫米，朱桥地区70.1毫米，达到大暴雨程度，部分老旧社区、下立交造成积水。8月24日傍晚，出现强对流天气，真新、江桥、南翔一小时雨量20~30毫米。由于短时雨量集中和泵站遭雷击失电，部分下立交出现积水，其中沪嘉高速（S12）4号下立交积水一度深达104毫米。9月1日凌晨，嘉定普降暴雨，南翔地区出现大暴雨，并伴有雷电活动。暴雨和雷电造成部分企业设施遭到雷击，部分农田、房屋积水。

上年初霜日：11月20日。当年终霜日：3月9日。

2014年主要气象要素

项　目	2014年平均或极值	历年平均或极值
年平均气温	17.1℃	16.4℃
年极端最高气温	36.6℃	40.5℃
年极端最低气温	-3.8℃	-10.0℃

（续表）

项　　目	2014年平均或极值	历年平均或极值
年总降水量	1286.4毫米	1140毫米
年降水日数（≥0.1毫米）	125天	127天
年日照时数	1735.8小时	1779.8小时
一日最大降水量	64.5毫米	354.5毫米

（朱家其）

【建置区划】 嘉定区前身为嘉定县。嘉定有"疁城""练川""三侬之地"等别称。秦代属会稽郡娄县，隋唐时属苏州昆山县。南宋嘉定十年十二月初九日（1218年1月7日），析两浙西路平江府昆山县东境的临江、平乐、安亭、醋塘、春申5乡置嘉定县，以年号为名，设治于练祁市（今嘉定老城区中心）。嘉定十一年（1218年）八月，上述5乡依次易名为依仁、循义、服礼、乐智、守信。今上海大陆地区吴淞江（故道）以北为该时县境。建县以后几易隶属，曾隶苏州府、太仓州，境域亦屡有变动。1958年1月17日，国务院批准嘉定县由江苏省划归上海市管辖。1992年10月11日，国务院批准撤销嘉定县，设立嘉定区，以原嘉定县的行政区域为嘉定区的行政区域。1993年4月撤县建区工作完成。2014年末，全区辖安亭、马陆、南翔、江桥、徐行、外冈、华亭7个镇和嘉定镇、新成路、真新3个街道，以及嘉定工业区和菊园新区。下设165个居委会，144个村委会，1 886个村民小组。

【人口】 2014年，嘉定区登记常住户口213 345户588 306人，分别比上年增加6 727户12 164人。其中非农业人口508 791人，占总人口的86.48%，比上年上升0.7个百分点。全年出生婴儿4 795人（其中男婴2 511人、女婴2 284人），出生率8.24‰。死亡4 780人，死亡率8.21‰。自然增长率0.03‰。男女性别比例为99.39∶100。人口密度为每平方公里1270人。登记常住户口平均期望寿命83.33岁（其中男性81.42岁，女性85.20岁），比上年上升0.3岁。2014年，嘉定登记来沪人员925 842人，比上年减少6.67%。

【知名人物与历史事件】 嘉定区素称人文奥区，古贤今秀，代不乏人。自宋元而明清，龚宗元、杨滋、朱鹤、徐学谟、李流芳、孙元化、王鸣盛、钱大昕等，或以政绩驰誉，或以骁勇善战著称，或以治学有成名世，或以书画竹刻取胜。民国以降，吴宗濂、周湘、徐鼎康、王培孙、吴蕴初、廖世功、杨卫玉、张昌绍、陆瘦燕、廖世承、秦汾、童世亨、陈邦典、顾维钧、胡厥文、陆俨少等皆为名垂史册的人物。著名的历史事件有：明代嘉靖年间全县抗击倭寇侵袭，一无名童子舍身救城；清初，清兵三屠嘉定，侯峒曾、黄淳耀率众抗清，视死如归；清咸丰年间，以徐耀为首的嘉定罗汉党联合青浦天地会、上海小刀会揭竿起义，"扫除贪官污吏"；民国17年（1928年）春，中共嘉定县委领导境内西乡千余农民举行五抗（抗租、抗债、抗粮、抗捐、抗税）武装暴动；抗日战争时期，以吕炳奎为首的外冈游击队，坚持抗日武装斗争。

【基础设施】 嘉定区交通便捷。区政府驻地离上海市中心30余公里，距浦东国际机场75公里，距虹桥机场、上海火车站、张华浜国际集装箱码头均为25公里左右。有铁路沪宁线、沪杭外环线、京沪高铁过境。轨道交通11号线、轨道交通13号线（嘉定段）运营。公路交通形成网络，主要公路有G15（沈海高速）公路、G2（京沪高速）公路、S5（沪嘉高速）公路、S6（沪翔高速）公路、G1501（上海绕城高速）公路、沪宜公路（属204国道）、曹安公路（属312国道）和嘉安公路、宝安公路、嘉松北路、宝钱公路、浏翔公路等，全区有城市道路108条，道路总里程131.66公里，道路面积300.62万平方米；人行道面积84.65万平方米；城市桥梁194座，总长6 068.7米，面积14.48万平方米。公路总里程861公里，公路面积1 027.51万平方米。有公路桥梁979座，桥梁长度32 753.34延米。2014年，北嘉线、北安线等101条（跨区线路43条、区域内线路58条）公交线路分别联结上海市区、郊区及区内各镇，其中70条公交线路由嘉定公交公司营运，公交运营车辆586辆，公交运营线路长度1 253公里，全年公交客运量9 445万人次。820辆区域出租汽车客运量2 064.4万人次。嘉定长途客运站有长途客运线路233条，其中开往杭州、彭水、定远、淮滨、苏州、昆山的始发省际客运班车线路43条，开往江苏、浙江、安徽、山东、河南、四川、湖北等地的过境配载客运班车线路190条，年运送省际客流136.3万人次。有内河航道20条，通航里程232公里，其中境内市级航道蕰藻浜长17.7公里。

1989年，嘉定区在全国率先实现全县电话自动化。1994年实现全区电话交换程控化和传输数字光缆化。1997年全面建成区镇电视会议网络，并建成"上海热线"站点"今日嘉定"互联网站。1998年建成电话区并增设"嘉定之窗"和"新联网络"网站。1999年建成ISDN（综合业务数字网）和ATM宽带网。2000年建成并启用嘉定信息大楼。2001年建成区行政机关办公决策服务系统，开通"上海嘉定"政府网站。2003年，全区实现宽带光纤全覆盖。2007年，"嘉定新城•无线城市"建设启动。至2014年底，全区拥有固定电话用户40.01万户、IPTV用户14.42万户、宽带用户29.05万户、CDMA移动语音用户34.03万户。年内新增移动电话用户12万户，累计145万户。政务领域信息化建设不断加强，信息基础设施集约化建设步伐加快，区电子政务应用平台稳定运行，"上海嘉定"门户网站建设取得新进展。

嘉定区电力、燃气、自来水供应充足。石洞口电厂和华东电网保证了生产和生活用电。2014年售电量91.09

亿千瓦时。“西气东输”的天然气满足生产和生活用气的需要。1997年全区民用燃气实现全气化。2004年，安亭镇部分居民在上海地区率先用上天然气。2008年，境内燃气用户全部使用天然气。2014年，全区有天然气用户33.2万户，销售天然气2.19亿立方米。1997年建成的墅沟引水工程使以长江水为水源的自来水供应范围覆盖区境大部，饮用水水质得以显著改善。2014年，区内各供水企业实现供水总量21 308.8万吨，比上年增长1.2%。全区污水处理量1.28亿吨，比上年增长2.27%。

【农业】 嘉定区贯彻落实中央和市委、市政府关于“三农”(农业、农村、农民)工作的方针、政策，加大“强农、惠农、富农”政策力度，大力发展都市现代农业，加快社会主义新农村建设，促进农民持续增收。稳定农产品生产，落实区级稳粮、稳菜资金，增加区财政对农业生产的扶持力度，推进农业基础设施建设，增加对农业机械的投入。进一步优化农业结构，积极发展现代农业，提高农业综合生产能力。加大对农业的基础设施投入，加快推进设施农田建设。2014年，实现农业总产值12.1亿元。落实粮食生产“一种就管”工作，抓好田间管理，加强对农作物病虫害的预测、预报、防治，为粮食高产丰收创造条件。推进粮食高产创建活动，针对灾害性天气，积极协调机械和人力，完成全区4 805.3公顷水稻和3 367.8公顷小麦的种植、生产任务，推广机械化播种技术，实现机插秧、机直播水稻面积2 548.67公顷。全区粮食总产5.66万吨。稳定蔬菜种植面积，确保本地蔬菜有效供给，全年上市蔬菜13.95万吨。优化养殖业结构，实施养殖场标准化建设，出栏生猪13.8万头，上市家禽17.66万羽、鲜蛋2 073.8吨、牛奶3 485.5吨、淡水水产品1 400吨。加强科技兴农工作，提升农业现代化水平，完善农业科技服务和信息服务，推进地方农产品保种选育工作，促进农民增收和嘉定特色农产品生产。加强重大动物疫病防控工作，坚持农业行政综合执法规范化建设，抓好农产品质量安全监管工作，确保全区农产品质量安全可靠。完成农村“村庄改造”3 062户，2 281户农户接通天然气。有序推进农民宅基地置换。欠发达村扶持工作取得突破，新农村建设成效显著。全区村级可支配收入总额13.64亿元，村均可支配收入909.36万元，农民人均纯收入23 358元，劳均分配收入33 490元，均实现较快增长。

【工业】 嘉定区工业基础雄厚，2004年工业总产值突破千亿元大关。2014年，先进制造业量质齐升。全区实现工业增加值1 098亿元，可比增长9.14%；上缴工业税收额400.21亿元，首次突破400亿元大关，同比增长15.62%；完成规模以上工业产值5 082.74亿元，同比增长7.09%，领先全市平均增长速度。其中，属地实现产值3 119.9亿元，同比增长4.4%；实现利润257.7亿元，同比增长12.9%。企业能级持续提升，全区产值50亿元以上企业10户，产值10亿元以上企业65户。属地亿元以上企业完成产值2 782.3亿元，占规模以上工业产值的89.2%。战略性新兴产业发展后劲增强，全区战略性新兴产业(制造业部分)实现产值564.8亿元，同比增长8.2%。全年汽车制造业完成产值3 645.6亿元，其中汽车零部件产值1 682.8亿元，同比增长8.3%，占规模以上工业总产值(属地)的53.9%，较上年提高1.3个百分点。年中，全区共有工业固定资产投资项目144个，完成固定资产投资99.52亿元。工业综合经济效益指数为235.6。总资产贡献率12.6%，资产保值增值率110.1%，资产负债率52.7%，流动资产周转率1.7次，工业成本费用利润率8.4%，全员劳动生产率204 848元/人，工业产品销售率99.9%。引进外资力度不断加大，全年外商投资总额达25.9亿美元，同比增长24.1%。引进合同外资11.7亿美元，同比增长44.7%，其中第三产业合同外资10.1亿元，比上年翻番。全年完成外贸出口总额99.5亿美元，同比增长0.6%；实现外贸进口116.6亿美元，同比增长5.5%。

【商品贸易】 嘉定区以树立商业窗口繁荣发达的新形象为动力，不断优化布局和调整业态，完善商业设施，提升商业品位，各种经济类型的商业企业得以竞相发展。特别是以乐购、欧尚等连锁超市为代表的新型业态显示较强的市场竞争力，全区百余家连锁超市门店、便利店成为城乡居民购物的首选。嘉定区利用区位优势，实施以市兴区战略，上海二手车交易市场、上海东方汽配城、上海市轻纺市场、上海金翔木材批发市场、上海装饰市场、上海真新粮食交易市场等大中型专业市场大都分布在沪宜公路、曹安公路沿线。汽车及零部件、轻纺、建材、粮食等四大类市场初步构建服务上海、辐射全国的集购销、仓储、加工、转运于一体的商流物流基地。2014年，消费品市场蓬勃发展。全年实现商品销售总额4 279.8亿元，同比增长12.6%，其中属地1 699.4亿元，同比增长12.1%；限额以上企业推动作用明显，共实现商品销售总额1 277.4亿元，占全区商品销售总额(属地)的75.2%，同比增长12.3%；实现社会消费品零售额714.1亿元，同比增长26.5%。其中限额以上企业实现零售额513亿元，同比增长23.9%。市场商品销售规模日益壮大，商品流通功能进一步完善。至年末，全区形成各类交易市场111个，其中专业市场49个，食用农产品市场62个；专业市场实现成交额660.87亿元。

嘉定区电子商务产业得到健康发展，众多电商企业云集嘉定，凭借着科学规划和引导，已形成强大的产业集群，集聚京东商城华东总部、凡客诚品、百度在线等电子商务企业。全区实现网上商店零售额379亿元，同比增长25.8%，带动全区社会消费品零售额增长13.8个百分点。

【科技】 嘉定区坚持科教兴区战略和人才发展战略，依托科技进步和创新，构建新型的产业体系。加快完善科技创新服务体系，企业自主创新能力逐年提高。2014年，企业科技政策的运用能力显著提升，申报国家和市级科技项目274项，其中科技型中小企业技术创新资金项目立项206项，同比增长115%。新认定上海市科技“小巨人”(培育)企业28家，新认定申报高新技术企业180家，国家高新技术企业数达到510家。国家重点新产品计划立项10项，占全市立项总数的14.3%。市知识产权优势企业增至9家，占全市知识产权优势企业数的12.2%；全年申请专利5 892件，专利授权总量3 903件。技术合同登记数296项，成交金额8.8亿元。创新服务通过“一门式”受理模式，指导企业项目申报7 905次。产学研合作一体发展。成功举办2014年上海嘉定科技博览会，全年产学研对接项目490项，达成合作协议138项。持续推动科研院所研发平台向企业开放，数量增至45个。战略性新兴产业全面铺开。物联网中心二期正式启用；上海微技术工业研究院启用，8英寸“超越摩尔”研发中试平台启动建设；声学所东海站、电动汽车研发中心新能源汽车动力系统一期等项目开工建设；“微时空•芯天地”进入全面规划，已吸引包括矽睿半导体、芯晨科技在内的6家高科技企业入驻；上海技术物理研究所嘉定园区、中电科软件与信息服务产业园一期将竣工启用。以联影为核心的高端医疗装备区域纳入市生物医药科技产业化基地发展规划；新能源汽车及汽车智能化、物联网／微技术两大产业创新集群形成市区联动。

【教育】 嘉定区是教育部实施农村教育综合改革试验区、燎原计划示范区和“构建督导评估机制，全面推进素质教育”实验区及社区教育实验区、基础教育阶段现代学校制度国家实验区。1994年被评为全国农村教育综合改革先进区。1998年被列为全国十个素质教育区县之一。2014年，全区拥有学前教育机构71所，小学39所，中学37所。学前教育在园托幼儿31 329人，小学在校学生48 486人，初中在校学生22 851人，高中在校学生6 175人，各类中等职业教育在校生5 899人，特殊教育在校生155人。民办农民工子女学校14所，在校小学生12 765人。全区高中阶段录取率达99.6%；初中入学率100%，小学入学率100%；3~6岁幼儿入园率99.8%。春秋两季普通高校录取总人数1 545人。全区成人教育、社区教育培训总量达到105万人次。2014年，全区中考合格率99.2%，高考大学一类本科招生上线率19.3%，应届高中毕业生高考二本及以上上线人数共1 030人，上线率63.2%。应届高中毕业生实际录取本科（含艺体类）人数为1 110人，占68.1%。嘉定一中、二中本科上线率分别为92.2%和84.8%。

【文化、广播和电视】 嘉定区文化事业昌盛，群众文化活动蓬勃向上。社区文化、广场文化、企业文化、校园文化和家庭文化各呈异彩。全区有全国文物保护单位1处，市级文物保护单位10处，区级文物保护单位43处，区级登记不可移动文物71处，“三普”登录不可移动文物点74处。2014年，文化、广播、电视事业取得新发展，文化活动影响力进一步扩大，公共文化服务能力和水平再上新台阶。上海保利大剧院建成并于10月1日起正式运行，座位数1 466个，年内共演出32场，观众2.9万人次。全区影剧院13个，比上年增加3个；影厅数82个，座位数12 931个，是上年的1.3倍。全区共有区级图书馆2个，街镇级图书馆13个，村居委图书室259个，24小时街区智慧图书馆3个和“百姓书社”100个，6家街镇图书馆加入区图书馆“直馆模式”。全区藏书190.4万册，其中区图书馆藏书127万册，新购图书14.3万册，读者到馆数143万人次。推进广播电视数字化高清改造项目，完成5.1万用户的NGB网络改造和3.9万用户的数字资源整体转换工作。区广播电视台全年制作电视节目时间4 197小时，电视栏目9档。广播电台平均每天播音时间14小时。年内共播发电视新闻稿件8 048条。其中，主打电视栏目《嘉定新闻》播出新闻3 264条，被中央电视台各新闻栏目录用新闻稿件53篇，被上海电视台录用稿件770条。广播各档新闻栏目播出新闻稿件4 784篇，被上海人民广播电台《990早新闻》用稿90篇。

【体育】 嘉定区曾先后承办过马拉松、竞走、柔道等国际性单项比赛和乒乓、围棋、象棋、武术、足球等全国性单项比赛。主要体育设施有体育馆、围棋馆、武术馆、游泳馆、体育中心等。2004年9月始，F1世界锦标赛中国大奖赛在新落成的上海国际赛车场举行。2007年世界夏季特殊奥林匹克运动会滚球比赛在嘉定举行，世界60个国家和地区的教练员、运动员莅临嘉定参加角逐。2014年，体育事业健康发展。在全市率先启动第四次国民体质监测工作，30分钟体育生活圈全面建设，公共体育设施开放率保持100%，体育馆（新馆）主体工程完工。年内共承办、参加市级及以上比赛、活动203次，参与人数34 681人；组织开展各类区级赛事、培训106次，22 780人次参与；组织开展镇级赛事、活动及培训574次，参与活动总人次84 139人。体育设施不断完善，全区拥有各类体育场地2 100片，总面积580万平方米，全年体育产业收入18 331.8万元。全民健身组织蓬勃发展，全区拥有各类健身团队2 000多支。

【卫生】 嘉定区是世界卫生组织确定的初级卫生保健合作中心和“中国健康城市项目”试点区，也是全国初级卫生保健工作达标先进区。2014年，医改工作逐步落实，实施国家及上海市12类基本及9项重大公共卫生服务项目，致力推进公共卫生服务均等化。至年末，全区共有各级各类医疗卫生机构295个，其中区级及以上医疗机构8个，病床4 018张。区内卫生技术人员7 740人。全区共有社区卫生服务中心及分中心19个，社区卫生服务站58个，市级标准化村卫生室77个。全年完成诊疗1 004.2万人次，出院8.8万人次，区级医院住院病人施行手术8.3万人次。年内社区卫生服务中心诊疗总人次为401.1万人，同比增长10.7%。年内，全面开展家庭医生制服务工作，签约居民近20万户、51.7万人。全年预约门诊近200万人次，双向转诊10万余人次，居民规范化电子健康档案建档数47万份，家庭医生及团队接听电话等形式的健康咨询30.4万人次。年内享受门急诊诊疗费减免共366.5万人次，减免费用931万元。

【社会保障】 社会福利与救助事业不断完善。2014年，全区有社会福利企业87家，拥有各类敬老院23所，床位6 361张，收养老人4 532人。年内，深化“一口上下”社会救助机制，实施各类救助40.9万人次，救助金额2.2亿元。全区享受民政部门救助16.7万人次，救助金额8 218.8万元。其中享受城镇最低生活保障3.2万人次，累计发放救助金额1 803.5万元；享受农村最低生活保障0.1万人次，累计发放救助金45.6万元。实施医疗救助1万人次，发放救助资金1 219.4万元。2014年“蓝天下的至爱”共募集资金2 589.4万元。社会保障体系进一步健全。全区有60.4万人参加城镇基本养老保险，享受养老保险待遇的离退休人员为11.5万人。2.3万人享受“镇保”退休待遇，4.2万名农民采用或参照征地养老方式落实社会保障。有3 485人参加农村养老保险，16 620人领取农村养老金，农村养老金最低发放标准提高到每人每月690元。推进强化农村医保工作，完善区级大病基金管理。至年末，全区参加农村合作医疗3.1万人。全区筹集农村医保基金4 755.8万元，累计为46.1万人次的农村居民支付医药费用5 155.3万元。

【资源和环境保护】 节能环保工作持续推进。全年用于环境保护的资金投入41.7亿元，相当于增加值比重约3.7%。加快淘汰落后产能和危化企业，全年淘汰劣势企业203家，盘活土地108.67公顷，节约标准煤4.4万吨。全面启动燃煤（重油）炉清洁能源替代工作，完成燃煤（重油）锅炉清洁改造230台。持续开展整治违法排污企业，保障群众健康环保专项行动，组织实施扬尘污染整治等形式多样的专项检查，共立案查处违法案件170件，处罚金额741.1万元，全区环境风险可控，未发生一起重大环境安全事故。第五轮环境保护三年行动计划顺利收官，继续推进主要污染物减排工作，环境质量持续改善。全年区域环境降尘量为5吨/平方公里•月，同比基本持平，空气质量基本稳定。饮用水水源地水质保持稳定，达到水环境功能区要求；2014年区控断面平均综合水质指数为5.3，属V类水，与上年持平，地表水水质保持稳定。生态环境体系日趋改善，“百个公园、千块绿地、万亩林地”工程有序推进。全区新建各类绿地39.3公顷，城区绿化覆盖率达38.4%。新增公共绿地面积15.9公顷，年末人均公共绿地面积17.9平方米/人，比上年增加1.4平方米/人。年末共有公园10个，面积45公顷。全年新增林地面积127公顷，森林覆盖率10.8%。

【旅游胜景】 嘉定区水秀地灵，名胜众多。遗存的古迹大多集中在嘉定镇街道和南翔镇。嘉定城中的法华塔、州桥皆创建于宋代，是当年县治练祁市的中心。周围的小桥流水、民居街巷犹不失古镇风韵。南城的孔庙建于宋嘉定十二年（1219），殿堂门庑，高壮华好。孔庙东侧的当湖书院乃沪上仅存的清代书院建筑。与孔庙一水之隔的汇龙潭公园为城内又一休闲观光点。东城的秋霞圃系蜚声江南的古典园林，由明代龚、沈、金三氏的私家园林及城隍庙合并而成。另外，城内还有为清兵三屠嘉定时以身殉节的侯峒曾、黄淳耀两志士而立的侯黄纪念碑、“叶池”碑和“陶庵留碧”碑。经住房和城乡建设部、国家文物局评定，嘉定镇、南翔镇获“中国历史文化名镇”称号。嘉定孔庙为全国重点文物保护单位。南翔镇上一对东西对峙的仿木结构楼阁式砖塔已历经千年，其外观挺秀，结构精巧，为国内罕见。镇东的古猗园亦为声名远播的明代园林。民国17年（1928年）建成的以种植国内外名种树木为主的黄氏种植园（俗称黄家花园）坐落在江桥境内。新兴的游乐场所遍及城乡：华亭有浏河岛游览村、上海高尔夫俱乐部，真新地区有百佛园，嘉定城内有博乐广场。除此之外，周长6.5公里的嘉定环城河，是嘉定水上环城游的好去处，泛舟其间，两岸的紫藤园、古城墙，以及布置得宜的绿化带、曲径、建筑小品等景致一览无遗。江桥的新泽源花木园林市场，马陆葡萄主题公园、宏泰园，安亭银杏园，华亭的“华亭人家”、沥江果园、外冈蜡梅园等现代农业观光区亦颇值得一睹。2003年后，上海大众汽车有限公司汽车三厂的“上海大众工业游”、上海国际赛车场、汽车城会展中心和汽车博物馆落成启用，成为上海都市旅游的新亮点。2006年，上海中国科举博物馆、上海汽车博物馆建成开馆，上海汽车会展中心竣工开业，嘉定竹刻、徐行草编工艺、上海道教音乐、南翔小笼馒头制作技艺被列为国家级非物质文化遗产，毛桥村被列为全国社会主义新农村建设示范点，成为新农村新郊区建设的新景点。2007年，嘉定竹刻博物馆开馆。2008年，外冈游击队纪念馆开馆。2013年，韩天衡美术馆和嘉定博物馆、文化馆、图书馆新馆开馆。2014年，中国字砖陈列馆、雅昌（上海）艺术中心艺术馆、上海煮云艺术博物馆等一批民间艺术馆相继开馆。旅游业快速发展，旅行社、旅游饭店和旅游景区接待游客1 407万人次，实现旅游直接收入48.9亿元。举办2014上海旅游节嘉定系列活动、2014上海汽车文化节、上海马陆葡萄节、第二届上海荷花展、上海自驾游博览会等活动，突出嘉定旅游节庆品牌亮点，加大旅游景区（点）吸引力。嘉定州桥、古猗园、上海马陆葡萄艺术村和南翔景区（老街）、汽车博览公园5个景区为国家AAAA级旅游景区，华亭人家•毛桥村和宏泰园2个景区为国家AAA级旅游景区。

（中　文）

大　事　记

编辑　孙培兴

2014年十件大事

一、　2月8日　嘉定区联勤和城市网格化综合管理中心成立。

二、　2–9月　嘉定区82家处级以上领导班子、903名处级以上党员领导干部、2 824个党组织和57 320名党员，参加上海市第二批党的群众路线教育实践活动。

三、　3月28日　陈行水源地嘉定原水支线工程开工。

四、　4月15日　嘉定区再生能源利用中心项目合作签约仪式举行。

五、　4月21日　嘉定区获新版创建标准首批上海市文明城区称号。

六、　5月24日　中共中央总书记、国家主席、中央军委主席习近平视察位于嘉定工业园区城北路2258号的上海联影医疗科技有限公司。

七、　7月31日　惠平路蕰藻浜大桥建成通车。历经四年建设的沪翔高速公路（S6）工程竣工通车。

八、　9月30日　嘉定举行庆祝保利大剧院首演·嘉定新城10周年展望活动。

九、　11月1–3日　首届中国字砖文化学术研讨会在嘉定召开。中国字砖文化研究与保护中心在上海明止堂古砖研究与保护中心设立。

十、　12月18日　嘉定启用上海市首个公共文化服务云平台——“文化嘉定云”。

（区委办公室　区政府办公室）

2014年大事记

1月

1日 嘉定区“科世达杯”迎春万人健身跑活动在位于嘉定新城的主会场，以及位于安亭、江桥等地的五个分会场举行，吸引全区1.1万名市民参与。

同日 “嘉定发布”微信平台上线。

3日 嘉定区举行苏兴华同志先进事迹报告会。

同日 第三次全国经济普查启动。

7日 中国人寿与嘉定区政府战略合作协议签约仪式举行。根据协议，中国人寿将成立国寿(上海嘉定)城市发展产业投资基金，主要用于投资嘉定区域内的城市基础设施、重点产业和民生等项目。

8-10日 区第五届人民代表大会第五次会议召开。

8-10日 区政协第五届委员会第四次会议召开。

10日 嘉定区开展领导干部集中警示教育活动。区四套班子领导及全区700余名处级及以上领导干部现场集中观看《失德之害》和《坠落的风筝》两部廉政警示教育片。

11日 嘉定区教育咨询委员会成立。

12日 全国首个数字化公共文化服务门户——嘉定区公共文化数字服务平台正式上线运行。

14日 区四套班子领导分12路走访慰问驻区部队、优抚对象和困难家庭。

同日 嘉定区被确认为“全国卫生区”。全区7个镇全部建成国家卫生镇，在全市率先实现国家卫生镇全覆盖。

15日 嘉定区召开离退休老干部迎春茶话会。

同日 市委常委、上海警备区政委朱生岭，市政协副主席、市委副秘书长姜樑，市政府副秘书长吴建融一行到嘉定开展节前走访慰问活动。

16日 嘉定区举行2013年度非公有制经济人士理想信念教育实践活动总结大会。会议表彰“第四届嘉定区优秀中国特色社会主义事业建设者”。

17日 嘉定区召开2013年度高校科研院所领导座谈会。

24日 嘉定区二、三产业表彰会召开。

26日 嘉定区举行2014年各界人士迎春团拜会。

同日 公安嘉定分局与上海大众汽车有限公司举行“警企携手促合作，共创平安汽车城”主题共建启动仪式。

2月

8日 嘉定区联勤和城市网格化综合管理中心成立。

12日 嘉定区召开党的群众路线教育实践活动动员大会。

13日 嘉定区第五届纪律检查委员会第四次全体会议召开。

20日 嘉定区人民武装工作会议、精神文明建设委员会全体会议召开。

21日 2014上海互联网金融研讨会在嘉定举行。

同日 上海金融创新研究院在嘉定工业区成立，14家互联网企业签约入驻嘉定工业区。

25日 区委常委会召开党的群众路线教育实践活动第一次专题学习会。学习会邀请苏兴华、徐遐蓉、徐标其、唐祝平、吴红五位基层工作者讲述在基层一线做群众工作的经验和感悟。

26日 嘉定区举办党政负责干部学习贯彻习近平总书记系列讲话精神研讨班。

同日 长三角地区优秀曲艺作品展演活动在嘉定举行。

27日 市委宣传部在上海展览中心友谊会堂举行苏兴华先进事迹报告会。

同日 副市长周波到嘉定检查和指导党的群众路线教育实践活动。

是日 区政府与市电力公司举行《2014年嘉定区电网建设和发展计划》签约仪式。

3月

5日 区委常委会举行党的群众路线教育实践活动第二次专题学习(扩大)会，邀请南京政治学院党的创新理论研究中心主任孙力作题为“群众路线——我们党的生命线和根本工作路线”专题辅导报告。

12日 区委常委会举行党的群众路线教育实践活动第三次专题学习会，集中观看宣传教育片。

13日 区委举行“着眼社会治理创新，全面加强新形势下基层建设”调研课题开题动员会。

18日 嘉定区开展主题为“同追绿色梦想、共建生态嘉定”的全民义务植树活动。全区各镇、街道和委办局的600多名志愿者共栽下香樟、垂丝海棠等树木2 500余株。

19日 区委常委会举行党的群众路线教育实践活动第四次专题学习会。邀请市法制办副主任刘平作题为“关于依法行政与法治政府建设的实践与思考”的报告。

同日 嘉定区召开卫生工作会

议暨深化医药卫生体制改革推进会。

25日 区委党的群众路线教育实践活动领导小组召开第二次会议，回顾总结教育实践活动的进展情况，研究部署下一步工作。

28日 陈行水源地嘉定原水支线工程开工。

同日 中残联副主席王新宪一行到嘉定调研助残社会化工作。

4月

1日 嘉定区调整居民和非居民用水价格，居民生活用水实行阶梯水价。最低生活保障标准上调，嘉定城乡标准统一为710元。

同日 青海省果洛州7名干部到嘉定挂职锻炼。

3日 副市长周波到嘉定调研指导党的群众路线教育实践活动工作。

4日 区委常委会举行专题学习会。

同日 嘉定区廉政教育基地在嘉定烈士陵园揭牌。

7日 由中央档案馆、国家档案局、上海市档案局和上海市档案馆联合主办的“为民，务实，清廉——党的群众路线档案展”在陆俨少艺术院举行，展出珍贵文献资料300余件，图文并茂地再现了群众路线的提出、形成和发展完善的历史过程。

8日 锡剧《风波太平村》在区文化馆首演。

同日 嘉定第二条跨省公交线路——昆嘉北线开通运营。

9日 全国政协常委、市政协副主席周汉民到嘉定作专题报告。

10日 副市长周波到嘉定为党员干部上党课。

11日 嘉定区举行离退休干部报告会。区委书记马春雷为全区老干部作嘉定区经济社会发展专题报告。

同日 上海汽车博物馆珍藏馆正式对公众开放。

14日 嘉定区举办基层党组织书记专题培训班。

15日 中国浦东干部学院“全国实施创新驱动发展战略”专题研讨班到嘉定调研。

同日 嘉定区再生能源利用中心项目合作签约仪式举行。城发集团与保利协鑫有限公司共同签署《上海市嘉定区再生能源利用中心合作协议书》。根据协议，城发集团将把全资持有的项目公司（嘉定再生能源有限公司）部分股权转让给保利协鑫，由后者承担项目的建设和运营管理，并引入其先进的管理理念和管理模式，发挥合作双方各自在城市基础设施投资和电力建设、运营方面的经验和优势，共同将嘉定区再生能源利用中心打造成为“世界领先，中国一流”的标志性示范工程。

16日 上海市助残社会化实验基地成果展示活动在嘉定举行。

17日 中央纪委常委、市委常委、市纪委书记侯凯到嘉定调研。

18–30日 上海汽车文化节在嘉定举办。

21日 嘉定区获得新版创建标准首批上海市文明城区称号。

23日 上海市基层党的群众工作现场经验交流会在嘉定举行。

同日 嘉定区举行纪念建团92周年、五四运动95周年主题集会。

25日 区委常委会举行党的群众路线教育实践第十三次专题学习会。

26日 雅昌（上海）艺术中心启用仪式在菊园新区举行。

同日 嘉定区第二届睦邻节开幕。

28日 嘉定区举行“五一”国际劳动节庆祝大会。

同日 嘉定区农村工作会议召开，总结部署“三农”工作。

30日 嘉定区统一战线“同心•零距离”服务民生活动启动。

5月

5日 上海市区县人大常委会主任例会在嘉定召开。

12日 嘉定区举行“最美嘉定医生”颁奖仪式。

13日 嘉定区举行第四届“党员学习月”活动开幕仪式。

15日 上海市“邻里守望”志愿服务活动现场交流会在嘉定举行。

16日 区委召开党的群众路线教育实践活动领导小组扩大会议。

22日 市委常委、组织部长应勇到嘉定调研党的群众路线教育实践活动和组织工作开展情况。

24日 中共中央总书记、国家主席、中央军委主席习近平视察位于嘉定工业园区城北路2258号的上海联影医疗科技有限公司，听介绍，看产品，进车间，问市场，重点了解企业自主创新情况。每到一处，都同员工握手问候。在联影医疗科技有限公司超导MR系统、超高分辨率PET-CT系统、数字化DR机等大型医疗设备面前，公司负责人向总书记介绍这些产品拥有完全的自主知识产权，习近平称赞他们为国争了光，要求有关方面做好政策引导、组织协调、行业管理等工作，加快现代医疗设备国产化步伐，使我们自己的先进产品能推得开、用得上、有效益，让我们的民族品牌大放光彩。

同日 嘉定区开展“两代表”到村居联系点听取意见建议活动。全区600多名市、区两级党代会代表、人大代表，分成70多个小组，深入村、社区，通过实地察看、座谈交流、调研走访等方式，零距离听取党员、群众的意见建议，面对面沟通、交流和解决难题，妥善做好相应的解释、说明和帮扶工作。

25日 嘉定•宝山读书月活动开幕仪式举行。

27日 嘉定区召开城乡一体化发展课题推进会。

同日 入驻嘉定的上海圣华物流股份有限公司在上海股交中心E版挂牌，成为嘉定区首家在上海股交中心挂牌的民营企业。

同日 区总工会职工法律援助中心揭牌暨区工会网络服务平台开通仪式举行。

30日 区委与市社工委签署合作会商制度议定书。

同日 嘉定区举行庆祝“六一”主题集会。

是日 “加科中心”中国总部开幕典礼在嘉定工业区举行。

6月

4日 嘉定区“两新”组织书记(业主)专题研修班在中国浦东干部学院开班。

同日 2014年度嘉定区农村妇女宫颈癌、乳腺癌筛查工作启动。

6日 区委常委会举行党风廉政建设责任制签约仪式。

同日 天合汽车亚太研发中心启用。

9日 市委副书记、市长杨雄到嘉定调研城乡一体化发展工作。杨雄在听取工作汇报后指出,加强乡镇建设是城乡一体化发展的重中之重,下阶段要在加强镇级基础设施建设、农村社会管理、农村生产方式改革等方面给予更多关注和支持,着重缩小郊区新市镇与新城之间的发展差距,全面提升上海城乡一体化发展水平。

10日 嘉定区召开“智慧城市”建设重点工作推进会。

同日 上海修仕倍励国际学校及实验高中入驻嘉定新城签约仪式举行。

是日 市人大常委会副主任薛潮到嘉定调研。

11日 全国政协常委、教科文卫体委员会副主任黄洁夫到嘉定调研精神卫生防治工作及《精神卫生法》实施情况。

12–13日 区委常委会召开党的群众路线教育实践活动专题民主生活会。

13日 嘉定区妇幼保健院与复旦大学附属妇产科医院(上海红房子妇产科医院)举行技术协作签约仪式。

13–15日 “教化之城•礼乐嘉定——上海市嘉定区首届中华传统文化公益道德论坛”举行。

17日 嘉定区与上海中医药大学签约合作共建国际中医药城。

同日 湖南省党政代表团到嘉定考察。

19日 区委常委会举行党的群众路线教育实践活动专题民主生活会情况通报会。

25日 嘉定区举行领导干部专题辅导报告会。复旦大学副校长林尚立应邀作题为“社会主义民主政治建设与发展”的专题辅导报告。

同日 金电联行大数据金融研究院和上海股权托管中心安亭企业挂牌孵化基地在位于安亭镇的上海汽车城金融港揭牌,普维基金、国开熔华基金、P2P金融等16家金融企业签约入驻。

26日 中残联常务副理事长孙先德到嘉定调研残疾人文化工作。

同日 嘉定区人民法院举行新任人民陪审员颁发任命书暨岗前培训开班仪式。

30日 嘉定区召开庆祝中国共产党成立93周年暨加强服务型党组织建设、深化“零距离服务群众工程”推进大会。

同日 上海股权托管交易中心新添慧赢(上海)文化传播股份有限公司和上海欧洁洁净室技术股份有限公司两家嘉定挂牌企业。

是月 江桥镇与上海市行政管理学校举行民族共建签约仪式。

7月

4日 嘉定区举行“两新”组织党建联合会成立仪式。

同日 上海金融创新支持实体经济发展研讨会在嘉定举行。

7日 上海荷花研究所在古猗园举行揭牌仪式,市绿化市容局局长陆月星、区委书记马春雷为研究所揭牌。

15日 嘉定区召开2014年精神文明建设暨全国文明城区创建工作推进会议。

17日 副市长周波到安亭镇指导镇领导班子的专题民主生活会。

同日 嘉定区举行第二届“我是文明嘉定人•十大杰出人物”宣传主题活动。

18日 位于华亭镇的上海北特科技股份有限公司在上海证券交易所上市。

同日 嘉定区举行2014年“青年人才回嘉行动”暨全国985高校大学生赴嘉定暑期社会实践启动仪式。

22日 区委召开五届六次全体会议。全会的主要任务是:深入学习贯彻习近平总书记视察上海工作时的重要讲话精神和十届市委六次全会精神,全力抓聚焦、抓推进、抓落实,确保圆满完成全年目标任务。

29日 区四套班子领导走访慰问驻嘉部队。

同日 副市长、市公安局局长白少康到嘉定调研公安基层基础工作。

是日 全市首家区级独立式消防科普馆在嘉定消防中队开馆。

31日 市政府残工委在嘉定召开上海市残疾人事业“十二五”规划实施情况视察活动嘉定区工作会议。副市长时光辉出席。

同日 历经四年建设的S6沪翔高速公路工程竣工通车。

31日–8月1日 区五届人大六次会议召开。

月内,全长268米、主塔总高111米、投资额17.6亿元的独塔针形斜拉桥——惠平路蕰藻浜大桥建成通车。

8月

1日 位于轨道交通11号线南翔站、安亭站的两个“P+R” 换乘停车场启用。

7日 副市长翁铁慧到嘉定调研教育、卫生计生工作。

同日 区四套班子领导走访慰问战高温一线职工。

19日 副市长蒋卓庆、市政府副秘书长黄融一行到嘉定调研新市镇和村庄规划工作。

20日 市人大常委会主任殷一

璀到嘉定调研基层人大工作。

同日 嘉定区召开全国文明城区创建工作培训会。

21日 2014年上海嘉定科技博览会在上海汽车会展中心开幕。

同日 移动互联网产业发展论坛在上海汽车会展中心举行。

25日 嘉定区召开党的群众路线教育实践活动领导小组第四次扩大会议。

28日 原上海市常务副市长、政协主席冯国勤率领上海政协之友社一行到嘉定学习考察。

31日 位于嘉定新城的上海保利大剧院首演季部分演出正式开票,水景剧院纪念卡同日发售。

是月 区委书记马春雷率区四套班子领导检查创城工作开展情况。

同月 南翔小笼制作技艺入选文化部第四批国家非物质文化遗产代表性项目。

9月

1日 嘉定区领导干部“创新社会治理、加强基层建设”专题培训班在市委党校开班。

3日 市人大常委会副主任、市总工会主席洪浩到嘉定调研。

同日 嘉定区与中国电信上海分公司签订信息化合作框架协议。

4日 区委召开街镇、大口委党委(党工委)书记季度工作会议。

同日 召开大型居住社区建设专题推进会。

5日 举行中秋月“传家风承家训”主题咏诵会、各界人士2014年中秋电影招待会。

9日 区委党校举行2014年秋季开学典礼。

10日 嘉定区举行庆祝第30届教师节主题活动。

12日 嘉定区召开规划土地管理工作会议暨集建区外建设用地减量化动员大会。

13日 上海中青昆仑互联网金融信息服务股份有限公司正式签约入驻嘉定工业区。

同日 “2014中国•上海互联网金融生态环境建设高峰论坛”在嘉定举行。

15日 中央党的群众路线教育实践活动第六巡回督导组组长张柏林、副组长张成寅率队到嘉定督导党的群众路线教育实践活动第三环节相关工作。

17日 嘉定区第四届残疾人运动会暨第三届特殊奥林匹克运动会开幕式在嘉定体育馆举行。

19日 以“经典上海•风雅嘉定——秋意雅韵品嘉定”为主题的上海旅游节、购物节嘉定系列活动开幕。

20日 副市长周波到嘉定调研指导党的群众路线教育实践活动。

24日 嘉定区举行培育和践行社会主义核心价值观群众性主题宣讲首场宣讲。

25日 嘉定区科学技术协会第三次代表大会召开。

26日 上海炎黄书画院揭牌仪式在位于江桥镇的上海书画艺术馆举行。

同日 “疁城追梦——陈启宇摄影作品展”在韩天衡美术馆开幕。

27日 上海市市民文化节中华传统经典诵读大赛总决赛在嘉定举行。

29–30日 区四套班子领导分别率队走访看望老人。

30日 嘉定区举行各界人士向人民英雄敬献花篮仪式。

同日 嘉定举行庆祝保利大剧院首演•嘉定新城10周年展望活动。

10月

8日 党的群众路线教育实践活动总结大会在北京召开。习近平总书记在会上作重要讲话,全面总结党的群众路线教育实践活动开展情况,对巩固发展教育实践活动成果、建立长效机制进行部署。会后,市委书记韩正就深入贯彻党的群众路线教育实践活动以及习近平总书记系列重要讲话精神提出要求。根据中央及市委教育实践活动领导小组办公室要求,嘉定设立电视电话会议分会场。区四套班子领导出席。

10日 嘉定区召开党的群众路线教育实践活动总结大会。

11日 “2014年嘉定精英人才创新创业活动周”在上海物联网中心启动。

同日 车联网与智能交通高端论坛在上海物联网中心召开。

12日 CTCC中国房车锦标赛联合WTCC世界房车锦标赛等七大赛事,在上海奥迪国际赛车场开赛。

15日 嘉定公务用车在全市首次引入新能源汽车租赁模式。

17日 启良中学举行建校110周年纪念大会。

18日 2014年上海海外归国人员创业千人大会在嘉定召开,副市长周波出席。在活动现场举办的两场圆桌对话上,嘉定区政府与创业者、创业者与投资人之间,分别就政府如何进一步提供支持、企业融资问题、如何利用资本杠杆等进行深入探讨。会上,上海千人计划文化科技专委会与嘉定区人民政府签订《战略合作协议》,上海市欧美同学会与上海市张江高新区管委会、上海千人计划专家联谊会签订《合作备忘录》,“上海海创学堂与海创千里马导师计划”启动,上海国际人才基金(奉贤)投资项目签约仪式同场举行。

18日 嘉定区第九届职业技能竞赛决赛在上海大众工业学校举行。

22日 嘉定区举行领导干部学习报告会。同济大学经济与管理学院教授诸大建应邀作“学习习近平总书记系列重要讲话精神,推动生态文明建设与城市发展”专题辅导报告。

同日 中国汽车工程学会年会暨展览会在上海汽车会展中心开幕。

23日 《福布斯》中文版在上海南翔智地园区举办“创客造物——Forbes China the Makers Talk”论坛。

24日 由中国汽车工程学会和上海国际汽车城联合举办的2014年纯电动汽车挑战赛在上海汽车博览公园开幕。

25日 云翔寺举行重建落成10周年仪式。

31日 嘉定区召开党员负责干部会议。传达、学习党的十八届四中全会和市党员负责干部会议相关精神。

11月

1日 嘉定区举行"联影——嘉定区域影像中心远程教育平台"启用仪式。

1–3日 首届中国字砖文化学术研讨会在嘉定召开。中国字砖文化研究与保护中心在上海明止堂古砖研究与保护中心设立。

3日 区委常委会专题研究审议"十三五"规划基本思路。

4日 "凌云健笔意纵横——陆俨少艺术展"在陆俨少艺术院开幕。

6日 嘉定区举行新能源汽车公共充电桩查询APP——"车易充"启用仪式。

同日 全国首个社区智能机器人云服务系统在嘉定江桥上线。

8日 "嘉定文派与明代诗文"国际学术研讨会在嘉定举行。

10日 市委第一巡视组在嘉定召开巡视工作动员会。

12日 嘉定区召开推进建设用地减量化工作专题会议。

13日 美国前劳工部长赵小兰及其父赵锡成一行回故乡嘉定参观访问。

同日 外环高速新建路桥孔内违法建筑依法进行拆除。

15日 嘉定区电动汽车"分时租赁"正式运营。

18日 市委常委、政法委书记姜平率全市各郊区县政法委书记到嘉定调研政法综治工作。

19日 嘉定区召开党风廉政建设"党委负主体责任、纪委负监督责任"培训报告会。

同日 区经委与江苏中关村科技产业园(溧阳)签订战略合作协议。助推两地支柱产业、优势产业和特色产业的发展，实现双方优势互补、共同加快经济发展的目标。

20日 嘉定区首届职工文化艺术节开幕。

24日 市委常委、统战部长沙海林到嘉定调研民族工作。

25日 嘉定区第十届全民终身学习活动季开幕式在安亭镇举行。

26日 区委书记马春雷接见"上海市荣誉市民"艾博彬和"白玉兰荣誉奖"获得者哈铁格。

27日 市建设交通工作党委中心组与区委中心组举行联组学习会。

同日 上海国际电动汽车技术合作论坛在嘉定工业区举行。

12月

1日 区人大常委会对区政府关于2015年旧住房综合改造预算项目举行听证会。

同日 嘉定区举行嘉定志愿者广场揭幕暨菊园新区学雷锋志愿服务制度化成果展示活动。

2日 嘉定区与上海海关签订战略合作协议。

3日 区委中心组举行学习扩大会，市学习贯彻党的十八届四中全会精神宣讲报告专家组成员、市人大常委会法制工作委员会主任丁伟应邀作题为"法治中国建设的总目标和实现路径——学习贯彻十八届四中全会精神体会"的专题报告。

同日 市委常委、宣传部部长徐麟到嘉定调研。

4日 区委、区政府召开2015年工作务虚会。

5日 嘉定区宪法广场落成仪式在新成公园举行。

8–9日 嘉定区举行全国文明城区创建工作专项实地督查，区四套班子领导参加活动。

10日 国家体育总局副局长冯建中到嘉定检查和调研《全民健身条例》和《全民健身计划》工作落实情况。

12日 上海虹桥商务区管委会党组书记、常务副主任薛全荣率代表团到嘉定考察交流。

18日 嘉定启用上海市首个公共文化服务云平台——"文化嘉定云"。

20日 嘉定区召开公共文化服务议事会成立大会。

24日 嘉定区召开深化国资改革促进企业发展工作会议，"嘉定国资改革19条"发布。

25日 嘉定首次筹措房源，符合条件的廉租家庭申请廉租房实物配租。

26日 团市委上海百万青年成长计划青年人才工作现场会在嘉定召开。

28日 嘉闵高架北段一期(北翟路～G2公路)通车。

同日 轨道交通13号线金沙江路至长寿路站开通。

29日 区委召开五届七次全会。

30日 瑞金医院肿瘤(质子)中心建设项目在嘉定新城开工。

同日 公交嘉定西站投入运营。

31日 嘉定区安全生产工作会议召开。

是月 区领导分组开展党风廉政和基层党建"两个责任制"与"八项规定"专项检查工作。

同月 S5沪嘉高速公路大修工程全部完成，沿线生态廊道建成。

(中　文)

专　　记

编辑　孙培兴

嘉定区党的群众路线教育实践活动纪实

自2014年2月起，根据中央和市委的总体部署，嘉定区82家处级以上领导班子、903名处级以上党员领导干部、2 824个党组织和57 320名党员，参加第二批党的群众路线教育实践活动（以下简称教育实践活动）。在中央第六巡回督导组和市委第五督导组的严格督导、悉心指导下，区委常委会率先垂范，带领广大党员干部紧紧围绕“为民务实清廉”主题，按照“照镜子、正衣冠、洗洗澡、治治病”的总要求，坚持“求真察实情、动真改问题、认真立规章”，扎实开展教育实践活动，取得较好成效。9月19日，市教育实践办在嘉定区组织的群众测评会上，与会群众认为嘉定区教育实践活动开展得好或较好的达100%，对嘉定区解决“四风”问题特别是群众反映强烈的突出问题感到满意的达到99.38%，高于全市98.57%和97.71%的平均水平。

一、基本做法

（一）领导带头先行，以上率下贯穿始终

区委常委会以身作则、从严要求，在活动中始终坚持带头加强学习教育，做到思想认识高一层；带头征询意见建议，做到查找问题深一步；带头对照检查，做到开展批评严一分；带头即知即改，做到整改落实先一着。常委会人员先后3次以上到联系点指导教育实践活动，并全程参加领导班子专题民主生活会。区人大常委会、区政府、区政协党组和各部门、各单位党委（党组）书记切实履行“第一责任人”职责，积极发挥示范带动作用，有力推进教育实践活动的深入扎实开展。

（二）坚持思想引领，学习教育贯穿始终

区委常委会突出坚定理想信念这个根本要求，认真研读习近平总书记系列重要讲话精神和中央规定的必读书目，先后组织开展16次集中学习。每位常委成员都把自己摆进去，以弘扬“焦裕禄精神”、践行“三严三实”为主题，先后两次交流学习体会。以信念为镜，理论学习和宗旨教育同步推进，常委会先后为基层作专题报告或深入联系点上党课13次，邀请市级领导以及中央党校、复旦大学等专家作专题辅导报告21场；指导成立区、镇两级群众路线宣讲团，开展巡回宣讲400多场次。以群众为镜，拜师学习和典型教育同步推进，邀请苏兴华等5位基层干部讲授群众工作体会，先后举办23场苏兴华先进事迹报告会。以党史为镜，案例学习和红色教育同步推进，组织观看警示教育片《苏联亡党亡国20年祭》、电影《焦裕禄》以及沪剧《挑山女人》《小巷总理》和自编锡剧《风波太平村》等，并邀请离休老干部做革命传统报告。以党纪为镜，法规学习和廉政教育同步推进，编印1.2万本漫画册，宣传中央“八项规定”精神和“六条禁令”；组织参观焦裕禄大型图片展和区廉政教育中心。在区委常委会的带领下，各街镇、各部门把学习教育摆在首位，共开展集中学习1 349次，上党课550次，邀请各级领导和专家作专题辅导报告304场次，交流学习体会627次，撰写心得2 332篇，切实做到学习有深度、教育有力度、思想有升华。

（三）敞开大门搞活动，广纳社情民意贯穿始终

区委常委会高度重视开门纳谏、广听民意，既注重“让干部走下去”，又注重“把群众请进来”，做到三个结合，即：调研座谈和拜访谈心相结合。相继召开街镇部门、村居组织、重点企业等主要负责人座谈会41场次，听取和收集意见建议212条；上门拜访曾担任过区四套班子领导的老同志，和他们面对面谈心，真听意见、听真意见。上门走访和上网“微访”相结合。深入走访联系点、局镇挂钩单位和基层一线，广泛听取意见建议。通过在“嘉定党建网”设立“微语录”等栏目，以及开设微博页面、设立电子邮箱等“微访”形式，发动3 321人次参与意见箱或网上邮箱征求意见。群众参与和群众评价相结合。区领导先后作客上广990“市民与社会”和“夏令热线”栏目，就群众关心的问题与市民互动。常委会通过《嘉定报》等区内媒体向社会公布整改方案，并要求各单位将整改落实情况公之于众，用群众的评价和监督确保整改工作有效落实。各街镇、各部门坚持深入基层广听意见，累计召开各类座谈会1 481场次、个别访谈5 203人次，发出征求意见表8 996份和调查问卷6 766份。各单位还向群众作专题民主生活会通报，并公开整改方案的有关内容，教育实践活动的过程成为坚持群众观点、群众路线的生动实践。

（四）严格党内生活，整风精神贯穿始终

为开好有质量、有辣味的专题民主生活会，区委常委会严把问题查摆、材料撰写、谈心谈话和相互批评“四关”，采取把领导个人、“四风”突出问题、具体事例、群众意见和认领问题“五个摆进去”的措施，主动亮短揭丑，班子集体共梳理“四风”突出问题15个，常委个人共查摆问题109个，专题民主生活会上相互提出批评意见104条。各街镇、各部门也精心准备、严把关口，基层班子集体共查摆“四风”突出问题1 185个，班子成员共查摆个人“四风”突出问题6 837个，会上相互提出批评意见5 452条，既指出问题，又团结同志，达到“红红脸、出出汗、加加油、鼓鼓劲”的预期效果。在加强领导班子建设的同时，区委扎实抓好基层党组织建设。认真开展软弱涣散基层党组织排查，进一步完善农村“四议两公开”、社区“两委议事”等民主议事协商平台。精心指导和严格督导各基层党组织专题组织生活会和民主评议党员工作。各基层党支部对党员进行综合评定，其中“好”占90.77%，“一般”占9.20%，差占0.03%。

（五）边学边查边改，建章立制贯穿始终

区委常委会对查摆的问题立行立改，并注重用制度建设来巩固整改成果。在前两个环节，以“三个清单”为抓手，扎实开展即知即改工作。常委会先行建立267条的“问题清单”以及相应的“整改清单”和“制度清单”，同时指导全区各单位普遍建立“三个清单”，确定即知即改项目1 905个，已整改落实853个。另外，在全区范围确定并开展101项基层专项治理工作和文明城区创建十大专项整治行动，重点对群众反映强烈的14个突出问题，出重拳、用实招，取得较好成效。在第三个环节，以“两方案一计划”为核心，有力推进整改落实和建章立制工作。常委会按照“五个回应”的要求，率先建立“两方案一计划”，常委个人也全部制定整改清单，并通过上下联动整改、评议推动整改、分层分类整改等措施，持续加大整治力度。在常委会的推动下，各单位也认真制定“两方案一计划”，除了中央、市委和区委确定的专项整治任务以外，共确定1 823项整改事项和412项专项整治任务，至2014年10月召开嘉定区党的群众路线教育实践活动总结大会前，已累计完成1 212项，取得阶段性成效。

（六）紧扣“最后一公里”，服务群众贯穿始终

区委常委会着眼于解决联系服务群众“最后一公里”问题，坚持把服务群众零距离、让广大群众得实惠放在突出位置，以实际成效取信于民。开展“换位体验”，消除思想情感上的“最后一公里”。在处级以上党员领导干部和291个窗口服务、执法监管单位当中，深入开展“换位体验察实情”主题活动，听取收集“原汁原味”的意见建议。在常委会带动下，全区有2 278人次参加换位体验活动。深化“零距离工程”，消除服务平台上的“最后一公里”。在2013年提供349个零距离服务项目的基础上，2014年深入实施200个指向更明确、更贴近民生的实事项目，推动零距离服务规范化、常态化。夯实“基层基础”，消除组织保障上的“最后一公里”。结合基层服务型党组织建设，逐步构建区域化大党建格局，不断创新和拓宽“睦邻点”“客堂汇”等组织平台，不断深化“班长工程”和“基石工程”建设。强化“群众督访”，消除监督评判上的“最后一公里”。从本地居民、来沪人员等群体中聘请人员，成立“群众监督巡访组”，对全区教育实践活动进行集中督访和分散巡访。教育实践活动期间，“督访组”共开展集中督访18次，分散巡访88人次，提出47条改进建议，其中当场整改落实11条。

（七）深入联系基层，严督实导贯穿始终

成立8个督导组，先后召开4次专题会议和17次督导组长会议，研究解决教育实践活动中的重要事项。领导小组办公室组织编写101期《简报》，全面反映全区教育实践活动的进展情况，并通过每周例会制度，推动工作落实。各督导组紧紧依靠被督导单位党委（党组），制定切实可行的督导方案，明确督导的内容、重点和措施，切实加强分类指导，对各个环节、各类方案以及整改落实情况等严格把关。22个处级单位成立的二级督导组严控教育实践活动各个环节，确保活动顺利推进。

（八）营造舆论氛围，宣传引导贯穿始终

牢牢把握正确舆论导向，加大舆论造势力度。强化媒体宣传。组织协调市级及以上媒体和区内各新闻单位及时报道全区教育实践活动的开展情况。《解放日报》《文汇报》、上海电视台、上海人民广播电台、东方网等市级主要媒体刊播嘉定试点干部“工作记实”、缩短动迁居民安置过渡时间等系列报道。区内媒体开设各具特色的专题专栏，做好全区活动开展情况的报道。选树先进典型。精心组织和开展第二届“我是文明嘉定人·十大杰出人物”评选和宣传活动，树立和推广苏兴华、徐遐蓉等10名基层党员干部先进典型，使各级党员干部学有榜样、干有目标、改有方向。

二、主要成效

（一）思想灵魂有“震动”，牢牢把握住世界观、人生观、价值观这个“总开关”

通过教育实践活动严格的党性锤炼和党内政治生活的实践，嘉定区广大党员干部醒了脑，提了神，思想上补了课，精神上补了“钙”，灵魂深处经历一次大震撼、大洗礼和大提升。广大党员干部普遍感到，从来没有那么深刻地反思自己内心深处的理想信念问题，从来没有那么深入地查找自己身上的党性修养问题，从来没有那么深刻地反省自己对人民群众的情感责任问题。广大党员干部理想信念更加坚定，宗旨观念更加牢固，忧患意识更加强烈，精神状态更加振奋，强化争当建设现代化新型城市的探索者和先行者的发展追求，坚定“一张蓝图画到底”的信心，增强“功成不必在我”的定力，在全区上下进一步形成心齐、气顺、劲足的良好氛围。

（二）作风整改有“行动”，有效遏制“四风”突出问题

在反对形式主义方面，着力整治文山会海和评比达标表彰等活动，较活动开展前，精简会议922个，减少文件1 260个，压缩各类评比达标表彰活动45个，清理各类领导小组和议事协调机构22个。分类调整年终绩效考核政策，对街镇完善差别化考核政策，对区职能部门考核增加街镇、村居的评价分值。建立项目储备库和重大项目第三方评估机制，全面落实重大事项社会稳定风险评估机制，杜绝“形象工程”和“政绩工程”。

在反对官僚主义方面，改进下基层调研工作方式方法，着力推动调研成果转化，提高调研实效。加强基层服务型党组织建设，指导区域化党建工作深入开展。深化社区事务受理服务中心标准化建设，扎实开展履职调查评议、“12345”绩效评估、作风和效能测评等工作，切实解决门难进、脸难看、事难办等问题。

在反对享乐主义方面，积极探索完善干部日常管理的

常态化机制，建立日常管理信息化平台，强化对干部德、能、勤、绩、廉的全员全程记实考实。制定党政机关公务用车配备使用管理办法，清理清退公务用车36辆。开展办公用房清理，切实解决党政机关和领导干部超面积占有、使用办公用房等问题。开展“裸官”、企业兼职、“占编制不上班”“走读”人员情况自查工作。

在反对奢靡之风方面，进一步严控行政经费，强化预算执行，较活动开展前，压缩“三公”经费31.7%。研究制定嘉定区党政机关国内公务接待管理细则和因公出国(境)经费、会议费、培训费、差旅费等管理办法，规范各项公务支出行为。大力开展“会所中的歪风”“培训中心的腐败”“公款送礼、公款吃喝、奢侈浪费”等专项整治，排摸整顿领导干部违规参加“天价培训”行为。建立项目稽察、审计、监察等监督及后评估机制，杜绝奢华浪费建设。

(三)回应诉求有“互动”，集中解决一批群众反映强烈的突出问题

着力解决与民生密切相关的问题。让群众办事更加便捷。完成12个街镇“社区事务受理服务中心标准化建设”，逐步把职能部门中与群众工作、生活密切相关的公共服务和便民服务事项最大限度下沉到社区，方便群众办事。让居民出行更为畅通。针对台风暴雨期间部分低洼地段容易积水、居民出行不便等问题，重点改造一批排水管道、雨水泵站、主干道路、下立交和居民小区地下空间。在沪嘉高速嘉定入口等处设置“实时交通信息电子告示牌”，进一步方便群众出行。让群众利益更有保障。扎实推进镇村集体土地和物业租赁网络监管平台建设，公开接受群众监督。加快推进征收安置房建设，力争用三年时间让存量在外过渡的被征收居民全部搬入新居。让生活服务更加贴心。2014年建成启用保利大剧院、嘉定体育馆新馆、东方肝胆外科医院等项目，并推动优质服务资源向社区延伸；在嘉定新老城区等地建立511个4G网络基站，进一步提升电信服务水平；2014年新增养老床位438张，各街镇加快建立老年人日间照料中心，为老人提供居家养老服务。

着力攻克与群众利益密切相关的社会治理顽症。针对人口综合调控这一难题，注重综合施策，坚持“以业调人、以证疏人、以房管人”，调控呈现“人口总量逐步稳定，来沪人员缓中略降”的态势。针对违法搭建整治难题，结合农村地区22项、城市居民区16项专项整治行动，强势推进拆违工作，至2014年9月，全区共拆除违法建筑53.8万平方米，超额完成年初指标任务。针对城市综合管理“资源整合不强、条块联动不畅”的难题，进一步整合相关执法力量和网络资源，成立区、镇两级联勤和城市网格化管理中心，并逐步向村居小联勤延伸，城市综合管理效能得到进一步提升。针对各镇居民小区快速增加、而社区管理相对“缺位”等难题，在部分镇试点探索“镇管社区”模式，探索搭建“镇—社区—居(村)”的社区治理架构。

(四)建章立制有“举动”，初步形成作风建设的长效机制

一方面，按照中央和市委的要求，突出务实高效管用，确保可执行、可监督、可问责，确定一批制度建设清单。区委常委会确定60项制度建设任务，各街镇、各部门也结合实际确定各自制度建设任务。另一方面，针对教育实践活动中反映比较集中的问题，制定出台一批反对“四风”、改进作风的长效机制。出台党员正职领导干部述责述廉、领导干部个人有关事项报告抽查核实、党政机关及其工作人员在国内交往中收送礼品管理等制度，并加大经常性监督检查力度。至2014年10月，共查处违反中央“八项规定”精神的问题5个，视情节轻重给予当事人党纪处分、诫勉谈话、教育提醒等处理，并责成自行承担相关费用等。

(五)事业发展有“推动”，有力促进地区经济社会发展

坚持两手抓、两促进，用好的作风推进经济社会发展，用改革发展成效检验作风整改成果。经济发展态势良好。2014年，实现增加值1 630.2亿元，可比增长8.6%；完成规模以上工业产值5 082.7亿元，同比增长7.1%；完成财政总收入745.7亿元，同比增长13%，其中地方财政收入167.8亿元，同比增长15.4%；完成商品销售总额和社会消费品零售总额4 279.8亿元和714.1亿元，同比分别增长12.6%和26.5%。城市品质明显提升。保利大剧院、区工人文化宫、沪翔高速(S6)等重大功能性项目建成并投入使用，关系城市长远发展的上下水、垃圾处理、道路等重大基础设施项目建设稳步推进，城市功能进一步完善。民生保障持续改善。新增就业岗位3.5万个。城乡居民家庭人均可支配收入分别达到40 042元和23 831元，同比分别增长10.2%和11%。社会保持和谐稳定。平安嘉定建设不断深化，全区刑事案件万人发案率低于全市平均水平，未发生影响全局的重特大安全事故、突发事件和群体性事件。

(嘉定区党的群众路线教育实践活动领导小组办公室)

中共嘉定区委员会

编辑 袁黛英

综　　述

2014年是全面深化改革的开局之年，是深入推进“十二五”规划的关键一年。一年来，区委常委会全面贯彻习近平总书记系列重要讲话精神和中央、市委决策部署，不断深化“稳中求进、进中求变、变中领先”的发展思路，不断强化争当建设现代化新型城市探索者和先行者的发展追求，坚持落实“产业转型发展、城市品质发展、社会和谐发展、党建科学发展”的发展举措，开拓进取，奋发有为，推动全区建设取得新进展。

深入开展党的群众路线教育实践活动，为民务实清廉的形象进一步树立。区委常委认真撰写和交流学习体会，为基层联系点上党课，以身作则并要求广大党员干部开展批评与自我批评，召开高质量专题民主生活会和组织生活会。发动全区各级党员干部参加“换位体验察实情”主题活动，2 278人次参加，消除思想感情上的“最后一公里”；深化“零距离服务群众工程”，实施200个指向明确、贴近民生的实事项目，消除服务平台上的“最后一公里”；开展整顿软弱涣散基层党组织工作，推进基层服务型党组织建设，消除组织保障上的“最后一公里”；成立“群众监督巡访组”，对干部作风和基层党建工作进行集中督访和分散巡访，消除监督评价上的“最后一公里”。推动制度建设的常态化和长效性。明确区委常委会68项整改事项、36项专项整治任务及60项制度建设计划，全区82个处级单位结合自身实际制定1 823项整改事项和412项专项整治任务，形成作风建设抓常、抓细、抓长的有效机制和刚性约束。

加快推动产业转型发展，经济发展的质量和效益持续提高。以汽车为特强产业的高端制造业引领增长，以战略性新兴产业为主体的高科技产业加速发展，有特色的生产性服务业和高品质生活性服务业增势强劲，“商旅文”融合发展的旅游目的地建设扎实推进。深化国资国企改革，完善区管企业分类，推进委办局与下属企业脱钩。推进重点区域、重大项目房地征收工作，加大低效违法用地整治和土地整理复垦力度，为产业转型腾出空间。

加快推动城市品质发展，新城建设的实力和魅力不断展现。新城核心区企业总部集聚商务区吸引多个项目落地，老城保护和改造同步实施，安亭地区研发科技港建设进入收尾阶段，南翔江桥地区大型商业综合体营业。实施“百、千、万”生态发展战略，实施污染防治和清洁空气计划。开展节能降耗，“四高一低”落后产能加快调整，重点领域节能减排加快推进。继续扩大农村集体经济组织产权制度改革试点，推进撤村撤队工作。推进“美丽乡村”建设，加大宅基地置换和村庄改造力度，探索“家庭农场+合作社”经营模式。实施科技兴农、服务为农举措，加快推进高水平粮田和设施菜田项目建设，农产品安全、市场供应和效益得到保障，农业基础地位进一步夯实。

加快推动社会和谐发展，共建共享的水平和标准日益提升。就业服务和社会保障水平持续提升。细化完善各类就业扶持政策，提高劳动者职业技能，加大岗位开发和就业援助力度，全年新增就业岗位34 965个。统筹优化教育资源配置，推进新增公建配套学校建设，加大优质教育资源引进力度。深化医药卫生体制改革，实施重大及基本公共卫生服务项目，合理规划区域医疗资源。加强老年人和残疾人权益保障，成功创建“全国残疾人文化体育建设示范区”。社会治理体系建设不断深化。成立区联勤和城市网格化综合管理中心，推动“大联勤”、城市网格化管理、市民服务热线等资源整合。健全“一纵四横”大调解工作格局，加大医患纠纷、劳动争议、交通事故、物业纠纷等专业领域调解力度。以法治城区创建、依法行政示范单位创建、基层民主法治创建为载体，全面推进“法治嘉定”建设。严厉打击违法犯罪活动，大力整治突出治安问题，刑事案件万人发案率低于全市平均水平。

加快推动党建科学发展，保障发展的能力和素质进一步强化。以深入学习党的十八届三中、四中全会和习近平总书记系列重要讲话精神为引领，推进宣传思想和精神文明创建工作。加强领导班子、干部队伍、人才队伍建设，实施后备干部培养“双百”工程、第二批年轻干部“成长”工程，推进国家级、市级海外高层次人才创新创业基地建设。围绕组织有活力、党员起作用、群众得实惠，制定实施加强基层服务型党组织建设的若干意见，全面加强基层服务型党组织建设。党风廉政建设深入推进。做实党风廉政建设责任制，认真落实党委主体责任和纪委监督责任，开展纪委内设机构调整和议事协调机构清理工作，加大查信办案力度，做到有腐必惩、有贪必肃。（夏洁心）

区委五届六次全会　（嘉定报社　李华成　摄）

区党代会、全会和常委会会议

【概况】 2014年，召开区委五届六次全会和区委五届七次全会，学习贯彻市委十届六次、七次全会精神，审议《区委常委会2014年工作报告》，审议通过《中国共产党上海市嘉定区第五届委员会第七次全体会议关于递补区委委员的决定》。区委召开常委会会议29次，每次会议有1~9个议题，主要内容有：讨论决定召开区委五届六次、七次全会及会议主题；讨论通过《嘉定区产业园区转型升级三年行动计划》《嘉定区贯彻〈关于本市党政机关及其工作人员在国内交往中收送礼品的管理办法〉的实施细则》《2014年嘉定区落实党风廉政建设责任制工作意见》等文件；讨论决定人事任免等。

【区委五届六次全会】 7月22日召开。全会传达市委十届六次全会精神，审议《区委常委会2014年上半年工作报告》，审议并表决通过《中共上海市嘉定区委五届六次全会决议》。区委书记马春雷在第一次大会上要求各级干部对照习近平总书记“四个着力”的新要求，进一步提高工作标杆；对照市委“嘉定要建设现代化新型城市”的新目标，进一步拓宽工作视野；对照嘉定自身发展面临的难题瓶颈，进一步强化攻坚克难的魄力和智慧。马春雷在第二次大会上就贯彻落实全会精神，全力做好下阶段工作提出三点要求：一是保持定力、主动作为，全力开创各项工作新局面；二是居安思危、未雨绸缪，全力维护社会和谐稳定；三是认真做好防汛防台、安全生产、食品安全、电力供应、创城迎检等阶段性工作，保障城市运行安全有序。区委副书记、区长杲云总结上半年经济社会发展情况，部署下半年工作。他指出，必须以改革的决心和方法，破解好转型发展的动力问题；必须以统筹推进的大局意识和责任，破解好各自为政的问题；必须发挥市场在资源配置中的决定作用，破解好政府包揽的问题。区委常委、区委委员、区委候补委员出席会议，区纪委委员、有关方面负责人及市第十次党代会嘉定区代表、部分区第五次党代会代表列席会议。

【区委五届七次全会】 12月29日召开。全会审议并通过《中国共产党上海市嘉定区第五届委员会第七次全体会议关于递补区委委员的决定》。区委书记马春雷在第一次大会上作题为“主动适应经济发展新常态，大力实施创新驱动发展战略，奋力开创嘉定现代化新型城市建设新局面”的主题报告。马春雷在第二次大会上就做好下阶段工作提出两点要求：一要统筹兼顾、精准发力，推动嘉定在经济发展新常态下有更大作为，注重把握好“保持定力”和“开拓进取”“做大做强”和“扶小育优”“率先争先”和“守住底线”“直面当前”和“着眼长远”的关系；二要周密安排，认真做好岁末年初各项工作，全力维护社会稳定和城市运行安全，关心好群众的生产生活，切实加强廉洁自律。区委副书记、区长杲云总结2014年经济社会发展情况，部署2015年工作：一要深入推进改革开放各项工作，二要全力促进科技创新中心建设，三要坚定不移推进产业转型升级，四要统筹推进重大工程项目建设，五要切实保障和改善人民生活，六要提高城市管理和社会治理水平，七要统筹推进城乡一体化发展，八要进一步加强政府自身建设。区委副书记周金林传达市委十届七次全会精神。区委常委、区委委员、区委候补委员出席会议，区纪委委员、有关方面负责人及市第十次党代会嘉定区代表、部分区第五次党代会代表列席会议。

【区委常委会会议】 2014年，区委召开常委会会议29次，每次会议有1~9个议题。常委会会议传达学习贯彻中央、市委文件和会议精神12次（1次即1个议题，下同），研究部署党的群众路线教育实践活动有关工作9次，讨论召开区委五届六次、七次全会有关事宜2次，讨论区委重点工作、调研工作16次，讨论纪检监察工作、组织工作、宣传工作、统战工作8次，讨论人民武装工作1次，讨论政法、信访、反恐、防范和处理邪教问题工作4 次，讨论工、青、妇工作3次，讨论绩效考核工作3次，讨论先进评选工作2次。其主要内容有：讨论决定召开区委五届六次、七次全会及会议主题；讨论通过《嘉定区产业园区转型升级三年行动计划》《嘉定区贯彻＜关于本市党政机关及其工作人员在国内交往中收送礼品的管理办法＞的实施细则》《2014年嘉定区落实党风廉政建设责任制工作意见》《关于进一步完善嘉定区分级分责化解信访矛盾解决群众合理利益诉求工作制度的意见》《嘉定区处级党政领导班子党员正职领导干部述责述廉工作办法（试行）》等文件；讨论决定人事任免等。（夏洁心）

纪检监察

【**概况**】 2014年，在市纪委和区委的领导下，全区纪检监察组织转职能、转方式、转作风，推进党风廉政建设和反腐败工作，强化监督执纪问责，狠抓落实，各项工作取得新成效。召开五届区纪委四次全会，审议通过《聚焦中心任务，强化执纪监督，深入推进党风廉政建设和反腐败斗争》工作报告。

嘉定区第五届纪律检查委员会第四次全体会议　（区纪监委　供稿）

【**调整机关内设机构**】 年内，调整区纪委、区监察局机关内设机构，撤销党风廉政室、案件检查室、监察综合室、纠风室，设立党风政风监督室、第一纪检监察室、第二纪检监察室、第三纪检监察室，审理法规室更名为案件审理室。调整后，有执纪监督部门6个，人员编制21人。梳理出2000年以来区纪委、区监察局参与的各类议事协调机构136个，继续参与10个，取消或退出126个。

【**严格执行中央“八项规定”精神**】 年内，继续落实中央“八项规定”精神和市委、区委《实施办法》的精神，加强对落实情况的执纪监督，在春节、五一、中秋、国庆等重要节点，重申纪律要求。开展“会所中的歪风”“培训中心的腐败”“公款送礼、公款吃喝、奢侈浪费”三项专项整治工作，全区处级领导干部、班子成员及相关人员900余人作出会员卡零持有承诺。开展办公场所门禁系统清理工作，11个单位取消不符合规定的门禁；受理违反中央“八项规定”精神信访举报35件，查处4件4人。

【**落实党风廉政建设责任制**】 年内，协助区委制定《嘉定区贯彻落实＜建立健全惩治和预防腐败体系2013-2017年工作规划＞的实施细则》《关于落实党风廉政建设党委主体责任的实施办法》。出台《关于落实党风廉政建设纪委监督责任的实施办法》，构建以《落实党风廉政建设责任制工作意见》为主，《党委主体责任、纪委监督责任工作分解》《党风廉政建设责任书》和《基层党委主要领导责任告知书》为配套的“1+3”责任落实体系。将全年责任制工作分解为党委主体责任和纪委监督责任两大类40项，其中党委主体责任34项、纪委监督责任6项，明确16家责任制牵头部门。区委主要领导与班子成员签订廉政责任书，区委向基层党委（党组）书记送达责任告知书。制定党风廉政建设责任制工作考核办法和专项检查办法。年末组织开展责任制专项检查，15位区委、区政府领导带队，对25个处级单位责任制落实情况进行实地检查。印发《嘉定区各街镇和区委区政府各委办局党员正职领导干部述责述廉工作办法（试行）》，开展街镇党（工）委书记履行第一责任人责任述职评议工作，安亭镇、嘉定新城（马陆镇）、南翔镇、嘉定镇街道、新成路街道、嘉定工业区6个街镇的党（工）委书记进行口头述责述廉，接受区领导点评和与会人员评议。召开区纪委落实监督责任工作汇报会，各街镇、部分大口委局和区管企业等23家基层纪委汇报工作。

【**强化对基层纪委的双重领导**】 年内，推动党的纪律检查工作双重领导体制具体化、程序化、制度化。强化上级纪委对下级纪委的领导，建立健全基层纪委向区纪委定期述职、报告重大事项等制度。落实查办腐败案件以上级纪委领导为主的要求，强化案件线索管理，基层纪委案件线索处置情况必须向区纪委报告。

【**受理群众信访592件**】 年内，全区纪检监察组织共受理信访举报592件（其中中央巡视组和市委第一巡视组移交信访举报119件），比上年上升31.56%。其中检举控告件554件，上升45.79%；署名信访件302件，电话、网络等信访举报142件，涉及党员领导干部83件。通过信访调查，发现违纪违法案件线索7件，对2名有苗头性、倾向性问题的处级领导干部进行谈话教育，为44名党员领导干部澄清事实。加强群众举报线索受理工作，拓宽问题线索来源渠道。建立比对和分析机制，对问题线索规范处置、动态管理。坚持抓早抓小，认真核查问题线索，对不实的予以澄清，对发现的问题及时分类处置。

【**查处违纪违法案件58件**】 年内，全区纪检监察组织初步核实各类问题线索204件次，同比上升172%；立案调查违纪违法案件58件，比上年上升41.46%，涉及处级干部2人。其中违反廉洁自律规定2件，贪污贿赂15件，破坏社会主义经济秩序3件，违反财经纪律7件，失职渎职8件，严重违反社会主义道德2件，妨害社会管理秩序21件。审结案件52件，上升13.04%。其中给予党纪处分45人、政纪处分5人、党纪政纪双重处分2人。党纪处分中开除党籍28人，留党察看1人，严重警告5人，党内警告9人，免予党纪处分4人；政纪处分中开除1人，降低岗位等级1人，降级1人，记过4人。强化查办案件过程管理，加强统筹协调，完善与公安、检察、审计等部门在信息沟通、线索研判、案件移送等方面的机制。规范案件线索流程管理，制定《问题线索集体研判工作暂行规定》，实行"两步研判"。坚持用身边事教育身边人，重点剖析村干部违纪问题，制作警示教育片《跌倒的村官》。

【党风廉政教育】 年内，深入开展"严党纪、正作风、促廉政"主题教育活动，编发《落实中央八项规定文件选编》，组织观看《十八大党章中的纪律》专题片。结合党的群众路线教育实践活动，开展"作风建设永远在路上"廉政故事团全区巡演活动，4 500人次观看演出。建成区廉政教育基地，以"革命烈士打江山、反腐倡廉保江山"为主题，展示"崇高信仰、以民为本、为官清廉、反腐倡廉"四部分内容，万余名党员干部参观基地。改建嘉定纪检监察外网，畅通监督举报渠道，发挥社会监督作用，打造集信息发布、宣传教育、工作展示、社会监督为一体的工作平台。加强网络宣传队伍建设，区审计局纪检组组长吉峻岭被中央纪委聘为核心评论员。

【行政监察】 年内，对2012-2013年度区稳粮稳菜政策落实和专项资金管理、使用、发放等情况进行监督检查，会同区农委等单位，重点抽查安亭镇、徐行镇、华亭镇和嘉定工业区，发出监察建议书2封，提出整改建议5项。会同区建交委等单位对区重大工程建设项目开展监督检查，对区民政局、嘉定区国有资产经营（集团）有限公司等6个单位，以及12个在建的政府投资重大工程项目建设情况进行抽查，发出整改通知书6份。会同区行政服务中心开展行政部门效能建设专项监察，通过发放调查问卷、开展项目解剖、电子评价器测评、召开座谈会、走访街镇企业等方式，推动作风建设常态化管理，提高政府服务效能。开展违法用地专项督查，对国土部2013年度土地变更调查中嘉定区需整改的用地项目进行督查。探索建立违法用地案件移送工作机制，实地查看华亭镇、嘉定新城（马陆镇）和江桥镇的10个村16块违法用地的整治情况，督促相关职能部门依法处理、依规移送，移送案件23件。做好区级机关作风和效能测评工作，发放测评卷3 039份。

【规范领导干部权力运行】 年内，制定《嘉定区新提任领导干部集体廉政教育活动实施意见》，建立廉政知识测试题库，对24名新提任领导干部开展集体廉政谈话。加强因公因私出国（境）管理，重申纪律要求，落实行前廉政谈话和责任承诺，对97批251人因公因私出国（境）区管干部进行廉政审核。开展"三重一大"（即重大问题决策、重要干部任免、重大项目投资决策、大额资金使用）制度执行情况的监督检查。研究制定领导干部招商引资、操办婚丧喜庆等事宜的纪律规定。开展领导干部家属经商办企业专项统计调查，全区处级实职领导干部及班子成员作出廉政承诺。制定《嘉定区贯彻〈关于本市党政机关及其工作人员在国内交往中收送礼品的管理办法〉的实施细则》，规范对上交礼品的受理和处置流程，组织公务礼品拍卖活动，将各单位历年上交礼金统一上缴区财政。年内，全区70名干部向组织上交礼品礼金66.26万元。

【巡察工作】 年内，完善《嘉定区巡察工作手册》，制定《开展巡察工作的实施意见》《被巡察单位配合区委巡察组开展工作的暂行规定》《巡察组工作规则和巡察组回访工作暂行规定》和《关于加强巡察干部队伍建设的若干意见（试行）》。完成对新成路街道、真新街道、区环保局和区公租房公司等4个单位的集中驻点巡察，对徐行镇、区经委、区科委、区体育局、区交运局和绿洲控股集团等6个单位开展回访，对涉及的35个问题督促落实整改。深化"派驻巡察"工作，围绕区土地储备中心资金管理、土地储备和出让执行情况等开展专项巡察。

【纠风工作】 年内，开展"12345"市民服务热线专项效能监察，着力纠正部门不作为、慢作为等问题。开展农产品质量安全监管、渣土管理等履职评议"回头看"工作，督促整改问题39个。指导107个村（居）委开展社区群众评议政风行风联系点活动，收集问题、意见363条，落实整改289条。畅通政风行风监督投诉平台等群众诉求渠道，受理纠风信访投诉69件，办结65件。

嘉定区廉政教育基地一展室　（嘉定报社　李华成　摄）

【网络监察系统建设】 年内，深化区网络监察系统建设，形成"系统—平台—项目"三级构架，建成八大监管平台，承载区、镇两级监管项目51个，累计监管资金900余亿元。新建30万元以上校舍及设施维修工程监管平台，对招投标、审价等环节设置亮灯预警。新建农村集体土地和物业租赁监管平台，完善农村集体“三资”监管平台，公开镇（村）级集体土地和物业租赁合同基本信息、执行情况等内容，对合同履行过程进行监督。启动区食品安全监管责任网络监察系统二期建设，扩大监管范围，完善原有平台功能，加强对街镇职能部门和流通环节主体责任落实的监管，强化对食品安全监管部门履职情况的监察。

【党风廉政建设责任制信息管理系统建设】 年内，对党风廉政建设责任制信息管理系统进行改版，实现区级机关、委办局、街镇、区管企业全覆盖，增加区委、区政府班子成员责任落实内容，并对其分管部门和负责事项进行链接。将责任制事项的分工、计划、推进情况等公布在网上，接受相关职能部门、党员干部监督，强化责任落实的过程管理。

【基层党风廉政建设】 年内，结合区委重点课题调研，推进村务监督委员会建设，加强基层干部特别是村干部的管理，制定《嘉定区关于〈农村基层干部廉洁履行职责若干规定（试行）〉的实施细则》。

【加强纪检监察队伍自身建设】 年内，强化领导班子建设，健全完善区纪委领导联系点制度。加强区纪检监察机关队伍建设，贯彻落实中央“八项规定”精神，严格控制会议、文件和经费。加强纪检监察组织建设，开展区属企业纪检组织建设专项检查。拓展教育培训方法和途径，选派3名干部到中央纪委、市纪委专案组参与办案，选送23名干部到中央纪委、市纪委举办的专题培训班学习，抽调6名基层干部到机关实践锻炼，对62名新任纪检监察干部进行初任培训。加强纪检监察干部日常教育管理，将廉政风险防控融入纪检监察业务工作，完善内控流程，强化集体决策，加强部门间的制约和监督。建成区纪检监察干部信息管理系统。（吴 钦）

组 织

【概况】 2014年，区委组织部以“全面提高组织工作科学化水平，为嘉定建设现代化新型城市提供坚强的组织保证”为主线，坚持改革创新，强化从严落实，统筹推进选干部配班子、抓基层打基础和建队伍聚人才等各项工作，实现组织工作服务科学发展和组织工作自身科学发展的新局面。

【党员和党组织】 年末，全区有基层党委（党工委）84个、党组28个、党总支316个、党支部2 564个。有党员58 127人，比上年增长2.98%。其中预备党员619人，占1.06%；女性党员19 327人，占33.25%；35岁以下党员11 253人，占19.36%；大专以上学历党员24 459人（其中研究生2 182人），占42.08%。年内，推行发展党员预审制、测评制、公示制和票决制，全年发展党员551人。其中女性党员296人，占53.72%；35岁以下党员377人，占68.42%；大专以上学历党员465人，占84.39%；生产一线党员475人，占86.21%；在校学生18人，占3.27%。

【领导班子和干部队伍建设】 年内，区委组织部调整处级领导班子52个，调整领导干部157人次。其中提拔干部27人，内部轮岗或平级交流98人，退出领导班子转任非领导职务14人，其他18人。领导干部到龄退休28人。完成区联勤和城市网格化综合管理中心（新建）、区土地储备中心（隶属关系调整）领导干部配备工作，协助完成区科协换届选举工作。做好青海省果洛州7名干部到嘉定挂职工作，选派1名干部驻西安办事处工作。年内，对全区超职数配备干部情况进行自查，制定超职数配备整改消化方案。配合做好局级后备干部专项调研工作。推进年轻干部队伍建设，探索开展年轻干部信访一线跟学工作，选派16批次47人到区信访办跟学。8月，印发《2014年嘉定区年轻干部“成长”工程实施方案》，遴选培养对象18人，选聘成长导师2人，开展为期10个月的实践锻炼。深入开展“双百”工程，选派40名优秀青年参加第三期轮岗锻炼。9月，举办第20期中青年干部培训班，共有学员40人（其中4人为青海省久治县干部）。

【干部教育培训】 年内，选送215人次干部参加市级层面各类培训。举办区管领导干部学习习近平总书记系列讲话精神轮训班、处级领导班子新成员培训班和区第15、16期处级领导干部轮训班，891人参训。联合高校举办区领导干部产业转型发展、城市品质发展、社会和谐发展、弘扬人文精神与提升领导力、法治嘉定建设等专题研修班5个，培训干部403人次。举办区统战干部、女性素质工程等培训班，514人次参

基层党组织书记培训 （区委组织部 供稿）

训。依托上海干部在线学习城培训干部1 580人次。拓展现场教学基地，在山东临沂建立红色革命现场教学点，在外冈镇建立群众路线教育现场教学点。探索推进社会实践教学，在各主体班次中开设社会实践板块，把党性教育贯穿于干部教育培训全过程。

【干部监督管理】 3月，通过专题培训、网络宣传等方式，学习宣传新版《干部任用条例》；对30个单位贯彻执行《干部任用条例》情况进行督查。开展加强干部日常监督管理课题调研，制定《关于进一步加强区管干部日常管理的实施办法（试行）》，建立干部日常管理信息化平台。开展“超职数配备干部”专项整治工作，清理企业兼职（任职）领导干部325人；开展“占编制不上班吃空饷”专项整治工作；清理“裸官”3人，调整岗位2人。对37个单位1 018人进行“三龄两历一身份”审核，对41名区管干部个人有关事项进行核实并提出审查处理建议，对参加EMBA培训的10人督促退学，对71名在社会团体兼职的退（离）休领导干部进行清理或规范审批。年内，对12个单位23名领导干部进行经济责任审计，加强干部因公因私出国境管理审批工作，做好“带病提拔”干部选拔任用过程集中倒查工作。完善干部提拔任用征求社区意见制度，实行“违建审查”一票否决、拟提任干部个人有关事项报告、干部选拔任用工作全程记实等制度。年内，对10名党组织书记履行干部选任职责进行离任检查，对7名党政主要领导进行离任交接。

【干部人事制度改革】 年内，开展企业分类管理调研，完成“完善区管企业法人治理结构加强企业领导人员分类管理工作研究”调研课题，制定区管企业法人治理结构、加强企业领导人员分类管理等规定，细化、完善分类管理方式和考核机制。探索实施非定向无任用推荐，建立“一次推荐、分次使用、循环补充”工作机制。

【人才队伍建设】 年内，逐步完善人才工作目标责任制考核办法，探索建立招才引智与招商引资工作联动机制。6月，下发《关于进一步吸引与鼓励海外高层次人才创新创业的实施办法》，鼓励外省市海外高层次人才到嘉定二次创业、深度创业。开展“科学评估人才贡献率”“社会力量参与人才工作”“进一步加强社会工作人才队伍建设”等课题研究，完成非公人才、社会工作人才、农村实用人才等人才资源全口径调查统计工作。完成中央“千人计划”和上海“千人计划”推荐申报工作，引进上海“千人计划”人才8人。实施人才“领先计划”，62名高层次人才入选首批“领先计划”。组织开展“2014年嘉定精英人才创新创业活动周”，举办人才创新创业活动32场，3 000余人次参加。发挥街镇、园区、企业引才主体作用，吸引海内外人才1 400人，237个海外人才项目落地园区。实施领导干部联系优秀人才制度，区四套班子领导走访重点高层次人才44人，处级领导干部走访慰问人才1 300人次。加强区人才发展资金管理，鼓励人才创新创业，全年投入“千人计划”扶持资金1 762.95万元。

嘉定区年轻干部“成长”工程实践锻炼第一批总结暨第二批启动仪式

（区委组织部　供稿）

【党内民主建设】 年内，5名区党代会代表因职务变动停止代表职务。推进党代表工作室建设，建成街镇级党代表工作室12个、镇级党代表网络工作室1个、村（居）党代表工作站160个。开展“两代表”到村（居）联系点听取意见工作，实地察看重点地区和村（居）联系点138个，听取并办结群众意见建议331条。指导各镇召开党代会年会，探索建立代表提案、代表询问、代表评议、代表发言、代表票决等制度。探索区党代表向选举单位或党组织关系所在单位年终述职工作。

【基层党组织和党员队伍建设】 3月，制定《关于“着眼社会治理创新，全面加强新形势下基层建设”调研方案》，建立课题调研联系协调机制。制定《加强基层服务型党组织建设的若干意见》，按照农村、社区、“两新”组织、区属企业和机关事业5个类别，分别制定创建标准和考核指标。开展基层党建工作责任制落实情况专项检查。年内，制定“零距离服务群众工程”长效运行机制，推动200个服务项目有效实施；推荐“零距离服务群众工程”参加上海社会建设十大创新项目评比。推出62个区级公益菜单，32 260名党员参与“党员到社区、人人做公益”志愿行动。加大新村（居）民党组织和新村（居）民管委会组建力度，在村（居）建立党员群众代表议事会、议事园等平台，完善农村“四议两公开”、社区“两委议事”等民主议事协商平台。实施“班长工程”，组织392人次参加社区党组织书记研修班、国资系统支部书记集训班、机关事业单位党务干部培训班、村居中青年干部培训示范班和“两新”组织党组织书记培训班。推进“基石工程”，全面完成村（居）后备干部信息库储备和完善工作，共有村（居）正、副职后备干部392人和852人。落实“两新”组织党建工作经费保障机制，全年共核拨“两新”组织党建经费1 020万元。

开展处置不合格党员试点工作。加强党员党组织信息管理系统实时维护，全面推行党员组织关系无纸化实时转接。在全市率先推广远程教育平台管理系统，新建远程教育终端站点50个，组织举办远程教育直播课堂7次，参学党员16万人次。区党建电视专栏《飘扬的党旗》获全国党员教育电视片观摩交流活动三等奖。（费　彬）

【开展“两代表”到村居联系点听取意见建议活动】 5月24日，全区600多名市、区两级党代会代表、人大代表，分成70多个小组，深入村、社区，通过实地察看、座谈交流、调研走访等方式，零距离听取党员、群众的意见建议，面对面沟通、交流和解决难题，妥善做好相应的解释、说明和帮扶工作。（申　文）

“两新”组织党建

【概况】 2014年，区社工委以党的群众路线教育实践活动为主线，一手抓基层建设，一手抓创新开拓，积极落实市、区合作会商制度，有序推进“两新”组织党建工作，为嘉定“经济转型发展、城市品质发展、社会和谐发展、党建科学发展”提供保障。年内新建“两新”组织党组织63家，发展党员129人。举办“我是党员，为您服务——嘉定区‘两新’组织党员零距离志愿服务”活动，100余家“两新”组织党组织、450余名党员志愿者参与活动；开展“两新”组织“千名书记、万名党员”学习宣讲活动12场次。

【“双覆盖”工作】 年内，加强“两新”组织党建工作，新建“两新”组织党组织63家，752名兼职指导员、辅导员、联络员及志愿者定期为“两新”组织党组织提供指导与服务。严格按照《中国共产党发展党员细则》做好党员发展工作，严把质量，严控数量，发展党员129人。开展规模以上非公企业党员排摸工作，区内50人以上非公企业中有党员的占98.83%。

【加强党建工作机制建设】 年内，嘉定新城（马陆镇）、江桥镇、外冈镇等7个街镇配备专职副书记，增强“两新”组织党建工作力量。每季度召开街镇“两新”组织党建工作信息员会议，交流、通报、部署相关工作。完成2014年党建经费和2013年新建党组织党建经费的核拨及党费返还工作，共计1 005.22万元。制定《关于开展“两新”组织党组织活动阵地“六有”标准化建设的实施意见》，推进“两新”组织党组织阵地“六有”（有场所、设施、标志、党旗、书报、制度）标准化建设，完成50家“两新”组织党组织“五个一”（一块党建版面、一块标识牌、一面党旗、一套书刊和一个书报架）配送服务工作，货值9万元。至年末，全区共有“两新”组织联系点540个，建立联谊会、业主沙龙、定期走访、定期座谈等机制359项，建立联席会议、定期沟通、三方协调等工作机制1 987项。开展党支部与困难群众结对活动，全区755个党支部结对帮扶个人（集体）831个，结对帮扶金额142.22万元。

【创新“两新”组织党建工作】 年内，嘉定区被市社工委列为市、区合作会商工作试点区，建立合作会商制度，共同推动“两新”组织党建工作和社会建设工作。成立嘉定区“两新”组织党建联合会，下设书记联谊会、党员业主联谊会、党建之友联谊会和“创二代”联谊会，共有会员73人。与华东理工大学进行合作，开展非公企业社会责任评估试点工作。至年底，完成第一批14家非公企业社会责任评估工作。

【反腐倡廉建设】 年内，全区14家党委建制“两新”组织党组织建立纪委，配备纪委委员40人；12个党总支设立纪检委员，620个支部设立纪检委员、纪检员。指导上海华特汽车配件有限公司、上海新时达电气股份有限公司、上海轻纺市场3个上海市首批“两新”组织廉洁文化示范单位开展总结交流及展示活动；推荐上海凯泉泵业（集团）有限公司、上海新时达电气股份有限公司为上海市第二批非公有制企业防治腐败联系点。安亭镇、真新街道社工委被市纪工委授予“上海市廉洁文化优秀组织工作奖”。

【队伍建设】 年内，在中国浦东干部学院举办嘉定区“两新”组织党组织书记（业主）研修班，44名“两新”组织党组织书记、业主及“创二代”参加培训；与区委组织部联合举办新任书记暨书记后备干部培训班，129人参训；选送“两新”组织党组织书记、党务工作者参加市、区级培训。继续实施“七个一”书记关爱工程，区镇两级共走访“两新”组织党组织书记888人次；组织体检、外出学习考察和座谈交流活动；赠阅“两新”组织党组织党报党刊3 012份；核拨332.82万元用于书记工作补贴。创设学习教育平台，开通“‘两新’组织党组织书记短信随身学”系统，通过手机短信向全区“两新”组织党组织书记发送学习资料和工作通报等。

嘉定区“两新”组织书记（业主）专题培训班开班仪式

（区社工委　供稿）

【信息与信息化工作】 年内，加强"两新"组织"一台一网"信息化建设，全面完成综合服务平台数据库采集和推广工作。共有825家"两新"组织支部网站上线，实现网站建站率96%、更新率80%。组织承办上海市"两新"组织"杰宝•大王"杯网络书画创作大赛，评出一等奖1件、二等奖5件、三等奖6件。各街镇全年报送信息760篇，其中被市级媒体录用290篇。

【开展群众路线教育实践活动】 年内，对全区841家"两新"组织党组织情况进行排摸，无组织涣散现象；撤并党员人数不满3人党组织50家。365个"两新"组织分别参与市、区、街镇（委办局）举办的督导活动，180名领导干部参加"两新"组织专题组织生活会。919个基层党组织召开专题组织生活会，8 704名党员参加民主评议，其中914名"两新"组织党组织书记经民主评议为"好"，占99.6%；7 320名党员经民主评议为"好"，占84.1%。"两新"组织向基层群众收集意见建议258条。（徐 坚）

宣 传

【概况】 2014年，全区宣传系统扎实开展党的群众路线教育实践活动，强化理论宣传、新闻宣传、社会宣传、文艺宣传协调联动，深入推进中国特色社会主义、社会主义核心价值观、"中国梦"等宣传教育活动，开展全国文明城区创建工作，打造国家公共文化服务体系示范区，为嘉定现代化新型城市建设提供有力的思想保证、精神动力、舆论支持和文化条件。推进党员干部理论学习，抓好党委（党组）中心组学习服务指导工作，建立党委（党组）中心组学习督导制度，组织开展"党员学习月"活动。推动理论大众化实践，总结推广"百姓系列"群众工作方法。聚焦嘉定特色亮点，加强与主流媒体合作，提高嘉定的关注度和美誉度。开通"嘉定发布"政务微信，推进区域性政务微信群建设，丰富政民互通、城市形象推广的载体渠道，巩固和拓展网络宣传阵地，进一步壮大主流思想舆论。建立舆情互通共享机制，丰富舆情产品，形成比较完备的舆情传导体系。紧扣主题主线，开展形势任务宣传，组织开展"中国梦•申城美"主题系列宣传教育活动，开展党的十八届四中全会精神宣传和先进人物典型事迹宣传。开展全国文明城区创建，组织开展第二届"我是文明嘉定人"十大杰出人物评选、"助圆好人梦，感动身边人"文明共建结对等活动。推进邻里守望志愿服务行动，深化"市民道德讲堂""中华经典吟诵""我们的节日""市民礼仪培训""家风家训传承""民间儒学"等特色项目，加强未成年人思想道德建设，嘉定区获评上海市文明城区。积极争创国家公共文化服务示范区，在公共文化均衡化、数字化、社会化、标准化建设等方面取得新突破，"文化嘉定云"公共文化数字化服务平台上线运行，图书馆"总分馆"模式有力推进，以公共文化议事会为载体，探索公共文化多元参与机制，引领推动文化繁荣发展。

嘉定区第二届"我是文明嘉定人·十大杰出人物"宣传主题活动
（区委宣传部 供稿）

【理论教育】 年内，开展党的群众路线教育实践学习活动，举办区委常委会专题学习会14次、领导干部学习报告会4场、区委中心组学习扩大会2场、联组学习活动1次。组织召开街镇、委局党委（党组）中心组学习交流会，介绍推广嘉定新城（马陆镇）、真新街道、嘉定工业区、区民政局等27个单位经验做法，促进党委（党组）中心组实践创新成果的有效转化。会同组织部门成立党委（党组）中心组学习督导组，出台督导办法，持续推进党委（党组）中心组学习制度化、规范化建设，对安亭镇、华亭镇、新成路街道、区经委、区科委、区司法局等单位开展学习督导工作。开展"百姓系列"经验总结和理念深化工作，推介外冈镇"老大人"、华亭镇"有线广播"等基层创新做法，《光明日报》《解放日报》《支部生活》等报刊杂志分别报道嘉定区"百姓系列"经验与做法。围绕区委"一号课题"，撰写完成《关于实施嘉定区"两新"组织思想政治工作者专业职务补贴的建议意见》的调研报告。完善《嘉定区百姓宣讲团组织工作条例》，推出"百姓宣讲团"形象标识，完成区百姓宣讲团成员换届选拔工作。

【新闻宣传和社会宣传】 年内，聚焦中心工作，加强与主流媒体合作，在中央和市级以上主要媒体刊发报道2 000余篇，其中头版报道90篇。巩固拓展网络宣传阵地，开通"嘉定发布"政务微信，"嘉定发布"下设政务、社会、人文、影像等栏目，全年累计发布各类信息1 523条。推动建立舆情互通共享机制，新增《每日舆情报告》等舆情产品，全年制发《微博舆情督查通知》159期、《媒体舆论监督快报》102期、《舆情专报》25期、《每日舆情日报》103期，报送市有关部门"直报点"信息专报33期。加强社会面宣传，成立区户外公益广告管理协调小组，制定出台《嘉定区关于改进和加强户外公益广告管理的实施意见》。推动社会主义核心价值观、“中国梦”等宣传教育活动，组织开展“中国梦·申城美”主题系列宣传教育活动，举办公益微电影大赛、“我们身边的道德模范”群众性主题巡回宣讲、“童心向党”歌咏比赛及先进人物事迹集中宣传等活动。深入开展爱国主义教育基地标准化建设，重点推进32个爱国主义教育活动和29个教育基地重点项目建设。依托市委讲师团、区委党校和区镇两级百姓宣讲团，组织开展党的十八届四中全会精神专题宣讲会500余场。结合党的群众路线教育实践活动，推进先进人物典型事迹宣传，举办市、区级先进人物事迹报告会，组织基层巡回宣讲24场和图片巡展活动，编发百姓读本3.5万册，创作相关主题锡剧戏曲在区内巡演。

【文化建设】 年内，推进上海保利大剧院建设，协调组织开业试运行和首演等活动。完成“文化嘉定云”公共文化数字化服务平台一期建设，收录各类演出、讲座、展览资源近300场，访问量超18万人次。新建24小时街区自助图书馆1个，东方信息苑设备更新项目顺利启动。在全市公共文化服务领域率先引入IS09001质量管理体系，嘉定区图书馆、嘉定镇街道社区文化活动中心等成为首批试点单位。6家街镇图书馆加入图书馆“总分馆”模式，嘉定区图书馆被评为“上海市中心图书馆工作先进集体”。承办上海市民文化节中华传统经典诵读大赛，策划开展百姓大舞台、百姓大展台和嘉定·宝山全民读书月等活动。全年开展群众文化活动1.7万场，195万人次参与。在“上海之春”群文新人新作展评展演中，获奖项11个，居全市各区县首位。嘉定博物馆、陆俨少艺术院和韩天衡美术馆举办各类展览29项，“凌云健笔意纵横——陆俨少艺术展”入选文化部2014全国美术馆精品季项目。探索文化建设多元参与机制，成立公共文化服务议事会，与禾邻社、青蕃茄、屋里厢、众阅读书会等社会类文化组织合作开展文化项目，联合区经委、南翔镇等单位举办九分钟微电影锦标赛。

【开展文化科技卫生“三下乡”活动】 2月15日，由区委宣传部、区文明办、区文广局、上海市曲艺家协会等14个单位联合举办的2014年嘉定区文化科技卫生“三下乡”活动在外冈镇启动。“三下乡”成员单位向外冈镇赠送惠农大礼包和扶持资金19万元，百余名专家为市民提供义诊、法律咨询、家电维修、农技指导、妇女维权咨询等十余项便民服务，上海曲艺家协会、上海舞蹈家协会等单位为市民送上精彩的文艺演出。

【举办区第四届“党员学习月”活动】 5月，以“践行党的群众路线、建设现代化新型城市”为主题，在全区各层面开展专题报告、论坛研讨、学习交流和党员干部“五个一”等活动，评选表彰32个学习型党组织和59名学习型党员。围绕“党员学习月”主题，组织开展新媒体“微活动”，干部群众在微博、微信上描绘心中“理想的嘉定”，为嘉定建设发展建言献策。

嘉定区第四届党员学习月活动开幕式暨领导干部学习报告会

（区委宣传部 供稿）

【加强宣传系统队伍建设】 年内，推进宣传系统干部队伍作风建设，组织开展“走基层”活动，收集意见建议200余条，出台11项工作制度，完成15项整改任务和5项专项整治工作，有效解决群众反映的突出问题。完善宣传文化工作考核评价和指导培训机制，建立分片联系走访基层制度。强化工作实务培训，开展党委宣传干部新闻应对能力培训、区镇两级百姓宣讲员演讲技能培训等专题培训；通过选派干部挂职学习、轮岗锻炼等形式，提升宣传系统干部的全局观念、专业能力和协作意识。健全完善宣传文化系统人才培养、引进和激励措施，评选表彰区“优秀新闻作品”19件、“优秀新闻工作者”6人，继续推行实施“宣传文化系统首席岗位聘任制”，做好33名优秀人才的考核管理工作。 （叶 俊）

精神文明创建活动

【概况】 2014年，嘉定区精神文明创建工作以培育和践行社会主义核心价值观为根本任务，以全国文明城区创建工作为依托，动员和激励党员干部群众积极投身城市整体形象和市民文明素质“两提升”工程。

【全国文明城区创建工作】 年内，修订《嘉定区创建全国文明城区实地考察标准》，与50个责任单位一一对应，明确标准和任务。实施《嘉定区创建全国文明城区实地督查方案》，每月开展实地督查，对照“三率”（发现率、整改率、巩固率），对委办局创建全国文明城区（以下简称创城）工作实施量化考评，形成“条块结合，协力推进”的城市管理格局。出台“十大”专项整治方案，会同区委办实施专项督查，组织区四套班子领导开展暗访督查。实施《嘉定区精神文明建设（全国文明城区创建工作)重点项目招投标制度》，22个单位围绕19个重点项目打造品牌。制定《精神文明建设(全国文明城区创建工作)考核办法》，出台《关于进一步优化嘉定区群众性精神文明创建活动管理的若干规定》，取消区级文明创建台账，试行创建晋升积分制度。通过业务培训、座谈会等形式，加强对800个基层创建单位的业务指导。年内，发布创城工作新闻报道、专题片、典型人物推介等40篇(条)，在《解放日报》《文汇报》《新民晚报》等刊发创城宣传报道108篇。制作发放水杯、志愿者礼包等宣传品近15万份，发送创城公益短信9批1 125万条。在主要商业街、公交站点、广场小区等投放“图说社会主义核心价值观”“讲文明，树新风”公益广告近万平方米。以“同创全国文明城区，共建嘉定美好家园”为主题，开展“百姓话创城，百姓看创城”系列书画、摄影等有奖征集活动，收到作品600余件，评选获奖作品百余件。通过宣传，实现创城工作市民知晓率、支持率100%。

【公民思想道德建设】 年内，评选2013年度嘉定区精神文明好人好事171件，其中获市十佳好人好事及提名各1件；编印《“嘉定好人”事迹漫画汇编(第一辑)》《“嘉定好人”事迹选编(第一辑)》；拍摄“感动就在身边”主题电视纪录片18部；组织开展“助圆好人梦　感动身边人”文明共建结对活动。开展“嘉定好人每月一星”评选活动，4名市民入选“中国好人榜”，热心助学的“上海爷爷”沈启华、代管钥匙的“好邻居”王玉英先进事迹被刊登于中国文明网“好人365”栏目。编印下发《嘉定区道德讲堂优秀教案汇编》和《嘉定区道德讲堂示范课视频汇编》2 000份；组织开展“道德讲堂”活动135场，6 000余人次参与；开展礼仪培训149场。

【弘扬优秀传统文化】 年内，举办“食粽思贤，情浓端午”我们的节日——嘉定·南翔端午暨全民阅读季活动、“童心飞扬梦想，民俗伴我成长”——我们的节日·端午情怀嘉定区未成年人民俗文化展示活动、2014上海·嘉定中秋月“传家风承家训”主题咏诵会等活动。推进家风家训传承工作，挖掘梳理嘉定望族先贤的家风家训，结合时代精神予以注解阐发，向市民征集家风家训，编印出版《嘉定家训·先贤遗音》《嘉定家训·时韵新声》。联合复旦大学举行“嘉定文派与明代诗文研讨会”。

【志愿服务工作】 年内，表彰区级志愿者先进个人和集体319个，其中上海市十佳杰出志愿者及提名各1人、市优秀志愿者17人、市志愿服务优秀组织者3人、市志愿者工作先进集体6个。全区146个行政村、161个社区居委实现邻里守望志愿者队伍全覆盖，新成路街道“志愿者通讯录”、嘉定镇街道“睦邻点”、徐行镇“客堂汇”等品牌效应日渐放大。推进志愿者工作规范化，出台《嘉定区志愿服务中心规范化建设实施方案》，12个街镇社区志愿服务中心建成并运作，编发《嘉定志愿者服务手册》6万册，设计制作嘉定特色的志愿者马夹、衣裤和T恤5万余件。至年末，全区共有志愿服务基地241个、服务项目2 614项、服务团队741个，注册志愿者超14万人。

【未成年人思想道德建设】 年内，以实事项目为载体，推进全区校园周边整治、未成年人暑期活动、社会文化环境净化等工作，打造“三位一体”育人平台。设立“美丽少年梦助推计划”等实事项目27个；开展社会文化环境义务监督巡查856人次，形成合理化建议25条。新推市级学校少年宫9所，启用街镇未成年人社区实践指导站8个。继续以“做一个有道德的人”为主题，开展“我的中国梦”教育活动，举办“爱嘉学子”志愿服务行动、形象大讨论、海报设计大赛、经典诵读比赛等活动。征集原创童谣786首，评出区级原创优秀童谣104首。　(许敏杰)

统　战

【概况】 2014年，区委统战部围绕区委、区政府中心工作，贯彻落实党的“长期共存、互相监督、肝胆相照、荣辱与共”统战方针，扎实推进统一战线各领域工作，团结凝聚各方力量，加强中国共产党同民主党派的联系，为嘉定科学、和谐发展作出积极贡献。

【统战工作】 2014年，区委统战部协助区委制定《中共嘉定区委关于进一步规范同民主党派、无党派人士政治协商的意见》和《关于建立中共嘉定区委常委与党外代表人士联谊交友制度的意见》，明确党际协商和党外联谊交友的原则、形式、内容、程序等。开展双月座谈会4次、学习交流会3次、集体谈心活动2次及走访慰问活动等，鼓励民主党派区委、无党派人士代表等向区委提出意见和建议，推动参政议政由“会期集中建言”向“日常常态献计”转变。不断完善基层统战工作，首次实行“一街镇一办法”差别化、个

嘉定区统一战线“同心·零距离”服务民生活动

(嘉定报社　沈青　摄)

性化考核办法，着力提升基层统战工作效能；每季度定期召开基层统战工作例会，研究部署相关工作；加强基层协商民主工作指导，鼓励各街镇创新和实践协商民主工作新模式。畅通知情明政渠道，区委召开各界代表人士迎春座谈会，通报嘉定区2013年经济运行及社会发展情况；区政协、区委统战部联合举行嘉定区情通报会2次，分别通报全区上半年、下半年经济社会发展情况；在外冈镇、菊园新区、安亭镇召开民主党派、工商联、无党派人士学习交流会。做优做强"同心大讲堂"品牌，邀请专家学者和党政领导作专题辅导报告。推选41名党外干部参加中央、市、区级培训班和轮岗锻炼项目，提高党外干部政治素养和综合能力。4月30日，区委统战部联合新成路街道党工委举办以"疁城和风、同心同行"为主题的嘉定区统一战线"同心•零距离"服务民生活动暨新成路街道"零距离"服务群众"同心行"项目启动仪式，募集善款395万元，并为居民提供义诊服务等。

【民主党派团体工作】 2014年，协助区委召开双月座谈会4次，通报区委五届五次全会精神、党风廉政建设和反腐败工作、《政府工作报告》起草情况和教育文化事业发展情况等，听取党外人士意见和建议。开展"高层次小范围"、区管党外干部集体谈心活动2次，增进与民主党派区委主委、工商联主席、无党派人士代表、区管党外干部的思想沟通。建立健全区镇两级党政领导干部与党外代表人士的联谊交友制度，全区130余名党政领导干部与300余名党外代表人士建立联谊关系。扎实推进党外代表人士队伍建设，举荐党外代表人士和党外优秀人才1 364人，其中"小名单"人选8人、"中名单"人选340人、"大名单"人选1 016人。新增党外处级干部2人，1名正处级党外干部被提任副局级岗位。成立"党外知识分子工作科"，负责联系无党派人士、党外知识分子代表人物和自由择业知识分子工作，联系指导区中青年知识分子联谊会工作。协助3个民主党派区委完成届中调整工作；为民革区委、农工党区委落实专职干部，召开民主党派专职干部座谈会。举办以"疁城和风、同心同行"为主题的嘉定区统一战线"同心•零距离"服务民生活动，区委统战部联合九三学社、民革、农工党、工商联等党派团体开展捐赠和义诊活动。走访慰问黄埔军校同学会成员、两航起义人员和教育卫生界困难党外知识分子等。 （张亚萍）

【干部教育工作】 年内，组织全区各民主党派、非公经济、无党派人士、港澳台侨、民族宗教等各界代表人士200余人听取《2014年嘉定经济社会发展情况》和《"上海制造"制造了什么》的专题辅导报告，全面提高党外代表人士、统战干部的能力和素质。12月10日，举办区情通报会暨统一战线"同心大讲堂"，邀请市政协副主席周汉民作题为《"参政议政、民主监督"是我们共同的责任》专题辅导报告。区委统战部、区社会主义学院先后举办第19期党外中青年干部培训班、第15期华侨华人专业人士回国创业研习班、区民族宗教政策法规学习月报告会、海关和税务政策专题讲座等学习培训活动20班次，近千人次参加。 （陈 攀）

政 法

【概况】 2014年，全区政法综治部门贯彻落实党的十八大精神和中央、全市政法工作会议精神，进一步创新社会治理，深化平安嘉定、法治嘉定建设，全力维护社会大局稳定，有效促进社会公平正义，不断提升全区政法综治工作水平，为地区经济社会发展和人民安居乐业提供有力保障。

【维护社会稳定】 年内，坚持"打防结合""以防为主"的工作方针，控制矛盾增量，减少存量，防止矛盾激化，确保地区社会持续稳定。落实重大事项社会稳定风险评估和每周重大不稳定因素分析研判等机制，坚持每月突出不稳定因素排摸、每月维稳形势分析研判、每季度矛盾纠纷排查，确保从源头上管控社会矛盾。对134个重大项目进行社会稳定风险评估，排查重大不稳定因素21起。强化领导干部约访、下访、后续跟踪督办及反馈机制，落实"分级分责、一岗双责"责任体系，进一步规范信访事项办理流程，全力化解信访矛盾。加强对欠薪欠保类矛盾纠纷的排查化解，全年查处欠薪欠保类案件1 704起，为8 814名劳动者追讨工资、社保等3 885.9万元。全区各级调解组织受理各类矛盾纠纷19 756件，成功调解16 988件，涉案标的额2.8亿元。以"守边、控人、管面"为重点，加强水、陆道口查控，落实平安志愿者对重点目标、重点部位的驻守，抓好重点人员排查稳控工作，加强街面巡逻管控，圆满完成"亚信峰会"等重大活动的警卫和安保任务。

【推进平安嘉定建设】 年内，以项目为抓手，以群众反映强烈的突出问题为重点，加强源头治理、常态管理和专项整治，不断深化平安建设。嘉定工业区、真新街道、南翔镇、徐行镇、菊园新区5个街镇创建为上海市"平安示范社

深化平安嘉定建设学习研讨班 （区政法委 供稿）

区”，其余7个街镇创建为上海市“平安社区”，108个单位创建为上海市“平安示范单位”。全区表彰见义勇为先进个人12人，其中2人被评为市见义勇为先进个人。落实平安建设实事项目10项，继续深化治安防控体系建设，各街镇共投入6 000余万元加强小区智能门禁系统、农村封闭式管理和街面监控探头建设。组织开展“迎峰会、保平安”打击整治、“布谷鸟”集中整治行动等专项行动，全年破获各类刑事案件3 833起，抓获4 365人；查处治安案件60 454起，拘留4 918人。针对群众反映强烈的赌博等问题，组织开展打击整治赌博机、“秋季禁赌”等专项行动，共查处赌博类案件32起。针对治安重点地区、治安薄弱村和城中村，区镇两级综治部门牵头相关单位，集中清查来沪人员落脚点，对扒窃拎包、“黑车”等治安顽疾实施定点打击。成立区联勤和城市网格化综合管理中心，实现城市网格化、“大联勤”和“12345”市民服务热线等工作一站式受理、规范化运作和常态化管理，推进联勤和城市网格化管理的深度融合，提高管理实效。加强实有人口服务管理，完成房屋编码管理试点工作，协同推进违章搭建、“群租”等非正规落脚点的挂牌整治工作；推动基层居(村)委人口工作实体化运作，健全完善涉案人员案前管控倒查机制；多措并举抓好人口综合调控，全区实有人口总量同比下降2.9%。健全重犯预防与倒查机制，对社区矫正人员、刑释解教人员、吸毒对象、精神病人、涉邪教对象等特殊人群，开展风险等级评估，分类落实管控、帮教和转化工作，强化日常动态监管，重点加强“涉毒、涉盗、涉赌”三类人员的监管教育工作。利用区级“中途之家”为刑释解教等特殊人员提供就业培训、临时救助等服务，安置对象68人。落实特殊人员就业补贴政策，12人获每月400元的区特殊人员就业补贴。选举产生区平安志愿者协会第二届理事会。

【履行司法职能】 年内，区人民法院收(结)案数创历史新高，受理各类案件23 261件，审(执)结22 879件；法官人均结案192.7件，高于全市基层法院平均数。坚持“调解优先、调判结合”原则，加大诉前调解工作，民商事调撤率为60.8%。加强案件执行工作，维护当事人合法权益，受理各类执行案件7 279件，执结7 147件，执结标的额25亿元。区人民检察院履行批捕、公诉职能，全年逮捕各类刑事犯罪嫌疑人1 885人，提起公诉1 815件2 535人。进一步加大贪污渎职案件查处力度，受理贪污贿赂等各类职务犯罪案件线索53件，立案侦查贪污贿赂类案件19件20人，立案侦查渎职侵权类案件1件1人。有序推进主任检察官试点工作，聘任主任检察官18人，促使办案组织向办案专业化、管理扁平化方向发展。推进检务公开试点工作，强化公开听证、宣告、答复工作，建立代表委员参与听证宣告机制。

【推进司法体制改革】 年内，稳步实施诉访分离，对符合条件的信访矛盾导入司法途径解决，引导涉法涉诉信访问题进入法治轨道。梳理涉法涉诉信访积案，探索实行矛盾分流抄告制度，对285件不属于信访事项的矛盾实行分流处置，抄告相关单位处理，引导52件信访积案分别进入诉讼、仲裁、行政复议、强制执行和立案程序。深化轻微刑事案件快速办理工作，制定工作实施细则，优化办案流程，加强部门间衔接配合，提高办案效率。区人民法院通过轻案快办机制审结案件379件，占审结刑事案总数的22%，平均缩短审理时间5天。抓好司法救助工作，建立司法救助工作联席会议制度，制定《嘉定区开展司法救助的实施意见》，协调解决司法救助经费，为相关当事人提供必要的司法救助。加强执法监督工作，优化案件评查员队伍，组建执法监督员队伍，开展执法检查业务培训，提升执法检查业务水平。以行政复议案件、不捕不诉案件和涉法涉诉信访案件为重点，有序开展案件评查工作，组织评查活动10次，评查案件26件，提出意见建议8条。

【加强政法队伍建设】 年内，组织“争创人民满意的政法干警(单位)”和“平安英雄评选”活动，推荐市第五届平安英雄候选人，拍摄“我身边的平安英雄”专题片6部，开展“见义勇为先进事迹”宣传展板巡展等活动，树立身边的先进典型。深化党风廉政建设，全区政法各部门制定落实党风廉政建设主体责任实施办法，完善“党风廉政建设责任制信息系统”，建立巡视督察制度。贯彻中央“八项规定”精神，开展政法队伍集中教育专项整顿“回头看”活动，制定“八小时外活动行为规范”等廉政规定，筑牢反腐倡廉防线。加强违法违纪案件教育，完善队伍预警防控网络，深入开展“强纪律、明责任、除隐患、保安全”专项整治活动，严格执行“五条禁令”“七条戒令”等纪律规定，预防违法违纪现象发生。加强区委政法委机关自身建设，严格落实领导干部重大事项报告制度和党风廉政建设责任制，加强干部日常管理，提高机关工作效能。全区政法综治队伍总体保持稳定，未发生干警违法案件。(陈 勃)

政策研究

【概况】 2014年，区委政研室围绕“争当现代化新型城市建设的先行者和探索者”的发展目标，坚持“产业转型发展、城市品质发展、社会和谐发展、党建科学发展”的发展思路，积极开展调查研究，完成调研报告28篇，编发《政研动态》16期，上报市委材料4份，专送区委主要领导材料8份。《江桥镇依据〈消防法〉拆违案例分析》《嘉定着力推进“金融+产业”双轮驱动激发金融创新活力》等4篇材料分别被市委办公厅、市委研究室转发，市、区主要领导作重要批示；2篇材料被市委研究室评为课题成果一等奖和三等奖。

【修订完善街镇机关绩效考核办法】 年内，区委政研室按照进一步完善差别化考核体系的要求，修订完善《2014年街镇绩效考核工作的实施意见》，对考核体系、考核权重、考核指标、特别奖惩等进行优化调整，进一步淡化对GDP的考核，体现区委对街镇转型发展的差别化要求，切实发挥考核工作在创新驱动、转型发展中的导向和激励作用。

【关于建设现代化新型城市和科技创新中心的调研】 年内，区委政研室围绕嘉定建设现代化新型城市的目标，撰写《嘉定区建设现代化新型城市思路研究》的调研报告，分析“二级市”的主要特征、现代化新型城市的内涵和嘉定的现实差距，提出嘉定建设现代化新型城市的总体思路和主要任务。课题组对嘉定建设科技创新中心开展调研并提出对策建议，为区委制定推进建设科技创新中心的战略规划和实施意见提供重要依据。

【关于区内土地闲置情况的调研】 年内，课题组对全区土地闲置情况进行专题调研，建议区有关部门和街镇切实加强土地供应和开发利用的全程监管，深入挖掘存量建设用地潜力，坚持关口前移，强化制度建设，建立健全处置和预防土地闲置的工作机制。

【关于松江区泖港镇环境综合管理的调研】 年内，课题组对松江区泖港镇环境综合管理情况进行专题调研，分析泖港镇坚决控制建设用地规模、全面实现农业适度规模化、全力实施农村环境整治、改革“万千百人就业”项目、探索农村片区管理模式等做法，建议借鉴泖港镇经验，加大分类指导力度，创新环境管理方式。

【关于江桥镇依据《消防法》拆违的案例分析】 年内，课题组分析总结江桥镇依据《消防法》拆违的三个案例，与《行政强制法》和《上海市拆除违法建筑若干规定》相比，依据《消防法》拆违有处置程序简明、处置威慑力强和强制措施严厉等优势。课题组提出不能坐等法规完善了再来整治顽症，要用好用足已有的法律法规等建议。

【关于基层群众民生需求的调研】 年内，课题组结合开展党的群众路线教育实践活动，实地走访12个村居（社区），对基层群众民生需求问题进行调研，梳理出提高公共服务保障能力、加强和创新社会治理等方面的10个问题，提出调整社会治理、公共服务的理念和方式等建议。

【关于发挥居民区党组织优势的调研】 年内，课题组就如何进一步发挥居民区党组织的组织引导作用，理顺“三驾马车”（即居委会、业主委员会和物业公司）关系，建立规范化、法制化的城市基层社会长效管理机制等进行调研，分析居民区党组织与“三驾马车”在制度层面上的关系、“三驾马车”相互关系及在实际操作层面上的表现形式，建议要协调好三者的关系，使三方各司其责、分工合作、相互配合、形成合力。

【关于外冈镇村（居）集中记账管理制度实施情况的调研】 年内，课题组对外冈镇全面推行村（居）集中记账管理制度实施情况进行调研，分析总结外冈镇实行村（居）集中记账管理的起因、主要做法和取得的成效，认为集中记账管理制度的实施，不仅切断村干部腐败源头，对加强村级“三资”监管、促进农村经济社会和谐稳定发展具有重要意义。

【关于经济发展“新常态”的调研】 年内，针对嘉定经济社会发展呈现的阶段性变化和特征，课题组结合经济“新常态”呈现的新特征，分析嘉定“新常态”下的经济增速问题、改革开放以来嘉定经济变化和运行等情况，对嘉定下一步转型发展中的经济增速、增长动力、结构优化等问题提出相应的建议。

【关于嘉定建设“上海自主创新示范区”目标定位的调研】 年内，课题组对嘉定建设“上海自主创新示范区”的发展定位、主要目标任务和基本原则等进行分析。建议把建设“上海自主创新示范区”作为嘉定创新驱动、转型发展的一项长期实施的战略，统筹进行战略规划、体制机制、政策设计和专项行动计划部署，率先形成创新驱动发展格局，更好地为嘉定现代化新型城市建设服务。 （周 伟）

党校、党史

【概况】 2014年，区委党校（区行政学院）围绕区委中心工作和嘉定新型城市化建设大局，不断优化培训方式，提升培训实效；以教、研、咨一体化建设为抓手，稳步提高实证研究和决策咨询能力；以党的群众路线教育实践活动为契机，切实加强自身建设，全面提升校（院）管理水平和综合实力。年内，区委党史研究室找准党史工作的时代定位和发展方向，继续发挥存史、资政、育人的作用，在党史资料征集、整理、编纂、研究和党史宣传教育等方面取得新进展，进一步扩大党史工作的社会影响力。 （杨应山 凌必强）

【教育培训】 年内，区委党校（区行政学院）举办各类培训班46期，参训学员9 489人次。其中“嘉定区党政负责干部学习贯彻习近平总书记系列讲话精神研讨班”等主体班9期，参训学员1 130人次；“领导干部社会治理专题培训班”等特色班18期，参训学员1 334人次；“领导干部产业转型发展专题培训班”等选学班4期，参训学员319人；境外班1期，参训学员20人；科级干部（依法行政、经济管理、社会管

区委党校2014年秋季开学典礼 （区委党校 供稿）

理、综合管理）轮训班等公务员班14期，参训学员6 686人次。

【科研工作】 年内，完成“零距离服务群众工程研究”“创新社会治理，加强基层建设”等校、区战略合作课题2项，启动“嘉定与周边地区发展比较研究”战略合作课题1项；参与完成《苏兴华5+1群众工作法》撰写工作。校（院）教师在《上海党史与党建》《上海支部生活》《中小企业管理》《领导科学论坛》等期刊上发表论文16篇，在《党建通讯》《开拓》等刊物上发表文章3篇，2篇论文入选国家行政学院全国行政改革学会研讨会论文集。《外来人员聚集地区‘点勤式’基层治理模式的新探索》获第五届“上海依法治理优秀案例”入围奖，《上海郊区村域治理的出路》获市委宣传部优秀论文奖，《提升公共服务保障，促进城市转型发展》获上海市委党校经济学征文二等奖。中标市委党校一般课题2项、上海市民主法治课题2项。

【优化教育培训方式】 年内，区委党校（区行政学院）通过问卷调查、座谈会等形式，了解参训学员需求，改进培训方式，提升培训质量。以区干部教育领导小组为主体，形成办班培训商议机制，制定干部教育培训计划；运用“2+X”协商机制，由区委组织部（区人社局）、区委党校（区行政学院）与办班单位共同制定和实施培训项目。年内，不断丰富教学内容，突出党的十八大、习近平总书记系列重要讲话精神，充实党性、党风、党纪和党史、国史等内容，将典型事例变为课堂教学案例，新增“外冈镇宅基地置换”等教学案例。在部分班次开展实训室教学，推广实施结构化研讨教学等新方式。

【服务基层工作】 年内，组织教师参加区委宣传部组织的理论宣讲团，深入社区、农村、工厂、学校等，宣讲党的十八届三中、四中全会精神和习近平总书记系列讲话精神，宣传党的群众路线、社会主义核心价值观等主题内容，共宣讲168场，听众2.38万人次。协助相关单位举办条线干部培训班34期，参训干部4 088人次。 （杨应山）

【党史资料征编工作】 年内，继续加强地方党史基础研究工作，推进《嘉定社会主义建设新时期党史资料专辑（1978.12-1992.9）》（暂定名）征编工作，根据相关单位的审阅意见对文稿进行修改，并提交出版单位进行审查。完成“口述上海 对口援藏”嘉定子课题的编写工作，现场采访口述人，将录音整理成《“农业援藏”援出新天地》和《雅鲁藏布江，流淌着我永恒的西藏情结》口述实录。启动《口述上海 改革创新（1992—2002）》嘉定部分的编写工作。

【开展党史宣传教育活动】 年内，利用嘉定区革命烈士陵园、外冈游击队纪念馆等地方党史资源，组织学生、青年和党员干部参观学习，发挥党史资源资政育人的功能。继续对中青班等主体班学员开展党史知识培训。开展党史宣传活动，为部分单位提供党史宣传资料。结合庆祝嘉定解放65周年和建国65周年，参与嘉定地方党史宣传教育和“口述嘉定”史料征集等活动。 （凌必强）

老干部工作

【概况】 2014年，区委老干部局实际管理老干部188人。其中嘉定区离休干部151人，上海市各区县和市属单位委托管理15人，外省市易地到嘉定安置22人。嘉定区离休干部中有原副局级1人，享受副局级待遇1人，参照副局级住房、医疗、交通待遇4人，参照副局级医疗待遇16人，原正副处级16人，其他干部享受处级待遇46人，科级及以下干部67人。平均年龄86周岁。

【落实离休干部生活待遇】 年内，区委老干部局走访离休干部及遗属1 380人次，组织离休干部至瑞金医院北院进行体检，举办健康知识讲座2次，联合区红十字会编印《老年人急症急救知识》画册并派发至全区离休干部。继续做好牛奶券发放、助餐、“银发无忧”保险购买、提供遗嘱免费公证服务等实事项目，继续推进老干部方便就医工作。指导督促各单位做好老干部生活待遇落实工作；建立专项工作机制，协调处理离休干部诉求42件。

【加强离退休干部“两项”建设】 年内，区四套班子领导及各单位以情况通报、上门看望、召开座谈会等形式加强与老干部的沟通与交流。区委老干部局举办离退休干部报告会2次、老干部读书班4期，召开离休干部党支部书记（学习组长）工作例会4次，调整和创新离休干部党组织设置。引导离退休老干部发挥正能量，开展“争当‘六大员’，共筑中国梦”“人人做公益”等活动；拓展学习方式和渠道，丰富学习内容，满足老干部政治学习需求。拍摄《皓首丹心——嘉定区离退休干部风采录》专题宣传片；开展“社区离退休干部党建工作”“关心下一代工作规范化建设”“文化养老”等专题调研，调研

“敬老爱老助老”主题活动暨离退休干部“双先”代表座谈会

（区委老干部局 供稿）

报告入选《上海老干部工作研究》。

【丰富离休干部精神文化生活】 年内，举办老干部趣味运动会、棋牌友谊赛、老年人健康保健和法律维权专题讲座等活动，召开“中国梦、中华情——中华人民共和国成立65周年老干部座谈会”，组织老干部参加市老干部活动中心、闵嘉青联合体开展的各类活动。老干部大学开设政治理论、书法、国画等课程8门，春秋两季招生397人次；举办“丹心凝聚神州情，同心共筑中国梦”老干部书画摄影展；组织书法班、国画班开展“迎新春、送春联——送文化下乡志愿活动”；组织老干部参加建国65周年书画摄影展及“我的退休生活”“信谊杯•中国梦•我的梦”为主题的征文活动。

【拓展社区老干部工作】 年内，完善《社区离休干部花名册》，建立离休干部信息库，健全社区服务机构及老干部信息。下发居家养老专项服务补贴，为离休干部提供“电话叫车优先服务”、空调清洗、管道疏通、室内安全扶手保养等服务。联合区档案局、区委党史研究室、团区委等单位进行口述历史档案采集工作；编印《情系老干部——嘉定区“敬老爱老助老”主题活动先进事迹汇编》，召开“敬老爱老助老”主题活动暨离退休干部“双先”代表专题座谈会，宣传和弘扬老干部先进典型和“助老”先进典型事迹。

【关心下一代工作】 年内，开展“五好”（领导班子建设好、制度健全执行好、“五老”作用发挥好、活动经常效果好、积极探索创新好）关工委标准化建设和星级单位申报复评工作。区关工委讲师团举办“我的中国梦”巡回讲座52场；组建帮扶对子700余对，离退休老干部在思想、学业和生活上给予青少年关心和帮助。联合区社会帮教志愿者协会开展社区服刑青少年帮教工作，联合相关单位开展“老少牵手中国梦”“老少牵手，让农民工随迁子女梦想成真”等活动。

2014年嘉定区离休干部情况表

单位：人

项目	本区离休干部				实际管理离休干部（不含安置本市其他区县、外省市离休干部）				去世离休干部							
	合计	本区就地安置	安置外省市	安置本市其他区县	合计	本区就地安置	本市其他单位委托管理	外省市易地来嘉定安置	历年累计逝世数	历年本区累计逝世数	其中本区当年逝世数	历年本市其他单位代管逝世数	历年外省市易地安置逝世数	历年最大年龄数（岁）	历年最小年龄数（岁）	当年去世平均年龄（岁）
正副局级	1	1			1	1			2	2						
县处级享受局级待遇	1	1			1	1			9	7	2		2			
其他干部享受局级待遇									7	7						
参照副局级住房医疗交通待遇	4	4			4	4			10	8		1	1			
享受副局级医疗待遇	16	16			16	16			36	36	5					
正副县处级	16	16			16	16			9	7		1	1			
其他干部享受副处级待遇	46	46			66	46	8	12	112	88	4	13	11			
其他干部	67	65	1	1	82	65	7	10	123	103	5	15	5			
合　计	151	149	1	1	186	149	15	22	308	258	16	30	20	95	50	88

（戚慧慧）

机关党建

【概况】 2014年，区级机关党工委按照“围绕中心服务大局、团结引领形成合力、传承创新树立形象”的工作思路，以深入开展党的群众路线教育实践活动为契机，组织开展“五型”（即学习型、服务型、效能型、创新型、廉洁型）党组织建设，为推进机关党的思想、组织、作风、廉政和制度建设提供思想和组织保证。

【思想建设】 年内，引导系统内各单位深入学习贯彻党的十八大和十八届三中、四中全会精神，学习贯彻习

2014年嘉定区“班长工程”区级机关党务干部培训班

（区级机关党工委　供稿）

近平总书记系列讲话精神及市委、区委全会精神。发挥党委（党组）中心组和处级以上党员干部理论学习的示范辐射作用，带动机关党员干部群众开展各类主题教育活动。先后举办“学习宣传党的十八届四中全会精神”“学习苏兴华先进事迹”“弘扬社会主义核心价值观”等专题报告会。贯彻落实《嘉定区关于推进学习型党组织建设的实施意见》和《嘉定区学习型党组织创建工作系列标准（试行）》通知精神，深入开展“创建学习型党支部、争当学习型党员”活动，组织参与区第四届“党员学习月”活动，组织各基层党组织开展推荐一本好书、党员学习论坛、支部联组学习、“微型党课”展示等活动，营造良好的机关学习氛围。借助市级机关工作党委学习型党组织（机关）创建工作平台，在系统内开展学习型党组织（机关）创建工作，组织区人民检察院等8个单位创建上海市学习型党组织，组织区委办等14个单位创建上海市学习型党组织（机关）创建工作先进单位。

【组织建设】 年内，以开展党的群众路线教育实践活动为契机，深入基层党组织开展机关党建工作调研，加强与基层党组织书记的沟通和交流，对开展学习型党组织建设、落实“三会一课”、基层远程教育站点设立和使用、召开专题组织生活会、支部换届、文明单位创建等工作进行检查指导。以“五型”（即学习型、服务型、效能型、创新型、廉洁型）党组织建设为抓手，推行区级机关党建工作责任制，研究制定考核目标，出台《关于区级机关开展“五型”党组织建设的实施意见》。加强党支部书记和党员队伍建设，强化支部书记“一岗双责”意识。举办“班长工程”区级机关党务干部培训班，设服务型党组织建设、机关文化建设等内容。把培养教育工作做在入党积极分子递交入党申请书之前，严把发展入口、考察政审、民主决策、透明公开等四个“关口”。充分发挥群团组织的推优培养作用，侧重发展35岁以下优秀青年入党，注重在团员青年中发展党员，全年培训入党积极分子24人，发展党员21人。

【反腐倡廉建设】 年内，将党风廉政工作列入重要议事日程，先后四次召开党委会议，专题研究部署党风廉政建设工作。制定党风廉政建设责任制及任务分工，梳理出党委主体责任事项8个、纪检监察组织监督事项6个。加强责任制落实的监督管理，对每名班子领导干部进行责任告知，强化党纪条规意识和“一岗双责”意识。运用党风廉政建设责任制信息管理系统开展工作，及时更新信息。注重区级机关科级干部党风廉政教育，开展“严党纪、正作风、促廉政”主题教育活动，组织党员干部观看《岗位与风险》《失德之害》等系列警示教育片，举办机关干部学法知法用法专题报告会等活动。开展理想信念教育、革命传统教育、反腐倡廉警示教育和职业道德教育，引导党员干部树立正确的世界观、人生观、价值观、利益观和权力观。深入开展廉政风险防控工作，进行重点重要岗位风险排查，与重点部门、重要岗位人员签订廉政责任书。探索运用“制度加科技”等手段，从源头上解决党员干部廉洁从政方面存在的突出问题，查处系统内违纪案件1起。

【精神文明建设】 年内，组织系统内各基层党组织开展2013-2014年度市、区文明单位及文明机关的创建工作，以推进会、考评会、实地察看等形式对各单位创建情况进行不定期督查。配合区文明办完成系统内7个创建市级文明单位、18个创建区级文明单位、14个创建区文明机关的审核验收工作。开展扶贫帮困“双结对”活动，并与“零距离服务工程”、领导干部“换位体验察实情”等相结合，切实解决农村和社区的实际困难，深化机关联系服务群众工作。年内，共有结对单位80余个，开展走访慰问500余次950余人次，助学助困600余人次。

【群团工作】 年内，建立机关干部职工关爱机制，开展“慈善一日捐”活动，募集善款11.67万元，用于帮扶系统内困难职工和扩充工会经费。组织妇女干部参加区妇联开展的“铿锵三人话女性”专题讲座；与区红十字会联合举办“人道救护、生命至上”——嘉定区区级机关红十字应急救护技能比赛，掌握应急救护技能，提升团队协作精神；邀请中医药专家为机关干部职工看病诊疗。开展女性之光——“姐妹情”关爱保险工作，26个单位的311名机关女职工参加保险；组织系统内300余名女职工到区妇幼保健院进行妇科普查。组织开展扑克、乒乓、垂钓、中国象棋、桥牌、游泳和羽毛球等比赛活动；组团参加2014年嘉定区市民体育大联赛中“外冈杯”趣味田径赛、拔河比赛、“真新经济杯”中国象棋赛、第九套广播体操等项目。（杨　艳）

嘉定区人民代表大会

编辑　袁黛英

综　　述

2014年，区人大常委会学习贯彻党的十八大精神和习近平总书记系列讲话精神，按照区委要求，扎实开展党的群众路线教育实践活动。围绕嘉定经济社会“稳中求进、进中求变、变中领先”的发展思路和全区工作大局，依靠全体人大代表，认真履行宪法和法律赋予的职权，为嘉定实现现代化新型城市目标作出贡献。年内，召开区五届人大五次会议、区五届人大六次会议，举行区人大常委会会议9次、区人大常委会主任会议15次，听取和审议“一府两院”专项工作报告21项，作出决议、决定12项，依法任免国家机关工作人员44人次。　（彭义明）

区人民代表大会及其常委会会议

【概况】 2014年1月，召开嘉定区第五届人民代表大会第五次会议，分别听取、审议并批准嘉定区人民政府、区人大常委会、区人民法院和区人民检察院所作的工作报告，审查并批准嘉定区2013年国民经济和社会发展计划执行情况报告与2014年国民经济和社会发展计划、嘉定区2013年预算执行情况报告和2014年预算。7月，召开嘉定区第五届人民代表大会第六次会议，补选殷勇为嘉定区人民法院院长。举行区人大常委会会议9次，听取和审议若干报告，审议通过有关人事任免事项。

【区五届人大五次会议】 1月8-10日举行。会议听取、审议并批准区长杲云所作的政府工作报告、区人大常委会主任吴辰作的区人大常委会工作报告、区人民法院院长章华作的区人民法院工作报告、区人民检察院检察长阮祝军作的区人民检察院工作报告。会议审查和批准嘉定区2013年国民经济和社会发展计划执行情况报告与2014年国民经济和社会发展计划、嘉定区2013年预算执行情况报告和2014年预算。会议收到代表议案2件、书面意见56件，经大会主席团审查决定，2件代表议案按照代表书面意见处理。

【区五届人大六次会议】 7月31日-8月1日举行。会议听取和评议区长杲云所作的区政府上半年工作情况报告，以无记名投票的方式补选殷勇为嘉定区人民法院院长。

【区五届人大常委会第十九次会议】 1月17日举行。会议审议通过《上海市嘉定区人大常委会2014年度工作要点》，审议和通过区人大常委会主任会议提请的有关人事任免议案。

【区五届人大常委会第二十次会议】 3月31日举行。会议听取和审议区政

嘉定区第五届人民代表大会第五次会议　（区人大　供稿）

府《关于本区产业园区二次开发工作情况的报告》,审议通过《区人大常委会关于规范性文件备案审查的实施办法》《区人大常委会主任会议关于同意上海市铁路运输检察院对上海市嘉定区五届人大代表孟金根依法采取强制措施提请区人大常委会予以确认的报告》和《区人大常委会关于接受孟金根辞去上海市嘉定区第五届人民代表大会代表职务的请求的决定》。会前,副区长费小妹作《关于争当产业转型升级的先行者》工作情况通报。

【区五届人大常委会第二十一次会议】 5月9日举行。会议审议通过《区人大常委会专题询问暂行办法》《区人大常委会听证暂行办法》和《区人大常委会关于对"一府两院"落实常委会审议意见工作情况满意度测评的实施办法》,审议通过区人大常委会主任会议提请的有关人事任免议案。会前,区纪委副书记、区监察局局长陆俊敏向区人大常委会通报全区反腐倡廉工作情况。常委会休会期间,举行第三十一次人大常委会主任会议,讨论提出《上海市嘉定区人大常委会主任会议关于提请决定殷勇为上海市嘉定区人民法院代理院长的议案》,提请区五届人大常委会第二十一次会议审议通过。

【区五届人大常委会第二十二次会议】 5月29日举行。会议听取区政府《关于嘉定区城市防汛排涝工作情况的报告》并进行专题询问。区人大常委会专题询问工作调研组汇报前期调研工作情况并提出意见建议,分管副区长蔡潇飞作表态发言。会议听取区政府关于落实《区五届人大常委会第四次会议关于本区老龄事业发展情况的审议意见》的报告。会议听取内务司法工委关于区政府落实《区人大常委会关于本区老龄事业发展情况报告的审议意见》的督查报告,并进行满意度测评,总体评价为满意。会议审议和表决通过有关人事任免议案。

【区五届人大常委会第二十三次会议】 7月28日举行。会议听取和审议区政府关于2013年区财政决算的报告、2013年区本级财政预算执行情况和其他财政收支的审计工作报告,审查和批准2013年决算;审议并通过《区人大常委会代表资格审查委员会关于区五届人大个别代表的代表资格和代表变动情况的报告》。会议表决通过关于召开区五届人大六次会议的决定、区五届人大六次会议列席人员名单的决定,讨论提出关于区五届人大六次会议有关事项的草案,表决通过《区人大常委会关于接受张国民辞去区人大常委会副主任职务的请求的决定》和《区人大常委会关于接受李政辞去嘉定区副区长职务的请求的决定》,审议和表决有关人事任免事项。会议还书面审议区政府关于《区五届人大五次会议代表书面意见办理工作情况汇报》《关于2014年上半年嘉定区国民经济和社会发展计划执行情况的报告》《关于嘉定区2014年上半年预算执行情况的报告》。

【区五届人大常委会第二十四次会议】 7月31日举行。会议表决通过区政府提出的有关人事任免议案。

【区五届人大常委会第二十五次会议】 9月16日举行。会议听取和审议区政府《关于来沪人员随迁子女入学管理工作情况的报告》;听取区政府《落实区人大常委会关于动迁安置工作推进情况审议意见的报告》,并进行满意度测评,总体评价为满意。审议和表决通过有关人事任免议案。会前,副区长李原向区人大常委会通报全区教育事业发展情况。

【区五届人大常委会第二十六次会议】 10月15日举行。会议决定任命周文杰为嘉定区副区长。会前,区委常委、组织部部长董依雯向区人大常委会通报嘉定区组织工作情况。

【区五届人大常委会第二十七次会议】 12月12日举行。会议表决通过关于召开区五届人大七次会议的决定,决定区五届人大七次会议于2015年1月19日召开;听取和审议区政府关于嘉定区2014年预算调整的报告,表决通过《区人大常委会关于批准嘉定区2014年预算调整的决定》。会议决定任命邢培毅为嘉定区副区长、上海市公安局嘉定分局局长,表决通过区人大常委会关于接受李贵荣辞去上海市嘉定区副区长职务的请求的决定、关于接受严菊明辞去上海市嘉定区第五届人民代表大会代表职务的请求的决定、关于接受沈培新辞去上海市嘉定区第五届人民代表大会代表职务的请求的决定,会议表决通过有关人事任免事项。会议听取区政府关于《上海市嘉定区人民政府职能转变和机构改革方案》有关情况的报告,书面审议区政府关于《本区2014年环境保护工作情况的报告》《本区2014年城市规划制定和实施情况的报告》。(彭义明)

监督工作

【概况】 2014年,区人大常委会深入学习贯彻党的十八届三中全会、中央经济工作会议和市委十届五次全会精神,围绕"完善和发展中国特色社会主义制度,推进国家治理体系和治理能力现代化"总目标,贯彻落实区委五届五次全会精神,切实加强工作监督和法律监督,增强监督工作的针对性和实效性。年内,通过区人大常委会会议审议,区人大常委会主任会议听取汇报,组织代表评议、视察、调研等方式,重点对产业园区二次开发、城市防汛排涝、来沪人员随迁子女入学管理等情况进行监督。

【开展关于来沪人员随迁子女入学管理工作情况的监督】 年内,区五届人大常委会第二十五次会议听取和审议区政府《关于来沪人员随迁子女入学管理工作情况的报告》。会议认为:随迁子女入学管理服务于人口管理战略,是加强人口综合调控的基础,是优化区域人口结构、社会综合治理和教育资源配置的重要抓手。近年来,区政府通过增加教育资源、创新工作举措,随迁子女入学(园)管理和服务工作取得一定成效,但还存在不足,应引起高度重视。

【开展关于产业园区二次开发工作情况的监督】 年内,区五届人大常委会第二十次会议听取和审议区政府《关于本区产业园区二次开发工作情况的报告》。会议认为:产业园区二次开发是事关全区长远发展的一项战略性工作,是关系到嘉定可持续发展的关键所在,也是嘉定创新驱动、转型发展、打造产业"升级版"的关键所在,在肯定成

区人大常委会组织代表视察外冈镇万亩高水平良田建设

（区人大　供稿）

绩的基础上，对推进产业园区二次开发工作存在的不足应引起高度重视。

【开展关于城市防汛排涝工作情况的监督】 年内，区五届人大常委会第二十二次会议听取和审议区政府《关于嘉定区城市防汛排涝工作情况的报告》并开展专题询问。会议认为：防汛排涝工作事关群众生命财产安全，事关城市经济社会发展，全区在防汛排涝整体规划修订、机制建立完善、基础设施建设、队伍建设等方面存在不足，需进一步引起重视，加快研究解决。

【开展关于"两院"有关工作情况的监督】 年内，区人大常委会积极支持和推动司法体制改革，及时了解改革推进情况，关注区人民法庭建设，区人大常委会主任会议听取区人民法院工作情况的汇报。区人大常委会对区人民检察院反贪污贿赂工作进行专题调研，要求区人民检察院完善机制、落实举措，积极探索"制度加科技"的预防模式，提高反贪查案工作水平，有效遏制和减少职务犯罪，提升反贪污贿赂工作实效。

【开展关于预算审查的监督】 年内，区人大常委会落实中央、市委及区委有关加强全口径预算监督的要求，按照新修订的《中华人民共和国预算法》规定，探索进一步加强预算监督的方式和举措。连续召开3场听证会，对2015年部分专项预算开展听证，确保财政资金使用得到更广泛、更透明的监督。（彭义明）

讨论、决定重大事项

【概况】 2014年，区人大常委会依法行使重大事项决定权，推进重大事项决策的民主化和科学化，根据形势和发展需要，适时作出决定、决议。全年共作出决议、决定12项。

【作出关于2013年财政决算的决议】 7月28日，区五届人大常委会第二十三次会议听取和审议区政府关于2013年区财政决算的报告、2013年区本级财政预算执行情况和其他财政收支的审计工作报告，审查和批准2013年决算。

【作出关于召开区五届人大六次会议的决定】 7月28日，区五届人大常委会第二十三次会议审议通过区人大常委会关于召开区五届人大六次会议的决定。会议决定：区五届人大六次会议于2014年7月31日－8月1日召开。

【作出关于批准嘉定区2014年预算调整的决定】 12月12日，区五届人大常委会第二十七次会议听取和审议区政府关于嘉定区2014年预算调整的报告，表决通过《区人大常委会关于批准嘉定区2014年预算调整的决定》。

【作出关于召开区五届人大七次会议的决定】 12月12日，区五届人大常委会第二十七次会议审议通过区人大常委会关于召开区五届人大七次会议的决定。会议决定：区五届人大七次会议于2015年1月19日召开。会议通过区五届人大七次会议的建议议程等。（彭义明）

人事任免

【概况】 2014年，区人大常委会依法任免国家机关工作人员44人次。其中决定任免和接受辞职区政府组成人员16人次；任免区人大常委会机构工作人员7人次、区人民法院工作人员17人次、区人民检察院工作人员4人次。

区人大常委会举行国家机关工作人员任命书颁发仪式

（区人大　供稿）

2014 年嘉定区人大常委会决定任免和接受辞职政府组成人员一览表

时　间	会　议	决定任免或接受辞职	姓　名	职　务
1 月 17 日	区五届人大常委会第十九次会议	任命	郑益川 朱维强 赵志坚	区卫生和计划生育委员会主任 区农业委员会主任 区民政局局长
		免去	徐叶根 陈　宾	区农业委员会主任 区民政局局长
5 月 9 日	区五届人大常委会第二十一次会议	任命	吴自强 周志良	副区长（挂职一年） 区住房保障和房屋管理局局长
		免去	谢志音	区住房保障和房屋管理局局长
7 月 28 日	区五届人大常委会第二十三次会议	接受辞职	李　政	副区长
7 月 31 日	区五届人大常委会第二十四次会议	免去	燕小明 俞　鑫	区文化广播影视管理局局长 区水务局局长
10 月 15 日	区五届人大常委会第二十六次会议	任命	周文杰	副区长
12 月 12 日	区五届人大常委会第二十七次会议	任命	邢培毅	副区长、上海市公安局嘉定分局局长
		免去	李贵荣	上海市公安局嘉定分局局长
		接受辞职	李贵荣	副区长

（彭义明）

联系人大代表和人民群众

【**概况**】 2014 年，区人大常委会共邀请区人大代表 40 人次列席区人大常委会会议；举办区人大代表学习活动 4 次，340 人次参加。590 人次区人大代表参加各类执法检查、视察、调研等活动；开展市、区人大代表联系社区集中活动，收集、反映意见和建议 169 条。年内，共办理全国人大、市人大交办件 136 件，受理群众来电、来信和来访 657 件次，做到件件有着落、事事有回音。

【**开展市、区人大代表联系社区集中活动**】 年内，开展市、区人大代表联系社区集中活动，29 名市人大代表、197 名区人大代表参加。代表们听取基层联系点负责人介绍村（居）委主要工作及老年人权益保障方面的意见和建议，倾听群众关心的热点难点问题，收集、反映意见和建议 169 条。

【**组织区人大代表开展活动**】 10 月 17 日，区人大常委会召开部分市、区、镇人大代表座谈会，听取各级人大代表对《上海市实施〈中华人民共和国全国人民代表大会和地方各级人民代表大会代表法〉办法（草案）》《上海市人民代表大会关于代表议案的规定（修订草案）》《上海市人民代表大会关于代表建议、批评和意见的规定（修订草案）》的意见和建议。12 月 26 日，组织区人大代表开展年终集中视察，分别视察嘉定体育馆（新馆）、外冈镇万亩高水平粮田基地、上海联影医疗科技有限公司、京东商城华东总部、上海保利大剧院、东方肝胆外科医院安亭新院等 10 个项目，实地了解嘉定经济社会发展情况，对重大工程和项目进行有效监督。

【**督办代表书面意见**】 区五届人大五次会议期间，大会收到由区政府办理

人大代表年终集中视察　　（嘉定报社　李华成　摄）

的代表书面意见58件(含10人联名代表议案转为书面意见办理的2件),会后收到13件,共计71件。通过区人大常委会督办和区人民政府落实,至年底,办理结果为:解决和采纳的49件,正在解决的3件,计划解决的7件,留作参考的12件。 (彭义明)

其他重要活动和街镇人大工作

【概况】 2014年,区人大常委会不断加强自身建设,密切联系镇人大和街道人大代表联络室,为人大代表履职提供服务保障。

【加强区人大常委会自身建设】 年内,区人大常委会加强思想作风、制度和能力建设,深入开展党的群众路线教育实践活动。认真贯彻落实中央"八项规定"精神,完善机关内部管理制度,规范各办事机构和工作机构外出调研、考察和公务接待等事项,进一步提高人大工作效能。加强对年轻干部的培养,选派机关干部到市人大机关和区内农村基层挂职锻炼,提高服务人大工作和群众工作能力。以全国人民代表大会成立60周年和首个"国家宪法日"为契机,通过嘉定广播电视台、《嘉定报》和区人大网站,以电视讲话、专题片、专刊、专栏等形式开展宣传活动。年内,在市、区级媒体刊发信息稿150余篇。

【镇人代会召开】 年内,7个镇召开镇人代会,完成各项议程,通过有关决议。1月2~3日,马陆镇召开第三届人民代表大会第三次会议,选举甘永康为马陆镇镇长。3月27~28日,外冈镇召开第四届人民代表大会第四次会议,选举张杰为外冈镇镇长。6月6日,江桥镇召开第三届人民代表大会第四次会议,选举陈刚为江桥镇人大副主席、姚轶力为副镇长。7月10~11日,马陆镇召开第三届人民代表大会第四次会议,选举肖伟为马陆镇副镇长。7月24~25日,南翔镇召开第十八届人民代表大会第四次会议,选举余群为南翔镇人大副主席。

嘉定镇街道顺利完成人大代表补选工作 (嘉定镇 供稿)

【组织市人大嘉定代表开展专题调研】 年内,区人大常委会组织市十四届人大嘉定代表团代表围绕《关于加强社区工作者队伍建设,提升基层社会治理水平的若干思考》开展专题调研和视察活动。其间,召开座谈会,马陆镇、江桥镇、嘉定镇街道、区社建办等单位负责人参加,提出意见和建议。组织市人大代表实地视察嘉定区图书馆(文化馆)新馆、外冈农民集中居住区等地,形成《加强社区工作者队伍建设,提升基层社会治理水平》的调研报告并送交市人大常委会。

【嘉定代表团代表参加市十四届人大三次会议】 1月24~29日,区委书记马春雷、区长杲云、区人大常委会主任吴辰等35名嘉定代表团代表出席市第十四届人大三次会议。会议期间,嘉定代表团代表认真审议大会各项工作报告,参加各项选举和专题审议,围绕加快建设具有全球影响力的科技创新中心等内容提出意见和建议,提出议案2件、代表书面意见17件。

(彭义明)

市十四届人大嘉定代表小组评议市政府上半年工作 (区人大 供稿)

嘉定区人民政府

编辑 袁黛英

综　述

2014年，区政府围绕争当建设现代化新型城市探索者和先行者的发展理念，主要抓好以下工作。

一是聚焦提质增效，经济发展稳中有进。全区实现增加值1 630.2亿元，可比增长8.6%；完成规模以上工业产值5 082.7亿元，比上年增长7.16%；完成财政总收入745.7亿元，增长12.98%（其中地方财政收入167.8亿元，增长15.72%）；完成商品销售总额和社会消费品零售总额4 279.8亿元和714.1亿元，分别增长12.56%和26.52%；实现合同利用外资11.7亿美元、实际利用外资4.7亿美元，同比分别增长44.7%和14.6%；实现进出口总额216.1亿美元，同比增长3.1%；完成固定资产投资485.1亿元；城乡居民家庭人均可支配收入分别为40 042元和23 831元，分别增长10.2%和11%。重点产业发展有力推进。汽车及零部件产业实现产值3 645.6亿元，同比增长10%，占全区工业总产值的71.7%；上海大众动力总成有限公司产值超百亿元。战略性新兴产业实现产值564.8亿元，同比增长8.2%。上海微技术工业研究院启用，物联网中心二期基本建成，联影医疗、矽睿科技等产业化项目取得重大进展，新能源汽车创新示范应用稳步推进。现代服务业优势凸显，总部经济实现跨越式发展，德尔福派克（上海）国际管理有限公司等3家企业总部落户嘉定，区内共有跨国公司地区总部及各类研发、销售中心43家。文化与信息产业实现营业收入1 181.6亿元，同比增长22.6%。主动对接上海自贸区，被上海海关列为跨境电商试点区，实现电子商务交易额1 105亿元，同比增长53.4%。游戏产业呈集聚式发展，全区集聚各类游戏企业400余家。新型金融业态进一步丰富，上海金融谷、汽车金融港建设加快推进，汽车产品现货交易平台、全国中小企业信用融资公共服务平台先后成立。新增商业保理公司4家、融资租赁公司13家、小贷公司1家，股权投资及管理类企业累计近1 500家。旅游品牌效应不断放大，“观赛事·游嘉定”等特色项目成为新亮点，全区旅游直接收入增长145%，商务会展和休闲体验旅游目的地建设成效显现。推进创新驱动发展，全年新认定高新技术企业70家、市科技“小巨人”培育企业28家、企业技术中心19家、工程技术研究中心13家。全年新增中国驰名商标4件、上海市著名商标14件。深入推进“大孵化”战略，加快创建综合型、专业型孵化器，新增各类市场主体2.3万家，注册资金756亿元。多元化、梯队式金融服务体系进一步健全，新增主板上市企业1家、“新三板”挂牌企业12家、股权交易中心E板挂牌企业61家，累计9家、17家和83家。“嘉定创投”品牌效应进一步放大，投资基金33支，资金总规模近216亿元，累计投资项目近200个。园区二次开发有序开展，推进22个条件相对成熟的区域转型，其中3个项目完成建设、6个项目开工。推进出口加工区向综合保税区转型升级，完成张江嘉定园第三

同济大学两岸文创产业研发中心徐行分中心成立揭牌仪式

（徐行镇　供稿）

次扩区。加大淘汰调整力度，调整劣势企业203家，节约标煤4.4万吨，腾出土地108.67公顷。加大节能技改扶持力度，实施锅炉清洁能源替代工程，改造、关停锅炉214台、窑炉18台。

二是聚焦宜居宜业，城市功能持续完善。聚焦“一核两翼”，全力推进重点区域功能提升。新城核心区产城融合示范效应显著增强，企业总部集聚商务区首个项目顺利落地，一批商业街区、高星级酒店、邻里中心等项目加快建设，上海保利大剧院正式启用，区工人文化宫建成交付使用。“智慧城市”建设稳步推进，交通、医疗、教育、文体等智慧应用加快试点。老城改造有序实施，进一步完善西门历史文化风貌区改造方案，不断提升州桥地区环境质量。安亭地区加快功能性项目建设，东方肝胆外科医院和国家肝癌中心基本建成，研发科技港和同济科技园初具形象。南翔江桥地区整体转型有序，多个总部经济、商务商贸项目加快推进，区域功能不断优化。城市综合配套进一步完善。统筹推进重大工程项目建设，陈行原水支线项目、南翔污水厂、泰和水厂扩建工程顺利推进，大众污水厂三期扩建主体结构完成，区再生能源利用中心完成环评审批。加强交通路网建设，完成S5（沪嘉高速）大修嘉定段改造工程，S6（沪翔高速）、嘉闵高架路北段一期建成通车，沪宜公路改建工程稳步推进，区区对接道路加快建设。轨道交通11号线陈翔路站和14号线（嘉定段）建设前期工作加快推进。公交服务水平进一步提升，新辟、调整公交线路18条，新增、更新公交车75辆。全面实施积水点改造等5项重点防汛整改项目，整治河道82.7公里。完成第五轮环保三年行动计划，全力推动清洁空气行动计划。实施重点区域、高（快）速道路绿色廊道建设和特色绿化建设，新增绿地39.3公顷。有序推进多层级垃圾资源化处置体系建设，不断扩大生活垃圾分类减量覆盖面。加强土地储备和房地征收工作，腾空基地41个。开展嘉定城乡一体化发展调研，启动新一轮嘉定区总体规划编制，全面推进各镇郊野单元规划，在全市率先完成村庄布点规划，试点推进村庄规划，优化城乡发展空间布局。推进集建区外建设用地减量化工作，已完成及正在实施的减量化地块总面积为279公顷。积极推进美丽乡村建设，有序推进宅基地置换和村庄改造，新建农民集中居住区67.2万平方米。转变农业生产经营方式，探索“合作社+家庭农场”新模式，发展家庭农场53家，涉及粮食种植面积447公顷。提升农业现代化水平，完成粮食、蔬菜、生猪等保有量任务，完成560公顷土地整治项目，建成158公顷高水平粮田项目并投入使用，建成3个区域特色农产品项目。狠抓农产品质量安全监管，加强动物产品检验检疫和无害化处理工作。加大农村集体经济组织产权制度改革力度，完成12个村的改制工作。

三是聚焦民生保障，公共服务显著加强。就业和社会保障不断完善。深化“创业型城区”创建工作，全面推动就业公共服务平台延伸至村（居），新增就业岗位3.5万个，转移农村富余劳动力8 333人，妥善安置就业困难人员334人，新增创业组织680家，全面创建和谐劳动关系。持续扩大“城保”覆盖面，提高各类保障水平，在落实全市统一提高养老金基础上，为“镇保”退休人员、征地养老人员每人每月再增加80元区级补贴。深化“一口上下”社会救助机制，实施各类救助40.9万人次，落实救助金2.2亿元。推进城乡低保一体化救助和区级因病支出型贫困救助，民生综合保险工程和民生救助保险工程共受理理赔案件1 597起，支付理赔款267.5万元。加强养老服务，编制完成区养老设施布局专项规划，新增养老床位448张，区第一社会福利院主体工程完工。不断创新助残服务模式，嘉定区创建为全国残疾人文化体育建设示范区，成为政府购买残疾人服务全国试点区。加大社会组织培育力度，区社会组织公益实践园启用，21家社会组织入驻。扎实推进住房保障工作，新开工、竣工安置房68.9万平方米和43.2万平方米，1 400户居民搬入新居，大居外配套建设有序推进。公共服务能力稳步提高。教育综合改革全面启动，成立区教育咨询委员会、教育安全管理中心、中小学学业质量监测中心。实施“品质教育”十大项目计划，联盟化实施“新优质学校”项目，加强市区两级委托管理和国际合作办学。完成教育千兆骨干网络升级改造，基本建成教育资源共享云平台。稳步推进公立医院改革，加快区域卫生信息化建设，探索建立监管评价、收入分配、分级诊疗等机制，启动实施医疗卫生分级分类管理与服务。合理规划布局区域医疗资源，安亭医院迁建、江桥医院新建等项目稳步推进。文化体育服务供给持续加大，嘉定体育馆（新馆）主体结构竣工，一批文化体育惠民实事工程按时完成。启用区公共文化数字服务平台，成立公共文化服务议事会，开展“百姓系列”群文活动，195万人次参与。多圈层全民健身公共服务体系不断完善，全民健身发展指数测评再列全市首位。深入推进全国文明城区创建，继续做好民族宗教、对台侨务、红十字会、妇女儿童和档案方志等工作。人才强区深入推进。建立招才引智与招商引资联动机制，整合社会力量做好人才服务工作。强化上海国际汽车城国家级海外人

江桥老街生活大院开街　　（江桥镇　供稿）

才基地和上海张江嘉定园市级海外人才基地建设，继续推进"学术技术带头人""名师工作室"等工作。新增中央"千人计划"人才16人，引进创新创业和急需紧缺人才105人。强化人才服务保障，年内248名优秀人才获配售房资格，完成配售房签约231套；574名优秀人才获租房补贴资格，为1 200名优秀人才发放租房补贴999.45万元。

四是聚焦常态长效，社会治理不断创新。强化村(居)社会治理。结合城市基本管理单元理念，推进"镇管社区"试点工作。12个街镇社区事务受理服务中心均实现"一口受理"。继续举办嘉定睦邻节，居民自发组织活动1 908次，25万人次参与，新增睦邻点107个。开展社区生活地图试点工作，完成60个社区居委会"一站式"服务点建设，创新农村组务管理，全区50%的村建立组务工作站。村(居)社会管理信息平台投入运行，全面梳理归并村(居)台账。开展村(居)社会治理专项整治行动，拆除违法建筑80.5万平方米，整治群租2 500户。加强人口服务管理。建立条块联动工作机制，加强公共服务与人口综合调控统筹协调。完善随迁子女入学入园管理服务，推广"点勤式"及房屋租赁托管等创新做法，规范农村住房租赁管理，强化年度目标考核。人口综合调控成效初显，呈现"人口总量逐步稳定，来沪人员缓中略降"态势，人口结构逐步优化，素质稳步提升。社会面保持和谐稳定。推动联勤、城市网格化、市民服务热线、应急管理等职能深度融合，初步建成城市综合管理工作体系和机制，联勤和网格化平台处置率分别为99.7%和99.9%。推进十项平安建设实事项目和反恐防范基础设施建设，严厉打击各类突出违法犯罪，大力整治治安突出问题。全面推进"法治嘉定"建设，建立健全信访分级分责工作制度，完善人民调解与行政调解、司法调解衔接机制。完成"亚信峰会"等重大活动安保任务，全面落实生产、消防、食品药品等安全责任。

五是聚焦作风建设，政府效能全面提升。实现党的群众路线教育实践活动与扎实推进各项工作"两手抓"，着力解决"四风"问题，全面精简会议、活动、文件简报，压缩各类评比表彰活动。结合群众反映强烈的问题，制定整改事项和专项整治任务，并积极加以推进解决。进一步细化公务接待、因公出国(境)经费等管理办法，明确有关工作标准，政府作风明显改善。深入推进行政体制改革。制定完成政府职能转变和机构改革方案，调整新城建设管理和老城发展的体制机制。优化行政审批制度改革工作体制，推进简政放权，取消调整行政审批事项163项，加强行政审批目录管理，编制办事指南，优化产业项目审批流程，探索加强事中事后监管。稳步实施国资国企改革，推进区级机关下属经营性企业政企分开工作，优化调整国资布局，完善区管企业分类监管。规范优化政府运行机制。完善重大事项集体决策制度，推进重大决策后评估制度。加强政府信息公开，提高行政透明度，政府公文主动公开率较上年度提高14.6%。加强规范性文件审查备案。做好财政资金结余清理工作，盘活存量资金，提高使用效率。依托干部日常管理信息化平台，加强公务员队伍管理。办理区人大代表书面意见71件、政协提案113件。（徐光华）

政务会议

【概况】 2014年，区政府以科学发展观总揽经济社会发展全局，贯彻市委、市政府提高行政效能的要求，坚持科学决策、民主决策，将事关经济发展、城市建设和社会民生等重大决策事项纳入政府领导集体议事范围，以区政府常务会议和政府专题会议形式集体研究讨论，重要事项报告区委常委会审定，全年共召开区政府常务会议18次，区政府专题会议54次，通过集体讨论，政府决策水平和决策效能得到提升。

【常务会议】 全年召开18次，每次会议有若干个议题，共计94个议题。共讨论就业创业工作4次(1次即1个议题，下同)，国资监督管理5次，产业发展13次，住房保障与动迁安置5次，信访工作2次，养老与慈善2次，"三农"工作与美丽乡村建设5次，政府调研工作1次，政府重大工程1次，政府重点工作2次，政府工作报告1次，政府信息公开1次，政府改革3次，人员处分1次，安全生产1次，税务工作1次，"十三五"规划1次，妇幼保健项目建设1次，公共交通建设1次，社会组织培养1次，政府财政工作1次，食品药品监督与管理2次，防汛工作1次，社会保险工作5次，"12345"市民服务热线工作1次，代表建议与提案办理工作1次，人口服务与管理工作2次，再生能源项目建设1次，"拆违"工作1次，科技信息与智慧城市建设4次，土地规划与管理6次，教育配套项目工作1次，水价调整工作1次，环境与空气清洁1次，和谐劳动关系工作1次，共青团与少先队工作1次，新能源汽车发展1次，监察工作1次，行政审批工作1次，城市建设与管理4次，"亚信峰会"安保工作1次，区人大常委会复函工作2次，人事任免2次。

【协调会议】 1月14日，区长杲云主持召开嘉定区处置"11•29"燃气爆炸事件善后工作第七次会议。

1月23日，副区长朱建江主持召开区食品安全监管责任网络监察系统建设情况汇报会。

1月28日，区长杲云、副区长李原召开专题会议，研究瑞金医院肿瘤(质子)中心项目推进工作。

2月17日，区长杲云主持召开南翔污水厂项目建设推进会。

2月19日，区长杲云召开嘉定体育馆(新馆)运营管理工作专题会议。

2月25日，区委常委、副区长费小妹召开专题会议，研究京东徐行项目建设推进事宜。

3月4日，区长杲云主持召开专题会议，研究嘉北郊野公园建设工作。

3月6日，区委常委、副区长费小妹召开专题会议，研究协通园区转型升级工作推进事宜。

3月10日，副区长李原、蔡潇飞召开专题会议，研究保利大剧院开业推进工作。

3月13日，副区长朱建江主持召开嘉定区梅山猪育种中心"标准化生态养殖基地"建议项目推进协调会。

3月17日，区长杲云主持召开专题会议，研究同济大学轨道交通综合试验线二期工程推进工作。

4月2日，区长杲云主持召开S6沪翔高速公路工程征地动迁后续工作专题会。

4月16日，区长杲云主持召开会

议，专题研究南翔红卫新村危旧房改造工作。

4月29日，区长杲云主持召开沪宜公路改建工程有关事宜专题会。

5月6日，区委常委、副区长费小妹主持召开会议，专题研究支持菊园科研院所产业基地建设的相关政策扶持事宜。

5月9日，副区长朱建江召开会议，专题研究设施农用地备案及相关工作。

5月10日，区委常委、副区长费小妹主持召开会议，专题协调上海大众汽车二厂电力增容事宜。

5月13日，区委常委、副区长费小妹主持召开会议，专题研究嘉定镇街道博乐广场古建筑群、外冈砖瓦厂地块建筑证照办理事宜。

5月14日，区委常委、副区长费小妹，副区长李贵荣召开会议，专题研究嘉唐公路非法市场综合整治事宜。

5月16日，副区长李贵荣、蔡潇飞召开公共消防站建设推进工作专题会。

5月26日，副区长蔡潇飞主持召开区建设用地减量化暨郊野单元规划推进工作会议。

6月11日，区委常委、副区长费小妹召开专题会议，研究设立智慧政务数据中心相关事宜。

6月20日，区委常委、政法委书记倪耀明主持召开关于嘉定区再生能源利用中心建设稳定工作专题会议。

同日，区长杲云召开同济科技园01-02A地块建筑方案调整专题会议。

7月2日，区长杲云召开会议，专题研究安亭镇开开衬衫总厂扩建事宜。

8月4日，区长杲云、副区长蔡潇飞召开专题会议，研究惠民家园项目购房家庭产证办理事宜。

8月7日，区委常委、副区长费小妹主持召开产业项目联席会议。

同日，副区长蔡潇飞主持召开会议，专题研究污水处理厂污泥处理技术事宜。

8月14日，副区长蔡潇飞召开专题会议，研究部署2014年区重大工程建设推进工作。

9月1日，区长杲云、副区长孙伟召开专题会议，协调上海国际汽车城（集团）有限公司有关新能源基地、郊野公园、再生能源利用中心、外冈宅基地一期等建设项目资金事宜。

9月4日，区长杲云、副区长李原召开专题会议，研究江桥医院项目推进工作。

同日，区委常委、副区长费小妹召开专题会议，研究上海新傲科技股份有限公司二期开发推进事宜。

9月11日，区长杲云主持召开南翔镇工业园区东区陈翔路工业地块和嘉定镇街道顶峰广场规划调整专题会议。

9月18日，副区长朱建江召开会议，专题研究区畜禽屠宰监管职能移交工作。

9月26日，副区长蔡潇飞召开专题会议，研究整治徐行镇海江公司擅自改建物流园区有关工作。

9月28日，区委常委、副区长费小妹召开专题会议，协调新时达机器人项目落地外冈镇相关事宜。

10月13日，区长杲云主持召开会议，研究S5陈翔路上下匝道和G1501永盛路下匝道建设、富德森公司提前收储、天瑞汽车等3家企业前期投入补偿、工业区调整用地项目等工作。

10月14日，副区长蔡潇飞主持召开会议，专题研究区房屋土地征收工作。

10月27日，区长杲云召开专题会议，研究解决区新闻办政务新媒体运营人员紧缺问题有关工作。

11月6日，区长杲云主持召开会议，专题研究关于G1501嘉松北路匝道配套工程建设。

11月20日，区长杲云、副区长蔡潇飞召开会议，专题研究区再生能源利用中心项目推进工作。

12月5日，区长杲云、副区长蔡潇飞召开南翔污水厂项目推进会。

12月9日，区长杲云、副区长蔡潇飞召开会议，专题研究江桥镇剩余动迁安置房房源跨区对外搭桥相关事宜及推进轨道交通14号线曹安公路站点选址与前期工作事宜。

12月10日，副区长朱建江召开会议，专题研究2013年“小农水工程”马陆葡萄公园地块项目设计变更事宜。

同日，区长杲云，副区长孙伟、蔡潇飞召开会议，专题研究关于结合沪通铁路建设同步推进区内道路与铁路相交节点建设事宜。

12月15日，副区长朱建江召开会议，专题研究区农产品检测中心和食品药品检验检测中心统筹建设项目事宜。（徐光华）

政务公开

【概况】 2014年，嘉定区贯彻《中华人民共和国政府信息公开条例》《上海市政府信息公开规定》的要求，聚焦民生和热点，本着服务群众的宗旨，深化信息公开内容，创新信息公开形式，完善信息公开机制，构建行为规范、运转协调、公正透明、廉洁高效的行政管理体制。政府信息公开工作运行正常，政府信息公开咨询、申请及答复工作顺利开展。年内，新增主动公开公文类政府信息2 359条，累计14 615条，实现全文电子化率100%。全年共有政府信息公开事务行政复议案4件、行政诉讼案4件，无违法和瑕疵案。

【完善政府信息公开体制机制】 年内，强化区政府信息公开工作领导小组统筹职能，成员单位由区府办、区科委、区监察局、区法制办、区保密办、区档案局、区文广局组成。建立政府信息公开疑难问题会商机制，每季度召开一次领导小组联系会议，召开专题会议协调处理政府信息公开中遇到的问题，规范政府信息公开行为，保障公民、法人和其他组织的合法权益。发挥委办局和街镇政府信息公开工作机构作用，全区共有政府信息公开工作人员71人。各级政府信息公开工作机构积极推进各自区域（领域）内政府信息的主动公开和依申请政府信息公开事宜，建立健全政府信息公开制度，形成长效管理工作机制。加强督促检查和年度工作考评。区政府信息公开领导小组根据年度工作安排，对信息公开工作进行检查，督促整改工作不落实和不规范情况。落实社会评议制度，委托第三方机构采取随机拦截调查的方式，开展政府信息公开工作群众满意度测评，监督和推进政府信息公开工作。

【推进政府信息公开基础工作】 年内，推进政府公文发文稿纸标准化建设，结合政府信息公开、保密审查、规范性文件审查的要求，进一步规范发文程序，开展公文制发源头认定和规范性文件审查工作。完善政府信息公开指南、政府信息公开目录体系，及时更新信息，将主动公开的政府信息全文电子化，上传至“上海嘉定”门户网站。制定《政府信息公开栏目责任分工及工作要求》，进一步明确责任单位和信息更新时限。各单位按时将主动公开的政府信息和目录纸质文本送交区档案馆和区图书馆，供市民查阅。做好月度统计、公文类信息目录备案等基础性工作。将政府信息公开培训内容纳入初任公务员培训班、科级干部培训班、处级干部轮训班培训计划；就加强政府信息公开意识、规范依申请公开答复、加强保密审查等内容，对政府信息工作人员进行系统培训；对首次收到政府信息公开申请的单位开展培训和指导，提高初次公开答复的规范性和准确性。

【深化信息公开内容】 年内，推进办事指南公开，通过“上海嘉定”门户网站对外公开26个行政审批职能部门编制的办事指南441项，涉及办事依据、办理条件、所需材料、办理流程、办理期限、联系方式、收费情况等。推进审批事项公开，修订《嘉定区行政审批服务指南》，将企业设立、建设项目和竣工验收等审批事项通过区行政服务中心网站对外发布。推进审批结果公开，通过“上海嘉定”门户网站对外发布审批公告358条。推进取消、调整行政审批事项公开，涉及36项行政审批取消事项、127项行政审批调整事项。推进财政信息公开，公开2014年公共财政预算收支表、本级公共财政预算收支表、全区政府性基金预算收支表、本级政府性基金预算收支表、本级“三公”经费预算汇总表等报表内容。推进37个单位公开部门预算，包括“两表一说明”、部门“三公”经费预算和编制说明。推进区级财政专项资金公开，公开专项资金使用管理办法、申报流程、2013年分配结果等三方面17项专项资金信息。推进全区地方财政收支、政府性基金月度收支情况公开。推进街镇财政信息公开，12个街镇公开2014年收支预算总表、“三公”经费预算汇总表和部门预算。推进食品药品安全信息公开，公开食品药品行政许可信息和行政处罚案件信息。推进环境保护信息公开，以每小时为频率，发布空气质量指数(AQI)、首要污染物等信息，公开声环境质量、行政许可制度、审批公告、节能减排、行政处罚、重大隐患预警等信息。推进安全生产信息公开，及时发布可能引发事故灾难的自然灾害风险和重大隐患预警信息。推进房屋征收等信息公开，在“上海嘉定”门户网站发布征地补偿安置方案公告，主动公开征收范围、房屋补偿标准、土地及地上附着物补偿标准、劳动力安置补偿标准等信息。推进土地流转等公共资源信息公开，及时公开征收土地方案、征收主体、建设用地用途、征收土地位置、征地面积等信息。

【扩大主动公开范围】 年内，关于国民经济、社会发展规划、专项规划方面下发《上海市嘉定区人民政府关于印发〈政府工作报告〉的通知》等4个文件，关于财政与审计工作下发《嘉定区2014年重点审计项目计划》《嘉定区财政性资金建设项目委托社会中介机构审计管理办法》等6个文件，关于教育、卫生、体育工作制定下发《关于嘉定区来沪人员随迁子女招生入学(园)工作的实施意见》《嘉定区学校食品安全规范化管理实施方案》等6个文件，关于社会管理方面制定下发《嘉定区政府购买社会组织服务实施办法(试行)》《关于养老服务机构运行评估奖励的实施细则(试行)》等6个文件，关于社会保障与救助方面制定下发《上海市嘉定区人民政府关于调整本区征地养老人员生活费发放标准的通知》《关于对本区农业户籍灵活就业人员实行参保补贴的试行意见》等3个文件，关于政府自身建设方面下发《2014年嘉定区政府信息公开工作要点》《嘉定区2014年改革工作提示》等3个文件。

【拓宽信息公开渠道】 年内，加强“上海嘉定”门户网站政府信息公开专栏及子栏目建设，方便市民查阅区政府及各委办局主动公开的政府信息；设立“依申请公开受理”栏目，方便市民提出政府信息公开申请和查阅政府信息公开申请处理状态；“上海嘉定”门户网站实现主动公开政府信息全文检索功能；通过“上海嘉定”门户网站接受市民来信咨询，来信人可登录网站查阅来信咨询的处理状态和结果。加强基层信息公开查阅点建设。依托区档案馆、区图书馆、区行政服务中心、各街镇便民服务中心等政府信息公开查阅服务场所，向市民提供咨询、查询、投诉、公开申请等服务。在区行政服务中心、区规土局、区房管局等职能部门办事大厅设立资料索取点、信息公告栏、电子屏幕等，及时公开政府信息。全年出版《上海市嘉定区人民政府公报》6期，每期5 000份，免费发放至各街镇、村(居)委会、区投资服务和办证办照中心、区档案馆、区图书馆及新华书店嘉定区店等地，便于群众查阅。拓宽其他信息公开渠道。建立政务微博、政务微信、嘉定新闻、《嘉定报》、新闻发布会等政府信息公开渠道体系，及时向社会公众公开政府重大决策部署、重要会议精神、年度重大工程建设情况、年度实事工程推进情况等信息。全年通过“嘉定发布”政务微博、微信发布信息5 500余条。针对新城建设规划、产业结构调整、土地减量化、农村产权制度改革、智慧养老、违法建筑整治等，召开媒体新闻通气会150场次，不断提高政策解读的针对性、科学性、权威性和有效性，让群众“听得懂”“信得过”。

【受理信息公开申请778件】 2014年，共受理政府信息公开申请778件，其中网上申请442件、当面申请282件、信函申请52件、其他形式申请2件。在已答复的778件申请中，“同意公开或部分公开”的312件，占40.1%，涉及政策法规、房地征收、土地使用等信息。对依申请公开政府信息实行免费提供。

【接受市民咨询1.44万余次】 年内，接受市民咨询14 430次，其中电话咨询11 681次、网上咨询1 283次。政府信息公开专栏访问量为240.6万次，按点击率排序依次是：政府文件、工程招标、政务公告、人事任免、财政数据、房地信息。 (徐光华)

【嘉定区政府为市民购买民生救助保险】 1月，嘉定区人民政府与太平洋保险公司签订民生救助保险协议，出资372万元为市民购买民生救助保险。市民无须缴纳保险费用，只要符合保险条件，即可获得相应的保险赔付。民生救助保险对象包括两类：为嘉定区户籍70周岁以上老年人购买老年人保险；为嘉定区户籍居民及人才类居住证人员购买家庭财产安全保障保险。其保障项目一是嘉定户籍70周岁以上的被保险人，如发生意外伤害事故，并在意外发生之日起的180日内因该次意外伤害为直接原因导致身故的，可得身故保险金2 000元。被保险人如罹患恶性肿瘤住院治疗，保险公司按照50元／天给付住院补贴金。每人每年给付天数以20天为限，单人最高赔付为1 000元／年。二是嘉定户籍居民及人才类居住证人员，如因暴风、暴雨、雷击、爆炸、雪灾造成的户籍家庭住宅及家庭财产损失，每户家庭可获得最高8 000元的财产损失补偿，其中房屋（含装修）补偿限额为6 000元，其他家庭财产补偿限额为2 000元。现金外汇、金银珠宝、玉器首饰、古玩字画、有价证券、珍贵财物、图表资料、交通工具、宠物牲畜、移动通讯设备、无法鉴定价值的财产及违章建筑不在承保范围之列。（申　文）

办理人大代表意见和政协委员提案

【概况】 区五届人大五次会议和区政协五届四次会议以来，区人大代表和区政协委员结合嘉定经济社会发展实际，提出集群众呼声和诉求的意见和建议。区政府认真办理区人大代表和政协委员提出的书面意见和提案，一些涉及群众切身利益的急难愁问题得到及时解决，合理意见和建议被吸纳到政府相关政策和规范性文件中，一些暂时难以解决的问题被列入政府工作规划和年度计划。通过开展办理工作，增进政府与人民群众的沟通联系，促进政府科学决策、民主决策和和谐社会建设。

【人大代表书面意见办理】 区五届人大五次会议以来，区政府共收到区人大代表书面意见71件（其中会议期间58件、会后13件）。其中城建环保类46件（涉及道路出行、住房保障、供水供电、物业管理、环境整治等民生事项），占64.79%；财政经济类5件，占7.04%；科教文卫类14件，占19.72%；内务司法类5件，占7.04%；人事代表类1件，占1.41%。在区人大常委会及有关部门关心指导下，通过各承办单位办理，已经解决或采纳的49件（其中已经解决9件、采纳40件），占69.01%；正在解决和计划解决的10件（其中正在解决3件、计划解决7件），占14.08%；留作参考的11件，占15.49%；难以解决的1件，占1.41%。人大代表对承办单位办理态度满意率100%；对办理结果表示满意的68件，占95.77%。

【政协提案办理】 区政协五届四次会议以来，区政府共收到政协提案113件（含会后2件）。其中涉及城市建设42件，占37.17%；涉及经济建设13件，占11.5%；涉及科技教育15件，占13.27%；涉及社会法制29件，占25.66%；涉及文体医卫14件，占12.39%。通过各承办单位办理，已经解决或采纳的97件（其中已经解决6件、采纳或部分采纳88件），占85.84%；计划解决的5件，占4.42%；留作参考的10件，占8.85%；不予采纳的1件，占0.88%。提案人对办理态度和办理结果表示满意或基本满意率为100%。（徐光华）

机构编制

【概况】 2014年，区机构编制委员会办公室以推进政府职能转变和机构改革为主线，服务区域经济社会发展大局，注重调查研究和服务民生，推进行政审批标准化建设，加强机构编制管理工作，为嘉定加快推进现代化新型城市建设提供坚实的体制机制保障。

【开展机构调整工作】 年内，将区行政审批制度改革工作领导小组办公室改设在区编办，区编办增设行政审批制度改革科，负责领导小组办公室的日常工作，实现审改与编制工作同步、政府职能转变和机构改革联动。完成区卫计委、区编办机构调整后的“三定”工作；完善区建管委（区交通委）、区城市管理执法局等部门的机构调整方案；研究提出《关于本区优化政府组织机构、规范机构设置、合理配备人员编制和领导职数的工作方案》，进一步优化机构设置。

【保障公共服务领域编制配置】 年内，按照在改善民生和创新管理中加强社会建设的要求，新建学校7所，增加教育系统事业编制355个；新建江桥医院，增加卫生系统事业编制420个；通过系统内部调剂，增加建设工程安全质量监督、卫生信息服务、医保服务等方面的事业编制。

【推进简政放权工作】 年内，推进行政审批事项清理工作，取消和调整审批事项163项。继续开展产业项目并联审批，推进工业区块规划编制工作，完成编制48项，正在编制7项。落实投资项目审批改革，会同区发改委简化外资项目审批程序，将3亿美元以下鼓励类、允许类项目由原核准制调整为备案制，办理承诺时限减半，企业提早4–6个月取得备案立项文件。推进工商注册制度便利化，联合工商部门推动公司注册资本认缴登记制，全年新增注册企业17 822家，同比增长35.95%；推行“先照后证”，方便企业办事；取消企业工商年检制度，实施年报备案制，减轻企业负担。

【推进行政审批标准化建设】 年内，严格执行行政审批目录管理制度，制定完成《嘉定区行政审批目录》。开展“业务手册、办事指南”编制工作，对业务手册和办事指南执行情况进行监督检查，不断提高行政审批规范化、标准化水平。推进行政审批信息化建设，14项企业设立审批事项通过行政审批系统运行，做到外网受理、内网办理、平台监督，实现数据网上共享、过程网上控制、效能网上监督。

【完善行政审批管理服务】 年内，举办嘉定区行政审批业务培训班，80人参训；组织相关职能部门开展“点对点”培训服务，及时解答有关政策性、技术性、法规性问题。会同区行政服务中心、区民政局将9项审批服务事项下放至社区，其中社保卡补（换）等5项下放至街镇社区事务受理服务中心。实施行政审批“三日”（法定日、承诺日、办结日）跟踪工作，督促各职能部门高效履职，其中产业项目行政审批平均办结时限缩短68.2%。

【增加“参公”事业单位机构编制】 年内，进一步加强动物检疫、动物卫生监督执法和农产品质量安全监管等工作，增加区农委执法大队“参公”事业编制 15 个；完成区老干部活动室“参公三定”工作。

【机关事业单位实名制管理】 年内，做好机关、事业单位机构编制实名制信息管理系统维护工作，及时掌握机关事业人员动态变化。以机构编制实名制核查工作为契机，完善机构编制信息管理系统数据信息，掌握全区机构编制、领导职数、实有人数、人员结构等情况。建立机构编制管理联动机制，推进实名制系统与财政工资发放系统信息比对工作，杜绝吃空饷、混编混岗等现象。

【加强事业单位管理】 年内，区编办对照《上海市事业单位分类目录》，深入开展事业单位清理规范和类别划分工作，进一步规范事业单位机构设置；重新制订《嘉定区事业单位类别划分方案》，报市编办备案。每季度组织事业单位开展编制使用计划申报审批工作，及时掌握事业单位编制使用情况。完成事业单位年检 372 个，办结事业单位设立登记 16 个、变更登记 95 个、注销登记 12 个。组织教育、卫计委系统及街镇事业单位的 49 名法人代表开展业务培训，提升基层事业单位法治化管理水平。 （刘 伟）

人 事

【概况】 2014 年，区人社局继续推进人事体制改革，深化公务员队伍建设，完善人才优先发展战略布局，建好用好政策、运行、服务三大平台。年内，招录公务员 125 人、事业单位工作人员 191 人；推出“三支一扶”岗位 30 个，录用 8 人。至年底，全区共有中央“千人计划”人才 54 人、上海“千人计划”人才 35 人、享受政府特殊津贴人员 18 人、上海领军人才 7 人，共有国家级博士后科研工作站 6 家、博士后创新实践基地入驻企业工作站 17 家、名师工作室 18 家、学术技术带头人 158 人次。

【招录公务员 125 人】 年内，开展公务员公开考录工作，全区 25 个单位推出岗位 60 个，拟招录 150 人。经报名、面试、体检、政审等程序，共招录公务员 125 人，其中参照《公务员法》管理事业单位工作人员 77 人。录用人员中，男性 77 人，占 61.6%；女性 48 人，占 38.4%；硕士学历及双学士 23 人，占 18.4%；本科学历 102 人，占 81.6%；“211 工程”大学毕业生 53 人，占 42.4%。

【招聘事业单位工作人员 188 人】 年内，32 个主管部门的 121 个事业单位推出岗位 228 个，拟招聘 246 人。共有 1 983 人报名，1 460 人参加笔试，经岗位申报和面试资格审核，按照拟招聘人数 1:3 的比例，444 人进入面试。经过面试、体检、政审、公示等程序，188 人被招录为事业单位工作人员。其中女性 115 人、男性 73 人；本科学历 167 人，硕士以上学历 14 人。

【公务员培训】 年内，举办以“拓视野、强素质、健身心、增内涵”为主题的“教化嘉定”系列讲座，2 400 人次参训。组织 565 人参加双休日培训，组织 44 名新提任科级干部参加科级干部培训、123 名新录用公务员参加初任培训，组织 220 名科级干部参加依法行政、经济建设、社会治理、综合管理四个专题的轮训，组织 56 人参加上海话方言培训。组织 266 名公务员参加第三届公务员综合技能知识比赛。完成密切联系群众和廉洁从政全员培训工作，2 291 名公务员及“参公”人员通过考试。开展社会主义核心价值观宣讲报告会，320 名公务员参加。

【军转干部安置和补助】 年内，共接收、安置军转干部 13 人，其中师团职干部 8 人、营级及以下干部 4 人、技术干部 1 人。完成 10 名企业军转干部生活补助审批上报工作，采取节日慰问、救济特困户等形式关心困难军转干部。

【加强事业单位绩效工资管理】 年内，进一步完善事业单位绩效工资实施办法，适度调整事业单位绩效工资水平，其中义务教育学校绩效工资水平较上年人均增长 10 000 元，区级机关其他事业单位人均增长 7 000 元；规范纳入绩效工资的一次性发放项目和发放标准；加强调研指导，强化各主管部门在绩效考核、绩效分配等方面的管理职能。

【规范公务员津补贴发放】 年内，进一步规范公务员津补贴发放，归并改革性补贴，保留工作性津贴、生活性补贴两项，旧标准高于新标准部分予以保留，自 2012 年 1 月起执行，涉及 13 829 人次。调整后，区级机关公务员津补贴人均每月增加 544 元。

【调整非在编人员经费标准】 年内，参考上海市公安文员薪酬标准、上海市职工最低工资水平及社保缴费等情况，从 4 月 1 日起调整区级机关所属事业单位非在编人员薪酬及经费标准。调整后，从事协助管理或专业技术岗位工作的非在编人员经费标准每人每年增加 7 600 元，从事后勤岗位工作的非在编人员每人每年增加 6 400 元。

公务员培训 （区人社局 供稿）

【兑现应休未休年休假工资报酬】 年内,落实机关、事业单位工作人员2013年应休未休带薪年休假工资报酬兑现工作,全区共涉及7 800人,未休补偿天数均未超过应休天数的40%,符合上海市设定的要求。

【事业单位岗位管理】 年内,出台《关于进一步做好本区事业单位岗位设置和聘用管理的意见》和《相关问题的解释口径》,进一步明确转岗、管理岗位任职学历条件、任职年限等内容。全年完成事业单位工作人员326人的调动审核、386人的岗位变动审核、46个新设或调整单位的岗位设置审核。

【职称评定】 年内,召开上海市工程系列机电专业第三中评委评审工作会议,对153名申报人材料进行审议,129人通过评审并获工程师任职资格。组织开展2014年度农村专业技术职称报名考试工作,整理审核报名材料396份,组织299人次参加农村专业技术职称考试。

【创新创业和急需紧缺人才管理】 年内,完成第四、第五批创新创业和急需紧缺人才申报和评审工作,105名人才通过评审。落实第一至第四批创新创业和急需紧缺人才资金资助与生活补贴兑现工作,332名人才获2014年度区镇两级财政补贴704.47万元。

【高层次人才选拔和培养体系建设】 年内,上海智臻网络科技有限公司董事长兼CEO袁辉入选2014年度上海领军人才,上海天律信息技术有限公司董事长黄晖、上海恒益光学精密机械有限公司副总经理沈良获批享受国务院特殊津贴。新增"苏兴华基层建设名师工作室"。完成第四批学术技术带头人结题考核工作。向嘉定区宣传文化系统第一、第二批首席岗位人员发放津贴52万元,其中特别首席人员4万元、首席人员28万元、预备首席人员20万元。至年底,全区共有中央"千人计划"人才54人、上海"千人计划"人才35人、享受政府特殊津贴人员18人、上海领军人才7人,共有国家级博士后科研工作站6家、博士后创新实践基地入驻企业工作站17家、名师工作室18家、学术技术带头人158人次。

【建立人才工作新平台和新机制】 年内,继续做好"万名专家服务基层行动计划"示范项目,发挥新能源汽车专家服务站平台作用,邀请14名来自国内重点高校、科研院所和汽车企业的技术专家为区内34家重点企业提供项目支持和技术咨询服务。组织对接活动2场,为企业分析技术难题20个,达成项目合作意向10项。

【国家级海外高层次人才服务】 年内,引进中央"千人计划"人才16人。至年底,累计引进中央"千人计划"人才十批次54人,兑现区级财政7 201.81万元;引进上海"千人计划"人才三批次35人,兑现区级财政2 127.5万元。向引进人才及其团队骨干成员以市场价60%的价格配售住房36套4 343.06平方米,办理、协调引进人才及家属居留、落户、就医等生活待遇需求220人次,接待外国专家、创业投资者200余人次。

【优秀人才住房保障】 年内,完成区优秀人才住房保障第十、第十一批试点工作及上海联影医疗科技有限公司配售房第三批申报工作。推出配售房1.95万平方米、人才公寓594套5.1万平方米;1 200名优秀人才享受租房补贴999.45万元,折合面积2.45万平方米。至年底,累计1 152名优秀人才获配售房资格,已办理购房手续873套;2 960名优秀人才获租房补贴资格。

【退休干部管理和服务】 年内,做好"夏送清凉、冬送温暖"工作,走访慰问退休干部430人;举办第十二届"康乐杯"退休干部趣味运动会、区机关事业单位新退休直管干部联谊会、离退休干部棋牌友谊赛等活动。开展《又一春》20周年纪念活动,出版书籍《枫林集萃》和画册《枫林拾景》。组织3 500名机关事业单位在职及退休人员参加健康体检。

【人才市场建设】 年内,举办人才交流洽谈会78场,2 478个企事业单位进场招聘,提供就业岗位13 008个,80 879人次进场应聘。办理人才引进主调人164人,解决夫妻分居54人,受理"居转户"276人,办理居住证积分审核7 827张。完成107个事业单位252人次的聘用合同制登记和信息录入工作;办理档案转入手续4 221份(其中居住证档案2 982份),转出档案1 432份;开具居住证人事档案核查证明4 187份。向区内300余家国有大型骨干企业宣讲非上海生源入沪政策,为107个单位办理2014年度信息登记号,为11个单位代办66名非上海生源的入沪手续。至年底,共有在册派遣(代理)单位451个,在册派遣(代理)人员6 812人(其中派遣人员5 613人、代理人员1 199人)。组织283人次参加人事管理岗位资格证书培训和532人次参加人事管理岗位知识更新培训。

【人力资源服务机构管理】 2014年,对全区86家人力资源服务机构进行年度检查,82家机构通过检查并获发"人力资源服务许可证"。新增中介机构8家,其中人才中介7家、家庭劳务中介1家。至年底,全区共有90家中介机构获"人力资源服务许可证",其中职业中介41家、人才中介48家、家庭劳务中介1家。 (巢晹修)

外　事

【概况】 2014年,区外事办拓展外事"服务地区发展、服务外交大局"的理念和内涵,履行外事职责,完成各类涉外事务和外事接待工作。全年共接待外国政府、议会、党派代表团、民间团体友好访问团及经济技术参观考察团等109批1 593人次,协助4批4人次获批"APEC"商务旅行卡。

【主要外宾团队接待】 1月16日,美国创新领导力中心一行6人访问嘉定。

3月17日,塞内加尔执政联盟干部研修班一行30人访问嘉定。

3月21日,日本群马县日中友好协会一行18人访问嘉定,并赠送当地手工艺人制作的"宥坐之器"。

5月1日,新西兰达泥丁市代表团一行11人访问嘉定。

6月16日,哈萨克斯坦纳扎尔巴耶夫大学师生一行200人访问嘉定。

7月3日,世界卫生组织总干事陈冯富珍一行4人访问嘉定。

7月23日,来自22个国家的第

十届上海国际青少年互动友谊营一行130人访问嘉定。

8月5日，斯里兰卡科伦坡市政府代表团一行12人访问嘉定。

8月7日，匈牙利国务秘书、匈牙利国会议员、欧洲议会议员霍帕尔•彼得及夫人访问嘉定。匈牙利驻沪总领事馆代总领事那望勋全程陪同。

12月17日，世界卫生组织卫生服务发展部主任赴嘉定商讨新一轮合作事宜。

12月18日，德尔福全球首席运营官凯文•克拉克一行5人访问嘉定。

匈牙利佩奇市巴尔托•贝拉男声合唱团在嘉定作友好交流专场演出

（区外事办　供稿）

【举办中法自行车友好赛】 6月21日，区外事办联合区旅游局、区体育局主办2014斯柯达明锐杯上海公路自行车赛——中法友好站比赛暨法国“夏至音乐日”活动。赛程中穿插源自法国的“夏至音乐日”传统节目表演，布设露天市集，加深中法人民友谊。

【协办“APEC”商务旅行卡】 年内，区外事办为区内外资企业中方管理人员申办“APEC”商务旅行卡，共计12批15人次，其中4批4人次获批。

【2人获市级奖项】 年内，德尔福全球高级副总裁、德尔福派克电子电气系统全球总裁、德尔福亚太区总裁艾博彬获上海市“荣誉市民”称号，福斯润滑油企业管理（上海）有限公司董事长克劳斯•哈铁格获上海市“白玉兰”荣誉奖。

2014年嘉定区友好城市来访代表团一览表

日　期	名　　称	团长姓名	人数(人)	事　　由
4月8日	新西兰豪拉基市政府代表团	约翰•切基格	8	增进彼此了解，促进双方友谊
8月7日	匈牙利佩奇市巴尔托•贝拉男声合唱团	塔马斯•拉克内博士	42	开展友好交流，在嘉定区文化馆进行专场免费演出
10月2日	新西兰豪拉基市青少年代表团	特瑞•杰碧奇	15	以家庭住宿方式与嘉定一中、上海外国语大学嘉定外国语实验学校、中光高级中学的师生开展为期11天的交流活动
10月29日	日本鹿儿岛县雾岛市友好访问团	前田终止	7	就紫藤栽培、文化交流等交换意见

2014年嘉定区出访友好城市代表团一览表

日　期	名　　称	团长姓名	人数(人)	事　　由
5月11日	中学生访问团	周云英	21	访问日本冈山县和气町，增进友谊，促进双方青少年文化交流
8月9日	青少年代表团	杨烨慧	15	访问新西兰豪拉基市，增进友谊，促进双方青少年文化交流
9月21日	友好访问团	任少杰	6	访问日本大阪府八尾市、韩国首尔市龙山区，参加日中友协友好城市会议
10月20日	交换职员研修团	徐光华	1	赴日本大阪府八尾市开展研修
10月24日	青少年代表团	高校亚	13	访问日本大阪府八尾市，增进友谊，促进双方青少年文化交流
11月3日	友好访问团	赵丽鸾	6	访问塞尔维亚和匈牙利，促进教育、体育、文化等领域的交流
11月21日	友好访问团	刘海涛	5	访问新西兰豪拉基市、日本大阪府八尾市，增进友谊，开展农业等领域的交流

（何锷旗）

合作交流

【概况】 2014年，区合作交流办认真履行职责，完成对口支援、企业服务、对外交流、国内接待等任务。全年接待各类代表团34批562人次，其中青海省果洛州、云南省迪庆州党政代表团3批；组织区党政代表团2批25人次赴对口支援地区学习考察。

【合作交流】 年内，参与市合作交流办举办的优势企业"共享自贸机遇、共推转型升级"主题活动，邀请深圳市创鑫激光技术有限公司、深圳市富士崎科技有限公司等13家企业代表赴沪考察，其中5家企业赴嘉定投资和考察。制定《各地在嘉投资企业有关工作人员子女参加本市中考报名学生资格审核工作的实施细则》，106名企业员工子女获2015年在沪中考资格，52人获2015年在沪高考资格。向重庆市万州区144名贫困生资助助学金30万元。组织10家企业赴江西省九江市开展资源开发、市场建设、工业发展等项目考察活动，数家企业签订投资意向；组织4家烟酒零售企业参加云南省迪庆州农副产品推销会。

【对口支援】 2014年，在云南省迪庆州德钦县和青海省果洛州久治县开展新农村建设、产业发展、社会事业和人力资源开发等工作，投入帮扶资金3 502万元；安排帮扶项目16个，提供资金86万元；实施人力资源培训项目13个。区党政代表团出访云南省德钦县、青海省久治县，分别捐赠100万元和30万元用于当地民生事业发展。区财政为迪庆州独克宗古城火灾捐赠50万元。组建一支由瑞金医院北院、区中心医院眼科专家组成的巡回医疗队，赴久治县为40名白内障患者实施免费手术，开展专家咨询、科普讲座等活动。 （顾　劲）

侨、台、民族宗教事务

【概况】 2014年，区侨办、区台办、区民族宗教办在区委统战部领导下，坚持以服务大局、凝心聚力、开拓创新为引领，全力提升侨务引智、为侨服务、联情联谊工作实效，促进民族团结进步，推动两岸关系和平发展。

【侨务】 2014年，区侨办建立嘉定侨务引智工作站，下设侨帮侨孵化器、侨帮侨创业基金联盟、欧洲企业中心、亚太交流中心和秘书处等机构。引入6位海外留学人员回国创业，注册资本1.09亿元。7月，举办侨企创业政策专题培训班，设科技企业创业沙盘培训、西门子科技项目创业培训等。8月，举办第二届"创业中国大赛"，48个项目参赛，其中12个项目进入决赛。全年接待海外工商人士、专业人士15批次，宣传推介嘉定投资环境和政策，促成3个项目落地嘉定。徐行镇、华亭镇、外冈镇、嘉定工业区建立"侨之家"联合体，举办以看民俗文化、看社会进步、看特色农村、看现代经济为主题的"侨眼看家乡"活动。开展侨法宣传活动，举办政策咨询、讲座、报告会等97场次，发放宣传资料9 033件；举办侨界志愿者活动193次，1 654人次参与。走访区内困难侨界家庭、早期归侨和空巢侨界家庭，侨界志愿者开展一对一结对帮困活动；联合上海东锦食品集团开展"爱心暖侨心，欢喜过新年"活动，为区内30户困难侨界家庭进行爱心捐赠；开展"夏送清凉，冬送温暖"、重阳节帮困等关爱活动，走访慰问归侨侨眷742人。邀请专业人员为侨企讲解税法和企业管理知识；组织侨商赴徐行镇考察盛创产业园，2家企业与园区达成合作意向；组织侨商赴吉林省参加华商大会，考察当地投资环境。年内，对10位申请回国定居的华侨资料进行审核，对5位归侨身份进行认证，为9位归侨子女就读开具证明，为1位归侨青年出具考试加分证明。全年受理并办结涉侨信访6件次。 （常小海）

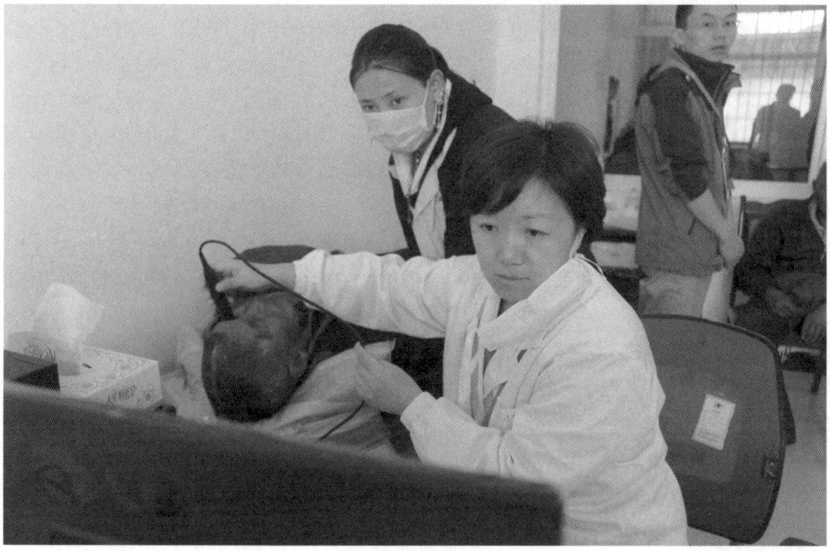

"上海嘉定·光明使者青海久治行"活动　（区卫计委　供稿）

【台湾事务】 2014年，区台办受理台商台胞投诉6件，其中司法执行纠纷1件、社会治安纠纷1件、动迁纠纷1件、求助咨询3件。审批非公职人员赴台经贸交流92批170人次、公职人员组团赴台交流15批121人次、公职人员随团赴台交流14批25人次。区台办随团赴台交流，商讨两地进一步合作事宜；区残联与台湾相关机构开展残障人士才艺交流与培训；区卫计委组织全科医生赴台培训；4位副区长分别率团赴台，就城市建设、社会管理、青少年教育、为老服务等方面进行交流。7月28日，联合市台联、市民宗办开展"沪台少年文化交流营嘉定行"活动，举行"同奏民族音，共话两岸情"文艺汇演。在第七个"世界自闭症日"，组织成佳学校的16位自闭症孩子与家长在台资企业——上海元祖梦果子有限公司启蒙乐园开展"星星的孩子，元祖的关爱"活动。举行"嘉定区台商捐资助学献爱心"活动，16家台资企业捐资12.14万元，助学25个家庭困难大学生。中秋节前夕，区台办、台商代表将上海元祖食品有限公司捐赠的3 000盒月饼分送至区内各敬老院。至年底，全区共有台资企业551家、市台协嘉定工委会会员101家，有常住台籍人员3 731人、台属117人，154名台湾学生在区内学校就读。（刘　峰）

【民族宗教事务】 2014年，区民族宗教办对区内16个宗教活动场所、9个固定处所开展监督检查，审计财务状况，指出问题和不足。规范宗教场所财务监督和人员管理，健全制度和措施，开展文明敬香活动，云翔寺入选"全国和谐寺观教堂"提名。开展民族宗教政策法律法规学习宣传活动，在《嘉定报》设专版宣传民族宗教法规政策。开展以"中国梦"为主题的征文活动，收集征文76篇，其中嘉定镇街道的《你我携手汇聚正能量，民族同心实现中国梦》获市民宗委征文一等奖。协助街镇和民族宗教团体举办宣传报告会12次，受众2 000余人。组织各街镇新任民族宗教干部参加市民宗委举办的业务培训。区佛教协会、区基督教"两会"成员参加以"疁城和风、同心同行"为主题的统一战线"零距离"服务民生活动，区佛教协会捐赠善款100万元，区基督教"两会"捐赠善款10万元，用于扶老助残、帮困助学等社会公益事业。完成江桥生命堂危房改建工作，协助区基督教"两会"做好新成路街道基督教新堂前期规划选址工作，指导区佛教协会推进护国寺复建工作，协助区道教协会合理布局道教活动场所。5月15日，嘉定区少数民族联合会召开第五次代表会议，65名少数民族代表出席会议。10月25日，云翔寺举行重建落成十周年庆典，"云翔寺十方慈善帮困基金"捐赠善款20万元，用于救助家庭困难的重病患者。会同区少数民族联合会和部分街镇领导走访29户少数民族困难家庭，送上慰问金5.15万元。参加上海市行政管理学校举办的2014届西藏班毕业典礼，对136名西藏班毕业生表示祝贺。走访嘉定一中新疆班学生并送上清真月饼；参加嘉定一中举办的古尔邦节联欢会，与维吾尔族、回族、哈萨克族等民族的300余名师生共庆穆斯林传统节日。至年底，区内共有少数民族人口31 125人、民族成份50个，其中户籍少数民族人口4 542人、民族成份41个，来沪少数民族人口26 583人、民族成份45个。区内共有拉面馆164家。协助街镇处理拉面馆在租赁、拆迁、治安等方面引发的矛盾纠纷7起，维护社会稳定。加强对非正常宗教活动的治理，抵御境内外敌对势力利用宗教进行渗透，对辖区内基督教家庭聚会点主要组织者进行谈话，宣传党的宗教政策，依法取缔非正常宗教活动场所5处。（庄　凤）

2014年华人华侨社团参观嘉定　（区侨办　供稿）

信　访

【概况】 2014年，全区各级信访部门结合党的群众路线教育实践活动，坚持用群众工作统揽信访工作，以信息化建设为抓手，强化源头防范治理，不断夯实基层基础，规范工作流程，确保"案清事明"，推进"事要解决"，全力维护群众合法权益，促进社会和谐稳定。区信访办全年受理群众信访7 796件（批），办结率100%。初次信访事项按时受理告知率、按时办结率、书面答复率均为100%，一次性解决率96%。区委、区政府与各街镇及16个委办局签订信访工作目标责任书。

【受理信访7 796件（批）】 2014年，区信访办受理群众信访7 796件（批）。其中来访2 633批，占33.77%；网上信访2 855件，占36.62%；来信1 946件，占24.96%；来电362件，占4.64%。群众信访中，意见、建议类1 241件（批），占15.92%；检举、揭发类344件（批），占4.41%；申诉类816件（批），占10.47%；求决类4 390件（批），占56.31%；其他1 005件（批），占12.89%。全年署名信复信回访率100%。市信访办交办告结果的信访事项208件，规定时限内办结率100%。

【集体上访】 2014年，全区发生群众集体上访651批11 743人次，分别比上年上升1.88%和下降3.95%。其中到市集体上访60批1 626人次，到区集体上访232批3 821人次，到街镇、委、办、局、集团公司集体上访359批6 296人次。未发生赴京集体上访。

【基层信访】 2014年，全区各街镇、委、办、局、集团公司等基层单位共受理群众来信来访39 638件（批），与上年基本持平。其中受理群众来信12 302件，比上年增长1.86%；接待群众来访27 336批，比上年下降1.23%。全年基层单位代理群众信访10件（批），化解5件（批），其余矛盾得到有效缓解。

【社会第三方力量参与化解信访突出矛盾】 年内，引入律师、心理咨询师等社会第三方力量参与化解信访突出矛盾。15名律师参与周四区领导接访50件；7名律师参与核查信访积案12件，出具律师核查意见书12份；3名律师参与3名信访老户的积案化解工作；6名心理咨询师参与14名信访人的心理疏导和矛盾化解工作，约谈疏导信访人29次，其中4名信访人基本息诉罢访。

区领导周四接待群众来访　　（区信访办　供稿）

【区领导接待群众来访 50 批】 2014 年，区委、区政府领导在 48 个群众来访接待日中，接待群众 50 批 660 人次，其中集体上访 22 批 618 人次。区领导阅批群众来信 636 件，其中办结 616 件，办结率 96.86%。

【推动信访积案化解工作】 年内，开展“案清事明”积案专项治理，全面梳理信访积案，按照律师核查、分级分责督办、引导走复查复核程序、启动核查终结等方式推动矛盾分级分类解决。全年化解积案 21 件，列为督办件 3 件，引导复查复核 1 件，联系相关街镇分管领导牵头督办 4 件，其余积案均明确责任单位。

【健全信访工作制度】 年内，健全区领导调研督导信访工作机制，19 位区领导开展调研督导 49 次，推动化解和缓解突出信访矛盾 15 件。完善落实分级分责工作制度，由区委制定下发《关于进一步完善落实嘉定区分级分责化解信访矛盾解决群众合理合法利益诉求工作制度的意见》，完善分级分责工作制度的组织架构、矛盾遴选机制、协调交办机制和具体工作流程，成立区分级分责工作小组，召开例会 13 次，梳理信访突出矛盾 24 件，协调解决 2 件，联合交办 7 件，化解 3 件。探索实行矛盾分流抄告制度，对不属于信访受理范围，应通过正常行政程序、法律途径解决的问题实行矛盾分流处置，全年抄告信访件 285 件，解决或部分解决 35 件，引导进入诉讼、仲裁、行政复议等程序 52 件，作相应解释、引导工作 116 件。健全落实信访督查工作制度，对各街镇及 16 个委办局开展两轮信访工作督查，坚持问题导向、部门联动、“阳光督查”，切实增强督查工作实效。建立健全人民意见征集制度，定期梳理汇总群众信访反映的意见建议，查找矛盾产生的症结，推动问题批量解决。全年梳理并向市级部门上报人民建议 5 件，其中 1 件被采纳，1 件列入拟报市领导人民建议清单。

【加快信访工作信息化建设】 10 月 8 日，区网上信访信息系统三级平台上线运行，基本实现信访事项受理、办理全流程在网上流转操作。依托区网上信访信息系统平台，加快信访信息数据库建设，梳理并录入信访记录 5 640 条，上传附件 4 600 余件。　（朱丽丽）

政府法制

【概况】 2014 年，区政府法制办履行政府法制工作职责，加强依法行政，为建设公开、公平、公正的法制政府发挥作用。全年共收到行政复议案 125 件，行政领导出庭应诉案件 27 件。对 217 件区政府、区府办文件进行合法性审查，对 21 件上海市地方性法规、市政府规章草案提出修改意见并进行反馈。举办行政执法人员法制培训班，124 名新上岗行政执法人员参加基础法律知识培训和考试。完成行政执法人员“行政执法证”办证、换证工作，共办理新证 187 张。

【行政复议立案 120 件】 2014 年，区政府共收到公民、法人和其他组织因不服行政机关作出的具体行政行为而提出的行政复议申请 125 件。经审查，立案受理 120 件，不予受理 5 件，案件受理率 96%。全年审结 119 件（其中 4 件为上年结存案）。其中维持原具体行政行为的 102 件，维持率 85.71%；14 件因申请人撤回复议申请而终止审理，占结案数的 11.76%；驳回复议申请 2 件，占结案数的 1.68%；1 件因行政机关作出行政处罚决定前未给予当事人充分陈述申辩期限而撤销，占结案数的 0.84%。

【规范性文件制定与审查】 年内，区政府法制办依据《嘉定区人民政府关于区政府行政规范性文件制定和审查的规定》，将所有区政府、区府办名义发文的文件纳入审查范围，对 217 件文件进行合法性审查，对其中 26 件提出法律审核意见，并将其中 6 件提交市政府法制办备案，确保区政府抽象行政行为的合法性，区报备行政规范性文件数量列全市各区县第一。年内，未发生在行政复议中要求审查的或法院通过司法建议要求修改的不合理、不合法行政规范性文件。对 21 件上海市地方性法规、市政府规章草案及规范性文件等提出修改意见。

【推进行政领导出庭应诉】 年内，行政领导出庭应诉案件 27 件，涉及区人社局、工商嘉定分局、税务嘉定分局、新成路街道等 11 个单位。区人民法院对 1 起行政领导未出庭应诉的案件发出司法建议书，进一步推进行政领导出庭应诉工作常态化。

【行政执法监督检查】 年内，区政府法制办采取听取汇报、查阅案卷、召开座谈会等方式，对区卫计委、区民政局、区水务局、公安嘉定分局交警支队等 6 个行政执法单位开展依法行政监督检查，增加制度建设、规范性文件制定和审查、行政首长应诉、行政执法案件办理等内容。区政府法制办结合检查结果形成情况报告，指导各单位依法开展行政工作。

【法律培训】 年内，区政府法制办对124名新进行政执法人员及因岗位调动新从事行政执法工作人员进行《行政许可法》《行政处罚法》《行政复议法》等基础法律知识的培训和考核。对区卫计委、区信访办、区拆违办、区农委等单位的行政执法人员进行专题法律培训，通过理论与案例相结合的培训模式，提升行政执法人员专业水平与职业素养。

【试行新制度2项】 年内，试行行政违法情况通报制度，即区政府法制办在审理行政复议案件、进行行政执法监督检查、参与法律事务协调、审核强迁和拆违案件中发现行政机关在行政执法中存在违法等情况，及时向区监察局通报案情。试点实施行政复议意见书和建议书制度，发挥行政复议制度对行政机关行政行为的监督作用，对1个行政执法机关发出行政复议意见书，并做好督办落实工作，确保依法行政和公正执法。 （李维聪）

机关事务

【概况】 2014年，区机管局深入开展党的群众路线教育实践活动，查摆问题，加强制度建设，坚持即知即改。规范机关事务管理工作，出台办公用房、公务用车管理等制度文件。组织机关食堂开展“采购集约化、饮食健康化、管理精细化”创建活动，提高餐饮质量；探索服务项目考核制度化、标准化，坚持后勤服务走访制度，定期倾听服务对象的意见建议，加强后勤服务监管。注重队伍建设，开展“读好书、悟人生、走好路”主题演讲比赛等活动；注重文化建设，继续编印《嘉定机关后勤》简报，在《上海后勤》等市级刊物上发表文章6篇。

【办公用房及固定资产管理】 年内，贯彻落实中办、国办《关于党政机关停止新建楼堂馆所和清理办公用房的通知》，核准全区办公用房使用情况和基础数据，建立机关办公用房信息管理系统，完成局级干部办公用房整改工作。修改完善《关于进一步加强机关办公用房和设施设备维修改造项目管理的若干意见》，完成区综合办公大楼6项工程的立项、招标和改造工作。完成中央巡视组、市委巡视组、市调研组等在嘉定办公时所需办公用品的采购和申领工作。全年新增固定资产140批次624件，处置资产15批次208件，发放办公用品2 196批次，调剂使用办公用品及设备195件，节约经费10.15万元。加强出租房管理，协助区纪委对事业单位物业进行监管，完成租赁合同挂牌定价和续租工作，腾退部分出租房，收缴租金473.91万元。

【公务用车管理】 年内，对35个事业单位公务车辆编制进行核定，更新机关、事业单位公务车47辆，过户事业单位公务车11辆；统计区级机关、事业单位在用黄标车情况；制定下发《嘉定区党政机关公务用车配备使用管理办法》，会同区财政局等部门，完成食药监嘉定分局等单位新能源汽车租赁试点工作。

【公共机构节能】 年内，开展综合能耗实时监测分析，组织开展“节能宣传周”活动，完成全区公共机构名录库统计汇总和上报工作，完成区综合办公楼、区行政服务中心、区房地局办公楼照明系统节能改造工作。区司法中心合同能源管理项目被列入上海市公共建筑节能改造重点城市示范项目，完成项目论证及准备工作。区机关大院“两楼一中心”、金沙路行政办公楼、区司法中心行政办公楼总能耗5 467.97吨标准煤，比上年下降10.26%；用水17.25万吨。

【财务监管】 年内，做好财务预决算网上公开等工作，配合第三方做好机管局物业管理费的绩效评价工作。加强“三公”经费管理，配合上级部门做好“三公”经费的审计审查工作；根据中央“八项规定”精神，开展对所辖单位暂存项目资金自查工作，并及时上缴国库；会同区财政局制定《嘉定区会务费管理办法》，保障各部门4.9亿元资金的安全运行。

【政府采购】 年内，严格执行政府采购制度，规范实施采购行为，公开透明采购工作。全年组织实施政府采购601批次，使用采购金额20.29亿元，节约资金2.74亿元，节约率11.89%。

【综合保障】 年内，完成区党代会、区“两会”、F1中国大奖赛等重要会议、重大活动的综合保障工作，完成中央（市委）督导组、国家审计署、市委巡视组等上级部门在嘉定期间的后勤服务保障工作。组织机关食堂开展“三化”（即采购集约化、饮食健康化、管理精细化）创建活动，对照“三化”建设内容和标准，组织问卷调查和工作考核，食堂原料、辅料采购成本下降10%，菜肴质量明显提升。全年完成各类维修5 237件次，保障大型会议219场次、小型会议2 025场次、内（外）事接待22场次，机关车队安全行车126万公里。

机关食堂“三化”创建工作推进会 （区机管局 供稿）

【机关安保】 年内，做好机关内部安全保卫工作，开展反恐和消防业务培训，组织反恐应急演练、消防应急疏散和灭火演练；邀请公安嘉定分局反恐支队、消防支队警官上门授课；整改消除各类安全隐患，检测和维护消防设施。做好群众上访劝散工作，劝散上访群众1 348批6 660人次。 （彭 拜）

社区、人口管理

【概况】 2014年，区社会建设工作办公室以“合理控制人口规模、优化人口结构”和“做实基层基础，服务社会管理”为主线，以惠及民生为重点，着力推进社区建设八大类27项工作，提高人口综合服务和管理水平。首次采用政府购买服务的形式，引入第三方社会组织开展居民满意度测评，下发测评问卷近8 000张，满意率为67.53%。参与“第二届上海社会建设十大创新项目”评选活动，“畅通‘最后一公里’服务群众‘零距离’”被评为优秀项目。

【举办2014年嘉定睦邻节】 4月26日，以“共建和睦邻里，共创文明城区”为主题的2014年嘉定睦邻节在上海汽车会展中心启动，11月22日在嘉定体育场闭幕。其间举办“居民行动秀”“快乐亲子秀”“缤纷美食秀”“服饰礼仪秀”等活动，各街镇、社区居委以“趣”“乐”为主题开展“睦邻赞、睦邻助、睦邻乐、睦邻展”等活动。区、街镇、居委三个层面共举办各类睦邻活动1 908次，25万余人次参与。

【民生综合保险工程】 年内，协助做好民生综合保险签约、资金申请等工作；制作保险宣传折页30万份，派发至嘉定户籍家庭；做好保险理赔确认、汇总和大额理赔上门服务工作。全年受理民生综合保险理赔申请案1 266件，其中重大疾病1 252件、触电身亡1件、溺水身亡7件、失独家庭成员住院治疗6件，理赔金额238.18万元。

【社区民主自治建设】 年内，全区206个社区居委会（含筹建）召开居民会议984次，召开“三会”（听证会、协调会、评议会）1 360次；165个社区居委会成立居务监督委员会，所有居委会均实行居务公开。新增睦邻点107个，共建睦邻点2 061个，逐步从自娱自乐型向自我管理型转变。形成南翔镇“五众自治法”、外冈镇“老大人”、江桥镇“阿拉一家人”等一批社区自治新品牌。

【社区工作队伍建设】 年内，各街镇公开招聘社区工作者206人，累计1 220人，平均年龄36.26岁，大专及以上学历占88.28%，780人取得社会工作职业资格认证。举办“社区工作理论和实务培训班”“社区工作骨干成员培训班”等，近2 000人次参训，提升社区工作者业务水平和管理能力。各街镇举办培训91次，4 636人次参训。

嘉定新城（马陆镇）睦邻行动启动仪式 （区社建办 供稿）

全年举办社工论坛、社工辩论赛和社工才艺展等56场，为社工提供展示才能的平台。组织12 275名楼组长开展培训活动1 392次。全区共有志愿服务团队562个、志愿者44 120人，覆盖助老结对、助困助学、治安巡逻、护绿保洁、健康讲座、法律咨询、文体指导等方面。

【完善社区服务功能】 年内，完成60个居委“一站式”服务点建设，协助5家社区开展居委会标识（门头）规范化建设试点工作。参与社区居委会用房3个控制性规划的评审工作，出具新建住宅小区方案规划评审意见26个、总体设计文件评审意见17个、工程许可证规划评审意见26个；对30个新建住宅小区社区居委会用房办理初始登记并予以确认。

【开展专项整治工作】 年内，开展城市居民区社会管理评级指导工作，制定并下发《嘉定区2014年城市居民区社会管理专项整治方案目标任务（存量消除类、非存量消除类）》等文件。根据年度计划，实现黑臭河道、交通噪声扰民、非法行医、违法建筑、群租、居改非和非法办学整治率目标。

【实有人口综合服务和管理】 年内，落实部门重点工作37项，实施区级指定项目20个、街镇级自主项目24个。加强居住证管理，新办临时居住证5.58万张、居住证5.09万张。深入推进新村（居）民服务和管理体系建设，在全区132个村（居）委建立新村（居）民党组织，241个村（居）委建立新村（居）民服务管理委员会，组建率分别为43%和78.5%。探索规范农村私房出租管理工作，在5个街镇部分村（居）委试行推广农村私房出租委托制、代理制、物业化托管、分色星级管理等机制，强化私房出租管理和人口规模调控工作。完成房屋租赁税收1 072万元，同比增长21.6%。开展房屋编码试点工作，联合公安嘉定分局印发《关于在全区开展房屋编码工作的通知》，完成各项目标任务。年内，社区综合协管员共抄告基层违反计划生育、环境卫生、经济秩序、综合治理、治安管理、国保安全等信息近4.42万条，职能部门处置4.37万条，处置率98.8%。社区综合协管队员协助开展专项整治6 080

次，出动人员 30 197 人次。（徐　坚）

区域经济研究

【概况】 2014 年，区经济研究所结合经济社会发展现状和趋势，围绕区委、区政府重大决策和重点工作，选取“存量土地二次开发”“政府监管体制改革”“创新基层社会治理”“加快发展智能制造业促进转型升级”等课题，全力做好调查研究工作，形成研究成果 7 项，编印《嘉定经济》12 期。

【关于安亭镇存量土地二次开发的调研】 年内，课题组对安亭镇“腾笼换鸟”的做法进行调研，肯定安亭镇多策并举，打好“腾笼换鸟”组合拳，加快经济转型升级和发展方式转变的做法。建议围绕“建设现代化新型城市”的发展战略，以园区二次开发为突破口，加强系统性整体谋划，建立“硬约束”指标体系，运用市场化手段，统筹推进“腾笼换鸟”，转变粗放型增长方式，拓宽经济发展之路。

【关于浙江省海宁市以市场化机制推进综合配套改革的调研】 年内，课题组调研浙江省海宁市以市场化机制推进综合配套改革的主要做法，认为该做法实现了资源要素市场配置和企业兴衰市场做主，推动资源配置依据市场规则、市场价格、市场竞争效益最大化。建议嘉定区建立资源配置市场化机制，明确政府和市场的边界，大力推进简政放权，强化企业市场主体意识，让“无形之手”和“有形之手”形成合力，实现资源要素效益最大化。

【关于浦东新区市场监管体制“三合一”改革的调研与启示】 年内，课题组研究分析浦东新区工商、质监、食药监“三局合并”的主要做法，认为该做法横向综合、纵向下沉、做实基层，构建了“一体化、全过程、高效能”的市场监管新格局。建议嘉定区强化改革导向、问题导向和创新导向，科学有序推进市场监管体制改革，加快形成“一体化、广覆盖、专业化、高效率”的市场监管体制。

【关于江苏省太仓市创新基层社会治理的调研】 年内，课题组总结江苏省太仓市制定两份清单推动“政社分开”、签订一份协议促进“政社合作”、实施双向评估强化“政社互动”等做法，认为该做法开辟了基层行政体制改革的新途径，激发了创新基层社会治理的新动力，打开了深化基层群众自治的新视野，提供了化解基层社会矛盾的新思路，值得嘉定区学习和借鉴。

【关于加快智能制造产业发展的调研】 年内，课题组对智能制造产业的内涵与特征、现状与趋势进行调研和总结，分析嘉定区发展智能制造产业面临的机遇与挑战，提出尽早制定区智能制造产业发展规划、发挥龙头骨干企业的带动作用、优化布局促进智能制造产业集群发展、强化政策引导营造良好的产业发展环境等建议。（李元春）

政府实事

【概况】 区五届人大五次会议确定 2014 年度区政府实事项目 13 个。一年来，在区委领导下和区人大及其常委会监督支持下，通过有关单位努力，全面完成年初所确定的各项实事工程。

【劳动就业保障和优秀人才住房保障】 年内，新增就业岗位 34 965 个；城镇登记失业人数 5 321 人，控制在市下达指标（7 500 人）以内；转移农村富余劳动力 8 333 人；完成职业技能培训 25 381 人；为优秀人才提供折合面积 9.5 万平方米的配售房、配租房和租房补贴。

【安全生产知识培训】 年内，完成 6 万名从业人员安全生产知识培训。

【校园直饮水工程】 年内，完成 20 所中小学校、幼儿园直饮水工程。

【体育设施建设】 年内，建成百姓健身步道、健身房等便民体育设施 9 处，并对外开放。

【公众保险】 年内，共受理民生综合保险理赔 1 266 起，理赔金额 238.2 万元；受理民生救助保险理赔 331 起，理赔金额 29.3 万元。

【免费孕检】 年内，为 1 031 对计划怀孕夫妇提供免费孕前优生健康检查。

【村庄改造】 年内，完成村庄改造 2 884 户。

【妇科检查】 年内，为 34 740 名退休和生活困难妇女免费开展妇科病、乳腺病筛查。

【启动首批廉租房申请受理工作】 年内，筹措廉租房实物配租房源 76 套，启动首批廉租房申请受理工作。

【消防设施改造】 年内，完成 16 家养老机构消防设施达标改造工程。

【老年人服务】 年内，建成并运行流动献血屋 2 处；建成舒缓疗护床位 32 张；为 59 901 名 60 岁以上老年人免费接种肺炎疫苗；为 121 770 名 65 岁以上老年人开展免费体检。

【“自助式公平秤”安装】 年内，完成 31 个集贸市场“自助式公平秤”便民装置安装工作。

【残疾人服务】 年内，完成 114 户重残无业、一户多残、低保低收入残疾人家庭房屋修缮和改造；完成 100 户残疾人家庭无障碍设施改造；为 101 户特困残疾人家庭赠送家电；为 694 名残疾人提供个性化辅具适配服务。

（区政府办公室）

政协嘉定区委员会

编辑　王健欣

综　　述

2014年，政协嘉定区委员会在中共嘉定区委领导下，紧紧围绕现代化新型城市建设的总体目标，牢牢把握团结和民主两大主题，积极履行职能，为促进和维护全区改革发展稳定大局发挥积极作用。

注重思想建设，履行职能有基础。高度重视思想建设，深刻认识全面深化改革和推进依法治国的重要意义，全面领会发挥政协协商民主重要渠道作用的丰富内涵。认真学习市政协党组关于进一步加强市政协协商民主制度建设的有关文件精神，进一步明确政协发挥优势、履行职能的着力点。

服务发展大局，履行职能有成效。常委会切实把助推“产业转型发展、城市品质发展、社会和谐发展、党建科学发展”作为履职第一要务，充分发挥人民政协自身优势，为创新驱动献良策，为转型发展建真言，为社会和谐聚共识。全年共召开常委会会议5次、主席会议12次、专题协商会议35次，开展专题调研7项、专项视察考察活动13次，年末集中视察3次。

充分发挥政协的优势和作用，紧扣服务大局，围绕改革创新、生态建设、保障民生、夯实基础四大重点，积极建言献策。不断强化履职为民的理念，关注推进解决民生问题，让发展成果真正惠及全区人民。积极收集反映社情民意，全年共向市委办公厅、市政协办公厅和区委、区政府编报社情民意63件，有关信息件引起市、区党政领导的高度重视。

区政协围绕“嘉定公共交通运行和服务能力提升”开展视察活动

（区政协　供稿）

积极探索实践，协商民主有进展。坚持积极探索，搭建平台，不断扩大公民有序政治参与，积极构建民主协商的大格局。增强提案协商促办实效，拓展民主协商议事广度，加强民主监督务实履职。坚持完善重点提案促办、提案集中促办、民主评议提案办理单位等制度，支持各专委会将重点提案促办与视察调研相结合，切实促进委员履职成果的有效落实。区政协五届四次会议后，立案122件，已全部办复，许多意见建议得到区委、区政府重视和采纳。

不断弘扬民主，营造团结和谐氛围。发挥政协联系广泛、渠道畅通的优势，突出团结和民主两大主题，认真做好团结各方、凝聚人心、协调关系的工作，为全区改革发展稳定汇聚合力、增添动力。发挥党派团体作用。加强同社会各界人士联系。坚持联系走访委员制度，听取委员的意见建议，激发委员参与积极性。

增强履职能力，政协建设有提升。继续以提高区政协综合履职能力为着力点，切实加强自身建设。着力发挥委员主体作用，切实加强专委会建设，注重调动界别履职积极性，努力搞好政协机关建设。　　（王　艳）

全会及常委会会议

【概况】 2014年，召开政协嘉定区第五届第四次会议。政协嘉定区委员会召开常委会会议5次。

【区政协五届四次会议召开】 会议于1月8-10日举行。应出席委员222人，实到205人。中共嘉定区委书记马春雷到会讲话。会议审议通过区政协主席刘海涛代表常务委员会所作的工作报告、副主席严菊明代表常务委员会所作的提案工作情况报告。与会委员列席嘉定区五届人大五次会议，听取、讨论区人民政府工作报告和区人民法院、区人民检察院工作报告。区领导出席开幕和闭幕会议，参加联组讨论、分组讨论，听取委员所作的大会发言，与委员共商嘉定发展大计。会议表彰2013年度区政协优秀提案18件，审议通过《政协上海市嘉定区第五届委员会第四次会议决议》。《决议》号召全体政协委员紧密团结在以习近平同志为总书记的中共中央周围，高举中国特色社会主义伟大旗帜，以邓小平理论、“三个代表”重要思想、科学发展观为指导，始终保持迎接挑战、攻坚克难的锐气，始终保持永不自满、永不懈怠的激情，在中共嘉定区委的领导下，为助推嘉定争当现代化新型城市的探索者和先行者而努力奋斗。会议期间，共收到提请立案的建议167件，经审查立案141 件。

政协嘉定区五届四次会议　　（区政协　供稿）

【区政协五届常委会第十三次至第十七次会议】 第十三次会议于3月28日举行。会议听取关于嘉定区人口规模综合调控情况的汇报。与会人员在充分肯定嘉定区在人口规模综合调控方面所做的工作和实施方案的同时，对今后如何更好地实施人口综合调控提出意见建议。会议书面通报区政协各专门委员会2014年度工作计划和提案委员会关于五届四次全会期间意见和建议的审查情况。

第十四次会议于6月30日举行。会议听取嘉定区防汛救灾基础设施改造情况的通报。部分区政协常委对农田排涝、农村河道疏浚、居民小区积水点改造、下立交预警标志等方面的防汛工作提出建设性意见。会议审议通过有关人事任命事项，审议通过倪琴、宋其峥为五届区政协经济委员会副主任的建议，陈蕴珠、傅俊因工作变动不再担任该委员会副主任职务。

第十五次会议于7月31日举行。区政协委员列席区人大第五届第六次会议，听取区政府上半年工作情况的报告。区委常委、组织部部长董依雯通报嘉定区基层党建和干部工作情况，重点通报上半年党的群众路线教育实践活动、干部选拔任用、基层党组织建设、人才引进与服务等工作开展情况。

第十六次会议于9月30日举行。与会人员实地视察中国科学院上海微系统与信息技术研究所和雅昌（上海）艺术中心。围绕“发挥嘉定科研院所集聚优势，创建科技创新平台，促进智慧城市建设”开展专题协商。会议听取区委常委、副区长费小妹关于嘉定区科技创新总体情况的通报。与会人员围绕发挥嘉定科研院所集聚优势，创建科技创新平台，促进智慧城市建设工作提出有关建议。

第十七次会议于12月30日举行。会议审议并表决通过关于召开区政协第五届第五次全会的建议。决定区政协第五届第五次全会于2015年1月19日至21日在区综合办公楼召开。审议并表决通过区政协五届五次会议有关文件；听取区政协第五届第五次全会大会发言和联组发言准备情况的汇报。经表决，审议通过免去杨小弟、水洁政协上海市嘉定区委员会副秘书长职务的人事事项。　　（王　艳）

建议案及优秀提案

【概况】 2014年，产生主席会议建议案1件，评选2014年度区政协优秀提案16件。

【主席会议建议案】《运用多种手段推进园区低效工业用地二次开发》（8月22日区政协第五届第二十六次主席会议审议通过）。建议案指出，随着城市化和工业化的不断深入，嘉定区发展面临的土地资源的约束进一步加大，表现为：建设用地的刚性需求与土地资源供应不足的矛盾突出，并将长期存在；耕地保护压力日益加大，占补平衡难以保证；园区工业土地利用相对比较粗放，投入产出整体效益不高。建议案提出5个方面的建议：在招商引资中，加强项目审批，提高准入门槛；运用多种经济手段，提高土地持有成本，节约用地；健全工作机制，完善配套政策，形成合作联动的局面；积极引入市场机制，创新开发模式；园区二次开发工作要常态化，稳步推进，抓出成效。

2014年度区政协优秀提案

提案者	案由
民革嘉定区委 民宗港澳台侨委员会	关于扶持民间博物馆建设的建议
民盟嘉定区委	关于宜尽早确立嘉定新城公共交通发展战略的建议
民建嘉定区委	关于进一步加强我区专业市场建设和规范管理的几点建议
民进嘉定区委 科技教育委员会	关于我区城市化建设与文物保护可协调发展的建议
致公党嘉定区委	加强市政基础设施建设，提升老城区防汛抗灾能力
九三嘉定区委 环境和城市建设委员会	关于优化嘉定新城功能和配置的建议
区工商联	关于加快民营企业转型升级实现民营经济二次飞跃的几点建议
区侨联	关于加快发展文化创意产业的建议
文体医卫委员会	关于加快建设嘉定区餐厨废弃物处置项目的建议
史惠娟、王庆德、李华、李德明、李成抛、鲍文华	心沉社区，促进和谐
卢方昕、唐剑清、陈蕴珠、蒋丹宇、裔勇刚	关于进一步完善小区周边道路停车管理，缓解小区居民停车难的建议
包仕武	关于在嘉北郊野公园建设中融入嘉定历史人文内涵的建议
谈兵、朱忠敏、嵇人凤	关于嘉定汽车产业内生增长和跨界创新的几点建议
单涛、陈兴华、李洋、冯琛、湛育红	关于打造马陆葡萄升级版，确保地方农产品品牌经久不衰的建议
徐锋	关于建设嘉定区“掌上医疗”的建议
杨炳康、刘勤、齐鹏、邓苏嘉、吴宇岗、陶京、金友良、沈晴	关于推进我区企业社会责任评估体系建设的建议

（王　艳）

重要活动

【概况】 2014年，政协嘉定区委员会紧紧围绕现代化新型城市建设的总体目标，组织委员开展“运用多种手段推进园区低效工业用地二次开发、打造嘉定世界汽车产业中心、聚集产业发展促进职业技能培训、嘉定老城区保护与发展、加快推进嘉定区公立医院改革、嘉定区青年人才工作、进一步扩大基层协商民主实践”等专题调研活动，并提出意见和建议。

【开展关于园区低效工业用地二次开发的调研】 2014年，经济委员会围绕园区低效土地二次开发开展专题调研，组织委员视察嘉源海艺术中心和银南翔商务区，听取区经委和南翔镇区、镇两级关于低效土地二次开发情况介绍，并围绕如何提升嘉定区低效土地转型升级等内容开展交流座谈。调研报告认为：园区二次开发作为当前推动土地节约集约利用，破解土地资源瓶颈的重要手段；各街镇应根据区域实际，形成围绕核心整合、自我转型和政府回购再引入品牌开发主体等模式。

【开展关于打造嘉定世界汽车产业中心的调研】 年内，经济委员会围绕“打造嘉定世界汽车产业中心”课题，

嘉定区政协委员年末视察情况通报会　（嘉定报社　冉涛　摄）

深入街镇和有关企业召开座谈会，提交《关于打造嘉定世界汽车产业中心的建议》的调研报告。调研报告建议：加强组织领导，明确汽车产业中心发展路径；注重发挥龙头企业的作用；积极打造公共服务平台；加快引进国内外一流汽车人才；积极对接上海自贸区和全球科技创新中心建设；营造嘉定汽车文化独特魅力；争取再引进一至两家新能源汽车整车企业；着重完善城市综合服务功能。

【开展关于职业技能培训的调研】 年中，科技教育委员会围绕"聚焦产业发展，促进职业技能培训的转型"课题，组织委员赴区教育局、区人社局和上海市大众工业学校等单位和部门调研，赴苏州和青岛开展学习考察，邀请区内相关职业培训专家和学者对调研成果进行论证，形成《聚集产业发展，促进职业技能培训的转型》的调研报告。调研报告建议：完善政策措施，促进组织管理转型；加强产学研合作，促进培训模式转型；建立资金激励机制，促进经费管理模式转型；加大宣传力度，营造积极参与职业技能培训的氛围。

【开展关于嘉定老城区保护与发展的调研】 年中，环境与城市建设委员会将老城保护和改造作为主要调研目标，开展多次活动。邀请相关部门召开专题协商会，详细介绍嘉定区老城保护和改造的现状；课题组赴苏州和无锡开展调研，实地察看当地老城保护情况，并同有关部门开展交流；分别赴江苏扬州和福建福州、泉州等地开展考察，学习两地在此项工作中的先进经验，完成《关于嘉定老城区更新与发展的建议》的调研报告。

【开展关于加快推进嘉定区公立医院改革的调研】 年内，文体医卫委员会对区公立医院改革推进情况进行专题调研，组织委员到杭州市余杭区学习考察。调研结果显示，嘉定区公立医院改革推进一年多以来，以卫生信息化建设为支撑，重点推进卫生财政投入、人事绩效分配、医疗服务监管、综合评价、药品供应保障等方面的改革，取得一些创新突破和阶段性的成效。但在推进公立医院改革中还存在思想认识还不够统一、政策与资源联动不够、医疗信息化基础薄弱和人事分配制度改革压力大等方面的问题。调研报告建议：在改革推进中充分发挥部门联动机制；实现政策与资源有效联动；通过建立合理的收入分配机制，调动医护人员的积极性；加强信息化建设，提高医疗卫生服务的效率、效果，提高居民的健康水平；加强舆论引导，营造良好的医生执业环境。

【开展关于青年人才工作的调研】

2014年，社会与法制委员会围绕"青年人才培育"课题，组织委员赴嘉兴开展学习考察活动，并分别请团区委和嘉兴团市委介绍两地在青年人才培育方面工作情况，形成《关于嘉定区青年人才工作现状研究与对策建议》的调研报告。调研报告建议：注重顶层设计，科学谋划青年人才工作整体格局；注重点面结合，对青年人才实施分类培养；创新对青年人才集聚培育工作的方式与载体。

【开展关于扩大基层协商民主实践的调研】 年内，民宗港澳台侨委员会围绕"扩大基层协商民主实践"课题，组织委员赴安亭镇、南翔镇调研，形成《关于进一步扩大基层协商民主实践的建议》的调研报告。调研报告建议：进一步加强党的领导，确保基层协商民主在正确的方向上推进；进一步调整和充实协商主体，搭建各阶层人士有序参与民主政治建设的渠道；进一步加强制度建设，推动基层协商民主制度化、规范化、程序化；进一步拓展协商民主领域，探索形成广泛、多层面的协商民主形式。 （王　艳）

专门委员会

【概况】 2014年，区政协各专门委员会履行职能，积极组织委员开展专题调研并形成报告，提出意见建议供有关部门参考。

【提案委员会】 全年收到提请立案的意见建议147件，经审查立案122件。提案所提问题和意见、建议已经解决（采纳）或部分解决（采纳）的107件，占87.7%。年内，坚持以提高提案质量为切入点，以增强提案办理实效为着力点，积极探索提案工作的新思路、新途径、新办法，努力提高提案工作水平，着力从制度化、规范化、程序化入手，将服务理念贯穿于提案的征集、审查、办理、落实各个环节。围绕区委、区政府中心工作、社会难点及热点问题，以座谈会、议政会、报告会、视察等形式，引导委员认真撰写"选题准、分析深、建议实"的提案。鼓励、引导党派团体、委员密切联系界别群众，认真听取意见建议，通过提案积极反映各界群众的意愿和呼声。采取政情通报、专题调研、实地视察、对口联系和界别活动等形式，畅通知情渠道，及时将有价值的调研课题、视察成果和社情民意转化为政协提案。注重培育集体提案，主动与各民主党派、工商联、有关人民团体和政协各专委会加强联系，就集体提案的选题和调研进行沟通与协商，积极依靠团队带动个体，催生高质量提案。加强与承办部门的联系，提供答复范文，规范办理程序。加强提案人和承办单位的联系沟通及主办单位、会办单位的有效配合，凝聚各方力量，共同提升提案办理质量。对办理过程较为复杂的提案，建议承办部门主动邀请提案人参与实地考察，认真听取提案人意见建议，增进相互沟通，达成共识。坚持把提案促办与主席调研和专委会活动结合起来，依托专委会跟踪重点难点提案促办。

【经济委员会】 2014年，围绕调研课题、重点督办提案和专委会的实际，组织委员开展"委员学委员、委员帮委员"活动。开展"建一言，献一策"活动。组织部分委员，邀请政府相关职能部门负责同志和专家，视察委员所在企业——外冈蜡梅园，为蜡梅园的发展建言献策。以"搭建履职平台，助推校企联合"为主题，组织委员走进上海大学数码艺术学院，参观学院研究成果展示，听取文化创意产业发展的专题报告；围绕如何加强校企联合，助推校园文化创意研究成果产业化等内容开展交流座谈。围绕低效土地二次开发、打造嘉定世界汽车产业中心两个调研课

区政协委员视察垃圾分类管理工作　　（区政协　供稿）

题，深入街镇和有关企业，先后召开7次座谈会，就调研过程中遇到的问题听取有关部门、企业代表和委员的意见。

【科技教育委员会】 年中，围绕“聚焦产业发展，促进职业技能培训的转型”调研、考察课题，分赴苏州和青岛进行学习和考察活动，先后与区教育局、区人社局、上海市大众工业学校等单位进行交流座谈，邀请区内相关职业培训的专家和学者就调研内容进行论证。

【环境和城市建设委员会】 年内，分别就老城保护和改造、新城城市管理和配套设施建设、大型居住社区建设等课题进行研究。在实地察看嘉丰三村的改造建设情况、赴广东佛山考察“岭南新天地”改造情况的基础上确定调研课题。赴苏州和无锡开展调研，实地察看当地老城保护情况，并同有关部门开展交流；赴江苏扬州和福建福州、泉州等地开展考察，学习两地在此项工作中的先进经验。完成《关于嘉定老城区更新与发展的建议》的调研报告，将焦点转向优化嘉定新城的管理和配套建设。围绕新城城市管理和邻里中心建设开展专题视察活动，详细了解邻里中心在招商运营、功能配备和管理服务等方面情况，并就如何完善配套、优化功能提出建议，为助推嘉定新城进一步发展，提升新城城市品质建言献策。

【文体医卫委员会】 年中，对嘉定区公立医院改革推进情况进行专题调研。调研报告建议：充分发挥部门联动机制，实现政策与资源有效联动，建立合理的收入分配机制，加强信息化建设和舆论引导。围绕食品安全开展调研，在《关于加强嘉定区食品安全监管的建议》《关于嘉定区食品安全网络建设的建议》的基础上，关注餐厨废弃物的处置，并与城建委联合开展调研考察活动，组织委员赴江苏洁净环境科技有限公司学习考察。专委会以集体提案的形式，建议政府加快建设区餐厨废弃物处置项目，从源头上杜绝泔脚喂猪，非法加工地沟油，为辖区百姓食品安全提供有力保障。围绕文化产业发展课题，赴山东济宁学习考察。

【社会与法制委员会】 年内，确定以嘉定区青年人才培育以及社会管理和人口综合调控为内容的调研方向。赴嘉兴开展学习考察，分别请两地团委介绍青年人才培育工作情况，通过搭建交往、交流、交融的平台，使委员们在沟通中加深了解，为深化调研课题、提升建言质量打下基础。形成《关于嘉定区青年人才工作现状研究与对策建议》调研报告并递交主席会议审议。始终把焦点放在民生等全区热点工作上，年初协商确定将《关于建立完善“支出型”贫困家庭救助制度的几点建议》作为重点督办提案，通过多次沟通协商，问题得到解决。

【民宗港澳台侨委员会】 年内，继续延用“委员主讲，委员听讲”的形式，请民宗委孟懿主任讲侨务方面的知识。参加市政协民族和宗教委员会“关于来沪少数民族结构变化与影响”的课题调研。先后视察委员所在企业，了解企业发展情况，听取委员意见建议。结合安亭、南翔实际，形成《关于进一步扩大基层协商民主实践的建议》的调研报告，供区委决策参考。围绕民间博物馆建设，赴南通开展实地考察。突出专委会自身特点，围绕民族文化传承和保护，赴黑龙江伊春开展学习考察活动。围绕重点提案的促办，与区交运局、嘉定新城开展对口协商，确保工作的有序推进。

【学习和文史委员会】 2014年，举办《我的求学之路》发行座谈会。与区教委编辑出版《文史资料》（第32辑），《嘉定政协志》编纂工作按计划有序推进。

（王　艳）

民主党派·工商联·群众团体

编辑 吴 庆

综 述

2014年，嘉定区各民主党派、工商联和群众团体围绕嘉定建设长三角综合性节点城市的发展目标，按照“全面推进城市化、加快产城融合发展”的发展思路，积极发挥各自职能，充分起到纽带、助手和后备军的作用，不断加强自身建设，为促进嘉定区经济社会发展、社会和谐稳定做出新的贡献。

各民主党派、工商联积极参政议政、建言献策，充分发挥民主监督、参政议政、政治协商职能，为全区经济和社会事业发展做贡献。年内，区委统战部通过召开民主党派专职干部座谈会、学习交流会、参观活动，提高建言针对性和学习有效性。举办“疁城和风 同心同行——嘉定区统一战线‘同心·零距离’服务民生活动”，各党派团体积极开展捐赠和义诊活动。年内，农工民主党嘉定区委、民盟嘉定区委、民进嘉定区委完成届中调整，民革嘉定区委、农工民主党嘉定区委落实专职干部。至年底，全区有民主党派地方组织7个，共有成员1 175人。区工商联充分发挥“统战性、经济性、民间性”优势，加强基层组织建设和调研工作，重视非公企业人才梯队建设，引导非公有制企业主动参与区域经济建设、履行社会责任，努力为区域经济结构调整和城市化建设作贡献，充分发挥在政府管理非公有制经济方面的助手作用。

区总工会以建设“创新型、服务型、实效型工会”为目标，着力解决工会事业发展中的重点、难点问题，团结和带领广大职工建功立业，在推动经济转型发展、构建和谐劳动关系、促进职工队伍与社会和谐稳定中做出积极贡献；开展“当好科学发展主力军、打好创新转型攻坚战”主题活动，以“中国梦·劳动美”为主题，开展形势任务、理想信念教育；坚持“维权”与“维稳”相结合，推进劳动关系和谐企业创建；建立“嘉定区工会网络服务平台”，举办 “嘉定区首届职工文化艺术节”，区工人文化宫投入使用；不断加强工会自身建设，坚定不移地走中国特色社会主义工会发展道路。团区委以服务青年为关键，加强团组织建设，完善青年人才工作的顶层设计和制度安排，努力培养青年人才；开展青年志愿者工作，加强青年文化建设，动员社会力量搭建青年就业创业平台，提高青年综合素质和求职技能。区妇联坚持服务大局与服务妇女相结合，全力维护妇女儿童合法权益，全面实施“十二五”嘉定妇女儿童工作发展规划，开展“双学双比”和“巾帼建功”系列活动，推进家庭文明建设，促进妇女就业、创业，广泛动员妇女参与社会和经济事务。区侨联组织和团结广大归侨、侨眷，广泛联系海外侨胞，以推进基层网络建设为抓手，以关爱侨界群众为宗旨，提升侨联的影响力和凝聚力。区残联不断加强残疾人就业安置和保障工作力度，积极开展残疾人帮困和康复工作，发展残疾人文体事业，推动助残社会组织健康成长，完善残疾人社会保障和公共服务体系，全面完成残疾人事业“十二五”规划中期指标，成功创建首批“全国残疾人文化体育建设示范区”。区红十字会以改善弱势群体生活境况为目标，以“救灾、救护、救助”为工作重点，积极开展帮困救助和赈灾捐款工作，加强人道救助项目库建设，实施红十字志愿服务活动和宣传、培训工作，认真履行作为政府人道救助领域助手的职能。区文联充分发挥地区文化优势，展示嘉定独特的文化魅力，坚持文化下乡工作，举办文艺讲座，组织外出采风，扩大对外交流，加强队伍建设，促进地区文化发展。 （嘉 音）

民主党派

【民革嘉定区委】 至年末，民革嘉定区委共有党员75人。全年召开全体党员会议2次、区委委员会及扩大会议6次，开展专题调研2项。全年提交社情民意40篇，其中16篇被民革市委录用。提案《关于扶持民间博物(美术)馆建设的建议》被区政协评为优秀提案，3月和10月，两次组织党员参加以“学习贯彻十八大，同心思想聚人心，党外人才进社院”为主题的“同心大讲堂”系列专题报告会。4月22日，民革嘉定区委接待中国台湾省国民党中兴菁英参访团。5月，举办新党员培训班。10月，开展“深入群众，扎根基层”基层协商民主系列活动。10月24日，全国政协常委、民革中央副主席郑建邦一行到嘉定区调研坚持和发展中国特色社会主义学习实践活动。10名党员以“大学生每年5 000元，高中生每年3 000元，小学生每年2 000元”标准，结对捐助10名云南省大姚县铁锁乡拉巴乍村困难学生至大学毕业。“六一”前夕，结对嘉定工业区民办娄塘小学困难学生，向随迁子女送学习用品；出资6 000元资助徐行镇曹王村两名困难学生。年内，民革嘉定区委获民革市委主办的“水星杯——两岸和平发展知识竞赛初赛”二等奖、《团结报》发行工作三等奖。一支部被民革上海市委评为“博爱·牵手”活动优秀基层组织、基层党务工作特色支部。（薛　峰）

【民盟嘉定区委】 至年末，民盟嘉定区委共有盟员320人，设11个支部、7个专委会。全年召开区委扩大会议8次，区委专题会议7次。在区“两会”上，提交提案12篇、社情民意3篇。其中集体提案《关于宜尽早确立嘉定新城公共交通发展战略的建议》被区政协评为优秀提案。《上海的农村往何处去》和《支持非公有制经济健康发展，实现民营经济转型升级》成功申报民盟上海市委课题。全年举办与盟市委学习交流活动四次。5月9日，民盟市委参政议政部到嘉定调研座谈、培训指导。5月24日，民盟嘉定区委举办《参政议政之如何撰写提案和社情民意》专题培训活动。9月，民盟嘉定企业家联谊会向嘉定一中捐资助学10万元。10月，举办甘肃教师培训班。11月7日，在嘉定工业区举办上海市三级医院专家医疗咨询活动，邀请上海市同济医院、上海市瑞金医院、上海市第一人民医院等医院的16名专家为居民义诊，开设呼吸内科、消化内科、中医内科等12个咨询项目，提供量血压服务，服务群众近300人次。年内，嘉定一中支部被评为民盟中央组织建设先进基层组织。民盟嘉定区委被民盟上海市委评为思想宣传工作先进集体，被民盟中央评为民盟中央《群言》杂志发行工作先进单位。全年刊印《嘉定盟讯》6期。（韩　敏）

【民建嘉定区委】 2014年，民建嘉定区委发展会员13人，过世2人，转入4人，共有会员193人，有7个专委会、6个支部。全年召开区委及扩大会议4次、全体会员会议1次，开展专题调研5项，参加协商议政活动近百人次。在市、区人大政协会议上，共提交集体提案和委员提案（代表书面意见）26件。在区政协五届四次会议上，作大会交流发言1次，4名委员作联组发言。在市十四届人大二次会议上，谈兵领衔提交的《关于加强产业用地立法管理的议案》被列为代表议案，有关加强住宅工程质量和产业用地管理的建言分别得到区长和分管副市长批示。4件提案被评为优秀提案，其中《关于进一步加强我区专业市场建设和规范管理的几点建议》被区政协评为优秀提案，14件建言被民建市委、中共嘉定区委统战部采用。以坚持和发展中国特色社会主义学习实践活动为抓手，继续举办“同心讲坛”，交流学习党的十八届三中、四中全会精神体会，制定《关于开展坚持和发展中国特特色社会主义学习实践活动的实施方案》。邀请民建市委领导作提高履职能力和经济形势专题报告，全年共举办政治、财经、人文等专题培训6次。推荐民建代表人士小名单1人、中名单37人、大名单130人。推荐2人参加区党外中青年干部培训班、6人参加市骨干会员培训班。开展非公经济会员问卷调查，举办推进企业健康发展专题研讨活动，为退休会员举办庆重阳祝寿、参观韩天衡美术馆活动，对年老、患病或生活困难的会员，坚持“冬送温暖，夏送清凉”的暖心活动。组织市专家会员走进徐行镇、安亭镇、南翔镇的社区（村）作健康保健专题讲座。年内，开展和大学生创业人员面对面咨询服务近50次、贷款论证3次，与3名大学生创业者结对跟踪服务。年终，区委被民建市委评为参政议政、组织工作先进组织。（陆永芳）

【民进嘉定区委】 2014年，民进嘉定区委发展会员19人，转入会员2人，去世3人。至年末，共有会员270人，设13个支部。全年召开主委会议8次、区委扩大会议5次。在区政协五届四次会议上，作《关于我区城市化建设与文物保护可协调发展的建议》大会发言，提交集体提案6件、委员个人提案16件。其中集体提案《关于我区城市化建设与文物保护可协调发展的建议》、个人提案《关于进一步完善小区周边道路停车管理，缓解小区居民停车难的建议》被评为区政协优秀提案。年中，19篇社情民意信息被民进市委录用，其中《改革医保预付制，减少医患矛盾》《建议暂缓本市高中学业水平考试改革》《关于提高中小学生营养午餐质量的建议》《建议在嘉定新城（马陆镇）远香湖建立水上项目训练基地》被市政协采用。调研课题“强化新村（居）民民主管理，推进‘社会治理’模式创新”成为民进市委支持项目。年内，召开“加强基层组织建设，提升协商民主能力”基层支部党组织座谈

民盟嘉定区委企业家联谊会捐资助学嘉定一中捐款仪式
（民盟嘉定区委　供稿）

民进嘉定区委与区政协科教专委会联合召开“聚焦城市品质发展，推进社会治理创新”献计献策座谈会 （民进嘉定区委 供稿）

会；召开坚持和发展中国特色社会主义学习实践活动动员会，会上举行“爱心助学、爱心帮困”基金捐赠及社会服务特色项目颁证仪式；组织会员参加由中共嘉定区委统战部举办的“疁城和风 同心同行”——嘉定区统一战线“同心·零距离”服务民生活动暨新成路街道零距离服务群众“同心行”项目启动仪式；嘉定一中支部、上外嘉定实验支部、封浜支部开展“牵手共进展风采，分享资源促成长”社会服务品牌项目活动；举办以“齐聚趣运会，共筑健康梦”为主题的第六届兴趣运动会；组织会员参与民进市委“微公益”活动，捐赠善款8 500元。年内，上海市大众工业学校支部被评为民进全国组织建设先进组织，会员杜天一被评为民进全国组织建设先进个人，民进嘉定区委被评为民进上海市委组织建设先进单位、民进上海市委宣传报道先进单位。全年刊印出版《嘉定民进》4期。

（赵雪平）

【农工民主党嘉定区委】 2014年，农工民主党嘉定区委共有党员70人，设中心医院、综合、文教3个支部，全年召开区委全体党员大会及区委扩大会议4次。在区政协五届四次会议上，分别就“关于推进嘉定区‘医养结合’新模式的建议”“‘健康嘉定、中医先行’，建设特色中医药城区的建议”作大会发言、联组发言，提交集体和个人提案3件。8月，区委为青海久治县民族寄宿制中学学生捐赠300件防水羽绒服。11月，组织全体党员到上海自贸区学习考察。年内，围绕“坚持和发展中国特色社会主义学习实践活动”，组织党员开展学习交流活动。1名党员参加上海市党外中青年干部培训班，2名党员参加农工民主党上海市委青年骨干培训班，1名党员参加区党外中青年干部培训班。

（李正秀）

【致公党嘉定区委】 2014年，致公党嘉定区委发展党员7人。至年末，共有党员92人。全年召开区委会议6次，在区政协五届四次全会上提交集体提案7件、个人提案15件，作题为“关于布局养老产业体系，助推嘉定国际中医药建设的建议”的大会发言。集体提案《加强市政基础设施建设，提升老城区防汛抗灾能力》被区政协评为优秀提案。年内，向区政府建议，在行政服务中心新建停车场、北侧建简易桥，获区长批示采纳并实施；举办《中国周边关系问题与公共外交》报告会；会同致公党上海市委服务工作委员会在安亭镇举行 “致力为公，服务百姓，致公党社会服务进社区”大型医疗咨询活动；组织党员到菊园新区结对单位水之园经济城开展口腔义诊服务，作如何规避企业用工风险讲座；牵线爱普香料股份有限公司向内蒙古满洲里第26学校捐赠16.7万元。

（戴 茜）

【九三学社嘉定区委】 2014年，九三学社嘉定区委发展社员5人，转入1人，去世1人。至年末，共有社员155人，设5个支社。全年举行社员全体会议和活动2次，召开九三学社嘉定区委及扩大会议4次，开展调研、参加协商议政活动60余人次。在区“两会”上，提交集体提案3件、委员个人和联名提案26件、人大代表书面意见4件，社员鲍文华代表九三学社嘉定区委作题为“关于优化嘉定新城功能和配置的建议”的大会发言。集体提案《关于优化嘉定新城功能和配置的建议》被区政协评为优秀提案。1月22日，召开全体社员会议暨迎春茶话会。2月21日，与5名华亭镇困难家庭学生签订“2013-2015年助学协议”，社员捐赠首期助学金1.5万元。4月30日，组织社内医疗专家10人参与以“疁城和风同心同行”为主题的嘉定区统一战线“同心·零距离”服务民生活动，向近300人次市民提供咨询服务。6月12日，与菊园新区党工委、菊园经济发展中心合作设立“九三学社·菊园新区微论坛”。12月26日，召开成立15周年座谈会，相关单位代表和社员140余人参加。全年举办“中小企业对接资本市场” “创新创业项目路演专场”等报告会和项目路演活动3场。完成九三学社市委重点课题“关于上海中考改革的建议”和招标课题“发挥社会组织作用，增强基层公共服务能力”，并同区政协环境和城建委员会联合开展“嘉定老城区保护与发展”专题调研，调研报告《关于嘉定老城区保护与发展的建议》专报区委、区政府。提交社情民意信息33个，其中《治理群租要多管齐下》由中共上海市委统战部专报市委、市政府。完成由范滇元口述的《王淦昌其人其事》，提交九三学社市委并被采用。分别有1人参加九三学社上海市委第18期中青年社员骨干培训班和区后备干部培养“双百”工程第三期轮岗锻炼，分别有2人参加区第19期党外中青年干部培训班和九三学社市委社情民意信息骨干培训班，90余人次参加九三学社市委组织的“人大代表、政协委员学习日” “区情通报会”、区统一战线“同心”大讲堂系列报告会等。年内，区委被九三学社中央表彰为“组织建设先进集体”，获九三学社上海市委“参政议政工作先进基层一等奖”“信息工作先进集体三等奖”。（孙 武）

工 商 联

【概况】 2014年,嘉定区工商业联合会围绕“三大奋斗目标”,主动服务区域经济社会发展大局,创新服务理念,提升工作成效,在促进“非公有制经济健康发展和非公有制经济人士健康成长”、助推区域经济社会和谐发展中发挥积极作用,提升服务非公有制经济发展的工作水平。积极引导代表人士参政议政,在区政协五届四次会议上,区工商联界别委员向大会提交团体提案2件、个人提案15件。林凯文代表工商联作题为“加快转型升级,实现民营经济二次飞跃”的大会发言。《关于促进制造业企业转型升级的建议》被评为区政协优秀提案。年内,推进信息调研工作,信息、专报报送数量和录用率均居全市各区县工商联系统首位。年初,专题召开课题调研研讨会,确定“小微企业融资发展现状与研究”“引导民营企业‘走出去’拓宽企业发展空间”“发挥行业协会(商会)作用对策与建议”“健全综合评价体系稳步推进非公有制经济代表人士政治安排工作”“基层商会党建工作的探索与研究”“嘉定区餐饮业发展现状分析与对策”等6个重点调研课题,形成《嘉定区餐饮企业经营情况的现状、问题及对策分析》《马陆镇商会探索党建新模式的实践与思考》等调研报告。探索创建嘉定民营经济总体运行情况监测机制,建立会员企业运营情况定期分析报告发布制度。会同统计、税务等相关部门,结合经济普查、统计调查、税收征缴等数据,对工商联99家执委企业发展情况进行分析并形成专题调研报告。协助举办“同心”实践活动,组织民营企业参与慈善项目捐赠和便民服务,引导民营企业主动履行社会责任,捐赠“长者关怀”“口福工程”“军民共建”“教育援助”等光彩项目资金215万元。会同职教集团举行“院校看企业”、应届毕业生就业招聘会。引导会员企业参加劳动关系和谐企业创建活动。区镇两级商会共走访企业1 600余家,其中有针对性走访制造业企业715家、文化信息产业企业167家、电子商务企业100家、租赁和商贸服务业企业533家、建筑业企业44家。全年发展会员企业287家。开展区工商联汽车零部件行业商会筹备工作,指导嘉定工业区商会广告创意分会成立。

【推进理想信念教育】 1月16日,区工商联举行嘉定区非公有制经济人士理想信念教育实践活动总结大会,31名优秀非公经济人士被评为嘉定区“优秀中国特色社会主义建设者”。大会在全面总结经验基础上,提出以“四个融入”(融入中心工作、融入“两个健康”服务、融入商会建设、融入人才队伍建设)为主线,宣传推广7个教育实践活动联系点(4个重点街镇:江桥镇、马陆镇、菊园新区、新成路街道,3家主席企业:上海凯泉泵业集团有限公司、上海新时达电气股份有限公司、爱普香料集团股份有限公司)的成功做法。嘉定区以“四个融入”为抓手深入推进教育实践活动的做法被《全国工商联理想信念教育实践活动简报》和市委统战部《浦江同舟》刊登。全国工商联、市工商联安排记者到嘉定区进行深度采访。马陆镇商会作为唯一的街镇商会代表,在上海市理想信念教育实践活动工作推进大会上进行交流发言。

筹建汽车产业商会座谈会　　(区工商联　供稿)

【非公经济人士队伍建设】 2014年,区工商联举办第二期青年企业家高级研修班,40名青年企业家参加培训。搭建联谊活动平台,成立嘉定区创新创业企业家联谊会,61名青年企业家成为联谊会成员。推荐5名青年企业家参加中共上海市委统战部、市工商联、中共嘉定区委组织部组织的高级研修班和专题培训。　(葛月明)

工　会

【概况】 2014年,嘉定区总工会辖有直属工会组织51个。其中街镇、嘉定工业区、菊园新区总工会12个,委、局工会24个,直属企业(公司)工会12个,行业工会3个。全区有村(园区、社区)工会联合会194个,基层工会3 685个(其中联合工会265个),基层建会单位12 960个,建会单位职工58.75万人,会员50.73万人。区总工会直属企事业单位有嘉定区职工服务中心、嘉定工人文化宫。年内,开展“当好科学发展主力军、打好创新转型攻坚战”主题活动。以“中国梦·劳动美”为主题,开展形势任务、理想信念教育。在全区重大工程建设、群众性科技创新、社会管理与服务、安全生产等重点领域,开展“携手保增长,和谐促发展”立功竞赛。培育“工人先锋号”班组,全区新创建全国“工人先锋号”组1个、上海市2个、嘉定区223个、示范岗7个。深化职工创新基地、团队和人才培育,评选表彰嘉定区工人发明家,命名成立劳模(职工)创新工作室。组织3.14万名职工参加思想道德教育培训、500名职工参加初级工商管理(EBA)培训、500名职工参加班组长培训。组织2 953个班组参加“安康杯”劳动保护竞赛,覆盖职工8.52万人。区工人

走进企业服务女职工专场活动　（区总工会　供稿）

文化宫的“职工学校和乐园”功能基本形成。建立“嘉定区工会网络服务平台”，为职工提供法律、心理、文化等七大“在线服务”。组建嘉定区工会法律服务律师志愿团、职工志愿团和心理服务专家志愿团，成立嘉定区工人乐团、工人艺术团和嘉定工会职工创作传播员、指导员、志愿者队伍。打造文化品牌，举办为期一个月的“嘉定区首届职工文化艺术节”。推广工会会员服务卡，完成1.92万名会员信息核对及服务卡发放工作。出资40万元，实施嘉定工会职工疗休养补贴计划；出资145.41万元，帮扶困难职工、农民工1 451人；出资10.87万元，向3 484名职工“送保障”。春节前夕，区总工会走访慰问全国劳模和困难劳模41人、困难职工172人，发放慰问金及慰问品价值13.4万元。命名表彰上一年度劳动关系和谐企业，深入开展和谐劳动关系创建活动。广泛开展“要约行动”，向700余家未开展集体协商的企业和企业工会发出“特别提示函”。全区共签订工资专项集体合同1 639份、集体合同1 527份、女职工专项集体合同488份。充分运用劳资矛盾预警提示平台，排摸、处置群体性劳资纠纷103件。区总工会法律援助工作站接待来访5 857件。“工调委”参与调解劳动争议223件，调解成功率75.3%。加大工会组建工作力度，全年新建工会组织1 815家，其中25人以上企业独立建会323　家，新增工会会员2.93万人，全区民办医疗机构实现工会组织全覆盖。推进企事业单位建立健全职代会、厂务公开等企业民主管理制度。全区有职代会制度独立建制企业2 996家，区域性、行业性建制企业206家。推动成立上海市嘉定工仁社会工作服务中心，以此为基础搭建职业化、社会化工会干部队伍建设运作平台和载体。

【庆祝“五一”国际劳动节大会召开】4月28日，嘉定区举行“劳动成就梦想——庆祝“五一”国际劳动节大会”，区四套班子领导出席，大会表彰在劳动关系和谐企业创建活动中涌现出的先进单位和个人。会后举行《劳动成就梦想》首映式，向机关、企事业、社区代表赠送《劳动成就梦想》宣传片。区劳动关系和谐企业代表、历届劳动模范代表和街镇、委办局相关领导等500余人参加会议。至年底，全区累计创建2 625家劳动关系和谐企业，其中区级和谐企业1 012家。

【嘉定区职工法律援助中心揭牌】5月27日，嘉定区总工会在嘉定区工人文化宫举行嘉定区总工会职工法律援助中心揭牌仪式，配套的嘉定区工会网络服务平台开通。职工法律援助中心以“职工所需、政府所想、工会所能”为结合点，为广大职工提供“一门式”服务，从法律援助、案件调解、心理服务、帮困救助、互助保障、信访接待等方面为职工提供援助。嘉定区工会网络服务平台是在“上海嘉定工会网”及“嘉定区工会网络管理系统”成功运行基础上，把职工法律服务、职工心理服务、职工文化服务、工会干部服务、职工信息服务、会展影视服务、职工关爱服务等七大服务项目嵌入和移植到网络平台，形成“内网抓管理、外网强服务”的嘉定工会工作新模式，职工可享受法律援助、纠纷调解、心理疏导等28项在线服务。“嘉定工会”微信公众号定期发布工会工作动态、宣扬劳模精神、解析维权案例，与职工群众开展对话交流。通过“嘉定工会”微信服务菜单，职工可直接访问嘉定区工会网络服务平台。

【嘉定职工主持人大赛举行】6月，嘉定区总工会启动“我爱主持”——嘉定职工主持人大赛。经过基层海选，42名选手进入复赛，18名选手入围决赛。决赛分为“秀出魅力”“完美时刻”“闪亮主播”和“群星争艳”四个环节，采用单人、双人和五人组合的展现形式，设有诗朗诵、突发状况处理、模拟实战和自我设计等环节。经过角逐，评选出一等奖2名、二等奖3名、三等奖5名。菊园新区总工会选送的郭晨怡和嘉定工业区总工会选送的张喆龑获一等奖，决赛前十名获奖选手获聘成为嘉定区工会职工文化创作传播员。

【31个重大及民生工程建设工地成立工会小组】8月1日，区总工会在嘉定区工人文化宫召开嘉定区国有集体投融资重大及民生工程建设工地工会小组成立揭牌仪式，31个工地工会小组揭牌成立。工会小组代表宣读倡议书，6名建筑工地工会小组长代表参加赠书仪式。年内，全区共有38个建设工地建立工会小组。

【举办社会化职业化工会工作者岗位培训班】8月15日、19日、20日，嘉定区总工会举办为期三天的社会化职业化工会工作者岗位培训班，33名学员参加。培训班开设公文写作、军事训练等课程，在嘉定社会福利院开展志愿者教育实践活动。

【召开非公企业职代会制度规范化建设现场推进会】9月29日，嘉定区非公企业职代会制度规范化建设现场推进会在马陆镇立新村召开。会前，与会人员观摩重机（上海）工业有限公司第三届第二次职工代表大会。会议通报嘉定区第十二次厂务公开民主管理工作调研情况，部署嘉定区非公企业职代会制度规范化建设工作。区厂务公开工作领导小组全体成员，区社会工作党委及各街镇厂务公开工作领导小组组长，各街镇总工会主席、分管副主席等50余人参加。

【举办嘉定区首届职工文化艺术节】 11月20日–12月27日，“中国梦•劳动美——嘉定区首届职工文化艺术节”举行，活动由区总工会、区文广局联合举办。11月20日举行的开幕式上，全国劳模王春祥、2014年上海市五一劳动奖章获得者王引婷为新落成的嘉定区工人文化宫揭牌。同日，嘉定区、昆山市、青浦区、太仓市、闵行区、义乌市总工会举行三区三市文化论坛，围绕“善于运用文化引领•推进职工文化建设”主题开展交流。艺术节活动围绕“中国梦•劳动美”主题，以嘉定区工人文化宫为主会场，各直属工会设立分会场，分“艺术分享•寻找梦想”“知识引航•点燃梦想”“身心愉悦•拥抱梦想”“经典传承•追逐梦想”“文化传播•放飞梦想”5个板块，辐射全区职工。其间，主、分会场共举办活动70余场，涵盖“职工文化作品展、特色团队展示、职工文化大课堂、电影招待、娱乐健身、文化进企”等活动。在12月27日举办的闭幕式上，来自基层的职工特色文化团队用舞蹈、歌声演绎“中国梦•劳动美”主题，向职工文化作品展获奖作品、主持人大赛获奖选手、“文化进企”人气节目、嘉定工会职工特色文化团队展示优秀节目和艺术节活动优秀组织奖获得者颁奖，为第三批8家嘉定区劳模（职工）创新工作室授牌。

【嘉定区工人文化宫投入使用】 10月11日，区总工会在区工人文化宫广场举行“新起点•新出发”主题升旗仪式。仪式上，工会工作者宣读“倡议书”，号召大家学习劳模爱岗敬业、勇于创新、甘于奉献的精神。嘉定区工人文化宫总建筑面积24 151平方米，设劳模风采馆、嘉定工运史料陈列馆、文化展示厅、职工图书电子阅览室、多功能会议室、影剧院、体育健身、艺术排练、法律援助、心理服务等功能性用房，向职工提供教育培训、文体活动、法律服务、就业援助、困难帮扶等服务。 （黄点点）

共青团

【概况】 2014年，嘉定共青团工作围绕“创业、创智、创城、创新、创效”主题，推动嘉定共青团组织建设和工作创新。建立嘉定区青年工作联席会议制度，联席会议办公室设在团区委，成员单位有全区各街镇及相关职能部门48个。畅通民主议政渠道，邀请市、区两级人大代表和政协委员及相关职能部门领导深入基层，开展“共青团与人大代表、政协委员面对面集中活动暨嘉定青年民主议政会”。开展安全自护宣传，主办“青春自护，暑期安全——上海青少年自护教育活动”，推出青少年暑期自护宣传视频，集中发布青少年暑期公益信息，覆盖青少年万余人。定期对全区重点青少年群体开展调查摸底工作，逐步建立长效机制。开展岗位建功行动，全年有12个集体获评“市级青年文明号”，推荐7个单位报备“全国青年文明号”候选集体；4支队伍获评“上海市优秀青年突击队”，6支队伍获评“市青年突击队”，1个青年集体获评“市青年安全生产示范岗”，申报创建“全国青年安全生产示范岗”；推荐3名青年申报“第十三届上海市青年岗位能手”；推荐3名青年报名第二季“梦想创业团”，1名青年成功晋级决赛。至年底，“零距离服务青年”活动累计联系团员青年4.35万人。年内，1人获评“全国优秀共青团员”，6人获评“上海市五四青年奖章（个人）”，4个集体获评“上海市五四青年奖章（集体）”，3人获评“上海市优秀共青团员”，4人获评“上海市优秀共青团干部”。至年末，全区共有基层团（工）委49个，团总支106个，团支部1 890个，团员30 572人，专职团干部25人。

【青年文化建设】 2014年，团区委积极开展青年文化建设。举办“有梦想、创未来——嘉定青年纪念建团92周年、五四运动95周年主题集会”暨“青春创业季”集中行动，以“我的中国梦——奋斗的青春最美丽”为主题开展系列活动120场。深化“YES微课堂”公共文化交流系列活动项目，举办活动2场。升级完善以“嘉定青年”为品牌的新媒体产品阵营。年内，“嘉定共青团”微博有“粉丝”6 500余人，“嘉定青年”微信公众号被3 000余人关注，“我的中国梦”等主题宣传活动覆盖1.2万余人次。

【青年中心建设】 2014年，嘉定区共建立青年中心78家，其中29家被评为市级青年中心，嘉定镇街道丽景居民区青年中心被评为全国青少年综合服

共青团与人大代表、政协委员面对面集中活动 （团区委 供稿）

务平台。全区青年中心有会员4.4万人,累计开展近2 100项活动。团区委探索利用"移动互联"新媒体技术,将020(线上到线下)、LBS(基于位置信息提供服务)等技术和模式应用到共青团工作中,打造"嘉定青年"移动互联平台APP。年内,启动区级青年中心实体建设。与上海青客时尚生活服务股份有限公司、上海磁力青年发展中心等单位开展合作,探索通过市场化、社会化手段,委托专业公司及青年社会组织对区级青年中心进行运营和维护。

【青年人才培养】 2014年,团区委加大青年领军人才培育力度,全年选拔产生科研产业类、社会发展类、经营管理类青年领军人才34人,三年累计选拔产生100名青年领军人才。组织青年领军人才到深圳市、广州市考察腾讯总部、联想深圳制造基地、天安云谷智慧园区、暨南大学。深化"回嘉"行动,138名嘉定籍大学生在暑期分赴全区54个机关、企事业单位参加挂职锻炼。全国12所"985"高校在嘉定区建立"'985'高校大学生嘉定社会实践基地",全国11所"985"高校的15个团队近150名大学生到嘉定区开展社会实践活动。在暨南大学成立"华南地区优秀嘉定籍大学生联谊会"。试点开展青少年事务社会工作专业人才队伍建设和预防青少年事务社会工作专业人才队伍建设。深化"驻村(联企)社工服务点"项目,在江桥镇、华亭镇设立项目服务点,项目成为团中央"全国首批青少年事务社会工作示范项目",获2万元经费支持。

【青年创业扶持】 2014年,团区委积极打造嘉定青年创业孵化平台。设立上海市青年创业基地、嘉定区青年创业孵化基地,聘任青年创业导师,发布青年创业扶持政策,创立创业梦想基金。编印嘉定青年创业孵化平台服务手册,推出"嘉定青年创业通"微信公众号。与《第一财经日报》合作,拍摄创业公益微电影《创业三章》,获"中国梦——我们的故事"首届微电影大赛金奖、深圳国际微电影节金海角奖优秀广告片奖、第二届亚洲微电影艺术节金海棠奖好作品奖、嘉定区"中国梦 申城美"微电影大赛一等奖,入围第六届全球华人非常短片年度风云榜。

上海百万青年成长计划青年人才工作现场会(嘉定专场)

(团区委 供稿)

【开展青年志愿者活动】 2014年,团区委组织1 368名志愿者参与为期6天的志愿服务工作。通过市智慧公益平台发布公益项目11个,全年招募志愿者260人。设立10个"嘉定区优秀青年公益项目",表彰10名"嘉定区杰出青年志愿者"。开展"青春聚新成,志愿齐创城"——嘉定区学雷锋志愿服务集中行动,向500余人次市民提供便民服务。组织452人参与造血干细胞样本采集,有3人经过配型成功捐献造血干细胞。推动"关爱农民工子女行动",覆盖全区14所农民工子女学校13 008人,覆盖率100%。与区残联联合启动嘉定青年志愿者"阳光助残行动",共开展29次450小时助残服务、25次150小时集中性主题活动。依托"青年创城文明岗",组织青年志愿者1 500余人次开展交通文明引导服务,服务240余天,"青年创城文明岗"获上海市"五四"青年奖章荣誉集体及"嘉定区优秀志愿服务项目"称号。举办爱心暑托班2期,参加学生476人,287名志愿者参与服务。推进少先队活动课建设,开展"社会主义核心价值观教育"主题系列活动,举办"童心共筑中国梦"——区少年儿童庆祝"六一"主题集会、"牢记核心价值观,争做最美少年"——庆祝建队65周年主题活动。年内,区青年志愿者协会获上海市优秀志愿者组织奖,1人获"上海市杰出志愿者"称号,3人获"上海市优秀志愿者称号"。

【团的自身建设】 2014年,团区委聚焦团的基层组织建设,全年完成"两新"组织建团82家,举办青年干部培训班、团干部和团的后备干部培训班、新上岗团干部培训班、青年领军人才及后备培训班各1期,180人参加。完善制度建设,建立健全新任团干部入职导航制度、共青团班子领导与团干部谈心谈话制度、团干部赴团区委机关挂职锻炼制度。指导部分基层团组织和试点单位完成换届和"公推直选"工作,优化组织结构。启动"基于青年中心建设的共青团流程再造研究项目报告"调研,课题入选团市委十大重点立项课题,获上海共青团调研奖一等奖。"基于移动互联时代的共青团新媒体建设""嘉定区青年人才培养模式研究"2个课题入选共青团上海市委立项课题。开展对基层团干部的调研,通过排摸383名村(居)团干部情况,形成《嘉定区基层团干部队伍建设调研报告》。 (苏 彪)

妇 联

【概况】 2014年,嘉定区妇联坚持服务大局与服务妇女相结合,主动维护妇女儿童合法权益,团结和引领全区广大妇女投身嘉定经济和社会建设,推动妇女儿童事业与全区经济社会同步和谐发展。至年底，全区有区、街镇妇联组织13个，专职妇联干部22人，有机关及事业单位妇工委（妇委会）14个，社会组织妇工委1个，国有企业妇工委1个，团体会员单位1个，基层妇代会277个。

【“三八”妇女节庆祝活动】 3月6日，嘉定区庆祝“三八”国际劳动妇女节104周年大会在区综合办公楼召开。会上播放区妇联拍摄的反映嘉定妇联工作的《凝聚“她”力量共筑中国梦》宣传片，表彰上海市巾帼建功标兵、上海市特色“妇女之家”、上海市“妇女之家”示范点、“十佳”上海市示范性家政服务站、金牌家政服务员、上海市巾帼文明岗等先进个人和集体。区四套班子有关领导、各单位分管领导和全区各界妇女代表500余人参加活动。

【实施“十二五”妇女儿童发展规划】 1月6日，召开嘉定区妇儿工委全委（扩大）会议，回顾总结全区妇女、儿童发展“十二五”规划开局以来的实践经验和工作成效，全面部署下阶段妇女儿童工作重点。3月，召开妇女儿童发展“十三五”规划征求意见座谈会，启动新一轮规划编制工作，梳理“十二五”各项指标任务完成情况，关注发展趋势不良指标，跟踪分析，及时干预。年内，区妇儿工委新增区红十字会为成员单位，对各成员单位以及街镇妇儿工委的队伍进行调整，完善组织网络。参与“2011-2013年上海妇女儿童发展研究成果奖”评选活动，区教育局上报的《流浪儿童校园式教育管理的实践与研究》获“2011-2013年上海妇女儿童发展研究成果奖” 政策建议成果二等奖。

【深化政府实事项目】 2014年，开展新一轮上海市示范性家政服务站创建，分别在江桥镇、真新街道创建2个上海市示范性家政服务站。承接市妇联家政服务员素质提升项目，为600名家政服务员开展心理关爱、礼仪和法律培训、职业技能提升、团队建设等活动。深化“百万家庭低碳行 垃圾分类要先行”政府实事项目，开展低碳讲座778场，培训47 497人，入户指导43 923户；开展“绿色星期六”活动1 128场次，参与67 708人。组织区高扬自强女性俱乐部成员、女性法律志愿者、心理志愿者、社区居民等千余人观看低碳滑稽小戏。举办嘉定区低碳生活进校园主题实践活动等系列大型宣传活动，宣传和普及低碳知识。年内，启动新一轮妇科病、乳腺病筛查工作，34 740名退休和生活困难妇女受益，患病率26.68%，其中重症妇女19人。开展宫颈癌、乳腺癌防治知识进社区主题系列活动，发放防治知识读本等宣传品，提供专家免费义诊咨询和法律咨询服务。

【推进“双学双比”活动】 2014年，推进“双学双比”（学文化，学技术，比成绩，比贡献）实事项目，实地走访21家女性负责人农村专业合作社和9个“双学双比”实事项目，召开2013-2014年嘉定区“双学双比”实事项目评审会。在13个市级美好家园示范村创建村中开展“上海市美好家园示范村创建系列培训”6场，惠及村民1 300人。在4个市级美好家园示范村中开展“农村女性智慧课堂”4场，以故事会形式普及法律、婚姻家庭、子女教育等知识，吸引农村妇女2 000人。组织农村女带头人到浦东新区和崇明县，参观“双学双比”示范基地、女性专业合作社、农家乐项目。在全区范围内开展“舌尖上的嘉定——农村妇女传统小吃手艺大比拼”系列活动，12个街镇以“指尖传承培训技术、舌尖美味比拼手艺、重阳送暖传播爱心”等形式开展活动。年底，分别编制活动风采展示和传统小吃集锦，拍摄《美食背后的家庭故事》宣传片。

【开展“巾帼建功”活动】 2014年，全面启动嘉定区新一轮市三八红旗手（集体）评选推荐工作，推荐市三八红旗手13人、市三八红旗集体3个。举行嘉定区优秀女性（集体）先进事迹宣讲活动。成立巾帼文明岗联盟，首批65个市级以上巾帼文明岗加入联盟组织。开展“巾帼文明岗在行动”主题实践活动2场，举办巾帼文明岗负责人培训班。探索通过社会力量购买服务妇女儿童项目，将关爱老三八红旗手项目纳入区民政局创投项目，政府出资20万元，由民办非企业社会组织上海嘉定区和谐家庭服务中心承接，为全区60周岁以上的全国、市级三八红旗手开展服务。年内，累计开展上门服务2 000小时，走访慰问40人次，开展便民服务、沙龙活动和组织外出参观17场。举办“嘉定区第1期女性人才开发专题培训班”，45名女性参加。

【促进女性就业、创业】 2014年，联合区人社局、区总工会开展“春风行动”系列活动，组织专场招聘会62次，提供免费服务9 136人次，成功介绍1 501名女性就业，组织618名妇女参加职业技能培训，为520名女性提供劳动维权服务和法律援助。启动女大学生职业飞翔计划，联合团区委围绕“上海就业

舌尖上的嘉定——农村妇女传统小吃手艺大比拼　（区妇联　供稿）

形势与发展”主题举办讲座。参加市妇联举办的“青年女性创业方案评选”和“微创业，靓生活”女性创业大赛，2名女性成功进入“青年女性创业方案评选”决赛十强，各获“微创业，靓生活”女性创业大赛创业启动资金5 000元。区妇联获“上海市青年女性创业方案评选”优秀组织奖和“上海市女性创业计划竞赛”优秀组织奖。

【推进家庭文明建设】 2014年，开展嘉定区第10届“活力宝宝”主题展示和“寻找最美家庭”活动，在第14届家庭文化节活动上表彰嘉定区“十佳”最美家庭和提名家庭。开展第9届全国五好文明家庭及“海上最美家庭”、市五好文明家庭及学习型家庭评选活动，新成路街道邹洪鸣家庭被评为全国五好文明家庭，安亭镇王济仁家庭获全国“最美家庭”提名奖。举办“我爱我嘉——嘉定区家庭教育系列讲座”，召开区家庭教育专家(好家长)讲师团座谈会。7月，举办“我爱我嘉，低碳之旅——青少年暑期主题教育活动”和“我的嘉庭梦——2014年嘉定区军嫂亲子夏令营”活动。年内，与市科学育儿基地联合举办“儿童安全 从家庭做起——科学育儿进社区”活动、“乐享童年 畅想未来”少年儿童图文创作大赛、“我的自然艺术学堂”夏令营活动和“钢性好男儿 自强好少年——走进好八连”夏令营活动。联合区纪委、区委组织部开展嘉定区领导干部配偶“廉内助”主题教育活动，作反腐倡廉专题讲座，举行“家庭助廉承诺书”签名承诺仪式，参观上海市廉政教育基地。

【维护妇女儿童合法权益】 2014年，区妇联为全区妇女儿童提供专业的免费法律咨询和心理咨询服务。妇联维权服务系统三级维权网络全年录入信访2 543件2 586人次，其中来信58件，来访1 923件1 948人次，来电355个，心理咨询面询个案139件155人次。妇联人民调解委员会受理各类纠纷35件，达成人民调解口头、书面协议16件。联合法院设立妇女儿童维权合议庭，全年审理维护妇女儿童合法权益案件674起。开展“三八”妇女维权周系列活动，组织开展法律咨询活动114次，服务基层妇女15 026人；举行妇女维权讲座103场，8 000余人参与，累计发放宣传资料2.5万份，发送微博、微信321条。举办“法律在心中 关爱在身边”为民服务活动、“关爱农民工，法宝暖人心”春运法制宣传活动。召开“零距离关爱妇女儿童 传递志愿服务正能量”妇联维权工作会议，评选表彰“零距离服务妇女”优秀维权志愿者16人、优秀项目奖7个、项目奖7个。举行嘉定区妇女儿童维权合议庭推进会暨服刑女性心理团体康乐观摩活动。开展“心灵守护”系列项目，颁发项目认领牌14个，全年开展“守护幸福 和谐家庭”等主题活动116次，向重症困难妇女、特殊家庭未成年子女、服刑女性、涉毒女性、来沪女性提供关爱服务5 800人次。开展女职工劳动权益专项执法检查，抽查4家企业，涉及女职工1 140人，发现并纠正侵犯女职工权益案件1起。开展“白玉兰开心家园——知心妈妈”项目，为江桥镇、南翔镇2名老上访户提供心理疏导和家庭关护服务。

维护妇女儿童合法权益交流活动 （区妇联 供稿）

【开展关爱帮扶活动】 2014年，申请全国妇联“贫困母亲两癌救助项目”，为2名困难妇女争取到每人1万元的救助款。宣传市“姐妹情”妇科肿瘤重症救助项目，为18名困难妇女争取到救助金3.6万元。开展三八妇女节、春节走访慰问，向146名困难妇女儿童送上由市慈善基金会、市儿童基金会和区红十字基金会慰问金18.4万元。联合光大永明人寿保险公司为全区18~70周岁妇女推出重大疾病互助保障项目，发动73 265人次妇女投保。开展特困儿童帮困助学工作，发放区第17批爱心助学金。结合“8·18”助学行动日活动，区妇儿工委发放爱心助学基金10万元，资助困难学生144人。开展爱心大放送募集活动，募集资金10万元。

【妇女组织建设】 2014年，开展区女性社会组织调研工作，实施向社会组织购买服务项目，加强项目督导，依托专业力量监管项目进展情况和资金使用情况。召开区女企业家协会座谈会，开设巾帼联谊会排舞培训班与西点培训班，增强“枢纽型”女性社会组织凝聚力。开展上海市、嘉定区“妇女之家”示范点创建活动，嘉定新城(马陆镇)石冈社区“妇女之家”获上海市“十佳妇女之家”示范点称号。开展“走基层、访妇情、办实事”活动，走访基层妇女组织36个、妇女儿童家庭52户。 （陈 效）

侨 联

【概况】 2014年，区归国华侨联合会团结广大归侨侨眷，广泛联系海外侨胞，创新履行侨联工作职能，稳步推进各项工作开展。年内，召开基层侨联分会工作会议，传达中国侨联第九次侨代会会议精神。举行上海市华侨摄影协会嘉定分会采风活动，举办“侨与中国梦”主题演讲比赛、区侨界书画摄影作品展。8月，由区侨联申报的上海底特精密紧固件股份有限公司董事长顾茂众、中国科学院上海微系统与信息技术研究所研究员刘正新获“中国侨界贡献奖——创新人才奖”。9-11月，区侨联开展上海市侨联“示范街镇侨联分会”申报评选工作，经综合评定，嘉定工业区侨联分会被评为上海市“示范街镇侨联分会”。10月，上海市华侨摄影协会嘉定分会组织参加上海国际“郎静山摄影艺术奖”慈善摄影大赛，5名会员获奖。年内，完成“冬送温暖 夏送清凉”、老归侨健康体检、归侨侨眷敬老节活动、“三节”送温暖、早期归侨大病重病补助、医疗帮困卡申报等“侨爱心”项目。在区政协五届三次会议上，《关于加快发展文化创意产业的建议》被区政协评为优秀提案。“以‘暖’为题 拓展基层新侨工作”和“嘉定基层侨联组织协商民主的思考与探索”课题分获2014年区县侨联特色工作（项目）一等奖和三等奖。

【举办侨界人士中秋电影招待会】 9月2日，主题为“侨与中国梦”的2014年嘉定区侨界人士中秋电影招待会在菊园新区社区文化活动中心举行。活动为嘉定“侨与中国梦”演讲比赛和2014年侨界书画摄影作品展获奖者颁奖。280名归侨侨眷、留学生、侨务工作者和侨界志愿者参加活动。（张静洁）

残　联

【概况】 2014年，全区共有持证残疾人17 584人、社区残疾人专职委员266人。全年投入残疾人社会保障资金3 396.76万元，人均康复服务经费39.6元。投入1 068.29万元，设置19个助残公益服务项目，实行公开招投标，8 700名残疾人享受专业化、个性化服务。全年实现就业5 825人，占就业年龄段内有劳动能力残疾人的99.7%。9月17日，区残疾人综合服务设施——“阳光天地”建设全面启动。区残疾人事业“十二五”发展规划中期任务指标全面完成，通过市残工委评估，成功创建全国首批“全国残疾人文化体育建设示范区”。

【创建“全国残疾人文化体育建设示范区”】 2014年，区、街镇设立专项残疾人文化建设经费，公益性残疾人文化、体育活动纳入公共财政经常性支出预算，全区残疾人文化体育人均经费500元。建立全市首个“残疾人文化创业基地”，全区共建立318个社区残疾人文化睦邻点、6个无障碍电影放映点、14个盲人阅览室，借助街镇阳光家园开设文化专场活动48场，残疾人参与率75%。6月，中残联常务副理事长孙先德一行就创建工作到嘉定区实地考察，嘉定区通过验收，成功创建为全国首批“全国残疾人文化体育建设示范区”。

【残疾人就业保障】 2014年，嘉定区发放资金532.55万元，为88家福利企业提供政策扶持，为2 192名残疾职工补贴社会保险费。依托残疾人开放大学开展“双证书”学历培训，2011级大专、本科班35名学员取得毕业证书，年内有71名残疾学生在读。整合社会资源，在上海嘉华培训学院建立嘉定区残疾人培训基地。举办区第四届残疾人职业技能竞赛，150名残疾人参加钟表维修等6项考证类项目和嘉定竹刻、黄草编织竞赛项目赛前培训，126名残疾人参赛。至年底，1 450名残疾人和残疾人工作者参加培训，134人获国家职业资格证书，完成市培训指标数的219.7%。全年举办残疾人专场招聘会10场，新安置分散就业残疾人120人。开展上海市机关事业单位专项招录残疾人工作，嘉定区3名残疾人大学生被录用。

【扶残帮困】 2014年，区、镇两级财政投入249.5万元，为嘉定区户籍持证残疾人购买商业意外保险，至年底，310人获201万元保险理赔。为1 396名残疾人提供医疗救助，为604名重残无业人员办理重残医疗保险。为在开放大学就读本科、大专、中专的71名残疾人全免学费，为180名在高校就读的残疾学生和贫困残疾人家庭子女给予“扶残助学春雨行动”资助，向43名年内考上全日制大专以上残疾学生和残疾人家庭子女发放每人3 000~8 000元助学款，为24名成绩突出的开放大学学员和47名残疾人大学生、残疾人家庭子女大学生发放“光彩事业”助学奖学金10万元。为全区1 721户低保残疾人家庭和重残无业残疾人家庭发放水、电、燃气专项补贴，为全区47户一户多残家庭发放生活补助金，为458名长期瘫痪在床、无法行走的重度残疾人发放居家护理费补贴。元旦、春节、助残周期间，区、镇各级领导走访贫困残疾人家庭6 875户。

【残疾人康复】 2014年，为3 222名残疾人“送康复服务上门”，为253名患者实施白内障手术补贴，为3 395名残疾人实施健康体检，为285名残疾人实施假肢、矫形器安装。会同嘉定交警支队对全区550辆机动轮椅车实施集中年检，年检率99%。完成75名盲人定向行走训练，为130名残障儿童提供康复救助补贴，为29名残障儿童提供康复训练1 566次。引进自闭症康复机构——上海爱好康复培训中心，为区内13名自闭症儿童提供专业的个性化康复服务。在嘉定工业区、徐行镇、外冈镇对享受“低保”、一户多残的36户农村贫困残疾人家庭实施无障碍设施改造工程。外冈镇、华亭镇建成“上海市街镇示范型辅具服务社”。10月，举办嘉定区残疾人辅助器具技能竞赛，分实操和理论比赛，安亭镇获团体一等奖。

【残疾人文体事业】 9月17-24日，区残联会同区体育局、区民政局、区教育局联合举办区第四届残运会暨第三届特奥运动会。各街镇和成佳学校的840名运动员经过8天的比赛，在残运会田径、乒乓、跳绳等10个项目和特奥运动会滚球、第九套广播操等6个项目中，产生奖牌1 640枚，其中24个运动单项成绩超历史记录。第24个“全国助残日”期间，成功举办嘉定区首届残疾人文化艺术节，设“我的梦”残疾人才艺大赛等五大主题活动，1 101名残疾人参加。其中才艺大赛收获作品615件，入围175件；征文比赛征集优秀作品38篇。成功承办市特奥滚球比赛，区团体、个人均获第一名。年内，组队参加上海市残疾人各单项体育赛

嘉定区第四届残疾人运动会暨第三届特奥会开幕仪式 （区残联 供稿）

事，在阳光韵律操比赛中，自编操和规定操均获第一名；在轮椅柔力球操比赛中，获全市第一名；在肢残人、聋人飞镖比赛中，获肢残人组团体第二名、聋人组团体第六名和个人第一名。在全市声乐、器乐大赛中，区阳光艺术团参赛的无伴奏演唱《菩提树》和器乐合奏《疁城寻梦》分获一等奖和二等奖；聋人舞蹈"生命蝶"获"上海之春"群文优秀创作奖。3月，与台湾任文倩表演艺术坊签订三年艺术人才培养计划，建立对外文化培训和交流的长效机制。6月13日-7月13日，区"阳光艺术团"首批6名演员赴台开展海峡两岸残障人士表演艺术文化交流活动。

【实施基础管理建设年工作】 9-11月，对全区299个行政区划名称、17 192名持证残疾人的基础信息、432名疑似残疾儿童状况和残疾人组织建设情况进行核查。12月，启动南翔镇、外冈镇入户调查试点工作。年底前，完成入户问卷调查培训工作。

【社会化助残】 2014年，修订完善《嘉定区助残公益服务项目绩效评估手册》，年中与承接项目的19家社会组织签订廉洁服务协议书，对23个项目实施一年两次的绩效评估和财务审计，形成评估报告。4月16日，区政府和市残联联合举办"公益助残 情暖嘉定——上海市助残社会化实验基地成果展示活动"，16家助残社会组织通过展板、创意等活动进行推介，7个品牌项目通过VCR视频和现场采访展示成效，300名残障人士、社会爱心人士、市残联领导、专家等参加活动。组织徐行镇残疾人服务社、嘉定镇街道阳光彩虹社工师事务所代表市残联参加第四届"上海公益伙伴日"活动，嘉定镇街道阳光彩虹社工师事务所被中残联评为全国扶残助残先进集体。12月9日，区残联代表市残联参加中残联政府购买助残服务试点工作会议并作交流发言，嘉定区成为政府购买残疾人服务全国试点区。上海市助残社会化实验基地专家团队组织上海大学社会学院8名硕士研究生深入"阳光工坊"等10个品牌项目开展为期三个月的调研和实习，完成调研报告。 （沈萌艺）

红十字会

【概况】 2014年，嘉定区红十字会以党的群众路线教育实践活动为契机，进一步围绕中心、服务大局，努力发挥红十字会作为政府在人道救助领域的助手作用。召开区红十字会四届六次理事会，审议通过调整的理事名单。加强组织能力建设，全年发展青少年会员2 330人、成人会员1 546人、团体会员17家。新建标准化红十字服务站11家、红十字服务中心7家。

【帮困救助】 2014年，区红十字会认真履行人道救助职能，全年募集人道救助基金585.97万元，历年人道救助基金账户余额1 684.69万元。开展为社区困难失智老人配送护理用品工作，全年提供救助4 901人次，救助金额795 746.8元。在"千万人帮万家"迎春帮困活动中，向全区640户贫困家庭送出价值32万元的慰问金和慰问品。落实"大病重病帮扶"项目，帮扶64人，帮扶金额44.41万元。实施"健康园丁"项目，向634名农民工子女小学教师赠送价值13.31万元的爱心棉被。对63名因患妇科恶性肿瘤而致贫的妇女进行救助，救助金额6.3万元。为接受造血干细胞移植的1名患者申请到救助金6万元。开展"助学成才"项目，新增受助学生23人。开展"助学成才和爱心牵手"项目，受助学生115人，资助金额23万元。救助7名孤儿，救助金额1.4万元。实施"情暖童心"项目，为 23名因病困难儿童提供帮助，救助金额2.3万元。实施"阳光天使"项目，在世界自闭症日（4月2日），向成佳学校捐赠10万元，用于自闭症和脑瘫患儿的康复训练。实施"雪中送炭"项目，为3户家庭送上火灾救助款1.8万元。实施"关爱生命"项目，为17名困难癌症患者提供救助2万元。

【赈灾募捐】 8月3日，云南鲁甸发生地震，区红十字会积极行动，发出募捐倡议，开展赈灾募捐工作。及时向市红十字会、嘉定电视台、嘉定门户网站、嘉定报等部门报送募捐进展情况，每日在区红十字会网站爱心榜公开每笔捐款。及时开具公益事业捐赠票据，标明用途，做到账目清楚、手续完备。共接受爱心企业和市民向云南鲁甸地震灾区捐款147.69万元。年内，向新疆于田地震灾区捐赠冬被300条，价值6万元；向青海省久治县捐赠价值4.3万元的照明设备。接收嘉丰飞龙纺织有限公司捐赠价值8万元物资、上海旺晟卧室用品有限公司捐赠价值3.5万元棉被，转交上海市红十字会。

【实施救护培训项目】 2014年，区红十字会广泛开展救护培训进机关、进社区、进农村、进企业、进学校、进军营活动，扩大应急救护培训覆盖面。全年完成救护员培训800人次，完成率126.78%；完成普及培训10 970人次，

区级机关红十字应急救护技能比赛　　（区红十字会　供稿）

完成率132.01%。开展重度失智老人家属介入护理知识普及培训，培训466人次，完成率103.56%。联合区级机关党工委举办区级机关红十字救护技能比赛，区民防办获团体综合技能比赛一等奖。联合区教育系统红十字会，为区内326名民办三级幼儿园（民办随迁子女幼儿园）教职工开展救护知识普及培训。开展“红十字急救掌上学堂”宣传推广活动，发放宣传卡片5 000份。

【造血干细胞捐献】 2014年，全区401名青年志愿者加入造血干细胞资料库，3名志愿者成功捐献造血干细胞，挽救3名患者生命。年内，与区血站联合在马陆镇、嘉定工业区、华亭镇等街镇和区妇幼保健院开展造血干细胞现场采集活动。至年底，全区累计有3 315名团员青年志愿者加入造血干细胞资料库，其中15名志愿者成功捐献造血干细胞。5月7日，在嘉定区纪念“5•8”世界红十字日主题活动中，成立“星星火炬——嘉定区造血干细胞捐献者联谊会”。

【红十字志愿服务】 2014年，区红十字会在区妇幼保健院建立嘉定区红十字志愿服务基地。至年底，全区有注册红十字志愿者2 945人。在开展“学雷锋志愿服务集中行动”活动中，为群众演示急救方法，接受遗体（器官）捐献登记咨询，发放遗体（器官）捐献、造血干细胞捐献、艾滋病预防知识等宣传资料500份。红十字宣讲团开展宣讲活动195次，1.18万人次参加。红十字文艺宣传队赴敬老院、“客堂汇”、医院等场所开展演出；红十字“红泥巴”爱心戏曲队为迎园医院（区红十字爱心助老服务基地）、嘉定福利院、颐康家园、嘉乐社区、沧海社区老人演出14场，2 500余人次参与；每周三、四下午“红泥巴”参与社区戏曲活动，全年演出100余场，观众7 000余人次。举办“周末故事会”导读等专场活动52场，260名志愿者参加服务，1 820人次少年儿童参与活动。红十字影者志愿服务队外放电影130场，观众3.7万人次，为外来民工、民工子弟学校推出免费场4场，为老年人免费放映12场次。

【遗体（角膜）、器官捐献】 2014年，全区办理遗体（角膜）、器官捐献登记148人，其中遗体（角膜）捐献登记者142人，器官捐献登记者6人。全年实现遗体捐献28例、器官捐献3例、角膜捐献1例。年内，开展遗体（器官）捐献工作宣传月活动，为301名60岁以上的遗体捐献登记者提供免费健康体检服务；召开遗体（器官）捐献登记者代表、实现者家属代表座谈会；继续开展“炎炎夏日送清凉”活动，慰问175名80岁以上高龄遗体捐献登记者。区首例器官捐献者杨清全事迹获评“上海市社会主义精神文明好人好事”和“嘉定区社会主义精神文明十佳好人好事”。

【宣传与培训】 2014年，区红十字会以“弘扬人道，服务群众”为主题，开展纪念“5•8”世界红十字日主题活动。举行全区首家街镇红十字服务中心——安亭镇红十字服务中心揭牌仪式。区红十字会网站全新改版上线。组织嘉定区红十字网络知识竞赛，11 722名市民参赛。承办由中国红十字会总会报刊社、苏州大学红十字运动研究中心主办的“两论一动”与红十字事业发展座谈会，举行《嘉定红十字历史编年实录》首发式。在区级机关举行“生命之河水长流”主题宣讲活

嘉定区红十字志愿服务基地揭牌仪式　　（区红十字会　供稿）

动。在区红十字会、区政务网发布信息215篇，市级以上刊物发表文章及信息65篇，市级网站发布信息121篇，中国人道网发布信息93篇，编印《嘉定红十字》简报6期，获2014年中国红十字会总会报刊宣传先进集体一等奖、上海市红十字会信息工作集体二等奖。嘉定电视台播出由区红十字会自创自演、反映造血干细胞捐献者事迹的微电影《大爱无疆》，接受嘉定广播电台《民生热线》栏目对区器官捐献及造血干细胞捐献工作的专访。举办第二期红十字会干部能力素质培训班。联合区教育局组织师生参加上海市第五届红十字青少年文化节活动，发挥红十字青少年培训实践基地（浏河营地）作用，在全区高一新生中开展救护培训。全国红十字模范学校——嘉定区城中路小学开展"爱心联盟，情暖校园"红领巾义卖捐款活动。

【少儿住院互助基金收费958.91万元】 2014年，完成学年少儿基金收费工作。全区有153个收费单位，参加人数119 864人，比上年增加2 440人，收费金额958.91万元。年内，继续实行少儿基金低保减免政策，为全区689名低保学生办理缴费减免手续，减免费用合计55 120元。（金 婷）

文 联

【概况】 2014年，嘉定区文学艺术界联合会（以下简称区文联）充分发挥人才优势和工作优势，积极团结全区文学艺术家，突出"三个围绕"（围绕惠民开展工作、围绕创作开展工作、围绕共建开展工作）的主要任务，提升区文联对外影响力。参与撰写《师者如歌》一书，会员作品《大爱中医——吕炳奎的传奇人生》《吃茶笔记》《书•生》等书籍出版。与方泰小学联手举行"翰墨薪传"——书法家进校园签约启动仪式，会员著作《隶书•黄庭经》《草书•大学》出版，会员作品入展上海中国画院迎春画展、上海书画院年展、全国第十届刻字艺术作品展、第三届"四堂杯"全国书法大展、第二届"赵孟頫奖"全国书法作品展等。举办或参与上海市

嘉定区书法家迎新年送春联活动 （嘉定报社 李华成 摄）

首届"海之风"摄影大赛、"记录嘉定变迁 留住城市记忆——嘉定区第五届摄影大展"、上海市第12届国际摄影艺术展览系列展之"疁城追梦——陈启宇摄影作品展"、上海国际摄影节系列展。系列歌曲参加上海之春新人新作展演。参与"百姓梨园情——真新街道第五届长三角地区戏曲演唱大会串"，获第16届中国上海国际艺术节优秀项目奖。徐行草编参加第三届中国非物质文化遗产博览会和上海第三届民俗文化节，竹刻作品参加第三届国际（永安）竹具设计大赛暨名家设计作品邀请展、第二届中国当代工艺美术双年展、中国工艺美术"百花奖"评比。

【美术书法工委】 2014年，区文联与上海市书法家协会联合举办年度书学讨论会。区书法家协会为嘉定区烈士陵园捐赠书法作品10件。张波、杨祖柏、张佩华、陈平创作书法、篆刻、美术、摄影作品80幅，配合徐行镇、菊园新区开展主题活动。区书法家协会与方泰小学联手举行"翰墨薪传——书法家进校园签约启动仪式"。孙敏撰写的《走近翰墨•名家书经丛书》之《隶书•黄庭经》《草书•大学》由上海古籍出版社出版。王漪多幅作品入展上海中国画院迎春画展、上海书画院年展，主持策划的"凌云健笔意纵横——陆俨少艺术展"入选文化部2014年全国美术馆馆藏精品展，被上海大学数码艺术学院聘为兼职教授。杨祖柏获中国书法家协会主办的全国第十届刻字艺术作品展优秀奖、第三届"四堂杯"全国书法大展优秀奖，入展第二届"赵孟頫奖"全国书法作品展、新加坡第15届国际刻字艺术交流大展，担任上海市第二届刻字艺术作品展评委。张波获上海市民文化节暨第五届上海市民艺术大展二等奖，被评为优秀组织者。杨贤淼获上海市第八届书法篆刻大展优秀奖、上海市民文化节暨第五届上海市民艺术大展一等奖、"陆羽会杯——2014年上海市青年书法篆刻大赛"优秀奖、上海市中青年临摹创作展提名奖。陆永杰、邵伟风分获上海市民文化节暨第五届上海市民艺术大展二、三等奖。

【文学工委】 2014年，参与区教育局纪念教师节30周年《师者如歌》一书撰写。参加嘉定区庆祝2014年"国际残疾人日"暨嘉定名作家读书指导活动，与残疾人文学爱好者开展交流。魏滨海、赵春华、戴达合作创作的人物传记《大爱中医——吕炳奎的传奇人生》出版。楼耀福随笔集《吃茶笔记》由上海文艺出版社出版。戴达主编《中国重量级儿童文学奖项获奖作家书系》（2014年版，10本），微童话集《住在树上的奶奶》《鳄鱼新娘》《外星蓝鼠》由吉林美术出版社出版，长篇童话《绿蜘蛛、抽屉人与玫瑰女王》由吉林出版集团出版。龚静散文随笔集《书•生》出版。许佳成为上海作家协会签约作家。张旻担任上海市作家协会年度优秀作品奖小说项目评委，创作与上海作家协会签约项目——长篇小说《忧

嘉定区摄影家"万名摄影志愿者万幅作品送万家"活动

（嘉定报社　李华成　摄）

郁城》（暂名）。陆棣撰写的纪实文学作品获上海市文化发展基金会项目资助。顾建清、朱怀兴分别编著《绢墨素印》《亭台幽胜——嘉定园林》，葛秋栋参与编撰《云翔寺诗文选》。

【摄影工委】 2014年，区文联与上海市摄影家协会、上海艺术摄影协会联合举办上海市首届"海之风"摄影大赛。与区档案局（馆）联合举办"记录嘉定变迁　留住城市记忆——嘉定区第五届摄影大展"。与上海市摄影协会在中华艺术宫举办《兰台流韵——陈启宇摄影作品集》首发仪式暨作品展览。在韩天衡美术馆举办上海国际摄影节暨上海市第12届国际摄影艺术展览系列展之"疁城追梦——陈启宇摄影作品展"。全区有17幅摄影作品入展2014上海国际摄影节系列展——上海市各区摄影作品联合展览。创建嘉定、宝山、太仓三地摄影联动模式。响应中国摄协"万名摄影志愿者万幅作品送万家"号召，开展送作品进社区公益活动，捐出作品22幅　。陈启宇做客嘉定广播电台，接受专访《琴韵光影——陈启宇》。在"和平与发展——第八届上海国际'郎静山摄影艺术奖'慈善摄影大赛"中，陈启宇作品获"金像奖"，毛长红、何根法、曹建明、王颐进获金牌奖。孙剑华作品《大湾龙图》获上海国际摄影节系列展之"苏河•梦"摄影大赛金奖。孙剑华作品《乌镇大剧院》、陈鸣作品《嘉定图书馆》分获 "美丽中国——文化新地标全国摄影（浦东）大展"铜牌奖、优秀奖。曹建明作品《在车展现场》获首届"我与汽车"全国摄影展三等奖。王元初作品《看着奶奶》获国际太极拳摄影大展优秀奖。工委被上海市摄影家协会评为先进集体。

【音乐舞蹈工委】 2014年，易凤林、关伟出席上海市音乐家协会第九次会员代表大会。易凤林创作歌曲《圆梦中国》。关伟创作四重唱《爱在润物无声中》、大合唱《我的梦》、男声二重唱《就这样走着》、童声合唱《我能行》等参加上海之春新人新作展演。刘婧为上海市德育实训基地创作合唱歌曲《彩虹总在风雨后》，发表于《现代教学》第9期，成为嘉定区庆祝第30届教师节主题集会活动开场曲；原创童声合唱歌曲《美好家园——社会主义核心价值观之歌》获嘉定区教育系统"社会主义核心价值观"艺术作品评选（音乐类）一等奖。贾慧出席上海市舞蹈家协会第六次会员代表大会。创编舞蹈《天使之梦》参加嘉定区卫生系统舞蹈比赛获一等奖，参加上海市医务系统舞蹈比赛获二等奖。

【戏剧曲艺工委】 2014年，与真新街道联合承办第16届中国上海国际艺术节群文活动项目"百姓梨园情——真新街道第五届长三角地区戏曲演唱大会串"，获艺术节群文活动优秀项目奖。举办国庆戏曲演唱会、"疁城戏韵——2014年嘉定区戏曲新春大联欢活动"。参加由区委宣传部、区文广局、区文联联合举办的"幸福嘉定——2014年百姓说唱团巡回演出"。与菊园文化活动中心联合举办"嘉定区优秀戏曲节目展演"，演出13场。吴振聪为华亭镇排练表演唱《阿婆学电脑》，朱晨晓、陆维青为嘉定工业区指导排练锡剧小戏《招保姆》。加强与江浙地区戏剧艺术交流，举办镇海、嘉定"文化走亲"戏曲交流活动。推出"阿拉上海人"黄震良沪语培训班。黄震良故事《入室抢劫》获长三角法治故事创作演讲大赛一等奖，黄震良获首届中国好故事（走马）邀请赛"中国故事大王""创建中国曲艺之乡优秀曲艺工作者"称号。

【民间艺术工委】 2014年，徐行草编参加第三届中国非物质文化遗产博览会、上海第三届民俗文化节展出。区文联与区文广局在嘉定竹刻博物馆联合主办"传承经典——2014年嘉定竹刻传承人王威竹刻艺术展"。张伟忠竹刻作品参加由国际竹藤中心、福建省林业厅、中国竹产业协会等共同主办的第三届国际（永安）竹具设计大赛暨名家设计作品邀请展。12月，两件竹刻作品参加由中国艺术研究院主办、中国工艺美术馆承办、在中国国家博物馆举办的第二届中国当代工艺美术双年展。潘峰竹刻作品获由中国轻工业联合会、中国工艺美术学会、福建省莆田市主办的2014年中国工艺美术"百花奖"银奖。　（陈　优）

武装民防·治安司法

编辑　袁黛英

综　　述

2014年，区人武部推进高标准“窗口”部队建设，围绕“建一流班子、带一流队伍、创一流业绩”目标，狠抓思想政治教育、党委班子和“三支队伍”（应急队伍、支援队伍、储备队伍）建设，加强军事斗争准备和安全稳定工作，推动国防动员和后备力量建设，落实拥政爱民和后勤保障工作，全面提高科学管理水平。区民防办履行“战时防空、平时服务、应急支援”使命和任务，积极推进“两防一体化”建设。加强人防组织指挥建设，修订防空袭方案；推进民防工程建设与管理，强化地下空间安全使用管理，建成并运行地下空间网格化管理系统。全年审批立项人防工程项目41项，建筑面积25.69万平方米；完成竣工备案人防工程项目48项，建筑面积31.64万平方米。公安嘉定分局围绕平安嘉定建设，以“亚信峰会”安保为主线，以“布谷鸟”和“嘉安1号”集中行动为载体，严厉打击盗、抢、骗、涉黑涉恶、“黄赌毒”等违法犯罪活动，全力维护社会政治稳定。全区公众安全感指数为83.33，公安工作市民满意度指数为82.36。区人民检察院依法全面履行检察职能，着力推进平安建设、法治建设和队伍建设，严厉打击各类严重刑事犯罪，批准逮捕各类刑事犯罪嫌疑人1 885人，提起公诉1 815件2 535人。区人民法院共受理各类案件23 261件，审（执）结22 879件，均比上年上升11.42%；审限内结案率99.23%，执限内执结率100%；法官人均结案192.7件，比上年增加21.1件，高于全市基层法院平均水平。区司法局深化司法行政体制改革，着力提高构建和谐社会的能力、推进民主政治的能力、改造特殊群体的能力和队伍履行职责的能力。全区共有人民调解组织360个、人民调解员597人，受理调处各类纠纷19 756件，调解成功16 988件。　（申　嘉）

人民武装

【概况】 2014年，区人武部围绕“建一流班子、带一流队伍、创一流业绩”目标，狠抓思想政治教育、党委班子和“三支队伍”（应急队伍、支援队伍、储备队伍）建设，加强军事斗争准备和安全稳定工作，推动国防动员和后备力量建设，落实拥政爱民和后勤保障工作，全面提高科学管理水平。组织开展第14个“全民国防教育日”、纪念甲午战争120周年和淞沪抗战77周年等活动，进一步强化全民国防意识。

【军事斗争准备】 年内，完成民兵高炮分队实弹射击和典型重要目标防卫演练任务；落实按纲施训，开展练将练官、重（难）点攻关和战法创新等训练，提高机关首长组织指挥能力。全年组织民兵683人次参加应急、重要目标防卫、导弹、防空等专业训练15项，增强民兵综合防卫能力和作战技能。严格执行武器装备进出库登记制度，落实

2014年民兵点验大会　　（区人武部　供稿）

人防技防措施；坚持装备维护和保养制度，确保武器装备性能良好和管理安全。

【国防动员和后备力量建设】 年内，完成国防后备力量整组任务，重点突出“三支队伍”（应急队伍、支援队伍、储备队伍）和重要目标防卫、铁路护路、高炮等民兵分队的编组质量。继续抓好征兵工作，按照早预测、早启动、早展开要求，狠抓预征关、体检关、政审关、走访关、定兵关，完成年度征兵任务。开展基层党政班子“军事日”和企事业单位民兵军事训练等活动，40批次1 250人次参加，提高领导干部和民兵的军事技能。 （高栋军）

社区人民防空掩（隐）蔽疏散演练 （区民防办 供稿）

民 防

【概况】 2014年，区民防办履行“战时防空、平时服务、应急支援”使命和任务，坚持平战结合，积极推进“两防一体化”建设。加强人防组织指挥建设，修订防空袭方案。推进民防工程建设与管理，强化地下空间安全使用管理，建成并运行地下空间网格化管理系统。加大民众防护宣传教育工作力度，推进应急避难场所建设。自1月起，区民防办承担的突发公共事件应急处置等职能转至区联勤和城市网格化综合管理中心。

【人防战备】 3月，开展人防专业队伍整组工作，调整单位1个、排以上干部10人、队员41人。9月19–20日，组织12个街镇131个社区（居委会）、60所中小学校开展防空防灾疏散演练，9.5万人次参加；在菊园新区保利海上五月花社区开展人民防空人员掩（隐）蔽疏散演练。11月，参加市民防办组织的民防机动指挥车跨区域协同支援和应急开设拉练。年内，完成《嘉定区人民防空袭方案》的修订工作。

【防空警报建设】 年内，新装防空警报器2台，临时拆除及重建2台；巡检防空警报器66台，及时修复故障，排除隐患。8月8日，举办嘉定区防空警报专管干部业务培训班。9月20日，区内所有防空警报器准时统一鸣响，实现鸣响率和统控率100%。

【人防工程建设管理】 2014年，区民防办审批立项人防工程项目41项，建筑面积25.69万平方米；完成竣工备案人防工程项目48项，建筑面积31.64万平方米。全年收取人防结建费2 134万元。编制完成104产业园区民防工程规划，并由相关部门审批通过；筹建南翔红卫新村公共绿地民防工程，项目建议书通过市发改委批复。维修养护公用民防工程7个，建筑面积2 574平方米。

【民防宣传活动】 “5·12”防灾减灾宣传周期间，区民防办组织开展民众防护知识网络竞赛，2.33万人参赛，创历届参赛人数之最。5月12日，开放嘉定区民防教育基地暨嘉定民防教育馆。8月19日至9月20日，组织开展以“关心国家安全、增强人防意识、履行国防义务”为主题的人民防空集中宣传教育系列活动，在区综合办公楼、菊园新区设点宣传，在《嘉定报》刊登专版2期，通过手机短信平台向全区民众发送民防知识，制作发放各类宣传资料、物品2.2万余份，组织各街镇开展人民防空知识专题竞赛。开展中小学生人民防空知识宣传教育活动，1.1万人次参与；组队参加上海市第三届中学生民防知识竞赛，获优胜奖。

【地下空间安全管理】 年内，加大地下空间日常安全使用检查力度，共检查工程1 390个，出动检查人员2 986人次；联合消防、安监、水务等部门开展联合检查5次。5月16日，举办地下空间（民防工程）安全管理业务培训班。12月5日，召开2014年度地下空间安全管理工作表彰会，20个管理单位受到表彰。年内，嘉定区地下空间网格化管理系统完成竣工验收手续并投入运行。

【应急避难场所建设】 年内，编制完成《嘉定区应急避难场所建设规划（2013–2020年）》，共规划应急避难场所124处。完成外冈中学应急避难场所建设，该项目为市政府2014年实事项目，可应急避难4 450人，配备应急供电、供水设施设备系统和标志标识牌，建有应急物资储备仓库并储备避难必备物资。维护和保养区内19个点的163块应急避难场所标志牌。

【民防应急管理】 1月14日，组织开展民防应急知识培训，嘉定自来水公司化救队队员和马陆镇新联村民防应急志愿者18人参训。夏季汛期期间，加大宣传力度，在《嘉定报》开设宣传专版，印制《夏季多发灾害及防御指引》等宣传手册，分发至各村（居）委及防汛重点单位。参加上海市民防化救培训和竞赛，获团体三等奖。全年受理和协调处置突发事故17起。

【社区民防建设】 年内，新建安亭镇

沁富佳苑、外冈镇外冈佳苑和嘉定镇街道三皇桥社区等社区民防宣传教育示范点3个。制定嘉定区民防办“民防进楼组、进家庭”工作长效管理制度，开展民防应急箱维护保养工作，检修民防宣传指示牌2万余块。6月19日，组织12个街镇的165名社区民防干部赴东方绿舟开展社区民防干部知识技能培训。 （王颖颉）

公　安

真新金店被抢现场取证　（公安嘉定分局 供稿）

【概况】 2014年，公安嘉定分局围绕平安嘉定建设，以“亚信峰会”安保为主线，以“布谷鸟”和“嘉安1号”集中行动为载体，严厉打击盗、抢、骗、涉黑涉恶、“黄赌毒”等违法犯罪活动。加强公安核心战斗力和基层基础建设，强化社会面治安管控，全力维护社会政治稳定。年内，全区公众安全感指数为83.33，公安工作市民满意度指数为82.36。8月1日，嘉定区警察协会召开成立大会暨第一届第一次会员大会。

【治安案件上升10.97%】 2014年，全区共受理各类治安案件60 454起，比上年上升10.97%。查处各类治安案件60 454起，查处率100%。查处各类违反《治安管理处罚法》人员5 091人，比上年下降4.89%，其中行政拘留4 918人、罚款104人、警告69人。

【刑事案件下降6.36%】 2014年，全区刑事案件立案7 440起，比上年下降6.36%。侦破案件4 878起，下降8.17%，破案率65.56%。八类（爆炸、放火、绑架、劫持、杀人、伤害、抢劫、强奸）恶性案件发生400起，下降11.89%，其中杀人案16起、伤害案250起、强奸案63起、抢劫案64起；破案286起，破案率71.5%。全年打击处理各类违法犯罪人员2 517人，比上年上升11.82%，其中逮捕1 905人、直诉612人。年内，受理各类经济犯罪案件348起，其中立案326起、破案164起；抓获经济犯罪嫌疑人328人，逮捕131人，移送起诉324人；挽回经济损失3 654.37万元，追缴率83.99%。

【水上治安管理】 2014年，公安嘉定分局在辖区水域内开展“迎峰会、保平安”打防管控专项行动及“布谷鸟”集中行动等专项排查整治行动，强化水上行政管理，深化水上联动联勤机制，确保辖区水域社会治安稳定。年内，处警45起，协破刑事案件1起，刑事拘留2人，查获网上逃犯4人，受理和查结行政案件92起，发生非正常死亡事件7起，打捞浮尸24具，调解纠纷10起。

【社区保安协破案件2 919起】 2014年，全区共有社区保安队员1 974人。执勤中扭获各类违法犯罪嫌疑人4 860人，其中逮捕16人、行政拘留3 194人。协破案件2 919起，其中刑事案件973起、治安案件1 946起；收缴摩托车29辆、助动车53辆、自行车4辆、各类毒品88.67克、赃款5万余元。

【出入境管理】 全年受理出国（境）申请81 459人次，受理境外人员临时住宿登记112 931人次。处理各类案（事）件341起，其中“三非”（非法入境、居留、就业）案件108起111人次。全年处罚境外人员违反住宿登记规定217人。

【常住户口登记】 至年末，全区登记常住户口213 345户588 306人，比上年增加6 727户12 164人。其中非农业人口508 791人，占总人口的86.48%，比上年上升0.7个百分点。全年出生婴儿4 795人（其中男婴2 511人、女婴2 284人），出生率8.15‰；死亡4 780人，死亡率8.13‰；年内迁入4 218人，迁出1 626人；移入21 451人，移出11 894人。由农业人口转为非农业人口2 184人，比上年减少1 169人。其中征用土地1 539人，占70.47%；投靠亲属455人，占20.83%；招生95人，占4.35%；其他95人。全年审批常住户口2 223份；新增、补缺门（弄）牌576块。

2014年末嘉定区常住户口统计表

地　区	户数（户）	人口（人）	地　区	户数（户）	人口（人）
嘉定镇	24 500	60 399	华　亭	8 559	24 603
南　翔	20 824	55 381	外　冈	10 271	31 158
安　亭	28 687	90 213	江　桥	25 800	73 631

（续表）

地　区	户数（户）	人口（人）	地　区	户数（户）	人口（人）
马　陆	18 297	55 894	真　新	20 551	47 553
新成路	12 127	26 819	菊　园	10 496	27 011
徐　行	10 344	31 100	区辖单位	22 889	64 544
总　计				213 345	588 306

【来沪人员管理】 2014年，全区共登记来沪人员925 842人，比上年减少6.67%。其中办理临时居住证344 172人、“三投靠”类居住证10 506人、从业类居住证61 873人，未办证录入信息509 291人。

【保安服务】 2014年，上海保安服务公司嘉定分公司派驻客户单位130个，派驻保安人员1 805人。技防区域报警系统入网数3 089户。年内，继续承接区内各银行营业网点、证券交易网点、保险公司及邮政储蓄网点等运钞车押运业务，投入运行防弹运钞车16辆。全年为驻点客户单位进行防火安全检查3 385次，消除火灾隐患14起，发现扑灭火警2起；开展防盗安全检查3 616次，消除事故隐患11起，抓获犯罪嫌疑人2人，缴获赃款赃物1.42万元。门卫执勤查获无证人员228人次，堵截无证物资出门8次，价值1.63万元。

【完成“亚信峰会”安保任务】 年内，成立“亚信峰会”安保工作领导小组，建立苏、浙、沪道口查控、维稳防范警务区域合作机制。连续7轮开展治安大整治集中行动，确保社会面治安稳定。会同区综治、交通等部门部署警力400余人、群防群治人员3 200余人，在60个水陆道口开展安检查控工作。对13个水、电、油、气单位及238个重点物品单位开展安全督导检查，消除安全隐患。

【监所管理】 2014年，区看守所共收押刑事拘留人员3 061人、其他人员247人。释放各类人员3 390人。其中刑拘释放739人，刑满释放1 125人，缓刑释放38人，临时寄押带回市内或移交外省市看守所193人，投送监狱、少教所、收教所、戒毒所754人，变更强制措施12人。挖掘各类线索381条；协破各类刑案305起，其中“八类”恶性案件5起；抓获犯罪嫌疑人9人，追缴赃款赃物31万余元。全年收押行政拘留人员4 981人，释放4 925人。

“亚信峰会”道口安检　　（公安嘉定分局　供稿）

【交通安全管理】 2014年，全区共发生交通事故84 134起，比上年上升22.19%；死亡80人，比上年减少1.23%；受伤2 728人，上升10.94%。区境内道路共发生重大死亡逃逸事故11 起，侦破11起，侦破率100%。年内，组织开展系列交通安全教育400余次，发放各类交通安全宣传材料5万余份，听众2万余人次。全年审核公共建筑项目89件，发放道路施工许可证133张、超限运输许可证204张、剧毒化学危险品运输许可证262张。办理机动车驾驶员年审7 847人，办理非机动车上牌47 752辆、轻便摩托车上牌1 142辆、轻便摩托车驾驶证2 818张。安装信号灯38组，改建信号灯8组，设立交通标志598块，漆划标线4万平方米。

【网络安全管理】 2014年，公安嘉定分局深入推进公共上网服务场所管控工作，进一步加强上网实名制工作，会同文化、工商等职能部门联合开展无证网吧整治，强化非经营性场所管控力度，对区内三星级以上宾（旅）馆安装网络安全管理系统。全年检查网吧5 000余家次、非经营性场所1 450余家次，清理整顿网站300余家、非经营性场所217家，行政处罚39家次，协助工商、文化部门取缔无证网吧22家，收缴电脑100余台，清理删除各类有害信息2 000余条，关闭违法网站3家。

【犬类管理】 2014年，全区共有办证免疫犬14 154只，比上年减少1.6%。其中城市犬868只，占6.13%；农村犬13 286只，占93.87%。全年收容犬102只，下降59.52%；犬咬伤人560起，上升62.79%。（陆宝林）

【嘉定区联勤和城市网格化综合管理中心成立】 2月8日，嘉定区联勤和城市网格化综合管理中心揭牌，成为全区城市综合管理的受理中心、协调指导中心、监督检查中心和信息交汇中心，“12345”市民服务热线、联勤、城市化网格管理等相关资源被统一整合至此平台，实现“一站式”受理、指挥、协调、调度和监督。这是嘉定以改革的思路，突破体制机制束缚，推进社会管理工作的新探索。此前嘉定的社会管理工作存在管理部门多头、管理信息分散、平台建设重复等问题；城市网格化管理仅覆盖全区17.32平方公里；“联勤”系统虽能将公安、城管等部门的力量整合，但往往处于事后受理状态；“12345”又与前两者在管理内容和形式上多有重叠。“中心”成立后，原属城市网格化管理的120项内容被纳入“联勤”责任网络，“12345”热线接到的问题，将不仅转接去有关部门等待答复，而且能第一时间派联勤队伍处置。“中心”还将承担起区政府24小时应急值守、突发公共事件应急处置等事务工作。“中心”成立后，原有的区城市管理监督受理中心和区城市管理指挥中心被撤销，原属各个城市管理体制下的信息平台被统一整合，实现资源共享。（申　文）

检　察

【概况】 2014年，区人民检察院围绕建设现代化新型城市的大局和“强化法律监督，维护公平正义”的检察工作主题，以开展党的群众路线教育实践活动为契机，依法全面履行检察职能，着力推进平安建设、法治建设和队伍建设，为嘉定经济社会发展作出新贡献。

【审查批捕和起诉】 2014年，区人民检察院共批准逮捕各类刑事犯罪嫌疑人1 885人，提起公诉1 815件2 535人。坚持把打击各类严重刑事犯罪作为推进平安嘉定建设、保障“亚信峰会”顺利举办的重要手段，认真履行批捕、公诉职能，参加“迎峰会、保平安”打防管控专项行动，主动介入侦查活动16次。加大对严重暴力犯罪及地区多发性犯罪的打击力度，将21件可能判处无期徒刑以上刑罚的案件按规定报送上级检察院审查起诉。

【立案侦查职务犯罪案件20件】 年内，受理贪污贿赂等各类职务犯罪案件线索53件，立案侦查贪污贿赂、渎职侵权类案件20件21人。查办5万元以上大案19件，扩大反腐倡廉影响；在医疗、邮政等领域查办一批窝案串案，在相关系统内形成震慑力；查办民生领域职务犯罪案件5件，保障民生民利；参与“江桥垃圾焚烧厂爆炸事故”等事件的调查工作。建立“信息引导侦查”工作模式，强化对线索的评估研判，提高线索成案率；探索和扩大心理测试技术、电子数据等信息化手段的应用。加强与执法执纪机关的配合，及时沟通和移送涉案信息、线索，形成查案合力。落实讯问职务犯罪嫌疑人全程同步录音录像制度，严格执行犯罪嫌疑人和证人权利义务告知制度，重视听取律师意见和建议。

【预防职务犯罪】 年内，推进预防职务犯罪专业化和社会化建设，发挥预防工作在惩治和预防腐败体系建设中的作用。参加工程领域不良记录联席会议制度，及时跟进区内重大建设项目建设，参与区政府投融资项目的管理监督。深化行贿犯罪档案查询工作，促进诚信体系建设，为相关单位和个人提供查询2 725次。联合区建交委、区国资委等单位，开展区自建公租房等重大民生项目的创“双优”活动。加强与区域范围内各科研院所的联系，为同济大学嘉定校区、中国电子科技集团第三十二研究所等提供廉政服务保障。联合相关职能部门开展“廉‘接’你我他主题宣传周”等活动，举办廉政法制讲座26次，拍摄廉政微电影《认理与认礼》。南翔检察室法制教育基地被确定为区第一批“廉洁法制宣传示范点”。

【法律监督】 年内，坚持惩治犯罪与保障人权并重、实体公正与程序公正并重，对侦查机关应立案而不立案的，通知公安机关立案；对应逮捕而未提请逮捕、应起诉而未移送起诉的，追捕到案31人，追诉到案60人（单位）；对不符合逮捕、起诉法定条件的，不批准逮捕208人，不起诉21人。实现社区检察室对基层执法活动监督“全覆盖”，开展派出所办案区安全规范使用情况专项检察，提高基层执法能力和公信力。认真履行审判监督职责，对认为确有错误的刑事裁判提出抗诉1件，提请抗诉1件。落实区看守所日常安全防范检察制度，开展日常安全防范检察568人（次），发现并纠正劳动安全等安全隐患42人（次），发现并查证刑事犯罪案件1件。开展减刑、假释、暂予监外执行专项检察活动，对在区看守所服刑罪犯进行全面排查摸底和登记建档，通过设置检察信箱等形式，畅通在押人员举报、控告渠道。强化对涉及劳动保障、房屋买卖、医疗损害等案件的诉讼监督，受理当事人民事、行政申请监督案件27件。对执行中存在的查封、扣押财产不规范等问题，制发检察建议，督促相关单位整改。

【控告申诉检察】 年内，探索建立信访诉求性质审查、甄别机制，有序推进诉访分离。明确“亚信峰会”信访维稳重点，设专人对信访突出问题和不稳定因素逐一排查，对多次重复访、缠闹访、扬言越级访等信访案进行“一对一”电话回访和上门疏导，掌握信访人思想动态。发挥统一业务应用系统在执法办案风险评估中的作用，提前把握案件风险点，有效制定应对预案。与区委政法委、区信访办等部门建立常态化联络机制，对涉及动拆迁等重大、敏感信访件，合力做好稳控工作。探索符合新时期信访工作特点的新思路，率先将远程视频系统引入接访，畅通群众诉求表达渠道，全年开展检察长预约远程接访3件4人次，得到被接访人的认可。准确把握刑事救助条件，对符合条件的18名刑事被害人实施救助。

【推行主任检察官试点工作】 年内，推行主任检察官试点工作，聘任主任检察官18人，推动办案专业化、管理扁平化建设。发挥主任检察官制度优越性，明确办案权限责任，增强主任检察官主体地位，批捕案件平均审结数由每日3.1件升至4件，公诉案件平均审结数由每日3.6件升至5件，分别比上年上升29%和39%，办案效率显著提升。

【推进检务公开工作】 年内，推进检务公开工作，强化公开听证、宣告、答

"举报宣传周"咨询活动　（区人民检察院　供稿）

复等程序，建立代表委员参与听证宣告机制。搭建微官网、微博、微信、嘉定检察客户端等新媒体平台，为群众提供法律咨询、信息查询等检察服务。探索推进案件办理结果公开工作，在互联网上公开法律文书122份，对外发布案件信息、典型案件73件。

【创新检察工作】 年内，组织开展岗位技能竞赛、案例答辩、听庭评议、演讲赛等练兵活动，提高干警实务技能。与街镇签署《关于进一步加强协调配合的若干意见》，建立社区检察官工作点，定期指派青年检察官为社区居民宣传法律常识、提供法律咨询。完善区检察委员会决策跟踪反馈机制，对区检察委员会决定的案件、事项做到"一案(事)一反馈"，实现决策执行率100%。全年召开检委会会议10次，议事议案29件。对270件案件开展流程监控，对存在不规范等情形的47个案件通过系统发出流程监控整改意见。认真推进案件质量评查工作，全年评查案件248件，对公安机关撤回起诉的故意伤害案及危险驾驶案进行专项评查，通过定期通报评查情况，进一步强化干警办案质量意识。　（彭　曦）

审　判

【概况】 2014年，区人民法院共受理各类案件23 261件，审(执)结22 879件，均比上年上升11.42%；审限内结案率99.23%，执限内执结率100%；法官人均结案192.7件，比上年增加21.1件，高于全市基层法院平均水平。

【刑事案上升35.98%】 2014年，区人民法院受理刑事一审案1 731件，比上年上升35.98%。其中检察机关公诉案1 726件，刑事自诉案4件，上级法院发回重审案1件。在受理案中，交通肇事、放火、重大责任事故、危险驾驶等危害公共安全的案件229件236人，分别上升53.69%和55.26%；虚开增值税专用发票、信用卡诈骗、非法经营等破坏社会主义市场经济秩序的案件199件337人，分别上升38.19%和20.36%；故意伤害、强奸、非法拘禁等侵犯公民人身权利、民主权利的案件240件320人，分别上升23.71%和30.61%；抢劫、盗窃、职务侵占等侵犯财产的案件587件772人，分别上升24.1%和19.5%；寻衅滋事、走私、贩卖、运输、制造毒品等妨害社会管理秩序的案件460件778人，分别上升52.32%和56.54%；贪污、挪用公款等贪污贿赂案15件18人，分别上升87.5%和50%；渎职案1件3人。全年审结一审刑事案件1 704件2 374人，其中判决1 698件、检察院撤诉1件、自诉人撤诉1件、驳回自诉3件、终止审理1件。在生效判决的2 323名被告人中，受到刑事处罚的2 321人，被判处免于刑事处罚的2人。在依法判处刑事处罚的被告人中，被判处15年以上20年以下有期徒刑的8人，被判处10年以上15年以下有期徒刑的19人，被判处7年以上10年以下有期徒刑的29人，被判处5年以上7年以下有期徒刑的34人，被判处3年以上5年以下有期徒刑的87人，被判处3年以下有期徒刑的1 007人，被判处拘役的638人，被判处有期徒刑或拘役同时宣告缓刑的389人，被判处管制的1人，被单处罚金的109人。在上述被告人中，68人被剥夺政治权利，11人被没收财产，1 257人被并处罚金。审结案中，适用简易程序的1 484件，占87.09%；适用普通程序的220件，占12.91%。当庭宣判1 173件，上升31.8%，当庭宣判率68.84%。

【民、商事案件上升7.14%】 年内，区人民法院受理民、商事案件13 972件，审结13 756件，分别比上年上升7.14%和7.65%。受理案中，婚姻家庭纠纷案1 185件，占8.48%；继承纠纷案139件，占1%；合同纠纷案9 135件(其中买卖合同纠纷案1 384件、房地产开发经营合同纠纷案416件、借款合同纠纷案1 304件、租赁合同纠纷案531件、建设工程合同纠纷案145件、承揽合同纠纷案487件、服务合同纠纷案3 177件、商品房预售合同纠纷案400件、劳动争议合同纠纷案988件、其他合同纠纷案303件)，占65.38%；权属、侵权纠纷及其他民事纠纷案3 513件(其中所有权及与所有权相关权利纠纷案293件、票据证券权益纠纷案21件、股东权纠纷案107件、人身权纠纷案2 782件、特殊侵权纠纷案73件、不当得利纠纷案17件、特别程序案215件、其他案件5件)，占25.14%。审结案中，以结案方式分类：判决5 347件，判决率38.87%；调解结案3 360件，调解率24.43%；裁定准许原告撤诉4 873件，撤诉率35.42%；移送21件；裁定驳回起诉31件；终结2件；其他方式结案122件。以审理适用法律程序分类：适用简易程序审结12 110件，适用普通程序审结1 432件，适用特别程序审结214件。当庭宣判6 900件，当庭宣判率50.16%；人民陪审员参与普通程序案件审理1 418件，陪审率99.02%。

【行政诉讼案下降58.56%】 年内，区人民法院受理行政诉讼案75件，比上年下降58.56%。其中公安行政案23件、资源行政案5件、城建行政案3件、工商行政案2件、税务行政案2件、劳动与社会保障行政案25件、审计行政案1件、其他行政案14件。全年审结行政一审案件73件。其中判决维持行政机关行政行为19件，判决撤销行政机关行政行为1件，判决驳回起诉请求20件，裁定驳回起诉1件，裁定准予原告主动撤诉20件，其他方式结案12件。

【执行案上升16.09%】 年内，区人民法院受理各类执行案7 279件，比上年上升16.09%。其中刑事执行案317件，占4.35%；民事执行案5 655件，占77.69%；行政非诉审查与执行案181件，占2.49%；仲裁执行案1 051件，占14.44%；公证债权文书执行案75件，占1.03%。全年执结各类案件7 147件，上升14.96%，执结标的额24.97亿元。以结案方式分类：强制执行2 174件（对拒不履行生效法律文书确定义务的39人采取司法拘留的强制执行措施），占30.42%，比上年下降5.35%；自动履行2 482件，占34.73%，上升3.03%；执行中申请人和被执行人双方和解1 003件，占14.03%，上升24.75%；终结执行2件，占0.03%，下降60%；其他方式结案1 486件，占20.79%。

【申诉案和再审案审判】 2014年，区人民法院受理申诉案6件，审结5件；受理再审案6件，审结1件。

【加强诉讼窗口服务】 年内，区人民法院改进立案工作方式，拓宽网络、邮寄等立案渠道，强化诉讼引导，完善立案审查，推行工作日无间断立案接待。诉讼事务中心共接待当事人7 869人次，接听电话2 507人次。制定“12368”诉讼服务热线工作实施细则，推进“五个优化”（即优化人员设备、处理流程、工作细节、工单督办、责任落实），为当事人提供联系法官、案件查询、诉讼咨询、判后答疑等一站式服务，全年共接听来电1 424次，其中直接答复670件，电话转接30件，派发工单724件，办结率100%，回访满意度100%。

【推进司法公开民主】 年内，区人民法院开展“公众开放日”“宪法宣传周”等主题活动，在中央、市级等媒体发表法治宣传文章千余篇，参与制作电视片27部，发布微博2 790条。通过网络实时直播庭审80次，发送司法建议19份，发布金融借款纠纷案审理专报及行政、刑事审判白皮书等综合报告。制定裁判文书上网实施细则，实现判决书上网率100%。完成人民陪审员“倍增计划”，新增人民陪审员57人，完善人民陪审员选任、参审、培训、管理机制，一审案件陪审率98.9%，位居全市基层法院前列。

嘉定区人民法院举办新任人民陪审员颁发任命书暨岗前培训开班仪式

（区人民法院　供稿）

【强化社会矛盾预防和化解】 年内，区人民法院受理群众来信1 276件，接待群众来访421人次。诉调对接中心及分中心成功调解案件7 442件。走访医疗服务、消费维权等专业调解委员会16家，强化业务指导，规范司法确认程序。启动信访中心建设，推进远程视频接访工作，制定网上信访和电话来访处理规则，实施诉访分离，对4名信访人依法启动终结程序。启用全媒体舆情收集监测系统，完善涉法涉诉舆情应对机制。

【区人民法院受理首例强制医疗案】 张某，1984年生，安徽省临泉县人。经审理查明，2013年9月，张某非法购得弓弩一把及装有琥珀胆碱成分药水的针筒式飞镖若干。其使用弓弩飞射飞镖，分别造成张某某头皮破损，构成轻微伤；造成徐某昏迷约半小时，构成轻伤。张某涉嫌以危险方法危害公共社会安全罪被公安嘉定分局刑事拘留，同年12月被鉴定为无刑事责任能力的精神病人，被予以释放。2014年3月，区人民检察院向区人民法院申请对张某实行强制医疗。区人民法院审理后认为被申请人张某实施暴力行为，严重危害公民人身安全和社会公共安全，经法定程序鉴定为依法不负刑事责任的精神病人。根据对张某的治疗及服药依从性等情况综合评定，张某确有继续危害社会的可能，故决定对被申请人张某予以强制医疗。

【信用卡诈骗案】 谢某，1981年生，福建省安溪县人。经审理查明，2013年10月17日，谢某驾车携带一套“伪基站”设备，在东方商厦（嘉定店）停车场发射无线电信号，占用中国移动通信集团上海有限公司GSM公众数字蜂窝移动通信网的频率，截断移动电话手机的正常通信联系，使受影响的移动电话手机转而接收“伪基站”设备信号，以此向周边移动电话持续发送含假冒工商银行网银网站内容的诈骗短信19 684条。被害人秦某收到诈骗短信后，登陆假冒网站并输入银行卡号、密码等信息，被他人通过境外IP登陆工商银行网银骗走人民币17.57万元。区人民法院经审理后认为被告人谢某伙同他人采用“伪基站”设备发送诈骗短信，骗取他人信用卡信息资料后进行信用卡诈骗活动，数额巨大，其行为已构成信用卡诈骗罪，判处谢某有期徒刑五年，罚金人民币5万元；责令谢

某退赔犯罪所得，发还被害人；在案犯罪工具予以没收。（张秋韵）

司法行政

【概况】 2014年，区司法局深化司法行政体制改革，着力提高构建和谐社会、推进民主政治、改造特殊群体和队伍履行职责的能力，为服务"创新驱动、转型发展"贡献力量。全区共有人民调解组织360个、人民调解员597人，受理调处各类纠纷19 756件，调解成功16 988件。

【社会矛盾化解】 年内，区司法局发展人民调解志愿者队伍及社会矛盾信息员队伍，人民调解工作向村和社区延伸，及时处置大联勤平台工作指令，就地化解各类社会矛盾纠纷。全区共有人民调解组织360个，其中区级5个、街镇级12个、村居级280个、专业人民调解组织53个；有人民调解员597人，其中村居516人、街镇41人、专业人民调解员40人；全区1 742个村民小组、2 252个社区楼组共有调解志愿者和信息员3 692人；2 252个社区楼组建立"司法点"和"睦邻点"。至年底，基层人民调解组织排查各类矛盾纠纷4 770件（其中重大、疑难和群体性纠纷168件），占基层调解组织受理调解纠纷数的74.86%。落实晚间通宵值班制度，规范"110"信息处置流程，确保及时接收、处置、反馈、跟踪上级部门流转的各类矛盾纠纷信息。推动司法所和司法行政综合法律服务中心窗口建设，整合人民调解、法律服务、法律援助等职能，进一步规范以咨询接待、纠纷受理调处、信访事项代理、信访事项通报流转、情况反馈"一条龙"服务"绿色通道"，使各类矛盾纠纷在"窗口"得到解决和分流处置。推进司法所与派出所、基层法庭的联调互动机制，指导、协调相关司法所在派出所、基层法庭开设人民调解工作接待站，派驻街镇专职调解员及时受理公安、法庭委托调解的各类案件，形成快速衔接工作机制。至年底，全区基层人民调解组织共受理轻伤害委托调解23起，调解成功23起，涉及金额86.1万元；受理治安委托案件140起，调解成功140起，涉及金额96.2万元；受理法院委托案件3 518起。深化人民调解与司法、行政等部门的工作对接，各类专业调解委员会受理矛盾纠纷9 703件，调处成功6 935件，涉及金额1.59亿元。其中劳动争议4 511件，调处成功1 987件，涉及金额2 674.4万元；消费者权益纠纷2 858件，调处成功2 716件，涉及金额691万元；道路交通事故1 521件，调处成功1 521件，涉及金额1 851.7万元；医患纠纷76件，调处成功69件，涉及金额308.3万元。发挥报刊、网络等大众传媒的作用，在《上海法治报》开辟"嘉定区人民调解案例系列报道"专栏，刊发案例18篇。全区基层人民调解工作实现纠纷信息排查实时报送和跟踪化解网上一体化操作，全年输入排查信息1 386件，制作书面协议2 280件，口头协议1 641件，其中"三个委托"（民事、治安、轻伤害）案件427件。年内，全区各级调解组织受理调处各类纠纷19 756件，调解成功16 988件，涉及金额 2.81亿元。其中街镇受理调处各类纠纷6 372件，调解成功6 372件，涉及金额1.2亿元。

社区物业专项法律服务活动（区司法局 供稿）

【律师事务】 年内，积极引导律师开展政府法律服务工作，90名律师受聘担任政府、企事业单位法律顾问，占律师总数的29.41%。继续组织律师参与周四区领导信访接待，为领导科学决策提供法律意见，协助调处涉法涉诉信访案件。律师参与区领导信访接待49次，接待群众来访54批672人次；参与工商联中小企业讲课2次，提供上门服务4次。上海俊豪律师事务所每月3次在区残联接待服务大厅提供志愿服务，上海俊豪律师事务所、上海达真律师事务所全年驻区劳动争议仲裁院提供律师义务法律服务。年内，全区律师共代理刑事案483件、民事案3 566件、行政诉讼案7件，代理非诉讼法律事务524件，解答法律咨询1 980件，为企事业单位索回赔欠款865.8万元，避免经济损失639.9万元。

【公证服务】 年内，组织公证员为旧城改造、拆迁安置等工作办理证据保全等公证，办理土地使用权挂牌竞买现场监督公证、保全证据公证8件；参与嘉定区经济适用房现场抽签公证1次，涉及居民384户；为外冈镇9个行政村1 185户农户办理宅基地置换住房抽签公证；参与南翔镇、江桥镇强迁过程中财产清点、物证保全公证各1次；为嘉定镇温宿路桃园小区煤气爆炸现场进行财产清点保全证据公证，涉及居民4户。年内，嘉定公证处受理公证事项7 162件，其中国内民事公证3 569件、国内经济公证1 201件、涉台公证122件、涉港澳公证16件、涉外民事公证2 125件、涉外经济公证129 件。

【法制宣传】 年内，创设"嘉定德宝"德治卡通形象，宣传社会主义核心价值观；建成融法治文化、德治文化、法治宣传三大功能为一体的嘉定区宪法

嘉定区宪法广场落成宣誓仪式　　（区司法局　供稿）

广场；建立嘉定区“法宝学校”，举办系列讲座18场。组建嘉定区学习贯彻党的十八届三中全会精神法治宣讲团，举办宣讲活动210场次，受众16.8万余人次。加强食品安全宣传教育，举办食品安全宣传、食品安全培训、参观学习等活动，发放宣传品2万余份。编印领导干部学法季刊《法宝视点》，举办法治嘉定建设领导干部专题培训班、科级干部轮训班，开展“法律进机关”、依法治市宣传周、“法宝杯”——“我的法治梦”微电影作品征集、首届“法宝杯”长三角法治故事创作讲演大赛等活动。在嘉定广播电台开设“法宝在线”法治专栏，每月制作直播节目8期；提升“嘉定法宝”政务微博质量，推出“嘉定法宝”微信公众号；被《东方法治网》录用信息62篇、图片新闻26幅、法宣长廊12篇，名列全市第一。组织开展依法治理优秀案例征评和民主法治建设课题申报活动，获评市“十大优秀案例”、市“优秀案例入围奖”、市理论研究类二等奖各1个。

【法律援助】 年内，进一步完善法律援助便民服务工作机制，“城乡便民通道”列入综合法律服务窗口工作内容，并覆盖各街镇。残疾人“阳光绿色通道”受理特殊案件20起，主要涉及婚姻家庭、劳动报酬等事项；“群体案件快速受理通道”办理群体案件15起，涉及515人，涉案额547.7万元。为适应“上班族”的法律援助需求，实行“5+1”工作制度，周六开展接待咨询和案件受理。进一步推进刑事法律援助工作，快速办理轻微刑事案件8件；驻嘉定区看守所法律援助值班律师接待咨询164人次，转交法律援助申请9起。年内，区法律援助中心受理法律援助案件1 573件，其中刑事案件559件、民事案件1 014件；接待咨询3 421人次；“12348”接答咨询8 483人次。

【安置帮教】 年内，制定选派民警从事社区矫正工作机制与运行方案，落实办公场地、设施和警用车辆，12名民警到岗工作。开展社会调查评估611件。举办新收监社区矫正人员整训12次，举行集中教育活动143场，4 746人次接受个别教育，开展心理健康教育119场，开展集中性社区服务3.34万小时，对37名社区矫正人员开展帮困扶助和政策咨询服务。建成嘉定区司法行政教育集训基地，确定新收监整训、日常轮训和专项分类教育等内容，组建由民警、专职干部、社工及志愿者组成的教研团队，编制课程，丰富教育内容和手段，提高教育矫正质量。至年末，共有社区矫正在册人员437人（其中缓刑396人、假释22人、暂予监外执行12人、历史遗留的剥夺政治权利7人）；累计矫正905人（其中上海市户籍218人、外省市户籍218人、外籍1人）；脱、漏管数为零，重新犯罪率为0.1%，低于全市平均水平。对3名社区服刑人员撤销缓刑。推进过渡性安置基地建设，全区共有过渡性安置基地33家，安置对象68人。落实《关于促进嘉定区特殊人员就业的实施意见》，12人获每月400元特殊人员就业补贴。制定《关于加强刑释解教人员重点帮教的工作意见》，对刑释解教人员进行再犯风险评级，并根据评级结果进行宽严有别的监督管理。加强“涉毒、涉盗、涉赌”三类人员的监管教育工作，加强对人户分离刑释解教人员的管理工作。至年底，全区共有刑释解教人员1 359人，其中刑释人员1 267人、解教人员92人，安置就业率96.99%，帮教率98.5%，重新违法犯罪率0.6%（低于全市平均水平）。　（郭文娟）

上海国际汽车城

编辑 王健欣

综 述

2014年，上海国际汽车城（以下简称汽车城）紧紧围绕区委、区政府中心工作，抓科技创新、企业转型，促使产业转型升级、经济持续发展，各项主要经济指标在上海市开发区和列入统计的国内汽车城中名列前茅，为全区的经济发展起到重要作用。全年汽车城规模以上企业完成工业总产值3 148.1亿元，比上年增长增10.2%。完成固定资产投资91.1亿元，同比增长9.4%，占全区投资额的18.8%。商品房（不包括未纳入地方统计的核心区房产项目）销售面积25万平方米，同比下降30.6%，占全区销售总额的10.8%；商品房销售额31.7亿元，同比下降27.3%，占全区销售额的9.2%。实现税收338.2亿元，同比增长11.5%。社会消费品零售总额87.7亿元，同比增长12.6%，占全区总额的12.3%。合同外资2亿美元，实际到位资金1.04亿美元，占全区合同外资（到位资金）的22%。外贸直接出口22.2亿美元，同比增长7.1%，占全区出口总额的22.3%。（赵敏华）

汽车城建设

【概况】 2014年，汽车城不断做高汽车制造业，进一步提升产业能级，全面推动新能源汽车示范应用；不断探索新的商业模式，做大生产性服务业、做优生活性服务业；加快推进城市化进程，大力实施城市化发展战略，以城市功能配套项目为重点，不断提升城市配套品质，快速提升城市服务功能，初步显现产城融合示范区的崭新形象。在确保工业经济稳步增长的同时，各板块继续加大创新转型力度，在进一步完善汽车全产业链、挖掘新的经济增长点、提升质量、着力推进新能源汽车示范推广等方面成效明显。

【工业规模与效益双提升】 2014年，汽车城273家规模以上工业企业总产值增速高出全区3.1个百分点，占全区规模以上工业企业的61.9%，其中整车产值（上海大众）1 962.8亿元，同比增长11.6%，占全区规模以上工业企业产值的38.6%；产值排名前40位的企业累计完成工业产值2 821亿元，占规模以上工业企业产值的89.6%，其中39家是汽车整车及零部件企业。零部件企业产值932.6亿元，同比增长8.8%，占全区零部件企业产值的55.4%。其中德尔福派克电气和中央电气合计完成产值105.8亿元；天合旗下的天合零部件和天合汽车科技及天合汽车安全系统合计产值86亿元。同期，规模以上工业企业实现利润469.7亿元，同比增长17.6%，占全区比重74.1%。其中整车利润（上海大众）376.1亿元，同比增长21%；零部件利润70.5亿元，同比增长4.7%。完成税额338.2亿元（含上海大众），同比增长11.5%。第二产业上缴税额263.4亿元，占税收总额的77.9%，同比增

嘉亭荟商业广场　　（上海国际汽车城管委会办公室　供稿）

长17.6%；其中整车制造完成税额190亿元，同比增长15.3%，汽车零部件完成税额46.9亿元，同比增长26%。除整车制造外，工业利润过亿元企业达到22家，税收过亿元的17家，全部是汽车零部件企业。第三产业上缴税额74.8亿元，占税收总额的22.09%，同比下降5.6%。

【**商品贸易与服务业健康发展**】2014年，汽车城实现商品销售总额326亿元，同比增长13.1%，高于全区1个百分点，占全区比重19.2%；社会消费品零售额达87.7亿元，同比增长12.6%，占全区比重12.3%。批发和零售业仍占据社会消费品的主导地位，实现零售额81.6亿元，同比增长13%，占全区比重的11.8%；住宿餐饮业零售额达到6亿元，同比增长5.3%，占全区比重的23.8%。整车企业全年销量突破173.5万辆，同比增长13.1%，高于行业平均增幅。汽车城二级市场全年新车交易量2.3万辆，与上年持平，实现销售额43.9亿元，同比增长3.6%。二手车交易7万辆，同比增长14.7%；实现销售收入52.1亿元，同比增长22.8%。全年共接待游客20万人次，同比增长46%；旅游业营业收入928.4万元，增长52.3%。至年底，汽车城银行业金融机构存款余额295.9亿元，增长0.4%；贷款余额102.1亿元，增长14.6%。道路运输业实现主营收入55.9亿元，同比增长21.4%。出口基地保税仓库运营良好，全年累计进出库货物量7 453吨，货值5 588万美元，实现税收374万元。外贸直接出口22.2亿美元，同比增长7.1%，占全区比重22.3%。

【**项目建设稳步推进**】全年固定资产投资项目68项，其中重点项目12项，完成投资总额91.1亿元，同比增长9.4%，占全区固定资产投资总额的18.8%。用于第三产业的投资61.4亿元，同比增长51.2%，占全社会投资总额的67.49%。其中，房地产投资额43.7亿元，同比增长60.1%，占全区房地产投资额的14.6%。全年引进外资项目50个，占全区比重的30.5%；引进合同外资2亿美元，同比增长16.7%，占全区比重的17.8%（其中第三产业1.8亿美元，占90%）。第二产业通过增资和引进研发、增加生产设备从而提高产能。生产轿架的卡斯马增资500万美元，全年产值同比增长27.2%，税收同比增长32.6%；生产汽车机电的科世达—华阳增资345万美元添置设备、增资1 997万美元建立财务管理、研究开发和技术支持系统，全年完成产值30亿元，同比增长83%，税收达2亿元。引进私营项目1 667个，同比增长23.9%，占全区比重的8.3%。

【**功能区建设全面推进**】汽车城区域内各板块经济发展呈现稳中有升的态势，核心区聚焦的功能性项目不断出新形象。

2014年上海国际汽车城各板块规模以上工业企业工业产值利润完成情况表

板　块	规模以上工业产值				工业利润			
	2014年	2013年	同比（%）	占比（%）	2014年	2013年	同比（%）	占比（%）
整车制造区	1 962.8	1 758.9	11.6	71.4	376.1	310.8	21	83.9
零部件园区	700.8	654.2	7.1	25.5	62.4	62.3	0.2	13.9
汽车城核心区	58.7	58.2	0.9	2.1	4.2	4.3	-2.3	0.9
新能源产业园区	26.5	23.8	11.3	1	5.7	5.5	3.6	1.3
合　计	2 748.8	2 495.1	10.2	100	448.4	382.9	17.1	100

2014年上海国际汽车城各板块税收和固定资产投资完成情况表

板　块	税　收			固定资产投资		
	2014年	2013年	同比（%）	2014年	2013年	同比（%）
整车制造区	190	164.8	15.3	14.4	20.7	-30.4
零部件园区	34.4	27.8	23.7	1.1	4.3	-74.4
汽车城核心区	12.3	9.7	26.8	31.1	17.6	77.8
新能源产业园区	3.9	2.4	62.5	7.5	6.7	11.9
合　计	240.6	204.7	17.5	54.3	49.3	10.1

2014年上海国际汽车城各板块招商引资完成情况表

板　块	招商引资					
	合同外资			到位资金		
	2014年	2013年	同比（%）	2014年	2013年	同比（%）
整车制造区	–	–	–	–	–	–
零部件园区	1 120	2 166	−48. 3	2 284	2 795	−18. 3
汽车城核心区	10 042. 6	10 829. 4	−7. 3	3 196. 9	2 567. 2	24. 5
新能源产业园区	–	–	–	–	–	–
合　计	11 162. 6	12 995. 4	−14. 1	5 480. 9	5 362. 2	2. 2

【研发设计类企业集聚】 全年引进企业技术中心11家，累计83家；新增高新技术企业30家，累计124家。其中汽车研发企业55家、汽车设计企业10家、汽车公共服务平台15个。汽车研发科技港12万平方米建筑竣工，保时捷工程技术（上海）有限公司率先入驻，已储备16家入驻企业。上海新能源汽车及关键零部件产业基地（2. 64平方公里），以莱尼线束公司等重点企业为引领，海能、电驱动、航盛等在内的新能源项目产出有长足的进步。

【汽车金融类企业汇集】 汽车金融港累计引进55个项目，涵盖金融贸易、股权投资、大数据金融、商业保理、融资租赁、小额贷款、P2P金融等核心机构，以及金融传媒、保险、保荐机构等服务中介。其中安亭汽车产品交易中心的第一个交割期货德联机油即将上市，28个股权投资项目注册总资本超过13亿元，完成金融投资6笔，金电联行在上海信用贷款授信近2亿元。

【新能源汽车推广力度加大】 2014年，全区完成905辆电动汽车的推广任务。其中纯电动、增程式混合动力、电电混合动力、燃料电池等新能源公交车84辆；集团客户长租和分时租赁新能源乘用车累计469辆；单位及私人购买新能源汽车352辆，累计发放嘉定区新能源汽车补贴资金2 000万元。成立新能源汽车运营服务公司，全面启动新型商业模式的电动汽车租赁业务，率先在区食药监和安监系统执法用车中使用租赁电动车39辆；率先启动电动汽车分时租赁业务，在全市建成分时租赁服务网点54个，投放150辆车，发展分时租赁会员3 300余人。全区新增公共及专用交直流电充电桩426个，新增私人用户充电桩300个，“863”重大专项充换储一体化站建成并启动运营，建成全国第一座特斯拉超级充电站，全面完成2014年度电动汽车国际示范区建设和新能源汽车推广应用的目标。

【城市配套日趋完备】 2014年，墨玉路曹安公路商业圈基本形成。嘉亭荟城市生活广场全年实现零售额7. 9亿元，同比增长13%；颖奕皇冠假日酒店客户入住率45%，全年接待15万人次；驿岛酒店开业，三德商务广场部分商户试营业，财富广场引进招商银行、汉庭全季酒店、金仕堡健身、外高桥进口商品直销中心。教育、医疗配套设施不断完善，引进华东师大附属实验学校，设幼儿园、小学、中学、高中部，该校是由华东师大、英国德威教育集团、汽车城集团合办的民办高级学校；核心区在建公办中学、小学各一所；法兰西商学院秋季开班；2 000平方米的上海瑞金广慈门诊部完成装修。年内，安亭新镇的宾根花园、绿地苏河源、万立城、上海派、同济大学里等房地产项目均进入旺销期，可销售面积53万平米，实现销售37. 9万平米，占71. 5%，实现销售收入51. 7亿元。

电动汽车分时租赁服务网点

（上海国际汽车城管委会办公室　供稿）

电动汽车分时租赁亮相2014年上交会

（上海国际汽车城管委会办公室　供稿）

（第一批）》公布，上海大众23款车型入围，成为首批名单中入围车型最多的车企。其中大众品牌新朗逸、朗行、朗境、新桑塔纳、帕萨特，斯柯达品牌速派、全新明锐、昕动等多款热销车型均榜上有名。消费者购买目录中的节能环保车型，可享受3 000元节能惠民补贴。

【**上海诺地乐通用设备制造有限公司投产**】 5月18日，上海诺地乐通用设备制造有限公司投产。该公司占地3.4万平方米，项目总投资1.3亿元，是集研发、生产、销售为一体的中高端送排风和工艺通风设备解决方案供应商，主要研发和生产通风及相关设备。

【**天合汽车亚太研发中心启用**】 6月6日，位于上海国际汽车城泰波路366号、面积达6.6万平方米的天合汽车研发（上海）有限公司作为天合汽车亚太研发中心开业。研发中心可以容纳1 200名科研人员、工程师以及技师，时为TRW全球最先进、最大的技术中心，可为国内各主机厂和协作单位提供研究、设计、试验、试制以及模拟分析等多项工程开发服务。

【**斯凯孚嘉定园区开园**】 6月9日，位于上海国际汽车城汽车零部件工业园区内的斯凯孚嘉定园区投入使用。该园区总投资7亿元，占地4.5万平方米，整合产品研发、生产、测试以及培训等多方面资源，包括斯凯孚全球技术中心、乘用车轮毂轴承生产工厂、解决方案工厂和斯凯孚学院4个部分。

【**汽车金融港两大功能性项目揭牌**】 6月25日，上海汽车金融港举行一批功能性项目揭牌和签约仪式，大数据金融研究院、上海股权托管交易中心两大功能性项目揭牌，奥德路基金、黄埔汽车融资租赁、天喆商业保理、P2P金融、车联网保险等项目12家金融企业签约入驻金融港。汽车金融港一期5 000平方米全部完成招商，拥有十余家股权投资基金和三大金融公共服务平台。

【**骆氏减震“液压悬置”入选《上海智造》**】 6月27日，落户于上海国际汽车城零部件配套工业园区的上海骆氏减震件股份有限公司，研发生产的汽车发动机液压悬置系列产品入选2014《上海智造》——“专精特新”中小企业产品名录。其产品运用在50多种高端车型上。

【**电动汽车公共充电桩APP应用程序发布**】 11月6日，公共充电桩“车易充”APP应用程序在汽车城发布，上海“新能源汽车及充电设施公共数据采集技术规范”地方标准同期发布。APP应用程序初步包括全市范围内可提供公共充电服务基础设施的地理位置、设备规格和运营服务时间等信息，涵盖上海市电力公司、普天新能源（上海）有限公司、上海国际汽车城（集团）有限公司以及特斯拉汽车、宝马汽车等5家企业，详细反映徐汇、黄浦、嘉定、浦东等11个区县54个空间点290个公共充电桩的信息。　（赵敏华）

F1中国大奖赛及有关赛事

【**概况**】 2014年，汽车城各类赛事及活动注重质量和实效，不断提升汽车城品牌效应。上海奥迪国际赛车场举办赛事能力和组织管理水平有新提高，全年共举办各类赛事和活动314天，包括F1、世界房车锦标赛、世界耐力锦标赛这三大国际汽联最高级别场地赛事以及其他专业赛车活动、汽车厂商活动、会议等，使之成为名副其实的汽车运动乐园和多元化、综合性、文化特色鲜明的时尚新地标。在上海汽车博览公园举办的城市酷跑赛、Happy run、汽车同学汇等趣味赛事，为汽车城以及周边健身爱好者提供竞技交流和健身的平台。

【**WEC世界耐力锦标赛上海六小时赛**】 11月2日，作为上海奥迪国际赛车场秋冬赛季的压轴大赛，WEC世界耐力锦标赛上海六小时赛开战。丰田车队的8号车组和7号车组包揽LMP1组冠亚军，保时捷14号车组位列第三。近4万人次观众观赛。赛事吸引奥迪、丰田、保时捷等世界知名车队同场竞技，在商贸区同时上演首届极速音乐嘉年华，诠释音乐与速度的交融。

【**2014世界房车锦标赛登陆上赛场**】 10月11-12日，2014中国房车锦标赛暨世界房车锦标赛在上海奥迪国际赛车场开赛。中国首位拥有F1超级驾照的马青骅驾驶雪铁龙33号战车，与队友WRC九冠王塞巴斯蒂安•勒布、WTCC新王者何塞•马利亚•洛佩兹、WTCC四冠王伊万•穆勒参赛。

【**2014F1世界锦标赛瑞银中国大奖赛**】 4月18-20日，2014年世界一级方程式锦标赛中国大奖赛在上海奥迪国际赛车场顺利举行。11支F1车队22名赛车手角逐“上”字型赛道，为中外车

2014年F1世界锦标赛瑞银中国大奖赛

（上海国际汽车城管委会办公室　供稿）

迷奉献一场空前激烈的追逐赛，18.5万人次的中外车迷观看。梅赛德斯AMG车队的汉密尔顿夺得冠军，梅赛德斯AMG车队的罗斯伯格、法拉利车队的阿隆索分获亚军和季军。上海市副市长赵雯，国际奥委会副主席、中国汽车运动联合会主席于再清等为获奖车队颁奖。国际奥委会委员、香港奥委会主席霍震霆专程抵沪观摩赛事。

【CTCC中国房车锦标赛】 5月25日，长城润滑油CTCC中国房车锦标赛第三回合比赛在上海奥迪国际赛车场举行。在超级量产车组别中，上海大众333车队的张臻东获得冠军，队友王睿和长安福特车队谢欣哲分获二、三名。江腾一夺得红牛最快圈速奖。2.4万人次观众观赛。该赛事与嘉定区旅游局合作，开展家庭亲子自驾游等“游嘉定，看赛车”活动，吸引更多观众莅场观赛。10月12日，中国房车锦标赛在上海国际奥迪赛车场结束第七站的角逐。在超级量产车组中，东风本田车队的黎智聪夺得冠军，长安福特车队的何晓乐和甄卓伟分列二、三。红牛最快圈速奖由许家泰、朱戴维和郑安迪获得。

【上海浪琴环球马术冠军赛圆满落幕】 6月8日，为期三天的上海浪琴环球马术冠军赛在上海国际赛车场落幕。现场观众超过2.6万人次，是中国大陆举办规模、级别最高的马术赛事。比利时选手彼得•狄维士获冠军，两届浪琴环球锦标赛年度冠军埃德温娜•亚历山大获亚军，法国老将米歇尔•赫卡特获季军。

【福特汽车上赛场挑战冲刺赛】 5月2-3日，福特冲刺Focus1挑战纽博格林全国总决赛在上海奥迪国际赛车场举行。在历时半年多的全国海选中入选的88名民间车王，经过预决赛决出8人，获得挑战纽博格林的机会。除赛道比赛环节外，两天的活动吸引近3 000名福特车主到赛场，参加互动游戏及体验环节活动。

【汽车同学汇•第二季开赛】 3月8日，由上海汽车博物馆、上海市科技艺术教育中心和上海市学生活动管理中心共同主办的“汽车同学汇•第二季——汽车科技文化分享课创意大赛”在上海汽车博物馆举行。浦东新区、普陀区、黄浦区的9所学校代表队成为首批深度体验趣味汽车世界的参赛队。通过包含汽车知识校内宣传、探秘汽车世界、创意设计汽车科普课程、实操演练课程等内容的赛事活动，向广大青少年推广和传播汽车科普知识。

【同济志远车队获评中国首批“小平科技创新团队”】 8月20日，第九届中国青少年科技创新奖颁奖大会在人民大会堂举行。同济大学“Eco-Power志远车队”被授予“小平科技创新团队”称号。中国青少年科技创新奖是根据邓小平遗愿，用他的全部稿费设立的，由共青团中央、全国青联、学联、少工委组织评选。2014年是中国青少年科技创新奖励基金设立10周年，遴选支持100个大学生“小平科技创新团队”，同济“Eco-Power志远车队”以优秀的表现获此殊荣。　（赵敏华）

领导视察与调研

【概况】 2014年，汽车城做好中央以及国家部委、上海市级领导视察与调研的接待工作，热情接待兄弟省市、行业代表团的参观考察、交流学习，不断提升上海国际汽车城的影响力。

【习近平总书记调研上汽技术中心】 5月24日，中共中央总书记、国家主席、中央军委主席习近平到位于汽车城的上海汽车集团技术中心调研，参观汽车造型设计、样车试制和新能源联调试验，听取汽车核心技术的介绍，试坐荣威950并夸赞“坐起来很舒服”。关于新能源汽车，习近平指出：“汽车行业是市场很大、技术含量和管理精细化程度很高的行业，发展新能源汽车是我国从汽车大国迈向汽车强国的必由之路。要加大研发力度，认真研究市场，用活用好政策，开发适应各种需求的产品，使之成为一个强劲的增长点。新能源汽车技术研发能不能占领制高点，已经成为当今世界汽车行业的竞争焦点。”习近平在调研中还指出：“中央已经作出决定，公务车都要用国产车。”

【副市长赵雯视察上赛场】 4月8日，副市长赵雯到上海奥迪国际赛车场，检查F1中国大奖赛赛事筹备和安全工作。在察看赛车场围场、新闻中心、听取赛事组委会各成员单位的工作汇报后，要求赛事组委会各成员单位高度重视、全力以赴，精心做好赛事组织筹备最后阶段的安全保障、交通组织、人流疏散、竞赛组织、现场服务、医疗急救等各项工作，进一步完善工作方案和应急预案，确保赛事平安、精彩、成功。

国家认监委领导调研上海机动车检测中心

（上海国际汽车城管委会办公室　供稿）

【国家认监委许增德赴检测中心调研】 9月29日，国家认监委总工程师许增德一行就检测认证行业的高新企业的建设和发展，到上海机动车检测中心调研，着重了解中国汽车产业的高新技术发展情况和实际需求。

【国家外国专家局副局长张亚力调研同济大学嘉定校区】 3月25日，国家外国专家局副局长张亚力一行调研同济大学嘉定校区，听取同济大学以及各学院外事和引智工作的汇报，并就推动高校教学国际化、促进卓越计划、优化外专经费结构等问题进行探讨。

【国家体育总局副局长冯建中视察全民健身工作】 12月10日，国家体育总局副局长冯建中分别视察汽车城羽球中心、SCP上海自行车户外运动基地和安亭镇全民健身中心，全面了解安亭镇全民健身工作开展情况。

【国家文物局副局长宋新潮调研上海汽车博物馆】 3月21日，国家文物局副局长宋新潮调研上海汽车博物馆。参观历史博物馆、现代科技馆、古董车收藏馆，对不同品牌文化展示予以肯定。

【教育部副部长刘利民调研同济大学嘉定校区】 3月20日，教育部副部长刘利民调研同济大学嘉定校区，了解中德联合培养高级工程技术管理人才和职业教育师资的办学模式和经验。

【中国质量认证中心副主任宋向东考察检测中心】 8月25日，中国质量认证中心宋向东副主任一行到上海机动车检测中心考察指导，听取检测中心承担机动车3C国家强制性产品认证检测工作的汇报，考察机动车排放与节能、被动安全、电子兼容性等主要试验室。

【赵永乐、沈荣华调研中国汽车人才研究会驻汽车城办】 7月22日，中国汽车人才研究会副会长赵永乐、沈荣华调研中国汽车人才研究会驻汽车城办公室，听取近年来研究的人才课题成果。对研究会相关工作进行调研，指导"人才强国研究出版工程"选题申报工作。（赵敏华）

主要外事活动

【概况】 2014年，汽车城不断加强国际交流与合作，通过接待外国政府官员、代表团、参观访问团，以及出访交流，扩大上海国际汽车城的品牌效应和影响力。

【美国房车工业协会(RVIA)访问检测中心】 5月19日，美国房车工业协会副会长及首席法律顾问克莱格•科比、副会长布鲁斯•霍普金斯和美国房车工业协会亚洲事务主任韩小路一行访问上海机动车检测中心，了解其开展机动车产品检测认证工作情况，科比就美国房车产业发展现状作介绍，霍普金斯详细介绍美国房车标准体系。双方表示在房车技术标准研究和检测试验等方面加强深入的合作，推进房车制造产业的发展。

【泰国交通部代表团访问检测中心】 9月15日，泰国交通部、TAI机构以及上汽正大代表团一行到机动车检测中心交流访问。双方就ASEAN MRA的专业技术能力建设方面进行深入探讨。

【泰国正大集团管理学院代表团访问检测中心】 7月15日，泰国正大集团所属管理学院的技术专家一行5人到上海机动车检测中心进行考查和交流访问。双方就汽车产品的认证检测、研发试验、技术服务、标准法规，管理政策等方面进行全面技术交流，双方将深入开展技术交流和合作，促进汽车产业的技术发展和服务水平的提高。

【上海机动车检测中心与台湾财团法人车辆安全审验中心开展技术交流】 7月8日，上海机动车检测中心一行借赴台参加两岸标准合作工作组–电动摩托车专业组讨论会议之际，与台湾财团法人车辆安全审验中心(VSCC)，就汽车产品进出口检测认证合作等方面进行沟通和交流。（赵敏华）

重大会议及活动

【概况】 2014年，汽车城在持续巩固特强产业发展优势，着力构建汽车全产业链，加快产业转型发展的同时，通过组织举办相关汽车论坛、展会、活动，在国内外同行中交流分享汽车城建设、电动汽车国际示范区建设的实践经验，不断扩大影响力。

【第七届全国生物治疗大会在汽车城召开】 10月25日，由中国医药生物技术协会主办的第七届全国生物治疗大会在汽车城召开。400余名位从事生物治疗的临床医生及研究人员参加会议，开展学术交流，推动生物治疗的

第七届全国生物治疗大会在上海国际汽车城召开

（上海国际汽车城管委会办公室　供稿）

科学健康发展。美国、欧洲的专家及国内知名院士、专家等共同探讨生物治疗临床应用领域中癌症免疫治疗、复杂疾病干细胞治疗、自身免疫性疾病的Treg细胞治疗等方面的最新临床进展和存在问题。

【APEC车联网技术及其全球应用合作论坛在汽车城举行】 5月18-20日，2014年亚太经合组织(APEC)车联网技术及其全球应用合作论坛在汽车城举行。论坛以“智驱未来”为主题展开对话，旨在分享车联网与智能交通的最新发展及趋势，共建行业生态圈。

【第三届中欧汽车灯光标准法规交流会召开】 11月24日，上海机动车检测中心承办的第三届中欧汽车灯光标准法规交流会在汽车城召开。国际汽车照明和光信号专家组工作(GTB)常务秘书Davide Puglisi作以“协调发展、合作共赢”为主题的研究报告，14名专家围绕法规制定及新技术作专题报告，对汽车灯具和照明的最新技术发展、标准法规的发展进行技术交流与研讨，全面推动中欧汽车灯光技术和标准的发展。国际照明界知名专家和国内车灯制造企业、检测机构、科研单位的百余名专家学者参加。

【第一届儿童乘车安全技术国际研讨会召开】 10月22-23日，上海机动车检测中心主办“第一届儿童乘车安全技术国际研讨会”，150余人参加。全球儿童安全组织(中国)、费城儿童医院预防损伤研究中心、德国慕尼黑大学等国际技术机构及组织的专家应邀出席并发表专业技术演讲。该研讨会是儿童乘车安全技术领域的一次国际性跨学科高层技术交流盛会，对促进世界及中国的儿童乘车安全技术的交流和发展、儿童乘车安全意识的提高、推进使用汽车儿童座椅的立法起到积极作用。

【参展第十六届中国国际工业博览会】 11月4-8日，上海机动车检测中心在第十六届中国国际工业博览会设立展台，向观众展示汽车电子及检测的技术发展方向；围绕“车联网与汽车电子”主题，参与主题交流和相关活动，加强检测中心与同行的技术交流。

【上海大众汽车三十年庆典举行】 10月27日，上海大众汽车三十年庆典在上海国际汽车城举行。大众汽车集团管理董事会主席文德恩，上汽集团董事长陈虹，大众汽车集团管理董事会成员、大众汽车集团(中国)总裁兼CEO海兹曼，上汽集团总裁陈志鑫等出席，与现场中外员工代表、经销商和供应商合作伙伴共同为上海大众汽车30年庆典送上祝福。

【汽车影院项目落地上赛场】 2月28日，上海国际赛车场有限公司与上海后滩文化传播有限公司签定租赁合同，引进国内领先的汽车影院项目。该项目坐落于上赛场水景广场核心区，总规划面积5万平方米，将打造成以汽车影院为核心，以高校歌手(乐队)为主的小型演唱会、音乐会等为特色，以汽车文化展览为基础的综合性汽车文化项目。

【上赛场免费穿梭巴士试运行】 4月19日，上赛场免费穿梭巴士试运行，给观看F1比赛的观众到达B、H看台观赛提供短驳接送服务。穿梭巴士始发站近娱乐跳伞风洞，行驶路线途径地铁站、B看台、H看台和高尔夫球场，总行程12公里。

【上海汽车博物馆珍藏馆开馆】 4月11日，上海汽车博物馆珍藏馆开馆，新馆展示面积近2 000平方米，包含沸腾年代、流金岁月、一路飞驰、摇曳车影、迷你韵味及国家梦想、传奇汽车等七大板块，展品涵盖近百年间出品的珍贵古董车。同时展出百余件辅助展品，

上海汽车博物馆珍藏馆全新开馆

（上海国际汽车城管委会办公室　供稿）

包括国内最齐全的古董车模型系列和加油机。

【乐视体育网与上赛场签约F1转播】7月27日，“超越•颠覆”乐视体育与F1中国大陆地区独家新媒体转播权持有商签约仪式在上海奥迪国际赛车场举行。合作涵盖F1每年全球所有分站比赛的直播、录播及点播权，授权至2017年。至此乐视体育正式成为世界一级方程式锦标赛中国大陆地区独家新媒体转播权持有商。乐视体育实现国际信号、围场信号、车头信号、车手追踪、实时数据、实时回放六路直播信号的无缝拼接，实现全方位画面切换的比赛转播。

2014年上海国际汽车城重大会议、活动一览表

日 期	主办单位	名 称
3.6	国家汽车及零部件出口基地(上海)	2014年中国•上海汽车电子商务发展论坛
4.19	爱驾网	观赛事，游嘉定——汽车文化节主题体验活动
5.8	上海汽车金融港、国家汽车及零部件出口基地(上海)	2014年汽车产业金融创新论坛
6.1-2	上海国际汽车城	第十四届COMICUP同人会
6.7-8	法拉利中国	2014年法拉利赛道日嘉年华
6.25-27	中国汽车工程学会	2014年中国汽车工程学会年会暨展览会
7.23	车联网	“车联网走进智慧城市”沙龙
9.5-11.2	上海国际汽车城新能源汽车运营服务有限公司	“开EV，观赛事”系列活动
9.19-21	上海国际汽车城、中国汽车用品联合会、中国汽车维修行业协会	第四届上海CAS改装车展暨国际汽车升级配套产品展览会
9.26-28	上海市汽车摩托车运动协会	2014年极驾赛道嘉年华
9.26	中国汽车工业协会、北京汽车博物馆、上海大众汽车有限公司	上海大众汽车30年主题展览
10.22-24	中国汽车工程学会	2014年中国汽车工程学会年会暨展览会
11.2	上海国际汽车城、上海民族乐团	“静听秋韵”草坪音乐会
11.6-8	上海国际汽车城、国家汽车及零部件出口基地(上海)、中华压铸网	2014年上海汽车铸件展暨第二届精密压铸展
11.27-28	中国清洁柴油车产业联盟	第三届清洁柴油机发展高层论坛
12.8	中国汽车产业创新创业促进中心	2014年中国首届汽车后市场高层论坛
12.11	安亭镇政府	2014年安亭汽车金融论坛
12.18	上海市新能源汽车及应用标准化技术委员会	2014年年会
12.31	汽车城、安亭镇嘉亭荟	跨年演唱会

(赵敏华)

嘉定新城

编辑　王健欣

综　　述

2014年，嘉定新城统筹推进新城规划建设，以全面提升城市功能品质为主线，着力优化新城空间布局，加快重大项目建设，强化产业发展培育，健全完善公共配套，提高城市管理水平。年内，城市建设品质进一步提升，功能性项目稳步推进。完成投资9.79亿元，工人文化活动中心、胜辛路幼儿园等项目完工。市政道路体系不断完善，绿化景观项目逐步收官。绿化、景观、水系工程竣工7万平方米。优化完善保利大剧院周边绿化景观，为剧院开演营造良好环境。智慧城市建设成效初显。智慧公共自助提货系统投入运行，区图书馆地下车库标准车位及移动停车设备投入试运行。　（李　波）

基础设施

【概况】　2014年，新城交通体系进一步完善。伊宁路东段等8条路段竣工，康丰路等两条道路启动建设，马陆社区、复华园区12条道路的前期技术储备工作顺利推进。沪宜公路远香湖桥方案、伊宁路穿越S5工程方案基本确定，新成路穿越G1501项目前期技术储备工作就绪。市政管线配套工程同步推进，启用天祝路开关站、东云开关站。

建设中的嘉定新城　（李建荣　摄）

【景观建设】　2014年开工建设景观项目4项，竣工3项；建设面积16万平方米。绿化、景观、水系面积7万平方米，累计完成投资5 500万元。远香湖（一期）保利水池景观工程竣工，投资2 300万元；紫气东来四期竣工，投资700万元；永盛路灯光亮灯，投资1 000万元。投资1 500万元的远香湖（二期）景观可建部分绿化种植基本完成。

【道路建设】　年内，共开工建设道路10条（段），总计8.9公里；完成8条（段），7.7公里，完成投资6 500万元。其中双单路（永盛路—沪宜公路）、高台路东段、伊宁路东段（裕民南路—沪宜公路）、封周路（云谷路—沪宜公路）、合作路（双丁路—宝安公路）、启良路（博乐路—金沙路）、白银路（湖区一路—沪宜公路）、天祝路中修工程竣工。康丰路（崇福路—崇教路）工程启动，远香湖规划道路3标动迁开工。

【河道和道路绿化工程】　2014年，完成河道、道路绿化4项，完成投资1 870万元。其中疏浚河道2条，1 200米。道路绿化2条，绿化面积1.2万平方米，投资1 010万元。

【启良路东段综合整治工程完工】　2月，启良路东段（博乐路—金沙路）综合整治工程项目施工完成。该路段道路等级为城市支路Ⅱ级，规划红线16米（局部调整为12米）、双向2车道、机非混行。路段设计行车时速20公里，路段全长371.45米。

【嘉定新城智能交通项目迈上新台阶】　5月8日，博乐南路/叶城路、沪宜公路

/宝安公路两块全彩广域板如期"点亮",动态展示上海市外环、中环、内环、南北高架、延安高架、G2(京沪高速)、G50(沪渝高速)等快速路网信息,标志市区交通信息互通工作取得实质进展,嘉定新城智能交通项目迈上新台阶。

【辛勤泾河道整治完成】 6月20日,辛勤泾(云谷路—合作路)河道整治及绿化配套工程竣工,辛勤泾(龚家浜—芮家浜)河道全线疏浚,绿化配套工程同步完工,进一步提升新城核心区域防汛抗洪能力。辛勤泾河道全长1 122米,工程绿化面积2.4万平方米,总投资2 670万元,分3个标段施工,其中一标、二标于2012年完工。

【封周路段工程竣工】 7月15日,新城核心区封周路(希望城—永盛路)段沥青摊铺完成并投入使用,有效缓解周边双单路、双丁路道路交通压力。封周路(云谷路—沪宜公路)是新城核心区内重要的东西走向道路,周边有众多住宅商业办公设施,道路全长2 422米,红线宽度24米,为城市支路一级道路。

【紫气东来六标景观工程完工】 12月,紫气东来六标景观工程完工。该项目范围东至永盛路、西临芮家泾、南至龚家浜、北靠塔秀路,其中绿化面积3 703平方米,土建铺装面积1 854平方米。工程内容为绿化种植、土方工程、铺装、石驳挡墙砌筑及电气照明、给排水安装和绿化养护等。(李　波)

功能性项目建设

【概况】 2014年,嘉定新城加大功能性项目建设推进力度,开工建设项目10项,新建续建5项,竣工5项;在建面积20.6万平方米,竣工面积8.92万平方米,完成投资9.79亿元。工人文化活动中心、胜辛路幼儿园、少体校、司法中心信访用房、嘉一中改造等项目完工,体育中心项目基本建成。中福会嘉定新城幼儿园、成佳学校、德富路初中、白银路地下车库等项目开工建设。

即将竣工的保利台北风情街　　（张建华　摄）

【中国福利会嘉定新城幼儿园项目开工】 3月7日,中国福利会嘉定新城幼儿园新建工程开工。该项目位于阿克苏路双丁路,用地面积16 005.2平方米,建筑物地上三层、局部地下一层;总建筑面积13 148.76平方米,地上建筑面积10 148.81平方米、地下建筑面积2 999.95平方米,建筑高度12.2米。整个建筑呈"L"形,各功能板块呈长方体,南北向布置。建筑底层通过建筑围合的庭院,布置综合活动用房,与景观、室外场地结合,形成儿童天地。该幼儿园规划设置15个班级。

【德富路初中项目开工】 4月19日,德富路初中项目开工。该项目东至德富路、南至洪德路、西至永盛路、北至德富路小学,用地面积27 816平方米,建筑面积13 348平方米,其中地上建筑面积11 738平方米、地下建筑面积1 610平方米,规划24个班级。

【嘉定区成佳学校等项目开工】 9月17日,嘉定区成佳学校、教育考试中心及阳光天地(残疾人活动中心)项目开工。该项目位于嘉定新城复华园区,用地面积25 062平方米,建筑面积2.7万平方米。项目集成佳学校、区教育考试中心及区残疾人活动中心为一体,通过会议室、食堂、体育馆、停车场等共享共用,进行资源整合,促进土地集约利用。

【大型商业项目与社区商业同步推进】 年内,保利台北风情街基本建成,进入内部装修和开业准备阶段;西云楼项目、大融城商业广场项目结构封顶;宝龙城市广场项目新开工建设;秋霞坊邻里中心、新城金郡邻里中心竣工,保利天琴语、嘉宝联友、金沙湾邻里中心开工建设。(李　波)

【市场化项目推进情况】 2014年,上市企业总部集聚商务区发展态势良好。绿地集团、国北科技等2个项目落地。市场化项目开发建设整体态势平稳,新开工面积100多万平方米,竣工面积113万平方米;完成投资近70亿元,销售面积55万平方米,销售额87.37亿元。

重大活动

【概况】 2014年,值嘉定新城建设十周年之际,嘉定区举办相关活动,回顾总结新城建设十年成果,展望新城未来发展前景。注重新城形象宣传,在户外媒体、公交候车亭等投放新城形象广告;借力《第一地产》、旅游卫视、东方航空等平台,展现新城建设成果及最新动态。参加2014年环上海公路自行车赛远香湖序幕站活动,组织近百名海派书画家开展"写新城、画新城"活动;充分发挥媒体优势,从多个角度对嘉定新城的建设亮点进行报道,切实营造新城建设的良好形象。

【"科世达杯"迎春万人健身跑活动在嘉定新城举行】 1月1日，嘉定区"科世达杯"迎春万人健身跑活动举行，这是连续第3年将活动主会场设在嘉定新城区域。千余名市民从位于嘉定新城主会场的阿克苏路、塔秀路出发，沿阿克苏路、白银路、裕民南路、宝塔路，最终折返至阿克苏路，全长3公里。

【中央第六巡回督导组视察嘉定新城建设情况】 3月26日，以中组部原常务副部长、原人事部部长张柏林为组长的中央教育实践活动第六巡回督导组到访嘉定，视察嘉定新城规划建设情况。

【湖南省党政代表团参观嘉定新城】 6月17日，由湖南省委书记、省人大常委会主任徐守盛，省委副书记、省长杜家毫率领的湖南省党政代表团一行参访嘉定。上海市副市长时光辉，嘉定区委书记马春雷、副区长蔡潇飞等陪同考察。

【嘉定国际中医药城区合作签约仪式举行】 6月17日，嘉定区与上海中医药大学举行共建嘉定国际中医药城区合作签约仪式，市卫计委主任沈晓初、上海中医药大学党委书记张智强，中共嘉定区委书记马春雷等出席。嘉定国际中医药城区位于嘉定新城东区北侧，规划建设用地33.33公顷，规划定位为"专业性、国际性、高品质、多元化"，打造体现中医文化，集医、教、研、产业发展为一体的中医药城区。

【驻沪商务代表"嘉定新城行"活动举行】 7月10日，驻沪商务代表"嘉定新城行"活动举行。来自美国、日本、匈牙利等国的36名驻沪商务代表参观嘉定新城规划展示馆，座谈交流嘉定新城的规划建设情况及相关产业政策。

【上海保利大剧院举行首场试演】 9月5日，上海保利大剧院举行试运营首场演出——广州军区战士杂技团的"生命阳光"杂技主题晚会。保利大剧院由一个1 466座大剧场、一个400座多功能厅及3个排演厅、车库、公共空间、辅助用房等组成，是国内首家"水景"剧院，共分地上6层、地下1层，占地面积30 235平方米，总建筑面积55 904平方米，投资额约7亿元。 （李 波）

上海保利大剧院开票日首位购票市民获赠免费入场券

（嘉定报社 李华成 摄）

建设管理

【概况】 2014年，构建城市管理协同机制，建立联席会议制度，加强协调配合，合力开展城市管理工作。建立完善城市管理巡查制度和道路掘路申请、临时占路申请等专项管理备案制度，编制完成城市管理突发事件和防汛防台应急预案等。按照"分类养护，条块结合"的原则，全面梳理新城核心区基础设施现状，分类移交部分市政公共设施，完善保利大剧院周边交通指示系统和道路中心隔离装置设施，着力做好保利大剧院首演的服务保障工作。加强日常巡查工作，落实养护管理责任。完善项目规划建设过程中重点环节、重点岗位的监督管理制度，坚持开展重大项目创"双优"活动，着力将党风廉政责任制贯穿于工作的全过程。

【国有资产保值增值率100.45%】 2014年，新城公司国有资产总额为143.39亿元，比上年增长11.83%；实现营业收入17 552万元，完成年度预算的102.93%；实现净利润2 538万元，完成年度预算的120.86%。年末，国有资产保值增值率100.45%，全年完成税收16.25亿元。

【获得授信额度18.8亿元】 2014年，获批授信额度18.8亿元，其中企业债8亿元、项目贷款9亿元、流动资金贷款1.8亿元。

【新城中心区出让土地20.6公顷】 2014年，土地出让储备和融资工作协调推进。新城中心区出让地块5幅，出让面积20.6公顷，出让总收入15.4亿元。完成土地储备11幅，面积54.7公顷。 （李 波）

工　业

编辑　王健欣

综　述

2014年，全区工业系统在宏观经济形势复杂严峻和自身转型发展的双重挑战下，以“产城融合”为契机，以“创新驱动、减量增效”为目标，加快适应经济新常态的变化特征，积极构建产业发展新优势。年内，在“小巨人”计划、“大孵化器”战略、“千百十亿”能级提升工程等共同推动下，全区工业发展总体呈现稳中有进、适度较快发展的良好态势，全年共实现工业增加值1 098亿元，可比增长9. 14%；上缴工业税额400. 21亿元，首次突破400亿元大关，同比增长15. 62%；完成规模以上工业产值5 082. 74亿元，同比增长7. 09%，领先全市平均增长速度。（许朝军）

规模以上工业

【概况】 2014年，全区在地规模以上工业完成产值5 082. 74亿元，同比增长7. 09%；实现利润633. 83亿元，同比增长17. 6%，上缴税额400. 9亿元，同比增长15. 61%。其中，特强汽车产业实现产值3 645. 59亿元，同比增长10. 03%，拉动全区规模以上工业增长7个百分点；战略性新兴产业实现产值564. 83亿元，同比增长8. 2%，在全区工业经济中占比较上年提高0. 32个百分点，产业可持续发展能力进一步加强。开米科技、迅达电梯二期等25个已供地项目开工建设，工业固定资产投资总额持续维持百亿元左右的历史高位。（许朝军）

【规模以上工业发展适度平稳】 2014年，规模以上工业发展进一步加快，工业生产再创佳绩，产值规模达5 082. 74亿元，同比增长7. 09%，增幅领先全市6. 8个百分点，在全市工业产值占比16. 27%，较上年提高1. 05个百分点，产业贡献力持续提升；工业利润同步较快增长，合计实现利润633. 83亿元，同比增长17. 6%，产值利润率12. 47%，较上年提高1. 09个百分点，高出全市平均水平4. 22个百分点。

【汽车产业引领作用进一步加强】 年内，全区汽车产业实现产值3 645. 59亿元，同比增长10. 03%，在全区工业总量中占比达到71. 72%，比上年提高1. 57个百分点，继续成为拉动全区工业增长的主要动力。其中，整车行业产值近2 000亿元，创历史新高，产量突破170万台，有效支撑汽车零部件行业的快速发展。全年汽车零部件行业实现产值1 682. 79亿元，同比增长8. 26%，领先全区工业增长1. 17个百分点，支柱产业地位不断巩固攀升。

【高新技术企业实现工业产值1 420.95亿元】 年内，新增规模以上工业高新技术企业89家，实现工业产值1 420. 95亿元，占全区工业比重27. 96%，比上年提高1. 47个百分点。在“新技术、新业态、新模式、新产业”发展模式带动下，工业高技术含量进一步提高，高端工业发展显露头角。凯泉泵业核电产品开发进入正轨，联影高端医疗影像设备面向市场，机器人及智能产业迅速崛起，工业创新驱动步伐持续加快。

【战略性新兴产业产值增长8.2%】 2014年，全区战略性新兴产业能级实质提升，实现产值564. 83亿元，同比增长8. 2%，领先全区工业增长率1. 11个百分点，占全区工业比重11. 11%，比上年提高0. 32个百分点。其中，新一代信息技术、高端装备等细分行业集聚效应进一步增强，产值规模达421. 42亿元，在战略性新兴产业中占比近75%；新能源汽车产业迅猛发展，完成产值18. 19亿元，同比增长64. 1%，产值增长领先其他行业。

【产值百亿元企业培育】 年内，在“千百十亿”能级提升工程推动下，全区骨干企业培育实现重大突破，产值亿元以上企业达498家，比上年增加22家，合计实现产值2 782. 33亿元，同比增长7. 43%，在全区属地工业总量中占比达到89. 18%。上汽大众动力总成年产值103. 85亿元，成为区内第一家年产值超100亿元的属地工业企业。（许朝军　郑元章）

【工业固定资产投资总额99.52亿元】

2014年，全区工业固定资产投资项目144个，完成工业投资总额99.52亿元，连续多年保持投资额近百亿元的高位。其中，亿元以上投资项目21个，比上年减少6个，累计完成工业投资62.84亿元，占全区工业固定资产投资总额的63.14%。四大支柱行业完成投资81.85亿元，占工业投资总额的82.24%，与上年基本持平。汽车及零部件行业完成投资53.8亿元，同比下降23.21%；机械设备行业完成投资17.1亿元，同比增长31.23%；电子电器行业完成投资10.21亿元，同比增长9.86%。

【5个项目建成投产】 年内，全区新增工业供地项目25个。至年末，已供地项目总量114个。其中，5个项目建成投产，13个项目竣工，54个项目在建（其中新开工项目25个），42个项目处于手续办理阶段。建成投产项目比上年增加2个，产业发展保障能力进一步加强。

【战略性新兴产业投资占比20%以上】 2014年，全区战略性新兴产业投资保持平稳，完成工业固定资产投资总额22.71亿元，同比增长1.06%，占全区工业固定资产投资总额的22.82%。亿元以上投资项目占主体，共涉及投资项目13个，完成工业固定资产投资15.83亿元，在战略性新兴产业中投资占比达七成。

【获市重点技术改造扶持项目8个】 2014年，全区共有上海汽车制动系统“汽车电子驻车控制系统(EPB)技术改造”等8个项目获市重点技术改造项目资金扶持，共获得专项资金扶持额度4 806万元，其中市级1 923万元、区级2 883万元；8个项目计划投资总额8.2亿元，其中建设投资7.63亿元。

（陆建峰　许奕川）

2014年嘉定区分行业规模以上工业企业主要指标

	户数（户）	工业总产值（万元）	工业销售产值（万元）	平均用工人数（人）	固定资产合计（万元）	流动资产合计（万元）	主营业务收入（万元）	主营业务税金及附加（万元）	本年应交增值税（万元）	利润总额（万元）
合计	1286	32005733	31900017	307830	5355201	18887266	33206562	71131	750851	2536830
农副食品加工业	14	301642	303453	2794	25026	90104	311159	100	1557	3807
食品制造业	21	410598	418932	5315	97840	210472	609317	2076	19055	77014
酒、饮料和精制茶制造业	5	65214	66443	979	41140	50221	69468	417	5548	9394
纺织业	20	325544	321830	5286	49065	173421	331726	786	9814	21943
纺织服装、服饰业	26	174933	176185	7903	32950	137041	201636	402	3163	-1855
皮革、毛皮、羽毛及其制品和制鞋业	7	42079	41562	1326	3204	22495	41885	72	885	794
木材加工和木、竹、藤、棕、草制品业	16	106682	107313	2072	27856	83110	112941	213	1422	-2230
家具制造业	36	843228	846037	9773	42355	479445	851445	2281	28309	87771
造纸和纸制品业	28	170894	172202	2895	49806	104210	173280	349	4020	-555
印刷和记录媒介复制业	8	145861	139866	1987	37450	72619	139203	159	2643	17926
文教、工美、体育和娱乐用品制造业	25	475389	404949	8157	56748	377936	455930	338	4619	27031
石油加工、炼焦和核燃料加工业	9	257715	257472	713	15359	140825	263930	1972	10160	32346
化学原料和化学制品制造业	97	1457353	1487908	9917	249431	1120867	1514304	4282	40856	179261
医药制造业	8	95261	87366	1038	20180	74723	89733	663	10253	28369
橡胶和塑料制品业	91	1051485	1036375	16467	201782	601828	1051344	1989	28345	70490
非金属矿物制品业	45	689246	706142	8849	164555	497307	720646	2055	18228	74422
黑色金属冶炼和压延加工业	19	388425	391958	2886	68967	277247	429144	942	15621	3642
有色金属冶炼和压延加工业	15	982833	978887	3143	165346	289247	958357	691	11227	52977
金属制品业	138	1900118	1870034	25227	340980	1160850	1887774	4969	50140	103477
通用设备制造业	195	2471396	2509467	33012	500334	1890208	2569468	5993	71464	204338
专用设备制造业	91	1597236	1571472	18408	248750	1418183	1599105	4550	37263	125704
汽车制造业	142	11266378	11235753	65345	1963668	5522150	11934424	21793	258870	968573
铁路、船舶、航空航天和其他运输设备制造业	9	77165	75974	1662	8969	62936	76483	304	3650	2334

（续表）

	户数（户）	工业总产值（万元）	工业销售产值（万元）	平均用工人数（人）	固定资产合计（万元）	流动资产合计（万元）	主营业务收入（万元）	主营业务税金及附加（万元）	本年应交增值税（万元）	利润总额（万元）
电气机械和器材制造业	122	4938428	4938673	43038	518904	2600663	4949660	10935	91456	381143
计算机、通信和其他电子设备制造业	59	1340276	1324731	22295	279956	1037401	1435963	868	10262	35848
仪器仪表制造业	26	251294	250162	4707	44525	173119	248187	713	7977	17345
其他制造业	5	40917	40628	1063	14837	40619	41425	59	767	472
废弃资源综合利用业	3	24485	24863	352	10807	20813	25109	52	241	5729
金属制品、机械和设备修理业	1	13684	12727	271	840	8860	12727	66	1101	1786
电力、热力生产和供应业	1	57472	57472	172	127	19754	57472	601	213	6484
燃气生产和供应业	1	6158	6158	158	856	8831	6286	18	258	679
水的生产和供应业	3	36345	37028	620	72590	119763	37028	427	1463	371

2014年嘉定区分经济类型规模以上工业企业主要指标

	户数（户）	工业总产值（万元）	工业销售产值（万元）	平均用工人数（人）	固定资产合计（万元）	流动资产合计（万元）	主营业务收入（万元）	主营业务税金及附加（万元）	本年应交增值税（万元）	利润总额（万元）
合计	1286	32005733	31900017	307830	5355201	18887266	33206562	71131	750851	2536830
国有经济	5	64968	65767	874	5141	38255	65672	329	4832	6128
集体经济	23	356533	340116	4035	101629	237616	343952	1254	9975	41334
股份制经济	640	11505545	11501437	123666	1787054	6943199	12103184	27381	310929	575194
# 国有独资公司	5	83177	85204	794	70592	125806	87319	294	3405	3547
其他有限责任公司	127	5372894	5335185	39612	391672	2152341	5466542	10524	113819	196008
股份有限公司	28	917122	905005	9308	496702	777850	1171770	1960	24919	44289
私营有限责任公司	447	4692402	4741178	67070	712857	3547902	4940555	12690	144909	281865
私营股份有限公司	33	439951	434865	6882	115232	339300	437000	1914	23878	49485
股份合作企业	2	6902	6851	69	1661	5000	6851	64	119	207
# 股份合作	2	6902	6851	69	1661	5000	6851	64	119	207
外商及港澳台投资	600	19707888	19622279	177427	3438981	11568183	20315921	41677	420688	1903904
# 中外合资经营	96	7351485	7361668	44279	1332685	3698451	7827519	18626	195775	813206
中外合作经营	34	741912	750365	10564	97098	529099	764621	2328	18031	50527
外资独资	286	8050985	8019218	79274	1398539	4914309	8199288	15355	138255	745013
外商投资股份有限公司	3	44863	45681	664	15847	65001	50731	57	1212	561
其他外商投资	1	3471	3471	45	368	1347	3472	0	0	133
与港澳台商合资经营	44	1265516	1264938	12342	235162	766646	1273209	2153	27509	117946
与港澳台商合作经营	24	252826	250882	3518	29423	183002	252709	346	3857	2521
港澳台商独资	109	1985657	1913807	26433	325523	1393303	1932251	2803	35912	172453
港澳台商投资股份有限公司	3	11174	12248	308	4336	17027	12122	8	137	1546

（续表）

	户数（户）	工业总产值（万元）	工业销售产值（万元）	平均用工人数（人）	固定资产合计（万元）	流动资产合计（万元）	主营业务收入（万元）	主营业务税金及附加（万元）	本年应交增值税（万元）	利润总额（万元）
其他经济	16	363897	363568	1759	20736	95013	370981	426	4309	10064
# 国有联营	-	-	-	-	-	-	-	-	-	-
集体联营	-	-	-	-	-	-	-	-	-	-
国有与集体联营	5	109787	111053	722	12738	50287	110431	215	2277	-67
私营独资	9	64562	62152	973	7809	38433	65181	184	1553	8430
私营合伙	1	186331	187146	31	18	4877	192152	27	424	1673
其他内资	1	3217	3217	33	171	1415	3217	1	54	28

2014年嘉定区各镇、街道（新区、工业区）规模以上工业主要指标

	户数（户）	工业总产值（万元）	工业销售产值（万元）	平均用工人数（人）	固定资产合计（万元）	流动资产合计（万元）	主营业务收入（万元）	主营业务税金及附加（万元）	本年应交增值税（万元）	利润总额（万元）
合　计	1286	32005733	31900017	307830	5355201	18887266	33206562	71131	750851	2536830
新成路街道	-	-	-	-	-	-	-	-	-	-
真新街道	-	-	-	-	-	-	-	-	-	-
菊园新区	21	324507	326130	4938	72739	219357	312165	656	9716	20789
嘉定镇街道	9	161537	157089	2153	76964	166725	159151	475	7039	9425
南翔镇	100	1804064	1803129	20422	236749	1368908	1871808	4757	46206	106378
安亭镇	268	11650057	11689191	88253	1388705	5590602	11974940	26124	246911	864134
马陆镇	274	4229144	4206242	59078	672114	2872821	4305436	9608	89792	329515
徐行镇	105	1344212	1327138	19808	238593	1029202	1365350	3143	47247	59329
华亭镇	67	574051	574059	8818	98920	369016	603119	1281	15461	18506
外冈镇	146	1831202	1818493	23328	281138	1194143	1806393	4383	46234	160234
江桥镇	122	1628765	1619154	24021	295029	1037071	1851110	4752	46653	116779
嘉定工业区	174	8458194	8379393	57011	1994250	5039422	8957092	15951	195592	851741

2014年嘉定区规模以上工业企业综合经济效益指标

	单位	2014年	2013年
工业综合经济效益指数		235.6	259.7
总资产贡献率	%	12.6	12.6
资本保值增值率	%	110.1	109.8
资产负债率	%	52.7	52.4
流动资产周转率	次	1.7	1.8
工业成本费用利润率	%	8.4	7.9
全员劳动生产率	元/人	204 848	247 509
工业产品销售率	%	99.9	99.2

企业技术进步

【概况】 2014年，嘉定产业园区二次开发各项工作全面启动。新增各级认定企业技术中心26家。年内，制定出台《嘉定区推进"小巨人"计划奖励办法》，全区新增"小巨人"企业87家；共有规模以上工业"小巨人"企业277家，实现产值1 325亿元，占全区规模以上工业总产值的42.5%。

【园区二次开发全面启动】 年内，制定出台《嘉定区产业园区转型升级三年行动计划(2014-2016)》，园区二次开发各项工作全面启动。全区梳理22个条件较为成熟的试点开发区域，区域内12个项目投入开工建设，共调整企业27家，盘活土地93.3公顷，通过各开发主体大胆创新，形成回购再引入品牌开发主体、整体开发、转型(嘉康移动互联网产业园)等多种有效的开发模式。同时进一步加强资源管理，对年内新增项目实行产业结构调整负面清单与土地全生命周期管理，全年新准入工业项目27个，拟出让面积70.89公顷，租赁厂房项目353个，面积62.6万平方米，同比分别减少34.1%、37.2%、54.1%、28.5%，有效控制低端产能项目进入。

【新增认定企业技术中心26家】 年内，上海新时达电气股份有限公司技术中心被认定为第21批国家企业技术中心；用友汽车信息科技(上海)有限公司、上海北特科技股份有限公司、飞利浦灯具(上海)有限公司、上海德联化工有限公司、上海爱知锻造有限公司、延锋彼欧汽车外饰系统有限公司等6家企业技术中心被认定为上海市第20批企业技术中心；曼胡默尔滤清器(上海)有限公司等19家企业技术中心被认定为嘉定区第10批企业技术中心。年末，全区拥有各级企业技术中心190家，其中国家级3家、国家分中心2家、市级65家、区级120家。

【调整劣势企业203家】 2014年，全区共调整劣势企业203家，其中危化生产企业2家，节约标煤近4.4万吨，腾出土地108.67公顷；分流员工11 871人，其中外来员工9 333人。　(丰　玥)

节能降耗

【概况】 2014年，区经委会同区发改委、区环保局等节能减排工作领导小组成员单位，研究制定《嘉定区2014年节能减排重点工作任务和分工表》，明确推进27项重点工作。积极实施区节能技术改造和推广应用工作，扎实推进燃煤(重油)锅炉清洁能源替代和改造任务，适时建立重点能耗企业电能在线监测系统，着力加强企业清洁生产申报审核，节能降耗工作取得明显成效。年内，区属规模以上工业企业消耗能源折合标煤122.29万吨，同比下降1.6%；万元产值能耗降至0.049吨标煤，同比下降5.88%，全面完成市经信委下达的年度工业节能目标。

【推进节能技术改造】 2014年，尼普洛上海有限公司等6家企业节能技术改造项目列入区级节能技改专项(其中5家企业的项目采用合同能源管理模式实施)，共节约标煤1 311吨，获区级奖励资金26万元；推荐福耀汽车玻璃企业的"余热回收和绿色照明工程"项目申报2014年第一批市节能技改专项，项目实施后节能量达1 441吨标煤。

【实施电能在线监测系统建设】 年内，为进一步提高全区工业电能利用效率，降低能耗总量，对年能耗2 000吨标煤以上的79家重点能耗企业实施电力需求侧电能在线监测系统建设，共安装监测点131个，有效加强基层企业对工业用能使用状况的监测管理。

【推进锅炉清洁能源替代工作】 年内，出台《嘉定区燃煤(重油)锅炉清洁能源替代专项资金扶持办法补充规定》，编制《锅炉清洁能源替代工作指南》，召开政策宣传贯彻和技术培训会，举办空气源热泵、电锅炉、非管输天然气为技术特征的现场技术交流会，多措并举全面推进燃煤(重油)锅炉清洁能源替代工作。全年完成锅炉清洁能源替代改造(包括关停)230台，超额完成市经信委下达190台的目标。台振食品、上宏鞋业等24家企业31台锅炉被列入2014年度第二、三批燃煤(重油)锅炉清洁能源替代专项补贴项目，获得财政资金补贴1 583.44万元。

【进一步加强企业清洁生产】 年内，协助做好清洁生产培训工作，督促企业加强清洁生产审核队伍建设；召开评估会议，帮助企业挖掘节能减排空间，查找管理漏洞，确定清洁生产方案。伟翔环保、科世达—华阳等19家企业申请开展自愿性清洁生产审核工作，组织完成福耀集团(上海)汽车玻璃、天合汽车安全系统等12家企业验收工作。

【深入开展节能宣传活动】 年内，围绕"携手节能低碳、共建碧水蓝天"主题，策划组织全区工商业系统节能宣传推广活动，制作并发放节能宣传资料1.5万余份；组织参观曼胡默尔LED灯示范改造项目，加强LED照明技术在工业生产领域的推广运用；编制《节能动态》，及时传递节能政策、节能技术、节能产品以及区镇两级节能工作动态情况。　(朱月娥　张加英)

【持续加快新能源汽车推广力度】 2014年，在国家出台新能源汽车免征购置税和前期国家及各级地方政府扶持政策叠加影响下，全区新能源汽车推广运用呈现快速发展，200辆新能源汽车面向社会投放，用以开展新能源汽车租赁业务；上海国际汽车城"evercard电动汽车分时租赁业务"全面上线，首批服务网点扩至50个；310辆私家车享受区级财政补贴，较上年增加270辆。基础充电设施和互联网APP应用服务不断更新完善，新能源汽车推广运用环境优化。　(孙　秀)

企业集团

【嘉宝集团实现净利润3.59亿元】 2014年，上海嘉宝实业(集团)股份有限公司(以下简称嘉宝集团)实现营业收入16.37亿元;净利润3.59亿元,同比增长5.9%。公司总资产89.28亿元、净资产29.64亿元,分别比上年增长13.02%和10.48%。年内,派发现金红利1.03亿元,追加捐赠“上海嘉宝公益基金会”2 000万元,上缴税金4.58亿元。主要工作:(1)以地产项目开发为中心,推动“大体量、多项目、跨区域、多业态”的发展格局。年内共运作12个项目,总建筑面积170万平方米,项目销售合同金额17.67亿元,回笼资金16.75亿元。其中盛创企业家园二期等交房项目3个,梦之晨一期(推广名为梦之城)等在建项目3个,梦之缘等新建项目2个,浦东杨思项目(推广名为前滩后院)等拟建、储备、托管项目4个。(2)加强品牌推广,注重口碑传播,提升品牌形象。将嘉宝整体品牌形象提升与项目个体品牌形象提升工作统筹考虑,相互促进。在“2014中国房地产开发企业500强”名单中,嘉宝集团名列第130位。嘉宝集团被嘉定区人民政府评为2014年度嘉定区现代服务业综合实力金奖。在第八届上海市优秀住宅评选活动中,宝菊清水园项目获“上海市优秀保障性住房奖”,嘉宝•梦之湾项目获“上海市优秀住宅•规划建筑奖和房型设计奖”。在第一届“品质嘉定、美丽新城”优秀住宅评选活动中,嘉宝•紫提湾项目获“我最喜爱的住宅”金奖,“梦之湾景苑”项目获“我最喜爱的宜居小区”称号。嘉宝•梦之湾项目景观被评为2014年度上海市“园林杯”优质工程奖。(3)优化产业结构、项目结构、财务结构,挖掘发展潜力。集中优势资源发展房地产业,年内以减资方式退出上海嘉宝协力电子有限公司,以股权转让方式放弃对上海嘉宝贸易发展有限公司的控股权,基本完成剥离工贸型企业的目标。新增浦东杨思地块一幅,嘉定区外项目增至3个。10月底完成五年期9.6亿元公司债的发行工作,适当减少高利率信贷债务。(4)以内控规范化、管理信息化为抓手,提升管理能力。规范验收程序,完善两次交房(项目部向物业交房、物业向业主交房)和分户验收制度。对浦东杨思等拟建项目加强成本预算,试行限额设计;对上海嘉定大融城等在建项目加强过程成本控制;对梦之湾和宝菊清水园等项目,探索工程项目后评估制度。调整销售策略,引入互联网销售平台,采用点对点销售模式。物业租赁经营保持稳定,租金收入4 210万元。物业服务收入1 590万元,同比增长31%,实现净利润312万元,同比增长645%。（熊小平）

【西上海(集团)有限公司实现销售总额619.76亿元】 2014年,西上海(集团)有限公司实现销售总额619.76亿元,比上年增长13.14%;上缴税金8.02亿元。集团下属企业完成产值85.45亿元,实现利润5.25亿元。新增上海安鹤实业有限公司(一汽大众培训中心)、昆明祥和陵园有限公司、昆明祥安陵园有限公司等3家企业,资产转让上海西上海弘杰汽车销售服务有限公司(浦东奥迪店)、上海西上海嘉沃汽车销售服务有限公司、上海西上海申杰汽车销售服务有限公司、无锡西上海东星汽车销售服务有限公司等4家企业,集团共有企业72家。集团公司的现代物流服务被推荐为2014年度上海名牌。主要工作:(1)七大板块经营企稳回升。汽车物流板块塑团队,拓市场,更新车辆提运能。客运拓点增车,安捷公司淘汰黄标车,更新牵引车。汽车服务板块稳经营,强内功,夯实基础谋发展。循序进入天津、重庆、武汉,及时跟进通用PDC项目,走轻资产运作道路。汽车销售板块精管理,优流程,强化内控挖潜力。沃尔沃店、浦东奥迪店和无锡奔驰店等成功进行资本运作。置业板块抓建设,促销售,合作开发蓄后劲。收购锦熙投资股份,与嘉宝集团合作参与浦东新区杨思社区地块投资开发。投资板块搭架构,强功能,遗留问题求突破。都市板块防风险,抓维权,稳健经营促提升。一汽大众培训中心开业。民生板块建平台,设标准,集聚功能做“三成”(园子成群、产业成链、管理成型)。落实昆明祥安陵园征用林地项目,建立天寿石材厂。(2)创新焕发活力,改革顺利推进。集团公司以改革为引领,以创新为动力,制定措施,强化责任,实施首轮质押式承包经营,经营体制改革积极有序推进。完善激励约束机制,调整经营干部问责制度,出台奖励政策的若干规定,激励下属企业做大做强、持续发展。（秦宇芬）

【协通集团实现总产值87.5亿元】 2014年,上海协通(集团)有限公司实现总产值87.5亿元,较上年同期增长21.36%;利税3.8亿元,增长14.8%;进出口总额3.22亿元,增长21.1%。主要工作:(1)拓宽经营思路。年内,与日本理荣株式会社共同出资建设的上海礼爱颐养院入住113位老人。7月,黄渡本部办公楼全部拆除,腾出位置建设北虹桥协通科技园大楼。协通商务大厦落成,上海农商银行协通支行、汉庭酒家等企业入驻。(2)推进项目建设。2月, 8万平方米嘉定新城商办项目工程、宝山区顾村镇“顾村共富配套服务中心”项目工程启动;6月,协通别克品牌的第3家店——协通鹏骋汽车销售服务有限公司在永盛路开业。(3)

上海协通鹏骋永盛路4S店开业典礼　　（协通集团　供稿）

完善考核制度。通过创新奖的设立，鼓励部室人员创新工作，年内共有420人受到创新奖励，金额19.1万元。集团设立网络、审计、法务、品牌、资金、制度“六大警察”，帮助企业规范完善管理制度。（曹家渝）

【上海嘉加(集团)有限公司实现营业收入10.01亿元】 2014年，上海嘉加(集团)有限公司实现营业收入10.01亿元，净利润3 905万元。其中上海马陆机动车驾驶员培训有限公司营业收入6 242万元，上海天灵开关厂有限公司销售收入5.5亿元，上海佳冷型钢有限公司销售收入9.1亿元，上海嘉定嘉加小额贷款股份有限公司营业收入1 380万元。主要工作:(1)制造业板块加快产业特色发展。年内，佳冷型钢公司获评嘉定区企业技术研发中心，外贸销售额较上年增长24.5%，启动股份制改造和“新三板”上市工作。天灵开关厂成立上海气体绝缘(中压)开关研究所，获评2014-2016年上海市高新技术企业，获“2013年度中国轻工业百强企业”称号。(2)物业资产经营板块推进布局调整。年内，出资3 300万元购买嘉定新城白银路的6套商铺，建筑面积1 406平方米。12月26日，举行上海嘉加置业有限公司挂牌仪式，以市场化机制加强物业资产运营。配合嘉北郊野公园建设和嘉定城北大型居住社区配套市政道路建设，推进沸城地块、嘉宁仓储地块动迁工作。嘉安公路嘉宁地块河南区域于6月完成搬迁，嘉安公路嘉宁地块河北区域和哑子泾地块于11月完成搬迁。为配合霍城路开通，实施沸城地块部分动迁，于12月底基本完成。围绕嘉定区环城路2390号地块转型升级，与上海德必文化创意产业发展有限公司签订战略合作意向书，计划就旧厂房改造、工业园区产业集约发展和科技文化创意园区开发等领域开展长期合作。(3)集团公司内部管理实施优化革新。年内，调整部门岗位设置，新设法务审计部和投资发展部。开展部门经理竞聘和员工岗位的“双向”选择工作。为降低经营风险，完成上海沸城投资发展有限公司退出嘉衡置业有限公司工作。(4)嘉定联社拓展影响力。10月28日召开嘉定区城镇集体工业联合社第七次代表大会。调整嘉定联社成员单位构成，有成员单位27个。年内，成员单位上海政太纳米科技股份有限公司、佩兰生物科技(上海)有限公司、禹辉(上海)转印材料有限公司、上海瑞姿包装材料有限公司4家企业在上海股权托管交易中心挂牌上市。（杨喆晔）

【上海新迎园(集团)有限公司实现营业收入2.59亿元】 2014年，上海新迎园(集团)有限公司实现营业收入2.59亿元，同比增长10.7%。其中酒店板块:业务中心通过整合创新有效降低经营成本、减员增效，实现收入3 412万元;餐饮业务中心实现收入11 863.8万元，同比增长18%。大众餐饮板块:迎园食汇合并团膳与快餐门店业务，嘉定公馆、迎园食府调整经营策略应对市场变化，迎园餐厅凭借小龙虾等美食节经营升温;采购配送深化制度建设，规范供应商管理降低成本;早餐公司牵手市政府实事工程加速网点辐射，提升单点营收;加工中心完善各项内部管理、丰富工业旅游内容、积极探索电子商务。综合业务中心:新迎园绿化公司积极拓展市场，有苗木150多个品种13 000余棵，与28家客户签订服务合同;经济中心平稳发展服务商户，有注册企业110户，其中工业类13户、商贸类30户、服务类62户、房地产5户，累计注册资本70 341万元，新增注册资本3 240万元。（成路遥）

【新安亭公司完成投资额2.89亿元】 上海国际汽车城新安亭联合发展有限公司作为上海国际汽车城主体建设单位，2014年完成投资总额2.89亿元，主要为轨道交通11号线墨玉路站二期、嘉北郊野公园湿地前期开发项目，另有部分代建道路工程如博园路西延伸段等。年内，下属参股公司上海国际汽车城产业发展有限公司新竣工项目6个，累计竣工项目14个;新开工项目8个，累计在建项目10个。（赵　宇）

【交发集团完成业务收入3.41亿元】 2014年，上海嘉定交通发展集团有限公司全面推进轨道网络、城市道路网络和公交运营管理、大居建设开发等工作，完成主营业务收入3.41亿元，实现利润5 024万元，较上年翻两番。至年末，集团总资产225.92亿元、净资产96.43亿元，同比分别增长7.14%和1.22%。主要工作:(1)市政项目建设。年内，推进区区对接、大居外配套、产业配套等41个市政项目建设，总投资规模90亿元。完成企业动迁37家、私房动迁122户及一批重点项目前期证照手续办理;惠平路蕰藻浜大桥、爱特路、和宁路等12个项目建设完成，完成投资6.5亿元。着力打造“精品工程”，运用于惠平路蕰藻浜大桥的“多功能纳米材料的规模化可控制备研究及应用”科研项目获“2014年中国产学研合作创新成果奖”。(2)大型居住社区建设。年内，云翔大型居住社区动迁基地一期1 934套房屋完成交付，首批366户动迁居民搬入新居;二期15万平方米项目进入施工招标阶段。城北大型居住社区动迁基地蔷薇苑项目27万平方米全面开工，6.5万平方米实现结构封顶。同步启动22条配套道路、6个公建项目的前期工作。(3)项目建设资金筹集。年内落实财政资金13.2亿元，新增银行授信29.98亿元，银行融资27.75亿元，归集各类税额4.1亿元。探索拓宽融资渠道，成功发债8亿元，确保工程顺利推进。(4)经营投资管理。年内，开展西北物流园区、轨交13号线金运路站地块、新能源车租赁等项目前期工作，做好已投资项目跟踪管理。绿洲北水湾项目开盘，完成销售248套，占首推总量60.78%;厦门银行投资收益按期到位，同比增长25%。加强长途客运、汽车检修、物业广告、税收归缴等业务经营。（叶艳君）

对外经济·民营经济

编辑 王健欣

综　述

2014年，全区经济工作继续围绕“创新驱动　转型发展”，以先进制造业为基础，文化信息产业为名片，新型金融产业为亮点，进一步深化实施大孵化发展战略，不断提升招商服务质量。新批准外商直接投资项目164个，合同利用外资7.11亿美元。年内认定区级孵化器13家。全年外贸进出口总额216.09亿美元，其中出口额99.48亿美元，进口额116.61亿美元。贸易逆差17.13亿美元。全区33个经济小区实现税收295.4亿元，其中纯私营税收204.1亿元，占全区财政总收入的37%。新增注册企业19 117家，新增注册资本849.4亿元。至年末，实有注册企业136 747家，累计注册资本3 548.8亿元。（嘉　新）

招商引资

【概况】 2014年，全区合同利用外资11.7亿美元，创历史新高，比上年增长44.7%，完成年度计划的195%；实际利用外资4.74亿美元，比上年增长14.6%，完成年度计划的118.6%。

【新批外资项目164个】 年内，全区新批准外商直接投资项目164个，比上年下降1.8%；合同利用外资7.11亿美元，增长35.6%，占总额的60.8%，项目规模进一步提升。164个外资项目中外商独资项目为134个，占新批总数的81.7%；全年累计外商独资项目引进合同利用外资6.4亿美元，占合同利用外资总额的54.7%。外商独资依然是引进外资的主要方式。

【增资外资项目103个】 2014年，全区累计批准增资项目103个，比上年下降2.8%；合同利用外资5.12亿美元，比上年增长103%，占总额的43.8%，落户项目增资扩产意愿明显。在投资总额1 000万美元及以上的前10个外资引进项目中，增资项目占6个，共引进合同外资2.25亿美元，占总额的19.23%，良好的增资态势推动引资水平进一步提升。

【制造业引进合同外资1.57亿美元】 2014年，新批外资制造业企业14家，合同利用外资0.37亿美元；全年累计引进外资1.57亿美元，占合同外资总额的13.4%。汽车制造业发展稳定，新引进杰必汽车部件（上海）有限公司合同外资693万美元，天合汽车零部件（上海）有限公司增资3 300万美元。

【第三产业引进外资占总额86.6%】 年内，新引进第三产业项目150个，引进合同外资6.74亿美元；全年累计引进外资10.13亿美元，同比增长104.7%，占合同利用外资总额的86.6%，增势迅猛。其中，外资融资租

斯凯孚嘉定园区开业庆典　　（安亭镇　供稿）

赁行业活跃，全年共引进外商投资融资租赁企业9家，吸引合同利用外资5.03亿美元，占服务业吸引合同利用外资总额的49.7%。

【三家跨国公司地区总部获颁认定证书】 年内，全区共引进3家跨国公司地区总部，分别为德尔福派克（上海）国际管理有限公司、泰明顿企业管理（上海）有限公司和英纳法企业管理（上海）有限公司，投资总额990万美元。其中德尔福派克同时被认定为德尔福派克电子与电气系统事业部的全球总部，是嘉定区第一家全球性总部。至年末，外资在嘉定累计设立跨国公司地区总部43家，总投资10.43亿美元，引进合同外资7.73亿美元。其中管理性总部13家、研发中心16家、投资性公司8家、股权投资管理3家、销售中心3家。

【境外投资总额比上年增长74.8%】 2014年，境外投资项目数为41个（含变更），其中新设27个、增资8个。境外投资总额1.27亿美元，比上年增长74.8%；其中中方实际投资总额6 666.53万美元，增长13.5%。（宋晓瑜）

【"招育并举"促招商】 2014年，进一步深化实施大孵化发展战略，不断提升招商服务质量。根据产业定位，借助市场化、专业化平台及行业协会，与清科集团、创业邦、艾瑞咨询等举办和参与产业活动及行业高峰论坛70场。以清科集团、中同资本等合作平台为载体，在嘉定区域内定期举办特色优势产业与资本对接活动。全年举办以手游、汽车后市场、物联网科技、医疗健康等主题的对接会近百场。依托资本力量汇聚优质项目，带动区内一批企业做大做强。发挥嘉定11亿元产业引导基金的虹吸效应，通过专业化的评估及市场化的对接，达到"招商选资"的最终目的。（居筱飞）

大孵化战略

【认定区级孵化器13家】 2014年，区大孵化中心积极走访街镇、经济小区及社会机构，实地调研指导孵化器创建工作。年内认定区级孵化器13家，其中专业型孵化器4家、综合型孵化器9家。按照"基金+基地"的运营模式，引导产业园区、孵化器建立和引入一定规模产业基金，带动资本在产业园内集聚，推动资本与孵化企业对接，促进资本与产业融合发展。全年通过合作、引进等模式，南翔经济城、安亭经济城等产业园区筹建私募基金和创投基金5亿多元，为匹配项目奠定基础。

"大孵化器"战略培训活动　（区经委　供稿）

【打造辐射区域招商创新平台】 2014年，与外部平台对接，营造创新创业氛围。借助市场化、专业化平台及行业协会，举办创新创业活动及高峰论坛，主题涉及股权投资、医疗健康、先进制造业等。积极拓展国内外的互联网机构派代网、手游产业的上方网等平台。年内，协调南翔"科技50"，筹建"上海创谷"孵化平台项目，通过创新创业活动的举办，逐步打造自己的品牌平台，依托浦发硅谷银行、复旦大学PE/VC同学会、浦东归国留学生联合会等资源，在汽车、医疗健康、文化创意、智能硬件、集成电路等重点领域形成聚焦。

【完善中小企业服务体系】 2014年，针对区内中小企业发展现状，大孵化中心先后两次与市中小办、安佐法律咨询等机构对区内130多家"专精特新"企业和部分重点企业开展技术创新、市场拓展、融资经营等方面的需求调研，下发调查问卷150份。中心先后与中同资本、金电联行、中信证券、智炎电商、派代网、工业品营销研究院等20多家专业机构，就如何行之有效地服务中小企业的问题进行交流，广泛听取意见。

【区大孵化中心组织培训近40场】 年内，区大孵化中心做好为企业服务工作，组织开展系列培训和活动。举办中小企业"半月坛"公益实务系列讲座8场，惠及企业400余家；举办"传统企业转型电子商务之路"系列活动5场，服务企业300多人次，帮助企业解决在电子商务布局、建设、管理中的疑难问题；组织开展"法律体检"和法律培训活动11场，服务企业300多人次；联合股交中心、投资机构组织开展融资对接、项目路演活动10场，为项目嫁接资本，帮助企业解决融资难问题。2014年，新增新三板、股交中心挂牌企业54家，融资金额近3亿元。组织开展政策培训、"专精特新"培训等活动，服务企业700余人次，推送信息服务1 200余次。（韩　非）

对外贸易

【概况】 2014年，面临外部市场需求萎缩、人民币升值、管理成本上升、不稳定因素增加等情况，全区外贸工作继续贯彻落实"稳增长、调结构、促平衡"等政策措施，全年外贸进出口总额216.09亿美元，保持3.14%的增长速率。其中出口额99.48亿美元，进口额116.61亿美元。贸易逆差17.13亿美元。

【外商投资企业实现进出口额167.44亿美元】 2014年，外商投资企业进出口规模仍居首位，实现进出口额167.44亿美元，同比增长0.91%，占全区进出口总额的77.49%。其中出口额72.97亿美元，同比下降0.85%；进口额94.47亿美元，同比增长2.32%。同期，民营企业增速加快，进出口额达41.92亿美元（其中出口额18.59亿美元，进口额16亿美元），同比增长15.41%，占全区进出口总额19.40%。国有企业进出口额2亿美元，同比下降12.99%；嘉定出口加工区内企业进出口额4.72亿美元，同比下降4.79%。

【对外贸易主体格局更趋合理】 年内，全区一般贸易比重继续提高，加工贸易增长乏力。一般贸易实现进出口额155.86亿美元（其中出口额60.53亿美元，进口额95.33亿美元），占全区进出口总额的72.13%，占比进一步提高。全区加工贸易进出口增长速度减慢，2014年进出口总额51.21亿美元（其中出口额37.87亿美元、进口额13.34亿美元），同比下降9.38%，低于全区外贸增速18.52个百分点。

【汽车行业出口占总额22.11%】 年内，区特强产业——汽车及零部件产品出口比重持续提高，实现出口额21.99亿美元，同比增长5.9%，占全区出口总额的22.11%。机电产品实现出口额44.71亿美元，同比下降1.19%，出口占比从上年的45.74%降至44.95%。

【地区贸易冷热不均】 2014年，受欧盟经济企稳复苏、对欧进出口基数较低等因素影响，与欧双边贸易总值达71.26亿美元（其中出口额17.3亿美元、进口额53.96亿美元），同比增长7.97%，占全区进出口总额的32.98%。对美国和日本的进出口额分别为27.54亿美元和42.18亿美元，同比分别增长-0.73%和2.77%。新兴市场贸易有所放缓，与东盟、俄罗斯、南非的贸易额同比分别增长1.02%、-8.65%和16.61%。 （顾益婷）

海关、出口加工区

【概况】 2014年，嘉定海关围绕“传承巩固、创新发展”的工作总基调，切实做好海关监管工作，积极落实量质并举的税收征管要求，加大综合治税力度，结合区域海关实际，创新监管方法，丰富监管手段，提高监管效能，切实推进中心工作稳步前进。全年共征收税款（含出口加工区）21.59亿元，同比增长8%。上海嘉定出口加工区完成进出口区总货值18.58亿美元，比上年增长18.53%。 （马文多　朱佳逸）

【征税21.59亿元】 2014年，嘉定海关共征收税款（含出口加工区）21.59亿元，同比增长8%。“2217”通关现场直接进出口货物总值19.5亿美元，同比减少9.3%；直接进出口货物总重28.9万吨，同比减少14.7%；报关单总量8.35万份，同比减少8.9%。新注册进出口企业685家，投资总额7.1亿美元，注册资金6.4亿美元，同比分别减少28%和34%。

【通关监管】 年内，嘉定海关严格减免税监管，严防减免税风险。全年共办理减免税审批229批，同比减少9%；审批货值7 749万美元，同比减少1%；减免税款5 591万元，同比增长52%。深入推进无纸化通关改革，提高通关效率。4月8日，无纸化通关接单自动派单系统启用；9月22日，执行区域通关一体化。2014年无纸化总单量8.34万份，占现场报关单总量的95.5%；出口加工区审核通关无纸化报关单45 453票，占出口加工区进出口报关单量的98.08%。

【加工贸易监管】 年内，嘉定海关加强对电子化手册时间倒挂、重量倒挂和金额倒挂的核查力度。对26家企业的倒挂情况予以补税，税款合计78.3万元。突出监管特色，做好保税仓库的监管与服务工作。2014年累计进库报关600票，出库报关1 040票；进库货物量6 459吨，进库货值8 991万美元；出库货物5 973吨，货值9 720万美元；征收关税39.61万元、增值税336.25万元。积极引入中介机构协助海关盘点核查、核销工作。2014年共审计企业36家，征收税款2 217.5万元。

【企业管理】 年内，嘉定海关从加工贸易、一般贸易、减免税后续管理等多方面着手，强化AA类企业常规稽查力度，对计划内的6家AA类企业全部开出稽查通知书，依照新标准要求，抽取相关进出口报关单。做好分类管理岗位AA类、A类企业年审工作。除4家企业因年内降级，2家不再从事进出口业务外，其余188家AA类、A类企业均按时提交年审材料。至年底，全区有AA类企业19家、A类企业211家，分别比上年增长12%和21%。

【重点赛事监管和服务保障工作】 年内，嘉定海关与赛事主办单位就进一步优化通关流程、严密海关监管沟通协调，为上赛场新指定的物流供应商宣讲赛事通关监管各环节操作规范。组织各部门参加的专题协调会，明确分工、职责和配合方式；针对赛事运作新问题新需求，结合暂时进出口货物管理新政，进一步梳理、优化进出口通关作业流程。组成赛事专项工作小组，开辟验放专窗，提供直通验放、预约通关和“门到门”查验等服务，争取“货到验放、直通赛场”。2014年完成F1中国大奖赛和勒芒世界耐力锦标赛物品查验工作，验放进口物品168批次，价值4 788万美元；受理13个展览会备案，放行展览品300批，货值5 923万美元。

【出口加工区监管】 年内，嘉定海关通过发放“区域通关一体化企业报关须知”、张贴公告、举办座谈会等形式，宣传、落实长三角海关区域通关一体化改革。主动协调，促进关检合作“三个一”项目落实。明确“一次申报、一次查验、一次放行”关检合作方法，协调商检部门做好“三个一”业务前期准备工作。开展特殊监管区域整合和管理体制创新专题调研，结合嘉定出口加工区的业务特点，试点推广各项优惠政策。成功推广四项优惠政策，其中“工单式核销”试点企业5家；“简化统一进出境备案清单”“简化无纸通关随附单证”“批次进出，集中申报”三项制度全面覆盖辖区所有企业。年内，出口加工区监管进出境和进出区货物总值17.58亿美元，同比增长19%。受理进出口报关单和进出境备案共计4.6万份，同比增长4%；卡口监管验放进出区车辆4.41万车次，同比增长11%。（马文多）

【上海嘉定出口加工区向自贸区转型】 2014年，上海嘉定出口加工区完成进出口区总货值18.58亿美元，比上年增长18.53%。海关征收税款4.44亿元。推进跨境电子商务平台建设，11月被上海海关批准为跨境电商试点单位。嘉定出口加工区内的6家物流企业为周边千家企业提供便捷的保税物流服务，完成进出区货值总额13.34亿美元，同比增长31.52%。（朱佳逸）

民营经济

【概况】 2014年，全区33个经济小区实现税收295.4亿元，同比增长13.5%，占全区财政总收入的53.5%；其中，纯私营税收204.1亿元，同比增长4.9%，占全区财政总收入的37%。新增注册企业19 117户，新增注册资本849.4亿元。至年末，实有注册企业136 747户，累计注册资本3 548.8亿元。注册企业户均纳税21.6万元，增长3.85%；出税企业户均纳税29.1万元，增长13.23%。上海希望城经济发展有限公司、上海沪嘉经济发展中心、上海大众经济城发展中心等16个经济小区入围上海市中小企业服务机构推荐名单。上海蓝天经济城发展有限公司被推荐为上海名牌服务。

【年缴税10亿元经济小区12家】 2014年，全区33个经济小区中，年缴税收10亿元以上经济小区12家，共上缴税额195.5亿元，占经济小区税收总额的66.2%。

文明个体工商户先进私营企业表彰大会　　（区个私协会　供稿）

【9个经济小区获区特别贡献奖】 年内经评选，上海市嘉定工业区经济发展有限公司、上海蓝天经济城发展有限公司、上海国际汽车城经济发展中心、上海希望城经济发展有限公司、上海杨柳经济开发中心、上海大众经济城发展中心、上海沪嘉经济发展中心、上海徐行经济城、上海嘉定高科技园区发展总公司获“嘉定区经济小区特别贡献奖”。

【9个经济小区获区综合贡献奖】 年内经评选，上海绿地私营经济发展有限公司、上海南翔经济城实业有限公司、上海江桥经济发展有限公司、上海嘉定工业区绿色经济发展有限公司、上海菊园经济发展中心、上海古猗园经济城发展有限公司、上海华亭私营经济发展中心、上海沪太经济发展中心、上海安亭经济发展中心获“嘉定区经济小区综合贡献奖”。

【8个经济小区获区优质管理奖】 年内经评选，上海外冈工业园经济发展有限公司、上海水之园经济城有限公司、上海新江桥现代经济发展有限公司、上海申冈经济城发展有限公司、上海真新经济城有限公司、上海宁新经济发展中心、上海环球经济城发展有限公司、上海嘉城经济发展中心获“嘉定区经济小区优质管理奖”。（严　渊）

【开展帮困送温暖活动】 1月，嘉定区个私协会走访慰问特困会员和劳模家庭46户，送上慰问金1.98万元。4月15日，协会在全区范围内开展“4·15”爱心行动日活动，活动共设1个主会场、6个分会场，参与会员180人，受众2 000人次。7月，协会向区内4 889名个体户会员提供清凉用品，价值21万元；10月，协会为会员购买意外保险计3.93万元。八一建军节期间，协会将量身定制的98套运动服送到武警官兵手中。

【召开先进表彰会】 4月19日，区个私协会召开2012-2013年度文明个体工商户表彰大会、先进私营企业表彰大会，表彰嘉定镇街道玉子美容店业主江玉英等20名上海市文明个体工商户，向上海轻纺集团有限公司等16家上海市先进私营企业授牌。（张　逸）

商贸服务业

编辑 王健欣

综　　述

2014年，全区商业经济发展继续快速增长，消费品市场规模进一步扩大，新型商业模式加速发展，居民购买力不断增强，消费结构升级明显加快，全区消费品市场平稳较快发展。全年实现商品销售额4 279.8亿元，比上年增长12.6%；实现社会消费品零售总额714.1亿元，增长26.5%；实现商业增加值131.4亿元，可比增长13.1%；上缴商业税收112.4亿元，与上年持平。新农村商业网点建设任务全面完成。全区市场总数112家，其中专业市场49家、食用农产品市场63家；专业市场年成交额660.87亿元，同比增长13.4%。文化与信息产业保持加速发展势头，实现营业收入1 087.5亿元，上缴税收32.9亿元；新增注册资本百万元以上企业1 653家。（嘉　新）

商　　业

【概况】 2014年，全区实现商品销售额4 279.8亿元，比上年增长12.6%，其中属地实现1 699.4亿元，同比增长12.1%；实现社会消费品零售总额714.1亿元，增长26.5%；实现商业增加值131.4亿元，可比增长13.1%，占全区三产增加值的29.6%；上缴商业税额112.4亿元，与上年持平。全区新建新农村商业网点31个，累计建设网点200个。

【限额以上商业企业实现销售额1 277.4亿元】 2014年，全区限额以上企业共实现商品销售额1 277.4亿元，占全区商品销售总额的75.2%，同比增长12.3%。全区有10亿元以上商业企业21家，实现销售总额3 631亿元，同比增长12.4%，占全区商品销售总额的84.8%。其中，销售额千亿元以上1家；百亿元以上3家（分别为圆迈、沃尔沃、舍弗勒），较上年新增1家；10亿元以上17家。

【电子商务销售额实现379亿元】 2014年，全区限额以上电子商务企业继续保持稳定增长的态势，总量进一步扩大，全年实现销售额379亿元，同比增长25.8%，分别拉动全区商品销售总额和社会消费品零售总额增长5.1和13.8个百分点。其中，圆迈贸易、国美在线和酒仙网的销售额与上年同期相比增长30%以上。

【5家城市商业综合体实现销售额28.6亿元】 2014年，城市商业综合体迅速发展，南翔华润五彩城、安亭财富广场相继开业，其商业辐射力迅速扩展至周边区域，成为众多家庭首选的商业生活中心。江桥万达、嘉亭荟和中冶祥腾充分发挥轨道交通沿线优势，吸引客流，营收情况良好，中冶祥腾销售额增幅超110%。年内，纳入统计的5家商业综合体（江桥万达、嘉亭荟、中冶祥腾、罗宾森、永润星辰）实现销售额28.6亿元，同比增长21.8%。

【35家企业被授予区优质经营示范单位称号】 2014年，区内66家企业开展商贸服务行业优质经营示范单位申报创建工作，经考核评定，35家企业被授予“2014年度嘉定区商贸服务行业优质经营示范单位”称号。其中上海嘉定百联东方商厦有限公司被评为五星级优质经营示范单位，上海嘉定大润发商贸有限公司等3个单位被评为四星级优质经营示范单位，上海泰苏沪餐饮有限公司等13个单位被评为三星级优质经营示范单位，上海永乐通讯设备有限公司安亭店等18个单位被评为二星级优质经营示范单位。

【4家企业获首批“上海老字号”称号】 历经两年申报评选，经上海市商务委认定，区内上海东方食品有限公司、上海稻香酒业有限公司、上海海螺（集团）马陆衬衫厂、上海精细文化用品有限公司4家企业获首批“上海老字号”称号（全市共有42家企业获此称号）。

【上海购物节嘉定系列活动】 2014年，全区紧紧围绕“体验都市魅力，就从购物开始”的主题，依托嘉定产业特点、文化特色、旅游资源等优势，商旅文联动，组织开展“CAS改装车展”“千桌万人小笼盛会”等21项精彩纷呈的活动，以节兴市，拉动消费。购物节(9月12日-10月12日)期间，区内29家重点商贸业企业实现营业收入28.5亿元，同比增长13.1%。（万晓君）

【区供销合作总社商品购进总值18.79亿元】 2014年，区供销合作总社商品购进总值18.79亿元，比上年增长4.91%。其中废旧物资收购1.04亿元，增长40.54%。实现商品销售总值22.44亿元，增长6.4%。实现社会消费品零售额7.44亿元(其中吃、穿、用商品分别实现2.6亿元、0.4亿元和4.44亿元)。实现利润总额8 331.95万元，其中归母公司净利润3 490.03万元，增长28.6%。年末资产总额21.04亿元，增长23.69%；负债总额12亿元；资产负债率57.03%。年末所有者权益9.03亿元，其中归母公司所有者权益6.86亿元，增长37.75%；全年实缴税额1.62亿元，增长8%（上述数据按合并会计报告口径，包括上海新嘉商业投资有限公司和区供销合作总社）。

【新农村商业网点建设任务全面完成】 年内，区供销合作总社新建新农村商业网点32个，全面完成区内新农村商业网点建设管理行动计划开设200家新农村商业网点的要求，自2008年始共开设惠民超市201家、配送中心1个，实现农村地区"一村一店"全覆盖的目标，在全区形成集超市、配送中心于一体的日用消费品连锁经营网络。通过建立督导巡查制度、评优评先制度等，规范加盟店的经营管理，进一步提升惠民超市的整体形象和服务水平。新农村商业网点投入建设后，农村居民的消费购物环境得到提升。网点的商品由统一配送中心提供，从源头上保证货品质量，保障消费者利益。网点货品丰富、价格适中，满足农村中低收入人群的消费需求，农村居民生活质量得到进一步提升。

【区粮油资产经营公司、商业网点公司并入新嘉商投公司】 12月2日，新嘉商投公司同区经委、区粮食局签订企业整体划转业务移交协议书，上海嘉定商业网点置业有限公司、上海市嘉定区粮油资产经营有限公司整体移交新嘉商投公司。（李晓敏）

市　　场

【概况】 2014年，全区市场总数112家，其中专业市场49家，食用农产品市场63家。专业市场年成交额660.87亿元，同比增长13.4%。新建标准化菜市场1家，34家菜场被评为2014年度嘉定区星级标准化菜市场。年内，区粮食购销公司完成粳谷收购28 529吨，收购小麦9 907吨。

【食品流通安全信息追溯体系建设】 年内，按照活禽定点交易管理要求，做好标准化菜市场季节性暂停交易和恢复交易督导工作，在11家区定点活禽零售交易菜市场，落实完成2014年市政府实事项目——活禽流通安全信息追溯体系建设。

【菜市场文明城区创建工作】 按照"文明城区"创建和"特定区域"环境治理要求，加强菜市场相关督导检查，建立街镇日常巡查督查队伍，做好150件区巡查问题督导反馈工作，出具自查问题整改意见书70件。（高　叶）

【完成区级粮食收购储备】 2014年，区粮食购销公司完成粳谷收购28 529吨，收购小麦9 907吨。轮入粳谷19 653吨，轮出2012年产粳谷11 653吨，完成2 000吨区级储备粳米轮换。

【加强粮食政策性业务管理】 年内，加强帮困粮油供应点建设和监管，全区有25家超市提供帮困粮油供应服务，完善副补发放对象数据库并实现网络化管理，加强军供粮源质量管理。全年发放帮困粮油商品供应额162万元，供应人数25 889人次；发放"副补"146万元，供应人数17 858人次。

【推进副食品价格补贴业务进社区工作】 年内，区粮食局与民政、财政等部门沟通，积极推进"副补"业务下沉社区工作。至年末，各街道、镇社区事务受理服务中心已正常开展受理和发放"副补"工作。（顾宏明）

【上海市二手车交易总量43.06万辆】 2014年，上海市二手车交易首次突破40万辆，当年交易总量为43.06万辆，比上年增长11.33%；成交总额442.9亿元，增长16.88%。9月28日，《上海市在用非营业性客户额度管理试行办法》出台，明确自11月1日起，在用(牌照)额度不得擅自转让，持有人确需转让的，应纳入统一的拍卖平台进行拍卖。上海市自2000年起实施的二手车带(牌照)额度转让政策宣告废止，市民无论购置新车和二手车，其(牌照)额度只能从统一的拍卖平台通过拍卖获取。11月，随着额度并轨新政实施，二手车交易进入下滑通道，11-12月的交易量同比上年降幅均在

惠民生鲜超市　（区供销社　供稿）

12%左右。11月8日，由上海市执业经纪人协会主办，上海市二手车行业协会配合并参与的2014年上海市二手车经纪执业资格考试开考，参试人员96人。（谢启康）

专营专卖

【概况】 2014年，区酒类专卖管理局深化对辖区内酒类企业的全程监管，严厉打击制售假冒伪劣酒类商品的违法行为。对超市、卖场和连锁餐饮等重点零售企业的酒类商品质量加强监控，随机进行抽查检测，引导酒类经营企业严把进货关，以确保商业主渠道酒类商品的安全、可靠。加大对小饭店、小杂货店、小超市、小批发部等“四小企业”的检查整治力度，确保优质酒类商品进入市场。组织开展酒类经营者岗位培训。年内，共出动检查人员296人次，立案查处酒类违法案件（售假）6起。

【联合开展市场专项整治】 1月6日，区酒类专卖管理局会同松江、闵行、青浦区开展节日酒类市场交叉检查，重点检查有无销售假冒酒类商品、是否办理酒类经营许可证以及《酒类流通随附单》使用情况，共出动执法人员16人次，对嘉定城区的散装酒销售点、餐饮企业、加盟店、非正规的名烟名酒店集中开展专项执法检查。中秋前夕，会同食药监局嘉定分局对江桥地区9家餐饮企业开展酒类质量安全专项检查，重点检查酒类商品质量、《酒类流通随附单》使用情况。

【开展优质经营示范单位创建活动】 2014年，在全区创建商贸行业优质经营示范单位的活动中，区酒类专卖管理局把酒类企业从业人员培训、联合检查、日常督察等常规工作同创建全国文明城区工作相结合，从规章制度、服务管理、环境设施等多方面对酒类企业加强行业指导管理，全区酒类企业整体经营环境和服务水平得到进一步提升。在区酒类企业中评选出嘉定区2014年度优质经营示范单位7个。（杨安军）

现代服务业

【概况】 2014年，嘉定区文化与信息产业保持加速发展势头，重点聚集培育的电子商务、广告影视、工业设计、游戏等优势产业得以全面发展，基本形成特色鲜明、错位发展的模式。全年文化与信息产业（服务业部分）实现营业收入1 087.5亿元（其中201家企业收入超5 000万元），上缴税额32.9亿元；新增注册资本百万元以上企业1 653家，新增注册资本66.7亿元。

【文化与信息产业实现营业收入1 087.5亿元】 2014年，全区文化与信息产业实现营业收入1 087.5亿元（其中201家企业收入超5 000万元，比上年增加61家），同比增长28.9%；上缴税额32.9亿元，同比增长18.8%。新增注册资本百万元以上企业1 653家（其中注册资本超千万以上企业75家，比上年增加10家），同比增长143.1%；新增注册资本66.7亿元，同比增长60.7%；户均注册资本403.5万元。纳入统计的电子商务企业实现电商交易额1 105亿元，同比增长53.4%。

【文化与信息重点行业实现营业收入735.9亿元】 年内，电子商务、互联网信息服务、广告等八大重点行业保持快速发展态势，实现营业收入735.9亿元，同比增长46.6%，占产业总收入的67.7%；上缴税额18.5亿元，同比增长40.2%，占产业总税收的56.2%。其中电子商务业综合实力强劲，实现营业收入455.6亿元，同比增长55.5%；上缴税额5.3亿元，同比增长42.6%；实现交易额1 105亿元，同比增长53.4%。广告业实现营业收入112.3亿元，同比增长37.1%；上缴税额3.9亿元，同比增长40.7%。互联网信息服务业实现营业收入62.9亿元，同比增长56.7%；上缴税额2.9亿元，同比增长41.6%。动漫网游业、创意设计业、软件设计业营业收入和上缴税额分列四至六名。

【8个重点园区上缴税额14.4亿元】 年内，中广国际、南翔智地、东方慧谷、金沙3131等8个重点园区注重结构优化升级，不断提升配套功能及服务水准，累计引进文化与信息企业1 894家，实现营业收入615.3亿元，上缴税额14.4亿元。

【嘉定电子商务产业园实现营业收入413.9亿元】 园区集聚京东华东总部、百度在线、国美在线、阿里巴巴、苏宁易购、新蛋商城、中粮我买、聚美优品等众多知名电子商务企业。至年末，嘉定电子商务产业园实现营业收入413.9亿元，上缴税额3.4亿元。

京东仓储（嘉定报社 唐敏 摄）

【嘉定新城现代服务业集聚区建设加速】 2014年,集聚区建设突出创业创新,产城融合发展进一步加速。上市企业总部集聚商务区发展态势良好。绿地集团、国北科技等2个项目落地;同创伟业、爱派科技、长信科技、挚信资本医院、立思辰、长三角、强劲地基等项目意向入驻;依托中信泰富等企业资源优势,建立双方战略合作关系,积极打造新城核心区的商务办公新天地。商业文化设施建设加速推进。保利台北风情街基本建成,进入内部装修和开业准备阶段;西云楼、新荟商业广场项目结构封顶,宝龙城市广场项目开工建设;保利凯悦酒店、明发威斯丁酒店项目建设稳步推进;秋霞坊邻里中心、新城金郡邻里中心竣工,保利天琴宇、嘉宝联友、金沙湾邻里中心开工建设;保利大剧院竣工交付使用,9月始首场演出开演。

【中广国际基地引进文化信息产业类企业2 597家】 2014年,园区扎实推进品牌建设工作,参与2014年世界广告大会、第八届广告趋势论坛和第21届中国国际广告节,加入国家广告产业联盟;建成培训中心、中广国际广告创意产业园展示平台、中国元素创意大赛展示平台、嘉定电子商务展示平台并投入使用。二期园区建设顺利推进。年内,引进文化信息产业类企业2 597家,包括广告创意、设计制作、总部研发、电子商务、软件开发、信息科技等产业的诸多国内外知名企业。园区实现营业收入75.1亿元,实现税额2.8亿元。

【上海南翔智地文化产业园实现营业收入104.4亿元】 至年底,园区集聚文化信息类企业400多家。年内,第三届科技50创业大赛成功举办,智能硬件产业基地揭幕,“基金+基地”加速器模式助推产能升级,文化创意和科技创新两大产业平台建设初具规模。2014年,园区实现营业收入104.4亿元,实现税额7.1亿元。 (沈丹虹)

金融服务业

【概况】 2014年,全区以“金融推动科技创新、金融服务产业发展”为目标,在资本市场和新型金融产业方面取得新突破,嘉定被认定为“中国金融生态城市”。全年新增上市企业1家;新增“新三板”挂牌企业12家;股权托管企业挂牌61家,挂牌数保持全市第一,累计获融资额6.68亿元。新增小额贷款公司1家,累计13家,注册资本总额18亿元;3家融资性担保机构注册资本总额4亿元;新增商业保理企业4家;融资租赁迅速扩张,有13家公司成立。

【新增上市企业1家】 7月,上海北特科技股份有限公司在上交所上市,成为全区第9家上市企业。至年末,全区共有上市企业9家,向证监会递交IPO申请材料企业4家,报上海市证监局辅导备案企业7家。

【新增“新三板”挂牌企业12家】 年内,全区新增“新三板”挂牌企业12家。至年末,全区共有“新三板”挂牌企业17家,向股转系统递交挂牌申请材料企业8家,完成股份制改造企业4家,另有9家企业启动挂牌工作。

【新增股权托管挂牌企业61家】 年内,鼎凡电工机械有限公司等61家企业在股交中心E板挂牌,占当年E板总挂牌数的42.13%,保持全市第一。至年底,全区E板累计挂牌企业数达83家,挂牌企业累计融资额6.68亿元。另有77家企业在Q板挂牌。

【新增互联网小贷公司1家】 年内,京汇、百度等2家互联网小额贷款公司开业,唯品会小额贷款公司获批设立。至年末,全区共有13家小贷公司,注册资本总额18亿元;已开业的12家小贷公司累计放贷3 236户7 733笔82.47亿元,同比增长68.48%;贷款余额1 812户3 086笔14.59亿元,同比增长34.84%。累计为小微企业、创业企业、科技企业、文化创意类企业放贷41.68亿元,同比增长136.42%。

【融资性担保机构平稳发展】 年内,全区3家融资性担保机构累计新增发生额3.38亿元。至年末,在保户数46户,在保余额3.61亿元。累计提供融资性担保额7.88亿元,平均放大倍数0.88倍。

【商业保理企业增至6家】 年内,天喆、易仕达、信银振汇3家商业保理企业获批,上海邦汇商业保理有限公司迁入,商业保理企业数升至6家,注册资本总额5.5亿元。

【融资租赁业务迅速扩张】 2014年,檀实租赁等13家融资租赁公司成立,全区融资公司升至14家,注册资本总额52.9亿元。

【金融产业园区蓬勃发展】 8月,建筑面积6.7万平方米的“上海金融谷”一期项目竣工。年内,通过各类招商对接活动,吸引包括91金融超市等15家互联网金融企业和金融服务外包企业入驻园区。 (张 巍)

旅游业

编辑 袁黛英

综述

2014年，嘉定区旅游局加快旅游项目建设，加强行业管理，整合旅游资源，拓宽旅游宣传广度，旅游目的地建设实现新发展。全年旅行社、旅游饭店和旅游景区接待游客1 407万人次，实现旅游直接收入48.9亿元。年内，以“经典上海·风雅嘉定”为主题，设计制作《2014年嘉定四季旅游消费导刊》、嘉定旅游地图、四季旅游折页和《玩转嘉定旅游手册》等宣传资料，推出“春行雅致赏嘉定”等四季旅游产品，摄制嘉定旅游节宣传片。推进网络宣传推广工作，“嘉定旅游”微博粉丝2.76万人；“嘉定旅游”微信公众号获“2014中国旅游互联网创新实践奖”，“粉丝”6 000余人。开展企业管理和一线员工礼仪规范、景区导游、饭店沙盘模拟等专业培训，550人次参训。对8家旅游星级饭店进行复核评定；推进行业节能减排工作，上海颖奕皇冠假日酒店创建为“金叶级”绿色旅游饭店。完成200名导游年审工作。（汪　磊）

旅游管理

【概况】 2014年，区旅游局以创建全国文明城区工作为重点，加强市场运营监管，开展旅游达标创优工作，提升行业服务质量，推进行业教育和培训，出台《嘉定区旅游局关于对旅游企业进行服务质量暗访检查的办法（试行）》等3项制度。开展《旅游法》专题培训，提升导游队伍专业素质；推进行业标准化建设，加强旅游星级饭店评定和旅行社审批工作；完善旅游公共服务体系，强化服务功能，细化服务职能，方便市民出游。至年底，全区共有星级饭店6家、规范达标社会旅馆22家，有旅行社63家。

【窗口服务】 3月1日，嘉定旅游咨询服务中心参加“青春聚新成，志愿齐创城——嘉定区学雷锋志愿服务集中行动”，向市民提供旅游线路、出游注意事项、旅游维权等咨询服务，发放《2014年嘉定四季旅游消费导刊》等手册。3月15日，嘉定旅游咨询服务中心参加国际消费者权益日宣传活动，接待市民千余人，发放资料2 000余份。3月21日，嘉定旅游咨询服务中心参加“中国创业节”活动，向落户嘉定的企业介绍嘉定城市和旅游发展情况，普及理性消费、文明旅游、安全旅游等理念，分送嘉定旅游地图和旅游纪念品千余份。

【旅行社管理】 年内，全区200名导游参加年审考试并通过审核。原上海揽胜旅行社有限公司、上海龙锦旅行社有限公司、上海安途旅行社有限公司、上海静荷旅行社有限公司分别更名为上海走客国际旅行社有限公司、上海龙锦国际旅行社有限公司、上海安途国际旅行社有限公司、上海静荷国际旅行社有限公司。至年底，全区共有旅行社63家。中青旅、上海顺联旅行社创建为AAAA级旅行社，上海凯撒旅行社获出境游资质，上海东南旅行社启动出境游资质申报工作。

【星级饭店和社会旅馆管理】 年内，开展旅游星级饭店新标准宣传、星级评定及复核、常规检查等工作，完成8家旅游星级饭店复核工作，撤销寰鑫富贵大酒店四星级旅游饭店称号、新鹭大酒店三星级旅游饭店称号。推进旅游饭店节能减排工作，上海颖奕皇冠假日酒店创建为“金叶级”绿色旅游饭店。至年末，全区共有星级饭店6家，其中四星级3家、三星级3家；有规范达标社会旅馆22家。

【旅游安全管理】 年内，区旅游局联合治安、消防、卫生、文化、食药监等旅馆业管理工作联席会议成员单位，对区内部分宾（旅）馆、景区（点）、旅行社等进行检查。4月30日，联合区发改委、区建交委、区卫计委、区文广局等单位开展节前安全检查，重点检查星级旅游饭店明码标价、无障碍设施、消防设施设备、环境卫生、控烟和服务质量等情况。9月，联合相关单位对区内部分景区（点）、宾（旅）馆及旅行社开展国庆节前安全检查，重点检查消防、治安、卫生、特种设备、食品安全、旅行社包车等情况，对存在问题予以纠正、警告和限期整改；对旅行社客车租用情况进行核查，杜绝违规用车行为，保障旅游交通安全。

【教育培训】 年内，举办旅游饭店服务技能培训班，设客房服务、前厅服务、形象与礼仪、餐饮精细化管理等内容，聘请锦江集团等专业教师授课，区内各旅游饭店派员参训。对区内出租车驾驶员开展为期一个月的旅游知识培训，以“观赛事•游嘉定”为主线，介绍嘉定各主要旅游景区及四季节庆活动。7月，举办景区导游员培训班，设景区讲解、导游职责、讲解技能、服务礼仪及突发事件应急处理等内容，60人参训。（汪 磊）

旅游活动

【概况】 2014年，区旅游局围绕建设长三角综合性节点城市的目标，进一步加强旅游基础设施建设，丰富旅游产品体系，拓展旅游市场空间，提升旅游接待服务水平，形成资源整合、产城融合、商旅联合、游客参与度高、市场消费拉动明显、城市形象宣传集聚的良好局面。年内，举办2014年上海汽车文化节、2014年上海旅游节嘉定系列活动、上海马陆葡萄节、法拉利赛道日嘉年华、沥江田园文化旅游节等活动，累计接待游客近300万人次。

【2014年上海旅游节嘉定系列活动】 2014年上海旅游节嘉定系列活动以“经典上海•风雅嘉定”为主线，以“安全、亲民、节俭、欢乐”为主题，举办安亭赛车季、上海南翔小笼文化展、上海孔子文化节、华亭乡村欢乐节、曹安购物旅游节等五大类35项主题活动，为期45天，接待游客208.3万人次。（1）安亭赛车季。9月19日-11月2日，安亭赛车季在汽车博览公园、上海国际赛车场、上海颖奕皇冠假日酒店、嘉亭荟城市生活广场举办CAS改装车展、中国国际名城经典汽车巡礼、上海汽车销售服务节、上海国际汽车城秋季铁人三项赛等活动11项。（2）上海孔子文化节。9月10-28日，“金声玉振，嘉定儒风——2014年上海孔子文化节”在嘉定州桥景区举行，活动融合礼乐文化、传世家训、师道传承、经典吟诵等元素，以“礼”“乐”“游”为主线举办主题活动16项，向游客展示嘉定深厚的历史底蕴和儒家文化的独特魅力。（3）上海南翔小笼文化展。9月28日-10月28日，以“传承与发扬”为主题的2014年上海南翔小笼文化展在南翔老街举行，分品味南翔、记忆南翔、雅韵南翔三个篇章，举办南翔小笼美食节、南翔戏曲庙会、上海古猗园欢乐民俗节等8项子活动。（4）华亭乡村欢乐节。9月2日-10月18日，“乐享美丽乡村——2014年华亭乡村欢乐节”在华亭人家举行，举办大型家庭趣味垂钓节、高尔夫邀请赛、毛桥民俗美食节等活动，接待游客3.5万人次。（5）曹安购物旅游节。9月16日-10月16日，2014年曹安购物旅游节在丰庄茶城举行。活动以“商区添活力，游购增趣味，市民得实惠”为宗旨，以“趣游欢购，爱尚曹安”为主题，举办“品韵曹安”茶文化艺术节、“享速曹安”扮靓爱车节、“欢购曹安”现代商展节、“指点曹安”手游欢乐节、“淘乐曹安”活力网拍节和“悦食曹安”曹安美食节等活动，数十家商户、电商参与。

2014年安亭赛车季　（区旅游局 供稿）

【2014年上海汽车文化节】 4月20-30日，2014年上海汽车文化节在上海国际赛车场举行，以“欢乐激情、驶向未来”为主题，设赛事活动、旅游休闲、文化艺术和商务推介等四大板块13项活动。其中“经典上海•嘉定主题园”活动结合F1中国大奖赛在上海国际赛车场水景广场举行，三天接待游客近10万人次，发放宣传资料和旅游纪念品4.5万份。活动通过舞狮舞旗、徐行武术等表演及“南翔小笼”等嘉定特产让游客认识嘉定、了解嘉定。

【上海自驾游博览会】 4月30日，由上海国际汽车城、全国车友会俱乐部联盟、两岸文化传播（中国）有限公司主办的2014年上海自驾游博览会暨驾生活嘉年华在上海汽车会展中心开幕。展会为期五天，展示自驾游线路、景区、景点、房车、越野改装、户外用品等，举办房车名车试乘试驾、自驾潮女才艺展示、CAS改装秀等活动。

【第二届上海荷花展】 6月28日-8月3日，2014年上海国际睡莲展暨第二届上海荷花展在古猗园举行，以“地球，美丽家园”为主题，展示耐寒睡莲、热带睡莲、荷花等珍品600余种。平均每天接待游客近4 000人次，双休日翻番；7月6日，接待游客1.75万人次，为单日游客量之最。

【旅游宣传推介】 7月30日，区旅游局组织安亭•上海国际汽车城、嘉定州桥景区、南翔老街景区、嘉定宾馆、迎园饭店、蓝宫大饭店等单位赴浙江省湖州市举办2014年“观赛事•游嘉定”专题旅游推介会。11月，区旅游局参加2014年中国国际旅游交易会，发放嘉定旅游宣传材料3 000余份，宣传嘉定的特色旅游资源及主题旅游线路。（汪 磊）

【上海马陆葡萄节】 7月5日-10月7

第十四届马陆葡萄节开幕式　　（马陆镇　供稿）

日，第十四届上海马陆葡萄节在上海马陆葡萄艺术村举行。葡萄节以“品马陆葡萄，游美丽乡村”为主题，举办“相约葡萄架下”七夕相亲派对等系列活动，葡萄夜公园于8月的每周五、周六开放。

景观设施

【概况】 年内，区旅游局完成对古猗园、嘉定州桥、上海马陆葡萄艺术村和南翔景区等6家A级旅游景区的调研工作，对景区管理和运营等薄弱环节提出整改意见。至年末，全区有国家A级旅游景区7家。其中嘉定州桥、古猗园、上海马陆葡萄艺术村、南翔老街和汽车博览公园5个景区为国家AAAA级旅游景区，华亭人家•毛桥村和宏泰园2个景区为国家AAA级旅游景区。

2014年嘉定区主要旅游景区（点）一览表

名称	地址	景点
嘉定州桥（AAAA级）	沙霞路68号	汇龙潭公园、孔庙、法华塔塔院、秋霞圃、嘉定竹刻博物馆、陆俨少艺术院
汇龙潭公园	塔城路299号	汇龙潭、应奎山、魁星阁、树抱石、打唱台、侯黄纪念碑、万佛宝塔、畅观楼、翥云峰、缀华堂、状元钟楼
孔庙	嘉定镇街道南大街183号	兴贤坊、育才坊、仰高坊、棂星门、泮池中桥、大成门、大成殿、上海中国科举博物馆
法华塔塔院	嘉定镇街道南大街349号	中国近代著名外交家顾维钧生平陈列室、胡厥文生平事迹展、法华塔
秋霞圃	嘉定镇街道东大街314号	桃花潭、南山、北山、碧梧轩、碧光亭、丛桂轩、三星石、池上草堂、舟而不游轩、观水亭、三曲桥、涉趣桥、凝霞阁、清镜塘、邑庙、井亭
嘉定竹刻博物馆	嘉定镇街道南大街321号	上海博物馆、嘉定博物馆和个人收藏家的竹刻艺术珍品展
陆俨少艺术院	嘉定镇街道东大街358号	陆俨少书画作品、书札、手稿专著展
古猗园（AAAA级）	真南路3503号	逸野堂、双鹅池、松鹤园、青清园、鸳鸯湖、南翔壁
上海马陆葡萄艺术村（AAAA级）	大治路285号	生态公园、葡萄公园、艺术家工作室、马陆民间文化陈列室、新农村风貌、情侣葡萄园、观赏葡萄园、采摘葡萄园、葡萄盆景园、葡萄长廊、荷花塘
南翔景区（老街）（AAAA级）	南翔镇人民街48号	萧梁古井、云翔寺、南翔寺砖塔、“八字”三桥、老街书场、南翔文化展示馆、檀园、莫家弄
汽车博览公园（AAAA级）	博园路7001号	中国园区、美国园区、英国园区、日本园区、欧洲园区、上海汽车博物馆、上海汽车会展中心、EVZONE试乘试驾中心
华亭人家•毛桥村（AAA级）	霜竹公路518号	香葡萄种植园、哈密瓜示范区、认购菜地区、观赏锦鲤鱼塘、龟鳖池、下西洋有机蔬菜园、连心桥、百树坡、华亭茶馆
	霜竹公路1268号	百年老屋、千斤桃王、毛桥食堂、都市农夫、长泾河畔、知青小屋、农具春秋、传世艺坊

（续表）

名称	地址	景点
宏泰园（AAA级）	浏翔公路3425号	红枫亭、桃源水埠、休闲长廊、丰泽码头
安亭老街	新源路、昌吉路	永安塔、菩提寺、老街
上海国际赛车场	伊宁路2000号	主看台、空中餐厅、新闻中心、围场区包厢、瞭望塔、卡丁车赛道、“上”字型赛道
上海汽车博物馆	博园路7565号	历史馆、技术馆、品牌馆、古董车馆、临展馆
上海大众三厂	曹安公路5288号	汽车样车展示、上海大众发展史、汽车生产流水线
养乐多工厂	伊宁路986号	全球样品展示区、影音播放区、流水线参观区、户外活动区、污水处理区、大型冷藏区
太太乐工厂	星华公路969号	多媒体放映厅、万年永昌鼎、5.6万吨纪念碑、至味石、鸡精流水生产线
上海相东佛像艺术馆	沪宜公路4532号	大件区、杂件区、木佛区、石刻区、景观区
沥江果园	嘉定工业区沥江村	农具展示馆、酿酒小屋、果林区、休闲垂钓区
万金观赏鱼庄园	伏耀路465号	万金观赏鱼展示厅、中华鲟保护和宣传教育基地、水族宠物研发中心、育苗繁殖基地、金鱼文化长廊
徐行武术馆	新建一路218号	武科举博物馆、拳术馆

2014年嘉定区星级饭店一览表

星级	名称	客房（间）	套房（间）	电话	地址
四星级	迎园饭店	231	22	59520952	清河路150号
	蓝宫大饭店	202	33	59161000	博乐南路125号
	嘉定宾馆	107	6	59525512	博乐路100号
三星级	协通大酒店	170	27	59595858	曹安公路4671号
	新词大酒店	115	8	59568888	墨玉路29号
	劳动模范度假村	49	1	59506600	泰富路55号

（汪　磊）

建筑业·房地产业

编辑　吴庆

综　　述

2014年，嘉定城市建设和管理工作围绕“产业转型发展、城市品质发展、社会和谐发展”的目标，全力推进重大工程和基础设施建设，着力提升城市发展品质，城市功能逐步完善，城市形象明显改善，为打造长三角综合性节点城市夯实基础。全年安排区重大工程建设项目41个，涉及基础设施、社会事业、产业发展、住房保障等方面。至年底，区重大工程建设新开工项目12个〔白银路地下车库及道路改建（阿克苏路—湖区一路）、嘉定原水支线（陈行水库—嘉定）、于田路改建（和静路—曹安公路）、嘉北郊野公园（一期）、嘉定地区4G网络、沃尔沃汽车（中国）研发中心、中科院声学所东海研究站嘉定新园区、上海航天电子公司扩建、上海金融谷（二期）、中福会新城幼儿园、成佳学校和教育考试中心及阳光天地、瑞金医院肿瘤（质子）中心〕；基本具备开工条件项目1个（华荣科技有限公司节能高新防爆电气研发及生产基地）；建成或基本建成项目18个〔澄浏南路蕰藻浜大桥、于田路改建（和静路—曹安公路）、塔新东路（浏翔公路—区界）、S5生态廊道（区界—叶城路）、嘉定地区4G网络、上海国际汽车城研发科技港、电子科技集团32所科研生产基地（嘉定园区）、沃尔沃汽车（中国）研发中心、嘉定体育中心、嘉定工人文化活动中心、嘉定保利大剧院、东方肝胆外科医院安亭院区、区第一社会福利院、桃李园学校迁建、枫树林动迁安置基地、汇丰荷苑二期动迁安置基地、绿洲香润苑宅基地置换安置基地和马陆金沙湾动迁安置基地〕。全年完成投资114亿元，其中基础设施48亿元、产业发展类项目21亿元、社会事业类项目7亿元、住房保障类项目38亿元。　（顾袁洁）

建筑管理

【概况】　2014年，区建筑和管理部门推进建筑市场整治工作，对全区在建项目进行调查统计和安全质量专项检查，加大对程序违规和施工现场发现严重违法违规行为的行政处罚力度。通过落实责任制、加强现场管理、规范准入管理、加强诚信管理、完善信息化建设等管理手段加大建设工程的综合监管力度，形成建筑市场全过程动态监管机制。严格管理新办企业资质的受理审批，支持优质企业资质升级，形成企业优胜劣汰、行业结构不断优化的良好局面。推进审批制度改革，区建设工程设计文件审查管理事务中心平稳运行。全年办理审图合同备案项目127个，总体设计文件征询收件项目99个，出具征询意见汇总项目103

农民工代表向嘉定建筑业管理所赠送锦旗　　（区建交委　供稿）

个，建筑面积318.44万平方米；完成施工图审查备案工作并打印备案证书项目187个。加大新材料特别是节能材料的推广和应用，单位建筑面积新墙体材料使用量增加。

【审定设计项目74个】 2014年，审定建筑工程项目初步设计74个，工程投资额73.16亿元。其中住宅建筑工程项目5个，面积92.19万平方米，投资额48.71亿元；公建工程项目30个，面积28.31万平方米，投资额12.39亿元；市政项目39个，投资额12.05亿元。

【设计文件审查】 2014年，区建交委办理127个项目审图合同备案。总体设计文件征询收件99个项目，出具征询意见汇总103个项目，建筑面积318.44万平方米。完成187个项目施工图审查备案并打印备案证书。

【抗震专项审查】 根据《上海市城乡建设和交通委员会关于下放建筑工程抗震设防审查权限的通知》要求，10月起，区建交委承接嘉定区立项项目的建筑工程抗震设防审查工作。年内，抗震审查收件项目26个，出具审查意见项目24个，建筑面积89.48万平方米。

【建筑农民工培训】 2014年，嘉定区建筑业管理所举办建筑农民工培训班11个，培训936人。其中质量员岗位培训143人，安全员岗位培训86人，二级建造师三个专业共培训47人（和上海建峰学院联合办班），施工员岗位培训64人，资料员和材料员岗位培训班分别培训43人和48人，农村工程师职称培训220人，资料员继续教育培训56人，施工员继续教育培训56人，安全员继续教育培训93人，农村工程师补训81人。结合市级文明单位创建，区建管所和区文明办进行工作对接，编辑出版《嘉定区建筑业农民工岗前培训暨礼仪教材》。下半年在工地开展岗前培训暨礼仪教育，培训33个工地近7 000名农民工。

【建设工程施工招投标管理】 2014年，受理报建项目301个，建筑面积475万平方米，投资额380.5亿元。完成承（发）包管理项目367个，建筑面积727.53万平方米，发包价218.83亿元。其中公开招投标项目197个，建筑面积162.09万平方米，发包价68.01亿元；邀请招标项目67个，建筑面积406.25万平方米，发包价116.23亿元；核发施工许可证项目340个，建筑面积759万平方米，合同造价232.5亿元。完成设计发包94个，建筑面积492.66万平方米，涉及投资金额367.64亿元；勘察发包84个，建筑面积472.02万平方米，涉及投资金额431.86亿元；监理项目发包110个，建筑面积538.41万平方米，涉及投资金额228.91亿元。

建筑业农民工岗前教育培训启动仪式　　（区建交委　供稿）

【清欠建筑农民工工资9 092万元】 2014年，接待、受理农民工上访事件187起，比上年增长12.65%；接待上访231批次，增长12.68%；接待上访农民工1 177人，增长64.16%；涉及农民工6 968人，增长55.71%；涉及拖欠金额1.82亿，解决拖欠金额9 092.3万元（其中上海嘉定悦合国际广场和爱德佳苑两项目业主资金链断裂，导致拖欠农民工工资9 000万元），解决率96.3%。

【建筑农民工社保管理】 2014年，上海市建设工程交易中心嘉定劳务交易分中心继续开展综合保险退款及医保卡转接工作，累计完成综合保险退款初审项目1 301个，金额1.46亿元。

【散装水泥使用率94.3%】 2014年，全区水泥使用总量232.56万吨，比上年增长1%。其中散装水泥使用量219.32万吨，使用率94.3%，减少0.12个百分点，稳定在90%以上，超过市建筑建材业市场管理总站下达的指标。核定建设工程水泥项目173个，征收专项资金29.8万元。

【新型墙体材料推广】 2014年，墙体材料生产总量4.19亿块标砖，比上年增长71.72%。其中非粘土类新型墙体材料产量4.19亿块标砖，增长79.83%，占生产总量的100%，比上年增长4.51个百分点。嘉定区最后一家烧结砖砖瓦厂（朱家桥砖瓦厂）关闭。核定建设工程墙体材料项目393个，减少15个。其中新型墙体材料专项基金预缴项目217个，预征专项基金8 524万元；清算项目176个，补缴专项基金37.25万元，返退专项基金2 037万元。建设工程新型墙体材料使用率96.9%，增长0.9个百分点。　（顾袁洁）

建筑监督

【概况】 2014年，区建筑和管理部门加大对施工现场重大危险源的备案管理和重点巡查力度，确保重大危险源及时准确上报、受控。开展深基坑、保障房工程建材质量、重大项目质量、市政工程质量等专项检查。年内，35个工程获"嘉定杯"优质工程奖，56个工程被评为嘉定区"优质结构工程"，21个工程申报上海市"优质结构工程奖"，10个工程申报上海市"白玉兰"优质工程，4个工程申报上海市"申安杯"安装优质工程，1个工程申报上海市"金钢奖"。全年签发上海市建设工程质量问题整改通知单203份，处罚16起，罚款39.8万元。全年未发生重大质量事故。年内，施工、监理网上合同备案2 102项。

【建设工程质量监督】 2014年，区建设工程质量监督站受监工程375个，建筑面积852万平方米，工程投资额235亿元。竣工备案工程249个，建筑面积546万平方米，工程投资额129亿元，一次通过率100%。其中住宅工程55个，建筑面积349万平方米，工程投资额69亿元。

2014年"嘉定杯"优质工程一览表

序号	工 程 名 称	施工单位
1	江桥新镇H2地块新建商品房二标5-7#	浙江中成建工集团有限公司
2	江桥新镇H2地块新建商品房三标10、12、14#	浙江中成建工集团有限公司
3	江桥新镇H2地块工程一标11号房	浙江申宏建筑工程有限公司
4	江桥新镇H2、H4地块新建商品房四标	上海宝建(集团)有限公司
5	昌辉大厦	龙元建设集团股份有限公司
6	建造商业办公楼(中暨大厦)	甘肃第五建设集团公司
7	云翔大型居住社区动迁配套基地26-05地块1-8#	上海隆盛建筑工程有限公司
8	恒荣底郡	江苏南通三建集团有限公司
9	顺驰兰郡四期	上海滕驰建设有限公司
10	城北站大型居住社区菊园动迁安置房	上海嘉定娄塘建筑安装有限公司
11	菊园新区B10地块住宅及配套用房项目(40-47、49、50、51#)	方远建设集团股份有限公司
12	嘉定南门社区B8地块建造商品房二标4、5、6#	上海博蓝建设发展有限公司
13	飞联厂地块厂房改扩建(一期)	上海建工一建集团有限公司
14	江桥新镇H2地块新建商品房8#	浙江中成建工集团有限公司
15	江桥新镇H2地块新建商品房9#	浙江中成建工集团有限公司
16	嘉定区青少年业余体校训练馆新建工程	上海新马建设(集团)有限公司
17	嘉定区自来水公司中控化验大楼	中铁四局集团有限公司
18	上海太平洋给排水有限公司1、2、5#厂房	上海阳明建设工程有限公司
19	高端医疗影像设备生产及示范基地	上海建工七建集团有限公司
20	轨道交通11号线城北路站B地块项目(B2地铁)1-4#	长业建设集团有限公司
21	绿州丰怡园(三标)	上海嘉城建筑工程发展有限公司
22	绿州丰怡园动迁配套商品房项目一标段14#、15#	上海大宏建设工程有限公司
23	绿洲丰怡园配套商品房二标段3#	上海新马建设(集团)有限公司
24	嘉定城北大型居住社区(北块)动迁安置房工程0109-11地块1-8#	上海建工七建集团有限公司
25	嘉定区城北大型居住社区工业区动迁安置房1-8#	上海嘉定娄塘建筑安装有限公司
26	上海师范大学天华学院教学区二期扩建工程项目	上海金鹿建设(集团)有限公司
27	百安公路以西、庙泾以北地块建造普通商品用房一期二标	上海翰承建设发展有限公司
28	百安公路以西、庙泾以北地块建造普通商品房项目一期一标	上海腾驰建设有限公司
29	安亭玉兰一村商住楼	上海新昌建筑工程有限公司

（续表）

序号	工 程 名 称	施工单位
30	昌吉东路(绿苑路—嘉松北路)道路及桥梁工程	上海嘉越市政建设发展有限公司
31	嘉城五期住宅 1、2#	上海龙元建设工程有限公司
32	上海环球锦翔企业发展有限公司改建研发大楼	上海南翔市政建设工程有限公司
33	扩建厂房(研发服务大楼)	上海南翔市政建设工程有限公司
34	上海颐文实业有限公司新建工厂(科研楼)	中厦建设集团有限公司
35	马陆金沙湾 2 号地铁动迁配套商品房项目 4、6#	浙江万汇建设集团有限公司

2014 年嘉定区优质结构工程一览表

序号	工 程 名 称	施 工 单 位
1	菊园新区 E02-1 地块动迁配套商品房一标 1、4、5#	上海隆盛建筑工程有限公司
2	菊园新区 E02-1 地块动迁配套商品房四标 6、7#	上海凯栋建筑装潢工程有限公司
3	五金城配套三期项目(二期) C1	上海南汇建筑工程有限公司
4	安亭三号地块 A 地块 18 号楼	上海博蓝建设发展有限公司
5	马陆金沙湾 2 号地块动迁配套商品房项目 4、5、6#	浙江万汇建设集团有限公司
6	建造商品住宅及配套用房三期(白银时代) 10-13#	浙江中联建设集团有限公司
7	菊园新区刘家河以东、胜竹路以北地块普通商品住宅项目 4、5、6、7#	上海家树建筑工程有限公司
8	绿洲香润苑宅基地置换二标工程 2、3#	上海万恒建筑装饰工程有限公司
9	绿洲北水湾名邸一期 2#	上海万恒建筑装饰工程有限公司
10	新蛋信息技术(上海)有限公司研发车间工程	上海仲盛建设工程有限公司
11	上海国际汽车城研发科技港 D 地块 D2、D4	上海市嘉定区建设工程(集团)有限公司
12	新能源综合检测技术中心(客服中心)	江苏南通二建集团有限公司
13	宝翔路以东、芳林南路以北地块 23、25、27#	上海三湘建筑装饰工程有限公司
14	江桥星火二期(三标段) 13#	江阴一建建设有限公司
15	江桥星火动迁安置房二期 8#	上海星宇建设集团有限公司
16	安亭新镇一期工程(东区) 12 地块商品住宅项目 5# 住宅、1# 商业	上海建工二建集团有限公司
17	中国科学院上海技术物理研究所嘉定园区一期工程综合实验楼	上海建工四建集团有限公司
18	上海德联化工有限公司扩建防冻液、玻璃水、玻璃胶生产线项目	中亚建设集团有限公司
19	嘉定区城北大型经济适用房(南块)四标段 8 号房	龙元建设集团股份有限公司
20	科研生产基地(嘉定园区)二期质检与生产制造中心工程	中国核工业建设集团有限公司
21	菊园高压走廊宅基地置换项目 2#	上海博蓝建设发展有限公司
22	嘉定区枫树林动迁安置房工程一标 26#	江苏顺通建设集团有限公司
23	嘉定新城 A10-2 地块商业商务办公项目	浙江凯德建设有限公司
24	嘉定新城 C08-1 地块项目 4、8#	湖北保利建筑工程有限公司
25	嘉定区第一社会福利院新建工程 1-3#	上海隆盛建筑工程有限公司
26	舍弗勒建造研发中心(二期)项目	中天建设集团有限公司

（续表）

序号	工 程 名 称	施 工 单 位
27	外冈农民宅基地置换一期北地块南区一标 3-7#	上海凯栋建筑装潢工程有限公司
28	外冈农民宅基地置换一期北地块南区三标 13#	上海腾驰建设有限公司
29	宝翔路以东、芳林南路以北地块二期 19、20、21、30	上海三湘建筑装饰工程有限公司
30	南翔镇槎溪路以西金通路以南住宅(一期)项目 7、20#	上海金鹿建设(集团)有限公司
31	E03-2、E03-4 地块动迁配套商品房(汇丰荷苑二期 1、8#)	上海万恒建筑装饰工程有限公司
32	外冈农民宅基地置换一期北地块南区(二标) 9#	龙元建设集团股份有限公司
33	上海交通大学医学院附属卫生学校嘉定校区改扩建工程教学楼	龙元建设集团股份有限公司
34	顾浦河以东、吴淞江以北地块(03B-13)建造普通商品房项目 5#	上海绿地建筑工程有限公司
35	上海天工石材有限公司—扩建厂房	浙江凯德建设有限公司
36	轨道交通 11 号线马陆站住宅、商业及办公用房项目 A 地块(1#)	上海金鹿建设(集团)有限公司
37	江桥星火二期动迁安置房(L2-01)地块 27#	甘肃第五建设集团公司
38	外冈农民宅基地置换一期北地块南区四标 15#	上海嘉甬建筑安装有限公司
39	江桥镇 8 号地块金沙生活广场商业项目(2C-5 地块 1#、2C-6 地块 1#)	上海宝建集团宝山建筑发展有限公司
40	上海美势新建仓储用房 1、3#	上海西上海建设发展有限公司
41	南翔新镇区 1# 地块动迁配套商品房(一标) B-2#、D-3#、D-4#	恒元建设控股集团有限公司
42	南翔秀城溪岸澜庭三期工程 10、11#	中国建筑第二工程局有限公司
43	南翔新镇区 1# 地块动迁配套商品房(二标) A-3#、C-1#	上海中锦建设集团股份有限公司
44	江桥镇 8 号地块金沙生活广场商业项目(2C-1 地块 1#)	上海宝建集团宝山建筑发展有限公司
45	江桥星火二期动迁安置房 23#	浙江宏伟建筑工程有限公司
46	君悦华庭 2、4、8 号	龙信建设集团有限公司
47	轨道交通 11 号线新城站 2 号地块商品住宅及商业办公用房 2、3#	南通四建集团有限公司
48	汽车三厂新建停车楼工程	龙元建设集团股份有限公司
49	嘉定工业区农民宅基地置换居住区 0106-04 地块(一标) 15#	上海嘉定娄塘建筑安装有限公司
50	铭诺医疗器械基地新建厂房(主车间)	浙江凯德建设有限公司
51	上海国际汽车城曹安景林住宅、商业及办公用房项目 G7、G8#	上海西上海建设发展有限公司
52	江桥新镇 H2、H4 地块新建商品房(五标)配套商业房	上海宝建(集团)有限公司
53	菊园新区北水湾 B4 南地块工程 1、2#	中天建设集团有限公司
54	明发商业广场 C13-6 地块 3#	中国建筑股份有限公司
55	江桥镇 B1-02 地块动迁配套商品房一标工程 10#	上海住信建设发展有限公司
56	顾浦河以东、吴淞江以北地块(03B-13)建造普通商品房项目 8#	上海绿地建设(集团)有限公司

【建设工程安全监督】 2014 年，区建设工程安全质量监督站受监项目 375 个，安全监督检查项目 1 699 个次。有 71 个工程被评为区“文明工地”，有 17 个工程被评为市级“文明工地”。统计范围内工程发生伤亡事故 2 起，死亡 2 人。签发上海市建设工程安全隐患整改通知书 371 份、暂缓施工指令书 119 份。项目经理记分 25 起，扣 59 分；安全员扣分 7 起，扣 22 分；总监扣分 15 起，扣 33 分；安全监理扣分 9 起，扣 21 分。

【建设工程项目违规处罚】 2014 年，区建筑业管理所(以下简称区建管所)

对135个工程项目实施开工前施工管理工作交底。在执法检查中，发现有违规行为的项目28个，处罚项目18个，处罚单位27个，处罚金额310.24万元。全年开展嘉定区建筑市场经营行为专项检查2次，对93个项目进行专项检查，包含区重大项目、政府投资项目、大型居住社区、商住楼、市政建设等项目，检查内容涉及建设程序、承发包管理、监理制度执行、民工维权、关键岗位人员到岗等方面。检查结果显示：工程承发包各方资质均符合要求，分包合同备案执行情况较往年有较大改观，未发现挂靠、转包、违法分包和超越资质承接任务等违规行为；在建设方发包、社保、建设程序方面，部分工地在总分包关键岗位人员到位、劳务分包合同签订上存在违规行为。针对发现的问题，区建管所督促建设方落实整改，对有违法违规行为的单位进行行政处罚。5月和12月，区建管所联合劳动监察大队对辖区范围内109个建筑工地开展劳务用工检查，重点检查用人单位的劳动合同、实名制台账、工资发放记录等内容，对存在问题的企业提出整改意见。（顾袁洁）

土地管理

【概况】 2014年，嘉定区土地管理工作坚持节约集约用地原则，按照“总量锁定、增量递减、存量优化、流量增效、质量提高”的基本要求，严格控制建设用地规模，减少新增建设用地，促进存量建设用地盘活利用，提高土地利用效率和效益，以土地利用方式转变倒逼城市转型发展。年内，批准农用地转用征收51批次，总面积153.2公顷；新增建设用地98.8公顷，其中耕地73.4公顷。全年供应土地267.1公顷，其中划拨土地108.2公顷，出让土地154.2公顷，使用集体土地4.7公顷。全年土地出让总价款97.5亿元，其中经营性用地85.3亿元，工业用地6.5亿元，动迁安置用地1.2亿元，存量项目4.5亿元。建立基本农田数据库，划定永久基本农田，完成600公顷高标准基本农田建设。整理复垦新增耕地面积110.9公顷，其中城乡建设用地“增减挂钩拆旧”新增耕地面积34.1公顷。完成集中建设区外低效建设用地减量化立项项目83个，减量化面积252公顷，其中工业用地212公顷，其他建设用地40公顷；完成减量化验收确认项目7个，减量化面积24公顷，其中工业用地16公顷，其他建设用地8公顷。受理拟征地项目85件、征地费包干项目82件，办结拟征地项目85件、征地费包干项目106件，征地面积311.14公顷，支付农方土地补偿费1.88亿元、青苗补偿费和集体财物补偿费8 070.5万元。完成三资企业土地使用费收缴877.2万元。（李茂华 卢吉勇）

【国有土地使用权“招拍挂”】 2014年，嘉定区通过“招拍挂”方式出让36幅地块的国有建设用地使用权，面积154.2公顷，总成交金额92亿元。其中出让动迁安置用地一块，位于马陆镇澄浏中路以东、嘉戬公路以南，面积6.64公顷，成交价11 960万元。

2014年嘉定区经营性地块“招拍挂”情况一览表

地块名称	面积（公顷）	成交日期	中标单位	成交价（万元）
嘉定新城F13A-01、F13A-02、F13B-01、F13B-02地块	3.68	1月8日	绿地地产集团有限公司	25371
嘉定新城G05-6地块	3.3	1月28日	上海上实城市发展投资有限公司	26393
安亭镇新源路以北、墨玉南路以西加油站地块	0.32	3月18日	中国石油化工股份有限公司上海石油分公司	1917
菊园新区刘家河以西、胜竹路以北地块	11.23	7月4日	北京金隅大成开发有限公司	268000
嘉定新城F01A-1地块	1.1	7月15日	国北(上海)信息科技有限公司	9682
嘉定工业区胜辛北路以西、汇源路以北地块	12.31	7月31日	上海首创正恒置业有限公司(51%)、北京万安金瑞投资管理有限公司(49%)	133200
嘉定新城F04-2地块	5.89	8月1日	上海上实城市发展投资有限公司	80172
安亭镇于塘路以东、百安公路以南地块	7.24	9月11日	上海隽合置业有限公司(90%)、上海国际汽车城(集团)有限公司(10%)	120500
菊园新区19-01地块	1.83	10月11日	上海雷赛菊园科技发展有限公司	12091
江桥镇金运路以西、鹤旋路以南地块	4.33	10月22日	合肥华邦集团有限公司	52500
南翔镇JDC2-0203单元07-05、08-01、10-01、11-01地块	12.43	11月27日	上海星信房地产开发有限公司	123582
合计	63.67			853408

2014 年嘉定区工业地块"招拍挂"情况一览表

地块名称	面积（公顷）	成交时间	中标单位	成交价（万元）
外冈镇 1204 号地块	2	1月20日	上海森本照明科技股份有限公司	902
外冈镇 1122 号地块	0.43	1月20日	美世豪磨料磨具（上海）有限公司	194
外冈镇 1129 号地块	2.7	1月20日	上海大华工程设备安装有限公司	1214
徐行镇 1301 号地块	5.42	6月16日	华荣科技股份有限公司	4880
外冈镇 1301 号地块	2.17	7月14日	上海源悦电子科技有限公司	1629
嘉定工业区 1208 号地块	2.65	7月17日	上海亿森实业有限公司	1988
嘉定工业区 1120 号地块	14.05	7月17日	阿里巴巴（上海）物联网技术有限公司	10537
嘉定工业区 1217 号地块	3.31	9月10日	乔山健康科技（上海）有限公司	2487
嘉定工业区 1314 号地块	4.26	9月10日	上海泰士星日用制品有限公司	3195
外冈镇 1105 号地块	1.34	9月10日	上海仕天工程塑料有限公司	1004
嘉定工业区 1308 号地块	4.59	9月10日	上海圆迈信息技术有限公司	3445
华亭镇 1301 号地块	5.89	9月15日	上海北特科技股份有限公司	4415
嘉定工业区 1219 号地块	5.23	12月16日	上海安川电动机器有限公司	3923
安亭镇 0812 号地块	1.31	12月16日	耐驰（上海）机械仪器有限公司	1179
徐行镇 0902 号地块	0.98	12月17日	上海欧申科技有限公司	887
嘉定工业区 1220 号地块	1.66	12月17日	瑞光（上海）电气设备有限公司	1244
江桥镇 1102 号地块	5.21	12月17日	上海造币有限公司	5474
徐行镇 1001 号地块	1.34	12月17日	上海诚烨汽车零部件有限公司	1211
徐行镇 1101 号地块	2.12	12月17日	上海万正线路板有限公司	1907
外冈镇 1302 号地块	2.66	12月17日	上海金智达复合材料有限公司	1997
嘉定工业区 1105 号地块	2.35	12月17日	上海中洲特种合金材料股份有限公司	1767
外冈镇 1124 号地块	4.34	12月18日	上海坦达轨道车辆座椅系统有限公司	3252
外冈镇 0903 号地块	1.03	12月18日	上海孚洛环保科技有限公司	772
嘉定工业区 1205 号地块	6.83	12月18日	上海圆迈信息技术有限公司	5127
合计	83.88			64630

（李茂华）

【新增储备土地 103.23 公顷】 2014 年，新增经营性用地储备项目 19 个，地块面积合计 83.14 公顷。部分地块年内已挂牌出让。新增工业用地储备项目 8 个，地块面积合计 20.09 公顷。

嘉定区 2014 年经营性用地储备情况一览表

序号	地块名称	地点	面积（公顷）
1	希望路以南、德富路以东地块（F12-2）	嘉定新城中心区	5.07
2	陈安路以南、德富路以东地块（F15-1）	嘉定新城中心区	5.34
3	天祝路以南、云谷路以东地块（B17-1）	嘉定新城中心区	1.52
4	双丁路以南、裕民南路以西地块（G03-3）	嘉定新城中心区	3.5

（续表）

序号	地块名称	地点	面积（公顷）
5	双丁路以南、裕民南路以东地块（G04-2）	嘉定新城中心区	4.52
6	嘉戬公路以南、新成路以东地块	马陆镇	3.66
7	嘉戬公路以南、澄浏中路以西地块	马陆镇	3.64
8	黄泥泾以南、澄浏中路以西地块	马陆镇	2.3
9	崇文路以北、育英南街以东地块（49-06）	马陆镇	2.77
10	北社区N01-02地块	江桥镇	5.51
11	鹤霞路菜场地块	江桥镇	0.36
12	祁昌路以东、祁昌支路以北地块	外冈镇	0.92
13	嘉松北路以西、祁昌支路以北地块	外冈镇	1.26
14	嘉美路南沪宜公路西	南翔镇	4.9
15	惠亚路东嘉程路北	南翔镇	1.18
16	果品市场地块	菊园新区	26.59
17	世盛路加油站	嘉定工业区北区	0.23
18	曲惠街以南、布亚路以西地块（兰塘基地）	安亭镇	3.41
19	乔达路以南、思新路以西地块（南安基地）	安亭镇	6.45
合计			83.14

嘉定区2014年工业用地储备情况一览表

序号	地块名称	面积（公顷）
1	外冈镇1305号地块	2.66
2	外冈镇1308号地块	6.86
3	外冈镇1401号地块	2.13
4	外冈镇1402号地块	1.05
5	外冈镇1404号地块	2.24
6	安亭镇1401号地块	0.72
7	菊园新区1401号地块	1.13
8	马陆镇1401号地块	3.3
合计		20.09

（姜瑞剑）

房地产业

【概况】 2014年，嘉定区严格贯彻国家和上海市商品房调控政策，加强对供应总量和结构的调控力度，实施有区别的税收、信贷政策，平衡供应与需求。全年新建商品房成交面积276.78万平方米，比上年下降17.85%。其中，市场化商品房成交面积217.93万平方米，下降22.61%；市场化商品住房成交面积157.99万平方米，下降13.92%。全年新建商品房成交均价13 905元/平方米，增长0.68%。其中，市场化商品房成交均价16 440元/平方米，增长4.7%；市场化商品住房成交均价18 381元/平方米，增长6.77%。全年办公用房成交面积25.76万平方米，下降41.59%；成交均价13 876元/平方米，增长8.54%。商业用房成交面积17.18万平方米，下降57.2%；成交均价16 638元/平方米，增长0.25%。 （彭 晶）

【房地产开发企业366家】 2014年，全区新增房地产企业24家、注销8家。至年底，全区共有房地产开发企业366家。其中一级资质2家，二级资质26家，三级资质24家，暂定资质314家。

【发放商品房预售许可证121张】 2014年，区住房保障和房屋管理局发放商品房预售许可证121张，预售商品房30 079套，比上年增长10.76%；建筑面积292.47万平方米，增长11.18%。

【房地产经纪组织280家】 2014年，区住房保障和房屋管理局核发房地产经纪组织备案证书13份，注销4家。至年底，全区注册备案的房地产经纪组织280家，其中独立公司219家，分支机构61家。 （王晓松）

【房地产网上交易签约面积374.55万平方米】 2014年，新建商品房网上预销售交易签约32 301套，面积276.78万平方米，金额384.87亿元，分别比上年下降9.47%、17.85%和17.29%。其中新建市场化公寓14 200套，面积146.32万平方米，金额262.93亿元，分别下降7.78%、14.54%和8.27%；存量商品房网上交易签约10 709套，面积97.77万平方米，金额132.41亿元，分别下降26.93%、25.27%和16.29%；存量住房网上交易签约9 428套，面积80.44万平方米，金额117.92亿元，分别下降27.77%、29.25%和19.25%。

2014年嘉定区新建商品房网上交易签约情况表

月份	套数（套）	其中市场化公寓（套）	面积（万平方米）	其中市场化公寓（万平方米）	金额（万元）	其中市场化公寓（万元）	均价（元/平方米）	其中市场化公寓（元/平方米）
1	2 939	1 107	23.85	12.05	366 593	239 600	15 371	19 879
2	1 328	489	10.84	5.23	159 536	96 290	14 713	18 423
3	2 749	1 237	21.47	12.67	303 077	213 744	14 117	16 875
4	3 292	1 482	25.5	14.89	373 605	265 637	14 653	17 838
5	2 374	1 100	19.66	11.59	309 837	213 821	15 762	18 448
6	2 556	1 141	22.38	11.93	310 134	214 370	13 858	17 967
7	2 336	786	19.02	8.03	229 921	145 750	12 089	18 143
8	2 553	885	21.99	8.96	261 597	157 625	11 896	17 590
9	2 735	1 212	24.64	12.44	305 291	223 848	12 388	17 993
10	2 972	1 755	28.43	17.67	419 686	311 627	14 762	17 641
11	3 289	1 509	30.55	15.47	394 427	271 034	12 912	17 522
12	3 178	1 497	28.45	15.4	414 965	275 963	14 587	17 924
合计	32 301	14 200	276.78	146.32	3 848 667	2 629 311	13 905	17 969

2014年嘉定区存量房网上交易签约情况表

月份	套数（套）	其中住房（套）	面积（万平方米）	其中住房（万平方米）	金额（万元）	其中住房（万元）	均价（元/平方米）	其中住房（元/平方米）
1	897	752	10.59	6.95	133 606	102 599	12 613	14 760
2	757	712	6.52	6.13	89 645	86 601	13 742	14 136
3	1 135	980	9.53	8.45	133 414	124 351	13 993	14 721
4	1 055	919	9.05	7.74	125 192	113 843	13 828	14 707
5	782	660	6.91	5.62	103 782	82 752	15 018	14 712

（续表）

月份	套数（套）	其中住房（套）	面积（万平方米）	其中住房（万平方米）	金额（万元）	其中住房（万元）	均价（元/平方米）	其中住房（元/平方米）
6	701	581	5.98	4.78	81 325	67 783	13 599	14 180
7	667	565	6.29	4.7	76 267	67 668	12 126	14 411
8	753	675	6.26	5.65	88 473	82 632	14 128	14 634
9	781	686	7.22	5.88	93 143	83 581	12 898	14 214
10	782	706	8.16	6.06	101 353	90 833	12 422	14 993
11	1 170	1 088	10.16	9.05	142 219	135 461	13 993	14 974
12	1 229	1 104	11.08	9.44	155 727	141 117	14 053	14 949
合计	10 709	9 428	97.77	80.44	1 324 146	1 179 221	13 543	14 660

2014年嘉定区部分地区商品房价格统计表

单位:元/平方米

地区	楼盘	价格	地区	楼盘	价格
嘉定主城区	汇景华庭	16617	江桥镇	中星海上名豪苑	19941
	尚品雅苑	18705	南翔镇	南翔秀城溪岸澜庭	17380
	保利星海屿	21000		华润置地菁英苑	25578
	香溢澜庭	18584		三湘海尚名邸	26128
	馥华里	15177	安亭镇	绿地安亭佳苑	16511
	中信泰富又一城	17761		书香居	13585
	白银时代尚苑	17389		君悦华庭	15906
	保利天琴宇	20866		曹安景林苑	12525
	绿洲北水湾名邸	20052	嘉定北	水岸雅苑	13197

（戴宝英　郦　凤）

【上海绿洲投资控股集团有限公司实现净利润7 353万元】 2014年，上海绿洲投资控股集团有限公司完成净利润7 353万元，完成资产保值增值率107.8%，实现净资产收益率7.51%，上交税金1.84亿元，全年施工面积60.4万平方米。年内，集团获上海市工商行政管理局颁发的“上海市著名商标”称号。在“中国房地产开发企业500强”评测中，集团再次进入中国房地产开发企业200强行列，位列第132位。在市住宅建设实事立功竞赛活动中，集团获上海市住宅建设实事立功竞赛先进公司称号，连续24年获此称号。在诚信企业创建中，集团被评为“上海市五星级诚信创建企业”。在创建“守合同、重信用”企业活动中，集团获“AAA企业”称号。在项目建设中，

绿洲香格丽花园小区　　（区房管局　供稿）

“绿洲北水湾名邸”获“中国房地产开发企业典型项目十强”称号，绿洲香格丽花园获上海市节能省地型“四高”优秀小区（生态技术示范2A）称号，汇丰凯苑、汇丰颐苑获上海市节能省地型“四高”优秀小区称号。（陆剑玉）

【建工集团实现利税2620万元】2014年，区建设工程（集团）有限公司实现利税2620万元。3月，公司承建的沪宜公路30号改扩建厂房工程（1~3号及地下室）开工，建筑面积2.23万平方米。12月，坐落于江桥爱特路68弄的泰宸茗苑五期（工程于2012年12月开工，建有小高层12幢、地下车库1个，建筑面积6.95万平方米）动拆迁配套商品房竣工。同月，坐落于安研路555号的“上海国际汽车城研发科技港B、D块项目”中的D块项目（地下建筑面积9065.99平方米，地上37471平方米，地下一层，地上四层，其中非人防面积981.99平方米，人防面积8084平方米）竣工，有序推进B块项目（建筑面积29293.03平方米，地下一层，地上五层）建设。年内，公司被嘉定区建筑协会评为副会长单位，成为上海市建筑施工行业协会会员单位，获“上海市建筑业诚信企业”“上海市守合同重信用企业”“四星级诚信创建企业”“优秀建筑业企业”等称号。磊成物业公司申报的“灯具内芯改造”项目被上海市物业管理行业协会评为“金点子”入围奖，公司获上海市物业管理行业协会成立20周年“杰出企业奖”“优秀会员单位”称号。（丁　燕）

住房保障

【概况】2014年，区住房保障和房屋管理局按照关注民生、围绕民生、抓好民生的原则，完善住房保障体系，逐步健全保障性住房投资、建设、运营、管理机制。按照“应保尽保”原则，全年新增廉租住房租金补贴家庭106户，累计671户，发放补贴金额881万元。积极筹措廉租住房房源，推进实物配租工作。全年筹措廉租适配房源79套，于年底前启动首批廉租住房实物配租申请受理工作。新增公租房704套，竣工、新增可供应房源1044套。（彭　晶）

【动迁安置商品房建设】2014年，区属动迁安置房新开工面积68.94万平方米，竣工43.17万平方米。完成动迁安置房地块项目认定1幅，总建设用地6.64公顷，规划建设总量14.6万平方米。（韩建荣）

【共有产权保障住房供应管理】2014年，351户属于上年批次的共有产权保障住房家庭选定住房。年内，上海市进一步放宽共有产权保障住房收入和财产准入标准，对相关政策口径进行调整和优化，启动2014年批次申请受理工作。（顾　欢）

【大型居住社区建设】2014年，云翔拓展基地15.1万平方米共有产权房、城北基地12.4万平方米市属动迁房、3.5万平方米共有产权房均结构封顶。城北基地的26万平方米共有产权房和7.4万平方米市属动迁房竣工。全年完成大型居住区市政公建配套项目50个。（吕孝婷）

【住宅修缮】2014年，旧住房综合改造完成竣工备案项目30个，面积114万平方米，其中“三类项目”（成套改造、厨卫等综合改造、屋面及相关设施改造）21个，面积74万平方米。对1994年以前的房屋（包括商品房、公房、私房）和1994年后因地铁施工、重大工程、原工程质量等引起损坏、群众反映大、社会影响大、存在严重安全隐患的房屋进行排查和评估，进行分类处置。排查住宅小区157个，涉及楼房3309幢，总建筑面积近448万平方米。（蒋　烨）

【公共租赁住房房源筹措和供应配租】至年底，区公共租赁住房运营有限公司（以下简称区公租房公司）筹措房源1273套，总建筑面积8.77万平方米。其中自有产权房屋1030套，建筑面积6.66万平方米，包括惠民家园298套、龙湖郦城146套、福临佳苑564套（在建）、南翔孙家窑地块16套、马陆清水湾公寓6套。通过代理经租方式筹措房源243套，建筑面积2.11万平方米，向社会推出的房源（即可供应房源）出租率达95%以上，租金收缴率100%。

【公共租赁住房租赁管理】2014年，区公租房公司完善《嘉定区公共租赁住房管理办法》《代理经租公租房业务实施方案》《公租房管理服务考核制度》《管理规约》和相关租赁合同，开展“公共租赁住房参与社会治理创新研究”“公共租赁住房配建社区商业运营模式调研”“前沿科技和概念在公租房项目中的应用”3个课题研究。2月25日，区政府批转《嘉定区公共租赁住房管理办法》。5月，公司在上海嘉定门户网站民生频道设立公租房专

代理经租社会化收储现场推介会

（区公租房公司　供稿）

栏。6月18日，公司开通微信公众号“shjdgzf”。年内，区公租房公司运用信息化手段完善公租房管理机制，与华为、海尔等合作方在项目建设、租赁管理、资金管理、资产管理和设施设备租赁服务等方面加强合作，完善智能化社区管理，初步开发出基于物联网技术的公租房智能门禁管理系统，通过“一张IC卡、一把智能锁、一张互联网”把牢公租房的“门”，杜绝租赁管理中的违规现象。

【公共租赁住房租后服务】 2014年，设在区行政服务中心、区公租房公司运营管理部、物业服务中心的服务窗口全面提升服务质量。年内，区行政服务中心受理窗口接受市筹项目咨询433人次，受理审核61人，受理续租2人。住房核查通过62人，不通过1人，发放准入资格确认书62份。接受嘉定区筹建项目咨询2 088人次，激活单位注册28个。受理单位首次申请25个201人（其中单位所属160人，个人41人）；单位准入资格到期重新认定受理16个，续租申请368人（其中单位所属331人，个人续租37人）。运营管理部服务窗口审核租赁单位41个569人（其中单位所属个人491人，个人78人），公示183人（个人35人，单位所属148人），发放单位准入资格41份，发放个人准入资格563份。至年底，签约窗口办理新合同签约82份，办理续租合同签约268份（其中单位13份，单位所属个人294份，个人43份），办理租赁合同备案323份。配合区住房保障中心于12月中旬对341户公共租赁住房申请家庭实施抽查，包括42户个人和24个单位（含299户申请家庭），抽查人员从中随机抽取34户进行抽查，被抽查家庭材料基本齐全，符合区公共租赁住房准入标准。签约窗口办理代理经租社会房源签约、资料整理72套。加强对物业公司的考核与管理，建立健全公租房项目服务管理长效机制；建立健全信息化动态管理机制，完成住户“一户一档案”建档工作；强化安全管理，依托物业服务公司对在租项目及代理经租项目实施每季度现场滚动安全检查；与物业公司、租赁单位共建，开展各种住户活动，至年底累计举办大中型住户活动9次，参与住户800余人次。

【公共租赁住房资金管理】 至年底，公司收到三级财政资金7.19亿元，其中区财政4.4亿元，市财政2亿元，中央专项拨款7 854万元，区政府增加投入专项资金4 000万元用于收购市房管局委托的110套实物配租廉租房。至年底，公司总资产7.7亿元，负债6 430万元，净资产7.06亿元，实现净利润60万元，国有资产保值增值率100.09%。实现租金收入1 332万元，运营成本1 291万元，项目投资4 470万元。 （陶依依）

住宅建设

【概况】 2014年，区住房保障和房屋管理局加大节能省地型住宅和“四高”（高起点规划、高水平设计、高质量施工、高标准管理）优秀小区建设力度，推进市政基础设施和公建配套建设，完成市政、公建配套项目投资用款（含大型居住区项目）7亿元。年内，居住区配套道路新开工16条，总里程12.2公里；竣工配套道路6条，总里程3.5公里。公建配套学校新开工8所，总建筑面积7.3万平方米；竣工1所，总建筑面积0.76万平方米。 （彭　晶）

【房地产新开工487.5万平方米】 2014年，全区房地产新开工487.5万平方米，比上年减少13.1%；房地产竣工248.9万平方米，减少48.9%；完成房地产投资299.3亿元，增长2%。 （韩建荣）

【住宅建设实事立功竞赛活动】 2014年，在“市重大工程立功竞赛”活动中，嘉定分赛区获“优秀集体”称号1个、“建设功臣”称号1人、“优秀建设者”称号1人；在“市住宅建设实事立功竞赛”中，嘉定分赛区获“先进分赛区”称号，获“先进公司（单位）”称号3个、“先进集体”称号9个、“建设功臣”称号3人，“个人记功”10人。 （孙　敬）

【住宅评优】 2014年，安亭瑞仕华庭、绿洲北水湾名邸、汇丰荷苑二期、绿洲香润苑4个小区成功创建上海市节能省地型“四高”优秀小区，建筑面积55.5万平方米，其中住宅面积41.2万平方米。嘉宝梦之湾、安亭瑞仕华庭、练祁佳城梧桐坊、臻品嘉园4个节能省地型“四高”优秀小区进行竣工验收，建筑面积56万平方米。安亭瑞仕华庭项目通过住宅和城乡建设部2A级性能认定预审，绿洲香格丽花园通过2A级性能认定终审。 （王治斌）

物业管理

【概况】 2014年，区住房保障和房屋管理局牵头推进住宅小区综合治理工作。在汛期来临前，启动住宅小区内

新城枫景门禁系统 （嘉定报社　冉涛　摄）

地下空间防汛设施改造，在全区9个街镇的127个小区完善地下空间出入口防汛设施。出台住宅小区日常巡查工作规则和巡查标准，引入PAD等电子信息化手段加强住宅小区日常监管，创新住宅小区3D色块分类管理模式。全年整治“群租”2 736户，整治“居改非”941户。 （彭　晶）

【物业服务企业管理】 2014年，在嘉定区注册的物业服务企业有199家，其中三级（暂定）资质42家，三级资质121家，二级资质28家，一级资质8家。 （陆晶晶）

【业主委员会】 2014年，全区有业主委员会305个，其中新成立12个，换届34个，变更4个。

2014年嘉定区业主委员会分布情况表

地　区	嘉定镇街道	新成路街道	真新街道	安亭镇	嘉定工业区	马陆镇	南翔镇	菊园新区	外冈镇	江桥镇	徐行镇	华亭镇	合计
数量（个）	59	44	41	33	20	5	34	16	8	42	2	1	305

【归集物业维修资金18.78亿元】 2014年，维修资金专户共有434个项目，归集物业维修资金2.35亿元，累计归集18.78亿元。 （沈　佳）

【前期物业管理招投标】 2014年，全区49个住宅小区（建筑面积179.6万平方米）通过招投标确定前期物业服务单位。

2014年嘉定区新建住宅小区物业管理招投标情况表

序号	小　区　名　称	建筑面积（万平方米）	中　标　企　业
1	香溢荟苑	2.52	上海嘉定华锐置业有限公司
2	新城金郡园A13-1地块商业办公项目	1.86	上海新城创佳置业有限公司
3	商住办项目（16c-01地块、16c-06地块、16c-04地块、16c-03地块）	5.11	上海瑞立佳业房地产开发有限公司
4	骋望国际商厦（原建造商业办公楼）	0.77	上海嘉定骋望置地有限公司
5	香溢璟庭A06-2地块	3.22	上海新城创域房地产有限公司
6	枫树林景苑（南块）	4.57	上海新投建设发展有限公司
7	枫树林景苑（北块）	5.34	上海新投建设发展有限公司
8	安高东方名邸	3.66	上海新安高投资有限公司
9	浏翔公路以西，丰翔路以北地块（39-01）建造商业办公项目	3.97	上海新明环球置业有限公司
10	嘉定新城B18-1B商办项目（1-4及3号楼地下车库）	2.58	上海创融房地产有限公司
11	和盈商务广场	3.75	上海金土木置业有限公司
12	保利天琴宇（二期）	2.25	上海保利隆佳房地产开发有限公司
13	绿地香湖雅都	2.85	上海绿地源腾置业有限公司
14	华润置地菁英苑A07地块项目	5.11	华润（上海）房地产开发有限公司
15	花香澜庭	2.51	上海隽安置业有限公司
16	君悦华庭	3.59	上海隽安置业有限公司
17	中信泰富又一城（三期）	2.24	上海嘉谐房地产开发有限公司
18	佳兆业时代商务广场	2.21	上海嘉湾兆业房地产有限公司
19	大名尚苑	3.88	上海名城汇实业发展有限公司

（续表）

序号	小 区 名 称	建筑面积（万平方米）	中 标 企 业
20	嘉定区江桥星火二期动迁安置房	6.96	上海嘉海置业有限公司
21	嘉隆国际广场	6.9	上海来亚达置业发展有限公司
22	练祁佳城宝菊清水园	2.84	上海嘉宝新菊房地产有限公司
23	水岸雅苑(三期)	4.84	上海诚湾兆业房地产有限公司
24	建华小区东侧地块商业办公项目	1.11	上海和顺房地产开发有限公司
25	书香居	2.77	上海国际汽车城同济科技园有限公司
26	绿洲香润苑	8.87	上海绿洲徐行城镇建设投资有限公司
27	上城雅苑	5.42	上海嘉定上城地产有限公司
28	保利天琴宇	4.37	上海保利隆佳房地产开发有限公司
29	白银时代尚苑(西块)	2.49	上海鼎申富苑置业发展有限公司
30	香溢璟庭	4.86	上海新城创域房地产有限公司
31	好世凤翔苑	8.5	上海好世嘉南置业有限公司
32	莱钢嘉定城北 0110-08 地块经适房项目	1.38	上海莱建置业有限公司
33	回城西路以东、安昌弄以北二期地块动迁安置房	1.94	上海莱建置业有限公司
34	保利家园 C12 地块	3.35	上海保利佳房地产开发有限公司
35	上海三德商务广场	1.65	上海三德兴房地产有限公司
36	瑞立华庭	4.41	上海瑞立佳业房地产开发有限公司
37	水岸雅苑	4.68	上海嘉湾兆业房地产有限公司
38	陶乐生活广场	3.62	上海长九房地产开发有限公司
39	馥华里(15-01)	1.32	上海富铭房地产开发有限公司
40	练祁佳城梧桐坊	3.92	上海盛投置业有限公司
41	南翔秀城翔瑞新苑 1 号地块	2.43	上海云翔置业有限公司
42	绿洲北水湾名邸	3.51	上海绿洲北水湾房地产有限公司
43	东方豪园（南块）	2.4	上海毅豪房地产有限公司
44	阳光新荟都	2.28	上海泓顺德房地产开发有限公司
45	汇景华庭(2-5 期)	7.01	上海名龙建设发展有限公司
46	万达城市公寓	6.65	上海嘉定万达投资有限公司
47	嘉定新城 B19-1 地块商业办公项目	1.91	上海永宁实业有限公司
48	南翔秀城翔瑞新苑 5、9 号地块	4.38	上海云翔置业有限公司
49	嘉城五期	0.84	上海华江建设发展有限公司
总计		179.6	

（郭晓泉）

交通运输业

编辑　袁黛英

综　　述

2014年，嘉定区以民生为导向，坚持“公交优先”发展战略，加强公交运营管理，继续推进公共交通基础设施建设，新辟公交线路3条，调整线路走向15条，增能线路22条；新增公交车28辆，累计586辆；共有公交线路101条，其中跨区线路43条、区域内线路58条。继续推进轨道交通建设，实施站点综合开发。加大非法客运打击力度，加强道路运输管理和地方海事管理，实现交通和港航行业安全、稳定、有序、健康发展。（刘志刚　叶艳君）

公共交通

【概况】 2014年，区域公交线网布局进一步优化，市民出行环境进一步改善，新辟公交线路3条，调整线路走向15条，增能线路22条，对沪嘉专线、沪钱专线分别实施减能和停运；新增公交车28辆，累计586辆（均为空调车）；新增新能源公交车35辆，累计64辆；共有公交线路101条，其中71条公交线路由嘉定公交公司营运，总长1 226.56公里。同步推进公交配套设施建设，完成黄渡汽车站、真新汽车站和公交嘉定西站3个站点搬迁及启用工作。在华亭、外冈、南翔、安亭、江桥、菊园6个街镇新建“亭牌合一”公交候车亭100座。（刘志刚　叶艳君）

【新辟公交线路3条】 12月4日，江桥4路开通运营，该线自封浜汽车站起至太平村止，沿途设站9组，途经火线村、封浜敬老院等地，解决太平村及沿途居民往来封浜集镇的公交出行需求。12月26日，外冈1路开通运营，该线自外冈车站起至外冈车站止，实行双向环线营运方式，沿途设站14组。其为外冈镇首条镇域公交，途经外冈中学、外冈新苑、外冈佳苑等地，解决外冈镇周边居民的公交出行需求。12月27日，安亭8路开通运营，该线自黄渡汽车站起至上海国际赛车场止，沿途设站17组，填补安亭4路缩线后的公交空白。

【调整公交线路15条】 年内，调整江桥2路、安菊线、南翔2路、嘉定14路、真新1路、新嘉专线等区域公交线路15条，解决安亭方泰集镇、外冈大型社区、真新香樟苑等居住区“最后一公里”出行需求，实现居住区与轨道交通、公交枢纽的衔接，为市民出行提供便利。

【投用新能源公交车35辆】 年内，投用环保且节能的新能源公交车35辆。12月19日，安亭1路投用换电式纯电动公交车15辆；12月26日，嘉定7路、菊园1路共投用插电式油电混合动力公交车20辆。至年底，嘉定公交共投用新能源公交车64辆。

【嘉定公交运送乘客9 445.05万人

江桥4路开通运营　　（江桥镇　供稿）

次】 2014年，嘉定公交运送乘客9 445.05万人次，营运里程3 764.67万公里，实现营业收入1.34亿元。春运期间，发送乘客27.34万班次889.3万人次（不含特约车）；清明、冬至期间，分别发送扫墓专线车2 000班次8.07万人次和790班次2.45万人次；“五一”“十一”期间，客运量分别为89.76万人次和167.03万人次。

【运送省际乘客136.3万人次】 年内，嘉定长途客运站新增长途班线16条，分别开往山东省（苍山、费县）、河南省（驻马店、周口、焦作）、贵州省（贵阳）、江苏省（泗阳、射阳、如东、海门、泰州、响水）、湖北省（洪湖）、安徽省（寿县、长丰、淮南）等。至年底，嘉定长途客运站有长途客运线路233条，其中过境配载线路190条、始发线路43条。全年省际客运量136.3万人次，其中太嘉线发送乘客78.7万人次。

【公交信息化建设】 年内，上海嘉定交通发展集团有限公司推进公交信息化建设，成立公交信息化建设工作小组，启动公交信息化三年行动计划，制定公交信息化建设方案。在嘉定客运中心开展公交集群调度试点工作，开设微信公众平台，增强公交基础信息查询功能。

【加强公交服务和管理】 年内，上海嘉定交通发展集团有限公司开展公交行业文明创建、品牌路线争创工作，10条公交线路分别被评为“嘉定公交行业品牌示范线路”和“区工人先锋号”。开展行业服务和文明礼仪培训，提高从业人员综合素质，全年收到表扬信、锦旗521封（件），同比上升53.69%，在全市郊区公交企业年度社会综合评价中名列第三。加强公交安全管理，百万公里事故同比下降34%，在全市郊区公交企业中率先通过安全生产标准化管理二级达标考评，全年无重特大交通事故发生。（叶艳君）

整治非法客运 （区交运局 供稿）

【区域性出租车公司实现营业收入2.11亿元】 2014年，全区共有区域性出租车820辆，全年载客1 101.4万车次；行驶里程9 293.1万公里，其中载客营运里程5 353.4万公里。嘉定大众、嘉定锦江、嘉定江桥3家区域性出租汽车公司共有驾驶员1 534人，全年实现营业收入2.11亿元。

公交安菊线争创“上海市星级名牌线路”征求乘客意见

（区交发集团 供稿）

【整治非法客运】 年内，区交运局围绕“三大一属地”（“大联勤”、大公交、大投入和属地化管理）工作思路，依托区“大联勤”平台，坚持非法客运高压严打态势，确保城市交通运行安全稳定。在属地化管理、取证方式、信息共享机制建设等方面取得新突破。全年出动执法人员2.2万人次，开展非法客运专项整治1 300次，检查非法客运嫌疑车辆1.9万辆次，四轮机动车非法客运立案395起（其中克隆出租车84起），查扣“五类车”（残疾车、电动三轮车、正三轮摩托车、二轮摩托车、电动自行车）1.86万辆次，行政拘留非法客运违法人员730人，对220名非法客运驾驶员实施机动车驾驶证暂扣3~6个月的处罚。

【静态交通管理】 年内，区交运局开展配建停车场（库）设计审查及竣工验收工作。全年完成配建机动车停车场（库）项目设计审查266件、竣工验收40件，新增泊位15 567个；完成轨道交通11号线南翔站、安亭站“P+R”停车库申报认定工作。8月1日，南翔站、安亭站“P+R”停车库对外运行。推进嘉定老城区“两横两纵”（清河路、塔城路、城中路、博乐路）停车诱导系统项目建设申报工作。配合完成市第五次综合交通调查工作，涉及区内8个街镇和所有医院、学校的非居住类停车设施。（刘志刚）

【推进轨道交通建设】 年内，上海嘉定交通发展集团有限公司着力推进轨道交通11号线陈翔路站和轨道交通14号线项目建设，完成方案设计、项目选址等工作，工程可行性报告相继获批。

【轨道交通11号线(嘉定段)站点综合开发】 年内，上海嘉定交通发展集团有限公司加快推进轨道交通11号线(嘉定段)站点综合开发项目建设，新开工6.45万平方米，完工17.25万平方米；开工量和完工量累计实现250.25万平米和206.35万平米，分别占总量的81%和67%，轨道交通11号线发展轴效应进一步显现。 (叶艳君)

道路运输管理

【概况】 2014年，区城市交通运输管理署依法审核办理道路运输经营许可312件，受理登记备案22件。全区共有汽车维修经营户464家、综合检测站1户，实现维修产值7.79亿元。组织159家汽修企业参加诚信考核，其中AAA级企业2家、AA级企业53家。区交通运输管理局执法大队围绕公交、出租、省际客运等八大交通运输行业开展执法检查1 985次，出动执法人员7 522人次。

【道路运输经营许可管理】 年内，区城市交通运输管理署依法审核办结道路运输经营许可312件，其中非专业运输212件、专业运输46件、二类维修8件、三类专项13件、快修站5件、公交28件。依法受理办结登记备案22件，其中公共停车场(库)13件、公交3件、汽修6件。

【道路货物运输行业管理】 年内，对区内10 139辆营运货车、1 938家道路运输企业、16家道路危险品运输企业及其361辆营运车辆依法进行年度审验。办理运输企业歇业190家、营运车辆转籍或注销2 889辆。注销黄标车和老旧车辆1 743辆。督促完成营运车辆技术等级评定7 057辆，其中一级车3 607辆、二级车2 831辆、三级车619辆；督促完成车辆二级维护13 491辆次，其中外区检测车辆2 257辆次；对1 914辆货运车依法进行燃料消耗量达标车型核查。全年上户检查444家次，其中对危险品运输企业、危险品运输车辆维修企业及大中型客车维修企业上门监督检查69家次，出动交通行政执法人员1 322人次。

【机动车维修行业管理】 至年底，全区共有汽车维修经营户464家，其中一类企业9家、二类企业174家、三类维修户232家、二类摩托车维修户49家；有综合检测站1家。年维修产值7.79亿元，维修量46.74万辆次。其中整车大修358辆次，总成大修374辆次，汽车维护9.47万辆次，小修31.52万辆次，专项修理5.53万辆次，摩托车修理387辆次。组织159家汽修企业参加诚信考核，评出AAA级企业2家、AA级企业53家。至年底，嘉定区汽车维修与检测协会共有会员221个，其中团体会员220个、个体会员1个。 (朱怡怡)

【城市交通行政执法】 2014年，区交通运输管理局执法大队围绕公交、出租、省际客运、货运、汽修、停车场、驾校、轨道交通八大交通运输行业，开展执法检查1 985次，出动执法人员7 522人次，出动执法车辆3 140辆次，警方配合出动997人次。检查公交车436辆次、出租汽车939辆次、省际客运车927辆次、普通货运车2 027辆次、危险品企业381家次、驾校240家次、汽修企业62家次、停车场(库)42家次，分别查获违章行为26件、106件、273件、162件、1件、18件、28件和19件；立案非法客运案件478件。全年受理信访案368件，回复率100%。 (陈维磊)

地方海事

【概况】 2014年，区地方海事处按照"把口管理、腹地巡航、船岸双控、人技两防、区域联动"工作要求，开展"打非治违"、港航安全大检查等专项行动，完成"亚信峰会"水上安保工作。全年出动海事执法人员1 092人次、海巡艇369艘次，查处违规违章现象26处，发出整改通知2份，检查码头企业127家次、运输船舶41 968艘次、水工作业12个次。

【海事管理与船舶检验】 2014年，区地方海事处共办理船舶进出港签证41 968艘次730.46万吨，核发水上水下作业许可证8张，组织封航31次，区域内未发生重特大安全管理责任事故。全年征收内河货物港务费289.25万元、船舶港务费201.77万元、船舶检验费33.6万元、罚没款46.1万元、内河岸线使用费3.04万元。全年受理行政处罚案件421件。其中一般程序26件，罚没款7.79万元；简易程序395件，罚没款38.31万元。

【水上安全管理】 2014年，区地方海事处推进"安全生产月""打非治违"等系列活动，开展港航安全大检查、"3•25"安全警示日、法制宣传月活动，开展内河通航水域通航安全隐患排查整治、船舶消防救生和船舶最低配员检查、居家"三无"船舶治理等专项整治活动，排查内河码头、桥梁、船舶等安全隐患。全年发放安全宣传资料6 200余份，出动执法人员769人次、执法车辆269辆次、巡逻艇197艘次，确保内河港航安全有序。"亚信峰会"期间，检查船舶4 327艘次，其中登船检查问题船舶236艘，违章处罚37起，罚没款3.3万元。

【内河船员管理】 2014年，区地方海事处开展船舶安检670艘次，换发内河船舶船员适任证6本，核发内河船员服务簿10本。

【航道管理】 年内，区航务管理所受理沿跨河建筑审批4项，其中桥梁2座、管线2座。

【内河港口运政管理】 年内，向65家企业发放港口经营许可证，其中新增7家、更名3家、到期更换55家。至年底，辖区内有持证码头企业124家，其中危险品码头企业5家、水路运输企业7家(1户为个体户)、水路运输服务企业4家，有营运船舶53艘。 (金 卫)

邮电·公用事业

编辑　袁黛英

综　　述

2014年，上海市邮政公司嘉定区分公司完成邮政业务总量1.92亿元，实现邮政业务收入1.67亿元。辖区内有报刊零售点56处、信箱(信筒)133个、投递线路222条6 311公里。“嘉定邮政微信公众平台”上线运行，创新邮政服务方式，发展和推广线下邮政业务，拓宽邮政服务领域。中国电信股份有限公司上海嘉定电信局拥有固定电话用户40.01万户、宽带用户29.05万户、CDMA移动语音用户34.03万户、IPTV用户14.42万户。新增平安城市监控点1 030个，累计5 711个；新增移动通信基站185个，累计399个；实现4G网络覆盖率98%。中国移动通信集团上海有限公司嘉定分公司新增移动电话用户12万户，累计145万户(其中4G用户12.9万户)；有家庭宽带用户3.14万户、楼宇宽带用户1 800户、政企专线用户2 099户。全力推进4G网络建设，实现4G网络在嘉定区域全覆盖。嘉定供电公司完成售电量91亿千瓦时，实现售电收入81.56亿元、利润14亿元。年内最高负荷出现在8月8日14时10分，为2 058兆瓦。上海燃气市北销售有限公司嘉定分公司销售天然气2.18亿立方米，共有天然气用户33.19万户(其中IC卡智能表用户32.95万户)。全年未发生有责投诉，实现用户满意度指数98.13、用户投诉处理及时率100%。嘉定自来水有限公司实现供水总量1.69亿吨，完成售水量1.39亿吨，水质综合合格率99.46%。开通“供水服务直通车”项目，定期进社区开展一站式便民服务。（申　嘉）

邮　　政

【概况】 2014年，上海市邮政公司嘉定区分公司(以下简称邮政嘉定区分公司)下辖综合办公室、市场策划部、计划财务部、人力资源部、监督检查与安全保障部、代理业务局、发行投递局、大客户销售中心和13个邮政支局、15个邮政所、2个邮政服务处。2月，上海市邮政公司嘉定区邮政局更名为上海市邮政公司嘉定区分公司。9月，举行教师节纪念邮票首发暨孔子文化节邮资机宣传戳启用仪式；19个邮政网点与上海保利大剧院合作，受理对外售票业务。11月18日，新成路邮政支局和新成社区联合举办“社区共建，资源共享——邮政服务进社区主题活动”，听取用户意见，推广邮政业务。

【完成邮政业务总量1.92亿元】 年内，邮政嘉定区分公司完成邮政业务总量1.92亿元，实现邮政业务收入1.67亿元。其中代理金融业务收入9 642万元，函件业务收入3 189万元，集邮业务收入668万元，报刊业务收入1 297万元，电子商务业务收入1 391万元。办理国内函件2 570万件、国际函件2.65万件、国内包裹25.23万件、国际包裹3 953件。年内，辖区内有报刊零售点56处、信箱(信筒)

《教师节》纪念邮票首发式　（邮政嘉定区分公司　供稿）

在同济大学嘉定校区开展快递业务设摊宣传活动

（邮政嘉定区分公司　供稿）

133个、区内转趟邮路3条70公里。至年底，共有投递线路222条6 311公里。其中摩托化投递线路38条1 440公里，自行车投递线路10条249公里，汽车（大用户）投递线路21条1 198公里，电瓶车投递线路151条3 208公里，其他投递线路2条216公里。全年未发生通信事故，未出现总包、给据邮件损失，邮件全程逾期率为零。

【邮政局（所）网点建设】 12月18日，原金沙江西路邮政所更名为金鹤社区邮政所，迁址于江桥镇金耀南路333号，营业面积172.54平方米，设收（寄）函件、包裹及订阅报刊、代收公用事业费、邮政汇兑等业务。年内，邮政嘉定区分公司投资314.29万元改造丰庄支局、安亭支局和金鹤社区邮政所，提升网点竞争力。马陆支局投递组和商务投递部迁至宝安公路3376号。

【“嘉定邮政微信公众平台”上线运行】 6月18日，“嘉定邮政微信公众平台”上线运行，设资讯类、业务类、查询类三大板块，有金融保险预约、报刊与邮品预订、邮件查询、明信片推荐等栏目。“嘉定邮政微信公众平台”创新邮政服务方式，发展和推广线下邮政业务，拓展邮政服务领域。

【嘉定少年邮局揭牌成立】 5月26日，嘉定少年邮局在上海市少年儿童浏河活动营地举行揭牌仪式。邮政嘉定区分公司灌制邮资机宣传戳一枚，设计制作纪念封一枚。联合区集邮协会举办“我的集邮，我的梦——庆祝嘉定少年邮局成立”邮展活动，宣讲集邮知识，提供加盖邮戳、收（寄）纪念封等服务。嘉定少年邮局的建立为传播集邮文化和书信文化提供平台。

【推广“快寄”业务】 8月20日，上海市邮政公司首创的同城便递——“快寄”业务上线，每单最低资费6元。邮政嘉定区分公司在辖区内进行“快寄”业务的宣传和推广，派送封套，指导用户手机扫描“快寄”二维码关注微信；在全区邮筒上印制“快寄”二维码标记，方便用户寄件。（郑丽敏）

电　　信

【概况】 2014年，中国电信股份有限公司上海嘉定电信局（以下简称嘉定电信局）拥有固定电话用户40.01万户、宽带用户29.05万户、CDMA移动语音用户34.03万户、IPTV用户14.42万户（其中高清IPTV用户4.57万户）。“城市光网”覆盖用户45.8万户，其中在用用户22.04万户；新增平安城市监控点1 030个，累计5 711个（其中高清2 744个）；新增移动通信基站185个，累计399个；实现4G网络覆盖率98%。中国移动通信集团上海有限公司嘉定分公司新增移动电话用户12万户，累计145万户（其中4G用户12.9万户）；有家庭宽带用户3.14万户、楼宇宽带用户1 800户、政企专线用户2 099户。全力推进4G网络建设，实现4G网络在嘉定区域全覆盖。对所属四个网点（菊园、唐行、仓场路、福海路营业厅）进行外包试点工作，实现人力资源优化配置。（徐　洁　赵佳华）

【参与“智慧嘉定”建设】 9月3日，嘉定电信局与区政府签署《2014-2016年信息化合作框架协议》，参与基础设施、数据平台和应用服务等项目建设。推进“智慧嘉定”建设，承接嘉定区政府云数据中心、联勤和城市网格化管理指挥中心等项目，继续参与智慧教育、智慧医疗、智慧公交、智慧园区、智慧社区等建设。年内，嘉定电信局与嘉定区卫生信息中心共同创建社区健康档案查询系统，实现公共卫生、医疗服务、行政管理、社区卫生等信息互通和综合应用。

嘉定区人民政府与中国电信上海分公司签订信息化合作框架协议

（嘉定区电信局　供稿）

“共建智慧城市，和你一起飞享4G生活”暨中国移动嘉定分公司4G发布会启动仪式 （移动嘉定分公司 供稿）

【加强通信保障】 年内，嘉定电信局强化管线巡检制度，主动发现并处置钢线高度不达标、电杆老化、井盖损坏（缺失）等隐患450起，辖区内重要管线“零中断”，未发生井盖缺失、电缆跌落而造成的第三方人员重大伤亡事故。完成F1中国大奖赛、“亚信峰会”等重大活动通信保障工作。 （徐 洁）

【中国移动上海公司嘉定分公司实现运营收入13.23亿元】 2014年，中国移动通信集团上海有限公司嘉定分公司聚焦4G网络建设和转型发展，夯实基础，提高服务水平，实现区域市场收入与份额双提升。全年实现运营收入13.23亿元、流量收入2.71亿元，分别比上年增长2.72%和35.5%；实现通信与信息化收入8 604万元。

【参与“智慧城市”建设】 年内，中国移动通信集团上海有限公司嘉定分公司紧抓“智慧城市”发展机遇，参与嘉定新城社会治安视频监控、嘉定区“无线城市”WICITY升级改造、菊园新区经济运行分析系统、嘉定区餐饮油烟气在线监控管理信息系统等项目建设，助力嘉定成为全国“智慧城市”示范区。 （赵佳华）

【移动通信基础设施建设】 年内，全力推进4G网络建设，新建4G基站614个，实现4G网络在嘉定区域全覆盖。新建移动通信基站（物理宏站）178座、室内覆盖站23个、居民小区覆盖站20个。至年底，全区共有通信基站628座、室内覆盖站169个，居民小区覆盖站208个。全年新建光缆管道277孔公里；至年底，共有光缆管道3 715孔公里。

【“光纤到户”工程】 年内，新增“光纤到户”住宅小区31个、居民用户2.9万户、商业办公楼宇79个，新建主干光缆467皮长公里。至年底，全区住宅小区实现“光纤到户”覆盖率81%。

电 力

【概况】 2014年，嘉定供电公司新增用电户3万余户，累计55万余户。实现资产总额91.95亿元，同比增长8.7%；实现城网供电可靠性99.98%、电压合格率99.992%、线损率5.59%。完成固定资产投资7.72亿元，实现投资计划完成率100%。建成投运110千伏变电站3座，投用110千伏线路53公里、35千伏线路28公里，新增变电容量36万千伏安。全员劳动生产率753.6万元/人·年，人才当量密度1.089。

【实现售电收入81.56亿元】 2014年，嘉定供电公司累计售电91亿千瓦时，实现售电收入81.56亿元、利润14亿元。年内最高负荷出现在8月8日14时10分，为2058兆瓦。

【提升优质服务水平】 年内，嘉定供电公司加强“12345”热线诉求考核和闭环管控，开展第三方监督和明察暗访，客户参与度和处理满意率不断提升。调换智能电表54.8万只，覆盖率99.57%；完成54.4万户用电信息采集设备安装工作，实现全覆盖目标。完成1 281个路灯控制箱装表和用电信息采集设备安装工作，实现用电信息采集成功率99%。全面推进老（旧）住宅小区表前线及计量装置改造项目，改造用户7 200余户。

【提升电网运行能力】 年内，嘉定供电公司加大配网改造力度，完成项目72个，总投资6 551万元，线路绝缘化率、保护微机化率、变电站综合自动化率均大幅提升，断路器无油化率达

电网巡视 （嘉定供电公司 供稿）

100%，有效提升配网的供电可靠性。非电网故障抢修平均到场时间18分钟，平均修复时间27分钟。

【3座110千伏变电站建成投运】 4月28日，110千伏伊宁变电站建成投运，新增变电容量8万千伏安，设10千伏配电线路24条。该变电站于2012年6月12日开工，总投资7 418.59万元，供电区域为嘉定新城核心区。4月30日，110千伏裕民变电站建成投运，新增变电容量8万千伏安，设10千伏配电线路24条。该变电站于2012年6月28日开工，总投资8 461.45万元，供电区域为嘉定新城核心区。其为嘉定地区首座带有110千伏自愈系统的变电站，能确保在上级220千伏电源站全站失电的情况下，通过110千伏站的手拉手接线方式带上负荷，缓解地区单电源风险，提高供电可靠性。9月26日，110千伏惠平变电站建成投运，新增变电容量10万千伏安，设10千伏配电线路28条。该变电站于2013年8月30日开工，总投资7 401.89万元。

2014年嘉定供电公司用电分类电量统计表

单位：亿千瓦时

名　称	2014年	2013年	2014年比上年±%
大工业	60.15	59.68	0.79
非普工业	18.89	18.52	2.00
农业用电	0.3	0.32	-6.25
非居照明	1.01	1.31	-22.90
居民用电	10.74	11.88	-9.60
合　计	91.09	91.71	-0.68

（金梅花）

燃　　气

【概况】 2014年，上海燃气市北销售有限公司嘉定分公司（以下简称燃气嘉定分公司）加强内部管理，深化转型发展，顺利完成各项经营指标。销售天然气2.18亿立方米；有天然气用户33.19万户，其中IC卡智能表用户32.95万户，占天然气总用户的99.28%。全年未发生有责投诉，实现用户满意度指数98.13、用户投诉处理及时率100%。组织开展冬季燃气安全进社区、燃气安全宣传等活动，累计发放资料700余份。

【新增燃气用户2.77万余户】 2014年，燃气嘉定分公司所辖区域新增天然气家庭用户2.6万户，拆除364户；累计32.49万户，比上年增长8.55%。新增天然气单位用户1 733户，拆除44户；累计6 964户，增长32.02%。至年底，全区共有天然气用户33.19万户，其中IC卡智能表用户32.95万户。

【燃气销售】 2014年，燃气嘉定分公司销售天然气2.18亿立方米，比上年增长15.96%。与马陆镇派出所建立警企联动机制，严厉打击违法用气犯罪活动，嘉定首例燃气刑事案被告人被判盗窃罪，处以有期徒刑两年，退赔全额赃款10余万元，并处罚金4 000元。

【燃气安全管理】 年内，燃气嘉定分公司安排专业人员为用户进行两年一次免费上门安检，共安检家庭用户17.55万户、单位用户2 572户，实现安检覆盖率100%、隐患整改率35.3%。全年整治占压12处，消除占压管24根，及时控制管道安全隐患。

【完成居民和非居民用户燃气调价工作】 年内，燃气嘉定分公司根据《国家发展改革委关于调整天然气价格的通知》，完成居民和非居民用户燃气调价工作。9月1日起调整全区居民用户燃气销售价格，实行阶梯气价制度：第一档年度用气量0~310（含）立方米，单价3元；第二档310~520（含）立方米，单价3.3元；第三档520立方米以上，单价4.2元。户籍5人（含）以上家庭，可申请增加年度用气量150立方米。10月1日起调整非居民用户燃气销售价格，每立方米上调0.2元。

【燃气输配管理】 年内，燃气嘉定分公司实现燃气管线按样板巡检率100%。每三个月巡检道路管一次，累

上门入户校验燃气表　　（燃气嘉定分公司　供稿）

计完成 2 065.2 公里；每半年巡检街坊管一次，累计完成 2 761 公里；巡检立管 12.05 万根，保养调压器 2 820 台；有责脱压事故为零。（王凌波）

陈行水源地嘉定原水工程开工

（嘉定报社　李华成　摄）

自来水

【概况】 2014 年，嘉定自来水有限公司以科技兴企为己任，全力推进安全、优质供水，加强企业内部管理，推进企业文化建设，提升服务水平，完成各项目标任务。全年实现供水总量 1.69 亿吨，完成售水量 1.39 亿吨，水质综合合格率 99.46%。8 月 26 日，在昌吉路洛浦路口增设安亭营业站。

【嘉定自来水有限公司实现供水总量 1.69亿吨】 年内，嘉定自来水有限公司实现供水总量 1.69 亿吨、日供水量 53.13 万吨，完成售水量 1.39 亿吨，实现产销差率 17.75% 和水质综合合格率 99.46%。敷设直径 100 毫米以上管道 40.5 公里，完成抢维修 8 772 次，修漏及时率 100%。安装轮换表 4 234 只。

【开通“供水服务直通车”项目】 7 月，开通“供水服务直通车”项目，每月 5 日、15 日、25 日定期进社区设立咨询和服务台，提供水费收缴、水质检测、管道维修、上门抄表、送单服务等一站式便民服务。（唐绮华）

【中控化验大楼建成启用】 年内，中控化验大楼建成启用。大楼于 2012 年 6 月开工建设，集水质化验、调度、监控于一体，另设对外服务窗口、办公室等，总建筑面积 13 658 平方米，总投资 9 883 万元。

供水直通车启动仪式　　（城发集团　供稿）

【陈行水源地嘉定原水工程开工】 3月28日，陈行水源地嘉定原水工程全面开工。嘉定供水水源主要来自华亭原水厂，通过墅沟河简接取用长江原水。原水厂内虽有调节水库，有效库容只有60万吨，库容偏小。此外，经常受到浏河河口汛期排涝影响，水源水质容易受到污染，影响嘉定原水的正常供应。鉴于这些问题，根据市区两级政府部门批准的《嘉定区供水与污水处理系统专业规划》，嘉定区原水规划纳入长江陈行水源地原水系统。整个工程跨越嘉定区和宝山区，分为区外管线和区内管线两个部分。区外管线由陈行水库引水工程主干管至嘉定原水工程系统主干管；区内管线由嘉定区内原水工程系统主干管至嘉北水厂原水输水管道。工程管道全长17.8公里，其中6.5公里从宝山区境内穿越。工程总投资6.79亿元，计划于2015年9月底竣工。项目建成后，每天可输送77万立方米的优质长江原水，不仅能保障日益增长的用水需求，而且能有效提高供水水质和供水稳定性。（申　文）

金　融　业

编辑 宋怀常

综　　述

2014年，区内各金融单位完善管理制度，提升服务品质，为嘉定区经济社会发展作出贡献。全年实现金融业增加值43.2亿元，比上年同口径增长32.5%。至年末，全区统计范围内金融机构网点数141个。银行业务稳定增长，年末各项存款余额2 068.6亿元，比上年增长7%；贷款余额1 031.4亿元，比上年增长12.3%。保险行业在市场竞争不断加剧的情况下，保费收入实现快速增长。股票市场总体震荡上行，交易渐趋活跃，各证券公司交易量和利润均大幅增长。　（练　志）

银　　行

【概况】 年末，全区银行机构各项存款余额2 068.6亿元，比上年增长7%。其中企业存款余额1 057.3亿元，增长5%；居民储蓄存款余额1 011.2亿元，增长9.2%。各项贷款余额1 031.4亿元，比上年增长12.3%。其中企业贷款余额776.4亿元，增长12.4%；个人贷款余额255亿元，增长12.1%；个人住房贷款余额190.1亿元，增长12.8%。　（练　志）

【农行嘉定支行】 2014年，中国农业银行股份有限公司上海嘉定支行按照总行、分行的工作部署和要求，明确“传统业务做大做强、前沿业务突破创新”两大任务，着力突破业务发展瓶颈，巩固优势、弥补短板，提升市场竞争和风险管控能力，圆满完成经营管理各项目标任务。年末，支行人民币各项存款余额467.14亿元；外币各项存款余额5 057万美元。本外币各项贷款余额143.22亿元，比上年增长14.65%；不良贷款实现“双降”。全年实现中间业务收入1.9亿元，增长2.63%。年内，支行秉承“诚信立业、稳健行远”的核心价值观，以服务实体经济为重心，为嘉定区社会经济发展作贡献，同时积极回馈社会，实现经济效益与社会效益同步增长。支行获得2014年全国金融五一劳动奖状，被评为上海市文明单位、上海市平安示范单位。　（刘　鑫）

【建行嘉定支行】 2014年，中国建设银行股份有限公司上海嘉定支行贯彻分行“综合性、多功能、集约化”的战略定位，增强整合意识、联动意识、创新意识和客户体验意识，提高营业网点的规范化管理水平，全面完成各项工作任务。年末，支行人民币一般性存款余额275.4亿元，比上年增长12.13%；其中企业存款余额142.4亿元，个人存款余额133亿元。各项贷款余额160.4亿元，增长21.57%。全年实现拨备前利润7.08亿元，增长21.23%；中间业务净收入2.28亿元，增长11.86%。年内，针对区域经济情况，将曹王支行搬迁调整为宝翔路支行，减轻南部地区的业务压力。支行连续十二届被评为上海市文明单位，支行营业室先后被评为上海金融系统“优质服务网点”和建设银行系统“五星级网点”。　（盛晓玲）

【中国银行嘉定支行】 2014年，中国银行股份有限公司上海市嘉定支行贯彻落实总行“担当社会责任，做最好的银行”的战略目标，不断深化“以客户为中心，以营销为导向”的转型要求，全面提升核心竞争力。年末，支行各项贷款日均余额66.5亿元，比上年增加0.46亿元，增长0.7%；各项存款余额114.05亿元，增加2.3亿元，增长2.06%。全年实现拨备前利润3.25亿元，增长11.68%。10月，新设网点新成路街道方舟支行开业。年内，加强案防内控管理，配合公安机关做好防电信诈骗工作。支行营业部被评为中国银行业文明规范服务五星级营业网点及2014年度中国银行业文明规范服务千佳示范单位。　（吴　萍）

【工行嘉定支行】 2014年，中国工商银行股份有限公司上海市嘉定支行坚持以素质提升为基础，以创新整合为动力，以精细化管理为保障，不断提升市场竞争力，促进各项业务平衡发展。年末，支行本外币各项存款余额242.17亿元，比上年增加9.64亿元，增长4.15%；本外币各项贷款余额101.99亿元，增加5.09亿元，增长5.25%。全年实现中间业务收入2.04

亿元，增长9.6%。年内，支行响应上级号召，在核算印章、柜员身份指纹认证、电子用印系统、网点运行标准化管理等方面进行一系列改革，优化业务操作流程。强化安全保卫工作，完善应急处理机制，推进"群防群治守护网"建设。年中，支行被评为上海市治安保卫先进集体。（倪　晔）

【浦发银行嘉定支行】 2014年，上海浦东发展银行嘉定支行以"优化结构、提升效益、夯实规模、确保质量"为主线，根据分行制定的"分类视图"管理战略和郊区支行发展战略，围绕零售业务攻坚和金融市场拓展等重点工作，营造"阳光、和谐、正气"的工作氛围，努力提升支行可持续发展的能力。年末，支行本外币存款余额99.07亿元，比上年增加14.31亿元，增长16.88%。其中对公存款54.86亿元，增加8.66亿元，增长18.74%；储蓄存款44.21亿元，增加5.65亿元，增长14.65%。本外币贷款余额41.18亿元，增加4.09亿元，增长11.03%。资产质量继续保持良好态势，对公业务无逾期贷款，个人不良贷款低于分行控制指标。全年完成国际结算业务量13.99亿美元，实现账面利润1.25亿元。年内，支行大力推进特色业务发展，牵头完成2笔银团贷款，额度分别为25.4亿元和11.8亿元。拓展私募股权投资资金托管、代理收付业务，与电商企业合作开展线上供应链融资业务。（王凤凤）

【农发银行嘉定支行】 2014年，中国农业发展银行上海市嘉定区支行积极发挥农业政策性银行的职能，实施"两轮驱动"业务发展战略，大力支持粮棉油收购和农村基础设施建设。年内，支持嘉定区城乡发展一体化建设，全年发放贷款10.52亿元。其中短期贷款1.58亿元，支持收购粮食5.18万吨；中长期贷款8.94亿元，支持土地储备、农民动迁安置房等项目。年末，支行各项贷款余额14.33亿元，比上年增长48.19%；各项存款余额2亿元，增长39.86%。（黄　珏）

【上海银行嘉定支行】 2014年，上海银行嘉定支行以建设"精品银行"目标为引领，以"提供专业服务，创造恒久价值"为使命，完善内部营销组织架构，加强基础管理工作，加快业务结构和客户结构调整，坚持合规经营，不断提高市场竞争力。全年实现人民币存款日均余额85.41亿元，比上年增长13.31%；其中对公存款44.01亿元，储蓄存款41.4亿元。人民币贷款日均余额41.48亿元，比上年增长13.24%；其中对公贷款33.83亿元，个人贷款7.66亿元。外币存款日均余额822.11万美元。外汇结算量4.32亿美元，结售汇2.71亿美元。年内，支行积极参加嘉定镇街道"关爱如水"社会互助项目和南翔镇"蓝天下的至爱"慈善活动。强化风险防范意识，成功阻止2起电信诈骗案件，帮助客户避免经济损失37.5万元。（沈丽萍）

【民生银行嘉定支行】 2014年，中国民生银行嘉定支行认真贯彻分行"科学统筹规划，创新商业模式，深化分行转型，持续推进改革"的工作方针，开展以"优化流程、提升效率、创新模式、锻炼队伍、促进发展"为目标的"起航2014"劳动竞赛活动，各项业务稳步发展。年末，支行各项存款余额16.2亿元，其中储蓄存款余额7.1亿元，比上年增长4.4%。金融资产余额18亿元，增长15.4%。年内，开展以"铸品牌、铸文化、铸长城"为宗旨的风险文化教育实践活动，要求员工提高风险意识，严格执行相关制度，坚持合规经营，不断提高识别和防范各类风险的能力，确保客户资金安全。（金卫平）

【光大银行嘉定支行】 年末，光大银行嘉定支行各项贷款余额12.73亿元，比上年增长32.33%，其中对公贷款余额8.26亿元、个人贷款余额4.47亿元。各项存款余额35.58亿元，比上年下降14.57%，其中对公存款余额25.24亿元、个人储蓄余额10.34亿元。全年个人贷款投放6 456.21万元，其中小微贷款投放3 377万元。中小微企业业务、现金池管理、代发业务、信用卡业务、保险交叉营销等业务均完成指标。全年理财产品销售5.98亿元，其中基金券商类1 911万元。7月8日，嘉定支行第一家辖属社区银行——南苑社区支行在福海路369号开业。年内，嘉定支行被总行评为先进集体。（孔令红）

【招商银行嘉定支行】 2014年，招商银行上海嘉定支行紧紧围绕分行迅速做大做强核心业务的发展观念，积极开拓业务，提高服务质量，全面完成各项工作任务。年末，支行各项存款余额37亿元，比上年增长37.04%。其中对公存款余额25亿元，增长47.06%；个人储蓄存款余额12亿元，增长20%。各项贷款余额16亿元，增长45.45%。其中对公贷款余额10亿元，个人贷款余额6亿元。全年实现经营利润9 741万元，增长30.07%；中间业务收入7 500万元，增长2.57倍。（卢　玲）

【平安银行嘉定支行】 2014年，平安银行上海嘉定支行按照总行的战略方针和工作部署，深化改革创新，提升服务效率，促进员工职业素质和团队战

上海农商银行嘉定支行举办银企合作签约仪式

（农商银行嘉定支行　供稿）

斗力持续提升，各项业务稳步发展。年末，支行本外币存款余额31.8亿元，其中个人储蓄存款余额5.4亿元，比上年增长22.73%。本外币贷款余额13.3亿元，其中公司贷款余额7.3亿元，个人贷款余额6亿元。年内，支行继续开展帮困助学活动，资助贫困家庭儿童，在春节前夕上门走访慰问。（邵慧智）

【农商银行嘉定支行】 2014年，上海农村商业银行嘉定支行围绕改革创新主线，坚持盈利导向，强化风险防控，调整业务结构，全面完成“网点转型、营销发力”和社区银行建设等重点任务。年末，支行各项存款余额218.47亿元，比上年增长12.57%；各项贷款余额102.73亿元，增长16.04%。全年实现中间业务收入6 175万元，比上年增长30.83%。年内，支行完成“卓越服务•精益求精”网点综合竞争力提升项目，网点服务质量、营销意识、营销技能显著提升；大力发展小微企业贷款业务，有效缓解小微企业融资难问题；筹建新网点协通支行，搭建银企合作平台，优化社区银行网点布局；开展“大堂志愿者”活动。（杨晓芸）

【邮储银行嘉定支行】 2014年，中国邮政储蓄银行上海嘉定支行坚持“稳中求进，进中求好”的工作总基调，稳健推进各项业务工作。年末，支行所辖一类、二类及代理网点各项人民币存款余额107.12亿元，比上年增加7.96亿元，增长8.04%。其中个人储蓄存款余额102.06亿元，增加7.28亿元，增长7.68%。全年累计发放贷款472笔，金额4.17亿元，贷款结余12.05亿元。实现人均创收79万元。支行共拥有网点27家。年内，支行以真诚、用心、优质的服务赢得用户，树立“百姓银行”的良好形象。（沈　蕾）

【富邦华一银行嘉定支行】 1月，华一银行完成股改及增资工作，富邦金控集团与台北富邦银行入股华一银行。4月，更名为“富邦华一银行有限公司”。2014年，富邦华一银行嘉定支行以企业金融业务为主轴，兼顾个人金融及保险代理等多项业务，加强内部控制管理，完善风险管理体系，圆满完成各项工作任务。年末，支行本外币存款余额13.87亿元，本外币贷款余额6.3亿元。（刘慧莹）

【华夏银行嘉定支行】 2014年，华夏银行股份有限公司上海嘉定支行按照上级要求，深化转型发展的内涵，坚持以效益为中心，以结构优化为导向，以精细化管理为保障，以安全运营为基础，提高运行效率和风险防控能力，各项业务健康发展。年末，支行各项存款余额11.98亿元，其中对公存款余额9.37亿元，储蓄存款余额2.61亿元。各项贷款余额7.92亿元，其中对公贷款余额6.84亿元，个人贷款余额1.08亿元。销售理财产品4.5亿元，实现营业利润2 858万元。（朱蓉佳）

【中信银行嘉定支行】 2014年，中信银行嘉定支行按照总行制定的发展战略，积极推进对公、对私业务双转型，各项业务稳步发展。年内，在机构、房地产业、制造业（汽车装备业及高端医疗）和电商业四个方面积极开拓业务，与嘉定区政府达成战略合作协议。深化二次转型，强调服务品质，开展“感恩季”“迎春季”等社区活动，做大零售客户基础。年末，支行各项存款余额11.65亿元，比上年增加4.53亿元，增长38.86%；各项贷款余额26.83亿元，增加14.64亿元，增长47.75%。（王紫君）

【浙商银行嘉定支行】 2014年是浙商银行嘉定支行成立第六年。支行继续坚持“见行，见心，见未来”的经营理念，树立“以客户为中心”的服务意识，遵循总行“一体两翼”的市场与业务定位，结合嘉定地区的市场环境、金融环境、经济特色等因素，发挥服务中小企业的竞争优势，各项业务稳步发展。年末，支行本外币贷款余额20亿元，比上年增长33.33%，其中小企业贷款10亿元。本外币存款余额18亿元，比上年减少10%。（唐　怡）

【上海嘉定民生村镇银行】 上海嘉定民生村镇银行是由嘉定区政府与中国民生银行共同发起设立的、嘉定地区唯一一家总行级别独立法人银行和新型区域性股份制商业银行。2014年，上海嘉定民生村镇银行以“服务嘉定、情系民生、以人为本、与您共赢”为宗旨，以“规模发展强劲、特色品牌显现、效益逐步提高、管理有序到位”为经营方针，努力打造“品牌银行”“特色银行”“效益银行”。银行以嘉定地区城乡居民、个体工商户、小微企业、“三农”经济和中小型企业为服务对象，信贷业务以500万元以下贷款为主。年内，新成立真新支行和南翔支行，全行营业网点累计5个。年末，银行各项存款余额20亿元，各项贷款余额12亿元。（樊　柳）

保　　险

【概况】 2014年，保险市场竞争愈加激烈，区内各保险公司根据市场需求不断调整业务结构，提升服务质量，保险业务健康发展，保费收入快速增长。各公司积极参与嘉定区建设，支持区内经济、社会、文化等事业的发展，为提高嘉定区社会保障水平作贡献。（练　志）

【中国人寿嘉定支公司】 2014年，中国人寿保险股份有限公司上海市嘉定支公司实现保费收入3.78亿元，比上年增长26.85%；其中续期保费收入1.33亿元，与上年持平。长险首年保费收入2.22亿元，增长57.45%；其中首年期交保费1 232.17万元，下降58%。短期险保费收入2 636.29万元，比上年增长12.08%；其中意外险保费1 665.42万元，增长22.45%。全年共支付短期险赔款1 028.68万元，比上年增长25.41%。年内，支公司继续承办区政府惠民实事工程——“民生综合保险”，为区内户籍人口和引进人才提供民生综合保障以及失独家庭成员保障。继续扩大学生保险、小额贷款保险、员工福利计划等优势业务。加强风险防控，按照保监会要求，开展风险专项排查整治、打击非法销售非保险类金融产品等活动。加强服务，兑现承诺，做好客户满期给付工作，全年未发生客户群体性事件。年中，支公司银行保险部被总公司评为“2013年度诚信服务金牌团队”，员工马勇获2014年全国金融系统思想政

治工作和企业文化建设优秀调研成果一等奖。（马　勇）

【人保财险嘉定支公司】 2014年，中国人民财产保险股份有限公司上海市嘉定支公司共承保各类险种保险金额602.97亿元，比上年增长61.27%。其中车险类保险金额182.1亿元，增长46.21%；非车险类保险金额420.87亿元，增长68.79%。全年保费收入1.42亿元，增长6.77%。共处理赔案15 854起，比上年增长27.97%；赔款0.77亿元，上升1.32%；综合赔付率53.66%，下降4.22个百分点。其中车险类赔案14 777起，赔款6 554.1万元，分别增长28.42%和4.48%；非车险类赔案1 077起，赔款1 111.2万元，分别增长22.11%和减少18.06%。年内，支公司围绕“调结构、控费用、稳增长”的主基调，业务不断发展，效益显著增长。做好医疗事故责任保险新模式的统保试点工作，制定具有嘉定特色的承保理赔方案，获同业公会保险品质奖。支公司被评为2013-2014年度上海市文明单位。（冯　洁）

【太保财险嘉定支公司】 2014年，中国太平洋财产保险股份有限公司上海市嘉定支公司秉承“诚信天下、稳健一生、追求卓越”的核心价值观，实施以客户需求为导向的战略转型，积极调整业务结构，不断提升服务质量。全年共承保各类险种保费收入2.03亿元，比上年增长18.1%。非车险完成保费收入3 177万元，增长15.7%，其中意外健康险完成601万元、企业财产险完成1 422万元、责任险完成538万元、家庭财产险完成184万元；车险完成保费收入1.71亿元，增长18.5%。全年赔款支出1.16亿元，下降5.69%。年内，支公司继续承保安亭镇、华亭镇、嘉定工业区的社区责任险，协助嘉定区民政局做好全区的民生保险项目。（毛　炫）

证　　券

【概况】 2014年，沪深股指总体震荡上行，证券市场交易活跃。在证券行业竞争愈加激烈、佣金大幅度下降的情况下，嘉定区各证券公司坚持合规经营，完善硬件设施，不断提升服务质量。股市交易量和利润均比上年有较大幅度增长。（练　志）

【申银万国证券嘉定营业部】 申银万国证券公司嘉定营业部位于塔城路399号。营业部设施完善，拥有A级标准计算机房、沪深股市行情双向卫星传输系统、电信DDN和移动SDH专线光缆，保证数据传送迅速及时。有188门中继线电话委托系统、500台电脑终端和家庭大户室及一流的网上交易系统，满足不同层次客户的需要。与工行、中行等16家银行开通第三方存管业务，方便客户资金存取。2014年，营业部贯彻“依法、合规、规范”的经营理念，抓好内部管理和精神文明建设，开展争创文明窗口和全员经纪人营销培训等活动，不断提高服务质量，获公司“旗舰营业部”称号。至年末，营业部开户数4.6万户，客户资产总值60.7亿元。全年完成A股交易量953.9亿元，比上年增长53.33%；实现利润7 501万元，列嘉定区同业首位，比上年增长62.43%。（张静雯）

【华鑫证券嘉定营业部】 华鑫证券有限责任公司嘉定营业部位于嘉定区棋盘路1192号。营业部设施完善，保证数据传输及时畅通。提供先进的交易软件和丰富的行情资讯内容，支持各类电脑系统和手机系统。营业部业务包括证券代理买卖、代理开户登记、基金代销等，已与工行、农行、招行等多家银行开通第三方存管业务。公司委托电话962558，客服电话4001099918、32109999。2014年，营业部在做好主营业务的同时，积极开拓理财产品、融资融券等新业务。至年末，营业部有客户2万余户，客户托管资产20亿元。全年完成股票、基金成交量247亿元，比上年增长80.29%；佣金收入1 739万元，增长45.28%；销售各类基金、理财产品6 954万元，增长2.74倍；融资融券息费收入466万元，增长2.35倍。（张卫亮）

【上海证券嘉定营业部】 上海证券有限责任公司嘉定证券营业部位于清河路156号。营业部大厅软硬件设施齐全，有自助委托、行情查询终端200余台，行情显示大屏及液晶吊屏9台。开通网上交易、电话、手机、磁卡、热键等多种委托方式，统一客服热线4008918918。营业部采用集中交易系统，使用千兆网卡主服务器和备份服务器，采用SDH和有线通光纤线路作为主干广域网链路，采用VPN技术作为备份通讯线路，保证交易数据传输的安全和畅通。开通各大商业银行的客户交易结算资金第三方存管业务。融资融券、个股期权、“新三板”、期货ⅠB等各项创新类业务稳步发展。至年末，营业部累计开户2.3万户，客户资金与股票市值17.99亿元。全年完成交易额220.63亿元，比上年增长18.8%；实现利润1 886.99万元，增长46.9%。（张　伟）

【中信证券安亭营业部】 中信证券股份有限公司安亭营业部位于墨玉路29号。营业部与中国银行、中国农业银行、中国工商银行等10家银行开通第三方存管业务，方便客户资金存取。2014年，营业部根据上级要求，开展“新三板”、个股期权、“新E融”“快E融”等业务，逐步实现从传统的通道业务向非通道业务发展。至年末，营业部累计开户1.8万户。全年实现利润260万元。（茹雅德）

农　　业

编辑　吴　庆

综　　述

2014年，嘉定区贯彻落实中央和市委、市政府关于“三农”（农业、农村、农民）工作的方针、政策，加大“强农、惠农、富农”政策力度，大力发展都市现代农业，加快社会主义新农村建设，促进农民持续增收。稳定农产品生产，落实区级稳粮、稳菜资金，增加区财政对农业生产的扶持力度，推进农业基础设施建设，增加对农业机械的投入。全年实现农业总产值12.05亿元。落实粮食生产“一种就管”工作，抓好田间管理，加强对农作物病虫害的预测、预报、防治，为粮食高产丰收创造条件。推进粮食高产创建活动，针对灾害性天气，积极协调机械和人力，完成全区4 800公顷水稻和3 367公顷小麦的种植、生产任务，推广机械化播种技术，实现机插秧、机直播水稻面积2 553公顷。全区粮食总产5.66万吨。稳定蔬菜种植面积，确保本地产蔬菜有效供给，全年上市蔬菜13.95万吨。优化养殖业结构，实施养殖场标准化建设，出栏生猪13.8万头，上市家禽17.66万羽、鲜蛋2 073.8吨、牛奶3 485.5吨、水产品1 400吨。加强科技兴农工作，提升农业现代化水平，完善农业科技服务和信息服务，推进地方农产品保种选育工作，促进农民增收和嘉定特色农产品生产。加强重大动物疫病防控工作，坚持农业行政综合执法规范化建设，抓好农产品质量安全监管工作，确保全区农产品质量安全可靠。启动美丽乡村建设。完成农村“村庄改造”3 062户，2 281户农户接通天然气。有序推进农民宅基地置换。13个村实行村级集体经济组织产权制度改革。欠发达村扶持工作取得突破，新农村建设成效显著。全区村级可支配收入总额13.64亿元，村均可支配收入909.36万元，农民人均纯收入23 358元，均实现较快增长。　　（沈喜波）

新农村建设

【概况】 2014年，农村“村庄改造”工程继续被列入上海市政府实事工程。嘉定区结合农民宅基地置换规划，因地制宜，突出重点，积极稳妥地开展“村庄改造”。全年投入资金9 029.01万元，完成农户综合改造3 062户。改造后，农村基础设施得到完善，村庄环境有较大改善，城乡差距有效缩小。对24个集体经济欠发达村实施扶持，区、镇共投入资金1 800万元，24个村年可支配收入均超过200万元。年内，属于农民宅基地置换项目的农民集中居住区新开工建设67.19万平方米。　　（沈喜波）

【“村庄改造”惠及农户3 062户】 2014年，嘉定区农村“村庄改造”涉及安亭、华亭、徐行3个镇12个村3 062户农户，实施污水纳管、天然气、环境、公共配套设施等方面建设与改造。其中天然气设施安装2 281户，污水纳管715户，自然村落改造781户。宅前屋后环境整治18.78万平方米，组团式

外冈佳苑　　（外冈镇　供稿）

污水处理300户，道路硬化1.67万平方米，水系环境整治28.39千米，桥梁修筑8座，村庄绿化16 955平方米，农宅墙体整修26.57万平方米。项目资金总投入9 029.01万元，其中中央及市级奖励补助资金1 992.4万元，区级财政资金2 442万元，镇、村配套资金4 594.61万元。

【美丽乡村建设启动】 2014年，嘉定区成立美丽乡村建设工作领导小组，制定《嘉定区推进美丽乡村建设的工作方案》，编制《嘉定区村庄布点规划(2014-2020年)》和两个试点村的村庄规划——《嘉定区华亭镇北新村村庄规划(2014-2030年)》《嘉定区徐行镇曹王村村庄规划(2014-2030年)》，明确村庄发展方向：努力建成一批“生态宜居、生产高效、生活美好、人文和谐”的美丽乡村，推进城乡一体化发展。 (程勤贤)

【经济欠发达村扶持】 2014年是嘉定区新一轮经济欠发达村扶持(2012-2014年)的最后一年，扶持对象仍为华亭镇、徐行镇和外冈镇的24个村。扶持方式包括：鼓励村集体经营粮田，实施“以奖代补”，每亩给予奖励300元，全年24个村实得“以奖代补”资金790万元；年度项目投资收益255.98万元，年化收益率接近8%，村均收益超过10万元。年内，24个欠发达村平均可支配收入超过200万元，达到311万元，比上年增长4.7%，其中20个村超过250万元，最高的村超过400万元，实现扶持目标。 (张学青)

【农民宅基地置换】 2014年，全区新开工建设农民集中居住区67.19万平方米，完成年计划的102.3%；安置农户1 274户；归还耕地指标72公顷，完成年计划的112%；拆旧地块拆除农房3 107户；完成节余土地出让11.49公顷，回收资金8.48亿元。年内，江桥镇农民宅基地置换项目一期工程有序推进，外冈镇、南翔镇宅基地置换项目完成郊野单元规划编制，进入报批程序。至年底，农民宅基地置换项目累计新建农民集中居住区150.39万平方米，其中竣工43.2万平方米；归还耕地指标126.28公顷；完成节余土地出让61.44公顷，回收资金20.91亿元。 (郁文杰)

农村经济

【概况】 2014年，全区有村级集体经济组织150个，村民组1 869个，农户91 965户，农业人口299 967人(包括参加“镇保”“城保”和“征地养老”等的农民)，有劳动力174 120人。劳动力按从业层次分，从事家庭经营人员14 159人，占8.13%；外出务工人员60 705人，占34.86%；在镇村企业务工人员和其他占57.01%。全区农村集体资产总额494.73亿元，净资产总额162.29亿元。其中，镇级总资产344.64亿元，净资产92.93亿元；村级总资产143.28亿元，净资产64.39亿元；组级总资产6.81亿元，净资产4.97亿元。年内，经批复撤村2个，撤组(生产队)78个。完成1个村、80个组的集体资产处置工作，合计处置集体资产3.52亿元，全区农民人均财产性收入增加1 129元。 (顾铮铮 生晓燕)

【村级可支配收入总额增长6.77%】 2014年，全区村可支配收入总额13.64亿元(扣除经济欠发达村的项目资金1 093.57万元)，比上年增加8 645.86万元，增长6.77%。全区村均909.36万元，增加50.34万元，增长5.86%。村人均可支配收入4 500元，增加266元，增长6.28%。全区可支配收入在3 000万元以上的村有5个，其中最高的安亭镇塔庙村可支配收入9 036万元；可支配收入在2 000万元～3 000万元的村有4个，可支配收入在1 000万元～2 000万元的村有45个，可支配收入在1 000万元以上的村占总数的36%；可支配收入在500万元～1 000万元的村有28个，可支配收入在200万元～500万元的村有68个。全区各村可支配收入都超过200万元，其中最低的华亭镇唐行村206.61万元。

2014年嘉定区各街镇村级可支配收入情况统计表

单 位	可支配收入(万元)	村均可支配收入(万元)	比上年±%
安亭镇	46 447.25	1 105.89	10.71
江桥镇	18 639.14	1 096.42	-4.72
马陆镇	24 656.98	1 541.06	12.69
南翔镇	9 225.77	1 153.22	8.11
外冈镇	7 587.81	399.36	10.56
徐行镇	4 523.79	452.38	11.33
菊园新区	1 365.37	455.12	-12.21
华亭镇	6 773.69	615.79	13.91
嘉定工业区	15 741.53	787.08	10.8
新成路街道	312.28	312.28	51.75
真新街道	1 131	377	-62.12
合 计	136 404.61	909.36	6.77

【农民人均、劳均纯收入大幅增长】 2014年，农民人均纯收入23 358元，比上年增长9.82%；农民劳均分配收入33 490元，增长9.52%。全区农村家庭纯收入70.04亿元（户均7.62万元），增长8.8%。从收入结构来看，在工资性收入、家庭经营收入、财产性收入和转移性收入中，工资性收入依旧是农村收入的主要组成部分。其中，家庭经营纯收入55 588.43万元，增长4.6%；工资性收入449 298.65万元，增长12%；财产性收入78 248.88万元，下降0.79%；转移性收入117 290.85万元，增长13.18%。 （顾铮铮）

2014年嘉定区农民人均、劳均纯收入情况统计表

单位	人均纯收入（元）		比上年增长（%）	劳均纯收入（元）		比上年增长（%）
	2014年	2013年		2014年	2013年	
安亭镇	26 980	26 980	10.01	43 044	39 145	9.96
江桥镇	26 333	24 728	6.49	39 016	36 451	7.04
菊园新区	23 126	23 038	0.38	33 042	35 715	-7.48
马陆镇	23 114	21 197	9.04	35 067	32 389	8.27
新成路街道	24 607	22 837	7.75	26 371	24 586	7.26
南翔镇	21 802	20 811	4.76	30 365	29 603	2.57
外冈镇	21 665	19 527	10.95	27 951	25 566	9.33
嘉定工业区	20 720	17 863	15.99	28 025	24 347	15.11
徐行镇	17 665	16 199	9.05	24 720	22 540	9.67
华亭镇	17 722	15 237	16.31	26 752	22 896	16.84
平均	23 358	21 269	9.82	33 490	30 580	9.52

【村级集体经济组织产权制度改革】 2014年，南翔镇新丰村、新裕村、永乐村、浏翔村，华亭镇联华村，徐行镇劳动村，江桥镇太平村、年丰村，外冈镇周泾村、徐秦村，安亭镇顾垒村，马陆镇陆家村，嘉定工业区群裕村等13个村实行村级集体经济组织产权制度改革。年内，全区19个改制村分红9 092.23万元。

【农村集体"三资"监管平台建设】 2014年，农村集体"三资"（资金、资产、资源）监管平台统计总户数为2 302户，其中组织类2 020户（村级151户，队级1 869户）；控股、参股企业类282户（镇级149户，村级133户）。年内，在"三资"平台原有的六大模块中增加产权改革模块，升级合同管理模块中的集体资产、资源经营功能。

【农村集体资产评估项目规范备案管理】 2014年，马陆镇、安亭镇、新成路街道的8个资产评估项目实施规范备案管理。备案管理项目账面净资产评估值7 635.05万元，股权转让价格1 635.93万元。 （生晓燕）

农业服务

【概况】 2014年，全区统一供应水稻种子26.07万公斤、小麦种子64.42万公斤、绿肥种子1.6万公斤；统供粮食种植用农药12次，共计213.01万瓶（包、支）121.52吨，供应蔬菜补贴农药72.72吨；统供专用配方肥2 367.55吨、商品有机肥1.8万吨。通过嘉定农业网、嘉定农技"110"服务热线、"嘉定农业"微信公众号、农民一点通等平台发布各类涉农信息，提供为农综合服务。 （沈喜波）

【新建农民专业合作社15个】 2014年，全区发展成立15个农民专业合作社。至年末，全区共有农民专业合作社323个，其中种植业247个，养殖业22个，农机服务业26个，其他类28个。上海爱辉粮食蔬果专业合作社、上海云辉畜牧养殖专业合作社、上海翔旺农机专业合作社被农业部认定为国家农民合作社示范社。 （程勤贤）

【农业信息服务】 2014年，区涉农资金监管平台全年数据公示情况良好，新增徐行镇钱桥村、小庙村、徐行村和菊园新区六里村的宅基地置换户签约信息公示内容，全年发布数据17.24万条，涉及金额5.37亿元。嘉定农业网改版40余次，发布信息3 040篇，150余篇信息稿件被市级、国家级网站转载，发布《嘉定农业信息摘要》12期。11月，嘉定农业网获"中国特色政府网站创新提名奖"。嘉定农技"110"服务热线全年接报处理农户求助电话292次，组织专家出诊189次，发送手机短信12.1万条，组织下乡服务及培训9次，发放技术资料及宣传品3 000余份。3月21日，"嘉定农业"微信公众号上线，平台推出通知通告、技术指导、农产品价格、办事指南等10余项服务，形成对农业网宣传的有效补充。6月27日，嘉定农业WIFI应用试点项目启动仪式举行，在全市范围内首次尝试"WIFI+微信"新模式。10月，

嘉定农业WIFI应用试点项目启动仪式　　（区农委　供稿）

对26个村的“农民一点通”设备进行更新，由双屏变为一体化大屏，整合交通卡、银联卡、社保卡等功能，为农民提供手机充值、水电煤缴付、交通卡查询及充值、信用卡查询与还款、医疗预约挂号等服务。3-9月，对108名信息员开展60课时的“专业农民”信息员培训。（杨　航）

【推进“三品一标”认证】 2014年，区农委加快推进无公害农产品、绿色食品、有机食品认证和农产品地理标志登记申请工作，培育名优产品，推进名牌认定，提高农产品市场竞争力。至年底，全区共有无公害农产品认证企业194家，产品710个；绿色食品认证企业9家，产品10个；有机食品企业3家（其中2家为中绿华夏有机认证），产品79个。（何克满）

农业基础设施和农业园区建设

【概况】 2014年，嘉定区继续推进设施粮田和设施菜田建设，提高农业基础设施建设标准，建设路、沟、渠等设施，满足规模化、机械化生产要求。嘉定区设施菜田项目获市农委批准，建设面积74.53公顷，计划投资4 284.8万元，年内完成项目工程量的50%。华亭镇高水平粮田项目获市农委批准，建设地点为华亭镇北新村，建设面积74.33公顷，计划投资185.5万元，年内项目完工。徐行镇芳香植物基地项目建成并通过市级验收，项目建设面积23.33公顷，总投资600万元。沥江水果生产基地项目建成并通过市级验收，项目建设面积23.33公顷，总投资750.06万元。华亭镇杏鲍菇生产基地项目建成并通过市级验收，建设地点为华亭镇连俊村，建设面积23.33公顷，总投资750.06万元。

高标准蔬菜设施基地　　（区农委　供稿）

【蔬菜标准园创建】 2014年，嘉定区在推进市级蔬菜标准园创建的同时，开展首批区级蔬菜标准园创建工作。上海绿秾果蔬专业合作社（外冈基地）、上海富翔蔬果专业合作社、上海东周丰源蔬果种植专业合作社和上海农家苑葡萄有限公司分别通过市级蔬菜标准园和市级经济作物标准园的验收。上海其龙蔬果专业合作社、上海长征蔬菜种子公司、上海联绿蔬果园艺有限公司通过区级蔬菜标准园的验收。2011-2014年，全区累计创建1家农业部蔬菜标准园、10家市级蔬菜标准园、3家市级经济作物标准园和3家区级蔬菜标准园，总投资790万元。（徐志英）

【耕地地力调查与评价】 2014年，完成历时近两年的新一轮耕地地力调查与评价工作。绘制嘉定区耕地地力等级、土壤种类及养分含量技术分布图，初步建立耕地资源管理系统、耕地地力与配方施肥信息系统等数据软件，完成《2013年嘉定区耕地地力调查与质量评价专项报告》。在全区50个地力、环境监测点和农业部在嘉定工业区娄东村的地力网点开展监测工作，开展农户生产概况及施肥情况跟踪调查，进行土壤及植株样品的采集。推广测土配方施肥技术，应用面积1万公顷次。（沈佩华）

种植业

【概况】 2014年，嘉定区水稻种植面积保持稳定，全区共种植水稻4 805.3公顷，比上年增加180.8公顷。其中杂交水稻1 214.59公顷，占水稻种植总面积的25.28%，其余均为优质常规稻，水稻优质化率100%。全区小麦种植面积3 368.47公顷，比上年减少

221.18公顷。绿肥种植面积1 636.07公顷，增长17.37%。全年主要经济作物播种面积：绿肥1 636.07公顷，青饲料172.33公顷，草莓67.68公顷，蔬菜6 387.2公顷，西(甜)瓜353.13公顷。

【粮食生产】 2014年，全年夏秋粮食作物种植总面积8 173.78公顷，比上年减少40.37公顷，下降0.5%。全年粮食总产56 641.9吨，增加1 742.4吨，增长3.17%。 （徐志英）

2014年嘉定区粮食面积、产量统计表

项　目	面积（公顷）			单产（千克）			总产（吨）		
	2014年	2013年	比上年±%	2014年	2013年	比上年±%	2014年	2013年	比上年±%
秋粮	4 805.3	4 624.5	3.91	8 370	8 384.9	-0.18	40 220.4	38 776	3.72
其中:水稻	4 805.3	4 624.5	3.91	8 370	8 384.9	-0.18	40 220.4	38 776	3.72
夏粮	3 368.47	3 589.65	-6.16	4 875	4 492	8.53	16 421.5	16 123.5	1.85
其中：小麦	3 368.47	3 589.6	-6.16	4 875	4 492	8.53	16 421.5	16 123.5	1.85
总　计	8 173.77	8 214.15	-0.49				56 641.9	54 899.5	3.17

【粮食高产创建】 2014年，全区建立万亩示范带1个(水稻)、千亩示范片4个(其中水稻2个、小麦2个)、百亩示范方73个(其中小麦20个、水稻53个)，推进整建制镇、村建设。其中水稻建设面积2 251.02公顷，占全区水稻种植面积的46.8%；单产9.21吨，比上年增长10.04%。小麦建设面积1 478.37公顷，占全区小麦种植面积的43.9%；单产5.58吨，增长14.52%。绿肥建设面积84.6公顷。外冈镇水稻高产创建万亩示范带、华亭镇水稻高产创建千亩示范片在上海市水稻高产创建优秀示范方评比中分获一等奖和三等奖；嘉定工业区、华亭镇的小麦千亩示范片分获上海市小麦高产创建评比二等奖和三等奖；外冈镇、华亭镇在上海市夏熟绿肥作物优秀示范方评比活动中均获二等奖；嘉定区农业技术推广服务中心获优秀组织奖。 （沈佩华）

【小麦、单季稻亩利润均增加】 根据对20户小麦种植户和30户单季稻种植户的种植成本抽样调查，2014年小麦、单季稻样本户的种植面积分别为2 951.55亩、3 925.48亩，亩产量分别为375.79公斤、567.62公斤，小麦比上年增产23.48%，单季稻增产1.67%。亩收入分别为：小麦920.54元，增长24.99%；单季稻1 816.38元，增长0.68%。亩物质费用分别为：小麦322.88元，减少3.92%；单季稻543.26元，减少18.25%。亩净收入分别为：小麦597.66元，增长49.26%；单季稻1 273.12元，增长11.72%。亩利润分别为：小麦478.89元，增长34.84%；单季稻1 033.59元，增长2.61%。小麦增收主要原因是种植面积扩大，小麦增产23.48%，集市收购价由上年的2.28元/公斤提高到2.45元/公斤；水稻增收的主要原因是市场销售价格与上年基本持平，物质费用比上年下降，成本降低。 （顾铮铮）

【蔬菜生产】 2014年，全区常年菜田面积1 674.42公顷，蔬菜播种面积6 387.15公顷，比上年减少1 345.15公顷。全年上市蔬菜139 539吨，减少2 716吨，下降1.91%。其中批发市场销售59 378吨，占总量的42.55%；直销54 721吨，占总量的39.22%；配送9 785吨，占总量的7%；田间交易15 656吨，占总量的11.22%。全年实现蔬菜总产值26 893万元，减少4 462万元。

【大蒜、棉花、油菜生产】 2014年，全区大蒜种植面积28.5公顷，比上年增加0.4公顷。棉花生产停止，无农户种植。对油菜种子实行政府补贴，全区种植油菜140.3公顷，减少55.9公顷，下降28.49%；单产每公顷2 292公斤，总产321.57吨。

【水果生产】 2014年，全区水果种植总面积1 283.48公顷，比上年减少44.12公顷。其中葡萄种植1 103.83公顷，占水果总面积86%；桃种植87.47公顷，梨24公顷，柑橘7.52公顷，猕猴桃20.8公顷，银杏28公顷，其他各类小品种水果11.86公顷。全年水果总产21 193.66吨，减少5 071.84吨。其中葡萄总产19 942.25吨，桃736.72吨，梨249.9吨，柑橘165.6吨，分别占总产的94.1%、3.48%、1.18%和0.78%。全年水果总产值2.39亿元，减少7 939.9万元，下降24.9%。 （徐志英）

【西(甜)瓜生产】 2014年，全区西(甜)瓜生产面积366.6公顷次。其中西瓜种植面积318公顷次，比上年下降2.2%，平均每公顷产量28 956公斤，主要栽培品种为“早佳8424”，另有“京欣”“抗病948”“早春红玉”等。甜瓜全年种植面积48.6公顷，增长63%；每公顷产量29.47吨，主要栽培品种有“玉姑”“华蜜0526”“华蜜1001”“雪里红”“仙果”“9818”。年内，嘉定区依托种苗基地优势，发展种源产业，为农户提供种苗5万株；开展黄瓤小果型西瓜“709”和“双色冰淇淋”等特色西瓜品种的示范种植。在上海市西瓜评优、推优活动中，“嘉蜜”牌西瓜获银奖。

【草莓生产】 2014年，全区草莓种植面积85.13公顷，主要集中在嘉定工业区灯塔村，主要栽培品种“红颜”占全区草莓种植面积的60%～70%，其他品种有“嘉宝”“章姬”等。平均每公顷产量21.32吨，比上年下降18.4%；每公顷产值40.05万元，增长39%，其中有30%的种植户每公顷产值超过45万元。

【蜡梅生产】 2014年，全区蜡梅种植面积112.4公顷，主要分布在外冈镇巨门村、泉泾村、杨甸村、长泾村。其中外冈蜡梅花种植专业合作社连片种植72.8公顷，嘉丰蜡梅专业合作社种植2.13公顷；农户分散种植37.47公顷。有切花、盆栽或盆景、艺术插花等系列产品。主要栽培中花品种“花蝴蝶”，适当配置“古蜡梅”和“扬州黄”作为早花和晚花品种，采用嫁接方式改良与调整品种，形成“四季皆有梅”的区域特色。鲜切枝平均每公顷产量5.25万枝～6万枝。有3个蜡梅品种通过蜡梅国际登录中心认证，为国内首批蜡梅国际登录品种。年内，外冈蜡梅园成为华东地区最大的蜡梅生产区，建有蜡梅栽培园、蜡梅盆景园、生态休闲园和革命传统教育园，融经济发展和文化旅游、生态休闲于一体。

【食用菌生产】 2014年，全区食用菌总产量为1 555.5吨，总产值1 575.82万元，杏鲍菇、蘑菇、草菇品种为主要栽培品种。其中杏鲍菇产量1 070.6吨，产值826.48万元；蘑菇产量42.4吨，产值33.92万元；草菇产量346吨，产值622.3万元。年内，开展低碳循环食用菌栽培模式，引进食用菌新品种3个。

【玉米生产】 2014年，全区玉米生产面积、产量均较上年减少。鲜食玉米种植面积242.4公顷次，其中春玉米143.07公顷、秋玉米99.33公顷；平均每公顷产量10.46吨，产值2.58万元；主要种植品种是沪紫糯1号、申糯3号、沪玉糯3号，占种植面积的80%。青贮玉米种植面积188.4公顷次，其中春玉米176.67公顷、秋玉米11.73公顷；平均每公顷产量56.11吨，产值2.27万元；主要种植品种是雅玉8号、新青2号。

【植物保护】 2014年，全区粮食作物病虫自然发生程度为中等偏重、局部大发生。其中稻纹枯病大发生，小麦白粉病、小麦蚜虫为中等偏重、局部大发生，稻纵卷叶螟、褐飞虱为中等偏重发生，稻白背飞虱、大螟、恶苗病、小麦赤霉病为中等发生。前期主抓灰飞虱防治，降低基数，控制条纹叶枯病蔓延，做好种子处理以控制种传病害。后期加强褐飞虱的防治，确保全区无枯死点。在区粮食良种繁育基地建立20公顷水稻病虫害绿色防控示范区，农药使用量比面上减少30%以上。杂草防治坚持化学防除与农业防除相结合。直播稻田采用“一封一杀”化除技术，机插稻田推广“二封一杀”化除技术，对杂草稻则要求及时人工拔除。开展农田统一灭鼠活动，投放鼠药3吨，防治面积4 000公顷。鼠密度由投药前的1.67%降至投药后的0.33%，综合防治效果80.24%，保苗效果达94%以上。在蔬菜、园艺大棚推广毒饵站灭鼠法，制作毒饵站5 000个，降低鼠药对环境的影响。 （沈佩华）

药物残留抽检 （区农委 供稿）

养殖业

【概况】 2014年，嘉定区在规定时间内完成春秋两季免疫任务及狂犬病免疫工作。大力开展不规范生猪养殖场专项整治工作，关闭多家生猪不规范养殖场，生猪养殖量延续减量趋势，养殖规模进一步缩小。全区共饲养生猪19.17万头，年末存栏生猪5.38万头。上市家禽17.66万羽、鲜蛋2 073.8吨，牛奶产量3 485.5吨。水产品总产量持续下降，全区各类淡水产品总产量1 400吨。

【生猪出栏13.8万头】 2014年，嘉定区生猪养殖业延续减量势头，全区饲养生猪19.17万头，比上年下降15.55%；出栏生猪13.8万头，下降0.1%。其中规模化养殖场出栏101 432头，规模化养殖率73.52%，比上年提高2.37个百分点。年末存栏生猪5.38万头，下降39.35%。年末生产母猪存栏4 566头，下降41.24%。供港生猪量保持增长态势，全年出口生猪7 297头，增长18.69%，外贸解交额912.13万元。

2014年嘉定区生猪生产统计表

项　目	2014年	2013年	比上年增长(%)
饲养量(万头)	19.17	22.7	-15.55
出栏量(万头)	13.8	13.82	-0.1
其中：瘦肉型猪(万头)	12.84	13.09	-1.91
供港出口(头)	7297	6148	18.69
存栏量(万头)	5.38	8.87	-39.35
其中：生产母猪(头)	4566	7770	-41.24

【家禽上市17.66万羽】 2014年，禽蛋生产因上海活禽交易休市（农历年初一至4月30日禁止活禽交易），上市量有所下降，全区上市家禽17.66万羽，比上年下降25.7%。其中肉鸡出栏17.06万羽，下降20.61%；肉鸭出栏0.47万羽，下降63.85%。生产鲜蛋2 073.8吨，增长1.79%。其中鸡蛋产量1 847.8吨，增长3.09%；鸭蛋产量226吨，下降3.44%。

2014年嘉定区禽蛋生产统计表

项目	2014年	2013年	比上年增长（%）
家禽上市量（万羽）	17.66	23.77	-25.7
其中：肉鸡（万羽）	17.06	21.49	-20.61
肉鸭（万羽）	0.47	1.3	-63.85
鲜蛋生产量（吨）	2073.8	2037.3	1.79
其中：鸡蛋（吨）	1847.8	1786.4	3.09
鸭蛋（吨）	226	250.9	-3.44
蛋鸡存栏量（万羽）	13.68	14.22	-3.8
蛋鸭存栏量（万羽）	2.95	3.21	-8.1

【牛奶总产量3 485.5吨】 2014年，超华奶牛场年末存栏奶牛779头，比上年增长7.6%。其中成乳牛448头，增长6.16%。全年牛奶总产3 485.5吨，增长1.88%。全年累计单产8 851.09公斤，增长4.22%。年内，超华奶牛养殖专业合作社获农业部“标准化示范场”称号。

2014年嘉定区奶牛生产统计表

项目	2014年	2013年	比上年增长（%）
奶牛存栏（头）	779	724	7.6
其中：成乳牛（头）	448	422	6.16
牛奶总产量（吨）	3485.5	3421.2	1.88
平均单产（千克）	8851.09	8492.92	4.22

【水产品产量持续下降】 2014年，鱼苗产量4.7亿尾，比上年下降20.61%。生产鱼种113.23吨，下降45.56%。投放鱼种614.43吨，下降12.03%。各类淡水产品总产量1 400吨，下降18.6%。内陆淡水养殖产量1 258吨，其中鱼类1 163吨，虾蟹类28吨，其他水产品67吨。全区淡水养殖水面215公顷，下降6.93%。其中池塘169.2公顷、河沟45.8公顷。淡水主要“名特优”品种养殖面积33.93公顷，下降9.11%；“名特优”品种产量1 147吨，下降15.03%。年内，外冈镇对农业布局进行整体规划，经市农委批准，取消泉泾鱼场、长泾渔场建设项目。

2014年嘉定区“名特优”水产品产量统计表

单位：吨

项目	2014年	2013年	比上年增长（%）
青虾	9	6	50
河蟹	3	7	-57.14
鳖	2	3	-33.33
南美白对虾	16	42	-61.9
美国鮰鱼	4	0	

【重大动物疫病防控】 2014年，区动物疫病预防控制中心有序开展免疫工作，集中开展畜禽免疫新城疫61.3万羽次、高致病性禽流感89.3万羽次。免疫生猪猪瘟36.8万头次、猪伪狂犬病9.54万头次、高致病性蓝耳病21.3万头次、O型口蹄疫35.8万头次。免疫奶牛A型口蹄疫3 533头次、猪A型口蹄疫11.5万头次、口蹄疫（双价）2.73万头次。羊小反刍兽疫免疫14 614头次，其中规模场免疫1.25万头次，散养户免疫2 114头次。11月，农业部秋防检查组对嘉定区重大动物疫病防控延伸绩效管理工作进行检查并予肯定。

【不规范生猪养殖场专项整治】 2014年，关闭不规范生猪养殖场208家，完成年度整治任务的105%，超额完成目标任务。4月，外冈镇第三牧场标准化生态养殖基地建设项目完成市级验收工作。11月，外冈镇泉泾商品猪生产基地建设项目完成土建工程。年内，外冈望新商品猪生态养殖基地建设项目获市级立项。

【渔业资源增殖放流】 2月26-28日，区农委执法大队进行水生生物资源增殖放流活动，增殖放流鳙鱼、鲢鱼、草鱼、鲫鱼等鱼种147.49万尾52 053公斤。6月27日，开展夏季水生生物资源放流工作，增殖放流鳙、鲢夏片种253.75万尾。年内，区水产技术推广站配合市水产办在淀山湖和长江口开展放流工作，共放流花鲳5万尾、翘嘴红鲌10万尾、长吻鮠5万尾。

【渔业油价补贴发放】 2014年，嘉定区有序落实渔业油价补助资金申请和发放工作，组织符合条件的渔民填报渔业油价补贴申请，名单在相关村和嘉定农业网、千村通平台、上海市涉农补贴资金监管平台等渠道公示，录入中国渔政管理指挥系统，做到公开透明、及时上报。全区符合补贴条件的渔船共34艘264.87千瓦，渔船补助用油量59.87吨，补贴金额合计22.6万元。

【畜牧、水产科技服务】 2014年，嘉定区开展“提高畜禽疾病综合防控水平”“提高湖羊断奶前存活率技术”“提高能繁母猪生产性能技术措施”3个畜禽养殖业项目。区水产技术推广站有6名技术人员参与科技入户工作，结合生产实际和发展方向，指导农户开展“鳄龟繁殖技术”“健康养殖双季青虾”和“火焰龟繁殖技术”3个养殖项目。区水产技术推广站科技人员结合科技入户和渔民培训平台，加强健康养殖技术培训，组织渔业档案制作技术、虾类养殖水质调控技术、养殖水与生态环境技术、鳄龟亲龟春季培育技术、鳄龟亲龟冬季管理技术5次培训，培训69人次，发放宣传材料267份。（费琼慧）

饲料安全检查　　（区农委　供稿）

农业行政综合执法

【概况】 2014年，区农委执法大队出动执法人员11 709人次、车辆4 656辆次、船艇48艘次，共查处违法违规案件339起。全年受理并查处举报投诉32起、“12345”举报16件。全年累计监督抽检样品18.45万份，送上海市动物无害化处理中心处理动物及动物产品合计777.53吨。全年受理各类行政许可390件，发放《动物检疫合格证明》（产品A）2 185本、《动物检疫合格证明》（产品B）21 416本、《动物检疫合格证明》（动物A）56本、《动物检疫合格证明》（动物B）33本，制作《农产品质量安全现场勘验工作记录》4 000余本，发放告知书5 590份，签订承诺书1 787份。成立6个农产品质量安全监管点，推进规范化建设。年内，参与食品安全监管责任网络监察平台建设，将兽药饲料及饲料添加剂等农业投入品监管、重大动物疫病防控、生鲜乳监管、行政许可、案件查处、信访举报等工作列入监察平台。9月9日，市农委验收组专家对第二批农产品质量安全监管示范镇（徐行镇、菊园新区、外冈镇、安亭镇、南翔镇、马陆镇和江桥镇）的创建工作进行验收，各镇和菊园新区通过验收。

【开展种植业安全检查】 2014年，区农委执法大队集中对辖区内46家农资商店进行农药标签执法检查，检查农药标签561个，发现不合格农药标签13个，合格率97%，检查现场未发现储存、销售“毒鼠强”等禁用农药行为。对辖区内47家肥料经营商店全部水溶性肥料进行专项执法检查，56个样本中，合格产品22个，不规范产品34个；检测3家有机肥料厂的9个有机肥产品样本。对辖区内16个重点蔬菜生产基地做到每月一次执法检查，对辖区内17家草莓种植企业进行3次专项执法检查。5月，对全区葡萄专业合作社进行葡萄用药专项执法检查。全年对集贸市场、批发市场、重点蔬菜基地抽检样品2 166个，经区农产品检测中心农药残留检测，样本全部合格。辖区内蔬菜检测点全年抽检蔬菜样本57 416个，开具产地证明1 730张，抽检果品939个。

【农产品质量安全监管】 2014年，区农委执法大队加大农产品抽检力度，全年累计监督抽检样品18.45万份。其中产地生猪尿样抽检3 750份，屠宰场待宰生猪尿样抽检17.8万份；对蔬菜基地及集贸市场、批发市场、散户进行蔬菜、瓜果农药检测2 358份，抽检水产品46件、猪肉40份、猪肝40份、饲料产品73件、兽药15份、牛奶2份、鸡蛋3批次、农药和肥料63份、水稻和蔬菜等种子样本141个。抽查农药、种子、肥料标签2 120个，从源头上进行把关。

【饲料安全检查】 2014年，区农委执法大队完成全区28家饲料生产企业备案材料收集工作，对28家企业进行全面督查和饲料标签专项检查，召开饲料质量监管工作会议两次。采集饲料生产、使用企业样品73份。

【生鲜乳安全检查】 2014年，区农委执法大队与辖区内28家饲料生产企业签订安全生产承诺书，发放告知书，进行两次鲜牛奶抽检，对辖区内饲料生产企业进行专项执法检查。

【兽药及兽药残留安全检查】 2014年，区农委执法大队对辖区内5家制药企业和12家兽药经营企业进行两次现场检查和基本情况统计。对辖区内持有动物防疫条件合格证的20家动物养殖企业进行两次日常督查。

【水产品安全检查】 2014年，区农委执法大队对持证水产养殖场、垂钓场、苗种场进行水产用药安全检查3次，发放宣传资料55份。抽检辖区内水产养殖场27家，抽样送检样品46件，检测结果全部合格。

【开展渔政执法检查】 2014年，区农委执法大队规范和加强水生野生动物特许利用管理，检查餐饮企业13家，发放告知书13份。向渔民和区内10家水产村（队）发放渔业安全生产告知

拆除无证渔网　　（区农委　供稿）

书和签订承诺书各54份。开展两次禁渔期专项检查，发放禁渔期告知书、非法捕捞专项整治告知书各80份，查处案件9起，拆除违规设置网具50条。开展"曙光"专项整治行动6次，联合公安嘉定分局开展"零点"专项整治行动4次。（徐继荣）

【农资打假专项治理】 2014年，区农委执法大队抽检统供种子样本12个、自繁种子44个、零售种子5个。对"统供"种子专供企业上海亭翔粮食合作社进行专项监督抽样，现场抽取"扬麦11""扬麦16""扬麦20"样本3个。对辖区内23家种子生产、经营企业开展秋季农作物种子质量监督抽查活动，共抽取40个蔬菜种子样本和3个小麦种子样本，所有种子样本质量均合格。检查种子经营生产企业41家，检查种子标签410个，合格率接近90%，立案5起。年初，检查金龙鱼、海狮、福临门等24个品牌310个食用油样本，检查彩蝶、净霸等7个品牌122个卫生杀虫剂样本。根据《上海市加强转基因水稻监管实施方案》要求，分别于7月和8月进行大米及米制品和种植水稻品种转基因质量抽样工作，共抽取9个大米样本、1个糯米粉样本，4个种植水稻品种的叶片样本，经检测所有样本均不含转基因成分。

【植物检疫】 2014年，区农委执法大队检查上海市制种和包装的种子119个、外省市调入上海市的种子85个。上半年，对马陆镇农业服务中心调运的7万株葡萄苗木进行执法检查和现场检疫；对2家蔬菜、小麦繁种生产企业发放检疫证明编号10批次，涉及蔬菜品种10个，种植面积12公顷；开具调运要求书2份。年内，疫情监测以葡萄根瘤蚜、实蝇类、黄瓜绿斑驳病毒病、香蕉穿孔线虫病、水稻"两病一虫"（稻瘟病、稻曲病、稻飞虱）等病虫害为重点，对蔬菜、小麦、花卉、草坪等多种作物实施疫情监控。在全区1 133公顷葡萄种植区域内设置14个监测点，总监测面积93公顷。设置7个瓜类果斑病监测点、11个小麦"三病一草"监测点、7个黄瓜绿斑驳病毒病监测点、34个食蝇诱捕器。

【动物卫生监管】 2014年，区农委执法大队对20个规模化养殖场进行3次督查，对188户养殖专业户和生猪散养户开展现场监督检查。3月起，对辖区内违规使用餐厨垃圾饲喂生猪的养殖户开展执法检查，下达责令改正通知书22份，立案处理7起。对20家发放动物防疫合格证的畜禽养殖场、动物养殖专业户和犬类养殖场进行督查，对9家宠物诊所和6家宠物美容店进行检查。年内，共检疫生猪124 677头、牛217头、羊8 036只、马9匹，犬389只、鸡（苗鸡）32.63万羽、鸽66 316羽；送上海市动物无害化处理中心处理生猪40 375头，动物产品56 452.7公斤，合计777.53吨。五丰屠宰场、裕农屠宰场共进生猪361.3万头，检疫361.3万头，途亡290头，仓亡4 225头，屠宰360.88万头，出证360.86万头，销毁153头，检疫斥品891.96吨。抽检待宰生猪尿样177 959份，经检测全部合格。全年查验和消毒装运动物及动物产品车辆74 669辆，检查活畜禽574.71万头（只、羽），检查动物产品35.19万吨，查处违法车辆1 302辆。区农委执法大队会同公安嘉定分局等部门在沪嘉浏高速公路朱桥道口开展联合执法22次，查处违法案件25起。

农田水利

【概况】 2014年，区农田水利工作坚持为农服务宗旨，加强小型农田水利设施行业管理，确保灌水期"灌得上，灌得足"。至年底，全区有灌溉泵站236座、水泵352台（套），灌溉控制面积3 658.45公顷；喷灌滴灌泵站35座，水泵90台（套），喷灌控制面积450.53公顷。加强对农村桥梁的管理和建设，开展2座危桥翻建前期工作；维修农桥6座，拆除1座。

【汛期汛情】 2014年汛期为6月1日至9月30日。汛期降雨量较常年偏多，台风影响小。嘉定南门降雨量745.7毫米，比常年多190.7毫米；嘉定南门汛期最高水位为3.2米（9月1日9时25分）。汛期期间先后经受热带风暴"娜基莉"和强热带风暴"凤凰"的影响，8次局部暴雨、1次大暴雨。其中，8月8日全区以嘉定镇为中心出现暴雨到大暴雨，最大单站降雨量为嘉定南门133毫米，有2个测点超过100毫米，12个测点超过50毫米。大暴雨引起老城区梅园路、金沙路等路段积水，由于响应及时、措施得当，未造成人民生命财产损失。9月1日凌晨3:00～6:00全区普降大到暴雨，有15个测点雨量超过50毫米，最大测点南翔79.2毫米，暴雨影响期间南门水位从9月1日3时的2.82米上升到9时25分的3.2米，造成4个下立交积水（沪嘉高速公路丰翔路、沪嘉高速公路宝安公路、京沪高速公路金园一路、沪嘉高速公路横仓公路），短时间内均被及时抢排，未造成严重后果。　（黄高明）

【全年引、排水4.9亿立方米】 2014年，根据《上海市跨区域引清调水实施细则》和《苏州河综合调水方案》的要求，区河道水闸管理所实施“南引、北引、东排”的嘉宝北片“引清调水”方案。全年引水4.9亿立方米，排水4 803.77万立方米。　（孙　晟）

采购的新农机　（区农委　供稿）

农业机械化

【概况】 2014年，全区拥有农业机械总动力33 485.69千瓦，比上年增加1 058.69千瓦，增长3.26%。全年投入农机购置补贴2 639.55万元，购置新农机697台（套），推广和示范引进水稻穴直播机、种子催芽箱、自走式植保车等新型农业机械，促进农业全程机械化发展，提高农业机械综合生产能力。承担市农机服务中心的“水稻基质育秧机插试验、示范”项目和“水稻穴直播机械化技术示范推广”项目，市农机研究所的“农业机械秸秆深埋机械化全量还田技术示范与推广”项目，区科委的“水稻机械化穴直播种植技术的实验与示范”项目。启动补贴农机处置工作，处置补贴农机具26台。根据农业部统一要求，实行自主（全价）购机方式，不再采用差价购机，补贴资金直接拨付给购机者，购机者获得补贴资格后自主选择经销商购买农机。年内，区农委组织20余名机关事业单位农机志愿者于农忙期间协助抢收、抢种，担任秸秆禁烧巡查员。

【农业机械总投入2 639.55万元】 2014年，全区投入2 639.55万元用于补贴新农机购置，其中中央、市、区三级财政补贴2 039.51万元，购置各类农机具697台（套），其中拖拉机40台，收割机18台（全部配备秸秆切碎抛撒装置）。增加12吨粮食烘干机9台。

【农作物秸秆机械化还田及综合利用】 2014年，全面推进秸秆机械化还田工作，购置含秸秆切碎抛撒装置的收获机械18台及旋耕机、开沟机、圆盘犁等秸秆还田机械107台，实行秸秆全量还田。全年稻秸秆机械化还田4 764.85公顷，麦秸秆机械化还田3251.16公顷，稻麦秸秆还田率99.98%。全年无秸秆焚烧现象。

2014年嘉定区农业机械动力分类统计表

单位：千瓦

名称	2014年		2013年		比上年增长
	功率	占总功率（%）	功率	占总功率（%）	
耕作机械	15487.68	46.3	15436.96	47.6	50.72
收获机械	11358.43	33.9	10789.03	33.2	569.4
渔业机械	880.3	2.6	965	2.97	-84.7
植保机械	2233.61	6.7	2230.11	6.8	3.5
运输机械			126.5	0.39	-126.5
林果业机械	107	0.2	180	0.55	-73
其他农业机械	3418.67	10.2	2700.3	8.3	718.37
合计	33485	100	32427	100	1058.67

【加强补贴农机管理】 5月，区农委、区财政局等部门组织成立嘉定区农机购置补贴工作小组，落实全区农机购置补贴政策，对补贴工作实施情况进行监督。处置补贴农机26台。其中2台烧毁的机具由机主自行处置，其余24台以“打包出售、自愿出价、价高者得”原则，通过招标等方式进行处置，处置所得资金按购置时各方出资比例进行分配，中央、市、区按财政补贴比例所得部分上交区财政，自筹部分按原比例返还用户。

【推广新农机】 2014年，全区实现水稻机插秧1 440公顷、机直播1 106.67公顷；机械化水稻种植面积2 548.67公顷，水稻机械化种植率占全区水稻的53%，比上年提高16个百分点。推进秸秆全量还田工作，选择适用的动力机械与相配套的农机具，推进联合整地机、圆盘耙在麦茬田的土地深翻，探索和试验采用秸秆粉碎机进行稻麦茬在种植前的秸秆全量粉碎。水稻基质育秧方面，各镇农机合作社以基质育秧形式，使用基质1 060吨，其中试验示范点使用基质844吨，实现机插秧面积686.4公顷，占机插秧总面积的47.7%。成功运用水稻机械抽芽技术，有效缓解水稻前期播种因气候、温度等造成的发芽不均衡、出芽率低的状况，提高水稻穴直播、育插秧等的机械播种质量。引入高性能植保机械（日本丸山），解决农机合作社因劳动力成本高、强度大、作业环境差等难以全面为种植户进行植保服务的矛盾，大田块、高水平粮田平均台机效率在26.67公顷/天～33.33公顷/天，有效降低成本。探索旱地育秧技术，借鉴浙江桐乡旱地育秧的成功经验，在外冈农机合作社试验旱地育秧技术，试验育秧1.67公顷。

【农机人才队伍建设】 2014年，针对全区农机操作手紧缺状况，举办农机拖拉机驾驶员培训班1期，培训42人；举办收割机驾驶员培训班1期，培训27人；举办农机驾驶员安全教育培训班1期，培训50人；举办拖拉机驾驶员初级工鉴定班1期，培训49人；举办农机维修结合技能鉴定中级工班1期，培训维修人员37人、技能鉴定人员49人。为全区农机科技推广人员举办水稻穴直播技术、稻麦茬秸秆深翻技术、高效植保机械使用技术、基质育苗流水线操作技术等培训班8期，培训310人。举办育插秧（直播）、抽芽箱使用操作、沃德麦霸收割机维护保养等培训班8期，培训260人。

【机收率达到100%】 2014年“三夏”期间，全区出动全喂入收割机194台，机收小麦3 589.3公顷，机械化收割率100%；“三秋”期间，全区出动“久保田”联合收割机151台、“湖州星光”联合收割机6台、“洋马”联合收割机10台，机收水稻4 624.5公顷，机械化收割率100%。 （徐　璟）

农业专家下乡服务　　（区农委　供稿）

【农机安全监理】 2014年，全区检验农业机械581台，检验率超过95%。区农委执法大队对国家财政补贴机械实施登记、年检、使用、维修和保养全过程监管。年内，增加农机驾驶员人身意外伤害险投保量，投保200余人。 （徐继荣）

农业科研

【概况】 2014年，嘉定区加大科技兴农工作力度。完成科技入社示范项目24项，推进“农业科技与精神文明”双入社工程，加强对项目管理和督查，有效提高合作社生产经营水平。推进农产品质量认证工作，努力创建农业标准化示范区。加强农业信息化建设，全区96个涉农行政村实现“千村通工程”全覆盖，完善“涉农资金查询监管系统”平台，提高监管效力，增强涉农资金运行的透明度。强化特色农业项目研究，完成“低碳农业技术和信息技术在农业生产中的应用”“优质哈密瓜标准化生产技术示范推广”等科研项目。加强农业标准化示范区建设，华亭镇农业标准化综合示范镇于6月获上海市质量技术监督局批准立项。

【农业科技项目立项】 2014年，区农委的“嘉定区基层农业技术推广体系建设”、区农业技术推广服务中心的“地方特色品种资源开发应用”项目被列为市农委科技兴农项目，上海惠和种业有限公司的“抗病、优质甜瓜新品种种子规模化生产研究及示范推广”、上海物联网有限公司的“食品中抗生素现场快速检测的生物传感技术与关键设备研究”项目被列为市科委农业重点科技攻关项目。上海管家葡萄专业合作社的“葡萄设施轻简优质生产关键技术集成与示范”、上海惠和南瓜种植专业合作社的“高档网纹甜瓜安全高效栽培技术及产业化雏形展示示范”项目被列为市科委农业星火富民科技项目。“设施扁豆、刀豆新品种的引进与高效栽培技术研究”“不同粗纤维水平饲粮在梅山母猪的应用”“水稻机械化穴直播种植技术的实验与示范”“中华鳖生态养殖新技术的研究与集成”“水稻病虫害绿色防控技术研究与应用”等12个项目被列为嘉定区农业和社会事业科研项目。

【开展科技入社、农民培训工作】 2014年，区农委选派38名科技人员和24家农民合作社（户）进行科技入社结对指导，科技入社示范项目涉及水稻、蔬菜、园艺、水产、畜牧、农机等六类。全年培训新型职业农民（生产经营型）40人、专业农民233人、合作社管理人员（财会人员）40人，单项技术引导性培训7 450人次。培训农村集体经济组织财务监督人员、农村集体经济组织及合作社负责人846人。 （何克满）

综合经济管理

编辑　宋怀常

经济和社会建设项目管理

【概况】 2014年，嘉定区发展和改革委员会（以下简称区发改委）围绕嘉定建设现代化新型城市的发展目标，按照产业转型发展、城市品质发展、社会和谐发展的总体要求，服务区域经济发展，推进体制机制创新，优化投资环境，提高服务水平，全面完成嘉定区发展改革各项工作任务。

【启动"十三五"规划编制】 年内，区发改委制定嘉定区"十三五"规划编制工作方案，启动"十三五"规划编制工作。6月30日，召开"十三五"规划前期研究工作会议，部署"十三五"规划前期重大战略研究和基本思路研究任务。11月17日，召开"十三五"规划专项规划、区域规划编制工作会议，部署编制工作任务。

【经济社会发展跟踪调研】 年内，区发改委会同区内相关职能部门深入分析经济运行态势，开展经济社会发展跟踪调研，完成季度经济社会发展情况报告3篇、月度经济运行情况分析6篇。完成《上海市嘉定区2014年国民经济和社会发展计划执行情况与2015年国民经济和社会发展计划（草案）的报告》。聚焦全区重点、难点问题，以城乡一体化、城市品质化发展等为重点开展调研。

"十三五"规划编制工作会议　　（区发改委　供稿）

【完成固定资产投资项目立项455个】 年内，区发改委完成固定资产投资项目立项455个，投资额482亿元。其中审批固定资产投资项目293个，投资额109.7亿元；核准固定资产投资项目20个，投资额40亿元；备案固定资产投资项目142个，投资额332.3亿元。

【受理土地储备立项33项】 年内，区发改委受理土地储备立项33项，储备面积1 704公顷。其中工业用地14项，储备面积516公顷；经营性用地19项，储备面积1 188公顷。

【完成固定资产投资项目节能评估审查308个】 年内，区发改委按照《上海市固定资产投资项目节能评估和审查暂行办法》，全面落实固定资产投资项目的节能评估和审查工作。全年完成评估审查项目308个，其中备案节能登记表的247个，出具节能审查意见的61个。委托节能评估项目31个。

【开展项目可行性研究报告评估161个】 年内，区发改委开展政府投资项目可行性评估工作，共委托评估相关项目161个，完成评估139个，核减资金6.7亿元，核减率7%。

【项目进展跟踪】 年内，区发改委继续完善工业项目进展跟踪的形式、内容、范围，完成月度跟踪、分析和通报12篇。至年末，跟踪的114个已供地项目中有72个项目开工建设，42个项目处于前期手续办理阶段。根据区政府推进房地产项目税收与统计一体化管理工作的要求，做好对房地产项目立项信息的登记和梳理工作。全年共批复房地产项目42项，总建筑面积326.8万平方米，总投资274.6亿元。加强重点区域、重大项目的跟踪协调，重点推进轨道交通14号线、S7公路、沪宜公路改建等市级建设任务，做好区级重大项目的审批服务、跟踪推进和补贴资金申请。

【推进社会事业重大项目建设】 年内，区发改委加快推进社会事业重大项目建设。保利大剧院、区工人文化活动中心建成启用，东方肝胆医院开始室内装修，区体育中心、区第一社会福利院基本建成，桃李园学校迁建工程完工，中福会新城幼儿园、成佳学校（教育考试中心、区残疾人活动中心）、瑞金医院肿瘤（质子）中心开工建设。有序推进安亭医院迁建、江桥医院新建、区中心医院改扩建等项目的前期工作。

【重大项目稽察】 年内，区发改委积极开展重大项目稽察工作。联合区建交委、区财政局、区审计局共同开展中央预算内投资项目稽察，涉及南翔智地二期、振华轴承厂等9个项目；在市稽察办指导下开展区第一社会福利院、华亭养老院等3个养老机构项目的稽察；配合国家发改委稽察办对嘉定工业区企业债券项目开展专项稽察；配合市稽察办开展沪宜公路和嘉闵高架2个项目的专项稽察；对2013年的9个积水点改造项目进行专项稽察；对9个校园安全加固工程进行专项稽察，并抽取新成幼儿园和菊园幼儿园2个项目进行现场稽察。

【编报2015年市级建设财力补贴计划】 年内，区发改委编制申请列入市级建设财力计划的项目12个，包括沪宜公路（S6公路—叶城路）、嘉闵高架（北翟路—S6公路）、嘉定区再生能源利用中心等。

建设中的嘉闵高架（北翟路—S6公路）沪宜公路南翔段

（张建华　摄）

【政府投资项目管理】 年内，区发改委编制2014年政府投资项目建设计划，共安排市政基础设施、社会事业、区级保障房等项目314个，总投资300.9亿元。2014年计划完成投资100.8亿元。启动2015年政府投资建设储备项目申报及部门预审工作，经区政府专题会议审议后确定储备项目173个，总投资286亿元。实行“月度报表、季度总结”的政府投资计划项目跟踪制度，对项目的投资执行情况、手续推进情况进行定期跟踪，协调解决项目推进中的问题，提高计划执行率。全年开工项目245个（含续建），开工率78%；累计完成投资79亿元，完成年度计划的79%。完成新一轮政府投资项目前期咨询、评估单位公开招标工作，10个单位中标。按照政府投资项目管理新要求，建立健全各项制度，优化评审流程和环节，提升咨询和评估报告的整体质量。牵头修订《嘉定区政府投资项目管理办法》，通过调查研究、内部讨论、召开部门意见征询会等方式，广泛征求意见，明确和细化各项要求。

【工程建设领域项目信息公开和信用公开】 年内，根据中央、上海市有关文件精神和工作要求，区发改委积极落实工程建设领域项目信息公开和诚信系统建设工作，做到及时、规范、公开，形成长效机制。全年共录入上报信息702条，通过“上海嘉定”门户网站向社会公开。

【人口规模综合调控和管理服务】 3月，根据市委、市政府“严控人口规模、优化人口结构”的工作精神，嘉定区成立人口规模综合调控和管理服务工作领导小组，下设6个专项工作组，各街镇对应区级机构设置设立相应工作部门。按照区委、区政府“总量控得住、结构能优化、素质能提升、管理有办法”的要求，区发改委制定《关于本区常住人口总量控制目标各街镇分解方案》《关于人口规模综合调控和管理服务工作的分工方案》《嘉定区关于规范农村住房租赁管理的指导意见（试行）》等文件，明确工作目标、具体措施及责任单位。按照“以规控人、以业调人、以房管人、以证疏人”的方针，坚持综合施策、重点突破，人口调控工作初见成效。至年末，全区实有人口159.7万人，同比下降2.8%；来沪人员92.6万人，同比下降6.4%；16岁以下来沪人员7.3万人，同比下降23.2%；60岁以上来沪人员2万人，同比下降23.1%。

【服务业重点企业在线监测】 3月，区发改委根据市发改委关于进一步加强服务业运行监测工作的要求，启动2014年服务业重点企业新增监测样本遴选工作。针对服务业企业的发展特点，在交通运输、信息服务、批发零售、住宿餐饮等13个主要行业中，遴选出70余家重点企业，每季度开展在线问卷调查，掌握企业的生产经营、发展趋势等情况，了解企业在政府服务、政策支持等方面的诉求，提高经济运行分析的质量。

【服务业发展引导资金项目申报】 3月起，区发改委开展2014年度上海市服务业发展引导资金项目申报组织工作，8家企业获得资金支持，涉及信息服务、服装设计、太阳能发电、轻游戏等行业，项目投资总额近1亿元，其中市、区两级财政扶持资金2 000万元。为规范资金使用，召集相关企业召开财政资金管理工作会议，介绍财政资金的使用要求和后期验收注意事项，提高财政扶持资金的使用效益。

【嘉定区获批开展跨境电子商务贸易试点】 年内，为进一步拓展区内电子商务产业的发展空间，区发改委根据《嘉定区对接自贸区、深化改革行动方案》的要求，制定并上报嘉定区开展跨境电子商务试点的方案。12月，上海海关正式批复在嘉定出口加工区等海关特殊监管区域开展跨境电子商务贸易试点。

【节能减排工作】 7月28日，市政府节能工作考核小组对嘉定区2013年节能措施落实及目标完成情况进行现场考核，对嘉定区2013年节能降耗工作成绩予以肯定。2013年，嘉定区单位增加值能耗0.269吨标准煤，可比下降6.43%，超额完成全年节能降耗目标。

【循环经济项目申报】 年内，为推进嘉定区循环经济发展和资源综合利用，区发改委召开2014年度区级循环经济发展和资源综合利用试点单位评审会，评选出3家企业作为2014年度区级循环经济试点项目。

【完成《2013年度嘉定区商业商务楼宇发展情况报告》】 年内，区发改委完成《2013年度嘉定区商业商务楼宇发展情况报告》。至2013年底，全区已建成商务楼宇131幢，建筑面积233.5万平方米；在建39幢，建筑面积146.9万平方米。

【服务业发展研究】 年内，区发改委开展嘉定区现代服务业发展战略研究，走访区内服务业产业园区和重点服务业企业，考察漕河泾开发区、苏州工业园等园区发展情况，在广泛调研、深入分析的基础上，完成《嘉定区现代服务业发展战略及重点领域》调研报告。报告总结嘉定区服务业发展的特点，剖析不足和困难，提出发展设想，明确重点发展商业商贸、汽车研发、信息服务等十大产业，构建“一核、二带、六板块、30个特色园区”的现代服务业发展新格局。5月，编制完成《嘉定区2014年度服务业发展报告》，总结2013年服务业发展情况，预测未来几年的发展趋势。

【制定《嘉定区对接自贸区、深化改革行动方案》】 年内，为加快对接上海自贸区建设，区发改委牵头相关部门制定《嘉定区对接自贸区、深化改革行动方案》，明确投资管理、贸易监管等六大重点对接领域和推进跨境电子商务、行政审批流程优化等十一项重点工作。与海关、检验检疫部门联合启动“一次申报、一次查检、一次放行”三合一试点工作，推进贸易便利化，降低企业成本。

【编制《嘉定区对接虹桥商务区建设白皮书》】 年内，区发改委牵头编制《嘉定区2014年对接虹桥商务区建设白皮书》，全面梳理2014年嘉定区推进江桥等地区对接虹桥商务区建设的有关情况。北虹桥地区规划面积约20平方公里，涵盖江桥和南翔两镇的部分产业园区，是承接大虹桥功能拓展和外溢的重要平台。

【新能源汽车推广】 2014年，嘉定区在新能源汽车基础设施建设、商业模式创新等方面加大工作力度，新能源汽车推广工作取得显著进展。至年末，全区累计完成830余辆新能源汽车推广任务，其中企业及私人购买400余辆，新能源公交车44辆，企业租赁200辆，分时租赁推广150辆。累计发放新能源汽车补贴资金2 100余万元。6月，区政府审议通过区发改委制定的《嘉定区新能源汽车推广应用实施方案（2014-2015）》和《嘉定区关于促进新能源汽车推广应用的有关意见》。年内，区发改委会同区经委等单位走访社区、企业和个人用户，研究讨论推进新能源汽车充电桩安装等事宜，采取措施逐步解决群众反映突出的新能源汽车充电难问题。

【燃气行业管理】 年内，区燃气管理办公室对全区天然气管线违章占压情况进行排摸，会同安监、消防等部门和有关企业召开管网系统、燃气系统管道占压整治推进工作会议，确保整治工作取得实效。至年末，共对全区304个占压点进行整治，完成整改257个，正在落实整改33个。加强对燃气行业窗口的常态巡访督察，全年共巡查窗口点位105个，发现问题150个，整改率100%。

【电力设施建设】 4月，上海地区第三条特高压项目“淮南—江苏—上海1 000千伏特高压交流输变电工程”进入全面实施阶段。6月，嘉定段工程和500千伏超高压改造工程启动。区能源管理办公室按照市电力建设联席会议和区政府的统一部署，做好有关街镇政府、行政管理部门及电力公司的协调工作，多次召开专题推进会，研究解决工程建设过程中出现的新情况和新问题，保障工程建设顺利进行。 （陆 珣）

投资服务

【概况】 年内，区行政服务中心（以下简称“中心”）围绕“服务群众、服务企业、服务基层”主线，以打造嘉定“第一窗口”形象为目标，推行窗口“四零工作法”（零距离、零差错、零违纪、零投诉），不断提升服务水平。各服务窗口全年共收件91.99万件，办结91.93万件，办结率99.9%。即办件23.5万件，占收件总数的25.5%。日均办件3 662件。征收各类费税18.3亿元。

【评估工业新用地项目30个】 年内，“中心”按照区委、区政府促进产业结构调整的要求，严把工业用地项目准入关。召开工业项目评估会议23次，评估工业项目30个，准入27个（其中外资项目4个、内资项目23个）。

【租赁型企业准入评估416家】 年内，“中心”共评估新设立租赁厂房生产型企业416家（其中准入企业353家，未予准入企业数63家）。

【建设项目协调服务】 年内，“中心”召集及参加各类建设项目咨询、协调会议21次，对重点区域、重大项目加强协调服务，通过实地踏勘、征询意见、跟踪办理等手段，推进项目顺利开展。

【完善产业项目评审制度】 年内，“中心”根据区政府人口规模综合调控和管理服务工作领导小组的要求，按照“以业控人、以业调人”的原则，完善产业项目评审制度，建立企业回访制度，为新入驻企业办理审批手续提供技术上的指导和协调。

【深化行政审批制度改革】 年内，嘉定区并联审批工作按照“高度透明、高效服务，少审批、少收费，尊重市场规律、尊重群众创造”的要求，优化审批流程，做好课题调研，注重审批效能监察，做到管理与服务相结合。按照简政放权的要求，“中心”会同有关部门落实163项审批事项的取消、调整工作；对各审批职能部门非行政许可审批事项进行梳理和清理；编制、更新业务手册和办事指南，通过审批窗口和审批网站及时对外公开，进一步推进审批标准化建设；扎实推进各项“一口受理”并联审批工作，缩短时限、提高效能。“中心”和审改办牵头，对相关行政审批职能部门批后监管情况开展专题调研，通过召开意见征询会、发放情况调查表等方式，梳理意见、了解情况，在监管机构设置、制度建设、监管形式等方面提出具体建议。按照区委、区政府提出的行政审批“办结时间在法定时间压缩三分之一的基础上再缩减三分之一”的目标要求，区审改办会同“中心”对全区企业设立和建设项目审批涉及的62项审批事项用时情况进行每月统计，55个审批事项达到要求。

【窗口建设】 年内，“中心”合理调整窗口布局和人员配置，提高窗口业务受理效率。全年共新增审批和服务事项7项，新增窗口1个，撤销窗口1个。做好外资企业联合年检保障工作，全区网上审核通过的外资企业2 048家，通过率98.84%。积极应对办证高峰，针对房地产调控政策的变化，及时启动应急预案，联合各窗口增加人员配备、延长服务时间、加强后勤保障，确保各服务窗口平稳有序度过办证高峰。组织各窗口进社区开展便民咨询服务，宣传相关政策法规，现场答疑。鼓励服务创新，区科委窗口组织专业人员进行集中操作技能培训，推进社保卡补换功能下沉社区工作，全区12个街镇18个受理网点全部完成社保卡补换系统的设备安装调试工作；区建交委窗口实行无纸化申报，完善建设工程合同网上备案制度。升级窗口服务评价器操作软件，确保评价器真正体现窗口服务质量。全年窗口使用率92%，点击评价率50%，评价满意率100%。 （戴 茜）

嘉定区行政服务中心提升服务能力专题讲座

（区行政服务中心 供稿）

公有资产

【概况】 2014年，区国资委围绕“深化国资改革，促进企业发展”这一主线，加快资产整合重组，完善国资监管机制，各项工作稳步推进。至年末，区辖国有企业资产总额945.6亿元，较年初增长11.88%；集体企业资产总额43.37亿元，增长13.94%。国有资本经营预算收入1.22亿元。

【国有企业资产增长11.88%】 2014年，嘉定区参加国有资产年报汇总的企业185家，比上年减少19家。经审核：区属国有企业资产总额945.6亿元，较年初增加100.37亿元，增长11.88%；负债总额622.31亿元，增加81.76亿元，增长15.13%；资产负债率65.81%，增加1.86个百分点；所有者权益总额323.29亿元，增加18.61亿元，增长6.11%；国有权益总额305.26亿元，增加24.26亿元，增长8.64%。

2014年国有企业资产分布状况表

单位：亿元

单位	所属单位数（个）	资产总额					负债总额		所有者权益总额					
		2014年末	2014年初	2014年末比年初±%	其中		2014年末	2014年初	2014年末	2014年初	2014年末比年初±%	国有权益总额		
					流动资产	固定资产						2014年末	2014年初	2014年末比年初±%
嘉定工业区	33	131.36	124.48	5.52	86.47	1.23	86.48	78.97	44.88	45.51	-1.39	44.26	42.74	3.56
国资经营集团	38	102.8	139.34	-26.22	65.35	0.93	79.16	113.39	23.63	25.95	-8.93	17.7	16.47	7.46
城发集团	20	146.7	108.59	35.10	56.74	10.04	108.95	72.44	37.75	36.15	4.43	36.58	35.11	4.18
新城公司	15	143.39	128.22	11.83	71.68	1.57	82.31	70.18	61.07	58.04	5.22	59.37	56.34	5.37
汽车城集团	11	110.82	79.48	39.42	83.76	0.68	82.49	62.56	28.33	16.92	67.38	26.34	13.95	88.86
绿洲控股集团	18	51.1	42.88	19.17	46.23	0.08	38.26	31.16	12.85	11.72	9.58	10.48	9.43	11.17
交发集团	19	225.91	191.67	17.86	159.1	3.04	129.49	97.65	96.42	94.02	2.56	93.55	91.96	1.74
新嘉商投公司	2	3.62	2.94	22.90	2.72	0.62	0.41	0.22	3.21	2.73	17.74	1.86	1.39	33.54
公租房公司	7	14.09	12.68	11.16	6.86	2.61	3.02	2.63	11.07	10.05	10.23	11.07	10.05	10.23
其他	22	15.81	14.94	5.85	12.87	1.86	11.74	11.35	4.07	3.59	13.66	4.05	3.57	13.57
合　计	185	945.6	845.23	11.88	591.79	22.67	622.31	540.55	323.29	304.68	6.11	305.26	281	8.64

【集体企业资产增长13.94%】 2014年，嘉定区参加集体资产年报汇总的企业65家，比上年减少7家。经审核：区属集体企业资产总额43.37亿元，较年初增加5.3亿元，增长13.94%；负债总额26.66亿元，增加2.58亿元，增长10.71%；资产负债率61.48%，下降1.77个百分点；所有者权益总额16.71亿元，增加2.72亿元，增长19.43%；集体权益总额12.68亿元，增加2.31亿元，增长22.34%。

2014年嘉定区城镇集体企业资产分布状况表

单位：亿元

单位	所属单位数（个）	资产总额					负债总额		所有者权益总额					
		2014年末	2014年初	2014年末比年初±%	其中		2014年末	2014年初	2014年末	2014年初	2014年末比年初±%	集体权益总额		
					流动资产	固定资产						2014年末	2014年初	2014年末比年初±%
集体经济联合社	17	14.88	13.5	10.23	1.95	0.07	9.96	9.48	4.92	4.01	22.55	3.01	2.43	23.65
供销社	27	17.42	14.07	23.78	13.79	1.77	11.6	9.67	5.82	4.4	32.31	5	3.58	39.44
城镇工业联社	16	10.79	10.26	5.21	5.13	1.22	5.02	4.85	5.77	5.41	6.68	4.47	4.18	7.07
其他	5	0.28	0.24	18.83	0.22	0.05	0.09	0.07	0.2	0.17	18.47	0.2	0.17	18.47
合　计	65	43.37	38.07	13.94	21.09	3.12	26.66	24.08	16.71	13.99	19.43	12.68	10.37	22.34

【启动新一轮国资改革】 3月起，区国资委牵头，联合区委组织部、区发改委、区委政研室、区财政局等7个部门认真实施区政府重点调研课题“进一步深化国资改革，不断提高国企发展能力”，聚焦“布局结构、分类监管、法人治理、混合所有制、业绩考核与薪酬制度、激励约束、监管机制、国企党建”等8个专题，通过座谈会、学习取经、专

国资改革与国企发展研讨会　（区国资委　供稿）

家研讨等5种调研方法，摸清嘉定国资国企的现状，找准存在的问题，提出改革方向和11项配套措施。12月24日，区委、区政府召开深化国资改革工作会议，全面部署国资国企改革任务。会议印发《关于进一步深化嘉定国资改革促进区属企业发展的实施意见》等文件，明确改革方向，完善各类制度。根据市场化、专业化、集约化的改革导向，以业务类别、核心指标、业务占比为依据，按照国有资本投向目标以及企业的资产、净资产、营业收入、从业人员等四项核心指标占企业总值比例的情况，将区属企业的分类调整为“功能类、公共服务类、竞争类”三类。不同类型的区管企业被赋予不同的目标和定位，实施差异化监管。区管企业从12家调整为11家，明确西上海集团退出区管企业行列。

【45家企业与委办局脱钩】 7月25日，嘉定区召开区级机关下属经营性企业政企分开工作会议，21个委办局与其管理的45家经营性企业脱钩工作正式启动。45家企业资产总额17亿元，2013年主营业务收入7亿元，净利润4 000余万元。按照“全面清理、分类处理、分步实施、稳妥有序”的原则，结合企业目前的经营情况、主营业务和工作职能等差异，采取退出注销一批、划转整合一批、委托监管一批的分类处理办法。对于少数暂不具备脱钩条件的企业，由区国资委作为委托方，实施阶段性委托监管，同时积极创造条件，争取在三年内完成脱钩工作。全年清理注销企业6家，退出国资监管企业3家，区粮食局、区经委、区体育局、区文广局、区建交委、区绿化市容局下属经营性企业分别划转至国资集团、城发集团、新嘉商投公司等区管公司。

【推动民生项目建设】 2014年，区管企业投资建设性项目479个，实际投入资金144亿元，同比增长9%。其中政府性项目实际投入资金106亿元，占74%。国资集团承建的泰翔动迁房结构封顶，桃李园实验学校新校区项目竣工，澄浏南路大桥工程合拢贯通。新城公司建设的工人文化活动中心、胜辛路幼儿园、少体校、司法中心信访用房、嘉一中改造等6个项目完工，体育中心、枫树林动迁配套房项目基本建成。汽车城集团承建的外冈农民宅基地置换一期西地块、南地块已交付使用，郊野公园一期9.3平方公里范围的动迁工作顺利推进。城发集团建设的区第一社会福利院新建工程基本完工，再生能源利用中心项目前期工作顺利推进。交发集团推动城北大居蔷薇苑项目开工建设，云翔大居动迁房一期（翔瑞新苑）完工交付。绿洲控股集团承担的徐行宅基地置换项目绿洲香润苑竣工，汇丰荷苑二期动迁配套房项目土建工作基本完成。

【国资监管与考核】 年内，区国资委以强化国资监管为目标，本着“管少、管精、管好”的宗旨，抓好关系到出资人权益的重大事项。在资产统计年报分析中，强化对成本费用、“三公”经费的监管，创新地在年报工作中加入成本费用归集表，单列“三公”经费。加强企业决算审计的事后监督工作，确保整改实效。在绿洲控股集团和嘉加集团开展全面预算管理试点，提高企业的精细化管理水平，发挥预算评价的激励约束作用。防范企业融资风险，定期分析企业贷款和对外担保情况，把企业的融资成本费用率和存贷比纳入企业经营者业绩考核指标，加强企业融资成本控制。坚持注重实绩、群众公认、客观公正、科学合理的原则，修订完善区管企业负责人经营业绩考核与薪酬分配实施办法，贯彻中央关于国企薪酬制度改革的精神，建立与选任方式相匹配、与企业功能性质相适应、与经营业绩和风险责任相挂钩的差异化薪酬分配机制。完善考核指标体系，改进考核方法，调整薪酬结构。（岑榕榕）

财　政

【概况】 2014年，区财政局加强收入预测分析工作，完成全年收入目标；优化支出结构，重点保障民生投入；推进财政改革，增强体制机制的活力；建立健全财政管理制度，推进财政信息公开；强化财政监督，提高财政运行的公开性和透明度。全年实现财政收入745.71亿元，比上年增长13%；地方财政收入完成167.78亿元，增长15.4%。完成地方财政支出197.84亿元，比上年增长11.6%。

【地方公共财政收入167.78亿元】 年初，经区五届人大五次会议批准，2014年区地方公共财政收入预算为157亿元；后经区五届人大常委会第二十七次会议批准，调整为167.5亿元。地方公共财政收入实际完成167.78亿元，比上年增长15.4%。其中区本级财政完成61.41亿元，镇级财政完成106.37亿元。市财政与区财政结算收入41.5亿元，调出资金0.39亿元。收入总计208.89亿元。

2014年嘉定区地方公共财政预算收入情况表

单位：万元

项　目	全　区	街镇级	本　级
一、税收收入	1 616 279	1 061 403	554 876
增值税	466 264	359 883	106 381
其中：免抵调库	27 300	21 840	5 460
营业税	326 552	225 572	100 980
企业所得税	289 205	196 969	92 236
个人所得税	104 784	78 243	26 541
城市维护建设税	21 510	15 774	5 736
房产税	12 622	-	12 622
印花税	55 756	42 942	12 814
土地使用税	16 310	12 537	3 773
土地增值税	185 235	120 156	65 079
车船税	7 577	-	7 577
耕地占用税	17 970	9 327	8 643
契税	112 494	-	112 494
二、非税收入	61 479	2 312	59 167
行政事业性收费收入	16 059	-	16 059
专项收入	187	-	187
其他收入	45 233	2 312	42 921
其中：城市综合管理收入	21 324	-	21 324
合　计	1 677 758	1 063 715	614 043

【地方公共财政支出197.84亿元】 年初，经区五届人大五次会议批准，2014年区地方公共财政支出预算为193.28亿元；后经区五届人大常委会第二十七次会议批准，调整为207.57亿元。2014年，区地方公共财政实际支出197.84亿元，比上年增长11.6%。其中区本级支出101.13亿元，增长13.8%；街镇级支出96.71亿元，增长9.4%。安排预算稳定调节基金5.85亿元。当年支出合计203.69亿元。当年结余5.2亿元，滚存结余16.69亿元。

2014年嘉定区地方公共财政预算支出情况表

单位：万元

预算科目	区　级	镇　级	街　道	合　计
一般公共服务	79 184	137 436	11 321	227 941
公共安全	93 618	11 027	4 287	108 932
教育	265 563	17 892	795	284 250
科学技术	38 294	23 168	1 047	62 509
文化体育与传媒	41 650	14 178	2 305	58 133
社会保障和就业	89 863	110 563	7 870	208 296
医疗卫生	91 469	40 235	7 147	138 851
节能环保	15 872	2 352	7	18 231
城乡社区事务	141 005	264 162	20 527	425 694
农林水事务	39 744	41 293	274	81 311

（续表）

预 算 科 目	区　级	镇　级	街　道	合　计
交通运输	45 931	－	－	45 931
资源勘探电力信息等事务	19 464	212 866	13 274	245 604
商业服务业等事务	1 820	11 275	206	13 301
国土资源气象等事务	3 909	1 232	62	5 203
住房保障	11 303	584	469	12 356
粮油物资储备	3 294	－	10	3 304
其他支出	26 694	8 818	368	35 880
合　　计	1 011 290	897 081	70 000	1 978 371

【政府性基金收支】 2014年，全区政府性基金收入104.39亿元，比上年下降27.8%，完成调整预算的110.3%。市财政与嘉定区结算收入6亿元，调入资金0.55亿元。合计收入110.94亿元。全区政府性基金支出107.25亿元，比上年下降25.2%，完成调整预算的81.9%。政府性基金收支当年结余3.69亿元，滚存结余126.38亿元。

【财政信息公开】 年内，区财政局公开区本级37个主管预算单位部门预算和“三公”经费预算、区级17项民生专项资金使用情况、政府性基金月度收支情况、2013年预算项目绩效后评价结果等信息。扩大街镇财政信息的公开内容和范围，各街镇按要求公开政府预算、部门预算和“三公”经费预算，财政专项资金由区镇两级联动公开。把区级部门决算批复扩展到所有区本级预算主管部门，决算批复内容新增“三公”经费决算及说明。各区级预算主管部门于9月上旬向社会公开本部门的2013年度部门决算。各街镇首次公开部门决算。

【健全财政管理制度】 年内，区财政局贯彻落实中央《党政机关厉行节约反对浪费条例》和“八项规定”，加强和规范“三公”经费管理，出台《嘉定区机关差旅费管理办法》《嘉定区机关会议费管理办法》《嘉定区机关培训费管理办法》，将三项经费纳入部门预算管理，实行预算指标单列。制定定额标准，严格报销和支付管理制度，建立公示和年度报告制度。规范专项资金管理办法，对资金来源、使用规范、监督管理等内容进行明确。

【街镇财政管理】 2014年，区财政局针对街镇财政管理面临的新情况、新问题和新挑战，加强指导和培训，督促街镇完善预算管理制度，提高街镇预算管理水平。建立预算责任机制，统一预算单位设置标准、级次及隶属关系，明确职责分工，提高预算编制的规范性和准确性。完善街镇财政性资金监管平台，将预算管理各项要求与信息管理平台对接，推进管理规范化、信息化。开展“乡财县管”考核工作，对7个街镇进行全面考核，制定考核细则。巩固街镇单一账户制度改革成果，落实责任主体，明确解决顺序，制定实施细则，及时解决改革推进过程中出现的问题。

【政府投融资管理】 2014年，区财政局加强对全区政府性债务的跟踪，规范债务管理，完成地方政府存量债务纳入预算管理清理甄别工作，健全定期上报制度。推进政府投融资体制改革，引入市场化资金，降低直接融资规模，控制政府债务。与中国人寿合作的嘉北郊野公园项目启动，年内到位资金10亿元。

【绩效评价管理】 2014年，区财政局制定《嘉定区财政支出绩效评价聘用第三方评价机构管理暂行办法》《嘉定区财政局预算绩效管理内部工作规程》等文件，深入推进绩效管理工作，建立“预算编制有目标、预算执行有监控、项目完成有评价、评价结果有反馈、反馈结果要运用”的预算绩效管理模式。年内，选择93个涉及卫生、文化等民生方面的项目开展绩效前评价、绩效后评价和绩效跟踪，涉及资金总量22.93亿元。其中绩效前评价项目涉及预算申报资金12.55亿

嘉定区绩效前评价项目评审会　（区财政局　供稿）

元，经评审后，节省资金4.56亿元。对区残联2013年整体支出开展绩效评价工作，探索整体支出绩效评价的工作框架和思路。对预算单位财务人员、经常性项目负责人及第三方中介机构开展多层次、多形式、多内容的业务培训。

【部门预算管理】 年内，区财政局坚持按预算、按用款计划、按项目进度、按规定程序办理财政资金支付。提高项目预算执行规范化水平，从项目支出内容、实施方式和资金拨付方式等方面加强对项目预算执行过程的控制。提高项目的支出进度，建立预算支出执行进度月度通报制度，完善预算支出责任制度，将区级财政预算支出执行进度发送至各预算主管部门，督促各部门强化预算执行管理，提高预算执行的均衡性和效率。加强部门结余资金管理，盘活财政存量资金，累计收缴1.88亿元部门历年基本支出结余。

【财政监管】 年内，区财政局开展贯彻执行中央“八项规定”、严肃财经纪律和“小金库”专项治理全面自查及重点检查工作，完成区镇两级所有432个预算单位的全面自查及47个行政事业单位的重点检查。对各单位从2013年至2014年6月的“三公”经费、会议费、培训费的预算安排、使用支出情况进行全面检查，对各单位政府采购、资产管理及财务会计工作进行核对查实，对发现的问题要求限期整改。对历年中央专项转移支付资金支持的项目进行跟踪检查。完成18个行政事业单位和9家企业的会计信息质量检查和市、区医药行业联动检查。制定区级事业单位年度财务会计报表和部门决算报表审计监督工作办法和内部工作规程，完成对19个区级事业单位2013年年报、决算报表的审计工作。

【行政事业单位资产管理】 年内，区财政局制定《嘉定区区级行政单位国有资产管理办法》《嘉定区区级事业单位国有资产管理办法》《嘉定区区级事业单位国有资产处置办法》《嘉定区区级事业单位国有资产使用办法》和《嘉定区区级事业单位国有资产清产核查办法》，进一步规范行政事业单位的资产配置、资产使用、资产处置、资产评估、产权界定、产权纠纷调处、产权登记、资产清查等行为。全年完成6个事业单位资产清查核查和产权登记的试点工作。

【政府采购金额21.38亿元】 年内，区财政局加强对区政府采购中心的监督管理，提高政府采购工作的质量和效率。建立街镇政府采购平台并开展业务培训，推进街镇政府采购工作的信息化和规范化。加强信息化项目监管，对信息化项目招标文件进行专家评审并参与评标，探索信息化项目绩效评价工作。实行特邀监察员监标制度，年内特邀监察员共参与24个公开招标项目的开、评标过程。进一步规范废标、招标文件澄清与修改等特殊处理程序，督促评审专家对项目的运作提出优化建议，严肃评标纪律。全年实施政府采购金额21.38亿元，比上年增长10.5%，其中工程类采购12.32亿元、货物类采购4.51亿元、服务类采购4.55亿元。节约资金2.92亿元，资金节约率12%。

地方政府性债务清理甄别培训 （区财政局 供稿）

【会计事务管理】 年内，区财政局推进小微企业财务会计培训咨询基地建设，完成培训1 567人次。2014年度会计人员继续教育面授15 188人次，网络学习13 847人次。新办会计从业资格证书1 266本，累计换证26 661本。新办外商投资企业财政登记159家，信息变更331家。外商投资企业联合年检2 332家，审核通过2 327家，通过率99.8%。全区共有4 521名会计从业人员报名参加全国会计专业技术资格考试，其中报考初级的2 263人，报考中级的2 258人，合格率分别为64%、42.1%。2014年始，取消财务会计信用等级评(鉴)定工作。

【财政信息化建设】 2014年，区财政局组织开发新一代财政资金信息化管理平台，对部门预算基础信息和项目支出预算信息进行动态管理，把预算基础信息和项目库做实、做细，全面反映预算编制的来龙去脉，实现基础数据库、项目库、预算编审三大模块的一体化运行。年内，启用预算基础数据库，并对相关工作人员进行系统操作培训。 （苏贤良）

税　务

【概况】 2014年，税务嘉定分局按照国家税务总局“提升站位、依法治税、深化改革、倾情带队”的要求，以组织收入工作为中心，顺利完成各项税收工作。全年完成税收收入715.6亿元，比上年增长13.5%；区级地方收入完成160.3亿元，增长17.6%。随着嘉定区产业经济的转型发展，全区形成“一业特强、多新并发”的产业格局，产业税收呈现出“二产持续增长、三产稳步增长，二产、三产协调发展”的局面。按产业结构分，第二产业税收完成418.09亿元，增长15.3%，增收55.45亿元。其中制造业完成税收400.21亿元，增长15.6%，增收54.06亿元。制造业中的支柱产业汽车制造业完成税收280.29亿元，增长23.7%，增收29.93亿元。第三产业税收完成297.47亿元，增长11.2%，增收69.6亿元。按税种分，增值税完成262.81亿元，增长5.4%，增收13.44亿元；其中营业税改征增值税25.86亿元，增长31%，增收6.12亿元。营业税完成50.27亿元，增长8.6%，增收3.61亿元。所得税完成284.01亿元，增长20.8%，增收48.96亿元。其中企业所得税完成231.14亿元，增长121.3%，增收40.61亿元；个人所得税完成52.87亿元，增长18.8%，增收8.35亿元。

【重点税源管理】 年内，税务嘉定分局加强重点行业税源管理，深化税收收入分析和预测，加强调研，掌握收入变动情况。全区2 051户四级重点税源户全年共完成税收收入518.4亿元，占税收收入总额（不含免抵调库）的72.5%，比上年增长11.5%，增收53.5亿元。开展重点税源分析，亿元企业由上年的44家增至55家，共完成税收342.96亿元，占税收收入总额的47.9%，户均纳税6.24亿元。

【深化征管改革】 年内，税务嘉定分局进一步深化税收征管改革，创新征管服务举措。开展催报催缴方式改革，分两步完成纳税申报催报方式和税款催缴方式改革。推广网上办税服务厅应用，重点推广开具外出经营证明等5个事项，全年通过网上办税服务厅办理的涉税事项共1 840件，上线事项中通过网上办税服务厅办理的比例为22.9%。构建具有嘉定特色的风险监控体系，全年共查补税款及滞纳金1.6亿元。完成市级专项项目11批34个，应对企业1.8万家，查补税款及滞纳金4 711.8万元。完成区级专项项目12个，应对企业141家，查补税款及滞纳金1.1亿元。加强财产行为税管理，开展耕地占用税欠税清缴入库工作，历年欠缴税款从3.9亿元降至0.6亿元；开展房产税和城镇土地使用税执法督查，补缴税款及滞纳金合计6 955万元；加强土地增值税清算，完成清算项目37个，补缴税款10.1亿元。开发房地产项目税收与统计一体化管理平台，实施对房地产项目从拿地、建设、预售到交付的全环节监控。开展三轮行业风险排摸，29家房地产企业补缴税款及滞纳金1.6亿元。完善税务登记基础信息，集中对不完整和差错税务登记信息进行修正，税务登记完整率由99.8%提升至99.9%，差错率由3.5%降至1.7%。开展非正常经营户调查核实工作，对2 795户非正常经营户实施非正常户认定等管理措施。开展工商吊销或注销户风险监控工作，对95家企业采取注销等管理措施。加强票证管理，落实新票证管理办法，完成新旧票证切换工作。完善票证库管制度，实行新票证管理互查措施。推进财税库银横向联网，签约11.4万户，占电子申报户的96%以上。制定专项工作规程，规范外建项目管理和个体工商户税收定期定额管理。推进"委托代征"与"委托代开"业务，共与18个市场、13个私房出租税收代征点签订协议，在全市率先试点委托代征系统电子扣款业务。

【税收宣传】 2014年4月是全国第23个税收宣传月，税务嘉定分局结合"便民办税春风行动"和党的群众路线教育实践活动，开展"零距离大走访"和"风筝载税，追梦蓝天"宣传活动，制作沙画《税收都去哪儿了》，组织"春风入嘉定，税务迎学子"岗位体验活动，构建覆盖面广、渗透性强、影响力大的多维度立体宣传平台，提升宣传效果。

【税务行政审批改革】 年内，税务嘉定分局开展税务行政审批和日常涉税事项管理改革工作。开展"便民办税春风行动"，分批递进式推行"6+2"类44项春风行动措施，将120个事项的审批权限下放至办税服务厅，提高办税服务的速度，常用业务的办理时长从20个工作日缩短至5～7个工作日。扎实推进《全国县级税务机关纳税服务规范》落实工作，对212个服务事项进行梳理汇总，更新涉税事项操作手册和办税指南，调整办结时限96项，修改报送资料106项，调整办税服务厅即办事项67项。为对接上海自贸区，创新举措，加快试点，确立"6+4"分两批推广计划，税务登记"自动赋码"工作启动。全市税务系统有许可类行政审批事项7项、非许可类行政审批事项76项，嘉定分局逐项自查，按规定取消或下放部分事项，无超越审批目录事项。全年专职审批所累计完成审批事项5 892件，审批组累计完成审批事项5.1万件。

【推进依法行政】 年内，税务嘉定分局深化"两权"（税收执法权和行政管理权）监督，开展"八项规定"执行情况、固定资产管理情况、核定征收情况、同第三方中介脱钩情况等四个方面的执法监察，以及市税务局规定的15个项目的执法督察，将监察、督察结果与责任追究相结合。推进信息公开

税收宣传月活动　　（税务嘉定分局　供稿）

工作，嘉定税务子网站全年发布公开信息86条，首次通过网站公布重大税收违法案件信息。畅通救济渠道，强化部门沟通机制，利用“12366”热线、“12345”市民热线、纳税人投诉信访等渠道，化解涉税争议，应对行政纠纷。全年受理2起行政复议案件，应对3起行政诉讼案件，均驳回原告诉求。全年受理信访案件77件，“12366”热线受理来电178次，直接受理不开票举报204件，处理“12345”市民热线收到的纳税人投诉265件。

【服务平台建设】 年内，税务嘉定分局构建多元化的纳税咨询平台，举办“12366”局长在线活动2期，开展“税博室”专家特约站咨询活动9场，“12366”咨询热线接待来电69 357个，纳税咨询室受理咨询972件。开展“窗口服务明星”评选和办税服务厅季度巡查。推进办税服务厅专业化、标准化、规范化建设，强化“首问责任制”，实行办税服务厅领导值班制。推出在线填报、电子申报未扣款提示等特色服务。开通“嘉定税务”微信，推送信息96条，关注人数4 368人。

【发票管理】 年内，税务嘉定分局完善发票管理，制定专项规程，规范普通发票管理实务处理及操作程序。全面推行普通发票明细数据采集工作，通用机打发票推广率和采集率分别达到76%和91%，税控普通发票推广率和采集率分别达到97%和79%。开展防伪税控二维码推广工作，198家增值税即征即退企业完成二维码升级。发行增值税发票系统升级版，共发行477户。加快试点电子发票应用，配合市税务局制定业务规范，开展系统测试，6家企业纳入试点，开出电子发票607.1万份。

【大企业管理与服务】 年内，税务嘉定分局对大企业提供个性化服务，加强风险管理。制定《嘉定区列名大企业管理办法》，将31家企业纳入大企业名单。建立常态化走访机制，走访大企业1 400余家次。开展大企业风险防控工作，完成冶金、矿产等4个行业的风险梳理汇总，推进企业股权转让、跨境投资和关联交易分事项管理以及中石油、中冶集团全流程风险管理工作，帮助企业排查涉税疑点10个，补缴税款及滞纳金7.17万元。

【企业所得税汇缴及后续管理】 年内，税务嘉定分局做好企业所得税汇算清缴及后续管理工作，全区共有102 921家企业参加2013年度汇算清缴，汇缴率100%。后续管理有问题指标3 202条，调整应纳税所得额6 653万元，补缴企业所得税及滞纳金979.2万元。302家企业享受高新技术企业低税率政策，减免税额14.1亿元；447家企业享受研发费加计扣除，加计扣除额41.6亿元，减免税款10.4亿元。规范企业所得税核定征收管理工作，核定征收企业比例降至20%。

增值税发票系统升级现场 （税务嘉定分局 供稿）

【反避税】 年内，税务嘉定分局推进反避税中心实体化运作。加强转让定价管理，对2家存在避税嫌疑的企业报国家税务总局立案调查，其中1家日资企业已结案，补征所得税及利息1 980万元。对已结案企业和预约定价执行企业加强跟踪监控，共征收企业所得税6 338万元。加强一般反避税管理，对1家以1美元低价股权转让企业、1家利用空壳公司间接转让境内公司股权企业开展一般反避税调查，分别调整补缴所得税80万元和7 368万元。加强非居民企业所得税税收管理，完善服务贸易对外支付管理措施，进一步细化、规范非贸涉税流程。全年共办理非居民企业征收方式鉴定475份、境外劳务不予征税认定163份、税收协定待遇45份。办理对外支付备案2 224次，对外支付金额222.74亿元。征收非居民企业所得税19.95亿元，比上年增加3.74亿元，增长23.1%。

【营业税改增值税试点】 年内，税务嘉定分局做好营业税改征增值税试点工作。推动铁路运输业、邮政通讯业、电信业“营改增”工作，做好前期调研、方案制定和政策宣传等工作。全区共有35 237家企业纳入试点范围，累计减税9.8亿元。

【出口退税管理】 年内，税务嘉定分局加强出口退税管理，落实新版出口退税管理及申报系统启用后的退税审核工作，规范出口退税管理审核程序。开展进料加工业务核销、木制家具出口退税核查、专项退税评估、退免税清算等工作，降低出口退税管理风险。

【落实各项减免税政策】 2014年，税务嘉定分局扩大小型微利企业优惠覆盖面，共有26 065家按月申报企业、47 335家按季申报企业享受减免增值税或营业税优惠政策，分别占按月申报企业总数的70%、按季申报企业总数的90.1%，减免税总额1 751.2万元。全年共有20 611家企业实际享受小型微利企业税收优惠，占盈利企业总数的34.1%，减免税额5 300万元。在所得税预缴期间，共有87 856家企业享受小型微利企业税收优惠，占预缴申报总户数的78.2%。软件企业减免企业所得税4.6亿元，较上年增长118.4%；即征即退增值税1.3亿元。对137家新成立的高新技术企业办理降低税率优惠的备案手续。

【税务稽查】 2014年，税务嘉定分局推进税务稽查现代化建设。全年共立案检查企业478家，有问题企业470家，查补税收收入1.5亿元。开展房地产、建筑安装和建材销售“三合一”检查活动，其中1家企业查补税收收入1.3亿元。整顿电商开票活动，全程跟踪某电子商务企业与出口外贸企业的手机交易，发现其为骗取出口退税而与6家企业发生虚假手机交易，虚开发票价税合计3.6亿元，涉及税额5 266万元。开展餐饮业发票专项整治工作，采集20家知名餐饮企业的开票数据并深入分析，12家企业存在问题，查补税收收入81万元。选择部分汽车零配件生产、销售企业开展重点税源专项检查，查补税收收入741.4万元。推进专案检查，全年通过协查系统查补税收收入1 719.5万元，受理各类举报案件484件，查补税收收入4 113.1万元。规范稽查程序，制定重大税务案件审理办法，对51个查补税款超过50万元的重大案件进行审理，查补税收总额2.4亿元。2个案例分获市税务局信息化案例特别奖和典型案例二等奖，2篇稽查案例新闻报道被《中国税务报》录用。 （鲁文杰）

物价

【概况】 2014年，嘉定区物价工作按照“以调控稳价格、以监管惠民生、以服务促发展”的要求，积极探索价格管理新思路，强化市场监督检查，确保全区市场价格稳定有序。全年查处价格违法案件32件，实施经济制裁27.57万元。加强价格监测，完成价格预测预警和成本调查等分析报告81篇。通过价格服务进社区、进企业、进农村等活动，提升价格服务水平。7月，开通“嘉定物价”微信服务平台。

【价格行政执法】 年内，区物价局根据节日期间价格违法行为的发生特点，开展元旦、春节、五一、十一等节日市场价格监督检查，共计出动850人次，巡查检查相关单位800余个。围绕人民群众关心的民生价格和社会热点，组织开展商贸零售、网络销售、物业、教育、医疗等行业和涉企收费等一系列收费检查，严厉打击各类价格违法行为。全年共查处价格违法案件32件，实施经济制裁27.57万元，其中退还消费者4.74万元、没收违法所得14.77万元、罚款8.06万元。

【网络价格监管】 2014年，网络价格举报案件激增，全年共收到投诉举报22件。区物价检查所严格依照价格投诉举报规定的相关程序，处理天猫商城、百味林、新蛋网等电子商务平台涉嫌价格欺诈行为的投诉举报。在积极应对举报的同时，化被动为主动，组织开展网络价格行为专项检查。对区内嘉定都市网、嘉定团购网、嘉定新城网等网站进行价格政策指导，对相关网站、网店开展专项整治，共对16家网店进行检查，查实和处理存在价格违法行为的网店8家。

【行政事业性收费管理】 年内，区物价局完成2013年度行政事业性收费数据统计和收费年度审核，涉及17个委办局的97个单位，收费总额4.13亿元。编制并公布2014年嘉定区行政事业性收费项目目录，涉及17个系统共82项收费项目。做好行政事业性收费变动项目清理和收费许可证变更工作。

【经营服务性收费管理】 年内，区物价局完成区内居民和非居民用户水价调整，做好民办非学历教育学校收费标准审批、27个新建楼盘前期物业收费标准的确认和19个社会停车场收费标准的批复，牵头制定《关于规范本区居民非生活垃圾清运收费的通知》，完成其他服务收费审批备案70项。全面开展收费清理工作，促进收费的公开透明。

【价格监测】 年内，区物价局推进民生价格信息公布工作，通过区发改委网站、《嘉定报》、嘉定电视台、“嘉定发布”微博、“嘉定物价”微信平台等媒体公布主副食品零售、批发价格等信息，每月专题发布超市商品价格。调整监测布点，组建志愿者队伍，优化监测网络，健全日报、旬报和月报分析机制，全年完成价格预测预警和成本调查等分析报告81篇，发挥价格监测在政府宏观经济决策和价格管理中的重要作用。

【价格认证】 年内，区价格认证中心共受理完成涉案财物价格鉴定770件，鉴定值6 000余万元；受理完成交通事故物损评估700件；受理医疗器械和捐赠物等物品的价格认证33笔。下半年，嘉定道路交通事故物损评估中心按照有关规定进行转制，顺利完成企业资产、账务、人员的交接工作。

【价格公共服务】 年内，区物价局结合“价格服务心连心”社区项目以及群众路线教育实践活动，深入基层开展社区价格服务工作。5月，走访源珉社区，向社区居民宣传价格法律法规；7月，通过社区价格监督员网络，向社区发放126份调查问卷表，听取社区百姓的意见和建议，了解乱收费现象比较突出的行业。制作以消费提醒为内容的宣传易拉宝22个、资料架13个，发放价格政策宣传资料、宣传品万余份。开通社区价格监督QQ群，完善社区价格监督站联络制度，切实提高服务工作的深度和广度。

【嘉定区第五届价格诚信单位评选】 年内，区物价局联合区文明办、区消保委组织开展2013-2014年度嘉定区第五届价格诚信单位评选工作。经过宣传动员、单位自荐、行业推荐、审查筛选、考核验收、公示监督、命名表彰等程序，评出“价格诚信优秀单位”8个、“价格诚信单位”76个。 （王怡菁）

工商行政

【概况】 2014年，工商嘉定分局以深化改革为统领，树立“全面服务”和“主动性、综合性监管”的理念，顺利完成各项工作任务。根据注册资本登记制度改革的要求，加强窗口建设，优化办事流程，提升服务水平。贯彻《企业信息公示暂行条例》，督促企业履行信息公示义务。按照区政府经济转型发展的要求，支持新兴业态落户嘉定，为企业提供注册、商标、广告等方面的服务。指导马陆镇陆家村成立区内首家农村社区股份合作社。强化"源头治理、疏堵结合、协同监管"工作机制，实现无证无照经营存量下降30%的年度目标。强化网络交易一体化源头监管，优化网络购物市场环境。至年末，工商嘉定分局管辖各类市场主体162 941户，比上年增长10.61%，总数居全市各区县第二。其中国有集体企业4 244家，外商投资企业2 552家，私营企业134 006家，个体工商户21 814户，农民专业合作社325户。全区共有中国驰名商标16件，上海市著名商标127件，国家地理标志证明商标4件。

【市场主体登记管理】 2014年，全区新设立国有集体企业380家，私营企业19 624家，外资企业129家。年末，全区共有各类企业140 802家，比上年增长11.18%；累计注册资本4 308.95亿元，增长29.86%。其中，国有集体企业4 244家，增长6.21%；注册资本909.46亿元，增长17.49%。私营企业134 006家，增长11.57%，总数列全市各区县第三；注册资本2 992.15亿元，增长39.36%。外资企业2 552家，增长0.75%；投资总额121.98亿美元，注册资本64.66亿美元，分别增长4.43%、2.62%。(1)国有集体企业中，持企业法人营业执照的3 236家，占76.25%；持营业执照的1 008家，占23.75%。国有企业188家，注册资本14.72亿元，分别占4.43%和1.62%；集体企业832家，注册资本12.46亿元，分别占19.6%和1.37%；其他企业230家，注册资本5.76亿元，分别占5.42%和0.63%；有限责任公司2 994家，注册资本876.52亿元，分别占70.55%和96.38%。(2)私营企业中，独资企业9 021家，占6.73%；合伙企业1 161家，占0.87%；有限责任公司123 824家，占92.4%。共有投资者256 796人，比上年增长9.32%；雇工825 817人，增长15.41%。(3)外商投资企业中，中外合资企业418家，占16.38%；中外合作企业200家，占7.84%；外资企业1 934家，占75.78%。外商来源地区前三位分别是：中国香港特别行政区585家、日本389家、中国台湾359家。(4)新设立个体工商户2 518户。年末全区有个体工商户21 814户，从业人员38 398人，资本总额5.99亿元，分别增长7.08%、6.54%和11.74%。(5)新设立农民专业合作社27户，出资总额0.45亿元。年末全区共有农民专业合作社325户，投资总额3.93亿元。

【服务区域经济转型发展】 年内，工商嘉定分局根据新兴产业迅速发展的特点，支持"大孵化器""智慧城市""商业保理""电动汽车""车联网"等新兴业态落户嘉定。为股改、"新三板"企业提供注册、商标、广告等方面的服务指导。在马陆镇陆家村试点成立全区首家农村社区股份合作社。

雅诗兰黛(上海)商贸有限公司向工商嘉定分局赠送打假感谢牌匾

(工商嘉定分局 供稿)

【走访企业250家】 2014年，工商嘉定分局继续在全区范围内开展"走千家企业、助改革创新"活动，宣传新政，倾听需求，帮助企业解决难题。全年走访企业250家，帮助、协调解决难题209个。上门为青客时尚生活服务有限公司提供商标、注册、广告等方面的服务，协调解决鼎新电气集团旗下7家企业股权变更。

【商标管理】 年内，工商嘉定分局充分发挥全国商标战略实施示范城区效应，指导企业加强商标培育工作，提高核心竞争力。全区新增中国驰名商标4件、上海市著名商标14件。"马陆葡萄"被认定为国家地理标志证明商标。至年末，全区共有中国驰名商标16件、上海市著名商标127件、国家地理标志证明商标4件。

【广告业管理】 2014年，全区新设立广告经营单位4 074个。至年末，全区共有广告经营单位16 454个，其中主营广告企业5 593家、兼营广告企业10 553家、互联网广告经营企业306家、媒体广告单位2个，总数继续居全市第一。全年广告经营总额142亿元，比上年增长31.5%。共查处广告违法案件288件，比上年增长75%，其中虚假广告案件285件、一般广告违法案件3件。年内，工商嘉定分局以中广国际广告创意产业园区为载体，以点带面做好辖区广告产业的服务和指导。在国家工商总局组织开展的国家广告产业园区绩效评估中，中广国际广告创意产业园区被评为A档。

【规范网络商品交易市场】 近年来，嘉定逐渐成为全市最大的电商企业入驻地之一，网购消费投诉激增。2014年，工商嘉定分局成立攻坚小组，梳理问题，落实重点调研课题，开发远程数据固定软件，建立违法线索统一分派机制，提高监管办案效能。走访北京、杭州等地工商部门,学习借鉴公安部门的经验,指导京东、国美等重点电商企业完善投诉纠纷处置机制。建立工商、电商、消保委、律师"四维一体"网络消费维权模式,推进网络消费纠纷快速解决。年内,全区电商企业在交易额增长122.8%的情况下,投诉、举报数量减少9.83%,成功遏制多年来投诉量随交易额增长而快速增长的趋势。

消费者权益保护宣传活动 (工商嘉定分局 供稿)

【无证无照经营综合治理】 年内,工商嘉定分局坚持整治、疏导、规范并举,牵头推进无证无照经营综合治理工作。在区政府统一领导下,落实属地化考核机制,明确街镇和部门的职责分工。通过拆除违章搭建、处罚房东、电信断网等方式,消除无证无照经营滋生的土壤。开展无证无照经营备案纳入监管试点工作,探索疏导、规范的新途径。通过每月全区督查,检查各工商所整治情况和效果。全年查处取缔无照经营506户,疏导办照214户,备案纳入监管706户,实现无证无照经营存量下降30%的年度目标。

【商事登记制度改革】 3月1日起,工商嘉定分局全面推进商事登记制度改革。注册资本实缴制改认缴制后,市民创业热情得到激发,嘉定分局加强窗口建设和业务培训,确保登记质量和服务质量。新版营业执照启用后,认真做好各类企业、个体工商户、农民专业合作社换照工作。贯彻企业年度检验改年度报告的政策,通过企业走访、微博微信、电台报刊等多种渠道进行宣传指导,督促企业自觉履行公示义务。至年末,完成各类企业信息公示82 301家,其中国有集体企业2 028家、外资企业1 493家、私营企业78 780家。

【消费者权益保护】 3月15日,新的《消费者权益保护法》实行。年内,工商嘉定分局在全区开展系列宣传活动,加强对各维权联络点的培训和指导,形成全社会学法、讲法、守法的氛围。全年共处理消费者投诉4 129件、举报1 222件,帮助消费者挽回经济损失1 089.48万元。累计建设维权联络点544个,覆盖全区各村(居)委、学校、超市(卖场)、景区、市场和重点企业。根据"12345"市民热线处置要求,建立承接市、区两级转办件工作机制,制定绩效考核办法,提升工作质量,提高按时办结率和群众满意率,共办结"12345"热线转办件650件。

启用新版营业执照 (工商嘉定分局 供稿)

【查处违法案件871件】 2014年,工商嘉定分局加大行政执法监督力度,完善与法院、检察院的"行刑衔接"机制,加大对商业贿赂、汽车销售维修、网络商品交易等重点领域违法行为的打击力度。10月起,根据行政处罚信息公示的推进情况,进一步加强案件审核、文书规范和保密审查工作。全年查办各类经济违法案件871起,罚没款1 631.18万元。行政处罚决定书向社会公示。年内,联合公安、城管、文化、劳动保障等部门开展违法销售电动车专项整治、无照网吧治理、"黑中介"检查等行动。联合区农委等部门开展"红盾护农"专项行动,保护农民合法权益。联合区教育局等部门开展经营性民办培训机构专项整治。积极参与整治群租、违法搭建和无序设摊等辖区重点社会治理工作。

【"双打"专项行动】 年内,工商嘉定分局针对重点领域、重点环节,开展一系列商标打假专项执法行动。共检查各类经营户12 110户,立案查处各类商标侵权案件139件,涉案金额114万元，罚没款86万元，没收销毁侵权物品152 255件。

【市场管理】 2014年，全区无新设立市场，关闭市场4个。年末，全区共有各类市场121个，其中农贸市场69个、消费品市场52个。全年共查处各类市场案件87件。继续牵头做好全区“诚信市场”创建工作，加强场内管理和场外管控，完善应急响应机制。

【合同管理】 2014年，工商嘉定分局共办理动产抵押登记89件，被担保的主债权金额11亿元。全年受理拍卖备案7份。调解合同争议6件，解决纠纷金额71.2万元。

【工商法律法规培训】 2014年，工商嘉定分局组织各类工商法律法规培训364期，参训15 530人次。培训内容主要为《公司法》《反不正当竞争法》《商标法》《广告法》《合同法》《消费者权益保护法》《产品质量法》《食品安全法》《反垄断法》等法律法规及相关工商案例。 （邵莉莉）

质量技术监督

【概况】 2014年，嘉定区质量技术监督局（以下简称区质监局）按照“抓质量、保安全、促发展、强质检”的工作方针，全面实施“以质取胜”“品牌发展”和“标准引领”三大战略，全区产品质量总体可控，未发生重特大质量安全事故。年内，制定《嘉定区政府2013-2014年度政府质量工作考核实施方案》，进一步推动“质量强区”战略。加强质量安全监管，开展假冒伪劣商品和无证产品查处行动。加强特种设备安全监察，设备超期率维持在较低水平。年初，食品生产监管职能划归食品药品监督管理部门。5月，区质监局执法大队成立。

【“法治质监”建设】 年内，区质监局被评为上海市依法行政示范单位，并作为上海“法治质监”建设评价指标体系第一批试评估对象接受测评并通过评估。为巩固“法治质监”建设成果，建设完成全市首家法制宣传教育基地，设有特种设备安全警示教育室、法制宣传园地等，全年接待观众3 000余人次。

【质量监督管理】 年末，全区共有许可证企业199家。年内，区质监局完成203家企业分类评级和184家许可证企业年审。开展12类产品联动监督抽查、区级监督抽查和人造板产品区域整治活动。完成106件后处理案件，结案率100%。开展“质检利剑”打假行动、“保两节、迎两会”专项执法检查、农资专项执法检查、汽配产品打假、商品包装物减量行政执法、贯彻执行《节约能源法》等专项执法工作。年末，集中开展人造板和地板、泵类、阀门、制冷设备、风机产品以及超市卖场商品条形码等多项执法抽查行动。全年共出动执法人员700余人次，检查各类企业400余家；立案查处各类违法案件44起，受理申诉举报案件245件。推进“质量强区”工作，发布《2013年嘉定区质量状况分析报告》。开展以“打造质量高地，实现‘三个转变’”（推动中国制造向中国创造转变、中国速度向中国质量转变、中国产品向中国品牌转变）为主题的质量月活动。组织60人参加质量工程师中级培训、31人参加《卓越绩效评价准则》国家标准培训。开展诚信体系建设，推进企业质量信用建档工作，共录入513条企业良好行为记录。与社区共建，开展产品伤害监测，在嘉保社区、南塘河社区建立产品伤害和缺陷信息监测点，收集在社区发生的产品伤害信息。开展设备监理工作，对2家监理公司的2个项目开展现场监督检查，收取设备监理自查表2份。在“苏浙皖赣沪”地区质量工作评比中，1人被评为先进个人，1项产品入选名牌产品50佳。7个项目获2013年度“上海市重点产品质量振兴攻关成果奖”。

【新增“上海市名牌产品”12项】 年末，嘉定区共有“上海市名牌产品”123项，占全市的10.03%，全市排名第三。2014年，全区共有50项产品（服务）获得“上海市名牌产品”称号，其中新申报12项，重新申报38项；产品类41项，服务类9项。3项产品被评为“上海名牌辉煌之星”，1人入选“上海名牌20年50人”，2个园区被评为“上海市知名品牌创建示范区”。

【认证认可管理】 年末，全区共有机动车安检机构3家，食品检验机构4家；有机产品认证证书4张，除有机产品外的食品农产品认证证书69张；三大管理体系（质量管理体系、环境管理体系、职业健康安全管理体系）获证企业3 131家，三大管理体系有效证书4 045张。年内，区质监局先后出动监管人员416人次，检查三大管理体系获证企业158家次，涉及证书192张次；检查

产品认证监管 （区质监局 供稿）

食品检验机构9家次，机动车安检机构10家次；检查有机产品认证获证企业4家次，除有机外的食品农产品认证获证组织8家次，流通领域食品农产品认证销售企业4家次。

【标准化管理】 年末，全区拥有已建、在建各级各类标准化示范试点项目39个。年内，区质监局完成产品标准备案、复审620份，采标标志6项，采标认可6项。指导11家企业申报市级标准化示范试点项目，立项3项，其中华亭镇农业标准化示范镇为嘉定区首个综合性标准化示范区域。配合市质监局对1个标准化示范试点项目进行验收，对22个标准化示范试点项目开展检查指导。开展标准化岗位人员、服务标准体系、农业标准体系培训活动，共培训240人次。

【计量管理】 年内，区质监局完成安亭镇诚信计量示范社区创建工作。为区内31个集贸市场新设立自助式公平秤便民装置97台，累计设立202台。免费校准、修理血压计8 000余台，免费检定电子秤13 200台次。开展集贸市场、加油站、超市卖场、餐饮业、出租车行业、眼镜配置企业、供水企业水表等9个专项检查。全年出动检查人员和技术人员800余人次，监督检查强检计量器具44 941台，审批发放制造计量器具许可证34户次，中小企业计量检测保证能力评定16家，计量检定员资格核准109人。考核中小企业计量检测保证能力20家，对6个重点用能单位开展检查和“回头看”活动。开展计量培训活动，共培训86人次。

【特种设备安全监察】 年末，全区在用特种设备总数42 807台（压力管道和气瓶除外），其中锅炉765台，压力容器8 805台，电梯13 029台，起重机械10 935台，场（厂）内专用机动车辆9 269台，大型游乐设施4台；各类管理及作业人员35 740人。年内，区质监局约谈企业42家次，设备超期率维持在较低水平；办理使用登记2 331台，办理使用变更登记手续1 876件；受理告知1 223件，涉及设备3 847台。签订《特种设备安全使用承诺书》5 600余份、《特种设备生产（设计、制造）单位承诺书》214份。全年出动检查人员630人次，检查单位252个，处理各类安全隐患522处。完成22个重点监控单位和35台重点监控设备的监督检查、27个电梯维保单位的专项整顿和评价工作。开展重要时段与重要场所检查，保障特种设备安全运行。完成F1赛事安全保障。完成区内13个气瓶充装单位的年度监督检查。开展商业公共场所电梯安全、液氨装置、“青奥会”安全保障、冬季锅炉等13项专项检查。开展电梯安全进校园活动，张贴电梯安全警示标志8 000余份。开展《特种设备安全法》宣传，参与市民12 000余人次。

【食品相关产品生产监督】 年末，全区有食品相关产品生产许可企业67家，排摸出非发证食品相关产品生产企业15家。年内，区质监局先后出动100余人次，开展“质检利剑”、橡胶制品、聚乙烯树脂原料等多个专项监督检查。日常监督检查共出动300余人次，巡查企业170余家次；组织产品抽检140余件，合格率97.2%。召开全区食品相关产品生产企业质量安全会议，培训企业法人代表和质量管理人员，签订落实企业主体责任承诺书。对系统内部的监管人员开展2轮培训。

【组织机构代码登记】 年内，区质监局共受理代码证47 167份。其中新申报20 524份（包括并联审批19 792份），换卡2 352份，换证10 338份，换证换卡9 980份，注销1 570份，验证2 346份，为个体工商户免费办理57份。（杨　成）

审　计

【概况】 2014年，区审计局创新审计工作机制，提高审计质量，为促进地区经济和社会健康发展发挥积极作用。全年共完成审计和审计调查项目29个，查出管理不规范金额10.02亿元、损益（收支）不实1.54亿元，发现非金额计量问题155个。审计促进整改落实有关问题资金2.77亿元，其中增收节支7 492万元、上交财政2 911万元、减少财政拨款或补贴17万元、归还原渠道资金4 563万元、调账处理金额1.91亿元。提交审计报告和专项审计调查报告38篇。提出审计建议54条。提交审计信息33篇，被采用33篇。向社会公告审计结果7篇。

【区本级预算执行和其他财政收支审计】 年内，区审计局开展2013年度区本级预算执行情况和其他财政收支审计，指出区本级预算执行、国有资本经营预算、转移支付资金、政府采购、部门及镇级预算执行、区管企业经营管理、专项资金使用管理及绩效情况、政府投资工程项目建设管理等8个方面的24类问题，提出加强预算精细化管理、加强专项资金管理、完善固定资产管理制度、提高建设项目规范化水平

《上海市审计条例》进单位启动仪式　（区审计局　供稿）

的审计建议。区政府高度重视财政审计结果，要求有关部门做好审计整改工作。召开审计整改工作推进会，要求对未整改的问题限期整改。12月，区政府根据区审计局提交的区财政审计整改结果报告，向区人大提交区财政审计整改工作报告。

【经济责任审计】 2014年，受区委组织部委托，区审计局开展1个街镇、6个委办局和3个区管企业共16名处级领导干部(人员)任期经济责任审计，提交审计结果报告10份。审计共查出管理不规范金额6.46亿元，发现非金额计量问题46个，提出审计建议19条。在坚持经济责任审计审前沟通、集中进点、定期通报、信息反馈等工作机制的同时，制定经济责任审计评价指标表，分为委办局、区属企业和街镇三类，涉及经济社会发展、重大经济决策、执行财经法规、财政财务收支管理、政府投资项目管理、领导干部(人员)执行廉政规定情况等6方面内容，并对同一类型被审计单位进行横向对比。在提交审计结果报告的同时，将有关单位经济责任评价指标表报送区委组织部等联席会议相关部门，促进审计成果的运用。

【内部审计】 2014年，全区各内审机构共完成各类审计项目1 472个，其中财务收支审计109个，经济效益审计47个，经济责任审计178个，内部控制评审7个，基本建设审计900个(包括委托社会中介审计项目)，其他各类审计231个。内审机构自行实施完成546个，内审机构联合社会中介机构共同实施完成65个，整体委托社会中介机构完成861个。各内审机构审计总金额388.36亿元，通过审计增收节支3.03亿元。其中基建审计核减工程造价1.94亿元，平均核减率16%。提出建议、意见被采纳491条。各内审机构共向区审计局报送各类内部审计报告103篇；提交内部审计信息113篇，被采纳55篇。

【固定资产投资审计】 2014年，区审计局共完成9个区重大工程建设项目审计，查出管理不规范金额2.81亿元，审计核减金额6 925万元。制定《嘉定区财政性资金建设项目委托社会中介机构审计管理办法》，规范委托审计业务的管理。社会中介机构共完成全区财政性资金审价项目1 324个，送审总造价22.13亿元，核减造价3.6亿元，核减率16.3%。其中区级财政性资金审价项目607个，送审造价12.18亿元，核减造价2.29亿元，核减率15.8%。区审计局对社会中介机构实施的55个500万元以上审价项目进行复核，再核减造价248万元。

【专项审计调查】 2014年，区审计局开展区民办随迁子女小学补贴资金使用管理情况、区污水管网建设养护情况、镇级政府采购管理情况及区道路养护专项资金使用管理与绩效情况4个专项审计调查项目。针对发现的问题提出的审计建议得到区教育局、区水务局、区财政局、区建交委及有关街镇的采纳。

【建立审计整改工作联席会议制度】 年内，为提高审计整改工作的质量和效果，经区长办公会议讨论决定，建立嘉定区审计整改工作联席会议制度，并召开第一次会议。联席会议由分管审计工作的副区长召集，成员包括区委组织部、区纪委、区府办、区发改委、区财政局、区审计局、区国资委7个部门。联席会议的主要职责是通报审计查出的问题，研究解决审计整改工作的难点，落实审计整改责任。

【出台《投资建设项目跟踪审计操作规范》】 3月，区审计局制定《投资建设项目跟踪审计操作规范》，细化12项跟踪审计内容，建立跟踪审计项目台账登记制度。审计人员依据该规范跟踪审计区政府重大投资项目建设全过程，对发现的问题及时以审计组名义出具跟踪审计意见单，督促建设施工单位进行整改，发挥跟踪审计及时发现问题、及时指出问题、及时纠正问题、全过程监督规范政府投资项目建设的作用。（朱艳笛）

审计法制宣传活动　（区审计局　供稿）

统　计

【概况】 2014年，嘉定区统计局、国家统计局嘉定调查队(以下简称区统计局、调查队)以强化基础为根本，以优质服务为主线，进一步增强创新意识和服务意识，加强队伍建设，拓宽服务领域，提升服务能力。探索统计信用建设和统计执法联动机制，全年对319个单位进行统计执法检查。圆满完成全国第三次经济普查工作，区经济普查领导小组办公室被评为“全国经济普查先进集体”。

【经济普查】 年内，区统计局、调查队在2013年工作的基础上，加大政策宣传、沟通协调、工作指导和执法检查四

经济普查数据质量检查　（区统计局　供稿）

个方面的工作力度，为全国第三次经济普查工作的顺利开展提供保障。经过全区各级普查机构和1 800余名普查人员的共同努力，保质保量地完成全区1 733个普查小区的普查登记、数据处理、审核上报等工作。

【统计监测】 年内，区统计局、调查队充分发挥统计整体优势，密切关注全区经济社会运行情况。加大对汽车产业、战略性新兴产业、电子商务、商业综合体、汽车行业采购经理指数等重点领域的监测分析力度。随着区政府对服务业统计要求的日益提高，区统计局、调查队在赴徐汇、闵行、长宁区学习交流的基础上，形成《嘉定区商务楼宇调查方案和服务业统计调查方案》，并顺利完成全区第一次商务楼宇调查。

【统计分析】 年初，加强经济运行分析工作被列为2014年区政府重点工作之一。区统计局、调查队以经济社会发展过程中的基础性、趋势性现象为着力点，从三方面着手做好经济分析研究。确立主体意识，协调相关部门，共同做好分析工作；改进组织方式，通过提高频率、丰富内容等方式提高分析质量；向上级汇报，注重预警分析，努力发挥统计作用。全年共编发《统计专报》57篇、《统计分析》46篇，其中《嘉定区战略性新兴产业（制造业）发展现状》《嘉定区汽车产业链发展与提升研究》等报告得到区领导的批示与肯定，多篇分析被《上海统计》《统计科学与实践》等刊物采用。

【统计服务创新】 年内，区统计局、调查队致力于统计方法制度和统计指标体系的探索和创新。为使统计工作更加及时全面地反映嘉定经济转型发展和社会发展进步的成果，研究和完善经济转型发展指标体系和社会发展指标体系。在原有统计资料的基础上，扩充完善内容，打造统计资料精品。编印2014版《网上直报系统零距离服务手册》，受到基层和广大企业的欢迎。积极探索人口数据统计方法，完善常住人口数据评估工作。

【统计调查】 年内，区统计局、调查队按照上级的工作部署，组织完成农业、工业、建筑业、商业、服务业、房地产业、投资业等经济行业以及人口、就业、城乡居民收入、工业品价格、消费价格、核算等领域的常规统计调查。配合上级开展专项调查，全年共完成统计专项调查36项，内容涉及人才、医疗、养老、民营企业、农民工务工和就医等多个领域。

【统计法制宣传和统计信用建设】 年内，区统计局、调查队以强化统计监督为重点，全面加强统计法制宣传及统计信用建设。开展以“规范统计行为，提高数据质量，提升统计调查单位信用度和政府统计公信力”为主题的宣传活动，发放宣传折页8 000余份。推进统计信用建设，制定《嘉定区信用信息管理操作手册》，发放信用告知书150余份。全年对319个单位进行统计检查，探索统计信用建设和统计执法工作联动机制。9月19日是第五届“全国统计开放日”，区统计局以“统计和你在一起”为主题，宣传统计知识，扩大统计工作的影响。

【统计工作试点】 年内，区统计局主动承接市统计局和国家统计局上海调查总队的试点任务，积极发挥先行先试作用。全年共承接诚信体系建设试点、投资统计制度方法改革试点、第五次居民出行调查试点、住户电子记账试点、1%人口抽样调查、社会人才调查等6项试点工作。

【统计联动交流】 年内，区统计局通过到街镇实地调研、与街镇统计部门结对等方式，深入基层一线，有针对性地对街镇工作进行指导和检查。加强与各委办局的信息共享交流及联动合作，拓宽数据采集渠道，提高统计工作效率。在投资领域与区发改委、区经委、区建交委、区重大办、区房管局等部门合作，做好重大工程建设、房地产等方面的统计工作，多渠道收集信息。

【统计人员教育培训】 年内，区统计局从培养统计人员的“大局意识、服务意识、创新意识、协作意识”入手，进一步加强教育培训工作。全年组织1 600余人次参加综合培训、业务培训、写作知识培训、安全保密培训等。定期举办“统计双月讲坛”，出版《数海拾贝》电子报，推进统计文化的建设与培育。　（顾明珠）

劳动与社会保障

编辑 宋怀常

综　　述

2014年，区人力资源和社会保障局（以下简称区人社局）切实做好就业培训、人才开发、社会保障、劳动关系处置等工作，促进社会和谐稳定。年内，进一步完善促进创业、就业的政府责任机制，加强对重点群体的就业援助，千方百计提升就业质量。全年新增就业岗位3.52万个，转移农村富余劳动力8 333人。继续实施政府补贴培训制度，职业培训2.54万人，职业技能鉴定2.49万人。完善社会保障体系，提高“城保”参保率。至年末，全区“城保”参保60.4万人，退休11.5万人；“镇保”退休2.3万人；征地养老人员4.2万人；农村居民参加城乡居民养老保险0.33万人，退休1.67万人；城镇居民参加城乡居民养老保险0.13万人，享受养老待遇0.11万人。医保报销窗口共结算1.42万人次，结算金额2 782.41万元。严格执法，全年受理各类劳动争议案件和劳动保障监察案件8 884件，为当事人追回经济损失1.49亿元。进一步加强群体性突发事件预防和应急处置工作，完善集体协商机制，积极推进劳动关系和谐企业创建活动。全年受理工伤认定7 621件、劳动能力鉴定6 066件。受理来信294件，接待来访（来电）9 699人次，有效化解社会矛盾，维护社会安定。

（巢 暘 修）

就业与再就业

【概况】 2014年，区人社局进一步完善促进创业、就业的政府责任机制，聚焦创业带动就业、重点群体就业服务等方面，千方百计提升就业质量。全年新增就业岗位35 162个，完成市政府下达目标任务的135.2%。扶持创业组织开业680个，完成目标任务的104.6%；带动就业4 949人，完成目标任务的109%。转移农村富余劳动力8 333人，完成目标任务的104.2%。334名就业困难人员和8名“零就业家庭”成员全部得到安置。举办大型春季、秋季人力资源招聘会，共有430个单位提供各类岗位2 368个。开展大学生就业服务月系列活动，举办大学生就业服务专场招聘会。开展“春风行动”，举办“来沪务工人员天天招聘会”。年末，嘉定区城镇登记失业人数5 709人，比控制指标少1 891人。

【转移农村富余劳动力8 333人】 年内，区委、区政府继续把转移农村富余劳动力作为农民增收、维护农村地区社会稳定、推进城市化进程的重要举措之一。各街镇加强对转移农村富余劳动力工作的领导，分解任务，明确目标，加强考核，纳入全区统一的就业服务范围。全年转移农村富余劳动力8 333人。

【“万人、千人、百人就业项目”惠及4 744人】 “万人、千人、百人就业项

2014年就业援助月活动　　　（区人社局　供稿）

目”是由政府出资购买、政府特许经营或收费以及无偿使用公共资源开发的社会管理和公共服务项目，着重帮助就业困难的长期失业人员、协保人员、农村富余劳动力实现就业。2014年，安排社区助老、林业养护、社区助残、河道保洁等“万人就业项目”56个，实际上岗人数2 945人；“千人、百人就业项目”29个，上岗人数1 799人。

【安置“零就业家庭”和“双困”人员就业】 年内，开展就业援助月活动，继续完善对就业困难人员和特殊困难人员的就业援助和托底机制。加强对“零就业家庭”的动态管理和动态援助，做到“出现一户、援助一户、解决一户”。对新出现的“零就业家庭”，确保在一个月内实现其家庭成员至少1人就业。全年认定“零就业家庭”8户，全部在一个月内实现安置，实现就业的“零就业家庭”成员8人，确保“零就业家庭”动态为零。就业困难人员认定334人，就业困难人员认定后三个月内的就业率达到100%。

【创业指导与服务】 年内，区人社局受理开业贷款担保36笔，获贷金额610万元；开业贷款贴息27笔，贴息23.93万元；初创期房租补贴157笔，补贴金额301.28万元。举办创业专题讲座和创业宣讲进社区、校区、园区活动43场，服务各类创业者680人次，为471名有意创业者提供开业能力测试服务。发展创业见习基地37个，共有创业见习岗位115个，累计103名见习学员参加创业见习。

【2.54万人接受各类职业培训】 年内，继续实施政府补贴培训政策，培训失业人员、协保人员、农村富余劳动力、在职职工等。全年共发放3 134张培训补贴卡，推荐培训7 197人。共完成各类职业培训25 381人，完成计划的181%。其中定向培训915人、中级培训7 236人、高级培训4 297人、技师培训415人。推荐就业率64%，失业人员跟踪就业率62%。完成12 274名农民工的职业技能培训。

【职业技能鉴定2.49万人】 年内，全区各职业技能鉴定机构共完成职业技能鉴定考核24 898人，发放国家职业资格证书17 636本。

【公益性职业介绍】 年内，嘉定职业介绍所及曹安、南翔、安亭、嘉定工业区职业介绍分所和各街镇积极开展公益性职业介绍活动，创新职业介绍服务模式。举办区级层面大型招聘洽谈会2次，开展就业援助月、民营企业招聘周、高校毕业生就业服务月等活动。全年共有4 763个次单位使用公共招聘网发布招聘信息，招聘总人数37 066人，录用9 315人次。积极开展职业指导，全年提供入门指导、一般指导3 683人次，专门指导303人次。

【青年就业“启航”计划】 年内，区人社局实施青年就业“启航”计划。全年共举办各类主题活动23场，专题培训讲座13场，青年专场招聘面试117场；为失业青年提供职业指导4 359人次，开业指导745人次；269名失业青年参加职业见习，95名失业青年参加创业见习；16名就业困难大学生成功实现就业；纳入“启航”计划重点跟踪的467名失业1年以上人员及离校未就业高校毕业生有218人成功实现就业。全区青年失业人数和失业率得到有效控制，就业矛盾得到有效缓解。

【新增青年见习基地8个】 年内，成功推荐269人参加青年职业见习，见习后单位留用率80.35%。新发展职业见习基地8个，全区见习基地共66个。

【劳动力资源管理】 年内，区人社局受理失业登记9 504人次，比上年减少3 266人次，失业人员劳动经历维护率100%。办理用工登记59 318人次，增加2 639人次。办理退工登记56 050人次，增加4 381人次。核发就业失业登记证8 475本。累计转出档案19 041份，转入档案22 132份。转移到各街镇档案3 559份、退工单及各类凭证15 200份。接受2 160人次的档案查询及相关咨询。完成个人劳动经历数字化4 926份，扫描各类并档材料及退工单2 954份。加强对失业人员变化情况、应届毕业生就业情况、规模退工情况的数据分析和监控预警。完成“启航”信息库维护、应届大学生就业情况调查摸底、企业用工调查、未就业大学生信息统计排摸等工作。

【落实创业就业新政策】 年内，区人社局继续执行《关于继续促进嘉定区大学毕业生创业就业的实施意见》，发放大学生就业补贴37万元。继续执行《关于扶持自主创业组织若干补贴的操作意见》，共补贴创业组织196个，补贴金额252.66万元。贯彻《关于促进嘉定区特殊人员就业的实施意见》，共发放特殊人员就业补贴2.68万元。落实《关于本区农民专业合作社和标准化养殖场实行就业补贴的实施意见》，共发放补贴34.97万元。

工程师与技师对话交流论坛　　（区人社局　供稿）

【受理外来从业人员求职登记1.64万

关爱来沪女工专场招聘会　　（区人社局　供稿）

人】 年内，嘉定区来沪人员就业服务中心接待来沪求职者58 441人次，新增求职登记16 391人；接待招聘企业3 093家，发布招聘岗位110 428个；开展职业指导10 245人次，推荐面试25 470人次，成功录用14 529人次。继续开展“春风行动”，共举办农民工就业服务专题活动216场，服务来沪务工人员12万人次。其中举办来沪农民工大型招聘会18场，共有1 200余家企业推出岗位3.8万个，吸引近10万名求职人员。举办“来沪务工人员天天招聘会”276场，接待招聘单位2 060个次，推出岗位 27 023个，现场达成意向8 421人次。探索“技工专窗”精细化服务模式，累计登记技能型来沪求职者1 937人。共举办技工招聘专场43场，组织453家企业集中招聘技工，提供岗位6 274个，现场录用技工2 162人次。加强与外省市的交流，开展“校企合作”活动，组织24家优质企业与吉林、安徽等地的多所职业技术院校签订校企合作协议60份。

【来沪人员灵活就业登记】 年内，区人社局共办理来沪人员灵活就业登记1 228人，其中个体工商户590人、农业人员94人、家政385人、外来配偶157人、医院护工1人、居家养老1人。年末，处于有效状态的来沪人员灵活就业登记总人数为1 507人。

【居住证就业信息核定】 年内，区人社局核定申请上海市居住证的来沪人员就业信息，共审核信息55 578人，审核通过51 975人，通过率93.5%。（巢晹修）

劳动力市场

【概况】 2014年，区人社局严格执法，加强和谐劳动关系建设，确保辖区内劳动力市场稳定、有序。全年受理各类劳动争议案件和劳动保障监察案件8 884件，为当事人追回经济损失1.49亿元。其中劳动保障监察案件1 704件，追缴各类保险费、工资、经济补偿金等3 885.2万元；劳动争议调解案件2 861件，调解成功2 281件，调解率84.7%，为劳动者追索劳动报酬及挽回经济损失5 346.3万元；劳动争议仲裁案件4 319件，依法为当事人追索劳动报酬及挽回经济损失5 679万元，追缴社会保险费80万元。年内，审批通过企业实行其他工作时间制度申请1 111件。

【受理劳动争议仲裁案件4 319件】 年内，区劳动人事争议仲裁院受理劳动争议仲裁案件4 319件，涉及劳动者4 680人。全年共结案4 310件，其中裁决结案2 111件，调解结案1 306件，以撤诉等其他方式结案893件，调解率51%。为当事人追索劳动报酬及挽回经济损失5 679万元，追缴社会保险费80万元。

【受理劳动争议调解案件2 861件】 年内，区镇两级劳动争议人民调解委员会共受理案件2 861件，涉及劳动者5 735人；调解成功2 281件，调解率84.7%。为劳动者追索劳动报酬及挽回经济损失5 346.3万元。

【受理劳动保障监察案件1 704件】 年内，区人社局先后开展农民工工资支付情况专项检查（2次）、清理整顿人力资源市场秩序专项行动、保障女职工权益专项检查、用人单位遵守劳动用工和社会保险法律法规情况专项检查等联合执法活动。全年受理各类举报、投诉案件1 704件，主动监察案件816件，查处违法案件479件，行政处理46件，行政处罚24件，申请法院强制执行22件。追缴各类社会保险费23万元，涉及职工132人。为8 681名劳动者追补各类工资3 862.2万元。垫付企业欠薪案件涉及企业2家，涉及劳动者85人，通过市人社局企业欠薪保障金垫付资金90.4万元。查处违法使用童工单位3个，清退童工3人。

【劳动关系和谐企业创建】 年内，区人社局积极推进劳动关系和谐企业创建活动，活动的覆盖面和影响力进一步扩大。4月，经区劳动关系和谐企业创建活动领导小组考核验收、区政府命名表彰，全区有17家企业被授予“嘉定区劳动关系和谐模范企业”称号，13个工业园区（村）被授予“嘉定区劳动关系和谐示范工业园区（村）”称号，2个工业园区（村）被授予“嘉定区劳动关系和谐工业园区（村）”称号，118家企业被授予“嘉定区劳动关系和谐企业”称号，17名经营者被授予“嘉定区和谐劳动关系优秀企业家”称号。全区劳动关系和谐企业累计2 625家，其中区级“劳动关系和谐模范企业”109家，区级“劳动关系和谐企业”903家，镇级“劳动关系和谐企业”1 613家。“嘉定区劳动关系和谐示范工业园区（村）”累计25家，“嘉定区劳动关系和谐工业园区（村）”累计98家。

【集体协商机制建设】 至年末，全区工资集体协商制度覆盖率超过80%。有效期内集体合同共有2 561份，覆盖企业3 314家，覆盖劳动者28.59万人；工资专项集体合同2 310份，覆盖企业

12 468家，覆盖劳动者36.58万人；女职工特殊利益专项集体合同2 464份，覆盖企业3 208家，覆盖职工9.66万人；职业病防治专项集体合同423份，覆盖职工7.51万人；劳动安全卫生专项集体合同3份，覆盖职工0.72万人。年内，审查通过集体合同1 595份，工资专项集体合同1 745份，女职工特殊利益专项集体合同1 582份，职业病防治专项集体合同174份，劳动安全卫生专项集体合同3份。

安全生产检查　　　　（区安监局　供稿）

【劳务派遣】 年内，区人社局共发放劳务派遣经营许可证55份。3月1日起，根据人社部《劳务派遣暂行规定》和上海市相关规定，要求区内使用被派遣劳动者数量超过本单位用工总量10%的单位进行备案。至年末，共受理劳务派遣用工调整方案备案296份。

【企业其他工时制度审批1 111件】 4月1日起，企业以“年”为周期综合计算工时工作制的审批权限由市人社局下放至各区县。至年末，区人社局审批通过企业实行其他工作时间制度申请1 111件。　（巢旸修）

安全生产

【概况】 2014年，嘉定区安全生产工作坚持“安全第一，预防为主，综合治理”的方针，标本兼治、狠抓落实，圆满完成各项工作任务。年内，完善安全生产责任体系，开展安全生产大检查活动，加强安全生产宣传和培训工作，确保全区安全生产形势平稳可控。未发生有严重社会影响的重特大事故。

【生产安全死亡事故14起】 2014年，全区共发生生产安全死亡事故14起，比上年增加2起；死亡14人，与上年持平。未发生有严重社会影响的重特大事故。

【安全生产宣传教育】 2014年，区安监等部门通过“安全生产月”“5•25”交通安全日、“11•9”消防日等活动开展集中宣传教育，同时开展警示教育周、应急演练周、教育检查周、安全知识竞赛等系列活动。区安监部门重点开展新《安全生产法》的宣传活动；区消防部门建成近200平方米的消防科普教育体验馆，举办“大手拉小手”消防夏令营50场；区交通部门开展“文明出行，拒乘黑车”交通安全法制宣传进校园活动。通过活动引导全社会共同关爱生命、关爱健康。

【安全生产知识培训】 2014年，区安全生产监督管理局（以下简称区安监局）组织开展多层次、多形式、多渠道的安全生产法律法规和安全生产知识培训，累计培训生产经营单位主要负责人1 221人、生产经营单位安全生产管理人员1 605人、危险化学品企业负责人和管理人员246人、危险化学品企业从业人员889人、特种作业人员2 613人。完成区政府实事项目从业人员安全生产培训工作目标，累计培训6万人次。

【完善安全生产责任体系】 2014年，区政府将安全生产目标管理责任书签订范围覆盖到全体安委会成员单位和所有街镇，并对责任书内容进行调整充实，强化考核和问责，把安全生产工作作为党政领导绩效考核的重要内容，实行“一票否决”制，有效促进安全生产责任的落实。各行业主管部门按照“谁主管、谁负责”“谁审批、谁负责”的要求，分别与各街镇、相关部门和相关单位签订安全生产责任书、承诺书，落实行业监管责任。各街镇与所属经济园区、村（居）委签订安全生产责任书，各经济园区、村（居）委与属地企事业单位通过实施责任制签约和告知承诺制度，逐级落实安全生产责任制。

【安全生产标准化建设】 2014年，区安监局按照以点带面、典型引路、循序渐进、逐步推进的原则，继续加大工贸行业企业标准化创建工作的宣传培训力度，指导企业开展安全生产标准化建设。累计举办15次标准化工作推进会，举办21期安全生产自评员培训班，558家企业、1 543人参加培训。年内，完成工贸行业企业安全生产标准化创建申报284家、危险化学品从业单位安全生产标准化达标企业申报20家。

【职业卫生监管】 2014年，区安监局继续推进职业病危害申报核查工作，对未申报企业开展全面排摸，通过集中约谈并配合行政处罚的方式督促指导企业如实申报。累计有2 323家企业完成申报备案，比上年增长25%。严格落实职业危害检测监控制度，督促指导企业对作业场所职业危害因素进行日常监测。严格实施建设项目职业卫生“三同时”（建设项目职业病防护设施必须与主体工程同时设计、同时施工、同时投入使用）审查工作，从源头控制职业病危害。累计受理建设项目职业卫生审批71件。

【重点行业专项整治】 2014年,区政府把道路交通、危险化学品、消防、建筑施工、特种设备等行业领域作为安全生产工作的重点,以隐患排查治理和打非治违为主要内容和任务,根据《国务院安委会关于集中开展"六打六治"打非治违专项行动的通知》要求,各职能部门、各街镇协调联动,形成打非治违合力,针对重点地区、重点行业、重点领域,加大现场隐患排查力度,保持隐患整治高压态势,进一步规范安全生产秩序。至年末,各职能部门、各街镇组成各类检查组1 083组,出动检查人员2 133人次,邀请专家参加执法检查7人次,组织开展跨地区、跨部门联合执法20次,采取"四不两直"(不发通知、不打招呼、不听汇报、不用陪同接待,直奔基层、直插现场)方式对重点地区和单位实施暗查暗访30次。实行"一案双查"制度,共监督检查企事业单位和场所3 528家次,关闭非法、违法企业56家。 (袁晓丽)

社会保险

【概况】 2014年,区人社局推进征用地"镇保"人员和农业户籍灵活就业人员进入"城保"工作,实施《上海市城乡居民基本养老保险办法》,全区社会保障水平进一步提高。至年末,全区城镇职工社会保险参保60.4万人,比上年增加1.59万人;退休11.5万人,增加0.89万人;参保单位4.09万个,增加0.54万个。小城镇社会保险退休2.3万人,增加0.03万人。农村居民参加城乡居民养老保险0.33万人,减少0.13万人;退休1.67万人,增加0.03万人。征地养老人员4.2万人,减少0.15万人。城镇居民参加城乡居民养老保险0.13万人,享受养老待遇0.11万人。居民医保参保14.27万人,增加0.15万人;其中学校集中参保7.74万人,征地养老人员集中参保4.2万人。市民社区医疗互助帮困计划6 352人。"镇保"门急诊统筹6 545人。医保报销窗口共结算1.42万人次,结算金额2 782.41万元。 (巢晹修 吴 敏)

【实施城乡居民基本养老保险】 5月1日,《上海市城乡居民基本养老保险办法》开始实施,要求"新农保"和"城居保"并轨,建立统一的城乡居民基本养老保险制度。至年末,全区农村居民参加城乡居民养老保险0.33万人。农村养老金发放最低标准由每人每月560元升至660元,在此基础上通过区、镇两级财政资金再增发每人每月30元养老补贴。至年末,享受农村养老保险待遇1.67万人,人均月养老金793.6元(包含养老补贴)。根据转移衔接政策,全年"新农保"转至"城保"养老的有5 503人,转移资金4 747.3万元;"新农保"转至"镇保"养老的有794人,转移资金1 545.61万元。全年受理城镇居民参加城乡社会养老保险1 299人,其中重度残疾人938人。年末,全区城镇居民享受城乡居民养老保险养老待遇的有1 013人,人均每月养老金589.84元。

【工伤认定结案7 835件】 年内,区人社局受理工伤认定7 621件,比上年减少7.26%,其中单位申请7 305件、个人申请288件。工伤认定结案7 835件,结案率102.81%。发出补正材料通知书106份,不予受理10件,终结受理18件,通过调解双方达成协议后申请人撤销申请73件,受理更正信息申请8件,老工伤确认64件。

【劳动能力鉴定5 784件】 年内,区人社局受理劳动能力鉴定6 066件,比上年上升0.58%;作出劳动能力鉴定结论5 784件,减少14.26%。其中因工鉴定5 779件,因病鉴定5件。达到工伤等级1~4级的19件、5~6级的60件、7~10级的5 002件,未达到级别的698件。延长停工留薪期确认7件,辅助器具配置132件,工伤复发确认6件。

【失业保险基金支出3.38亿元】 年内,全区失业保险基金共支出3.38亿元,比上年上升5.91%;共发放44.14万人次。区促进就业专项资金支出1.17亿元。

【支付征地养老金9 812.44万元】 年末,全区有享受征地养老待遇人员43 515人,其中由区征地养老服务中心直接负责管理人员5 882人。年内,区征地养老服务中心对直管征地养老人员支付养老金9 812.44万元,其中发放养老生活费8 682.9万元,发放包干医药费121.45万元,审核报销医药费749万元,发放春节补助金125.29万元,支付丧葬费46.2万元,发放丧葬补贴87.6万元。为直管人员支付居民医保个人参保费和统筹费用1 038.31万元。全区有42 701名征地养老人员参加居民医保,参保率98.13%。1月起,征地养老人员生活费标准由每人每月965元增至1 095元,增加130元。在此基础上,再增加每人每月120元养老补贴。

工伤保险集中宣传活动 (区人社局 供稿)

嘉定区糖尿病诊治中心揭牌　　（区卫计委　供稿）

【**社保中心推进标准化建设**】 2014年，上海市社保中心嘉定分中心根据人社部和市社保中心标准化建设的相关要求，对服务大厅功能区域进行调整改造，划分为受理服务区、业务洽谈区、自助服务区、咨询服务区、综合服务区和等候服务区六大功能区域，布局更加合理，功能进一步优化。针对柜面指导填表耗时长、资料不全导致办事对象等候时间过长等问题，扩大填表区域，摆放填表样本，在服务总台增加业务申报预检人员，有效缓解大厅经办压力，降低排队等候时间。（吴　敏）

【**办结“征地出劳”项目106个**】 年内，区人社局共办结“征地出劳”项目106个，涉及3 108人。新增“征地出劳”项目52个，涉及1 296人，其中参加“镇保”975人、养老人员38人、领取一次性补贴人员256　人、“城保”已退休27人。

【**医疗费支付12.26亿元**】 年内，由医院结算申报“城保”医疗费用8.52亿元，其中门诊费用5.67亿元，住院2.54亿元，其他(大病、计划生育等)费用3 125万元；“居保”费用1.67亿元；“镇保”费用4 315.88万元；大学生医保44.58万元；离休人员1 205.45万元。支付定点药店1.02亿元、内设医疗机构159.5万元。窗口零星报销2 782.41万元，公务员集中统筹补助47万元，支付市民社区医疗互助帮困计划1 934.31万元。

【**定点医药机构监督审核**】 年内，区医疗保险事务中心检查定点医疗机构28家次，对32家医保定点药店进行常规检查，协助市医保中心审核高额病史205份，专项检查9次。协助市医保中心监督检查医疗机构10家次。共追款217.9万元，其中自查追款60.58万元，市医保中心审核部扣款33.87万元，市监督所追款123.45万元。“两个异常”(门诊费用和就医次数)共审核18人次，发现违规现象6人次，追款6 716元。

【**新增1家医保定点医院**】 11月，嘉定区同翔医院纳入医保定点医院，其普通门诊和老年护理病房费用予以结算。至年末，全区医保定点医院共计26家。

【**医保报销窗口结算金额2 782.41万元**】 年内，区医疗保险事务中心接待来电来访10.53万人次，制册1.94万本，制卡10.53万张，各类登记2 990人次。受理基本医疗保险关系转移接续转入828人次，办结615人次，办结率74.3%；转出1 423人次。医保报销窗口共结算1.42万人次，结算金额2 782.41万元。

【**“城保”“镇保”调整最高支付限额**】 4月1日起，城镇职工基本医疗保险统筹基金最高支付限额从34万元提高到36万元。最高支付限额以上的医疗费用，由地方附加医疗保险基金支付80%。小城镇基本医疗保险基金最高支付限额从34万元提高到36万元。最高支付限额以上的医疗费用，由小城镇基本医疗保险基金支付80%。

【**定点药店结算范围扩大**】 4月1日起，“城保”在职职工和退休人员在定点零售药店配药所发生的符合基本医疗保险规定的费用，先由其个人医疗账户当年计入资金和历年结余资金支付，不足部分由个人支付至“自负段”标准。（巢旸修）

社会救助

【**概况**】 2014年，全区社会救助工作以贯彻落实《社会救助暂行办法》为契机，建立完善“9+1”现代社会救助体系，推动嘉定区社会救助事业持续发展。通过区社会救助“一口上下”运行平台，全年累计救助408 699人次，比上年上升22.71%；救助资金总额2.19亿元，比上年增加16.49%。其中，民政部门累计救助16.7万人次，发放救助金8 218.81万元，困难群体基本生活权益得到有效保障。

【**城乡低保标准一体化**】 4月起，上海市城镇低保标准由原每人每月640元提高到每人每月710元，每人每月增加70元，增幅10.94%。农村低保标准由每人每月500元提高到每人每月620元，每人每月增加120元，增幅24%。根据《关于嘉定区探索实施城乡低保救助一体化有关事项的通知》，自1月1日起，嘉定区农村居民最低生活保障标准补足至同期本市城镇标准，率先实现城乡低保救助一体化。

【**城镇救助88 719人次**】 年内，全区累计救助88 719人次，比上年下降3.97%；发放救助金3 183.26万元，比上年增加7.04%。其中城镇低保救助32 329人次、1 803.5万元；传统救济对象救助322人次、56.42万元；城镇重残无业人员生活困难补助及补贴28 136人次、1 311.86万元；实物补助1 873人次、7.49万元；发放帮困粮油供应卡24 339张、帮困粮油供应券1 657张。城镇因病支出型贫困家庭生活救助63人次，发放救助金3.99万元。

【农村救助11 241人次】 年内，全区累计救助11 241人次，比上年下降6.27%；发放救助金541.49万元，比上年增加34.49%。其中农村低保救助880人次、45.64万元；农村重残无业人员生活困难补助及补贴9 930人次、46.44万元；农村“五保户”救助425人次、30.91万元。

【医疗救助10 207人次】 年内，累计实施医疗救助10 207人次、发放救助金1 219.39万元。其中，住院医疗救助980人次、509.71万元；门急诊医疗救助314人次、44.67万元；医疗救助一站式服务（实时结算）救助4 527人次、114.31万元；贫困户精神病人医疗救助385人次、458.92万元；为2 611名城镇低保家庭成员（含特殊救济人员）参加上海市城镇居民基本医疗保险减免个人缴费部分资金及门急诊起付线费用77.07万元；资助689名低保家庭学生参加市红十字会少儿住院医疗互助基金，减免个人缴费部分资金5.5万元。

【民生救助保险】 1月，区政府与太平洋保险公司签订民生救助保险协议，开始实施民生救助保险，完善政府救助、社会帮困和保险保障“三位一体”救助体系。全年发放服务手册13.6万份，接受理赔752件，赔付27.02万元。

【扶志助学36.16万元】 年内，扶志助学226人次，发放助学金36.16万元，均比上年下降15.36%。

【支内退休（职）回沪人员补助2 325.98万元】 年末，全区支内退休（职）回沪定居人员10 116人，比上年增加596人。全年累计发放支内退休（职）回沪定居人员帮困补助2 325.98万元，比上年增加183.75万元，增幅8.58%。其中，节日补助890.89万元，生活补助1 326.55万元，分档补助108.55万元。

【“蓝天下的至爱”募集善款2 589.42万元】 2014年，嘉定区成功举办“蓝天下的至爱”第二十届“一日捐”募捐活动，活动采取集中募捐与上街劝募相结合的方式，单位和市民踊跃捐款，共募集善款2 589.42万元。

【发放孤儿生活费10.22万元】 2014年，全区共有社会散居孤儿5人，全年发放基本生活费10.22万元。年中，区民政局对个人及民办机构收留孤儿情况开展专项排查，指导街镇做好成年孤儿关心服务工作，注重加强日常帮困和节日期间的走访慰问活动，改善孤儿生活状况，保障合法权益。全年累计收治、移送9名弃婴（儿）。

【居民经济状况核对】 年内，接受低保新增及复审委托5 424户次，出具报告5 232份，348户家庭因收入或财产超标等原因不符合申请条件退出申请或终止低保，检出率6.65%。年末，全区低保人数2 658人、1 748户，同比分别下降8%、6%。对301户申请支出型贫困家庭开展核对工作，完成核对并出具报告258份，210户因财产或收入超标等原因不符合申请条件退出，检出率81.39%。对282户申请医疗救助对象家庭开展核对工作，完成核对并出具报告104份，20户因收入或财产等原因不符合申请条件，检出率为19.23%。对140户廉租住房申请家庭经济状况开展核对工作，完成138户廉租房的新申请家庭和2户廉租房复审家庭的核对审核，出具报告105份，15户因财产或收入超标等原因不符合标准，检出率14.28%。接受486户共有产权保障房（经济适用房）受理申请，完成信息校验及接受委托330户。 （王国英　张云映）

社会福利事业

【概况】 2014年，全区23家养老机构共有养老床位6 361张，占户籍老年人口的3.69%。年末，收养老人4 532人，入住率71.25%。全区共有464家老年活动室，其中标准化老年活动室279个，老年人助餐服务点14家，老年人日间服务中心15家。

2014年嘉定区养老机构一览表

名称	机构地址	核定床位数（张）	占用床位数（人）	床位利用率（%）	负责人	联系电话
安亭社会福利院	外青松公路10号西鸵鸟路	426	222	52.1	孟　瑛	69571982
安亭镇黄渡敬老院	黄渡新黄路1号	370	256	69.2	肖庆玲	59593883
安亭镇方泰敬老院	方中路160号	154	137	89	朱红英	59503437
安亭联西敬老院	博园路2868号	60	21	35	万凤珠	69593725
上海市退休职工嘉定公寓	嘉戬公路685号	220	235	106.8	奚　杰	59511473
嘉定双善养老院	双单路65号	120	95	79.2	杨海萍	59108221
嘉定怡龄养老院	宝安公路2973号	141	133	94.3	樊月芳	59151536
马陆镇福利院	大治路577弄	396	234	59.1	刘　芹	59516378
金马社区福利院	封周路631弄15号	152	154	101.3	韩燕英	39515055

（续表）

名称	机构地址	核定床位数（张）	占用床位数（人）	床位利用率（%）	负责人	联系电话
南翔镇福利院	众仁路355号	400	357	89.3	刘　冰	59122576
嘉定永乐养老院	永乐村560号	380	272	71.6	叶惠发	39199365
江桥镇封浜敬老院	星华公路2022号	400	250	62.5	徐菊珍	59112662
徐行镇敬老院	新建一路2115号	260	264	101.5	顾萍兰	59558470
嘉定康福养老院	新建一路2218号	199	93	46.7	徐　珏	59556228
外冈镇敬老院	仙桥路231号	124	103	83.1	周健春	59936731
华亭敬老院	华谊一路176号	563	386	68.6	陈培琴	59970559
嘉定社会福利院	嘉定镇北大街301号	260	260	100	朱雪芬	69992702
新成路街道敬老院	迎园路450号	68	58	85.3	姚忠明	59989029
上海颐康家园	澄浏中路3000号2号楼	418	205	49	吴志宏	59990952
真新街道养老院	祁连山南路2500号	192	176	91.7	强凤芳	69198183
虬桥社会福利院	回城南路虬桥路西首	470	391	83.2	金惠玉	69161201
上海东方老年公寓	沪宜公路4800号	350	280	80	王鲁明	69968940
上海礼爱颐养院	嘉行公路1257号	238	101	42.4	陆惠明	59552266

【落实水库移民后期扶持政策】 年内，按照国家统一扶持标准，对纳入扶持范围的720名大中型水库移民，每人发放后期扶持资金600元，总计发放补助资金43.2万元。投资1 501.6万元建设10个移民后期扶持项目，其中移民后期扶持结余资金资助883万元。至年底，10个项目全部通过竣工验收。

【社会福利企业87家】 年末，全区共有福利企业87家、职工6 882人，其中残疾职工2 243人，占职工总数的32.59%。全区残疾职工人均年收入2.2万元，100%参加社会保险，其中参加“城保”2 470人，占残疾职工总数的98.05%。残疾人集中就业和收入保持稳定，残疾职工合法权益得到保障。

【福利企业实现利润3.2亿元】 年内，落实《关于对本市福利企业实施残疾人集中就业社会保险费补贴的通知》和《关于调整超比例安排残疾人就业单位奖励的标准的通知》，对凡属区内福利企业、上海市户籍的残疾职工参加“城保”的给予集体缴费差额的50%政府补贴。继续贯彻区政府《关于给予本区福利企业社会保险补贴的实施意见》，对凡残疾职工参加“城保”的福利企业给予“城保”与“镇保”缴费差额30%的政府补贴，共补贴资金376.1万元。贯彻各类福利企业优惠政策，对福利企业财政扶持179万元，促进残疾职工集中就业稳定发展。2014年，全区福利企业累计销售收入48.3亿元，利润总额3.2亿元。

【福利彩票销量突破2亿元】 2014年，区福利彩票销量创历史新高，首次突破2亿元大关，达2.13亿元，比上年同期增长13%，募集福利彩票公益金1 409万元，比上年同期净增241万元，增幅20%。 （王国英　张云映）

城　镇　建　设

编辑　吴　庆

综　　述

2014年，嘉定区立足打造长三角综合性节点城市，强化规划的战略引领，坚持以形态优化提升城市品质，以“产城融合”促进城市可持续发展，嘉定新城的集聚辐射能力不断增强，城市品质和内涵持续提升。加强总体层面规划研究，启动开展《嘉定区总体规划》编制工作，推进安亭镇、外冈镇、江桥镇的总体规划编制，全面推进郊野单元规划工作。推进重大项目和基础设施建设，进一步完善嘉定新城中心区骨干道路框架体系，加强对道路桥梁的养护。推进“大分流、小分类”垃圾分类减量工作，强化垃圾末端处置和资源利用。加强渣土处置源头管理，通过运渣车辆GPS监控系统和渣土泥浆码头视频监控系统加强远程监控。餐厨废弃油脂收运车辆全部安装GPS监控系统，在初加工场所安装视频监控系统和计量系统，进行网上实时监控。健全城市管理联勤联动执法工作机制，城管执法车辆安装北斗车辆定位系统，推进“智慧城管”建设；全面推行信息化办案工作，加强网上执法办案、数据化资料管理，全区各中队办案情况统一通过市局信息平台登记入库。推进给排水设施建设，陈行原水嘉定支线工程开工，泰和水厂和安亭水厂扩建工程有序推进，嘉定大众污水厂三期改扩建工程完成主体结构建设。实施新一轮绿化三年行动计划，重点完成银翔湖中央公园、沪嘉高速公路两侧绿地建设。全区新建绿地29.25公顷，其中公共绿地15.9公顷；建成区绿化覆盖率38.4%，人均公共绿地面积16.6平方米。加强环境综合治理，全面完成第五轮环保三年行动计划，在完善城市生态环境建设、强化环境保护管理和水、气、声等环境综合治理方面取得突破，区域环境质量逐步改善，环境管理水平得到提升。（嘉　音）

城镇规划

【**概况**】 2014年，有序开展控规（即控制性详细规划，下同）编制29项，其中16项获批，12项处于方案编制阶段，1项处于任务书编写阶段。全面推进郊野单元规划工作，南翔镇郊野单元规划获批，外冈镇郊野单元规划上报上海市规划和国土资源管理局，启动徐行镇、华亭镇、马陆镇、安亭镇、嘉定工业区郊野单元规划编制。推进“增减挂钩”规划编制，6项规划获批。启动并基本完成全区村庄布点规划及徐行镇曹王村、华亭镇北新村的村庄规划编制工作。关注嘉定新城三大组团间的功能对接和发展联动，加快推进蕰藻浜沿线城市设计。开展轨道交通14号线、嘉定新城有轨电车网络规划及示范线专项规划研究，形成最终成果。新增110（35）KV变电站、消防站专项规划上报上海市规划和国土资源管理局，生活垃圾转运站专项规划成果基本稳定。组织开展全区中、高压电力走廊整合和桃浦物流园区相关专项规

控制性规划编制评审会　（区规土局　供稿）

划编制工作。有序推进陈翔路(S5-芳林路)道路红线调整报批工作。配合开展南翔污水厂选址获批后相关工作、沪通铁路选线等工作。（黄文珺）

【办理建设项目“一书两证”728件】 2014年,区规划和土地管理局办理建设项目选址意见书130件,比上年减少5.8%;办理建设用地规划许可证141件,减少23.78%;办理建设工程规划许可证457件,减少6.73%。核定规划设计要求70件,审核设计方案202件,核发土地储备复函17件,核发内部征询32件,核发“招拍挂”、出让地块规划条件57件。（傅吴芳）

【规划管理】 2014年,区规划和土地管理局认真开展新开工项目复验灰线和建设工程规划竣工验收工作。全年完成建设工程放样复验项目46个,建筑面积173万平方米。完成建设工程竣工规划验收项目188个,建筑面积588万平方米。完成土地核验192件,土地面积180万平方米。加强对违法违章建筑的查处,规范建筑市场,全年立案查处违法建筑17件,罚款38万元。有序开展土地卫片执法监督检查工作。年内,在国土资源部土地卫片执法监督检查中,发现嘉定区违法用地108宗,土地面积29.33公顷。年内,整改63宗(其中行政处罚后整改4宗),面积18.25公顷;行政处罚45宗,面积11.08公顷。推进违法用地专项治理,列入重点整治范围的违法用地174宗,面积44.3公顷;整改135件,涉及土地面积31.53公顷。（李　良）

【城建档案管理】 2014年,嘉定区城建档案信息中心通过区规划和土地管理局门户网站,及时完成规划信息的更新和公示。全年受理预公告53件、规划公示96条、许可公示97条、审批公开50条、规划信息3条。在“上海嘉定”门户网站主动公开政府信息714条。收到信息公开申请391份,全部采用统一文本格式,规范、及时和准确公开。全年完成档案报送登记404份,对外指导建设单位178个,接收建设单位报送竣工档案170项5 686卷,电子档案验收171份。规范整理城建档案6 496卷,输入计算机信息条目6 496条。接待城建档案利用者244人次,提供档案利用399卷。（樊年红）

2014年嘉定区获批规划情况一览表

序号	文号	规划名称	级别
1	沪府规〔2014〕1号	嘉定新城核心区JDC1-1901单元E18街坊及周边街坊局部调整	市级
2	沪府规〔2014〕13号	北虹桥地区JDP0-1002、JDP0-1003单元控规(修编)	市级
3	沪府规〔2014〕15号	安亭镇大众三区控规(博泽地块)	市级
4	沪府规〔2014〕27号	马陆镇JDC1-1401单元(戬浜老镇)控规	市级
5	沪府规〔2014〕37号	嘉定工业区西部产业组团JDS2-301、JDS2-401、JDS2-402单元控规	市级
6	沪府规〔2014〕29号	南翔镇JDC2-0203单元7-20街坊(轨交11号线花园站周边地块)局部调整	市级
7	沪府规〔2014〕23号	嘉定镇街道州桥历史文化风貌保护区规划(控规)A4、A5街坊局部调整	市级
8	沪府规〔2014〕56号	南翔镇JDC2-0401单元(南翔东工业区)控规	市级
9	沪府规〔2014〕90号	南翔镇JDC2-0601单元(南翔老镇)控规	市级
10	沪府规〔2014〕133号	嘉定工业区(北区)07、11街坊局部调整	市级
11	沪府规〔2014〕134号	嘉定工业区一二三期15、67、70街坊局部调整(实施深化)	市级
12	沪府规〔2014〕139号	上海市嘉定区大众三JDC1-2101单元03街坊控规	市级
13	沪府规〔2014〕142号	菊园社区JDC1-0402、JDC1-0403、JDC1-0404、JDC1-0501单元36街坊(中心医院)实施深化	市级
14	沪府规〔2014〕172号	徐行新市镇镇区控制性详细规划24街坊实施深化	市级
15	沪府规〔2014〕171号	华亭镇JDS1-0101单元(华亭新市镇镇区)控规	市级
16	沪府规〔2014〕185号	安亭老镇(JDC3-0501单元)控规22街坊局部调整(实施深化)	市级
17	沪规土资乡〔2014〕708号	嘉定区南翔镇郊野单元规划(2013-2020年)	市级
18	沪规土资综〔2014〕507号	市级工业区(北区)城乡建设用地增减挂钩实施规划(第一批宅基地置换2011-2014年)中期评估调整	市级
19	沪规土资综〔2014〕508号	嘉定区外冈镇城乡建设用地增减挂钩实施规划(第一批宅基地置换2010-2013年)中期评估调整	市级
20	沪规土资综〔2014〕509号	市级工业区(嘉宝片林暨高压走廊沿线)城乡建设用地增减挂钩实施规划(第一批宅基地置换2011-2014年)中期评估调整	市级

（续表）

序号	文号	规划名称	级别
21	沪规土资综〔2014〕619号	菊园新区城乡建设用地增减挂钩实施规划（第一批宅基地置换2011-2014年）中期评估调整	市级
22	沪规土资综〔2014〕618号	菊园新区（高压走廊沿线）城乡建设用地增减挂钩实施规划（第一批宅基地置换2011-2014年）中期评估调整	市级
23	沪规土资综〔2014〕633号	安亭镇城乡建设用地增减挂钩实施规划（挂114-2011-01）中期评估调整	市级

（黄文珺）

城建项目运作

【概况】 2014年，上海嘉定城市发展集团有限公司（以下简称城发集团）新增授信37.5亿元，归还银行贷款12.7亿元，全年完成工程建设投资24.3亿元。集团资产总额146.7亿元，实现主营业务收入10.24亿元。负债总额108.9亿元，资产负债率74.2%。年内，城发集团启动42个建设项目，陈行原水支线、嘉定新城（北区）污水厂、南翔污水厂、再生能源等项目取得节点突破，梧桐坊、嘉怡坊、盛蔷坊动迁安置房项目提前完成节点目标。

【嘉闵高架工程建设】 2014年，北一段建设工程完成70%，北二段建设工程剩余5家企业未动迁。辖区内嘉闵高架路北延伸段的前期动迁费和地面道路工程建设费共计12.95亿元。

【嘉定区第一社会福利院建设】 2014年，嘉定区第一社会福利院二期工程基本建成。该工程属于大型居住社区规划配套福利设施，城发集团为代建单位。建设用地2.56公顷，建筑面积2.1万平方米，总投资2亿元。

【梧桐坊动迁房项目交付使用】 10月，城北大型居住社区梧桐坊动迁房项目交付使用，该项目属于嘉定工业区大型居住社区配套商品房，规划面积3.92万平方米，总建筑面积10.04万平方米，住宅总户数828户，于2012年6月6日开工建设。（杨昌荣）

市政建设

【概况】 2014年，嘉定区加快实施道路交通建设步伐，完善地区路网，嘉定新城中心区骨干道路框架体系进一步完善。推进绿化三年行动计划，以“百个公园、千块绿地、万亩林地”工程为抓手，提升绿化建设水平，新增绿地39.25公顷。新增公交车75辆，新辟公交线路3条，调整公交线路15条，新建候车信息亭100座，优化市民出行环境。区域公交基础设施逐步完善，嘉定西站公交枢纽投入使用。

【道路建设】 2014年，嘉闵高架路（北翟路—G2）、塔新东路、昌吉东路、华江路、爱特路、外青松公路、于田路等骨干道路新（改）建工程基本完工，嘉闵高架路（G2—S6）、嘉盛东路建设和沪宜公路拓宽工程有序推进。

【惠平路蕰藻浜大桥建成通车】 7月，惠平路蕰藻浜大桥建成通车，突显其“骨干道路”和“咽喉通道”的作用，往返嘉定新城核心区和云翔大型居住社区无需绕行，可有效缓解南翔地区交通压力，改善城市居民出行条件，并对优化城市的交通网络起到积极推动作用。2011年底，嘉定投资1.76亿元，开始建设惠平路蕰藻浜大桥，这也是嘉定目前投资规模最大的独塔针形斜拉桥。该桥为独塔针形斜拉桥结构，全长268米，主塔为采针形，布置于中分带内，从远处望去，如同钟表面上稳定的指针，向主跨倾斜18度。整个主塔总高111米，由1 048吨纯钢构筑。项目建设中采用多项先进技术，尤其在桥梁主塔竖转中的“超大型千斤顶同步拉升施工技术”更属国内首例。塔身采用纳米自洁材料，可以提高塔身的耐腐蚀性。（申文）

2014年嘉定区主要道路建设情况表

序号	名称	建设单位	长度（公里）	投资额（亿元）	竣工时间
1	爱特路（金园一路—金沙江西路）	上海嘉定交通发展集团有限公司	2.98	6.1	5月
2	嘉绣路（古猗园路—沪宜路）		0.65	0.8	10月
3	菊二路延伸（红石路—清水路）		0.4	0.5	10月
4	昌吉东路（绿苑路—嘉松北路）		0.5	0.7	11月
5	老霍城路（嘉盛西路—北园路）		0.24	0.2	11月
6	于田路（和静路—曹安公路）		1.5	2.5	12月
7	华江路（G2—爱特路）		2.48	6.9	12月
8	和宁路（沪宜公路—嘉安公路）		0.5	1	12月

（续表）

序号	名称	建设单位	长度（公里）	投资额（亿元）	竣工时间
9	启宁路（新建一路—嘉盛路）	上海市嘉定区住宅发展中心	1.2	0.27	12月
10	十号桥道路和桥梁工程		0.95	0.3	12月
11	马陆社区配套道路（崇文西路、康年路）		0.47	0.18	12月
12	盘安路（平城路—胜竹路）道路工程		0.6	0.25	12月
13	北树弄（霍城路—胜辛路）道路工程		0.56	0.11	12月
14	规划一路（海波路—桃浦路）工程		0.4	0.08	12月
15	海蓝路（嘉怡路—中槎浦）道路工程		0.4	0.12	12月

【市政养护与管理】 2014年，投入6 963.3万元对区管城市道路实施维修养护。其中，投资2 518.1万元对131.658公里区管城市道路、194座区管城市桥梁进行日常养护，投资2 512.4万元实施中下塘街（城中路—天主堂）、新成路（塔城东路—迎园路）、塔城路嘐东桥、南翔解放街（共和街—德华路）、南翔火车站路等18项专项维修工程，投资157万元对安亭新镇共同沟进行日常维护，投资112.2万元对44座桥孔落实围护措施，投资847万元对桥梁进行定期检测，投资816.5万元对区管城市道路的道路塌陷等突发事件进行应急抢修。年内，区管城市道路综合完好率94.28%，比上年上升0.96个百分点；城市道路路面行驶质量指数为3.54，处于良好水平；路面损坏状况指数为91.78，处于优级水平。

【公路养护与管理】 2014年，投入2.47亿元，对区管公路进行维修养护。其中投资5 462.98万元，对全区60条道路进行日常养护；投资10 493.1万元，实施嘉安公路、霜竹公路、众仁路等大中修、GBM（公路标准化、美化）项目35个；补贴4 983.41万元，对农村公路进行日常养护、大修和中修；投资305.61万元，用于环境整治；投资245.41万元，投入技术开发应用推广；其他项目投入3 185.85万元。全区区管公路优良率90.39%，公路技术状况指数（MQI）88.93分。

【桥梁管理】 2014年，全区有区管桥梁328座。区公路署对区管公路桥梁进行定期检查。检查结果：一类桥梁16座，二类桥梁294座，三类桥梁12座，无四、五类桥梁，另有6座桥梁处于维修状态。全区纳入行业指导的农村公路桥梁576座。经区公路署定期检查：一类桥梁43座，二类桥梁403座，三类桥梁75座，四类桥梁19座，五类桥梁1座，另有27座桥梁处于在修状态，8座桥梁已废除。（顾袁洁）

市容环卫

【概况】 2014年，区绿化和市容管理局推进"大分流、小分类"垃圾分类减量工作，在原有419个分类场所基础上，新增分类居住小区92个，有居民52 605户，居住区分类覆盖率65%，进入市、区两级生活垃圾末端处置系统日均垃圾量950吨。强化垃圾末端处置和资源利用，深化菜叶果皮、枯枝落叶、装修垃圾等专项回收和资源利用工作，探索餐厨垃圾无害化处置工艺。实行提前告知，严把审批关，全年建筑渣土申报工地198个，建筑渣土申报量678万吨。加强渣土处置源头管理，通过对运渣车辆GPS监控系统和渣土泥浆码头视频监控系统等平台，加强远程监控，规范运输和中转行为。结合环卫服务文明行业窗口创建工作，加强行业队伍建设，组织环卫一线人员参与岗位技能培训，全年培训2 990人。

【垃圾管理】 2014年，安亭生活垃圾处理厂处理生活垃圾26.39万吨，江桥垃圾焚烧厂处理生活垃圾8.61万吨，区残渣填埋场处理残渣垃圾29.39万吨。各街镇共征收单位生活垃圾处理费7 803万元。完善垃圾分类设施，改造居住区垃圾中转房41座，发放户用分类垃圾桶4.78万个，配置公共区域分类垃圾桶6 271个，添置分类收集车47辆、小区生化处理机18台。徐行镇、安亭镇、江桥镇、菊园新区处置基地日均处置菜叶果皮垃圾39.6吨。全年回收废旧电池等有害垃圾3 065公斤，居民装修垃圾资源化利用18万吨。

【环卫管理】 2014年，完成安亭镇、马陆镇、华亭镇和嘉定工业区市容环境责任区达标街镇创建工作。加强环卫公厕设施建设，全年新建环卫公厕4座，改建环卫公厕18座，完成93辆环卫作业车辆"3G摄像监控系统"安装工作。开展农村环卫设施专项治理活动，完成农村环卫公厕改造346座，改造垃圾中转房45座，更新垃圾收集桶5 863只，清除暴露垃圾2 000余吨。

【环卫设施建设】 2014年，继续推进嘉定区再生能源利用中心项目建设，取得项目环评批复和可信性研究报告批复，项目进入初步设计阶段。嘉定区再生能源利用中心选址在外冈镇西北部，位于外钱公路以西700米、宝钱公路南侧500米处，总面积17.3公顷，由上海嘉定城市发展有限公司负责项目建设。项目建成后，可有效解决嘉定区生活垃圾处置问题。按照《嘉定区街镇生活垃圾中转压缩站规划布局方案》，区绿化和市容管理局配合街镇完成中转压缩站建设任务，推进中转压缩站规划落地工作。

【餐厨废弃油脂收运处置监管】 2014年，嘉定区厨废弃油脂产生单位申报率和收运签约率分别达99.5%、99.5%，日均收运量超过3.8吨，比上年提高15%。21辆餐厨废弃油脂收运车辆全部安装GPS监控系统，在初加工场所安装视频监控系统和计量系统，进行网上实时监控。制定规范化管理考评标准，通过抽查，规范收运初加工行为。 （李 杨 罗佳琦）

城市管理与执法

【概况】 2014年，区城市管理行政执法局执法大队以创建标准化大队为契机，推进"智慧城管"建设，全区城管执法车辆安装北斗车辆定位系统。强化上海市绿化和市容管理局信息平台运用，全面推行信息化办案，加强网上执法办案、数据化资料管理，全区各中队办案情况统一通过市局信息平台登记入库。启动城管指挥监控中心项目建设。项目以指挥中心为平台，整合区绿化和市容管理局系统内绿化、市容、城管、林业等资源，实现资源共享。抽调骨干力量充实区拆违办，全年拆除违法建筑80.46万平方米。其中拆除历史存量违建73.62万平方米，拆除新增违法建筑625处6.84万平方米。推进城管"进社区、进企业、进工地、进学校、进商家"服务举措。在城管进社区工作实现全覆盖基础上，各中队逐步在村（居委会）建立城管工作站，主动与村（居委会）、物业联手搭建公共服务平台，加大城市管理力度，扫除城市管理盲区，宣传城管工作职能。完善执法督察工作机制，出动督察车辆323辆次、督察人员646人次，开展实效督察12次，督察执法队员942人次，督察道路3 480条次，发现并纠正队容风纪问题25件、市容问题541个，开具督办单5份。局诉求受理中心受理城管类信访、投诉7 542件，处理率100%，总体满意率74.55%。组建"12345"诉求处置专项督察组，加强业务工作培训，组织124人次参与市局新招录队员上岗培训、中队干部培训、执法骨干培训、法制干部培训、督察培训及机关文书培训等11批次。

【无序设摊综合治理】 2014年，区城市管理行政执法局执法大队按照"堵疏结合、分类管理"思路，开展无序设摊综合治理工作。在辖区主干道、商业中心、公共场所等重点路段和场所，实行严管重罚，全年累计消除设摊集聚点243个，整改104 778起，处罚3 578起，处罚金额69.5万元。在夏季瓜果上市高峰来临前，按照"三不"（不推诿、不扯皮、不动粗）、"三导"（疏导、劝导、引导）原则，协调各街镇在不影响交通和市容环境处设置统一规范的瓜果摊疏导点，全区有10个街镇设置疏导点255处。各街镇根据市容环境治理工作需要，设立农副产品、小百货、小修小补等服务疏导点50余个。针对真新街道、江桥镇等区际结合部的马路菜场等乱设摊顽症，按照疏堵结合的方针，通过区区联动、部门联合等方法进行整治。年内，针对群众反映强烈的金鼎路马路菜场（与普陀区交界处）、华江大桥猪内脏非法交易场所（与闵行区交界处）、金沙路桥流动设摊（与长宁区交界处）等问题进行综合治理。

【开展地沟油专项整治】 2014年，采取部门联合整治、大队集中整治、中队突击整治和日常重点治理相结合的方式，通过上门检查、设卡检查和源头追溯等形式开展非法处置餐厨垃圾、废弃油脂整治工作。全年出动执法人员3 904人次、执法车1 617辆次，实施行政处罚32起，罚款20 850元。

【开展渣土专项整治行动】 2014年，参加上海市绿化和市容管理局"雷霆"整治行动，开展区级渣土专项整治周行动。同区环保局、区交警支队等部门开展联合整治、综合管控，从严查处土方车超载、洒落、未加盖、偷倒乱倒等现象。年内，出动执法队员12 583人次、车辆4 388辆次，开展区级以上渣土整治行动21次，检查渣土车辆3 500余辆次，查处渣土案件493起，处罚金额86.8万余元。

【户外广告管理】 2014年区城市管理行政执法局执法大队将商业对旗广告、灯箱广告、屋顶广告、墙体广告、立式高炮广告和非法道路指示牌列入重点整治内容。全年拆除违规商业对旗930处，灯箱广告453处，屋顶墙面广告132处，非法道路指示牌390处。坚持"属地管理，条块结合"原则，开展全区非法小广告整治工作。全年收缴小广告1 357公斤，实施手机停机604起，处罚201起。拆除商业对旗广告930处、灯箱广告453处、屋顶墙面广告132处、非法道路指示牌390处。

【学校周边环境整治】 2014年，按照嘉定区创建文明城区工作要求，强化对学校周边乱设摊、跨门经营、无证设摊等行为的日常监管和执法整治。中考、高考期间，开展"绿色护考"专项整治行动。年内，在学校周边市容环境整治工作中，共出动人员21 250人次、车辆10 760辆次，纠正乱设摊、乱堆物、跨门经营、乱停车等行为6 913起，查处案件540件，罚款70 850元。

【实施重大节日和活动执法保障】

文明执法 先行告知 （区绿化市容局 供稿）

2014年，完成清明祭扫执法保障任务，出动执法车426辆次、执法队员982人次，教育劝阻乱设摊1 912起，劝阻不文明祭扫等行为182起；处罚乱设摊32起，处罚金额5 450元。开展F1中国大奖赛、“亚信峰会”、房车锦标赛执法保障工作，共出动执法队员542人次、车辆162辆次，清除“五乱”（垃圾乱丢、摊点乱摆、工地乱象、广告乱贴、车辆乱停）420余处，教育劝阻乱设摊、乱晾晒、跨门经营等150余起，完成保障任务。（李　杨）

房地征收

【概况】 2014年，全区房地征收工作共完成居民（农户）征收4 270户、企业征收227家，腾空基地41个。江桥镇、马陆镇、南翔镇完成S6（沪翔高速公路）、嘉闵高架北一段腾地工作并通车。安亭镇完成于田路、博园路延伸段动迁腾地工作。马陆镇完成塔新路等区区对接道路腾地工作。江桥镇完成华江路等大型居住社区外配套道路腾地工作。南翔镇完成南翔污水厂、陈翔路水库泵站房地征收工作。外冈镇完成区再生能源中心房地征收工作。嘉定工业区、外冈镇、菊园新区推进嘉北郊野公园一期房地征收工作，年内征收农户1 290户、企业85家，签约率分别达96%和67%。真新街道完成外环生态林带房地征收工作。马陆镇推进嘉定新城核心区西区17平方公里房地征收扫尾工作，全年征收8家企业、16户农户。南翔镇推进云翔大型居住社区房地征收工作，征收3个企业。嘉定区70万平方米保障房建设开工，推进江桥、城北、云翔大型居住社区征收扫尾工作，启动黄渡大型居住社区的房地征收工作。完成江桥镇老坟山、嘉定工业区蔷薇苑2个动迁安置房基地腾地工作。全区在建动迁安置房基地25个，在建面积361万平方米，有875户在外过渡动迁户入住。年内，区房地征收工作指挥部收到区信访办及区纪委转办群众信访件22件，办结22件。

【房地征收宣传】 2014年，区房地征收工作指挥部加强对全区房地征收工作进度、配套安置房建设和入住情况、房地征收相关政策法规的宣传。编印《房地征收》简报11期7 150份，拍摄、制作房地征收宣传片《疁城追梦》，通过《嘉定报》、嘉定电视台、“上海嘉定”门户网站等媒体，广泛宣传房地征收工作。（戴燕清）

水　务

【概况】 2014年，嘉定区扎实推进水务公共服务，区域水环境面貌明显改善。推进供排水民生工程建设，陈行原水嘉定支线工程开工，完成近50%的工程量。泰和水厂扩建工程项目建议书、环境影响评价、工程可行性研究报告和初步设计等前期手续获批。安亭水厂扩建工程环境影响评价通过市水务局行业意见审查。有序推进供水集约化工作，完成13.1公里大口径管网建设，完成54公里镇级供水企业小口径管网建设，改善供水水质。嘉定大众污水厂一、二期提标改造初步设计获批复；三期改扩建工程于6月开工，年内完成主体结构建设工作。嘉定新城（北区）污水厂一期提标改造及二期扩建工程于11月底开工建设。实施水利重点工程建设，东门泵闸工程完工，蕰西水利枢纽应急维修工程完成50%的工程量，横沥泵闸工程竣工验收，南顾浦泵闸管理房完成工程量的80%。年内，按计划完成河道综合整治14条（段）14.71公里。推进截污纳管“攻坚战”，全年完成截污纳管企业503家，其中办理排水许可证293家、拆迁后关闭108家、完成纳管工程102家。开展防汛隐患突出问题整改工作，完成21个积水点改造工程，完成在居民小区内地下空间268个出入口增加驼峰、594个出入口增设防汛挡水板工程，在全区主要区域、道路的窨井口安装防坠网600余套，在19个下立交两端出入口安装积水预警电子警示牌。年内，全区计划用水率65.73%，计划完成率80.4%，工业用水重复利用率89.23%，间接冷却水循环率77.46%。区自来水公司合计出厂水量16 983.94万吨，最高日出厂水量53.13万吨。

【陈行原水嘉定支线工程开工】 3月28日，陈行原水嘉定支线工程开工。工程投资6.79亿元，全长17.8公里，沿途经过宝钢集团有限公司、宝山区罗泾镇、嘉定区华亭镇和徐行镇至嘉北水厂。（陈晓晨）

【城镇化地区污水处理】 2014年，嘉定大众污水处理厂处理污水4 906.7万立方米，上海国际汽车城安亭污水处理厂处理污水3 286.8万立方米，嘉定新城（北区）污水处理厂处理污水1 684万立方米，江桥、南翔地区外排污水2 930.5万立方米。全年核发排水许可证620张，城镇污水处理率84%，比上年提高1个百分点。

窨井口安装防坠网　（区水务局　供稿）

【污染物减排】 2014年，嘉定区各污水厂化学需氧量(COD)减排量为26 809吨，比上年下降8%。氨氮(NH_3-N)减排量为2 006吨，增长3.1%。 （王 琦）

【中小河道养护】 2014年，完成岸坡维护156.1千米、防汛通道维护170.46千米、绿化养护69.28万平方米、栏杆更换19.26千米、铭牌增设245块。推进嘉定区星级河道创建工作，全年创建二星级河道3条、一星级河道4条。

【中小河道疏浚】 2014年，嘉定区计划完成轮疏河道159条（段）150.41公里，疏浚土方186.95万立方米。年内完成39条（段）28 095米，疏浚土方33.15万立方米。

【河道保洁】 2014年，河道保洁工作做到“保洁”和“巡查”两个全覆盖。河道保洁服务社通过“铲、赶、拦、堵、捞”，加强保洁力度。全年累计出动打捞船只80 656艘次，巡查河道4 886条（段），出动打捞人员31.54万人次，打捞绿萍16 888.59吨、水葫芦1 003.5吨，打捞其他垃圾26 835.76吨。年内，8个村被评为“嘉定区河道保洁示范村”，3条河道被评为“嘉定区河道保洁示范河道”。 （钱丽烨）

【河道护岸应急工程完工】 2014年，蕰藻浜河道嘉定段护岸拆除及新建工程完工，新建护岸980米，配套种植护岸绿化5 426.26平方米。工程于2月开工，总投资1 613万元。 （孙 晟）

【水务行政执法】 2014年，开展水务行政执法检查1 011次（其中专项执法检查15次），受理群众来电、来信、来访举报涉水案132件，出动水务行政执法人员2 543人次，立案46起，结案39起，实施行政罚款共计55.6万元。监查取水户52家，监查排水户228家。

【“世界水日”“中国水周”宣传活动】 2014年，第22届“世界水日”（3月22日）、第27届“中国水周”（3月22-28日）期间，区水务局以“加强水资源管理，建设水生态文明”为主题，开展宣传。制作《嘉定报》水务专版，通过嘉定电视台、区门户网站、手机短信进行全方位宣传。在全区主要河道保洁区、河道范围内更新水务宣传公益广告牌。制作15块防汛安全知识宣传展板，在嘉定镇街道嘉中社区展出。召开全区52个取水单位管理人员取水培训会，专题解读《上海市取水许可和水资源费征收管理办法》；组织全区重点排水户学习《城镇排水与污水处理条例》，规范重点排水户排水行为。

【水资源管理】 2014年，全区有取水户52家，取用地表水278.7万立方米，征收水资源费26.26万元，收缴排水设施费64.45万元、水利工程供水费2.07万元。

【水务行政专项执法】 2014年，针对2012-2013年经市水务局审批通过的50件“填堵河道”行政许可，区水务局进行事后跟踪和监督检查。针对徐行镇、马陆镇等街镇排水户，开展以整治违法排水行为的专项执法检查活动。联合区环保局监察支队对华亭镇蒲华塘区域22家排水企业进行“清洁水行动”专项执法检查。以市、区联合执法形式，对阳光城新界、佳兆业城市广场等在建地下工程项目开展防汛专项执法检查。与上海市水务行政执法总队联合对吴淞江、苏州河等重要河道沿岸的“三违一堵”（违规搭建、违规堆载、违规靠泊、堵塞防汛通道）情况进行集中整治。年内，对全区范围内60家重点排水户开展为期3天的污水水质检测专项执法活动。4-9月，对全区全部52家取水户开展退水口水质检测。 （张新华）

【水文勘测和水环境监测工作】 2014年，完成嘉北水厂水位站和水质自动监测站建设。在嘉定新城和江桥两个防汛重点区域，建成短期水情信息平台。完成蕰藻浜、练祁河、娄塘河等三条河道四个断面的水功能区水质达标监测分析。完成全区主要河道18个断面常规地表水监测任务，报出监测数据近7 500个。对嘉定大众污水厂、安亭污水厂、嘉定新城污水厂分别进行24次排水监测，共出具监测数据1 500余个；对200家工业废水和生活污水排水大户，通过分区、分片、分性质进行监测，共出具数据千余个，为全区污染物减排工作提供依据。对新办排水许可证的用户进行上门取样化验，出具水质检测报告350余份，报出监测数据1 600余个。 （包小燕）

【水务工程安全质量监督管理】 2014年，嘉定区水务工程安全质量监督管理站推进水利、供排水建设工程安全质量监督管理和备案工作。全年受理监督水务工程项目57个（其中水利工程项目32个，供排水项目25个），工程投资额10.88亿元。开展专项检查活动12次，完成监督抽检项目27项，参与组织业务培训10次，开展工程日常巡查活动286人次，发现问题

纪念第二十二届“世界水日”暨重点排水户培训 （区水务局 供稿）

69件次,整改完成69件次。年内,管理站被评为"上海市水务建设工程安全质量监督系统综合管理优胜奖",在上海市水务建设工程安全质量监督系统业务技能知识竞赛中获一等奖。 (朱 晔)

消防·减灾

【概况】 2014年,嘉定公安消防支队创新优化社会消防管理体系,完善消防安全管控机制,拓展消防宣传教育渠道,夯实队伍基础,完成亚信峰会等重大消防安保任务。全年检查单位5 295个次,督改火灾隐患8 375处,下发《责令改正通知书》4 145份、《重大火灾隐患整改通知书》11份、《临时查封决定书》78份、《行政处罚决定书》463份,责令"三停"(停止施工、停止使用、停止营业)单位68个,罚款378万元,拘留185人。完成对2个老旧居民小区的消防安全改造,组织居民小区开展消防疏散演练。

【消防管理】 2014年,嘉定公安消防支队聚焦11个重大隐患单位、19处区域隐患、2处重点"城中村"、3处古建筑,推动政府落实1 200余万元整治经费,联合相关部门,成功消除上海民生敬老院、沪宜公路5 278号地块等重大消防隐患。排查群租房680户,拆除"群租"分隔间200余间,清退千余名"群租"人员。组织修订《嘉定区消防安全委员会办公室及其主任单位工作细则》,与区消防委28个成员单位、12个街镇签订《2014年度嘉定区消防工作政府目标责任书》,将消防经费保障落实、消防设施装备建设、社会消防力量发展、重点区域火灾隐患整改纳入考核目标,形成各街镇、部门齐抓共管消防的工作格局。推动各级政府将消防管理纳入农村和城市居民区社会管理评级体系,建立完善相关考核奖惩机制,推进村居消防安全管理自治,严格落实"驻镇"作业制度,推进"一镇一站"的村居"网格化"管理示范点建设,深化"网格化"管理,延伸消防管理范围。

【消防宣传】 2014年,嘉定公安消防支队全方位开展消防宣传和培训工作,探索具有嘉定地域特色的消防宣传模式。制定并分发《嘉定区2014年消防宣传工作意见》,建成近200平方米的消防科普教育体验馆,组织开展"大手拉小手""消防夏令营"等系列活动50余场,接待参观者5 000余人。联合区委宣传部开展"橙色温暖"消防宣传专项行动,借助广播、电视等平台,突出"消防电影展播""电影票消防提示""社会消防公益宣传""军民共建助老"四大主题,印制20万张消防橙色电影票,组织3.5万人观看《火海逃生》,印发宣传册、海报等消防宣传品2.6万份。加大社会消防培训力度,投入50万元专项经费,组织全区600余名村(居)委负责人参加消防技能培训。完成2 250名社会单位消防安全责任人、管理人员、保安及危险化学品从业人员消防技能培训。针对儿童、老人、来沪务工人员,依托297个社区消防工作站,定期开展"点对点"消防宣传。以"119消防周"为契机,围绕"学校教育、广场宣传、队站开放、社区活动、老人关爱、单位演练、媒体关注"七大主题,组织街镇开展主题活动,开展消防宣传2 000余次。

消防器材检查 (嘉定报社 李华成 摄)

【火灾造成直接损失1 027.6万元】 2014年,全区发生火灾389起,没有人员死亡,受伤2人。直接财产损失1 027.6万元,比上年下降19.45%。 (陆宝林)

地名·测绘

【概况】 2014年,嘉定区地名管理办公室加强日常地名管理,从源头上控制非标准地名的使用。根据市地名办的要求,将地名规划纳入控制性详细规划中。区地名管理办公室组织和参与完成11个地名规划,其中专项地名规划8个。结合控制性详细规划编制,将3项地名规划内容纳入控制性详细规划中,开展申报道路名称前期基础工作。年内,在新编控制性详细规划中,基本上将地名规划纳入控制性详细规划,使地名命名有规划依据,避免地名命名的随意性、盲目性,实现地名管理的超前性、规范性和科学性。配合市政府新一轮对口援疆工作,根据有关援疆人员建议和市政府意见及市地名办工作部署,在规划马陆社区中选择一条新建道路,以新疆喀什地区巴楚县行政区划名命名为巴楚路。经市政府同意,批准嘉定新城人工湖命名为远香湖。配合市测绘院编制完成2014年新版嘉定区地图相关工作。8月,配合市测管办开展以"依法普查地理国情,测绘服务美丽中国"为专题的测绘法宣传日活动。完成市测管办布置的全区1.2米测绘钢标普查工作。

【地名命名】 2014年,命名、注销各类地名87个(条),其中命名居住区、建筑物名称41个,道路44条,撤销马陆镇陆家村和华亭镇联华村2个村。

2014年嘉定区道路命名一览表

所在街镇	道路名称	起　点	讫　点	备　注
安亭镇	六泉桥路	墨玉南路	安驰路	
	荣泉路	吕浦路	安驰路	
	茂泉路	吕浦路	南顾浦	
	荣泽路	吴淞江	南顾浦	
	吕浦路	六泉桥路	博园路	
	进明渡路	于田南路	米泉南路	
	安谐南路	博园路	安驰路	
	安驰路(延伸)	墨玉南路	博园路	向西延伸
	曲惠路	震川路	小顾浦	
	彤闻路	西徐巷泾	前炬路	
	德友路	墨玉北路	顾浦	
	曲惠路(延伸)	新源路	民丰路	向西延伸(西段)
马陆镇	远香湖路	天祝路	洪德路	
	众芳路	沪宜公路	香莲路	
	库普路	伊宁路	天祝路	
	巴楚路	永盛南路	沈徐路	
	伊宁路(延伸)	沪嘉高速	沪宜公路	向东延伸
	天祝路(延伸)	众芳路	沪宜公路	向东延伸
	高台路(延伸)	众芳路	沪宜公路	向东延伸
	德立路(延伸)	伊宁路	天祝路	向北延伸
南翔镇	嘉程东路	德园路	沪宜公路	
	嘉耀路	云安路	宝翔路	
	惠柏路	惠裕路	胜辛南路	
	润业路	云安南路	宝翔路	
	云安南路	润业路	芳林路	
外冈镇	清能路	嘉松北路	百泉路	
徐行镇	顺宁路	启秀路	澄浏公路	
	硕才路	胜竹东路	树屏东路	
	宝慧路	胜竹东路	树屏东路	
	树屏东路	启秀路	澄浏公路	
嘉定工业区(北区)	绿意路	澄浏东路	沪宜公路	
	品菊路	胜辛路	孙浜	
菊园新区	慈竹路	民悦街	胜竹路	
	咏竹路	民悦街	树屏路	
	民悦街	霍城路	回城西路	
	竹声路	咏竹路	回城西路	

（续表）

所在街镇	道路名称	起　点	讫　点	备　注
菊园新区	竹笛路	胜辛路	回城西路	
	红菊路	咏竹路	回城西路	
	墨菊路	斑竹路	霍城路	
	绿菊路	斑竹路	霍城路	
	斑竹路	墨菊路	霍城路	
	回城西路（延伸）	沪宜公路	祁迁河	向北延伸
	云科路	双坪路	武乡南路	
	武乡南路	云科路	武乡南路	

2014年嘉定区居住区、建筑物命名一览表

所在街镇	标准名称	位　置	用地面积（公顷）	建筑面积（万平方米）
安亭镇	安勇澜庭	东至安智路、南至规划河道、西至安勇路、北至基地边界	6.29	8.33
	鸭王商业广场	东至黄渡绿苑路、南至嘉松北路、西至小吴塘、北至用地边界	0.77	3.58
	恒大名都	东至硕丰路、南至南钱泾、西至于塘南路、北至望融路（规划）	3.1	9.61
	嘉定萃庭	东至彤闻路、南至西徐巷泾、西至顾浦、北至前炬路	7.69	16.77
	于田大厦	东至于田南路、南至进明渡路、西至双浦、北至双浦	1.34	4.41
江桥镇	江桥商务楼	东至双洋港、南至双洋港、西至张掖路、北至临夏路	0.36	1.67
马陆镇	华都商务广场	东至裕民南路、南至宝塔路、西至赵泾、北至天祝路	4.59	18.47
	绿地香湖雅都	东至沪宜公路、南至希望路、西至小横沥、北至伊宁路	2.85	8.91
	恒大滨水嘉苑	东至育英南街（规划）、南至基地边界、西至马泾河、北至崇福路（规划）	5.1	17.97
	海上荟名都	东至沪宜公路、南至双单路、西至小横沥、北至双丁路	3.3	7.95
	禄丰苑	东至成康路（规划）、南至申霞路、西至澄浏中路、北至茂华路（规划）	1.19	3.28
	唐家苑	东至成康路（规划）、南至茂华路、西至澄浏中路、北至嘉戬公路	6.64	19.89
南翔镇	容基大厦	东至基地边界、南近翔二河、西至德园南路、北至银翔路	0.53	1.41
	菁英悦都	东至芳礼路、南至智翔路、西至浩翔路、北至基地边界	1	3.04
	秀城云翔佳苑	东至惠平路、南至翔江公路、西至惠柏路（规划）、北至嘉前路	7.42	22.69
	连飞大厦	东至基地边界、南至金昌西路、西至古猗园南路、北至武威路	1.22	6.11
	新华悦都	东至规划河道、南至武威路、西至基地边界、北至新宅港	1.52	4.8
	新威大厦	东至基地边界、南至金昌西路、西至连飞大厦、北至武威路	1.2	6.11
	保兰德大厦	东至基地边界、南至金昌西路、西至新威大厦、北至武威路	1.2	5.87
	玉宏大厦	东至云安南路、南至润业路、西至基地边界、北至万八浜	1.08	3.69
	新影商务中心	东至众仁南路西侧40米、南至金昌西路北侧40米、西至基地边界、北至武威路	5.21	26.12
	秀城翔瑞新苑（扩大）	东至沪宜公路、南至基地边界、西至鹤槎路、北至嘉前路	5.06	15.67
	万成置业广场	东至基地边界、南至翔源路、西至槎溪路、北至连浦	2.84	8.17
	绿地云翔大厦	东至基地边界、南至连浦、西至槎溪路、北至金迈路	1.12	3.75

（续表）

所在街镇	标准名称	位　　置	用地面积（公顷）	建筑面积（万平方米）
外冈镇	碧水濠庭	东至祁昌路、南至练祁河、西至基地边界、北至春及路	3.1	4.51
	外冈雅苑	东至吴塘、南至瞿门河、西至百泉路规划南延伸段、北至恒飞路	6.18	12.24
徐行镇	水岸雅苑(扩大)	东至启宁路、南至柳围泾、胜竹东路,西至宝慧路、北至顺宁路	4.84	12.97
新成路街道	瑞凯丽庭	东至鸿达嘉苑、南至嘉戬公路、西至茹水路、北至嘉乐东润舒庭	1.23	2.72
	方舟苑	东至倪家浜、南至迎园东路(规划)、西至澄浏中路、北至基地边界	2.49	5.42
嘉定工业区（北区）	嘉定城北企业园	东至城北路、南至南港、西至荣茂街(规划)、北至皇庆路(规划延伸段)	1.95	5.76
	嘉定蔷薇苑	东至红石路、南至胜竹路、西至胜辛路、北至树屏路	11.22	28.1
	香溢璟庭	东至依玛路、南至洪德路、西至合作路、北至城固路	4.86	12.45
	嘉定联合洲际商业广场	东至规划河道、南至伊宁路、西至合作路、北至规划河道	3.98	11.69
	嘉定上影商业广场	东至永盛路、南至黄龙港、西至依玛路、北至洪德路	1.23	4.19
	创融天悦嘉都	东至芮家泾、南至宝塔路、西至合作路、北至天祝路	2.58	9.99
	宝龙商业中心	东至阿克苏路、南至宝塔路、西至德富路、北至天祝路	4.09	19.89
	嘉盛大厦	东至永盛路、南至高台路、西至依玛路、北至黄龙港	1.25	3.45
	香溢璟庭(扩大)	东至永盛路、南至洪德路、西至依玛路、北至城固路	3.22	8.84
	香溢荟苑	东至沪宜公路、南至回城南路、西至规划路、北至招贤东路	2.52	9.33
	嘉宝梦之缘景庭	东至安泾、南至边界、西至温泉路、北近宝塔路	7.41	23.15
菊园新区	禹洲华庭	东至棋盘路、南至环城路、西至柳湖路、北至仓桥村路(规划)	5.5	18.27

（郭建祥）

园林绿化

【概况】 2014年,嘉定区推进新一轮绿化三年行动计划,新建绿地29.25公顷,其中公共绿地15.9公顷。建成区绿化覆盖率38.4%,人均公共绿地面积16.6平方米。年内,重点完成银翔湖中央公园、沪嘉高速公路两侧绿地建设和调整改造,开展日常维护及工程类项目9个(包括环城河二期绿化改造,汇龙潭、秋霞圃建筑修缮,重大节日花卉布置等)。组织开展上海市花园单位申报工作,日加满饮品(上海)有限公司、南苑中学、上海合璧电子电器有限公司、徐行镇政府机关4个单位获“上海市花园单位”称号。结合“爱鸟周”“湿地保护日”“垃圾减量日”等重大节日开展宣传活动,全年制作宣传横幅10条、宣传版面20块,张贴宣传标语100张,发放湿地和野生动物保护、垃圾分类等宣传资料2 000份。年内,全区有林地资源8 165.49公顷,森林覆盖率12.22%,其中草地619.72公顷,葡萄等藤本植物1 097.72公顷。新建生态公益林85公顷,“四旁”(路旁、河(沟)旁、村(田)旁和宅旁)植树7.9万株。区林业站加强森林资源监管,强化植物检疫工作,加大林业有害生物防控力度,确保无重大病虫害发生。开展野生动物保护宣传,加大林政执法力度,巩固造林成果,保护森林资源。

【特色绿化】 2014年,有序推进特色绿化建设。至年底,完成上海福盈置业有限公司、台北时尚风情街等5个单位屋顶绿化10 018平方米,完成其他立体绿化9 190平方米。

【开展全民义务植树活动】 3月9日,在登笼广场开展“同追绿色梦想、共建生态嘉定”为主题的绿化宣传活动,举办废旧电池换盆花、居民家养植物展示等活动。展示绿化建设成果版面108块,回收废电池6 000余节,向市民免费赠送盆花6 000余盆,1.2万人次参加活动。3月18日,在沪嘉高速生态廊道景观提升工程马陆段举办春季全民义务植树活动,区四套班子领导、各委办局及街镇的600余名志愿者参加义务植树,植树点占地面积3万平方米,种植香樟、栾树、垂丝海棠、樱花、二乔玉兰等乔木品种2 500余棵。

【推进“绿化知识六进”活动】 2014年,在嘉定镇街道、新成路街道开展绿化宣传咨询便民服务活动。对叶城幼儿园等5所学校进行内外场绿化养护指导和培训,推广“绿色校园”理念。年内,共组织绿化“进社区”32次,“进学校”6次,“进军营”11次,“进园区”12次,“进楼宇”10次,“进村宅”32次,受众31 460人次。(李　杨　罗佳琦)

【公园建设】 2014年,在前期建成59个公园基础上,推进百个公园建设项

南翔镇银翔湖中央公园　　（张建华　摄）

目。年内，环城河紫藤长廊、外冈蜡梅园、银翔湖中央公园等14个公园完成主要建设项目；真新街道恩德公园、菊园新区百果园、嘉定新城母亲河文化公园、江桥镇陇南公园项目有序推进。在紫藤园、新成公园、外冈蜡梅园和外环线100米林带设立市民绿化认建认养点，各街镇相应设立树木认养点。至年底，215株乔木、450平方米绿地被单位和市民认建认养。

【花卉、果树种植面积1 429.6公顷】 2014年，全区花卉种植面积77.6公顷，产值3 247.2万元，比上年增长52%。切花切叶产量222万枝，盆栽植物279万盆。桃、李、葡萄等果树种植面积1 352公顷。

【林业养护管理】 2014年，全区有林业养护服务社14个，养护林地面积2 200余公顷，市、区和街镇三级财政投入林业养护资金5 427万元，累计投入3.57亿元。编制并发放9期200份《林业养护简报》月刊至街镇林业站、林业养护社和公路养护单位。

【新建生态公益林85公顷】 2014年，嘉定区新建生态公益林85公顷，建设地点分别位于南翔镇、江桥镇、华亭镇、外冈镇和马陆镇，新增“四旁”林3.3万株，建设地点分别位于马陆镇、徐行镇、外冈镇、菊园新区、江桥镇、华亭镇、安亭镇和嘉定工业区。完成生态公益林重点抚育103公顷。

【植物检疫】 2014年，全年办理省内外调运检疫证2.9万份、运输证2.9万份。检疫苗木32.8万余株、木材68.3万立方米、地板9.4万平方米、各类胶合板1.2万件、纤维板0.7万件、托盘0.2万件。受理64个绿化工程复检、复查申请，处理1家，补检7家，核查绿化面积143.9万平方米。其中违规面积2 350平方米，比上年下降21%。

【林业有害生物防控】 2014年，区林业站对各测报点开展量化分级管理，完成1个国家级、2个市级标准化测报点建设。至年底，全区有1个国家级、2个市级和9个区级测报点。发布《病虫快讯》12期2 365份、防治意见书22份。病虫预报准确率97%，未出现漏报、误报等重大失误现象。全区林业病虫发生面积为765公顷，防治面积938公顷次。年内，分别与12个街镇及相关林业部门签订“双线”责任书，通过上海市绿化和市容管理局考核验收。

【经济果林“双增双减”】 2014年，全区实施果树套袋5 148.53万只，惠及果林面积1 078公顷；推广无公害农药16.2吨，惠及果林面积1 124公顷；推广有机肥14 168吨，惠及果林面积976公顷。政府补贴3项“双增双减”（增加有机生物肥料和生物农药用量，减少化肥和有机农药用量）项目资金881万元。

【野生动物保护】 2014年，收到监测信息953条，梳理上报市监测信息244条，全年处理野生动物救助投诉案件13起，救助活体动物19只。建立和完善日常巡查制度，完成巡查记录420份。以“爱鸟周”“湿地日”“野生动物保护月”等活动为抓手，加强野生动物保护的宣传工作。参与全国第二次重点保护植物资源调查工作年相关活动，完成公园调查26.26公顷、苗圃调查331.8公顷、1公顷以上林（绿）地调查1 867公顷，调查植物176种，其中国家一级保护植物5种（银杏、苏铁、篦齿苏铁、水杉、南方红豆杉），国家二级保护植物8种（红椿、杜仲、鹅掌楸、香樟、莲、大叶榉、喜树、浙江楠），重点

浏岛风景区区级林业病虫害中心测报点　　（张建华　摄）

加强浏岛野生动物重要栖息地保护建设。（朱　靖）

环境保护

【概况】2014年，嘉定区以落实"十二五"环境规划为目标，以环保三年行动计划、污染减排和清洁空气行动计划为抓手，完成各项环保目标和任务。圆满完成第五轮环保三年行动计划，在完善城市生态环境建设、强化环境保护管理和水、气、声等环境综合治理方面取得突破，区域环境质量逐步改善，环境管理水平得到提升。严厉打击违法排污行为，以上海市政府下达的污染总量减排任务为目标，建立倒逼机制，突出结构减排重点，拓宽工程减排领域，强化管理减排措施，严格实施减排目标考核，完成污染减排阶段目标任务。按照合法、合理、效能、监督的原则，强化政务公开力度，对各类行政审批项目进行清理，规范和完善环保行政审批的制度和流程。开展生态文明建设战略研究，编制完成《嘉定区生态文明建设战略研究》，确定生态文明建设的目标与指标，提出具体任务与措施。年内，全区环保投入41.65亿元，占GDP（属地）的3.68%。全年空气优良天数272天，优良率74.5%；酸雨率80%，比上年下降7.5个百分点；区控地表水平均水质为V类，和上年持平。

【完成第五轮环保三年行动计划】2014年，通过25个责任单位的协同参与，除5个项目因土地、资金等原因调整至第六轮环保三年行动计划外，其余项目全部完成，完成率94.7%。36个市级重点项目中，34个全部完成。第五轮环保三年行动计划以建设"低碳、生态、可持续"的逐步演进型生态宜居城区为目标，完善以沟通协调、检查督促、跟踪评估和信息反馈为内容的推进机制，持续推进环境基础设施建设，全区环境质量稳中有升。

【启动清洁空气行动计划】3月，嘉定区成立区清洁空气行动计划领导小组，全面启动清洁空气行动计划。编制并印发《嘉定区清洁空气行动计划》，将52项重点任务分解落实责任。年内，全区共完成锅炉清洁能源替代120台，调整劣势企业122家；制定4家重点企业VOCs治理工程方案；实施茶水炉、露天石材加工企业调查摸底，将扬尘污染防治方案和安装在线监测系统的要求纳入建设项目环境影响评价审批；对环境信访突出的6家混凝土搅拌站实施整治；开展码头堆场扬尘污染整治，2家水泥散装企业落实防尘措施；启动黄标车治理工作；在挂牌出让地块工程建设中，装配式建筑的建筑面积达37.1%。

【环境质量】2014年，嘉定区环境质量稳中有升。区环保局监测数据显示：区域环境降尘量为5吨/平方公里•月，比上年增长4.17%；空气中二氧化硫、二氧化氮、PM10浓度均值分别为18微克/立方米、43微克/立方米、80微克/立方米，空气质量基本稳定。饮用水水源地水质保持稳定，达到水环境功能区要求。区控断面平均综合水质指数为5.3，属V类水，和上年持平，地表水水质保持稳定。

【主要污染物总量控制和减排】2014年，嘉定区严格实施减排目标考核，对完不成减排目标的企业和项目实行"一票否决"，以污染减排助推产业转型发展。污染物排放量持续下降，"十二五"以来工业化学需氧量、氨氮、二氧化硫和氮氧化物分别削减102.39吨、11.45吨、2 348.78吨和817.82吨，完成阶段任务要求。

【建设项目环境管理】2014年，区环保局坚持"批项目、核总量"，把控制污染排放总量作为环评审批前置条件，严格控制新增污染排放量，从源头优化产业结构。推进嘉定再生能源利用中心、南翔污水厂等重大项目环评工作。通过准入评审、环评中后期管理等途径，从环境保护角度促进经济发展方式转变和产业结构调整。全年受理建设项目行政许可1 213件，不予行政许可11件。

【环境监察】2014年，嘉定区把健全行政执法责任制、规范执法行为、加强执法监督作为推进环境保护依法治理的重要内容。年初，制定《区级重点污染企业监管名单》《2014年污染企业监察名单》，确定监察等级、频次。全年出动监察人员1 085批次3 055人次，监察企事业单位2 902个次；完成污染源现场监察988个次；检查环保治理设施3 926台（套）；开展电镀企业、工业废气、重点减排企业和蒲华塘地区重金属企业等13次专项执法检查，累计出动执法人员340批次1 086人次，检查单位456个次，处置违法企业7家，发现设施异常企业12家。全年立案查

环境日常执法监察　　（区环保局　供稿）

处违法案件170件，作出行政处罚决定185件，处罚金额741.1万元。

【环保法制宣传】 2014年，区环保局通过举办"六五"世界环境日活动为契机，围绕"向污染宣战的主题"，多层次、多途径开展环保法制宣传进"四区"（社区、产业园区、街镇辖区、水源保护区）活动。6月5日，在嘉定镇街道桃园社区举行"绿天使行动之环保微课堂"系列活动启动仪式暨首次宣讲；在上海国际汽车城零部件配套工业园区举行世界环境日主题宣传活动暨零部件园区生态园区创建动员会，结合生态园区启动创建，开展面向企业系列宣传活动，和重点企业签订创建责任书，向"绿色企业"授牌，举行清洁生产技术交流会；在真新街道举行世界环境日主题宣传活动暨清洁空气行动计划启动仪式，为绿色小区和社区环保服务站授牌；在华亭镇举行"保护水资源、建设美丽乡村"低碳骑行活动。加大政务公开力度，通过在区环保局网站、微博主动公开环评审批、环保信息有关文件，提升公众环保参与度。

华亭镇"保护水资源、建设美丽乡村"低碳骑行活动
（区环保局　供稿）

2013–2014年嘉定区河流监测断面综合水质标识指标(WQI)

河流	断面	水体功能类别	2013年		2014年	
			WQI	水质类别	WQI	水质类别
娄塘河	华亭取水口	III	2.4	II类	2.7	II类
娄塘河	娄塘水厂	IV	4.31	IV类	4.32	IV类
练祁河	嘉定水厂		5.02	IV类	5.02	IV类
盐铁塘	葛隆		5.641	V类	5.431	V类
环城河	仓桥		4.42	IV类	4.42	IV类
顾　浦	安亭水厂		5.431	V类	5.121	V类
蕰藻浜	大桥头	V	5.01	IV类	5.01	IV类

2013–2014年嘉定区空气环境质量监测结果(年平均值)

年份	SO_2（毫克/立方米）	NO_2（毫克/立方米）	PM10（毫克/立方米）	降水PH值	降尘量(吨/平方公里·月)
2013	0.026	0.049	0.079	5.1	4.8
2014	0.018	0.043	0.08	4.9	5

（吕　翀）

科技·信息化

编辑　吴庆

综　　述

2014年，嘉定区科技和信息化工作聚焦创新工程、主体培育、服务体系和智慧城市建设，为嘉定现代化新型城市建设提供科技支撑。重大创新项目和工程取得突破，上海物联网中心二期基本建成；上海微技术工业研究院启用，8英寸“超越摩尔”研发中试平台启动；中科院声学所东海研究站嘉定新园区开工建设，总建筑面积5.8万平方米；电动汽车研发中心新能源汽车动力系统一期启动建设；基于领域语义库的“小i机器人智能云服务平台”被授予2014中国国际工业博览会金奖。战略性新兴产业项目产业化取得新突破，联影医疗1.5T大孔径磁共振样机下线并完成临床试验，10款产品获医疗器械注册证并开始产业化；钠硫储能电池工艺定型完成；以上海联影医疗科技有限公司为核心的高端医疗装备区域纳入上海市生物医药科技产业化基地发展规划；新能源汽车及汽车智能化、物联网（微技术）两大产业创新集群形成市区联动。张江嘉定园第三次拓区，拓区后面积达50.07平方公里，位列全市同类园区第四。成功举办第四届上海嘉定科技博览会，实现“产学研”项目对接138项；持续推动科研院所研发平台向企业开放，开放平台增至32个；“一站式”创新服务平台成功上线，推出全市首家区县科技管理部门官方微信“嘉定科技”，增强科技服务推送力度。新认定上海市科技“小巨人”（培育）企业28家（总数123家）；新认定申报高新技术企业180家，复审高新技术企业73家，总数达510家；新建13家市、区工程技术研究中心，创新资（基）金项目立项206项，立项资金2 730万元；企业项目研发经费总预算152.03亿元，12家企业被列入上海市高新技术成果转化项目百佳“十强”名单；建成市院士专家工作站（院士专家服务中心）6家，进站院士2人，进站专家18人；市知识产权优势企业增至9家，占全市总量的12.2%；市专利工作示范单位与试点企业分别占全市总量的13.6%和9.7%。进一步明确智慧城市建设重点任务，推进智慧交通、智慧医疗、智慧教育、文化体育智慧应用，菊园新区等4个街镇被确定为上海市智慧社区试点；区级机关干部日常管理信息化平台上线运行；深化“人口库、法人库、房屋库、地理信息库”建设，嘉定实有企业资源共享平台（一期、二期）建成。夯实科普阵地建设，新增市级科普教育基地1家、示范社区2家，区级科普示范社区6家、科普村（居委）11个。年内，编制形成《嘉定科技城科技创新三年行动计划》《张

2014年上海嘉定科技博览会展室一角　　（嘉定报社　李华成　摄）

江嘉定园2020发展规划纲要》，明晰区域科技创新发展战略；出台《嘉定区信息化项目管理办法》《关于进一步规范嘉定区智慧城市专项资金使用管理的实施意见（试行）》，规范科技项目管理。（陈　潇）

高新技术与科技成果

【概况】 2014年，嘉定区聚焦科技创新，完善创新服务体系，提高自主创新能力，优化科技创新环境，加强科技型企业的培育力度。全年申报国家、市级科技项目909项，立项274项，获国家和市级扶持资金7 378万元、补助资金1 450万元。其中科技型中小企业技术创新资金项目立项206项，比上年增长1.15倍。国家重点新产品计划立项10项，占全市立项数的14.3%。企业项目研发经费总预算152.03亿元。申报上海市农业科技项目8项，经专家评审推荐7项。上海市科委农业科技星火富民工程项目和农业重点科技攻关项目各立项2项，共获资金支持190万元。完善科技创新服务体系建设，优化科技创新服务平台和科技项目管理平台，加强和上海市研发公共服务平台合作，“一站式”信息服务平台成功上线运行，初步实现市区联动模式。5月19日，“嘉定科技”微信平台开通，是全市第一家区县科委、科协的官方微信，及时发布区内最新科技创新政策、科学知识和科技服务等资讯。

【举办2014年上海嘉定科技博览会】 8月21-23日，以“聚焦、融合、突破、共赢”为主题的2014年上海嘉定科技博览会在上海汽车会展中心举办。博览会主要活动内容涵盖科技奖励大会、七大主题论坛、3场培训研讨会、1场创意制作大赛和1堂辩论推广赛，开设张江嘉定园、智慧城市、新能源汽车、科研成果、企业创新、科普等六大展示体验馆，复旦大学、同济大学、上海大学、中科院上海微系统所、中科院上海光机所、中科院上海硅酸盐所、中科院上海技术物理所等26个单位的150项科研成果和产品参展。博览会举办“我在嘉定科博会”微信推广系列活动，包括微信朋友圈有奖互动、看科博扫微信赢话费、嘉定科博微问答竞赛等活动，增加参会者的互动。

【嘉定科技奖励大会召开】 8月21日，2014年嘉定区科学技术奖励大会召开。一批为全区经济社会发展做出重大贡献的科技领军人才和科技功臣，以及在新能源汽车、机械、新材料、农业科技等领域获得市、区科技进步奖、发明创造奖的项目获表彰。全区有56项科技成果（人）被授予嘉定区科技进步奖，其中科技功臣奖2人、科技领军人才奖18人、科技进步奖32项、发明创造奖14项。

【科技创新型企业培育】 2014年，国家高新技术企业新认定申报180家，比上年增长74.76%；复审高新技术企业73家，全区共有高新技术企业510家。年内，上海市科技小巨人（培育）企业申报立项28家，立项总数123家次，排名全市第二。全区有206家企业的项目被上海市创新资金立项。

2014年嘉定区科技功臣、科技领军人才一览表

奖　项	姓　名	所在单位
科技功臣	董显林	中国科学院上海硅酸盐研究所
	张　峰	上海新傲科技股份有限公司
科技领军人才	王国江	嘉定区南翔医院
	王鹏飞	上海绿强新材料有限公司
	凤光宇	嘉定区教师进修学院
	甘晓卫	嘉定区妇幼保健院
	余笑寒	中国科学院上海应用物理研究所
	沈卫平	嘉定区农业技术推广服务中心
	陈宇渊	上海激光电源设备有限责任公司
	陈　健	上海中晶企业发展有限公司
	陈跃宇	嘉定区中心医院
	周凤林	嘉定区第二中学
	周　健	中国科学院上海微系统与信息技术研究所
	郑燕青	中国科学院上海硅酸盐研究所
	赵　任	上海交通大学医学院附属瑞金医院北院
	姜　龙	安科瑞电气股份有限公司
	姚　薇	上海遥薇（集团）有限公司
	梁栋科	上海康德莱企业发展集团股份有限公司
	蔡传兵	上海恒云能源科技有限公司
	潘令誉	上海市机械施工集团有限公司

2014年嘉定区发明创造和科技进步奖获奖项目一览表

项　　目	单　　位	奖　项
针对大规模服务器集群的内容分发和部署的系统和方法	网宿科技股份有限公司	发明创造一等奖
一种汽车照明用降压式恒流LED驱动电路	上海小糸车灯有限公司	发明创造二等奖
一种光电缆用低密度阻水填充膏	上海鸿辉光通科技股份有限公司	
一种环保型织物耐久阻燃剂的制备与应用	上海雅运纺织助剂有限公司	
运输车辆安全监控系统	上海航盛实业有限公司	发明创造三等奖
一种用于隧道施工的箱涵顶进置换矩形管撑法	上海市机械施工集团有限公司	
含锂改性低硅X型分子筛吸附的制备与开发	上海绿强新材料有限公司	
一种冲击式挖掘装置	上海金泰工程机械有限公司	
一种光学镜片的研磨方法及装置	上海伟钊光学科技股份有限公司	
大众新一代A Entry平台用QFZ13918型散热器风扇总成	上海马陆日用友捷汽车电气有限公司	
声波测井系统多极子接收用压电陶瓷材料及其制备方法	上海硅酸盐研究所中试基地	
一种具有蒸气热泵的板式蒸发装置	上海艾克森集团有限公司	
一种变压器油及其制备方法	上海中孚特种油品有限公司	
盲板中心位置可调节装置	上海增欣机电设备制造有限公司	
全自动悬吊式数字摄影系统	上海联影医疗科技有限公司	科技进步一等奖
用于高精度星间测量与通信的高增益大扫描范围相控阵天线	上海航天电子有限公司	
慢性阻塞性肺病综合防治体系的建立及预警模型的开发	上海交通大学医学院附属瑞金医院北院，上海交通大学医学院附属瑞金医院	科技进步二等奖
国家"神光"项目米级激光玻璃超精密研抛的工艺及设备研发	上海中晶企业发展有限公司，成都太科光电有限责任公司，四川大学	
基于物联网多传感感知技术的周界安防系统研究及其产业化	中国科学院上海微系统与信息技术研究所，上海物联网有限公司	
特种新光源超高压投影灯关键零部件电极组件高技术研发及应用	上海亚尔光源有限公司	
高分子材料肠道球囊导管技术在肛肠全息影像无创诊断中的应用和产业化	上海康德莱企业发展集团医疗器械有限公司，上海中医药大学附属曙光医院	
网宿内容与流量管理平台技术与应用	网宿科技股份有限公司	
全智能电控直流驱动型自动机械变速器(AMT)总成技术在城市公交新能源客车的应用	上海海能汽车电子有限公司，广西玉柴机器股份有限公司	
双重功能改善亚健康的充气型功能饮料的产业化研究	上海东锦食品集团有限公司	
一种集成紧急辅助制动助力器的研究与开发	上海汽车制动系统有限公司	
CE-3着陆器推进分系统推进控制电子控制设备	上海航天电子有限公司	

（续表）

项　目	单　位	奖　项
面向车联网应用的车载信息服务终端	上海航盛实业有限公司，普华基础软件股份有限公司	科技进步二等奖
面向新一代网络机器人的海量数据分析与知识挖掘系统研究	上海智臻网络科技有限公司，华东师范大学	
基于GIS的信息管线资源全生命周期管理与分析服务平台	上海杰狮信息技术有限公司	
复合包装材料的研究与应用	上海三樱包装材料有限公司	
3G车载视频无线终端（YW2011-3G）	上海遥薇（集团）有限公司	
新型四象限变频器关键技术开发及应用	上海新时达电气股份有限公司，上海辛格林纳新时达电机有限公司	
神光II号核聚变充电和控制系统	上海激光电源设备有限责任公司，中国科学院上海光学精密机械研究所	
低位挂线高位扩创引流术治疗高位复杂性肛瘘临床研究	嘉定区中医医院	
初产妇潜伏期硬膜外镇痛分娩临床价值的探讨	嘉定区妇幼保健院	
应用微创技术治疗脊柱及四肢骨折	嘉定区南翔医院	
汽车电控助力转向系统关键零部件齿条产业化项目	上海北特科技股份有限公司	
超大型顶压式阀门试验台	上海增欣机电设备制造有限公司	
SH12M5P手动变速器总成	上海汽车齿轮一厂	
制动噪声耐久试验方法和评价标准制定	上海汽车制动系统有限公司	
标准化园艺场种养结合、废弃物综合利用模式示范	嘉定区农业技术推广服务中心，上海市农业技术推广服务中心，嘉定区动物疫病预防和控制中心	科技进步三等奖
巨型环状特殊结构建造成套技术	上海市机械施工集团有限公司	
光电缆用喷涂阻水膏	上海鸿辉光通科技股份有限公司	
在线全尺寸检测设备开发及应用	上海小糸车灯有限公司	
“研训教一体”的实践研究	嘉定区教师进修学院	

2014年嘉定区立项上海市科技“小巨人”（培育）企业一览表

项目类型	单　位	项目类型	单　位
“小巨人”企业	上海大华电器设备有限公司	“小巨人”（培育）企业	上海虹思科技有限公司
	上海李尔实业交通汽车部件有限公司		上海金友金弘电线电缆股份有限公司
	上海瑞尔实业有限公司		上海玖道信息科技股份有限公司
	上海新安汽车隔音毡有限公司		上海康德莱企业发展集团医疗器械有限公司
	上海英汇科技发展有限公司		上海诺地乐通用设备制造有限公司
	上海永乾机电有限公司		上海磐宇科技有限公司
	用友汽车信息科技（上海）有限公司		上海日出科技有限公司

（续表）

项目类型	单　位	项目类型	单　位
“小巨人”（培育）企业	浩力森涂料（上海）有限公司		上海腾盛智能交通技术有限公司
	美德瑞光电科技（上海）有限公司		上海天好电子商务有限公司
	上海艾克森集团有限公司		上海仪电科学仪器股份有限公司
	上海佰顿新材料科技有限公司		上海原子科兴药业有限公司
	上海东星环保油墨有限公司		上海哲成汽车装备工程有限公司
	上海泛联科技股份有限公司		腾龙电子技术（上海）股份有限公司
	上海福太隆汽车电子科技有限公司		腾燊嘉诚（上海）信息科技股份有限公司

【推进科技企业孵化器发展】 2014年，嘉定区以实施“大孵化”战略为契机，推进各类孵化器“苗圃+孵化+加速”的建设和发展。至年底，全区有各级科技企业孵化器10家，其中市级8家，区级2家，在孵企业380家。新认定嘉定区创业投资大孵化器13家。

【研发平台建设】 2014年，推进企业研发机构建设，上海安科瑞电气股份有限公司等4家公司通过上海工程技术研究中心创建评审。至年底，市级工程技术中心增至14家，比上年增长28.6%。推动科研院所研发平台向企业开放，全区科研院所公共服务平台增至48个。鼓励和引导服务机构为更多中小型科技企业提供创新创业服务，南翔置地企业投资管理有限公司等3家企业被国家中小企业发展专项资金科技型中小企业技术创新项目立项，获资金支持285万元。

2014年嘉定区上海市工程技术研究中心一览表

研究中心	承担单位
上海碳化硅晶体工程技术研究中心	上海硅酸盐研究所中试基地
上海钠硫储能系统工程技术研究中心	上海电气钠硫储能技术有限公司
上海氢能利用工程技术研究中心	上海舜华新能源系统有限公司
上海新能源汽车检测工程技术研究中心	上海机动车检测中心
上海物联网应用工程技术研究中心	上海物联网有限公司
上海医学影像及放射治疗工程技术研究中心	上海联影医疗科技有限公司
上海细胞治疗工程技术研究中心	第二军医大学东方肝胆外科医院
上海汽车变速器工程技术研究中心	上海汽车变速器有限公司
上海电站泵工程技术研究中心	上海凯泉泵业（集团）有限公司
植物纤维再生利用成套设备工程技术研究中心	上海人造板机器厂有限公司
上海内容分发网络工程技术研究中心	网宿科技股份有限公司
上海车辆声学零部件（NVH）工程技术研究中心	上海华特汽车配件有限公司
上海智能在线服务机器人工程研究中心	上海智臻网络科技有限公司
上海蓝宝石单晶工程技术研究中心	上海硅酸盐研究所中试基地

【产业创新集群建设】 2014年，嘉定区明确新能源汽车及汽车智能化、半导体芯片先进传感器、高端医疗装备和机器人四大特色产业作为嘉定产业创新集群建设的主导方向，其中新能源汽车及汽车智能化、物联网（微技术）两大产业创新集群形成市区联动，予以重点推进。安亭汽车零部件产业园通过科技部第四批国家火炬计划特色产业基地复核。嘉定作为制造业基地纳入《上海生物医药产业基地建设2014-2017年规划》，重点推动以上海联影医疗科技有限公司

为核心、面积5平方公里的高端医疗装备研发区域建设。

【“产学研”合作对接】 2014年，嘉定区放大“科技人才创业工坊”、嘉定科技博览会的平台效应，开展点对点的“产学研”服务，组织上海新时达电器股份有限公司、上海福斯油品有限公司等企业与同济大学、复旦大学等高校和科研院所开展对接，全年成功实现“产学研”对接138项，其中人民电器上海有限公司与上海空间电子设备所合作的“智能电网卫星传输系统合作项目”、上海大学与福耀集团上海汽车玻璃有限公司的“新型车用智能节能玻璃开发项目”等3个项目被认定为年度优秀“产学研”合作项目。

【科技人才队伍建设】 2014年，嘉定区加强科技人才储备与培育，组织各类市级科技人才计划项目申报18项，立项11项，其中市启明星计划（B类）、优秀技术带头人计划各立项5项，市浦江人才计划（B类）立项1项。全区国家“千人计划”与上海市“千人计划”分别增至54人、36人。新建上海市院士专家工作站3家（上海航天电子有限公司、安科瑞电器股份有限公司、上海新祁环境科技有限公司）、院士专家服务中心2家（上海嘉定先进技术创新与育成中心、上海盐商集团有限公司）。至年底，累计6家，进站院士2人，进站专家18人。

【张江高新区嘉定园建设】 1月9日，由区科委（张江高新技术开发区嘉定园管委会）主办的上海张江自主创新示范区嘉定园科技创新培训班启动，该培训班针对街镇分管领导和各子园负责人、科技服务人员、招商人员等分别开设3个培训班，邀请市发改委、市科委、市发展研究中心等相关部门专家、学者，围绕平台战略、战略性新兴产业、张江高新区政策及知识产权管理、上海自贸区建设等领域进行授课，组织学员参观虹口区1933老场坊、市北高新技术服务园区、漕河泾开发区松江高科园等园区，进行现场教学。培训班历时6个月，开设专题培训23场，1 200余人参与。3月19日，张江嘉定园管委会亮相SEMICON China2014展会，在“中国重点产业园区巡礼区”展台举办张江嘉定园推介会。年内，结合上海国际汽车城新一轮发展和张江嘉定园二次开发，将上海大众汽车制造区块、嘉定新城中医药健康产业园区纳入张江嘉定园范围，增加园区面积4.4平方公里，园区总面积50.07平方公里。 （陈　潇）

科普事业

【概况】 2014年，嘉定区以科普基地建设为抓手，以科普专项申报为载体，积极参与各类市级科普评比活动，夯实科普工作基础。新增市级科普教育基地1个、科普示范社区2个，区级科普示范社区6个、科普村（居委）11个。外冈蜡梅园成为市级科普惠农兴村实践基地。组织社区居民、青少年赴全市各科普教育基地参观，区内各科普教育基地接待参观者6万余人次。联合上海益力多乳品有限公司，采用“1+X”（益力多工厂加一个自选科普教育基地）参观模式，开展主题为“大手拉小手”的肠道健康科普知识夏令营。12月4日，嘉定区首个无线电科普教育基地在迎园中学举行揭牌仪式。在市科普文艺汇演中，安亭镇的快板《安全其见》、真新街道的舞蹈《快乐的志愿者》分获市科普文艺汇演比赛一等奖、三等奖。在上海市“讲理想、比贡献，奋力实现中国梦”活动中，嘉定区获先进集体奖3项、创新团队奖1项、演讲优秀选手奖2项。“嘉定科技博览会”项目获市科普教育创新成果奖三等奖。

【推进“企业科普大行动”】 2014年，嘉定区建立涵盖53位专家和80余项课题的“企业科普讲师团菜单”，在马陆镇、徐行镇、安亭镇、嘉定工业区、菊园新区进行试点，围绕“科普进企业”与“企业做科普”开展活动。全年参与企业50余家，举办活动60余场次，惠及社区居民10万人。

【实施科技下乡、科普惠农计划】 2月15日，区科委（科协）联合区教育局、区卫计委等12个成员单位到外冈镇社区文化活动中心开展文化、科技、卫生“三下乡”活动，设置关于消防安全、食品健康知识的科普展板，向市民讲解科普知识，发放科普书籍500余本、科普知识宣传手册3 000余份，赠予外冈镇科普经费3万元，市民500余人参与活动。

【开展科技周、科普日主题活动】 5月19日，嘉定区“全国科技周”活动启动仪式在嘉定体育馆举行，活动以“科学生活·创新圆梦”为主题，举办“科普进农家，科普进企业”、第八届“永盛杯”科普演讲比赛暨文艺汇演、中科院公众科学日等系列活动，各街镇相应开展科普主题活动。 8月23日，嘉定区“全国科普日”活动启动仪式在上海汽车会展中心举办。启动仪式上，举行“全国

“全国科普日”主题活动　　（嘉定报社　李华成　摄）

科技周”先进集体(嘉定镇街道、嘉定工业区、马陆镇、真新街道、中科院上海光机所)和全国科普示范城区(越华社区、梅园社区)及第二届“西马特杯”创意制作大赛颁奖仪式。嘉定区“全国科普日”活动以“创新发展、全民行动”为主题,围绕上海嘉定科技博览会联合大行动、“西马特杯”创意制作大赛、无线电知识网上科普竞赛、企业科普行动和“科普益民惠农”五大主题开展系列活动,共开展百余项科普主题活动。年内,全区共组织大型科普活动18场(项)次,开展“科普服务百姓”活动百余项,举办科技下乡活动12次,制作挂图、展板、黑板报320余张(块),发放科普资料2.3万余份,受益群众20万人次。

【青少年科普】 7月8-10日,区科委、区教育局组织全区18所中小学的50余名优秀科技青少年及科技教师赴江苏省连云港市开展青少年科普夏令营活动,参观田湾核电站及其他科普设施。年内,承接市科协、市科普教育发展基金会及上海科技发展基金会联合组织的青少年暑期科普活动,组织100名青少年到上海益力多乳品有限公司工厂、上海汽车博物馆、上海市少年儿童浏河活动营地、马陆葡萄主题公园等区内科普教育基地开展“沐科普阳光 启科技梦想”嘉定暑期科普行活动。

【举办第二届“西马特杯”创意制作大赛】 8月23日,第二届“西马特杯”创意制作大赛在上海汽车会展中心举行。大赛首次走出嘉定,由嘉定和虹口、宝山、青浦、普陀五区联动主办。大赛以“创意·实践·圆梦”为主题,根据参赛对象的不同,分为现场制作、创新思维、创新作品比赛3个专项,共吸引5个主办区千余名选手参赛,收到参赛作品200余份。大赛评选出各专项比赛的一、二、三等奖,48名选手获奖。

【举办第二届上海市科普讲解员大赛】 12月18日,第二届上海市科普讲解员大赛嘉定区预赛在区青少年活动中心举行,比赛以“爱科学,秀科普,今天我讲解”为主题,区内的6个市级科普教育基地的10名选手参赛,14个市级科普教育基地的负责人出席并担当评审。预赛采用自主命题讲解的方式展开,各科普教育基地的选手结合各基地的展示主题,围绕科普知识点开展5分钟讲解,经过角逐,4名选手晋级复赛。

【开展科普工作人员培训】 4月16日,区科委、科协组织全区各街镇的科普干部和282个社区(村)的464名社区(村)科普工作人员参加区科普工作者培训班,邀请专家分别就社区科普工作及《全民科学素质行动计划纲要》推进、金融信息安全知识、上海科普工作的实践与思考3个主题进行讲解辅导。 (陈 潇)

知识产权

【概况】 2014年,嘉定区加强知识产权创造、运用、管理和保护工作,推动专利数量和质量并进。全年申请专利5 001件,其中发明专利1 691件,专利授权3 457件。上海市知识产权优势企业增至9家,占全市12.2%;1家企业被认定为市专利工作示范企业(全市14家),15家企业被认定为市专利工作试点企业(全市127家),分别占全市年增量的9.7%和13.6%。1月1日起,区科委试行《上海市嘉定区专利费专项资助办法(试行)》,对在区内工商注册和税务登记的企事业单位和社会团体当年获国内外发明专利授权所发生的部分费用予以资助。2月10日,嘉定区知识产权局获上海市区县专利管理工作先进集体和上海市区县知识产权宣传培训工作先进集体称号。

【专利执法检查】 10月15-16日,由上海市知识产权局政策法规处带队,嘉定、青浦两区组成联合执法队,对两区内的重点商业单位开展专利行政专项执法检查。对嘉定区的欧尚超市(嘉定店)、华氏大药房嘉定店,普陀区的农工商超市(集团)有限公司普陀总店、上海复美益星大药房普陀店实施专项执法检查。在各商家自查的基础上,重点检查日用品、药品、保健品等标有专利标记的商品160余种,对有关商品的专利法律状态进行初步核查,向商家宣传专利基本知识及打击侵犯知识产权和制售假冒伪劣商品专项行动、“销售真牌真品,保护知识产权”承诺活动等情况。

【开展知识产权宣传周活动】 4月21-27日,围绕“4•26”世界知识产权日,区科委联合工商嘉定分局、区经委、区司法局、食药监嘉定分局、区文广执法大队等11个部门,举办“4•26”知识产权大型宣传活动及商品执法行动。宣传周期间,区科委在嘉定门户网站设立专栏,循环播放上海市知识产权宣传片;张贴宣传海报近百份;向4万余名市民群发知识产权宣传手机短信。4月26日,在安亭镇嘉亭会城市生活广场举行专场活动,播放知识产权宣传片,向市民宣讲知识产权相关政策,发放宣传品,接受市民对有关专利申请资助政策、专利维权保护等问题的咨询。会同工商嘉定分局、区质监局、食药监嘉定分局等执法部门进入安亭镇大润发超市实施相关商品抽查执法行动。 (陈 潇)

2014年嘉定区新增市知识产权优势和市、区专利工作示范、试点企业一览表

类 别	企业名称	类 别	企业名称
上海市知识产权优势企业	上海马陆日用友捷汽车电气有限公司	嘉定区专利工作示范企业	华荣科技股份有限公司
	上海中西制药有限公司		上海遥薇(集团)有限公司
	上海启元空分技术发展股份有限公司		上海优耐特斯压缩机有限公司

（续表）

上海市专利工作试点企业	上海绿强新材料有限公司
	上海南亚覆铜箔板有限公司
	上海洗霸科技股份有限公司
	上海骆氏减震件有限公司
	上海长园电子材料有限公司
	上海康德莱企业发展集团医疗器械有限公司
	东来涂料技术（上海）有限公司
	上海博泽电机有限公司
	上海博泰悦臻网络技术服务有限公司
	上海骐荣机械自控有限公司
	上海宝银电子材料有限公司
	上海台安工程实业有限公司
	上海拜骋电器有限公司
	上海新漫传感技术研究发展有限公司
	上海众人网络安全技术有限公司
上海市专利工作示范企业	上海网宿科技股份有限公司
嘉定区专利工作示范企业	上海伟钊光学科技股份有限公司
	上海超滤压缩机净化设备有限公司
	中电科微波通信（上海）有限公司
	上海昂丰矿机科技有限公司
	上海盈达空调设备有限公司
	上海瀚艺冷冻机械有限公司
	上海嘉迪机械有限公司
嘉定区专利产业化项目（企业）	上海沪工汽车电器有限公司
	网宿科技股份有限公司
	上海一诺仪表有限公司
	爱普香料集团股份有限公司
	上海绿强新材料有限公司
	安科瑞电气股份有限公司
	上海小绵羊实业有限公司
	上海拜骋电器有限公司
	上海辛格林纳新时达电机有限公司
	上海铁大电信科技股份有限公司
	上海新漫传感技术研究发展有限公司
	上海格尔汽车附件有限公司
	上海一成汽车检测科技股份有限公司
	上海南亚覆铜箔板有限公司
	上海九鹰电子科技有限公司

信息化建设

【概况】 2014年，加强信息化基础设施建设，新建信息管线路段65条，长503孔公里。其中共建12条，长73孔公里。完成117个小区光网改造，新增9.6万户住宅用户，累计完成192栋商业办公楼宇光纤覆盖，覆盖率80%。新建2G/3G基站109座，4G基站1 003座，在网4G用户数约18.4万人；全区新增共建共享基站52座，累计共建共享基站121座。各类商用WLAN（无线局域网）覆盖热点391个，城镇化地区有效面积覆盖率98.5%。年内，全区完成9.1万户NGB网络（中国下一代广播电视网）用户改造，新增在网用户1.76万户，NGB网络改造覆盖率91%。全区新增1.3万户IPTV用户，IPTV用户总数累计16.3万户，IPTV用户覆盖所有家庭宽带用户的53.2%。

【"智慧城市"建设】 2014年，区财政划拨1 300万元作为智慧城市专项资金先期启动资金，实现区级信息化建设领域专项资金"零"的突破。区科

嘉定区"智慧城市"建设2014年重点工作推进会　（嘉定报社　孙凌　摄）

委和区财政局共同制定《关于进一步规范嘉定区智慧城市专项资金使用管理的实施意见》，明确支持重点、支持对象、支持方式、管理验收等内容，从制度上确保资金的规范使用。6月10日，嘉定区召开智慧城市建设重点工作推进会，在智慧政务平台、智慧社区体系、智慧管理运用、智慧园区等方面进行工作部署。7月23日，“车联网走进智慧城市”沙龙（嘉定站）在安亭汽车展览中心举行，活动以“车联网助力嘉定智能交通建设与创新发展”为主题，围绕智能公交、智能停车诱导系统、智能交通、新型商业模式建设及车联网新技术在智能交通中的应用等主题开展交流。8月14日，区政府与华为技术有限公司签署《共同推进嘉定区智慧城市建设合作框架协议》。双方将聚焦社会民生和城市管理，围绕顶层设计、项目推进等领域开展全面合作。12月，上海市经信委启动第三批智慧社区建设试点工作，真新街道被确定为第三批7个试点单位之一。

【智慧园区建设】 8月22日，嘉定区举办以“智慧互联 产业集聚”为主题的嘉定智慧园区发展论坛，相关行业专家、学者和各街镇、张江高新区嘉定园、经济城等相关负责人参加，研讨嘉定智慧园区发展。12月，根据《上海市经济信息化委员会关于开展本市第二批智慧园区试点建设的通知》，嘉定区中广国际广告创意产业园被认定为第二批智慧园区试点。

【联勤网格化信息系统建成】 12月，嘉定区联勤和城市网格化综合管理信息系统建成并在全区范围试运行。该系统基于城市网格化管理信息系统，整合联勤、城市网格化管理、“12345”市民服务热线和应急管理等功能，基本形成网格确定、内容明了、责任清晰、流程统一的城市综合管理体系，具备对全区范围内城市综合管理问题从发现到处置和监督协调的管理能力。

【开展信息基础设施情况摸底】 5月，区科委组织电信、移动、联通和东方有线四家运营商，从信息管线建设、固网业务覆盖、“光纤到户”改造、有线电视网改造、WLAN网络覆盖和移动通信设施建设情况六大方面，开展嘉定区通信基础设施摸底调研工作。调研结果显示：至6月，嘉定区有固定电话用户28万户，宽带接入用户54万余户，家庭用户平均带宽达10Mbps；数字电视用户近27万户；移动电话用户数突破280万人，有2G、3G移动通信基站1 800余座，建成4G通信基站219座；全区WLAN网络热点数量595个，其中商用WLAN热点数为487个，有效覆盖面积223.6万平方米。调研显示，在嘉定城镇化区域，通信基础设施建设日趋完善；在农村地区，由于居住分散、人口老龄化、流动人口多等因素，通信基础设施建设在覆盖面、覆盖率等方面相对薄弱。

【无线电管理】 2014年，嘉定区无线电管理办公室聚焦嘉定智慧城市建设总体目标，在完善2G、3G网络深度覆盖的基础上，支持各运营商推进4G网络建设，以建设“宽带、泛在、融合、安全”的移动通信网络为目标，开展无线电管理工作。全年累计开展宣传活动10次，发放宣传材料2 800余份，受众3 128人次。协助市无线电管理局进行基站年计划预审3批次，共计1 055个，审批通过1 055个；基站站址认定预审25批次，共计445个，审批通过404个。召开无线电专题会议7次，参与包括高考保障在内的无线电活动保障3次，协调处理基站信访投诉11件。

【中国（上海）智慧家庭产业技术集群创新峰会召开】 3月28日，以“同建智慧家庭生态圈，共创智慧城市大未来”为主题的2014年中国（上海）智慧家庭产业技术集群创新峰会在南翔镇召开，中科院上海高等研究院、上海物联网中心及相关投融资机构近200人参加活动。与会专家以“智慧生活与智慧家庭生态圈”“上海市智慧家庭产业计划”为题进行演讲，从宏观的角度描绘智慧家庭的产业蓝图。中国建筑电气产业联盟协同家联国际上海家联网络科技有限公司，与各高校、科研院所和企业就“智慧家庭生态圈对产业发展的价值”展开学术性交流与探讨。

【新增软件企业65家】 2014年，经上海市软件企业认定联席会议办公室审核，嘉定区域内的上海诺瑞数字技术有限公司、上海果安网络科技有限公司、莉莉丝科技（上海）有限公司等65家企业符合相关标准，被认定为软件企业。其中，注册资金1 000万元以上的20家，注册资金100万元以上的28家。企业收入总额2.21亿元，营业收入2.19亿元。软件产品开发销售收入2.01亿元，平均占企业收入总额比为95.57%；软件产品自主开发销售收入1.97亿元，占企业收入总额比为94%。企业研发费用总额4 527.87万元，占企业自主开发销售收入的23%。共取得软件著作权108项。至年底，全区共有经过认定的软件企业221家，比上年增长41.7%。年内，嘉定区域内的上海全通金融谷发展有限公司、上海遥薇（集团）有限公司、上海起凡数字技术有限公司、上海博泰悦臻电子设备制造有限公司、上海海能汽车电子有限公司等5家企业获市经信委软件和集成电路产业发展专项资金（第一批）支持，获资助款650万元。 （陈 潇）

信息化应用

【概况】 2014年，嘉定区逐步优化智慧政务建设，进一步拓展应用领域。推进联勤和城市网格化综合管理信息系统建设，整合大联勤、网格化和“12345”热线，优化联勤工作流程，形成统一、高效、完整的城市综合管理工作体系，初步形成城市管理的一体化，并向智慧化转变。深化“人口库、法人库、房屋库、地理信息库”建设，完成嘉定实有企业资源共享平台（一期、二期）建设，全面启动地理信息库一期项目建设。有序推进政务资源集约化建设，对全区信息化项目的软硬件资源实行统一管理，探索政府资源共建共享新模式。与中国电信签署信息化合作框架协议，在全市率先尝试以市场化手段建设全区统一的智慧政务中心机房。拓展政府门户网站功能，完成政府信息公开管理系统升级改造，初步建成行政处罚信息公开专栏，推进政府信息网上公开。完成政务站群综合管理平台建设，规范站群管理。开展智慧门户无障碍浏览改造工作，丰富便民服务功能。6月16日，上海市第六届优秀网站表彰会在上海图书馆召开，“上海嘉定”门户网站获“上海市优秀网站”称号。

【机关干部日常管理平台建成运行】 1月1日，区机关干部日常管理信息化平台开始试运行，10月对外发布，实现嘉定区电子政务体系从无纸化办公向智慧政务转变。平台遵循“制度+科技、管理+服务”原则，以构建“1+6+X”体系为整体思路，综合集成多项管理服务功能。以“工作记实”为核心，涵盖“会务管理”“外出审批”“教育培训”“专项活动展示互动”等六大功能模块，要求机关干部按“真实性、及时性、完整性”原则，记录会议、活动、培训及调研走访等日常工作事项，做到“每日一记、有事必记”，对工作任务预排到周、细化到日。至年底，平台覆盖全区机关干部8 300余人，填写完整率93.7%。

【智慧政务平台运行】 2014年，区智慧政务平台累计发布工作记实138 287条，日均4 461条；发送政务短信9 578.21万条，日均4万余条；发送专送件315.41万条、通知7.01万条。全区接入政务网单位1 313个，其中行政村151个、居委51个、社区157个、镇企业113个，各委办局、职能部门及事业单位等841个，接入网络用户14 258人，移动政务平台用户数4 641人。

【举办APEC车联网技术及其全球应用合作论坛】 5月18—20日，2014年“亚太经合组织(APEC)车联网技术及其全球应用合作论坛”在上海国际汽车城举行。论坛由科技部国际合作司、中科院国际合作局、上海市侨联主办，以“智驱未来”为主题，旨在分享车联网与智能交通的最新发展及未来趋势，共建行业生态圈，促进APEC经济体之间的技术合作和产业发展。中国、韩国、俄罗斯、美国、泰国、越南等15个APEC成员经济体和APEC秘书处的150余名代表与会。论坛期间，各方代表通过高层对话、圆桌会议、项目交流等形式探讨在APEC框架内推动车联网相关技术、产业务实合作的实现路径，提出筹建APEC车联网技术信息互通平台的倡议，通过《亚太区域车联网白皮书》。

全国首个社区智能机器人落户江桥镇社区事务受理中心

（江桥镇 供稿）

【举办移动互联网产业发展论坛】 8月21日，2014年嘉定移动互联网产业发展论坛在上海汽车展览中心举行，中国移动游戏基地等163个科技企业参会。论坛围绕“移动互联网产业培育与发展之环境构建”主题展开研讨，主要内容包括嘉宾主题演讲、圆桌沙龙讨论等。与会嘉宾围绕移动互联网的未来之路、中国移动游戏的展望与布局、移动互联网的泛在影响与趋势探讨、嘉定区政府与移动互联网发展的关系、清控科创在嘉定的布局及项目计划等5个方面进行主题演讲，探讨移动互联产业全球、全国发展的新趋势、新热点或新模式，从未来5年互联网产业新增长点、机遇与挑战、相应政策促进、区域环境等方面展开讨论和互动。

【全国首个社区智能机器人上线运行】 11月6日，全国首个社区智能机器人落户江桥镇社区事务受理中心。市民通过文字或语音与智能机器人(社区智能终端机)对话，智能机器人“小慧”会用文字和语音形式告知市民有关就业、社保、医疗、居住证办理等193项常用社区服务信息和办事指南。该智能机器人系统运用云服务、大数据、人工智能等前沿技术打造，采用主智能查询系统，延伸到智能终端、微信及网站3个平台上。作为首批获嘉定区2014年度智慧城市专项资金支持的项目之一，智能机器人云服务系统上线试运行后，日均查询量百余条，约占江桥镇社区事务受理中心日办事人流量的三分之一。

【物联网技术产业联合研究室成立】 4月，上海师范大学天华学院和中科院上海嘉定先进技术创新与育成中心联合成立物联网技术产业联合研究室。研究室融汇天华学院工学院电子信息工程系、通信工程系、机械设计制造及自动化系的学科优势和“育成中心”科技创新力量，通过“产学研”合作，加快物联网项目产业化速度。 （陈 潇）

教　　育

编辑　宋怀常

综　　述

2014年，嘉定区教育工作按照《嘉定区教育发展三年行动计划(2013～2015)》的部署，聚焦“品质教育”内涵建设，深化教育综合改革，转变教育发展观念，提高教育发展的均衡度和群众满意度。年内，全区3岁～6岁幼儿入园率99.99%；小学入学率、巩固率、毕业率均为100%；初中入学率100%；高中阶段录取率99.55%；春秋两季普通高校总计录取1 771人，秋季高考录取率93.48%；成人教育培训总量104.9万人次。

优化教育资源配置，推进教育优质均衡发展。统筹区域教育资源，调整70个“十二五”规划建设项目。方泰小学、少体校训练馆建成交付使用，桃李园实验学校新校舍完工。引进优质教育资源，上海修仕倍励国际学校及国际实验高中签约入驻嘉定新城，中福会新城幼儿园开工建设，华东师范大学附属双语学校落户安亭。创新公办幼儿园托管民办三级园(看护点)工作机制，出台《民办三级园课程管理实施方案》。提升义务教育阶段学校办学水平，推进“新优质学校”项目建设，形成26所学校“联盟式”发展的办学特色。完成市级第四轮9所学校委托管理项目中期评估，启动区级第二轮12所学校委托管理项目。出台《嘉定区来沪人员随迁子女招生入学(园)工作实施意见》，开展违规招生清查，促进随迁子女学校招生规范化。投入230万元为民办随迁子女小学建设心理咨询室，添置教学设备，改善办学条件。顺利通过教育部义务教育发展基本均衡县(市、区)督导检查。

围绕品质发展核心，促进教育转型发展。与市教育科学研究院普教所签订合作协议，成立区教育综合改革工作小组和教育咨询委员会。建立区校联动机制，实施基于品质提升的学校改进计划和教育发展计划，深化学业“绿色指标”实验和教师教学行为改进项目研究。制定《嘉定区小学基于课程标准的教学与评价区域推进工作方案》，完善学生学业科学评价体系。开展“关注学科价值观”系列课堂转型展示研讨活动。出台“一校一品”校园体育特色建设实施方案，形成“阳光、活力、多彩”的校园健身氛围。实行校园足球、篮球联赛制度，提升校园体育活动成效，形成培养体育人才的新机制。推进青少年科技创新工程行动计划项目建设，青少年科技创新人才培养中心和五大科技创新拓展基地初步建成。探索地方文化传承机制，开展全国农村学校艺术教育实验区实验工作，评选出第一批15所民族文化优秀传承项目示范校。

加强教师队伍建设，夯实教育发展基础。实施“未来教育家”计划，举办学前教育名师研修班和高级研修班，启动49个“双名”(名校长、名师)工作室，8名校长分别参加芬兰教育培训、长三角名校长培训和全国校长“国培计划”培训，1名教师参加第七期美国加州“影子教师”培训，17名教师赴加拿大参加骨干教师培训。对

“我的教育主张”首论坛　　　　（区教育局　供稿）

教师进行分层化培训，组织见习教师参加教学技能培训评比活动，285名见习教师参加规范化培训，242名副校长、教师参加卡内基培训。4名教师被评为市特级教师，45名教师获市园丁奖，110名教师获区园丁奖，祝郁被评为全国教育系统先进工作者，夏月珍、孙丽霞获全国优秀教师称号，夏月珍获市教书育人楷模提名奖和区教书育人模范称号。做好优秀教育人才服务工作，为94名优秀人才落实各类人才资金资助补贴和住房配售待遇。

创新规范管理机制，优化评价监督体系。提升教育经费使用效益，制定《嘉定区教育系统项目支出预算管理办法》和《嘉定区教育系统项目支出预算报批流程》。对全区学校开展财务专项检查，配合区审计局对民办随迁子女小学政府补贴资金使用管理情况进行专项审计。加强对基建项目的监管和服务，修订《嘉定区教育系统工程建设项目管理办法》《嘉定区教育系统工程建设项目招投标管理规定》和《嘉定区教育系统设备采购管理办法》。提高教育管理和服务的科学化水平，推进食堂、安保社会化管理工作，成立区教育安全管理中心。在全市率先开通教育微信。制定《嘉定区公办中小学教育综合督导评估指标》，落实学校自评与发展性督导评估相结合的机制，加大发展性指标分值权重，促进学校转变办学理念。健全挂牌督学"三个一"（一月一个主题、一月一次例会、一月一次随访）工作机制，完成区第五轮中小学教育综合督导和"基于课程标准的教学与评价"等8个专项督导。（梁晓峰）

教育管理

【概况】2014年，区教育局稳步推进各项教育管理工作。深化人事制度改革，完善教师队伍管理体制，新招录教师456人。基础设施建设有序进行，完成市政府实事项目"为郊区500所小学更新配齐实验室设施设备"、区政府实事项目"中小学直饮水项目"和6个中小学校舍安全工程项目。提升教育安全管理品质，建成区级技防设施监管中心，改进学校食堂、操场等技防监控设备和语音系统。完成教育千兆骨干网升级改造，基本建成教育资源共享云平台。试点微课程和拓展课程的开发应用，完成多媒体虚拟化教育平台建设。做好绩效工资分配方案优化和增资分配工作，完成教师资格注册和职称制度改革扩大试点工作。举行区域教育综合改革论证研讨会，成立区教育综合改革工作小组。全年教育经费（全口径）总投入28.68亿元，比上年增长12.57%。（高校亚）

组团参加第十一届上海教育博览会教育国际化展

（区教育局 供稿）

【区教育安全管理中心成立】3月6日，嘉定区教育安全管理中心成立，旨在贯彻落实涉及校园安全工作的各类法律、法规和标准，监督指导学校安全管理工作，开展安全宣传教育和培训，促进全区学校安全管理的规范化，保障教育教学工作的安全、有序。（徐凤娟）

【庆祝第30届教师节大会召开】9月10日，嘉定区召开"师爱永恒"——嘉定区庆祝第30届教师节大会。区四套班子领导出席。大会提出要把"品质教育"作为教育事业发展的内在要求，把"为人师表"作为广大教师的价值追求，让"尊师重教"成为全社会的自觉风尚。大会对30名"嘉定教育发展30年优秀人物"、2014年区教书育人模范、第六届区十佳班主任、第十届区十佳青年教师以及园丁奖获得者进行表彰。（高校亚 唐燕）

【参展上海教育博览会】4月11-13日，嘉定区组团参加第十一届上海教育博览会教育国际化展，推出以"承文化之脉，通全域之学"为主题的系列展示，全面介绍嘉定区学校在教育国际化方面所作的努力和取得的成果。近年来，嘉定区不断加强国际交流合作，逐步形成从优质公办义务教育、高端民办教育到国际学校的多层次办学格局。（高校亚 管文洁）

【出国（境）交流】年内，嘉定区共组织5个批次54名学生出国访学，其中由区政府、区教育局组织的友好城市及学校教育交流项目3个批次，共40名学生、9名教师。为拓宽教师的国际视野，组织2个批次14名教师赴新加坡参加学术交流和学习培训活动，4个批次40名教师赴中国台湾地区参加学术交流活动，31名教师和教育管理人员赴美国、加拿大、芬兰、塞尔维亚、匈牙利等6个国家进行交流访问。（李坚 张春燕）

【对口支援】年内，嘉定区与青海省果洛州久治县启动对口支援项目，开展为期3年的教育援青活动。久治县先后派出3名教师至实验小学和区教育局开展为期4个月的学习交流。7月31日～8月5日、9月19～24日，嘉定区教育代表团分2批赴青海开展支援活动，久治县教育研究室与区教师进修学院结对，久治县民族寄宿制小学与普通小学结对，久治县民族寄

宿制中学与曹杨二中附属江桥实验中学结对。（唐　燕）

【德育工作】 年内，区教育局启动《“三爱一践行”爱嘉学子在行动——嘉定区中小学“做一个有道德的人”主题活动三年行动计划》，举行区未成年人思想道德建设工作推进会暨“爱嘉学子”行动启动仪式、珍爱生命行动推进会、感恩励志在行动展示研讨活动，与博雅网合作开展“爱嘉学子”形象大讨论和宣传海报设计大赛。深化“我的中国梦”实践教育活动，结合首个国家公祭日进行主题教育宣传，组织“网上祭英烈”“美德少年”“童心向党”“向国旗敬礼”系列活动，网上签名寄语学生参与率80%，“向国旗敬礼”学生参与率95%。印发《关于培育和践行社会主义核心价值观，进一步加强中小学德育工作的实施意见》，征集歌曲等原创艺术作品，开展暑期“文化之旅”“实践之旅”“健康之旅”和“爱心之旅”活动。制定《嘉定区“学科德育”重点项目推进工作实施方案》，提高德育的实效性和针对性。39所学校联合开展“孩子眼中的幸福”调研，编写教师指导方案和学生指导手册，开发体验式“学生幸福课程”。在徐行中学、南苑小学等学校开设5场“品质德育”校长论坛，承办市中小学自然科学和技术学习领域贯彻“两纲”现场会。编印《嘉定区中小学德育工作成果汇编》。完成4所学校“城市学校少年宫”改制，启动第二批20所学校少年宫建设，向公办中小学校全覆盖推广。启用8个街镇的学生社区实践指导站，南翔镇学生社区实践指导站通过市级验收，江桥镇学生社区实践指导站被评为市级站点。“心灵嘉园”嘉定区未成年人心理健康教育指导中心在金鹤小学建立分中心，“心灵嘉园”网站设立“有话大家说”“网络直通车”栏目和心理个案咨询专线。召开外联工作推进会，制定《嘉定区未成年人校外教育活动先进(示范性)场所评估标准》。徐行小学入选“上海市非遗进校园十佳传习基地”。培育德育骨干队伍，组建8个德育工作联合小组，开设德育管理工作者研修班，评选出10名区优秀德育管理工作者。培训区级学校心理咨询师128人次。运作个案督导项目，创设“1+N”模式，促进学校心理健康教育专业化发展。强化德育常态化、过程性管理，制定《中小学德育工作考评方案(试行稿)》和《学校未成年人思想道德建设迎检工作专项督查安排及要求》，实地督查包括民办随迁子女小学在内的80所中小学，做到全覆盖。6月20日，召开嘉定区2014年未成年人思想道德建设联席会议暨暑期工作会议，要求各相关单位围绕立德树人目标，深化统筹联动机制，为未成年人健康成长创造良好社会环境。

【嘉定区未成年人保护工作会议召开】 3月12日，2014年嘉定区未成年人保护工作会议暨区青少年学生校外教育工作推进会在区综合办公楼召开。会议要求认真贯彻落实新修订的《上海市未成年人保护条例》，着力推进学校安全管理工作，净化未成年人成长的社会环境，打造未成年人保护工作的特色品牌项目，积极推进青少年校外教育工作。

2014年中小学“做一个有道德的人”主题活动启动仪式

（区教育局　供稿）

【班主任队伍建设】 年内，区教育局筹建区优秀班主任人才储备库，成立区第三届班主任中心组核心团队，启动区第六届班主任基本功大赛。举办新上岗班主任培训班、骨干班主任培训班等9个培训班，培训453人次。承办“嘉定杯”上海市中小学班主任基本功系列竞赛和市郊区初中优秀班主任研修班。5名教师被评为上海市优秀班主任。

【学校卫生工作】 年内，区教育局组织中小学生开展“卫生应急进校园”知识竞赛，与食药监嘉定分局合作开展“食品安全进课堂”活动，进行预防艾滋病宣传教育，普及卫生安全知识。所有学校均建立卫生防控预警机制，向市级系统上报因病缺课缺勤学生名单。区教育安全管理中心对学校食堂进行检查，会同食药监嘉定分局、区卫计委开展以学校食品安全和卫生防疫工作为重点的督查，增强疾病防控能力。委托区红十字会进行红十字培训。12个街镇各确定2所学校建立“学生健康工作室”，拓展服务内容，提高学校卫生保健人员专业水平。

【科技教育】 年内，区教育局推进科技教育优质化。加强青少年创新意识培养，组织学生积极参与“明日科技之星”评选。参加英特尔国际青少年科技创新大赛、青少年机器人世界杯、“赛复创智杯”科技创意设计大赛、上海未来工程师大赛等国内外赛事，上海交大附中嘉定分校参加第65届英特尔国际科学与工程大奖赛获3枚金牌，真新小学参加2014年全球“DI”青少年创新思维大赛获2项大奖。发挥青少年科技创新平台优势，重点打造“汽车科技”创新拓展基地、创新思维训练基地。黄渡中学承办中国青少年汽车模型科技创意大赛上海赛区选拔赛，区内4所学校获全国总决赛资格，DI、OM项目取得全球总决赛资格。推出系列青少年特色科技活动，启动区青少年科技节，与区科委、区气象局合作举行“气象科普进校园”活动，开展“成长进行时，科普总动员”科普实践系列活动。（许海蓉）

【艺术教育】 年内，区教育局举办区中小学学生戏剧节、区第九届“孙敏书法奖”中小学生书法展、区第四届学生艺术单项比赛、“讲文明，树新风——做一个有道德的人”宣传海报设计大赛等活动，组织参加市第十八届小学生交通安全书法美术作品比赛、市学生龙文化全能赛——“我话端午”动漫比赛、市学生书画展览大赛嘉定选拔赛，推进校园文化建设。成立区艺术教育专家咨询组，举行“高雅艺术进校园”“教师走近经典”和区美术教师基本功大赛等活动，提高师生艺术素养和专业水平。开展“青少年民族文化优秀传承项目”评审，加强区青少年民族文化培训基地学校建设。（易凤林）

【承办上海市贯彻“两纲”现场会】 11月4日，“育人为本，以德为先，发挥学科育人功能”——上海市中小学自然科学和技术学习领域贯彻“两纲”现场会在嘉定二中举行。“两纲”是指《上海市学生民族精神教育指导纲要》和《上海市中小学生生命教育指导纲要》，是全市德育工作的指导性文件。现场会上，嘉定二中、上海交大附中嘉定分校和普通小学代表作交流发言。（王　琦）

上海市中小学自然科学和技术学术领域贯彻“两纲”现场会在嘉定二中举行（区教育局　供稿）

【语言文字工作】 年内，区教育局推进经典诵读工作，举办以“雅言传承文明，经典浸润人生”为主题的2014年嘉定区市民中华经典吟诵选拔大赛，与区文广局共同承办中华传统经典诵读展演暨上海孔子文化节闭幕式，对156个市民经典吟诵团基层骨干进行诵读培训，完成市级课题“中华经典诵读长效机制研究”。弘扬民族优秀文化，举办“读懂中国，传承经典”系列活动，包括中华经典讲解、书法技能教学展示、书法名家进校园等。组织学生参加“精锐教育杯”第五届“魅力汉语”青少年语言应用能力比赛、上海市“我爱汉字美”——中学生咬文嚼字比赛等活动。在上海市第六届中小学生古典诗词创作比赛中，嘉定区获团体二等奖1个，个人一等奖13个。结合“推普周”宣传活动，协同街镇、工商等部门对用语用字情况开展专项检查。开展新一批区级语言文字规范化示范校的申报、评定工作，确定5所学校申报市级示范校。保护上海方言资源，完成上海话有声数据库（嘉定点）的记音整理工作，会同菊园新区成人学校开设上海话兴趣学习班。做好语言文字测试工作，上海市大众工业学校中职学生普通话水平测试参测率99.4%，嘉定一中语文教师全员参加市汉字应用水平测试。（辛　敏）

【教育经费总投入增长12.57%】 2014年，全区教育经费一般预算财政拨款22.98亿元（不含中央专项），比上年增加3.69亿元，增长19.12%。教育经费财政拨款增长比例高于财政经常性收入增长比例。学生年人均教育事业费：高中36 437元，比上年增长11.11%；初中25 950元，增长11.46%；小学19 413元，增长10.8%；幼儿园23 945元，增长16.12%；特殊教育学生146 610元，增长30.56%。学生年人均公用经费：高中13 814元，比上年增长19.84%；初中8 977元，增长39.14%；小学7 006元，增长30.2%；幼儿园8 156元，增长34.3%；特殊教育学生51 135元，增长82.74%。全区教职工年人均总收入114 634元，比上年增加2 467元，增长2.2%。全年合计教育经费（全口径）总投入28.68亿元，比上年增长12.57%。（孙丽萍）

学前教育

【概况】 10月，全区有各级各类幼儿园（托儿所）71所，与上年持平；其中公办园47所，民办园24所（含民办三级幼儿园15所）。另有看护点22所。3岁～6岁在园在托（包括看护点）幼儿40 091人（含未经备案的办学点1 056人）。3岁～6岁户籍幼儿入园率99.9%。新增公办幼儿园2所，增加班级40个。年内，区教育局提升学前教育精细化、规范化管理水平，举行“区域推进幼儿园精细化管理的实践与研究”课题成果展示活动。完成4所幼儿园一级园复验和5所幼儿园分等定级验收工作。委托8所公办幼儿园的公办教师入驻5所民办三级园和6个看护点，提升民办三级园和看护点的办学水平。注重年检评估，将评估结果与幼儿园能否继续合法办学挂钩。根据辖区资源情况制定招生政策，关停18个非法办学点并做好分流工作，随迁子女入园工作平稳有序。举办4场“探索课堂转型，提升教育品质”展示活动，启动以《3岁～6岁儿童学习与发展指南》为指导、全面改进幼儿园集体教学活动质量的学科改进计划。编写系列区本课程（一套七本），打造“一园一品”办园特色和课程建设项目。加强差异式指导，指导民办三级园的课程建设，提升民办园教研质量，3所幼儿园在市民办幼儿园优秀教研组评比中获优秀奖。实施教师队伍品质提升项目，完善持续发展机制。启动"新雁计划"优秀教师行动项目，开展教师行动研究和"基于幼儿发展的师幼互动"微课例征集活动。通过评选优秀教师构建学前教育"品质教师"后备人才库。加强幼儿园、教研部门、教师三位一体的合作管理。落实学前教育名师研修项目，启动第二期幼儿园高级研修班，组建由13名不同层面学员组成的名师研修班。开展第三期嘉定区民办三级园和看护点保育员上岗培训，提升民办三级园教师课程实施能力。　（曹葆红　王立毅）

嘉定区第十届"活力宝宝"主题展示活动

（嘉定报社　李华成　摄）

【早期教育】 年内，区教育局加强科学育儿知识的宣传普及工作，提高早教质量。开展"育儿周周看"公益性服务活动，提升家长的知晓率与参与率。3月26日，区教育局、区卫计委联合举行嘉定区0岁～3岁早教工作推进会暨"优贝工程"签约仪式。"优贝工程"旨在进一步提升嘉定区早期教养指导与服务水平，将科学育儿指导课程纳入区"十二五"教师培训计划，培养一支高水平的早教指导者队伍。全年共举办培训班2期。

【举行"活力宝宝"主题展示活动】 6月8日，"我的嘉庭梦"——嘉定区第十届"活力宝宝"主题展示活动在嘉亭荟城市生活广场举行，与会领导为优秀指导教师和好家长获奖者颁奖。活动吸引近千名0岁～6岁宝宝参与，受到广大家庭的欢迎与好评。　（曹葆红）

2014年10月嘉定区幼儿园、托儿所一览表

园　名	创办年份	地　址	班级数（个）	幼儿数（人）	教工数（人）	占地面积（平方米）	建筑面积（平方米）	电　话	备　注
迎园幼儿园	1993	迎园8坊10号	9	261	27	2 282	1 875	59984066	公办
新成幼儿园	1998	仓场路421弄51号	9	267	27	5 228	3 557	59997585	公办
百合花幼儿园	2008	茹水路850号	14	410	37	7 637	5 580	59991771	公办
爱里舍幼儿园	2008	叶城路505弄560号	6	176	16	2 872	1 552	59167828	公办
小蜜蜂幼儿园	2010	塔新路1000号	9	270	24	5 596	3 609	39532537	公办
丰庄幼儿园	1997	丰庄北路82弄46号	21	696	53	8 809	5 950	59184961	公办
真新幼儿园	2004	金汤路655弄45号	12	380	31	6 403	4 377	69198929	公办
嘉秀幼儿园	2010	铜川路2655弄1号	10	296	25	4 430	4 428	39171021	公办
实验幼儿园	1963	永新路616号	38	1 070	100	27 202	17 598	39523420	公办
菊园幼儿园	1999	柳湖路555号	24	723	59	17 065	9 604	69900756	公办
红石路幼儿园	2012	红石路700号	14	415	29	7 251	5 529	39570296	公办
清河路幼儿园	1904	塔城路450弄21号	16	442	45	11 195	6 404	59910425	公办
桃园幼儿园	1986	桃园新村20号	16	454	41	8 173	4 529	59530538	公办
沙霞幼儿园	1982	塔城路341弄10号	16	437	42	3 847	3 009	39928276	公办
温宿路幼儿园	1988	桃园新村111号	9	213	25	4 300	1 532	59913995	公办
梅园艺术幼儿园	2009	梅园路281号	17	443	42	10 769	5 935	59910184	公办
南翔幼儿园	1972	裕丰路206号	17	583	46	10 357	5 298	59179688	公办
新翔幼儿园	2004	德华路818号	15	494	37	8 100	5 532	39926282	公办

（续表）

园 名	创办年份	地 址	班级数（个）	幼儿数（人）	教工数（人）	占地面积（平方米）	建筑面积（平方米）	电 话	备 注
宝翔幼儿园	2009	栖林路278弄	17	558	45	7 200	5 795	69512155	公办
古猗幼儿园	2013	德园南路260号	11	362	25	7 253	6 507	69959389	公办
留云幼儿园	2014	雅翔路55号	4	122	10	5 860	3 350	—	公办
安亭幼儿园	1924	阜康西路254号	18	555	43	9 278	4 010	59569975	公办
新源幼儿园	2006	新源路1218号	18	582	45	12 928	8 093	69571009	公办
方泰幼儿园	1991	泰富路243号	14	416	41	12 000	5 350	59509553	公办
黄渡幼儿园	1944	绿苑路71号	15	445	37	6 558	4 507	69580668	公办
黄渡莱茵幼儿园	2009	玉麦路285号	10	352	26	5 535	4 100	39909266	公办
东方瑞仕幼儿园	2013	安研路55号	11	275	21	11 050	6 491	59558739	公办
昌吉路幼儿园	2013	昌吉路160号	16	457	42	8 828	8 041	59573163	公办
马陆以仁幼儿园	1958	育兰路11号	18	557	43	13 334	8 476	59159087	公办
马陆智慧幼儿园	1973	嘉戬支路285号	11	314	28	9 478	5 960	59510470	公办
双丁路幼儿园	2013	双丁路1300号	12	329	25	8 531	6 166	59517322	公办
徐行幼儿园	1964	新建一路1668弄5号	13	383	33	7 991	5 859	59555162	公办
曹王幼儿园	1966	前曹公路238弄35号	6	189	17	5 600	2 216	59940952	公办
娄塘幼儿园	1991	南新路484号	9	268	24	5 863	2 763	59541629	公办
朱桥幼儿园	1960	嘉朱公路1711号	14	395	32	10 968	7 240	59961676	公办
华亭幼儿园	1965	华谊一路41号	13	373	34	8 783	3 877	59970994	公办
外冈幼儿园	1950	玉川路588号	15	394	41	10 358	7 392	39106265	公办
望新幼儿园	1991	外钱公路974号	15	446	37	7 944	5 353	59936251	公办
外冈兰郡幼儿园	2013	恒荣路518号	9	282	23	6 088	3 966	59589253	公办
江桥幼儿园	1965	临洮路235号	25	747	64	16 244	10 762	69116848	公办
星华幼儿园	2006	吴杨东路333弄288号	11	296	29	5 518	3 700	33513620	公办
鹤旋路幼儿园	2008	鹤旋路500弄162号	21	565	49	14 051	8 404	39553168	公办
嘉城幼儿园	2009	嘉怡路279弄6号	10	308	22	6 110	3 667	39525661	公办
金鹤幼儿园	2012	鹤霞路11号	19	529	47	9 387	9 442	39190218	公办
鹤栖路幼儿园	2014	鹤栖路721号	5	126	11	6 299	2 911	59569733	公办
叶城幼儿园	1972	永盛路2285号	20	567	49	11 880	9 532	69520634	公办
清水颐园幼儿园	2010	普惠路700号	15	438	37	7 198	5 560	69960202	公办
马荣金地格林幼儿园	2007	芳林路318号	12	336	61	6 655	4 250	69122199	民办
协和南苑幼儿园	1998	凤池路18号	13	449	62	8 845	5 140	39160814	民办
育英幼儿园	2006	永盛路双丁路交界	17	450	71	16 000	5 140	59102801	民办
凌云幼儿园	1977	乡思路18号	27	902	121	17 316	9 333	59137772	民办
白雪幼儿园	2004	沪宜公路3885弄5号	7	137	27	3 987	2 390	69916650	民办
青草地幼儿园	2002	新郁路180号	23	746	107	8 936	5 579	59182555	民办
三之三安亭新镇幼儿园	2010	安诚路180弄34号	10	264	40	6 144	3 982	39121071	民办
翔华托儿所	2009	火车站路192号	8	312	30	800	500	69895426	民办
艾法薇尔幼儿园	2014	爱特路185弄38号	8	182	36	6 000	2 490	69922988	民办

2014年10月嘉定区民办三级幼儿园一览表

校　名	地　址	班级数（个）	学生数（人）	教工数（人）	占地面积（平方米）	建筑面积（平方米）
菲贝尔幼儿园	安福大市场288号	8	304	26	860	1 325
沁富幼儿园	新源路1306号	12	406	37	3 500	2 560
少农幼儿园	大石皮村6组456号	16	345	52	2 700	1 846
天宇幼儿园	翔乐路81号	17	638	55	4 070	1 770
杨林幼儿园	杨林南路1号	9	330	28	1 700	1 003
爱你宝贝幼儿园	嘉戬公路1000号	18	703	49	2 360	1 660
包桥幼儿园	宝安公路2777号	20	737	63	3 620	3 498
劳动幼儿园	劳动村707弄33号	17	539	54	2 800	2 700
启航幼儿园	唐窑路8号	10	342	32	1 730	1 310
童梦乐幼儿园	黄家花园路2885号	17	556	64	2 000	1 650
皖封幼儿园	通站路205号	15	461	48	7 000	3 000
安贝儿幼儿园	朱家村8号	15	592	49	5 000	2 700
大众城朱泾幼儿园	东环路389号	18	610	53	5 948	2 852
金苗幼儿园	高潮路791弄123号	23	811	71	3 300	2 800
贝尔乐幼儿园	星华公路1577号	13	517	43	1 500	1 208

（王立毅）

基础教育

【概况】 10月，全区共有小学39所，与上年持平，其中公办小学25所，民办随迁子女小学14所；中学37所，与上年持平，其中高级中学7所、完全中学1所、初级中学17所、一贯制学校12所；特殊学校、专门学校、青少年业余体校各1所。全区共计1 158个小学教学班，48 486名小学生；798个中学教学班，29 026名中学生，其中高中生6 175人。年内，区教育局制定《基于品质提升的学校改进计划实施意见》，改进绩效评估指标。举办“我的教学主张”论坛，搭建学校交流与研讨的信息平台。举办“重构学校的办学思想，形成学校的教育哲学”“基于真实问题的学校改进研讨”“美国年度教师中国行”“坚守育人本原，提升办学品质”等主题活动，努力培育区域“新优质学校”的办学特色。落实市教委《关于小学阶段实施基于课程标准的教学与评价工作的意见》，在实验小学举行展示活动。深化小学课程与教学改革，切实减轻小学生学业负担。加强品质教育下的课堂转型探索和研究，对各学校进行分类指导，形成61篇专题报告。提升基层教学管理者的专业能力和管理水平，邀请专家做课堂教学的变革要素、师生关系、知识结构和思维结构的建构等专题辅导。在启良中学举行“少教多学，合作助学，以练促学”区中学课堂转型展示研讨活动，参加“关注提问与表达——课堂转型的路径研究”“少教多学的路径探索：提高学生课堂参与度的实践与研究”等课题项目，提高教学有效性。推进“慧雅书童”阅读计划和“绿色指标”实验项目，分别在南翔小学、清水路小学、新成路小学召开“慧雅书童”项目展示研讨活动，研究培养学生阅读习惯的策略与路径。深化“完善评价方式，提升中小学生学习生活质量”课题研究，区中小学学业质量监测中心与信息中心联

上外嘉定外国语学校一年级家长开放日活动

（嘉定报社　李华成　摄）

动，为嘉定教育云平台数据库和分析系统的建构打好基础。4月28日，区教育局和市教育科学研究院普教所举行合作签约仪式，双方将在未来3年就嘉定区品质教育三年规划、学校改进、教师专业发展、课程体系构建与实施、学生综合素质评价等项目开展合作研究。（管文洁）

【区教育咨询委员会成立】 1月11日，嘉定区教育咨询委员会成立仪式在区综合办公楼举行。委员会由27位专家学者组成，任期三年。市教委巡视员尹后庆受聘为委员会主任。委员会负责对嘉定区重大教育政策、重大改革事项等进行论证评议，提供咨询意见；同时开展调查研究，对教育改革和发展的重大问题提出建议意见。（高校亚）

【嘉定区受委托管理上海市珠峰中学】 3月3日，上海市珠峰中学委托地方管理专题会议在上海市行政管理学校召开。珠峰中学是经市教委批准，于2012年5月成立的一所西藏民族中学，和上海市行政管理学校实行"一套班子，两块牌子"的管理模式，教学资源共享，管理相对独立。区教育局牵头区内育才中学新疆班、嘉定一中新疆班和珠峰中学西藏高中班建立"三校合作机制"，由市民族教育专业委员会提供专业支持，推动民族教育工作。（管文洁）

【通过全国义务教育发展基本均衡县(市、区)检查】 3月，嘉定区顺利通过全国义务教育发展基本均衡县（市、区）督导检查组的评估检查，被认定为全国义务教育发展基本均衡县（市、区）。近年来，嘉定区通过一系列举措促进全区义务教育均衡发展。实行教育经费统筹，合理分解教育经费支出负担，缩小区域、学校之间的差距；创新师资培养机制，促进全区教师队伍结构合理、配备均衡；推进学校文化建设，注重学生的"个性化"发展、学校的可持续发展和师生的终身发展；民办随迁子女小学与公办小学牵手结对，不断提高教育质量。（徐秋娟）

民办随迁子女学校教育与健康促进国际合作项目"HEART"培训班

（区教育局　供稿）

【上海修仕倍励国际学校和实验高中落户嘉定新城】 6月13日，区教育局、新城公司和泰国城市地产集团签署《关于上海修仕倍励国际学校以及上海修仕倍励国际实验高中的合作框架协议》。区委副书记、区长杲云参加仪式，并提出嘉定新城要建立优质公办义务教育、高端民办教育和国际学校等多层次办学格局，满足多样化的就学需求，充分体现面向长三角的基础教育服务能力。英国修仕倍励学校是英国最古老、知名度最高的寄宿制学校之一，泰国城市地产集团将与英国修仕倍励学校合作，在嘉定新城开办上海修仕倍励国际学校和上海修仕倍励实验高中。（管文洁）

【举办随迁子女学校国际合作项目"HEART"培训班】 8月25～29日，嘉定区举行民办随迁子女学校教育与健康促进国际合作项目"HEART"培训班。"HEART"（艺术教育与治疗）是帮助儿童学会创造的一种新的教育方式，通过绘画、音乐、舞蹈、雕塑、手工、诗歌等艺术形式对儿童进行心理疏导，帮助他们学习如何表达和控制情绪，提高儿童的学习能力。通过培训更新教师的教育观念，提高民办随迁子女学校的教学质量。（李　坚）

【规范来沪人员随迁子女招生管理和服务工作】 1月28日，区政府召开来沪人员随迁子女招生管理和服务工作专题会议，要求切实把握"两个合法稳定"（合法稳定居住、合法稳定就业）政策，加大督办督查力度，加强部门合作。4～6月，区政府三次召开随迁子女招生入学工作推进会，规范来沪人员随迁子女入学管理和服务工作。年内，全区12个街镇均制定来沪人员随迁子女招生操作细则和相关预案，招生工作平稳有序。（高校亚　管文洁　曹葆红）

2014年10月嘉定区小学一览表

校　名	创办年份	地　址	班级数（个）	学生数（人）	教工数（人）	占地面积（平方米）	建筑面积（平方米）	电　话	备　注
新成路小学	2000	仓场路260号	21	881	59	12 690	6 531	59982292	公办
迎园小学	1991	迎宾路651号	25	1 173	75	11 156	5 198	59985068	公办
绿地小学	1999	延川路455号	21	794	61	9 644	5 092	59186664	公办

（续表）

校　名	创办年份	地　址	班级数（个）	学生数（人）	教工数（人）	占地面积（平方米）	建筑面积（平方米）	电　话	备　注
真新小学	1999	祁连山南路2235号	22	834	61	14 500	6 861	69181881	公办
实验小学	1980	平城路625号	38	1 762	102	24 732	11 472	69991810	公办
清水路小学	1946	清水路200号	32	1 419	83	33 564	11 957	69912506	公办
普通小学	1901	塔城路278号	46	2 177	119	31 128	14 010	59534683	公办
城中路小学	1914	梅园路280号	41	1 836	112	26 615	10 415	59529455	公办
南翔小学	1908	裕丰路188号	31	1 343	87	20 195	7 377	59129357	公办
古猗小学	2012	宝翔路151号	21	785	56	29 855	14 682	69890610	公办
方泰小学	1905	方中路312号	27	1 129	75	23 357	17 710	39500100	公办
安亭小学	1926	新源路828号	36	1 637	98	23 291	14 477	59576399	公办
紫荆小学	1998	泽普路58号	26	1 116	76	17 550	10 600	59577405	公办
同济黄渡小学	1905	绿苑路391号	32	1 383	84	15 316	7 110	59591187	公办
马陆小学	1906	马陆镇樱花街55号	41	1 688	107	31 458	15 079	59154238	公办
徐行小学	1914	勤学路58号	17	646	53	21 748	12 316	59558770	公办
曹王小学	1906	前曹公路328弄28号	17	636	50	16 050	4 150	59946320	公办
外冈小学	1905	外青松公路218号	30	1 288	76	16 823	10 359	59587710	公办
望新小学	1902	望安路741号	25	984	71	17 715	7 050	59936473	公办
封浜小学	1911	吴杨路50号	30	1 317	83	17 139	8 952	59138244	公办
江桥小学	1906	临谭路520号	31	1 288	86	18 750	12 357	59141632	公办
金鹤小学	2006	鹤旋路386号	25	1 071	66	14 176	9 105	39551575	公办
华江小学	2011	华江支路666号	21	855	50	18 147	9 475	69119922	公办
南苑小学	1996	富蕴路281号	25	958	71	21 539	5 597	59162821	公办
叶城小学	2004	普惠路350号	24	971	65	24 173	11 739	69529561	公办
少体校	1958	和政路121号	1	11	2	6 516	5 107	59999826	公办
疁城实验学校	2000	塔城路490弄15号	22	870	51	27 681	17 515	59529322	公办九年制
苏民学校	1934	南华路318号	22	892	46	33 105	26 637	59122322	公办九年制
戬浜学校	2000	嘉戬公路665号	25	1 153	57	29 333	12 885	59510217	公办九年制
德富路学校	2012	德富路1781号	15	535	36	24 825	12 258	69530608	公办九年制
华亭学校	1958	华谊一路12号	15	642	37	18 261	14 098	59972686	公办九年制
娄塘学校	1906	娄塘路789号	17	664	37	31 663	13 192	59543765	公办九年制
朱桥学校	1958	嘉朱公路1715号	18	688	39	28 362	8 220	59968912	公办九年制
上外嘉定外国语学校	2013	墨玉北路888号	8	295	16	45 836	16 082	59565651	公办九年制
民办桃李园实验学校	1996	嘉定镇北大街271号	15	501	33	33 469	20 746	59993752	民办九年制
民办怀少学校	1998	古猗园路718号	15	565	41	24 205	11 846	39926303	民办九年制
民办斌心学校	2013	红星路937号	4	128	9	31 783	13 044	31116982	民办九年制
民办远东学校	2002	胜竹路1630号	17	398	36	41 417	20 573	69900168	民办十二年制

（樊　钏）

2014年10月嘉定区中学一览表

校名	创办年份	地址	班级数（个）	学生数（人）	教工数（人）	占地面积（平方米）	建筑面积（平方米）	电话	备注
嘉定一中	1926	嘉行公路701号	36	1 369	196	104 807	47 829	69983668	公办寄宿制高中
交大附中嘉定分校	2011	洪德路1000号	14	474	58	101 222	61 129	59103608	公办寄宿制高中
嘉定二中	1949	德华路388号	33	1 080	144	64 724	32 725	59127823	公办高中
上外嘉定外国语实验高中	1992	金沙路168号	24	844	99	35 007	14 529	59520233	公办高中
中光高中	1945	塔城路257号	18	628	74	28 246	18 390	69990188	公办高中
安亭高中	2011	墨玉北路868号	18	645	70	60 238	23 181	69578019	公办高中
封浜高中	1959	金耀路255号	18	640	62	34 313	17 823	60706578	公办高中
南翔中学	1956	德园路758号	28	901	105	34 465	10 090	69120043	公办完中
外冈中学	1956	恒飞路688号	25	890	94	33 621	17 850	39106432	公办初中
丰庄中学	1999	清峪路801号	24	897	80	18 546	8 667	59184616	公办初中
启良中学	1946	启良路62号	28	989	98	32 095	15 895	59534787	公办初中
迎园中学	1995	倪家浜路88号	37	1 552	119	51 696	27 280	69976007	公办初中
少体校	1958	和政路121号	4	112	27	6 516	5 107	59999826	公办初中
马陆育才联中	1957	马陆镇育英街355号	28	955	96	33 709	15 248	59156825	公办初中
徐行中学	1958	新建一路2215号	23	750	91	57 367	14 842	59559005	公办初中
震川中学	1906	和静路1388号	42	1 691	133	54 770	20 522	59570436	公办初中
黄渡中学	1956	绿苑路385号	25	883	89	46 300	10 980	59590796	公办初中
南苑中学	1959	普惠路350号	24	832	78	32 774	17 260	69522872	公办初中
方泰中学	1958	宝中路68号	19	571	68	22 609	12 048	59509253	公办初中
曹杨二中附属江桥实验中学	1958	靖远路1358号	24	933	86	27 673	12 005	69116784	公办初中
金鹤中学	2009	鹤霞路136号	32	1 126	104	22 275	17 024	69924282	公办初中
杨柳初中	2012	乡思路200号	28	914	97	38 153	14 184	59137245	公办初中
留云中学	2013	云安路505号	15	464	51	31 017	20 513	69956277	公办初中
疁城实验学校	2000	塔城路490弄15号	34	1 366	123	27 681	17 515	59529322	公办九年制
戬浜学校	2000	嘉戬公路665号	15	568	71	29 333	12 885	59510217	公办九年制
苏民学校	1934	南华路318号	15	536	68	33 105	26 637	59122322	公办九年制
华亭学校	1958	华谊一路12号	10	307	47	18 261	14 098	59972686	公办九年制
娄塘学校	1906	娄塘路789号	14	477	59	31 663	13 192	59543765	公办九年制
朱桥学校	1958	嘉朱公路1715号	12	394	51	28 362	8 220	59968912	公办九年制
德富路学校	2012	德富路1781号	5	134	22	24 825	12 258	69530608	公办九年制
上外嘉定外国语学校	2013	墨玉北路888号	4	168	18	45 836	16 082	59565651	公办九年制
民办嘉一联中	1996	棋盘路1580号	24	1 122	91	24 015	15 328	69900508	民办初中
民办华二初中	2010	宝塔路1166号	24	916	87	35 333	20 587	59102507	民办初中
民办桃李园实验学校	1996	嘉定镇北大街271号	32	1 441	106	33 469	20 746	59535308	民办九年制
民办怀少学校	1998	古猗园路718号	18	674	59	24 205	11 846	39926303	民办九年制
民办斌心学校	2013	红星路937号	4	109	28	31 783	13 044	31117868	民办九年制
民办远东学校	2002	胜竹路1630号	20	674	72	41 417	20 573	69900168	民办十二年制
珠峰中学	2014	鹤友路500号	—	—	—	—	—	31271008	公办完全西藏民族中学

2014年10月嘉定区民办随迁子女学校一览表

校　名	创办年份	地　址	班级数（个）	学生数（人）	教工数（人）	占地面积（平方米）	建筑面积（平方米）	电　话
民办娄塘小学	2008	大北街164号	19	786	49	13 461	4 363	59546718
民办庆宁小学	2008	曹安公路南封浜村638号	11	448	34	2 630	1 350	59130236
民办桃苑小学	2008	新丰村675号	16	715	51	3 493	1 820	39125581
民办育红小学	2008	前曹公路238弄58号	21	954	64	15 542	5 383	59940060
民办中村小学	2008	泥冈村409号	16	722	42	4 408	1 555	33512968
民办六里小学	2009	嘉安公路六里桥车站北侧	11	451	32	4 047	1 550	69910556
民办包桥小学	2009	宝安公路浏翔路2245号	23	858	73	6 000	2 143	69157455
民办仓场小学	2009	丰登路2788号	18	767	64	7 570	3 370	59902367
民办少农小学	2009	大石皮村6组456号	18	776	57	6 660	3 225	39901581
民办华武小学	2009	华谊一路81号	16	692	46	10 333	2 572	59971380
民办沪宁小学	2009	虞姬墩路48号	33	1 404	92	17 327	5 836	69118996
民办天宇小学	2005	翔乐路81号	19	882	58	4 000	2 900	69126130
民办杨林小学	2010	联群村杨林南路	15	697	42	2 637	2 250	69593677
民办行知小学	2003	丰庄西路380号	23	1 021	71	16 555	7 851	39101782

（李　坚）

职业教育

【概况】 年内，区教育局推进中等职业学校招生制度改革，鼓励职业学校积极开展成人中等职业教育。完善来沪人员随迁子女就读职业学校招生办法，稳定随迁子女招生计划。加强职业学校学生就业指导和服务工作。积极参加2014年全国职业院校学生职业技能大赛、上海市“星光计划”第六届中等职业学校职业技能大赛等赛事，提升学生的职业素养和技能水平。

【召开嘉定职业教育集团第二届理事会第一次会议】 4月22日，上海嘉定职业教育集团第二届理事会第一次会议在区综合办公楼召开。会议要求集团立足区域发展，明确工作目标，加强校企合作，健全工作机制，增强服务功能。会议审议通过集团理事单位名单、理事长和副理事长人选、工作报告，对2013年度先进集体和个人进行表彰。

【大众工业学校“三校生”高考上线率97.5%】 2014年，上海市大众工业学校有105个教学班，在校学生4 038人。“三校生”高考上线率97.5%。年内，学校与上海第二工业大学等3所高职院校合作，采取中高职贯通培养模式，开设首届中高职贯通班。通过市级教学质量实地评估和数控开放实训中心评估。电气专业完成市中职学校“双证融通”专业教学改革试点，牵头修订《上海市电气运行与控制专业教学标准》。数控开放实训中心实现数字化、信息化管理。根据社会需求新设汽车制造与检修专业、机电设备安装与维

嘉定职业教育集团第二届理事会第一次会议

（区教育局　供稿）

修(电梯方向)专业、计算机平面设计专业。年中,学校被评为“全国教育系统先进集体”和“第四届黄炎培职业教育奖优秀学校”,获“上海市高技能人才培育贡献奖”。学生陆江的研究课题“一种防伪印章及其防伪技术的制作方法”获第十届宋庆龄少年儿童发明奖银奖、第66届纽伦堡iENA国际发明展银奖。 (张剑锋)

成人教育

【概况】 年内,区教育局启动新一轮街镇成人学校能力建设三年行动计划,继续实施街镇成人学校标准化建设,拓展办学功能,提升综合办学能力。关注外来人员、失业人员、残疾人等特殊群体的教育需求,开展有针对性的教育服务。依托大中型企业、高等院校、职业学校和社会力量办学机构,加强以岗位技能培训和继续教育为主的职工教育,提高受教育者的就业和创业能力。

【社区教育】 年内,区教育局开展新一轮社区教育实验,形成一批特色鲜明、模式清晰的社区教育示范项目。提高社区教育的有效性和针对性,开展市社区教育课程“科学生活”专题联合教研室工作,启动社区教育教学展示活动,深入社区推广“百姓自选课堂”。推进公共教育资源开放和共享,加快村(居)委学习点的规范化、信息化建设,重点完善一批示范社区学习点。开发“新农民、新市民、新嘉定人”系列课程和适合外来务工人员的学习模块。

嘉定区第十届全民终身学习活动季开幕式

(区教育局 供稿)

【老年教育】 年内,区教育局完善老年教育网络,区老年大学按照市老年大学配置标准建设,江桥镇、外冈镇、真新街道、嘉定工业区老年学校实施“街镇老年学校能力提升工程”并启用专用功能教室。继续开展老年学校示范校、特色校和远程老年教育示范收视点创建工作,整合社会教育资源,建设老年人学习点。安亭镇安福银杏学苑“心手相应”手工社、江桥镇“织缘系”编织走秀队、南翔镇“翰墨书院”书画社、新成路街道“嘉乐”女红坊、嘉定工业区“琴冰”老年舞蹈队被评为市优秀老年人学习团队。

【举行第十届全民终身学习活动季】 11月25日,以“终身学习、成就梦想”为主题的嘉定区第十届全民终身学习活动季开幕式在安亭镇文化体育传媒中心举行,同时成立区街镇社区教育志愿者服务点,表彰2014年嘉定区学习型组织建设先进单位和先进个人,举行街镇示范村、社区居委学习点和优秀团队建设成果展。活动季期间,区、镇两级共开展各类学习活动400余项,方便市民就近选择感兴趣的学习项目。 (张剑锋)

【民办非学历教育】 年内,区教育局促进民办非学历教育机构健康发展。会同区社团局等部门对办学许可证和法人登记证有效期届满的民办非学历教育机构进行清理,开展民办非学历教育机构新任负责人(校长)培训,完善民办非学历机构准入审核、年检和财务管理制度。

2014年10月嘉定区成人教育学校一览表

校　名	创办年份	地　址	年培训人次	教工数(人)	电　话
嘉定区成人教育学院	1989	金沙路280号	6 526	45	69990081
外冈镇成人学校	1989	恒飞路688号	45 365	7	59583259
华亭镇成人学校	1989	华谊1路12号	40 585	5	59959207
嘉定新城(马陆镇)成人学校	1986	封周路655号	107 681	8	39153064
安亭镇成人学校	1988	于塘路885号	167 114	14	69576681
江桥镇成人学校	1987	华江路129弄2号	171 574	9	59148638
嘉定工业区成人学校	1988	嘉唐公路1518号	57 024	7	59543843
南翔镇成人学校	1986	古猗园路737号	86 449	7	59122354

（续表）

徐行镇成人学校	1989	勤学路99号	36 569	6	59558041
新成路街道成人学校	2001	迎园四坊16号	24 760	2	59990771
嘉定镇街道成人学校	2002	清河路196号	65 675	2	59912154
菊园新区成人学校	2003	棋盘路1255号	51 341	2	80109236
真新街道成人学校	2002	丰庄路450弄48号	80 498	3	69194379
嘉定区老年大学	2004	清河路196号	23 180	3	59528571

（张剑锋）

特殊教育

【概况】 2014年，全区38所中小学、19所幼儿园开展随班就读工作，随班就读学生162人，其中小学57人，中学67人，幼儿园33人；686名教师从事随班就读教学工作。成佳学校有96名学生就读。嘉定区职业技术学校有2个初等技术职业班，16名学生在读。10所中小学校实施送教上门，14名学生接受送教；3所幼儿园实施送教上门，3名幼儿接受送教。继续参与市教委“深化医教结合研究，促进特殊教育内涵发展”课题研究。初步建立送教上门工作机制和教研制度，明确各部门、机构、人员的工作职责与任务。加强特殊教育课程教学改革，与青浦、金山、松江联合开展首届“课植杯”特殊教育区际联动课堂教学评比活动。组织基层学校申报区特教中心课题，以课题研究带动教育与康复质量稳步提高。开展资源教室课程培训，提高教师个别化教育能力。以资源教室为依托推进学科改进计划，在金鹤小学、外冈小学开展试点评估工作。举行区特殊学生融合运动会，鼓励特殊学生和普通学生协作训练、合力比赛、共同成长。（李红杰　王立毅）

【成佳学校加强医教结合工作】 年内，区成佳学校秉承艺术教育特色传统，根据学生特点增设音乐、美术两项艺术拓展课程，将艺术教育融入到其他学科和德育活动中。联合迎园医院，采取医生进校、家长参与的学校、医院、家庭三方合作形式，为学生进行全面健康评估及个性化保健服务，有效提高医教结合的针对性和实效性。在市特奥阳光韵律操比赛、市特奥阳光自编操比赛中，学校均获团体一等奖。（李红杰）

【新春学校接收流浪儿童73人次】 年内，区新春学校继续实施“流浪儿童救助对象进校园”项目，接收流浪儿童73人次。全年走访普通中小学校52次，在普通中小学举办法制报告会15次。打造特色校园和教育品牌，获第十四届中国青少年机器人竞赛上海赛区选拔赛和市工读系统“拥抱明天”活动团体二等奖，微视频《回家》获区中小学校园原创微视频评比一等奖。（高　明）

2014年10月嘉定区特殊教育学校一览表

校　名	创办年份	学校地址	班级数（个）	学生数（人）	教工数（人）	占地面积（平方米）	建筑面积（平方米）	电　话	备注
嘉定区成佳学校	1988	西大街护国寺18号	10	96	43	4 880	2 514	59530983-12	公办
嘉定区新春学校	1985	沪宜公路6080号	1	50	31	17 000	4 846	59585386	公办

（李红杰）

高等教育

【概况】 2014年，驻嘉定各高校认真做好教育教学工作，圆满完成各项教学、科研任务。完善基础设施建设，不断改善教学条件。积极参与地方经济、社会和文化建设，承接大量地方科研项目，为嘉定区经济社会发展做贡献。（练　志）

【上海大学嘉定校区】 上海大学嘉定校区是上海大学“一体两翼”办学格局之一翼，占地面积28公顷，建筑面积20.48万平方米。嘉定校区的功能定位是：以中外合作办学为主体，培养与国际接轨的商管类和创意产业类应用人才，同时积极发展创意产业。嘉定校区已基本形成以悉尼工商管理学院和数码艺术学院两所学院为主体的办学格局，还设有成人教育学院二分部以及上海光纤技术研究所、上海市电子物理研究所、上海射线应用研究所等科研机构。2014年，学校有在校本科生3 423人，高职生1 050人，研究生285人，成人教育学历生2 200人。年内，校区各学院、系及科研机构积极争取重大科研任务，同时大力参与地方经济建设，承接大量横向科研项目，共获科研经费545.05万元。继续改善校区的办学条件和基础设施，完成学生宿舍楼空调线路安装，对教学楼、宿舍楼屋面及地面进行维修，改建部分道路路面、路灯设施。（朱　曰）

【同济大学嘉定校区】 年末，同济大学嘉定校区共有12个学院、2个科研院所、5个国家级大型科研基地和实训平台；有学生12 795人，其中本科生6 912人、硕士生4 464人、博士生1 419人；有教职工1 200余人。校区有新能源汽车及动力系统国家工程实验室、国家燃料电池汽车及动力系统工程技术研究中心、土木工程防灾国家重点实验室之多功能振动台实验室等3个国家级重点实验室和7个省级重点实验室。校区整合与装备制造业相关的学科，构建以地面交通工具为核心、以汽车为龙头的现代装备制造学科群，成为学校人才培养和科技创新的重要引擎。年内，举办“存史育人”嘉定校区办学十周年系列纪念和庆祝活动。举办各类讲座和报告会77场，其中著名专家讲座10场。有学生社团54个，开展各类活动380余场次。举办各类文艺演出活动50余场，其中“高雅艺术进校园”活动10场。“嘉定同济体育中心”工程建设进展顺利，校区卫生所改扩建、留学生宿舍及专家公寓工程竣工，朋园教师招待所、研究生宿舍建成启用，完成春禾苑学生食堂改造工程和秋谷苑自助餐厅改造项目。校区全年共接待来访团队80余个，中外来宾5 000余人次。校区被嘉定区指定为青少年社会实践活动的指导站和参观点，校区团委和学生会组织大学生志愿者融入社会，指导帮助安亭地区青少年社会实践活动的开展。为当地中小学开设“彩虹课堂”，传播科学知识，提高学生的科学素养。（金国伟）

【上海科技管理干部学院】 2014年，上海科技管理干部学院立足上海，面向全国，打造科技创新管理培训、科技创新软科学研究和高素质技能型人才培养三个基地，取得转型发展的新突破。全年共举办各类干部培训班101期，培训5 066人次。其中面向上海市的干部培训74期，培训3 958人次；面向全国尤其是中西部地区的干部培训27期，培训1 108人次。举办星火科技培训班26期，培训1 387人次。为贯彻国务院加快发展现代职业教育的要求，组建职业培训部，开展市场化的职业技能培训工作。与京东商城建立培训合作关系，办班30期，培训约3 000人次。年内，承担各类科研项目21项。其中延续性研究课题6项，新申请立项院外课题15项（其中国家级1项、市级10项）。参与发起成立“长三角科技发展战略研究联盟”，协办“2014区域创新政策论坛”。开展国际交流与合作，与美国信息技术与创新基金会、法国科学与技术高等学院等机构达成研究合作意向。以自主办学、合作办学等形式，开展业余大专、成人专升本和全日制高职学历教育。新设立复旦大学继续教育学院嘉定教学点。推进全国计算机、英语考站建设，开展相关考证培训。对学生宿舍进行全面修缮改造，将原有家具全部更换为学生公寓式家具，不断改善办学条件。规范执行预决算制度，在水电费、会议费等方面比2013年缩减开支35.9%。与嘉定镇街道合作开展新一轮结对共建活动，为嘉定工业区培训社会工作者、工会小组长数百人次。与张江高新技术产业开发区嘉定园、区总工会、区民政局、区烟草公司以及多家劳动服务所建立合作培训关系，累计办班20期，培训1 000余人次。（李 媛）

同济大学中德工程学院工业4.0实验室

（嘉定报社 李华成 摄）

【天华学院】 2014年，天华学院计划招生2 293人，实际报到2 198人，报到率95.86%。年末，在校学生总数7 828人。2014届毕业生就业率96.79%。年内，学院共承担科研项目476项，其中国家社科基金项目1项、上海市民办高校重大内涵建设项目与重点项目5项、上海市重点教学改革项目2项、上海市教委重点课程项目5项。积极开展对外交流活动，先后与美国、德国、日本等国的多所大学签订合作办学协议。1名教师赴英国参加海外研修（第三期）项目，35名教师赴美国太平洋大学攻读教育学博士学位。提高辅导员综合素质，选派9名辅导员参加市级培训，3名辅导员赴英国学习。学院师生在各类比赛中获得优异成绩。工学院计算机专业老师陈佳雯的《面向对象程序设计（C#）》课程被评为“上海高校市级精品课程”。在上海市应用型本科高校首届青年教师教学能力大赛总决赛中，李娟获艺术类组一等奖。网络工程专业2011级学生组成的团队获“奥派电子商务运营大赛”全国二等奖。教育学院参加“绚丽年华第七届全国美育成果展评”，教师获一等奖4个、二等奖4个；学生获得一等奖3个、二等奖28个。管理学院学生在“寻找中国管理与信息化三好生”暨第八届“用友杯”全国大学生会计信息化技能大赛中获本科组全国二等奖、上海市一等奖。国际商务专业学生获第二十六届“韩素音青年翻译奖”竞赛英译汉项目优秀奖。（代维祝）

文　　化

编辑　宋怀常

综　　述

2014年，嘉定区文化广播影视管理局（以下简称区文广局）围绕区委、区政府中心工作，结合党的群众路线教育实践活动，以创建国家公共文化服务体系示范区为目标，积极探索公共文化科学发展路径，深入推进机制体制创新，提升地区文化活力，维护文化市场安全稳定，为推动文化大发展、大繁荣奠定基础。

以创建国家公共文化服务体系示范区为目标，在制度设计和服务管理等方面积极实践，开展标准化建设，为公共文化服务均等化夯实基础。公共图书馆“直管模式”取得阶段性进展，6家街镇图书馆成为区图书馆分馆。提升群众参与度，探索公共文化公众决策制度，成立嘉定区公共文化服务议事会。公共文化设施网络不断优化，上海保利大剧院建成开业，“嘉定文化云”公共文化数字化服务平台上线运行。基层文化设施建设不断推进，菊园新区社区文化活动中心、外冈镇社区文化活动中心完成改扩建。南翔镇中冶祥腾购物广场24小时图书馆完成建设并投入使用。东方信息苑设备更新项目顺利启动。结合嘉定特色，对接上海市民文化节，举办百姓大舞台、百姓大展台、全民读书月等一系列贴近百姓的专题群众文化活动。深化文明创建工作，嘉定博物馆被评为2013年嘉定区优秀志愿者服务基地，“周末故事会”“为视障人士说电影”被评为区级优秀志愿者服务项目。韩天衡入选第二届“我是文明嘉定人”十大杰出人物。新闻宣传工作紧扣嘉定区发展主线，紧贴民生热点，多渠道拓展新闻宣传途径，营造良好的社会舆论氛围。加大文物保护工作力度，完成嘉定区可移动文物普查第一阶段工作，摸清区内国有单位可移动文物实际情况。整合区域内的历史文化资源，加强传统文化的宣传与交流，注重公共教育职能的拓展，推出“万名学生走进博物馆”系列活动。“南翔小笼制作工艺”入选国家级非物质文化遗产项目名录，“鸿怡泰精茶手工制作技艺”成为区级非物质文化遗产项目名录推荐项目。强化文化市场管理的服务意识，深入推进文化行政事务受理规范化建设。加强对市场的统筹监管，提高管理执法效能，相关案卷入选全国文物行政处罚案卷评选活动“十佳案卷”。　（齐秋生）

公共文化

【概况】 2014年，嘉定区创新服务机制，以转变政府职能、提升文化服务水平为宗旨，不断优化公共文化服务网络。围绕上海市民文化节策划举办丰富多彩的群众文化活动，共开展群众文化活动1.7万场，参与市民195万人次。文艺作品创作取得丰硕成果，11个节目在“上海之春”新人新作评选中获奖。9月，上海保利大剧院建成开业。

【上海保利大剧院建成开业】 上海保利大剧院位于白银路159号，是嘉定新城地标性文化设施之一。剧院有1 500座的剧场和400座的多功能厅，总建筑面积5.6万平方米。剧院临湖而建，是国内首家拥有水景剧场的剧院，并建有100平方米的水上舞台。9月30日，保利大剧院开业并举行首场演出。保利大剧院的开业改写嘉定没有高标准剧院的历史，满足嘉定市民在家门口看国际一流演出的夙愿。至年末，保利大剧院共举行演出32场。

【“文化嘉定云”上线运行】 1月12日，嘉定区公共文化服务数字平台“文化嘉定云”上线运行。平台将区内公共文化资源汇聚“云端”，市民足不出户，即可分享公共文化资源。“文化嘉定云”服务运用先进的云计算技术，让市民即时、便捷地获取文化资源，融汇知识服务、艺术欣赏、文化传播、交流互动为一体，涵盖资源展示、数据共享、活动预告等数字文化服务。市民只要在手机、电脑终端安装相应软件，就可以不进文化场馆而享受文化服务。“文化嘉定云”整合中国知网、万方数据、维普期刊以及上海市中心图书馆等20余种数据库资源，为公众打造借阅图书、文献阅览、资料检索一体式服务的“网上书房”。“文化嘉定云”独创文化场馆虚拟漫游功能，将文化场馆呈现于网络之中。将700余件珍贵藏品

“文化嘉定云”上线运行 （区文广局 供稿）

制作成高清3D展品供市民观赏。在定期收集、发布全区文化活动预告信息的基础上，“文化嘉定云”首度实现文化服务线上预约和文化场馆线上预订功能。平台全年共收录各类演出、讲座、展览资源近300场，提供文献3 000万册、免费阅览电子图书200万种，访问量18万人次。 （齐秋生）

【首届中国字砖学术研讨会在嘉定举行】 11月1～3日，首届中国字砖学术研讨会在嘉定举行，中国先秦史学会、国家文物出版社、北京大学等单位的40多位专家学者汇聚一堂，研讨中国字砖文化。专攻字砖文化的学术研讨会在国内尚属首次举办。中国先秦史学会在上海明止堂古砖文化研究与保护中心授牌设立“中国字砖文化研究与保护中心”。中国商代就有砖的前行形态存在，砖上文字的出现，当以山东邹城张庄出土的“墓誌”砖为最早，该墓不迟于战国早期，距今也有2 500年上下。古砖很早就受到金石学家注意，在宋代已有著录见收。到清代金石著作盛行，出现了真正的“砖”家，有“砖”门著述及图录。不过，近一时期，古砖整理研究却相对沉寂，古砖的分域分期、古砖文字的释读考证，有待深入展开。明止堂创办人朱明歧表示，古砖既可证史又能补史，古砖中蕴含古代经济学、建筑史、绘画史、民俗学、思想史、字学、篆刻、美术学等等学科，是一个被忽视的宝库。著名历史学家、古文字学泰斗李学勤向会议致贺词并亲笔题词“字砖文化，值得研究”，“古砖是我国传统金石学内一个极具特色的品类。”与会专家学者通过参观，考查字砖，一致认为，古砖承载了中华古文明，包括历史、文化、艺术、科技等方面的知识和精华，是传统文化的载体，可谓“古砖无言，但古砖载道；字砖无声，但砖文化人。”应将古代字砖文化列为古代史和古文字学的一个分支学科。上海明止堂古砖文化研究与保护中心位于菊园新区六里科技创业园，该中心收藏古砖3万余块，其中以文字砖为主，兼蓄画像砖，现有陈列面积3 000余平方米。 （中 文）

【文化场馆引入ISO9001质量管理体系认证】 6月4日，区文广局与市质量认证咨询中心签订协议书，启动嘉定区公共文化领域ISO9001质量管理体系认证项目，在公共文化标准化建设方面迈出新步伐。嘉定区图书馆、嘉定镇街道社区文化活动中心为首批试点单位，按照ISO9001质量管理体系的标准，在市质量认证咨询中心的指导下，对各单位提供服务的方式、市民的需求和满意度等情况进行分析研究，差别化地制定科学可控的《质量管理手册》，力争在1年内获得ISO9001质量管理体系认证。在试点成功的基础上向全区各公共文化服务单位推广。

【区公共文化服务议事会成立】 年内，嘉定区积极探索公共文化设施管理和公共文化服务公众决策制度，筹建嘉定区公共文化服务议事会。议事会由文化团队、文化领域行业组织和机构、社会组织负责人以及文化志愿者等组成，通过议事会共商嘉定区公共文化服务工作，发挥基层百姓在公共文化建设和发展中的促进作用。12月20日，嘉定区公共文化服务议事会成立大会暨嘉定区文化类社会组织项目合作对接会在嘉定区图书馆召开，与会领导为45名第一届议事会成员颁发聘书。

【11件作品在“上海之春”群文新人新作展评展演中获奖】 在2014年“上海之春”群文新人新作展评展演中，嘉定区选送的12个作品有11个获奖，其中群舞《七老八十》、群舞《抬头看见爱》、双人舞《生命•蝶》、男声小组唱《玫瑰纷飞》、女声独唱《外婆的桥》、小品《父亲》、故事《此路不通》、上海说唱《竹莲情》获“优秀新作奖”，群舞《再爱我一次》、小品《敬老院奇妙夜》、上海评话《独眼倒装》获“新作奖”。获奖数量刷新嘉定参加该项活动以来的最好成绩，是全市获奖最多的区县。

【文化资源配送】 年内，区文化馆以演出、展览和培训为主线，以“百姓品牌”为特色，对接不同群体的差异性文化需求，开展多元化的文化活动。全年共开展阵地文化服务和演出354场，参与市民18万人次。创新文化配送模式，立足区内资源优势，以“亲子活动”“艺术教育”为特色，通过邀请专业院团、吸纳基层优秀原创佳作、进行群文作品展示等方式，不断丰富配送内容。举办“百姓艺术课堂”亲子专场，演出越剧《红楼梦》、京剧《杜鹃山》等经典优秀剧目，青海省多玛县歌舞团、匈牙利男声合唱团、俄罗斯歌舞团等艺术团体到嘉定演出。全年共开展文化下乡和资源配送1 160场次，服务市民21.6万人次。

【创作演出《风波太平村》】 4月8日，为配合党的群众路线教育实践活动，以苏兴华先进典型事迹为蓝本，由区文化馆创作编排的锡剧小戏《风波太平村》在区文化馆首次公演。该剧共分四幕，围绕苏兴华的先进事迹，讲述太平村基层民主建设过程中的故事。苏兴华由国家一级演员倪剑虹饰演。至年末，该剧共在全区公演13场。（齐秋生）

文化艺术

【概况】 年内，区文广局整合区域内的历史文化资源，举办丰富多彩的文化艺术活动。弘扬传统文化艺术，举办艺术交流活动，嘉定博物馆、陆俨少艺术院和韩天衡美术馆共举办29项展览、展示活动。注重公共教育职能的拓展，继续举办“嘉博讲堂”“爱上美术馆”“味闲讲堂”等公共美术教育系列活动，提高市民艺术修养。

【举办陆俨少艺术展】 11月4日至12月21日，由陆俨少艺术院主办的文化部2014年全国美术馆精品季项目“凌云健笔意纵横——陆俨少艺术展”在陆俨少艺术院展出，共展出陆俨少书画作品90余件。以陆俨少生平年谱为主线，把摹古写生、峡江云水、雁荡黄山、杜甫诗意等不同题材有序贯穿在一起，全面展示国画大师陆俨少一生的创作历程和艺术成就，展现“陆派山水”的艺术风貌和非凡魅力。陆俨少生前好友、著名中医潘华信捐赠的“陆俨少手绘山水热水瓶”也在展览中亮相。12月底开始，在各街镇开展巡展（高仿复制品）和讲座活动。（齐秋生）

【举办馆际交流展29项】 年内，区内各艺术场馆利用阵地优势，积极开展文化交流活动。“中国科举文化展”赴江苏省吴江市博物馆和河北省邯郸市博物馆展出，“韩天衡美术馆藏印暨韩天衡近作精品印章展”赴温州博物馆交流展出，“韩天衡美术馆藏印、砚精品展”在豫园展出。全年共举办“天一阁馆藏珍品展”“汉景帝的地下王国特展”“中国古代青铜文明特展”“郑氏三代画展”“温州博物馆馆藏民族刺绣工艺展”“日本随风会书法篆刻上海展”“中华艺术宫馆藏俄罗斯版画展”“沈逸千艺术作品、文献特展”等29项展览活动，其中“凌云健笔意纵横——陆俨少艺术展”入选文化部2014年全国美术馆精品季项目。

【公众艺术教育】 年内，嘉定博物馆、陆俨少艺术院和韩天衡美术馆以阵地活动为基础，利用国际博物馆日、中国文化遗产日等重点时段，举办文物普查图片展巡展和“亲子携手游嘉博”等主题活动。以“嘉博，我想告诉你”“博雅大闯关”等体验活动吸引市民参加。结合馆藏展览，以教育普及、注重互动为宗旨，进一步丰富“嘉博讲堂”“爱上美术馆”和“味闲讲堂”等品牌活动的内容，开展培训、讲座、亲子互动和画家见面会等艺术教育交流活动，发挥博物馆和美术馆的社会教育功能。

文化部2014年全国美术馆精品展出季入选项目“凌云健笔意纵横——陆俨少艺术展”现场　（区文广局　供稿）

【地铁11号线推出“韩天衡美术作品文化专列”】 9月21日，由上海地铁、嘉定区文广局、嘉定区旅游局、韩天衡美术馆和东方都市广播联合主办的第一届“穿越11号线”公益活动拉开帷幕。为配合此次活动，上海地铁11号线推出“韩天衡美术作品文化专列”，在车厢内部专题展示韩天衡先生篆刻、书法、绘画作品，让乘客在车厢内欣赏中华传统艺术。

文化市场和文化产业

【概况】 年末，全区共有持证文化经营单位1 117个，其中新闻出版单位653个、网吧98家、娱乐场所147家、游戏（艺）机房60家、棋牌室106家、境内外卫星地面接收设施单位24个、美术品备案单位24个、电影放映单位13个（含剧场1家）、演出团体15家、书场1家。年内，开展文化执法专项整治行动，检查文化经营场所4 365家（次）。

【行政审批窗口规范化建设】 年内，区文广局完善窗口规范化建设，坚持依法行政，从细节服务入手，认真梳理工作环节和流程，强化内部流转衔接，将原来的11个审批程序减少到5个，大大缩短办理时间，提高行政服务效能。结合文化市场相关法律法规及政策变动，优化告知单，向投资者宣传政策法规，营造良好投资环境，提高群众对行政审批服务的满意度。

【贯彻“柔性执法”理念】 年内，区文化行政执法大队认真听取各经营单位对市场监管的意见建议，拓宽监管工作思路，提高政风行风建设水平。结合实际，创新监管思路，贯彻“柔性执法”理念，以教育引导为先，注重事前预防和事中监管，减少执法双方矛盾冲突，增强执法威信，改善执法环境。加强市场管理和各职能部门间的联动与协作，开展打击侵犯知识产权、查处无证游戏机场所、整治卫星天线非法安装销售等专项行动。全年共开展各类专项整治行动23项，检查文化经营场所4 365家次，立案97件，保障文化市场平安有序。

【推动文化产业发展】 年内,区文广局加强协调,与区发改委、区经委、区科委、区统计局等部门建立定期沟通、通报等工作制度,为文化产业与相关产业的融合发展提供保障。对嘉定区文化产业的发展环境、制约文化产业发展的政策瓶颈、解决难题的方法等进行调研和综合分析,形成《关于促进嘉定区文化产业发展的调研报告》。中广国际广告创意产业基地、南翔智地创意产业园被评为"国家级文化产业示范园区"。

【第四届九分钟电影锦标赛颁奖典礼在嘉定举行】 7月6日,第四届九分钟电影锦标赛颁奖典礼在区文化馆举行,共揭晓包括最具人气影片、最佳摄影、最佳男女主角、最佳剪辑、最佳影片、特别贡献奖等在内的14个奖项。最佳导演和最佳编剧分别由《一箱黄金》和《赤日炎炎》获得。《剃头师傅》囊括最佳影片和最佳摄影两项大奖,该片导演陈聪聪获嘉定区颁发的100万元电影创投资金。第四届九分钟电影锦标赛有350个团体报名参赛,共征集到2 000余个故事,最终有30余部短片完成制作,成为国内规格最高的青年电影短片扶植活动。

【中广国际入选"上海市智慧园区"试点】 年内,中广国际广告创意产业园(简称中广国际)被上海市经信委认定为第二批智慧园区试点,成为嘉定区首个"智慧园区"试点。近年来,中广国际围绕"东方广告创意科技之都,上海的一个地标、东方的一张名片、全球广告的一个符号"建设目标,以创新园区管理、服务产业发展为主线,通过"一个门户、一张网、一片云、一张图、一套库、一张表、一张卡"的建设,逐步实现园区信息基础设施能级、信息化应用水平、运营管理效率、配套服务能力和产业发展水平显著提高,促进园区发展模式由企业集中型向产业集聚型、资源招商型向品牌价值型转变,助推园区经济可持续发展和产业价值链提升。

【召开"商旅文"产业推介会】 9月22日,嘉定镇街道召开"商旅文联动,促产业发展"产业基地项目推介会。会上共推介"现厂"创意园区二期、三期、四期和疁城新天地拓展区、州桥景区等产业项目,解读相关产业政策。开心麻花娱乐文化传媒有限公司、小荧星教育培训有限公司、智课网、文新教育集团等13家文化企业与嘉定镇街道签订初步合作意向协议。近年来,嘉定镇街道坚持招商引资与"招才引智"并举,依托深厚的人文底蕴和雄厚的人才优势,全力打造以"嘉康移动互联网产业园""飞联文化创意产业园"为重点的产业园区,以"州桥4A级景区""西门历史文化风貌区"为核心的旅游景区,以"民清一条街""疁城新天地"为代表的精品商区,全面推进商业、旅游、文化产业融合发展,加快嘉定老城的产业转型与升级。(齐秋生)

图书和文博

【概况】 年内,嘉定区图书馆依托新馆阵地,开展特色服务,入库新书、读者流通量等多项业务指标位居全市区县图书馆首位。围绕上海市民文化节"听、说、读、写"四大系列赛事,结合嘉定区"百姓系列"特色项目,承办"中华传统经典诵读大赛",通过经典诵读的方式,倡导全民阅读、家庭阅读。结合全国文明城区创建,推动相关街镇落实文物保护单位的修缮保护工作。完成嘉定区可移动文物普查第一阶段工作,摸清区内国有单位可移动文物实际情况。全年共征集、接受捐赠文物及史料70件(套)。

【区图书馆多项业务指标居全市第一】 年内,区图书馆明确"年度有亮点,季度有反响,月度有名家"的活动思路,以"经典阅读""品阅鉴赏"为内容,打造"嘉图百姓讲座""品乐下午茶""周末故事会""名家论经典"等特色项目,策划开展人文艺术、亲子阅读、音乐欣赏等系列主题讲座和活动,吸引市民踊跃参与。成立"远香书友会",通过"以书会友"的形式,搭建公益学习交流平台。书友会以中青年读者为主要群体,开展好书推荐、深层阅读、分享读书心得等活动,让阅读成为城市文明新风尚,让"到图书馆去"成为广大市民的文化休闲习惯。2014年,区图书馆多项业务指标位居全市区县图书馆第一位,其中读者流通量142万人次,比上年增长75.96%;外借图书177万册次,增长59%;新办读者证12 386张,增长18%;入库新书13万余册。

【中华传统经典诵读大赛闭幕式在嘉定举行】 9月27日晚,中华传统经典诵读终极赛暨上海孔子文化节闭幕式在上海保利大剧院举行,中共上海市委常委、宣传部长徐麟出席。2014年上海市民文化节中华传统经典诵读大赛于4月23日启动,共吸引近8万名市民参与。经过海选、区县晋级比赛等环节,评选出100名"诵读达人"和10名"诵读进士"。嘉定区为配合大赛,举行主题讲座、吟诵赏析、书目推荐、亲子互动等形式多样的中华传统经典传承活动,邀请骆玉明、李敬一、汪涌豪、姜鹏、郜元宝等知名学者走进图书馆等基层文化阵地,邀请萧善芗、彭世强、蔡金萍等名家举行经典朗诵会,拉近传统经典与市民生活的距离。

【6个街镇图书馆加入"直管模式"】 年内,嘉定新城(马陆镇)、安亭镇、菊园新区、外冈镇、江桥镇和南翔镇6个街镇图书馆完成嘉定区图书馆分馆建设,正式加入区图书馆"直管模式",升级为"区馆标准"。区图书馆共为6个分馆配送图书1.8万册,完成6个分馆的RFID(无线射频技术)设备配置,实现分馆的读者自助服务功能,有效提高公共图书馆的服务效率。区图书馆在完善分馆硬件建设的同时,进一步规范各分馆的服务工作,细化《嘉定区图书馆分馆管理办法》《嘉定区图书馆分馆设立协议》《嘉定区图书馆分馆业务考核细则》《嘉定区图书馆分馆人员考核细则》《嘉定区图书馆分馆岗位说明书》等规范性文件,为分馆设计、配备统一的标识系统,打造嘉定区图书馆的整体服务形象。

【新增6个市级文物保护单位】 年内,区镇两级政府认真落实《嘉定区不可移动文物保护管理暂行规定》,结合全国文明城区创建工作,强化属地化管理,加强地面文物保护的日常巡查力度,推动落实文物保护单位的修缮保护工作。区文管部门对印家住宅、敦谊堂、海麟纱厂宿舍旧址、王敬铭住宅、秋霞圃进行安全检查，指导嘉定工业区朱氏住宅、香雪庵的修缮工作。嘉定城墙遗址、古猗园、沈家祠堂、钱大昕墓、印家住宅和娄塘天主堂6个区级文物保护单位升格为市级文物保护单位，全区市级文物保护单位共10个。举办"嘉定区文保单位图片展"，展示嘉定区第三次全国不可移动文物普查成果。

【举办"走进博物馆"活动】 3月，区文广局与区教育局合作，推出"走进博物馆"系列活动。至年末，嘉定博物馆和嘉定孔庙共接待来自全区34所学校的五年级学生近1.2万人次。嘉定博物馆针对不同年龄段的学生专门设计"博物馆趣味问答"互动环节，让学生加深对嘉定历史文化的认识。

【中国古代青铜文明特展在嘉定博物馆举行】 9月10日，由嘉定区文广局主办，宝鸡青铜器博物院、保利艺术博物馆、上海博物馆、嘉定博物馆共同承办的"吉金华章——中国古代青铜文明特展"在嘉定博物馆开展。共展出青铜文物96件(组)，系统介绍中国青铜文化的概况。展期一个月。展览期间，嘉定博物馆邀请上海博物馆青铜器研究专家马今洪开设专题讲座"钟鸣鼎食——青铜器与西周时代的贵族生活"，面向社会举办"特展有奖问答活动"，每周六、周日配合展览开展手工活动"我的铜画世界"。

【"南翔小笼馒头制作技艺"入选国家级非物质文化遗产保护项目】 年内，"南翔小笼馒头制作技艺"入选全国非物质文化遗产项目名录。以"皮薄、馅大、汁多、形美"著称于世的南翔小笼是上海市首批非物质文化遗产，具有百年以上的历史。2007年始，嘉定区每年在9月底至10月中下旬举办为期近一个月的小笼文化展，是上海旅游节的重要项目。

【非物质文化遗产保护】 年内，嘉定区推广"非物质文化遗产进校园"系列活动成果，举办2014年嘉定区第三届"腾马杯——学生传统手工艺品制作大赛优秀作品展"。开展"古曜今韵——非遗保护月"系列活动，举办嘉定区非物质文化遗产项目展示以及"趣味童心——传统游戏""编织梦想——徐行草编""刻写心情——嘉定竹刻"3场"非遗之旅系列"主题活动，通过现场互动、图片展示相结合的方式进行宣传推广，提高非遗项目的社会认知度和影响力。 （齐秋生）

宣传媒体

【概况】 2014年，嘉定区新闻宣传工作紧扣发展主题，以主题策划和立足本土为特点，多渠道拓展新闻宣传途径，紧贴民生热点，做好新闻宣传报道，营造良好的社会舆论氛围。配合全国文明城区创建行动，开展"感动就在身边"专项宣传，将镜头伸向社会各个角落，关注身边感人事迹，传递社会正能量。直播F1中国大奖赛和嘉定旅游节系列活动。推进广播电视高清设备改造，完成高清电视播出系统、制作系统和媒体资产管理系统改造的招标工作，相关系统的安装调试工作全面启动。进一步扩大数字电视网络的覆盖范围，全年完成NGB网络改造5.1万户、数字资源整体转换3.9万户。《嘉定报》全年出版89期。

【播出广播电视新闻8 048条】 2014年，嘉定广播电视台围绕贯彻落实十八届三中全会、四中全会以及市"两会"精神，配合党的群众路线教育实践活动，推出"深化改革，转型发展""践行群众路线"和"反对四风，服务群众"等系列报道，为全区经济科学发展、社会和谐稳定营造良好的舆论氛围。聚焦社会热点，及时开展新闻报道，解读政策信息，服务群众生活。全年共播发电视新闻稿件3 264篇，被上海电视台录用770篇，被中央电视台录用53篇；广播播出新闻稿件4 784篇，被上海人民广播电台"990早新闻"用稿90篇；向外宣平台发送专题节目18部。

【透明广播直播室入驻旅游节开幕活动现场】 9月19日，上海旅游节嘉定系列活动拉开序幕。嘉定人民广播电台首次在安亭汽车会展中心的CAS改装车展上搭建前方透明演播室，与台内演播室互相切换，圆满完成对开幕式的直播。直播设2个板块，共3个小时，4名主持人和3名特约记者参与直播。透明演播室把现场气氛更加直观地传递给听众，与现场观众面对面地交流，拉近电台与听众的距离。

【"F1好声音"广播直播】 4月20日，嘉定人民广播电台首次与上海久事国际赛事管理有限公司合作，推出"F1好声音"2014年F1中国大奖赛决赛广播直播及赛事解说特别节目。上午直播相关的交通、停车、观赛指南等服务信息；下午通过嘉宾访谈、现场连线等形式，推介包括F1中国大奖赛在内的2014上海汽车文化节活动，介绍嘉定的旅游资源、汽车产业发展情况，直播

"F1好声音"广播直播 （区文广局 供稿）

F1中国大奖赛决赛。设置直播互动、有奖竞猜等听众参与环节，通过微博、微信等平台与听众互动。

【上视新闻中心主持人到嘉定“走转改”】 6月5日，上视新闻中心主持人赴嘉定“走基层、转作风、改文风”活动在嘉定广播电视台启动。谷永立、于飞、周瑜三名主持人与嘉定电视台的记者一起深入一线采访，倾听百姓心声，反映基层实际，利用一个多月的时间，采制一批接地气、有质量的报道。参与嘉定台的电视新闻播报、广播直播访谈，与嘉定电视台工作人员进行充分的业务交流。

【嘉定电视台节目在IPTV平台上线】 7月14日，嘉定电视台节目在IPTV平台上线，为市民增加一种收看嘉定电视台节目的方式。作为全市第二家在IPTV平台上线的郊区电视台，嘉定电视台的技术部门在学习第一家上线的闵行电视台先进经验的基础上，购置相关设备，做好测试工作，保证安全播出。联合电信公司完成传输和接收设备的安装与调试。（齐秋生）

【《嘉定报》新闻宣传把握舆论导向，弘扬主旋律】 2014年，《嘉定报》坚持正确的舆论导向，传播区委和区政府的声音，反映社情民意。做好党的群众路线教育实践活动宣传报道工作，充分调动新闻采编资源，通过开设专栏专版、采制深度报道、刊发评论等多种方式，突出活动主题，及时报道教育实践活动的重要工作和取得的成效。共推出教育实践活动专版29个。组织编印《上海市党的群众路线教育实践活动新闻报道选》一书，在全区动员会上作为材料下发。做好党的十八届三中、四中全会以及创建全国文明城区等重要会议、重点工作、重大活动的宣传和报道，先后开设“中国梦•我的梦”“改革•新起点——学习贯彻党的十八届三中全会精神”“心系群众，改革创新——向苏兴华同志学习”“教化之城，礼乐嘉定”“感动嘉定”等栏目。十八届四中全会召开前后，围绕贯彻落实“全面推进依法治国”新理念，对嘉定区依法治理环境和社会管理工作进行重点报道，开设“创新村居社会管理”“人大代表风采”等栏目。加强重头稿件策划，总结嘉定经济社会发展过程中的新经验、新做法和新成效，营造促进嘉定经济转型发展、城市品质发展、社会和谐发展的良好舆论氛围。先后刊发《嘉定密织幸福民生“保障网”》《让发展果实更多、更公平惠及百姓》《行政审批时效缩减两个三分之一》《从整治、管治迈向善治》《积极推进阳光司法法治建设》《嘉定强大制造业背后的转型印记》《打造永不落的底特律》等一系列专刊、专题、访谈。发挥“优秀品牌”作用，重点打造“新闻聚焦”、月末中文版、“生活长廊”、人文副刊“疁城故事”等品牌栏目。加强评论体裁的培育，策划推出多组系列评论。注重时效性，紧跟舆论热点，策划“中国梦•追梦人”系列报道，报道平凡之人追逐梦想的故事。坚持做本地新闻、做自采新闻，每个版面至少有2条自采策划主打稿，避免同质化竞争，建立自身优势。

【《嘉定报》出版89期】 年内，《嘉定报》周报及各类子报共出版89期，其中周报52期、月末版12期、英文版12期、民生版12期、“两会”特刊1期。共扩版38个版面，是上年的3.2倍。平均每期文字量3.3万字。发行总量610万份，其中与《上海日报》同步发行的英文版发行45万份。

【上海嘉定门户网站新闻频道共发稿5 819篇】 年内，上海嘉定门户网站新闻频道共发稿5 819篇，其中“嘉定动态”3 188篇、“嘉定头条”613篇、“新闻访谈”71篇、“媒体看嘉定”658篇、“嘉定微闻”512篇、“嘉定快讯”178条、“长三角动态”408篇、“图片新闻”191条(组)。发稿量比上年增长20%。

【探索“报网融合”新路】 年内，为提高宣传效果，嘉定报社发挥纸媒和网媒的不同特点，探索《嘉定报》和上海嘉定门户网站新闻频道及手机报“报网融合”、联动发展的新路，打破嘉定报社单一平面纸质媒体的传统运作模式，在新闻策划、记者采访、编辑安排等方面强调全媒体意识。做好部门设置、岗位分工、人员调配、考核调整等前期工作，进行“新闻频道”的改版工作，以适应更大信息量、更快捷发布信息的要求。

【《嘉定报》专版专刊公益宣传】 年内，共有50余个单位按规定程序进行专版专刊公益宣传。宣传内容包括政策法律法规解读、重要节庆活动、实事项目建设情况、公告、社会民生等方面。

【《嘉定报》电子版存储】 《嘉定报》复刊以来，限于技术条件，没有完整地进行电子版存储。年内，启动并完成整理工作，对部分缺失内容通过多方查找进行抢救性录入。本着对历史负责的态度，在区档案局的支持下，对1956~1958年发行的《嘉定报》进行电子版存储。

【建立阅报网评小组】 年初，为密切联系读者，全面监督嘉定报社的宣传报道效果和质量，聘请机关公务员、网站经营者、社区工作者、基层读者等各阶层代表组成阅报网评小组。每个月对《嘉定报》及网络频道的新闻内容进行监控，反馈群众需求，根据观点鲜明、意见中肯、建议具体、实事求是、差错有据的原则，每月形成一份阅评报告，作为对记者、编辑进行考核的依据以及选题策划的参考，提升办报质量。

【《嘉定报》17件作品获奖】 年内，《嘉定报》共有17件作品分获市、区新闻奖。在上海市区县报好新闻评选中，有3件作品获一等奖，送评的8件作品全部获奖。在区优秀新闻作品评选中，有9件作品获奖，占全区获奖作品的50%。（顾洪行）

档　案

【概况】 2014年，区档案局认真做好档案行政执法、档案资料进馆、档案人员培训等工作。对区内90余个单位开展日常业务指导；加强资料征集工作，丰富馆藏资源；举办档案工作人员岗位业务培训班和继续教育培训班各1期；加强档案信息化建设，推进数字化档案室建设。年末，馆藏文书档案161个全宗，共24.11万卷、10.58万件。全年接待利用者13 918人次，调阅档案资料49 706卷(件)。

【档案行政执法】 年内，区档案局对区内90余个单位开展日常业务指导，完成迎园医院、马陆文体服务中心、徐行社区事务受理中心和怀少学校4个事业单位档案管理规范化建设的评审工作，依法对20个单位的档案工作进行实地检查。完成徐行镇、江桥镇、外冈镇9个新农村建设档案工作示范村的创建工作。对24个经济薄弱村、25个新建(筹建)居委会资助建设经费，用于建立规范化档案室。

【法制宣传】 年内，区档案局结合《中华人民共和国档案法》颁布27周年和“上海市档案日”等时间节点，开展系列法律法规宣传活动。在菊园社区、富蕴社区开展档案方志法制宣传、有奖知识问答等活动；在《嘉定报》专版宣传档案方志知识；各街镇在社区宣传栏张贴宣传海报；开展档案方志知识有奖问答活动，共收回答题卡近2万份，评出参与奖、幸运奖和组织奖，在《嘉定报》、上海嘉定门户网站和嘉定档案志鉴网上公布获奖名单。

【区档案馆馆藏档案24.11万卷、10.58万件】 2014年，区档案馆接收区公证处、区房土局、区民政局婚姻登记处等11个单位进馆档案51 032卷(件)。至年末，馆藏文书档案161个全宗(新增农技中心、水利普查、群教办3个全宗)，共241 067卷、105 814件。其中建国前档案5 256卷、建国后档案235 811卷，音像档案976盒，照片档案30 763张，光盘档案1 858张，缩微胶片2 900幅，图书资料23 538册。年内，积极配合区委做好党的群众路线教育实践活动的建档管理工作，落实专人从事档案收集整理工作，按要求做好1 566件档案的整理进馆工作。

【档案资料征集】 年内，区档案馆举办口述历史档案采集和嘉定区第五届摄影作品展征集活动。通过捐赠、征购等方式，共征集进馆书籍、字画、照片、期刊等档案699件，包括《国朝名人题朱孝子传墨迹》《上海乡镇旧志丛书》《黄允之先生暨继配施太夫人哀思录》等书籍274册，吴邦国题字和朱秉衡画作108幅，嘉定古城墙砖、修建嘉定弹格路的鹤嘴锄等实物172件，照片、光盘等145张。

“为民，务家，清廉”——党的群众路线档案展 (嘉定报社 李华成 摄)

【档案科研】 年内，区档案馆在确定17个区级课题的基础上，与中光高级中学合作开展区域档案资源与中学历史教学整合的策略研究，成功将档案资源课程化，开辟档案馆藏资源开发与多样化办学携手并进的新路径。参与的课题“档案安全封存技术及其组织策略研究”获2014年上海市档案科研成果奖、国家档案局科技成果奖。

【档案查阅服务】 年内，区档案馆共接待利用者13 918人次，调阅档案、资料49 706卷(件)，出具档案证明10 569份、说明138份。其中查阅婚姻、独生子女档案8 235人次，房屋土地、农民建房申请3 837人次，工作查考537人次，编史修志435人次，其他874人次。逐步解决服务群众“最后一公里”问题，新增6个远程便民服务点，累计18个。远程服务平台全年受理3 107人次，跨馆(室)出证203人次。

【档案开发利用】 年内，区档案局主动与市档案局沟通，承办“为民，务实，清廉——党的群众路线档案展”。承办2014年上海国际摄影节暨上海第十二届国际摄影艺术展览系列展——“疁城追梦”摄影作品展。与区文广局联合举办“海上阿衡画展”及笔会。编印《海上阿衡画集》《嘉定变迁•嘉定区档案馆馆藏李侗作品选集》《寻找嘉定老乡音》《2012~2013档案利用实例》等书籍。以“城市记忆•经典上海”为主题，开展第七届“国际档案日”暨第七届“上海市档案日”宣传嘉定分会场活动，被市档案局评为组织奖。接待菊园新区文体中心、大众工业学校、民革嘉定区委等4个批次290余人参观“档案里的嘉定足迹”展览。编印《抗日战争中的嘉定》宣传册，向全区民办随迁子女学校赠送1万册。在启良小学、普通小学等10所学校举办地情史料宣讲活动。与区文联共同举办“嘉定区第五届摄影作品展”征稿活动，举办摄影作品专题展。举办成长档案实践基地成果展示活动，迎园中学作为全市第一家成长档案实践基地，在“五四”青年节展示15名学生4年内收集的300余件档案。年中，区档案馆被评为区未成年人校外教育活动先进场所，被命名为“嘉定区红领巾雏鹰争章实践基地”。

【档案培训】 年内，区档案局举办嘉定区第十九期档案人员岗位业务培训班和档案继续教育培训班各1期，培训346人次；举办6次档案业务知识短训班，培训270人次。

【档案信息化建设】 年内，区档案局做好民生档案远程利用系统、虚拟分布式档案管理系统、多媒体档案管理系统、数据备份系统的运行和维护工作，推进嘉定档案志鉴网站改版和虚拟库房管理系统建设。接收民政局革命烈士、伤残军人、退伍军人3类民生档案电子文件和13个新农村档案电子数据计167 361条。多媒体档案管理系统上线，全年上传17 016条照片信息。推进区教育局、江桥镇、区人大、区财政局4个单位的数字档案室建设。完成室藏档案的数字化扫描52 775卷（件）。完成档案电子全文2 539 431篇、条目2 577 943条、软件5套的异地全备份。

【档案安全保护】 年内，区档案局按照上级要求在全区开展档案数字化、开放档案及政府信息公开工作自查自纠工作。加强安全设施的安检工作，确保库房安全。做好珍贵档案抢救工作，对进馆的6件秋霞圃书画档案送市档案局进行抢救性修复，对解放前嘉定出版的报纸等8卷缩微胶卷送专业公司进行数字化转化，对52种馆藏家谱进行缩微及数字化转换，对征集进馆的吴邦国题字等108幅书画档案依据"一画一档"的模式建档。加强档案鉴定开放工作，成立档案鉴定开放专家组。（陈坚坚）

地方史志

【概况】 2014年，嘉定区地方志工作以深入贯彻国务院《地方志工作条例》为抓手，认真履行地方志管理职能，开展地方志法规宣传日活动和地情史料进校园宣讲活动。加强对《江桥封浜合志》《南翔镇志》《真新街道志》等10部乡镇志、街道志及《嘉定人民政协志》《嘉定教育志》《上海国际汽车城志》等21部专业志、部门志的指导、审核，举办志书编纂业务讲座。加强地方史料整理工作，整理出版《嘉定李流芳全集》，编纂出版"嘉定历史文献丛书"（第三辑）和《练川古今谈》（第九辑）等书籍。进一步提升年鉴编纂质量，调整框架、完善体例、优化版式，坚守质量至上的原则，编纂出版《嘉定年鉴（2014）》（总第二十四卷）。《嘉定年鉴（2011）》获第五届全国年鉴编纂出版质量评比综合一等奖，获中国出版协会奖励。完成《上海年鉴（2014）》《长江三角洲城市年鉴（2014）》条目选题、撰稿和报送工作。做好《嘉定区志（1993~2010）》编纂指导工作，组织相关人员研讨、细化纲目编排，制定相关实施方案，抓好《嘉定区志》编纂资料收集、试写稿指导和评议工作，分期分批举办修志人员业务培训活动，初步形成单位、部门初稿。

【《嘉定年鉴（2014）》出版发行】 12月，由《嘉定年鉴》编纂委员会编纂、嘉定区地方志办公室编辑、学林出版社出版的《嘉定年鉴（2014）》面向社会公开发行。2014年版《嘉定年鉴》是1991年《嘉定年鉴》创刊以来的第二十四卷地方综合性年鉴。卷首为特载、嘉定概貌、大事记、专记、专文，正文部分按党政群团、治安司法、经济发展、城镇建设、社会事业、镇（街道）、部（市）属单位选介、先进人物与集体等为序。《嘉定年鉴（2014）》涉及撰稿单位近200个，正文共设栏目30个、分目214个、条目1 486条，文字量100万字。收录统计表格99张。全书有卷首照片88帧，串文照片186帧。继续发挥年鉴彩页记录、宣传嘉定大事、特事、要事的特色，用23版页面集中记录和展示嘉定现代服务业发展轨迹，共收录照片103帧。不断改进和完善年鉴编辑流程，提升年鉴编纂质量。重视文字锤炼，先后实施6次校对，严把质量关口。年内，《嘉定年鉴（2011）》参加中国出版协会年鉴工作委员组织的第五届全国年鉴编纂出版质量评比，获框架设计三等奖、条目编写一等奖、装帧设计一等奖，获中国出版协会年鉴编纂出版质量评比综合一等奖。

【《嘉定李流芳全集》出版】 1月，由嘉定区地方志办公室主持编纂、上海古籍出版社出版的《嘉定李流芳全集》（以下简称《全集》）面向社会公开发行。《全集》共36.8万字，包括《檀园集》，佚诗文辑录，著述书画序跋辑录，诸家评赞，唱和悼怀诗文，墓志、传记、佚事，年谱七大部分。其中《檀园集》部分共十二卷，以崇祯二年刻本为底本，参照康熙二十八年刻本、文渊阁四库全书本等版本，辨疑正误，补缺拾遗。佚诗文部分从相关诗文专集、选本、方志、书画著录、传世书画、碑刻等载体中搜集而来。《全集》囊括李流芳的绝大部分诗文，并尽可能地收录相关史料。《全集》的整理和出版，对于研究李流芳、嘉定文派、晚明文学和嘉定地方文史提供资料基础和线索。《嘉定李流芳全集》是嘉定区地方志办公室主持编纂的"嘉定四先生全集系列"的第一部。年内，在上海书店出版社和上海书画出版社联合承办的第十七届华东地区古籍优秀图书评奖会上，《嘉定李流芳全集》获二等奖。

【"嘉定历史文献丛书"（第三辑）出版】 9月5日，嘉定区地方志办公室编辑的"嘉定历史文献丛书"（第三辑）由上海世纪出版股份有限公司上海书店出版社出版发行。嘉定的历史文化源远流长，现存或有记录的著作四千余部，逐步整理出版其中的精华，是嘉定区传承优秀传统、建设先进文化的重要举措。从上世纪末开始，嘉定已陆续整理出版一批有存史价值的著作。"嘉定历史文献丛书"第一辑和第二辑分别于2005年和2009年出版，每辑均一函三种著作。"嘉定历史文献丛书"（第三辑）仍一函三种。其中《练川名人画像（正编、续编）》为清后期嘉定知名画家、学者程祖庆编绘，共收录历代嘉定名人（含侨寓名人及嘉定名宦）178人，一人一图，图文并茂。自道光年间刊印至今已有160余年，存史和使用价值很高。《秋霞圃小志》系近代嘉定知名学者、书法家周承忠所著。该书从未出版过，系手稿本，成稿迄今已60余年。是秋霞圃的第一部"园志"，不少材料首次面世。《知止盦笔记》，清黄宗起著。黄宗起系清同治举人，西溪草堂黄氏教育世家后人，长期担任嘉定震川书院、沅州秀水书院山长。《知止盦笔记》记载大量有关清末民初嘉定在政治、社会、文教等方面的史料。

【《练川古今谈》（第九辑）发行】 12月，由嘉定区地方志办公室编纂的集史料性、研究性、知识性、趣味性于一体的通俗读物——《练川古今谈》（第九辑）面世，内部发行，主编张建华。编纂出版《练川古今谈》是为了更好地宣传执行《地方志工作条例》，深入研究嘉定历史文化，开发利用档案、地方史料，为地方经济和社会全面发展服务。《练川古今谈》（第九辑）收录文章32篇，全书21万字。（孙培兴）

卫　　生

编辑　宋怀常

综　　述

2014年，嘉定区卫生工作以“深化改革、落实规划、加强监管、注重服务”为目标，以深化公立医院改革为核心，顺利完成各项工作任务。

围绕公立医院改革，稳步推进医改工作。明确“123”公立医院改革思路，对全区8家公立医院实行全面预算管理。继续深化社区卫生服务综合改革，做实收支两条线管理。成立嘉定区社区卫生协会。实施“瑞金—嘉定”全专联合社区糖尿病防治项目，区影像诊断平台、影像中心远程教育平台启用。继续完善“上海健康信息网”嘉定配套工程，完成“一网、一中心、一平台”建设，初步实现医疗监管、公共卫生监管、药品耗材监管、绩效考核、政府资金补偿、薪酬总额核定和全面预算管理等功能。

推进公共卫生服务均等化，优化医疗资源布局。实施国家及上海市12类基本公共卫生服务项目和9个重大公共卫生服务项目。开展“共圆妇幼健康梦”妇幼健康服务年主题活动。加强传染病一级预防工作，完成“亚信峰会”期间传染病防控任务，做好埃博拉疫情防控工作，年内无甲类传染病报告。编制《嘉定区区域卫生规划（2013年–2020年）》及《嘉定区社会办医指南》，确定“十三五”重点卫生基建项目，包括安亭医院迁建、江桥医院新建、中心医院二期工程等，完成嘉定镇街道社区卫生服务中心整体搬迁。

加强医疗服务管理，严格卫生监督执法。编制全区统一的手术分级目录，加强门诊就医及输液流程的信息化管理。安亭医院、区妇幼保健院、区精神卫生中心分别通过医院等级评审。推进“联影—嘉定区域影像中心”、心电诊断中心、远程会诊中心建设，形成分级诊疗模式。开展卫生监督执法工作，制定《2014年〈嘉定区进一步推进医疗机构依法执业行动纲要〉实施方案》，打击无证行医，强化依法执业。推进职业健康检查服务能力建设。启用院前急救移动监护平台，实现院前、院内急救的无缝衔接。做好养老护理、舒缓疗护工作，研究“医养结合”新模式，增设老年护理床位187张、康复床位100张，舒缓疗护病房床位增至30张。

完善中医药服务体系，提升中医药服务水平。全区形成以区中医医院为龙头，区级综合性医院中医科为骨干，社区卫生服务中心中医科、社区卫生服务站（室）和村卫生室为网底的中医药三级服务网络体系，全区13家社区卫生服务中心全部完成中医药综合服务区的建设。稳步推进国际中医药城区建设，区政府与上海中医药大学签订合作备忘录，启动区中医医院迁建项目。

实施服务百姓健康工程，加强行风建设。通过项目化管理，实施以“五个一”（构建一张智慧医疗便民网、举办一百场市民健康科普知识大讲堂、为一千对计划怀孕夫妇进行免费孕前优生健康检查、为一万名60岁以上老

嘉定区人民政府与上海中医药大学区校共建嘉定国际中医药城区合作签约仪式
（区卫计委　供稿）

人免费接种肺炎疫苗、开展医院志愿服务十万小时)为主要内容的服务百姓健康工程,举办“关爱患者,从细节做起”主题活动,实施人文环境、便民服务、隐私保护、心理疏导等方面的10条服务举措,在全区公立医院实行“五统一”便民服务中心标准化建设,加快推进区级公立医院预约诊疗、一站式付费等便民措施。落实党风廉政建设责任制,开展国家卫计委“九不准”、市卫计委“十项不得”落实情况专项督查,健全廉政风险防控体系,推进“防统方系统”建设。新聘任10名行风监督员,继续开展卫生监督开放日、医院开放日活动,加强医患交流,主动接受社会监督,在市卫生计生系统行风建设及医疗服务满意度调查测评中位列全市第五位。大力推进医院志愿服务工作,开展“医疗专家进社区”“健康讲堂进社区”“流动医院进社区”的“三进”服务。全系统有5 018名登记注册的医院志愿者,累计服务时间18万小时。

加强干部队伍和学科人才建设,实施200名全科医师、50名中医全科医师、200名社区医师(乡村医生)培养项目。调整公立医院事业编制和中高级岗位结构比例,建立与标准化工作量挂钩的可分配总量核定标准。 (朱秋菊)

医　政

【概况】 2014年,全区卫生系统有预防、医疗、救护等单位31个,与上年持平;有民办医疗机构22个,比上年增加1个(新增上海摩尔星荟口腔门诊部)。设病床4 018张。职工总数7 398人,其中卫技人员5 915人。户籍人口平均期望寿命83.33岁,比上年上升0.3岁。年内,区卫生和计划生育委员会(以下简称区卫计委)构建“3+1”医疗服务监管模式,对全区20个公立医疗机构运行情况进行实时、动态、全程监管。全年实施各类卫生监督检查10 417户次,开展联合执法62次,实施卫生行政处罚85户次。完成卫生许可项目4 325件。

2014年嘉定区医疗卫生系统机构一览表

名称	地址	创办年月	资质	固定职工数(人)	卫技人员数(人)			电话号码
					小计	执业(助理)医师	注册护士	
瑞金医院北院	希望路999号	2012.12	三级医院	589	533	137	313	67888999
中心医院	城北路1号	1949.1	二级医院	1 265	1 064	385	552	69987008
南翔医院	众仁路495号	1975.5	二级医院	525	439	159	222	31273780
安亭医院	昌吉路204号	1975.5	二级医院	394	329	130	152	59579914
中医医院	博乐路222号	1979.6	二级医院	514	409	173	158	39921211
精神卫生中心	望安公路701号	2009.1	二级医院	178	151	42	99	59935000
妇幼保健院	高台路1216号	1981.5	二级医院	517	409	139	238	67070007
牙病防治所	塔城路5号	1985.1	专科防治站、所	54	41	22	10	59992073
疾病预防控制中心	塔城路264号	1970.3	专科防治站、所	118	87	54	0	59528550
卫生监督所	塔城路264号	2004.5	专科防治站、所	57	42	0	0	69530270
医疗急救中心	新建一路2151号	1982.9	其他卫生机构	136	42	25	0	59556266
血站	金沙路255号	1990.12	其他卫生机构	22	15	2	7	59917690
医疗事故技术鉴定中心	金沙路257号	2002.9	其他卫生机构	9	0	0	0	59532494
卫生信息中心	塔城路264号	2013.2	其他卫生机构	5	0	0	0	59525022
卫生事务管理中心	金沙路257号	2008.11	其他卫生机构	16	0	0	0	39910129
爱国卫生和健康促进指导中心	嘉定镇南大街272号	1978.6	其他卫生机构	6	0	0	0	59533061
合作医疗基金管理中心	金沙路257号	1980.11	其他卫生机构	7	0	0	0	59917851
人口和计划生育指导中心	嘉定镇人民街100号	2003.3	其他卫生机构	14	0	0	0	59532040
嘉定镇街道社区卫生服务中心	塔城路702号	1996.4	一级医疗机构	131	105	55	29	69918952
南翔镇社区卫生服务中心	南翔镇民主街97号	2007.3	一级医疗机构	126	98	48	29	59179685
马陆镇社区卫生服务中心	沪宜公路2091号	1960.6	一级医疗机构	231	198	88	57	59155498
徐行镇社区卫生服务中心	开源路5号	1960.6	一级医疗机构	134	107	60	21	59946980

（续表）

名　称	地　址	创办年月	资　质	固定职工数（人）	卫技人员数（人）			电话号码
					小计	执业（助理）医师	注册护士	
华亭镇社区卫生服务中心	嘉行公路3285号	1960.6	一级医疗机构	79	63	29	20	59953215
嘉定工业区社区卫生服务中心	嘉朱公路1650号	1960.6	一级医疗机构	166	137	60	36	59961145
外冈镇社区卫生服务中心	祁昌路355号	1960.6	一级医疗机构	104	83	40	25	59588626
安亭镇社区卫生服务中心	民丰路1200号	1960.6	一级医疗机构	157	131	55	41	39107725
安亭镇黄渡社区卫生服务中心	新黄路10号	1960.6	一级医疗机构	115	90	35	29	59595271
江桥镇社区卫生服务中心	虞姬墩路48号	1961.4	一级医疗机构	263	219	97	88	69929900
真新街道社区卫生服务中心	丰庄路255号	1998.4	一级医疗机构	165	129	63	42	59183589
菊园新区地段医院	平城路785号	2002.5	一级医疗机构	99	79	35	20	59926282
迎园医院	墅沟路400号	1977.1	一级医疗机构	269	241	63	137	59995539

（钱海明）

【公立医院改革】 2014年，作为上海市公立医院改革试点区，嘉定区在2013年做好改革制度设计的基础上，深入推进公立医院改革。明确“123”推进策略（“1”是指通过改革提升管理水平，达到百姓受益、医院发展的目标；“2”是指夯实卫生信息化建设和全面预算管理两个基础；“3”是指转变监管评价、收入分配和分级诊疗三个机制），分区级医院、社区卫生服务中心、专业站所三个层面，聚焦重点项目稳步推进。针对改革难点，遴选2个单位进行试点，探索改革经验。加强信息化建设，完成卫生综合管理平台建设，涵盖公立医院改革的投入、监管、考核、分配等核心环节。建立符合嘉定实际需求的统一指标库。树立社区信息化建设样板单位，开发基于家庭医生服务的工作平台和综合管理平台。依托信息系统，实行预算编制、审定、执行、调整、清算全过程管理，使医院管理简单化、流程化、信息化。把基本医疗和公共卫生绩效考核与政府投入相结合，提升工作效率和社会满意度，门急诊和住院抗菌药物使用指标、医疗费用逐渐下降。在南翔医院开展项目成本核算试点工作，在区中医医院和区精神卫生中心开展科室成本核算试点工作，为政府补偿机制的完善提供数据支撑。构建“3+1”医疗服务监管模式（即一个机构、一支队伍、一个平台和一套标准）。探索薪酬分配新机制，确定薪酬分配的原则和方法。在可分配总额核定中，以卫生综合管理平台数据为依据，按照实际标准化工作总量及质量核定可分配总额，做到客观、真实、有效。在公立医院内部绩效考核分配中，以安亭医院为试点，形成一套基于公益性的科室绩效管理体系及评价方法、一套基于标准化工作量的个人薪酬分配机制、一套战略目标和年度工作计划完成工作机制、一套科学规范的内部管理机制。以项目化的方式推进分级诊疗机制的建立。与瑞金医院合作全专联合社区糖尿病防治项目，瑞金医院对社区糖尿病诊治提供全方位的临床支持。与儿童医院共建医疗团队项目，儿科联合团队以市儿童医院为技术医疗核心，指导区内5家医院的儿科工作。与联影医疗科技公司合作建设影像中心项目，包括联影影像设备、远程诊断平台、远程会诊平台、远程培训教育平台、联影设备服务平台，已连接区内11家医院和社区卫生服务中心，日均服务远程诊断患者近200人。（王　涛）

【医疗质量安全管理】 2014年，区卫计委进一步巩固和扩大“三好一满意”活动成果，注重宣传教育、问题整改、督导检查、总结提升等关键环节。构建“3+1”医疗服务监管模式，依托卫生信息化平台，开发医疗服务监管核心指标直报系统。建立医疗服务监管平台，设置药品、费用、手术、危急值、耗材、危重病人、回溯和监管中心8个模块，对全区20家公立医疗机构运行情况进行实时、动态、全程监管。建立政策与资源联动机制，把监管结果与政府资金拨付、综合评价、医保额度分配等直接挂钩。充分发挥监管平台的协调整合功能，实行医政、卫生监督、质量控制、医疗安全、医疗监管多部门的双周例会制度。开展医院等级评审工作，安亭医院、区妇幼保健院和区精神卫生中心分别通过二级乙等综合医院评审及二级甲等专科医院复评审。开发医院等级评审信息系统，组建评审专家库，建立医院等级评审长效机制。扩大临床路径管理实施范围，6个二级医疗机构开展临床路径工作，涉及专业22个，病种数127种。顺利完成首次医师定期考核工作。实现门诊就医及输液流程的信息化管理，及时通过网络上报医疗不良事件，强化分析和预警。构建“三调解一保险”（院内调解、人民调解、司法调解和医疗责任保险）医疗纠纷处理体制，建立各部门通力合作、信息共享的医疗纠纷处理长效机制。

【血液管理】 2014年，全区共采血18 627人份，超额完成市政府下达的指标。其中街头自愿无偿献血6 315人份，团体自愿无偿献血12 309人份，单采血小板144单位。一次献血

400毫升的比例为67.5%。临床用血100%来自自愿无偿献血。医疗机构成份输血率100%。临床医院全年共用全血12单位、红细胞悬液9 300单位、血浆8 156单位、单采血小板949单位、手工分离血小板1 088单位。年内,在安亭镇嘉亭荟商业区和瑞金医院北院新设献血屋。

【对口支援工作】 2014年,区卫计委组织医疗队赴青海省久治县和云南省迪庆州开展医疗援助活动,为对口支援地区开展义诊、讲课、带教等活动,实施免费手术,捐赠医疗设备。全年派驻医务人员4批次共37人次,开展教学查房45次,手术36人次,门诊接诊531人次,义诊750人次。接受来沪进修2人次。

【学科与人才建设】 2014年,入围市级及以上科研项目12个,其中市科委项目2项,市卫计委项目8项;确定区级科研项目47个,其中区科委项目21项,区卫计委项目20项、青年立项项目6项。中医类科研项目2个入选市卫计委科研项目,2个入选市卫计委中医药科研基金2014-2015年度课题,3个入选区科委项目。区卫计委中医类科研立项项目16项,确定11个中医"治未病"服务能力建设科研项目。安亭镇黄渡社区卫生服务中心入选国家中医药管理局首批中医类全科医生规范化培养基地(基层培养基地)名单。2个项目入选"上海市社区中医药服务特色项目"。年内,对嘉定区卫生系统第三批17项重点学科(项目)进行中期评估。区中心医院黄旭元、朱堃获上海市教学成果一等奖,区中医医院、南翔医院和区妇幼保健院各有1个项目获嘉定区科学技术进步奖三等奖,王国江、甘晓卫、陈跃宇获嘉定区科技领军人才奖。全年共获专利22项,出版著作7本,11篇文章被SCI收录,在核心期刊发表文章205篇。83人在市级及以上学术组织中任职。

【卫技人员培训】 2014年,嘉定区卫生职业技能实训中心启用,中心设有4张实训床位、22张在线考试椅位,配备最新的医学在线考试系统以及临床技能模拟教学器材、设备,为全区医务人员提供理论与实践操作平台。年内,区卫计委开展国家级继续教育项目4项。举办区级学术讲座、卫生管理知识系列培训及业务培训92次,培训11 327人次。

【江桥医院项目获批】 5月23日,嘉定区江桥医院新建项目获市卫计委批复同意。江桥医院项目位于江桥镇黄家花园路800号,计划用地面积3.54公顷,总建筑面积58 490平方米,设床位500张,核定编制420人。总投资5.39亿元,建设经费由区财政安排。

【第四批援摩医疗队赴摩洛哥开展医疗援助】 2014年,由国家卫计委组织、上海市卫计委承办、嘉定区选派的第四批中国援助摩洛哥医疗队赴摩洛哥拉西迪亚地区执行为期两年的援外医疗任务。医疗队由区内5家二级医院的12名队员组成。嘉定区于1994年、2002年、2008年先后组建三个批次的援助摩洛哥医疗队,参与人员共39人次,为摩洛哥的卫生事业作出贡献。 (董亚忠)

嘉定区选派第四批中国援助摩洛哥医疗队 (区卫计委 供稿)

【"嘉定国际中医药城区"建设】 2014年,区政府与上海中医药大学签署共建"嘉定国际中医药城区"项目合作备忘录,双方将发挥各自的资源优势,合作推进"嘉定国际中医药城区"的建设。在上海市卫计委和市中医药发展办公室的支持下,成立"嘉定国际中医药城区"建设领导小组,下设嘉定中医医院迁建推进工作小组和嘉定国际中医药城区规划项目推进小组。

【"上海市中医药特色示范社区卫生服务中心"创建】 2014年,马陆镇、安亭镇黄渡和外冈镇3家社区卫生服务中心全方位提升中医药服务能力,夯实基层中医药服务网络,充分发挥中医药在基本医疗、慢性病防治、健康教育、传染病防治等方面的作用,在糖尿病中医传统运动干预、中医小儿肺病咳喘异病同治、中医药健康教育、中医药与家庭医生制服务的结合等方面形成特色与长效机制,被市卫计委认定为"上海市中医药特色示范社区卫生服务中心"。 (李 莉)

【卫生法制建设】 2014年,区卫计委通过健全规章制度、优化审批流程、创新执法模式、强化自我约束、推行政务公开、落实执法责任制和执行责任追究制等一系列措施,不断规范卫生行政执法行为,提升依法行政能力和水平。加强法制宣传,开辟宣传新阵地,引进预告机制,以"卫生监督开放日""民生热线"、宣传展板、"卫生监督宣传园地"海报、控烟宣传扑克等为载体,进社区、进农村、进企业开展法制宣传和培训,促进卫生监督宣传常态化。年内,卫生行政监督、行政许可、行政处罚工作无违法违规行为;行政复议案件1件,复议结果为维持;无行政诉讼败诉案件及国家赔偿案例发生。区卫计委被评为"上海市依法行政示范单位"。

【卫生行政许可】 年内，区卫计委共完成各类卫生许可项目4 325件，其中公共卫生许可2 401件、医疗执业许可1 783件、备案或其他141件。公共卫生许可项目中，公共场所卫生许可1 780件、建设项目预防性卫生审核488件、集中式供水审核3件、放射诊疗许可111件、放射工作人员证许可19件；医疗执业许可中，医疗机构许可363件、医务人员许可1 420件；备案包括二次供水单位备案20件、病原微生物实验室备案16件、医疗内设机构备案核准3件、义诊备案1件、麻醉药品和第一类精神药品购用印鉴卡变更备案7件、执业医师备案82件、食品备案12件。继续深化行政审批制度改革，优化卫生行政审批流程，推出多项便民利民措施。将所有卫生许可审批事项集中在区行政服务中心卫生窗口受理，实现一口受理、一口审批；依托设立在街镇的5个卫生监督分所，对部分偏远地区办事群众提供“在家门口领证”服务；推行“三制三零三评”（服务承诺制、目标管理制、办事公开制；服务受理零推诿、服务方式零距离、服务质量零差错；职工自评、领导点评、群众测评）服务模式，实现窗口服务“零延误、零障碍、零投诉”；实现需求与服务“无缝对接”，积极助推重大城建项目建设；通过多部门协作，完善医疗机构审批流程；推进食品安全企业标准备案工作，全年完成10家企业申报的12份标准备案。区卫计委窗口被评为“上海市巾帼文明岗”。

【卫生监督执法】 2014年，区卫计委共实施各类卫生监督检查10 417户次，比上年增长7.35%，其中公共卫生监督5 908户次、医疗卫生监督2 769户次、非法行医监督1 740户次。完成13个专项抽检项目，共监督监测729户次，抽检样品4 538件，合格率90.08%。处理投诉举报127件，其中公共卫生类34件、医疗执业类93件，处理率100%，及时率100%。实施卫生行政处罚案件400件，其中警告253件，罚款332件，没收违法所得8件，申请强制执行116件。告知听证2件，实际举行听证1件。卫生行政处罚罚款总计112.11万元，没收违法所得1.89万元。开展打击非法行医联合执法行动62次，实施卫生行政处罚85户次，罚款57.15万元，没收诊疗器械830件、药品85箱，移交刑事司法部门15人次。年内未发生非法行医致死致残事件。年内，推行公共场所长效管理机制，对671个游泳、沐浴、住宿、美容美发场所开展卫生监督量化分级评定工作；加强村居社会管理工作，建立约谈告诫制度和无证行医黑名单抄告制度，开辟宣传新渠道，开展“零无证行医村（居）”示范单位创建评审，推进“卫生监督社区联络站”建设，加大对无证行医的打击力度；自主研发“嘉定区生活饮用水水质在线监测系统”“嘉定区卫生监督协管服务信息系统”，全面推进“智慧卫监”建设；开展卫生监督开放日——游泳场所卫生监督观摩实践活动、上海市卫生计生监督宣传日活动，搭建与社会沟通交流的平台；以公共卫生绩效考核为平台，强化基层卫生监督工作。

【卫生监督协管服务】 2014年，区卫计委完善卫生监督协管服务管理制度，编印《卫生监督协管服务管理手册》，规范卫生监督协管服务工作。自主研发集信息发布、数据收集、工作展示、质量控制、绩效考核五项功能为一体的“嘉定区卫生监督协管服务系统”，实行全程追溯化管理和系统绩效考核管理，实现卫生监督协管服务管理信息化、工作常态化、行为规范化、考核智能化、效能集约化。为专职卫生监督助理员配置平板电脑、电瓶车等硬件设施，强化卫生监督协管服务保障工作。通过培训、带教、素质拓展训练等方式，提升协管员的综合素质和业务水平。全年共开展巡查、排查21 735户次，并参与全国文明城区创建、村居社会管理、住宿场所卫生监管成效评估试点等活动的宣传指导工作。（郝　立）

医疗事务

【概况】 2014年，全区各医疗机构共诊疗1 004.22万人次，比上年增长10.27%；出院8.78万人次，增长11.85%；实施手术5.54万人次；病床使用率89.25%，上升2.56个百分点；病床周转率22.69次/床，上升1.28次/床。年内，区卫计委认真做好“亚信峰会”、F1中国大奖赛等重大活动的医疗保障工作。启动应急响应参与紧急医疗救援2次。区医疗急救中心接警出车2.66万车次。

2014年嘉定区医疗机构工作情况一览表

机构名称	诊疗总人数（人次）	健康检查人数（人次）	出院人数（人次）	治疗有效率（%）	病床周转率（%）	平均病床工作日（天）	病床使用率（%）
合　计	10 042 243	485 902	87 804	96.28	22.69	325.76	89.25
1. 区级及以上机构	4 924 620	234 586	82 747	96.59	32.21	335.73	91.98
瑞金医院北院	675 987	–	13 979	98.12	38.65	316.46	86.7
区中心医院	1 653 704	28 637	28 789	95.25	36.91	335.93	92.04
南翔医院	674 977	52 816	10 599	96.52	35.49	313.94	86.01
安亭医院	620 185	52 697	5 981	96.05	34.57	320.49	87.8

（续表）

机构名称	诊疗总人数（人次）	健康检查人数（人次）	出院人数（人次）	治疗有效率（%）	病床周转率（%）	平均病床工作日（天）	病床使用率（%）
区中医医院	842 331	100 436	5 901	92.37	27.38	323.7	88.69
区精神卫生中心	31 596	-	352	90.63	0.8	376	103.01
区妇幼保健院	425 840	-	17 146	99.38	57.15	338.52	92.75
2. 牙病防治所	162 710	-	-	-	-	-	-
3. 社区卫生服务中心	4 011 201	165 312	1 203	64.01	1.25	345.3	94.6
嘉定镇街道	309 280	24 073	9	77.78	0.66	279.82	76.66
南翔镇	259 420	9 936	-	-	-	-	-
马陆镇	34 4335	2 293	15	46.67	0.5	343.23	94.04
徐行镇	190 715	21 820	77	94.81	3.67	52.71	14.44
华亭镇	114 633	15 465	55	92.73	2.89	82.63	22.64
嘉定工业区	223 919	3 517	22	9.09	0.63	355.43	97.38
外冈镇	227 019	971	144	78.47	8.72	176.45	48.34
安亭镇	324 419	18 631	-	-	-	-	-
安亭镇黄渡	268 100	6 346	463	90.5	23.15	283.05	77.55
江桥镇	828 629	48 417	45	13.33	0.33	362.01	99.18
真新街道	569 487	4 357	48	35.42	0.6	391.44	107.24
菊园新区	121 967	6 195	-	-	-	-	-
迎园医院	229 278	3 291	325	23.08	0.55	361.93	99.16
4. 民办医疗机构	531 589	86 004	3 854	99.69	11.35	194.89	53.4
5. 保健站	234 997	-	-	-	-	-	-
6. 诊所	104 793	-	-	-	-	-	-
7. 村卫生室	72 333	-	-	-	-	-	-

（钱海明）

【医疗急救】 2014年，区医疗急救中心共接警出车2.66万车次，比上年增长11.29%；急救2.35万人次，增长11.47%；行驶里程73.18万公里。年内，院前急救监护平台开通，在瑞金医院北院及区内二级医院推行，成为全国医疗急救中心数字化建设的典范，被评为2014年医疗机构数字化建设优秀案例。携手救护你我共参与——急救知识培训进社区志愿服务活动入选2013-2014年第二届上海市创新性志愿服务项目评选优胜30强。（董亚忠）

【卫生应急工作】 2014年，区卫计委以卫生应急“五进”工作（进机关、进社区、进学校、进企业、进工地）为抓手，推进村居、学校等重点单位卫生应急知识的普及，提高公众的公共卫生安全意识。加强卫生应急队伍建设，共有紧急医疗救援、传染病防控、卫生监督和心理干预4支区级应急队伍。调整更新突发公共卫生事件专家组和专家库，确保专业结构合理，新增2位市级急性中毒处置专家，专家库成员共计234人。全年共开展急性中毒处置、埃博拉病毒防控等培训190次，16 010人次参加；组织批量伤员院内救治等应急演练167次，5 786人次参加；参与“亚信峰会”、F1中国大奖赛、清明和冬至祭扫等33项重大活动和会议的医疗保障工作；组织开展人感染H7N9禽流感、WTCC世界房车锦标赛和“亚信峰会”期间传染病防控等专项风险评估。全年未发生有重大影响的突发公共卫生事件。启动应急响应参与紧急医疗救援2次，做到及时、科学、有效。（沈恋迪）

【“联影—嘉定区域影像中心”启用】 4月，“联影—嘉定区域影像中心”启用并与全区13家社区卫生服务中心联网。至年末，共上传影像业务量20 922次。年内，启用“联影—嘉定区域影像中心”远程教育平台，以“联影影像云”为技术依托，连接7家区级医疗卫生机构、13家社区卫生服务中心，为100余名基层医生提供集中授课、同步视频、网上回放、操作实训、在线考试等教育培训服务，发挥协作优势，提升基层医生的专业技术水平。（董亚忠）

【老年人健康管理】 2014年，区卫计委继续开展老年人健康管理工作。全年共体检121 770人，其中35岁到59岁农民10 211人，60岁以上农民20 193人；65岁以上老年人79 709人。区级经费共投入488.3万元。筛查出异常或患病人数130 235人次，经随访后新确诊患病14 053人，进行后续治疗9 874人。高血压查出异常34 670人，其中新发病例4 541人，经随访后确诊3 631人，进行后续治疗3 592人；糖尿病查出异常13 362人，其中新发病例3 077人，经随访后确诊1 022人，进行后续治疗1 005人；良性肿瘤查出异常2 633人，其中新发病例467人，经随访后确诊462人，进行后续治疗206人；恶性肿瘤查出异常1 331人，其中新发病例39人，经随访后确诊35人，进行后续治疗35人；白内障查出异常9 573人，其中新发病例1 414人，经随访后确诊1 264人，进行后续治疗796人；肝胆疾病查出异常34 560人，其中新发病例3 533人，经随访后确诊3 287人，进行后续治疗1 825人；肾脏泌尿系统疾病查出异常12 729人，其中新发病例2 621人，经随访后确诊2 301人，进行后续治疗1 379人。成立老年人健康管理质控小组，每季度对全区13家社区卫生服务中心进行督导。9家社区卫生服务中心安装老年人健康体检信息系统，利用信息化手段加强对老年人健康体检工作的管理，保证体检表的完整率、合格率，缩短体检信息反馈时间，加强体检后续服务，与家庭医生制服务形成联动，更好地为老年人提供健康服务。

【社区卫生及家庭医生制服务】 2014年，区卫计委继续推进社区卫生服务综合改革，推广家庭医生制度，完善社区卫生服务模式，提升基层服务能力、质量和绩效。规范电子健康档案建档工作，健康档案建档人数129.44万人，建档覆盖率83.22%，居民电子建档覆盖率74.97%。全面推广家庭医生制服务，有226名全科医师参与服务，共签约居民199 543户、516 967人，常住人口签约率33%，户籍人口签约率73%，基本医疗服务利用率77%。家庭医生全年接诊签约居民39万人次，预约就诊196万人次，双向转诊8.5万人次。在13家社区卫生服务中心上线使用家庭医生信息化工作平台，在外冈、南翔、马陆、安亭、黄渡和新成6家社区卫生服务中心开展家庭医生标准化工作室建设试点，探索和研究家庭医生工作室的标准化建设和运行模式。在马陆、外冈、菊园三家社区卫生服务中心试点开展“瑞金—嘉定”全专联合社区Ⅱ型糖尿病优化管理项目。继续在华亭镇社区卫生服务中心试点“家庭医生管健康管费用”项目，探索新农合支付方式改革。嘉定工业区社区卫生服务中心的蔡琦英入选“上海市十佳家庭医生”，黄渡社区卫生服务中心陈亮获上海市首届全科医师“基层服务卓越奖”。开展示范社区卫生服务中心创建复审工作，真新社区卫生服务中心通过上海市示范社区卫生服务中心“回头看”复核评审。加强乡村医生队伍建设，新招定向培养生17人。4个村卫生室转型为社区卫生服务站，13家社区卫生服务中心对辖区内58个社区卫生服务站、77个村卫生室实行一体化管理。11月，成立嘉定区社区卫生协会，为全区13个社区卫生服务中心、135个村卫生室和卫生服务站搭建沟通、合作的服务平台。（陶琼英）

【嘉定区与世卫组织开始新一轮初级卫生保健合作】 7月3日，国家卫计委与世界卫生组织在华举行双边会谈，嘉定区被命名为“世界卫生组织初级卫生保健合作中心”。嘉定自1980年成为世卫组织的初级卫生保健合作中心，已合作九期。在第十期合作中，嘉定以初级卫生保健为基础，在老年人的社区医疗护理保健体系、农村新生代乡村医生培养与管理、全科医生公共卫生服务、初保慢性病服务、社区卫生服务等领域进行调研与实践，与国内外相关机构进行交流与合作。（张黎明）

2014年嘉定区居民前十位死因

位　　次	死亡原因	死亡数(人)	死亡专率（1/10万）	占死亡总数（%）
1	循环系病	1 798	308.82	37.58
2	肿瘤	1 408	241.83	29.43
3	呼吸系病	479	82.27	10.01
4	损伤与中毒	278	47.75	5.81
5	内分泌代谢免疫病	174	29.89	3.64
6	消化系病	141	24.22	2.95
7	精神疾病	93	15.97	1.94
8	传染病寄生虫病	63	10.82	1.32
9	神经系病	58	9.96	1.21
10	泌尿生殖系病	46	7.9	0.96

注：损伤与中毒即原意外死亡。

2014年嘉定区肿瘤患者死亡情况表

肿瘤名称	死亡数(人)				死亡专率(1 / 10万)		
	计	男	女	构成比(%)	计	男	女
肺癌	341	247	94	24.22	58.57	84.97	32.24
胃癌	194	133	61	13.78	33.32	45.75	20.92
肝癌	144	102	42	10.23	24.73	35.09	14.41
食管癌	67	54	13	4.76	11.51	18.58	4.46
结直肠肛门癌	139	74	65	9.87	23.87	25.46	22.3
白血病	29	18	11	2.06	4.98	6.19	3.77
乳房癌	36	-	36	2.56	6.18	-	12.35
膀胱癌	22	15	7	1.56	3.78	5.16	2.4
鼻咽癌	12	10	2	0.85	4.12	3.44	0.69
宫颈癌	12	-	12	0.85	4.12	-	4.12
其他恶性肿瘤	411	231	180	29.19	70.59	79.46	61.74
良性肿瘤	1	1	-	0.07	0.17	0.34	-
合　计	1 408	885	523	100	241.83	304.44	179.4

注:宫颈癌、乳房癌死亡率以女性人口数计算。

2014年嘉定区损伤与中毒死亡情况表

死亡原因	死亡数(人)	构成比(%)
机动车辆交通事故	61	21.94
非机动车运输事故	9	3.24
意外中毒	5	1.8
意外跌落	98	35.25
火灾	1	0.36
自然环境意外事故	0	0
淹死	22	7.91
意外的机械性窒息	0	0
砸死	0	0
切割穿刺意外事故	0	0
触电	0	0
其他事故有害效应	57	20.5
自杀	22	7.91
被杀	3	1.08
合　计	278	100

2014年嘉定区死亡者年龄构成表

年龄组(岁)	死亡数(人)	构成比(%)
0～	12	0.25
1～4	1	0.02
5～9	1	0.02
10～19	3	0.06
20～29	11	0.23
30～39	39	0.82
40～49	91	1.9
50～59	367	7.67
60～69	585	12.23
70～79	1 011	21.13
80以上	2 663	55.66
合　计	4 784	100

(钱海明)

疾病预防

【概况】 2014年，全区无甲类传染病；共报告乙类传染病9种1 815例（其中非户籍人口报告9种939例），比上年1 776例上升2.2%。甲乙类传染病总发病率117.90/10万，下降1.82%。其中户籍人口甲乙类传染病发病率150.46/10万，下降26.13%；非户籍人口甲乙类传染病发病率98.09/10万，上升43.26%。全年报告突发公共卫生事件1起，为安亭镇沁富幼儿园水痘暴发事件。发病居前五位的病种分别为：梅毒、淋病、肺结核、急性肝炎、猩红热。丙类传染病报告6种7 068例，发病率459.11/10万；其中手足口病报告5 974例，比上年3 836例上升55.74%。全年共接种疫苗792 394人次，比上年上升6.28%；非户籍儿童接种人次数占72%。其中一类疫苗接种520 389人次（户籍人口121 835人次，非户籍人口398 554人次），下降1.25%；二类疫苗接种272 005人次（户籍人口100 068人次，非户籍人口171 937人次），上升24.4%。犬咬伤就诊11 886人次，比上年上升16.48%。0岁～6岁儿童卡介苗报告接种率99.55%；乙肝疫苗、灰苗、百白破疫苗、麻苗、流脑疫苗、乙脑疫苗、甲肝疫苗报告接种率均为100%；乙肝疫苗首针调查及时率97.62%，全程接种率100%。年内，在全区范围内集中开展2次主要针对外来人口、以查漏补种为主要形式的补充免疫活动。脊灰疫苗共接种13 487人次，麻疹疫苗共接种60 410人次。全年共发生38例麻疹确诊病例。自2013年底开始，每日开展涉禽从业人员症状监测，完成涉禽从业人员血清学监测，共采集血样本80份；每月开展涉禽场所家禽病原学与环境标本监测，共采集环境标本848份、病原学标本184份，阳性结果3份。

【性病、艾滋病控制】 2014年，全区报告性病1 780例，比上年下降7%。其中梅毒625例，下降12.95%；淋病485例，上升66.67%；尖锐湿疣246例，下降19.08%；生殖道沙眼衣原体感染422例，下降28.96%；生殖器疱疹2例，下降71.43%。共开展艾滋病抗体检测99 230人次。在艾滋病、性病高危人群中开展宣传和行为干预工作，干预娱乐场所女性服务人员5 246人次、男性行为者976人次、社区吸毒人员671人次、性病门诊就诊者4 226人次、一般娱乐场所服务人员及青年学生85 565人次、外来流动人口244 895人次。圆满完成3个国家级艾滋病监测哨点工作任务，分别监测暗娼412例、青年学生814例和无偿献血人员2 014例；开展社区吸毒人群和流动人口监测，分别监测360例和463例；重点推进艾滋病实验室网络建设，区疾控中心建成国家级艾滋病确证实验室，在13家社区卫生服务中心和同济大学嘉定校区设立社区艾滋病快速检测点，拓展艾滋病筛查服务的可及性。在全区宾馆、KTV等公共场所新安装34台安全套推广使用设备。

【结核病控制】 2014年，户籍人口报告活动性肺结核病例158例，发病率27.14/10万；非户籍人口报告268例，发病率28/10万。全年肺结核病人享受政府减免治疗费用报销334例，其中户籍人口115例，非户籍人口219例。报销金额74.33万元，人均报销2 225.45元。耐多药肺结核病人的治疗列入政府费用减免范围，全年减免治疗13例，支出治疗费73 469.34元，人均减免5 651.49元。

【精神卫生】 2014年，全区未发生精神障碍患者肇事肇祸事件。年末，在册精神病人总数6 178人，精神疾病检出率3.95‰。精神分裂症病人3 016人，精神分裂症患者服药率75.31%。重性精神病人规范管理率99.85%。为1 089名贫困精神病人免费送药12 962人次，减免费用138.5万元；住院减免费用558.3万元。深入学校、村（居）委，为儿童、青少年、老年人及精神病患者家属等重点人群开设心理健康知识教育讲座26场，受益群众1 350人次。开展家属护理教育30场，受益2 720人次；开展戒毒（康复）人员心理干预培训、社区心理咨询服务及基层精防人员业务培训，培训520人次；开展宣传咨询活动44次，受益群众1.3万人次，发放宣传册万余份。 （孙惠民）

【口腔保健】 2014年，区卫计委继续以口腔保健服务团队的形式为学生免费开展龋齿充填和窝沟封闭等普查普治工作，提升学生口腔健康水平。共在129所中小学校、幼儿园开展普查，普查人数68 706人；免费龋齿充填人数24 581人，充填牙数62 152颗，龋齿充填率59.65%；窝沟封闭人数5 731人，窝沟封闭牙数15 343颗，窝沟封闭率39.33%。继续为60岁～80岁贫困老人免费安装全口义齿，完成100副全口义齿的修复。

【慢性病管理】 2014年，全区累计登记在册的高血压患者有127 738人，高血压管理率56.72%；糖尿病管理人数31 754人，新增3 717人，糖尿病管理率30.83%。

【妇女保健】 2014年，全区共分娩14 889人，其中非户籍孕产妇12 377人，占83.13%；活产数共计15 007人。在全区4家接产医院剖宫产6 307例，剖宫产率41.93%（其中户籍产妇57.43%，非户籍产妇38.76%）。全区孕妇建册总数26 739人，对所有孕妇均进行妊娠风险评估、开展分级分类管理。全区孕产妇建册率97.58%，产检率97.73%，系统管理率84.24%，产后访视率97.57%。全年共发生15例危重孕产妇病例，全部抢救成功，无孕产妇死亡。全区妇女病普查59 685人，其中退休及生活困难妇女普查34 740人，普查率98.33%；患病数15 141人，患病率25.37%；发现恶性肿瘤27例，均已落实治疗。继续实行“婚检孕检一体化”保健服务，全年共接待免费婚前检查1 888人，婚检率20.93%；初婚婚检1 853人，初婚婚检率33.36%；检出患病人数222人，患病率11.76%，其中指定传染病19人、严重遗传病2人、建议暂缓结婚4人。共接待免费孕前检查2 069人，检出异常1 397人，异常检出率67.52%。继续对婚前保健人群、孕产妇开展免费艾滋病病毒抗体检测和咨询，全年接受HIV免费咨询25 639人，免费检测25 638人，检测率99.99%，发现2例HIV阳性。

【儿童保健】 年内，全区发生婴儿死亡29例，婴儿死亡率1.81‰（本地户籍2.67‰，非本地户籍1.47‰）；5岁以下儿童死亡38例，死亡率2.37‰（本地户籍2.9‰，非本地户籍2.16‰）。全区各医疗卫生机构共报告18岁以下出生缺陷和残疾316例，报告及时率100%；4家接产医院检出出生缺陷127例，出生缺陷发生率8.44‰。全区0岁～6岁儿童保健门诊总数175 143人次，托幼机构儿童“六一”体检30 830人。0岁～2岁儿童系统管理率94.34%（本地户籍98.89%，非本地户籍91.81%），0岁～6岁儿童保健管理率99.43%（本地户籍99.85%，非本地户籍99.21%）。6个月母乳喂养率92.36%。继续实施0岁～6岁儿童免费系统保健项目，对0岁～3岁儿保门诊的户籍儿童和托幼机构在园儿童开展免费儿童系统保健，全区0岁～6岁儿童免费体检80 903人次。托幼机构工作人员体检4 429人，受检率100%，检出异常病例33人，均督促托幼机构落实随访治疗。全区共转运危重新生儿415例，其中转入上海市儿童医院396例、复旦大学附属儿科医院18例、儿童医学中心1例；使用暖箱转运41例，占转运总数的9.9%。转运前三位疾病分别为早产低体重儿、黄疸、新生儿肺炎。

【学校卫生工作】 2014年，嘉定区学校卫生工作继续以医教结合为抓手，落实定人、定时、定点“三定”工作制度，建立学校健康服务团队。开展伤害监测，全年监测学生87 335人，因事故受伤害学生431人次，伤害发生率0.49%。在监测点开展学生体质、学生贫血及学生肠道蠕虫监测。继续开展因病缺课缺勤网络直报工作，日均监测学生85 270人。在全区86所学校开展学校卫生综合防控督导及检查172次，在95家托幼机构（看护点）开展托幼机构卫生保健指导478次。编印医教结合系列健康教育处方，发放近2万份。各街镇累计在44所学校及幼儿园建立“学生健康工作室”。全区学生视力不良率45.18%，肥胖发病率16.52%。

【重大及基本公共卫生服务项目】 2014年，区卫计委继续推进落实农村妇女增补叶酸、农村孕产妇住院分娩补助、农村妇女乳腺癌和宫颈癌筛查、新生儿免费疾病筛查等重大公共卫生服务项目，全年共有3名本地户籍农村孕产妇获2 400元住院分娩补助；1 438名育龄妇女享受免费增补叶酸；完成各2 000名妇女乳腺癌、宫颈癌筛查任务。共为14 649名新生儿开展免费疾病筛查，筛查率97.61%；共为14 756名新生儿开展免费听力筛查，筛查率98.33%。年内，开展50岁以上社区居民大肠癌免费筛查项目，累计完成初筛19 324人，其中初筛阳性者3 814人。进行电子肠镜检查1 302人，发现大肠癌10例，其中早期大肠癌3例；发现腺瘤和其他癌前病变162例，结肠息肉、结肠炎等良性病变病例322例。将60岁以上老人免费接种肺炎疫苗项目纳入2014年区政府实事工程，全年接种31 630人，累计接种59 901人，接种完成率39.27%；累计发生不良反应18人，均为一般反应。制定《嘉定区“妇幼健康服务年”活动实施方案》，开展系列培训、主题宣传、技能竞赛等活动，有4名选手入围市级决赛并分获二等奖和三等奖，南翔医院李艳春代表上海市参加国家级比赛，获计划生育技术服务项目个人二等奖和综合笔试单项奖。区妇幼保健院被评为“全国妇幼健康服务先进集体”。

【“亚信峰会”公共卫生保障】 年内，为做好“亚信峰会”期间的公共卫生保障工作，嘉定区成立“亚信峰会”防病工作领导小组。完善与教育、农业、旅游等重点部门以及周边地区联防联控沟通合作机制。成立防病专家保障队伍及应急处置小组，开展培训及实战演练。加强对区内肠道门诊、发热门诊防病工作的全方位督导，要求按时报送传染病防控工作动态。加强对流感、禽流感、手足口病、不明原因肺炎及肠道传染病的监测工作，及时进行分析总结。峰会期间，无传染病暴发疫情及重大公共卫生事件发生，规范处置17起传染病聚集性疫情，收治精神障碍患者53人，未发生精神病人肇事肇祸事件。 （张伟峰）

【农村合作医疗】 2014年，全区“新农合”参保人数30 527人，其中农业户籍21 806人，“镇保”参加门诊统筹8 721人，“新农合”参保率37.25%。加上其他社会保障形式，全区农村居民基本社会保障率98.9%。年内，继续对特殊人群实行减免个人保费政策，确保人人享有基本医疗卫生保障，为9 065名70岁及以上老人减免个人保费353.54万元。共筹集“新农合”基金4 755.77万元（包括利息收入3.17万元），人均筹资1 807元。其中个人出资标准按照2012年嘉定区农村居民人均可支配收入的2%筹集，人均390元，筹集资金1 190.55万元；村集体按照人均100元的标准，筹集资金305.27万元；区、镇政府各按照人均158元的标准，筹集资金2 874.28万元；中央和市级财政382.5万元。全年共为46.08万人次（门急诊45.72万人次、门诊大病及住院3 631人次）提供补偿费用5 155.26万元，其中门诊补偿3 031.53万元，门诊大病补偿192.7万元，住院补偿1 927.88万元，二次医疗救助3.15万元。医疗费用补偿率：门诊58.15%（占可报费用的60.96%），住院58.2%（占可报费用的72.71%）。高血压免费服药共计66.23万元。全年最高补偿封顶线23万元（门诊1万元，住院及门诊大病11万元，二次救助11万元）。 （陶琼英）

食品药品监督

【概况】 2014年是食品药品监管机构改革后的第一年，上海市食品药品监督管理局嘉定分局（以下简称食药监嘉定分局）围绕年初制定的工作目标，以夯实基础、理顺机制、凝聚队伍、提高能力为主线，强化监管，狠抓落实，严防风险，全区食品药品安全总体形势平稳，全年未发生重大集体性食品药品安全事件。年内，共监督检查食品生产经营单位22 770个次，药品、医疗器械、化妆品生产经营单位1 793个次。立案处罚案件424件，罚没款318.7万元。申请人民法院强制执行案件39件。制定《关于加强嘉定区食品药品行政执法与刑事司法衔接工作的指导意见》，完成4起案件线索移送工作。完成10件行政复议案件答复工作,结果全部为维持决定。

【机构改革】 年内,食药监嘉定分局完成监管职能扩展工作,食品方面的监管职能由单一餐饮环节扩展到食品生产、流通、餐饮3个环节,“四品一械”(药品、餐饮食品、保健食品、化妆品和医疗器械)监管对象由原来的5 440户上升到14 069户。推进组织架构调整,根据监管职能扩展的需要调整和增加科室设置,设立执法大队专门处理投诉举报案件和突发事件。夯实基层监管的基础,基层机构由“一镇一分所”升格为“一镇一所”,并实现硬件、人员、制度和管理的标准化。以网格化监管为抓手,实现基层“四品一械”的综合性监管。全区一体化、广覆盖、专业化、高效率的食品药品监管体系初步形成。

【食品安全监管】 年内,食药监嘉定分局共出动监督员48 225人次,监督检查食品生产经营企业22 770家次。其中食品生产环节监督检查804家次,抽检1 085件,合格率99.1%;快检532件,合格率99.6%。食品流通环节监督检查13 352家次,抽检975组,合格率98.2%;快检4 951件,合格率99.8%。餐饮单位监督检查8 614个次,抽检1 878件,合格率86.6%;快检6 580件,合格率95.8%。继续开展餐饮单位量化分级和监督公示工作,至年末,餐饮监督公示率99.6%。已公示单位中,“笑脸”占17.23%,“平脸”占74.87%,“哭脸”占7.9%。培育食品安全宣传品牌项目,开展“食品安全进课堂”活动,到各街镇巡回演出以食品安全知识为内容、以小品和戏剧为形式的“两台戏”。扩大集贸市场自检范围,筑牢餐桌“防火墙”,69个集贸市场的快检范围从原来单一的蔬菜扩展到米面制品、水产品、肉类等大部分在售食品,检测内容增加甲醛、双氧水、吊白块、亚硝酸盐等7项,切实保证百姓餐桌安全。加强街镇监督所的视频监控工作,搭建食品安全远程视频电子监控平台,在全区学校食堂、集体用餐配送单位、中央厨房等高风险单位安装摄像装置,终端接入各街镇监督所,打造监管“千里眼”。

【药品安全监管】 年内,食药监嘉定分局共检查药品、医疗器械、化妆品生产经营单位1 793个次,抽检样品1 014件,收到检测报告884件,合格率96.72%。完成81家零售药店的GSP认证工作。化妆品备案受理3 006户,完成审核1 668户。上报药品不良反应1 924例,比上年上升30%。

【行政许可】 年内,食药监嘉定分局根据简政放权的原则,对分局、街镇监督所两级行政审批职能进行调整,一般性、低风险的行政审批逐步下放到街镇。全年共受理食品方面各类许可、变更4 300户次,药品、医疗器械方面各类许可、变更891户次。

【专项整治】 年内,食药监嘉定分局根据上级的统一部署,创新工作思路,结合区域食品药品监管的难点、热点问题,以重点品种、重点领域为目标,开展20余项专项整治,对一些共性问题、盲点问题、老百姓反映强烈的问题进行梳理和整治。农村食品专项整治共检查生产企业678家次,发现问题226家次,立案查处20家次;检查流通企业4 825家次,发现问题135家次,立案查处119家次;检查餐饮单位2 653个次,发现问题184个次,立案查处137个次。食品无证无照专项治理共取缔无证食品窝点163处,减少无证经营餐饮单位1 055个,其中停止经营557个、转变业态36个、备案纳管424个、指导办证38个。药品、医疗器械专项整治行动共检查医疗器械流通环节企业396家,其中合格326家,整改后合格55家,不合格12家,非正常经营3家,将发现的6起违法违规行为及时移交稽查部门;使用环节共检查医疗机构和民营医院28家次,对有问题的4个单位要求整改,并进行复查。　（翟春晓）

爱国卫生

【概述】 2014年,嘉定区爱国卫生工作以“建设健康城区,巩固国家卫生区”为中心,以创建全国文明城区为载体,依靠各级爱卫组织,开展各项爱国卫生工作。继续推进健康城区建设,开展系列健康促进活动;组织环境清洁行动,开展卫生镇(街道)考核管理,巩固国家卫生区创建成果;组织开展病媒生物防制工作,有效控制蚊、蝇、鼠、蟑密度;开展血防联防工作,巩固血防成果。

【推进健康城区建设】 年内,区爱卫会结合爱国卫生月、健康生活方式活动周等各类主题活动,邀请健康教育专家讲授中医养生、健康生活方式、健康管理技能等知识,共举办109场百人以上大型健康讲座,受益群众1.5万人次。结合《上海市民健康生活应知应会手册》,启动嘉定区第九轮“健康教育进社区”活动,组织志愿者讲师团赴全区12个街镇授课。启动“健康接力

食药监嘉定分局查封福喜公司仓库　（食药监嘉定分局　供稿）

跑”项目，下发健康宣传折页37.4万份。落实市政府健康支持工具发放项目，为全区54万户家庭发放市民健康大礼包。新建健康自我管理小组322个，发展组员5 188人，开展健康自我管理小组优秀课件、十佳健康宣讲达人、十佳健康家庭评选以及劝阻吸烟技巧案例征集等活动。指导84个单位创建室内健康支持性环境，42个单位创建室外健康支持性环境，10个重点场所创建市级无烟场所。指导各街镇串联辖区各类健康资源，因地制宜打造健康促进特色线路。3个街镇、8个单位分别被市爱卫会评为上海市健康先进社区和上海市健康先进单位。外冈镇社区卫生服务中心被世界卫生组织健康城市合作中心授予“健康单位”称号。举办全区健康菜肴大赛、健康生活方式指导员健康素养技能竞赛，承办市健康生活方式指导员第三片区半决赛。加大控烟宣传力度，开展“百户家庭小手牵大手”戒烟活动；制作“携手灭烟、拥抱晴天”展板12套，在公共场所巡展157场次；发放“控烟温馨提示卡”4.8万张；通过嘉定人民广播电台“民生热线”栏目宣传烟草危害知识。加强对控烟工作的监督检查，组建133名实名制控烟志愿者队伍，共巡查场所1.3万户次；开展机关控烟季度专项巡查，通报检查结果排名，在区政务网公示；21家党政机关签署《无烟机关承诺书》，8个街镇政府机关建成户外吸烟室；加大执法力度，罚款处罚42例，罚金20 790元，其中党政机关处罚2例。

嘉定区健康生活方式指导员健康素养技能竞赛　（区爱卫会　供稿）

【巩固发展卫生创建成果】 年内，区爱卫会组织开展“迎新春”、第26个“卫生月”等季节性爱国卫生行动，进一步整治城乡环境。加强对重点区域的前期排摸，有针对性地解决卫生突出问题663处。发动单位职工、社区居民参与“环境清洁日”和周四卫生义务劳动，累计7 500余人次参与，清理卫生死角1.35万处。以“五小”行业单位为重点，有序开展2014-2015年度爱国卫生合格单位评比活动，共评比挂牌631个单位，并组织“五小”行业从业人员900余人参加相关知识培训。贯彻落实上海市2014年国家卫生区（镇）巩固管理工作要求，进一步修改完善《嘉定区卫生镇（街道）考核管理办法》及评分细则。组织市民巡访团和相关职能部门通过1次明查、3次暗访对各街镇进行考核，全年总评，嘉定镇街道、南翔镇和嘉定新城（马陆镇）位列前三名。

【巩固除“四害”成果】 年内，区爱卫会组织各街镇统一开展灭鼠、灭蚊蝇和灭蟑等突击行动。开展病媒生物防制示范路段建设，培育示范点360个。春季灭鼠活动共投药居民户57 958户、单位4 449个，投放毒饵7 525公斤、鼠夹（笼）和粘鼠板5 690只（块）、室外毒鼠盒10 953只。夏季灭蚊蝇活动消杀地下车库254个，处理雨污水井3 582个，喷洒面积750万平方米。夏季灭蟑活动投药单位3 762个、居民户30 403户，消耗毒饵618公斤（其中为居民免费提供463.8公斤）、灭蟑胶饵1 550支，并对嘉定镇街道和南翔镇老式小区的1 020户居民家庭提供公益灭蟑服务，居民对灭蟑效果的满意率超过95%。秋季灭鼠活动投药居民户75 189户、单位4 867个，使用毒饵8 618公斤、鼠夹（笼）和粘鼠板7 388只（块）、室外毒鼠盒11 856只。全区421个居民小区、539个重点单位和41个公园绿地等外环境设置捕蝇笼7 937只、毒鼠盒5 261只、毒蚊缸2 012只，实行编号登记，责任到人，规范管理。12个居民小区和2个农贸市场被认定为市级病媒生物防制达标小区和达标市场。据逐月密度监测统计，全年夹夜法鼠类密度0.28%，比上年下降41.67%；笼诱法成蝇密度0.96只/笼，下降6.8%；灯诱法成蚊密度0.65只/小时/盏，下降41.44%；粘纸法蟑螂侵害率3.47%，上升5.47%，密度0.04只/张，与上年基本持平。

【血防巩固监测】 年内，安亭镇、马陆镇按照血防中长期规划开展区域内螺情监测活动，共查螺52个村、4万平方米；安亭镇、嘉定工业区和外冈镇参加苏沪五市（区）毗邻地区的联防查螺工作，共查螺60个村、31.38万平方米，均未发现钉螺。对866名来沪就读学生、600名来自疫区人员开展血吸虫病筛查，均为阴性。　（魏　洁）

体　　育

编辑　宋怀常

综　述

2014年，嘉定体育工作秉承“体育是民生、体育是文化、体育是精神”的理念，积极推进场馆建设、全民健身、体育训练等工作。全区新建百姓健身步道12条、百姓健身房2个、社区健身苑点34个，新增体育场地面积7.16万平方米，市民健身环境得到大幅改善。在上海市2013年全民健身发展指数评估中，嘉定区蝉联榜首。完成全国第六次体育场地普查和第四次国民体质监测工作。加强业余训练工作，以培养和输送优秀体育后备人才为核心，不断优化项目布局，加大重点发展项目投入，做好教练员队伍建设与管理，巩固、提升训练成果。组队参加第十五届市运会，获金牌65.25枚，银牌29.75枚，铜牌54.375枚，总分2 665分。体育产业快速发展，对原属区体育局的奥林实业有限公司进行实体化改制。全年体育彩票总销量1.88亿元，比上年增长31.5%。　（张青泉）

群众体育

【概况】 2014年，区体育局深化全民健身要素建设，健全“区—镇—社区”体育公共服务网络，全力打造30分钟体育生活圈。建立53个基层公共体育服务站，将公共体育服务的触角延伸到企业。按照“生活就是舞台，百姓就是‘民星’”的理念，将部分赛事下沉到基层，注重参与群众的体验和互动。深入开展全民健身科学普及推广工作，对市民进行健身技能培训与指导。

【体质测定与健身指导】 年内，区体质测定与运动健身指导中心完成体质测试1.5万余人次，对4 700余人次开展运动健身跟踪指导。继续推进“体卫结合”项目，共设立32个糖尿病干预点和12个高血压干预点，干预效果理想。5月，第四次全国国民体质监测工作嘉定片测试启动，以集中测试为主，完成幼儿组、成年组、老年组2 800个样本的测试任务。

【体育社会组织培育与管理】 年内，区体育局会同区体育总会、区民政局完善体育社会组织管理机制，联合印发《关于加强嘉定区体育社会组织建设与管理的意见》，推进体育社会组织实体化、规范化发展。发挥赛事杠杆作用，与区老年人体育协会、足球协会、象棋协会、游泳协会等组织合作，通过赛事活动提高协会工作能力，扩大协会会员规模，搭建体育社会组织发挥功能和作用的平台。

【全民健身活动】 年内，区体育局共举办、承办、参加各类市级及以上赛事、活动91项，参与人数4 600人次。大力举办区级赛事，通过基层预赛、街镇复赛、区级决赛的方式，形成区镇联动、部门联合的全民参与氛围。全年

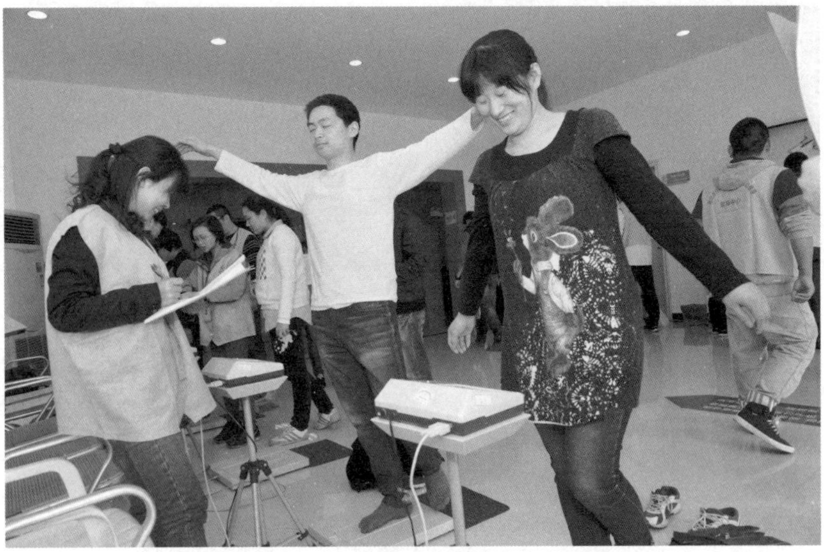

国民体质测试　（毕华英　摄）

举办区级赛事41次，1.93万人次参与。承办及指导委办局、企事业单位赛事、活动37次，1.19万人次参与。指导街镇开展镇级赛事、活动403次，6.76万人次参与。开展“谁是球王”羽毛球争霸赛、“阿拉健身秀”团队展示等活动，首次尝试通过逐级选拔、现场互动、球星助阵等方式凸显“生活就是舞台，百姓就是‘民星’”的办赛理念。通过嘉定体育网站、微博、微信等网络平台进行宣传，提高社会关注度和活动效果。

【健身技能推广】 年内，区体育局依托区市民健身技能推广中心，整合市、区资源，加强指导员、教练员、裁判员队伍建设，丰富技能推广配送人力资源。全年共举办区级羽毛球、健身操、柔力球等健身技能培训和社会体育指导员、体育志愿者、裁判员培训32次，培训2 560人次；举办健身讲座58期，参与4 140人次。通过三级配送服务网络，指导街镇指导站、社区（企业）公共体育服务点开展健身技能推广与知识讲座等服务532次，受益群众2.27万人次。开展“暑期宝宝去哪儿”青少年体育公益培训、区域大型企业羽毛球和健身操项目配送、青少年羽毛球推广试点等活动，扩大健身技能推广的覆盖面。

【信息化建设】 2014年，全区“一卡通”联网场馆和持卡量不断增加。至年末，共有近10万人持有嘉定全民健身卡，近百处公共体育场所纳入“一卡通”联网场馆。开通网上预订平台，全面整合辖区公共体育场馆资源，解决人为操控场地使用的问题，使体育服务更公平、公正。以快捷、便民、高效为目标，完成365百姓健身房“一卡通”系统、学校免费锻炼刷卡系统、市民健身推广中心课程发布和电子签到系统的建设。 （张青泉）

学校体育

【概况】 年内，区体育局和区教育局加强青少年体育工作，提升学生体质健康水平。加强创新型团队建设，开展体育校本课程建设评比活动。组织师生参与市、区各类阳光体育运动，圆满完成第十二届全国学生运动会武术比赛承办任务。做好初中毕业升学体育考试工作，经市教委督考小组评定等级为优。民办斌心学校舞龙队在首届上海市学生龙文化全能赛上获第一名。

2014年中国足协杯第一轮在嘉定开赛 （毕华英 摄）

【承办第十二届全国学生运动会武术比赛】 7月28-30日，第十二届全国学生运动会武术比赛在嘉定二中举行。比赛共设置18个项目，26支代表队、275名运动员参加比赛。 （许海蓉）

【体教结合工作】 年内，区体育局扩大学校办训规模，优化项目布局。经各学校申报、专家考核评估，命名震川中学等9所学校为区体育项目重点学校，命名实验小学等46所学校为区体育项目布点学校，办训周期为2014-2015年度。根据全区办训现状和特点，优化田径、篮球、足球、排球等项目的布局，推动项目“一条龙”训练体系建设，提高基层学校办训的积极性。 （张青泉）

竞技体育

【概况】 2014年，嘉定区业余训练工作以培养和输送优秀体育后备人才为核心，优化调整项目布局，加大重点项目投入，加强教练员队伍建设与管理，巩固、提升训练成果。组织运动员参加第十五届市运会，团体总分列第十名。

【运动员输送】 年末，全区共有注册运动员1 153人，注册教练员102人，注

2014年嘉定区“谁是球王”羽毛球争霸赛总决赛 （毕华英 摄）

册运动员数量创历史新高。年内，向市二线运动队输送运动员33人，其中曲棍球2人、拳击4人、柔道4人、皮划艇1人、自行车3人、篮球7人、羽毛球2人、摔跤1人、田径4人、游泳3人、射击1人、击剑1人。（张青泉）

【参加第十五届市运会】 年内，为备战市运会，区体育局组织运动员暑期集训，收到良好效果。嘉定区在第十五届市运会上共获金牌65.25枚、银牌29.75枚、铜牌54.375枚，其中重点项目金牌47枚、银牌21.5枚、铜牌27枚；总分2 665分，其中重点项目总分1 866.5分。团体总分及重点项目总分均列第十名。篮球、排球、手球、击剑、游泳、拳击等项目均获突破，首次在市运会上取得金牌；田径、皮划艇等项目有新的提高；“小铁人三项”和“球类小达人”两个展示项目均以全市第二名的成绩获一等奖；在单项评选活动中，嘉定二中教师徐瑛入选“上海市十佳活力园丁”，南苑中学学生许雯雯入选“上海市十佳阳光少年”。

【教练员队伍建设】 年内，区体育局进一步完善教练员奖励、评估、考核机制，制定《关于进一步加强教练员管理的实施意见》，规范和引导教练员遵守工作纪律，强化管理与考核。为提高教练员业务水平，制定教练员培训计划，邀请专家举办训练计划的制定、体校转型发展、运动员营养知识等方面的专题讲座。

嘉定区运动员参加第十五届市运会获得冠军一览表

项　目	姓　名	小　项
田　径	徐雪攀	男子A组铅球
	纪小月	女子A组100米 女子A组200米
	王家清	女子B组铅球 女子B组铁饼
	陈　彤	女子B组标枪
	王安祺	男B组撑杆跳
	汪晓雷	男A组七项全能
拳　击	汤家旺	男甲49公斤
	刘　鑫	男甲52公斤
	周湘杰	男乙50公斤
	钱昱诚	男乙52公斤
	刘俊豪	男乙54公斤
	陈文冉	男乙60公斤
	程联地	女甲48公斤
	刘霜茜	女乙60公斤
	张泽昊	男甲+91公斤
	殷　洁	女甲51公斤
摔　跤	吴乐成	自由A组58公斤
跆拳道	姜　涵	男A组42公斤
	陈　欣	女B组+62公斤
柔　道	谢亚东	男子A组+81公斤级
游　泳	朱一星	男D组100米自游泳
	徐璐洁	女子C组100米蛙泳
	陈爱主	E组200米个人混合泳
击　剑	张　想	男子花剑B组个人
	凌雨枫	女子花剑B组个人
	凌雨枫	女子花剑B组团体
	何佳悦 陶欣尔 卞志莲 徐云迪 袁闵慧 赵袁怡 罗嘉绮	女子花剑C组团体
	顾　君	女子花剑D组个人
	姚　皎	女子佩剑A组
	黄宇婷	女子重剑B组
	吴逸杰 白昀宗 周序益	男子佩剑C组团体
皮划艇	戴澎辉	男C组200米K1 男C组1000米K1
	刘　尧 张永盛	男C组1000米K2
	张宜顺	男A组1000米
射　击	黄雅诗	女C5+20普通气手枪
	谢　羽	50米手枪慢射60发
	谢　羽 沈　壮 卢小虎	50米手枪慢射60发团体
马　术	石天洋	B组80C米
排　球	马陆育才联合中学	男子C组

（张青泉）

2014年嘉定区运动员参加全国比赛成绩一览表

项　目	姓　名	小　项	比赛名称	成　绩
游　泳	徐璐洁	50米蛙泳	2014全国少儿游泳锦标赛	冠军(个人)
射　击	谢　羽	50米手枪慢射	2014年全国青少年射击锦标赛	冠军(团体)
棋　类	印周灏	五子棋	2014年全国少儿五子棋锦标赛	冠军(个人)
武　术	吴丹玉	长拳	2014全国青少年武术套路锦标赛	冠军(个人)
柔　道	谢亚东	男子90公斤级	2014年全国少年柔道锦标赛	冠军(个人)
		男子团体		季军(团体)
	游飞龙	男子73公斤级		季军(个人)
		男子团体		季军(团体)
帆　板	徐　韬	男子RS:X级甲组	2014年全国青少年帆板锦标赛	冠军(个人)
皮划艇	张露露	女子乙组5000米k1	2014年全国皮划艇U23及青少年锦标赛	亚军(个人)

设施建设与管理

【概况】 2014年,嘉定区继续整合利用各类设施资源、深度挖掘潜力,提升场地开放使用率。以百姓健身步道、百姓健身房、百姓游泳池为主要内容的百姓工程项目建设顺利推进。嘉定体育馆(新馆)主馆工程完工。以隔离工程、灯光工程为抓手,规范学校场地的开放和管理。牵头开展游泳池联合执法检查,确保安全开放无事故。

【公共体育设施建设】 年内,嘉定体育馆(新馆)主馆工程完工。新建百姓健身步道12条共5.1公里,累计建成32条共15.7公里,超额完成"十二五"规划20条健身步道建设任务。新建百姓健身房2个,累计建成8个,街镇覆盖率67%。推进嘉定新城"体绿结合"示范区建设,在紫气东来体育公园启动"体绿结合"示范区改造工程。在上海汽车博览公园增设百姓健身步道、自行车道、自行车培训基地等体育设施,开展定向越野、铁人三项、自行车等户外赛事活动,打造以户外休闲为主题的体育公园。

【体育设施开放与管理】 年内,区体育局、区教育局、区财政局联合制定《嘉定区学校体育场地建设与向社区开放管理补充实施意见》,进一步规范学校体育场地开放工作。全年分两批下拨学校体育场地开放专项补贴资金,每所学校6万元,共计下拨300万元。全区公共体育设施常年开放率100%,器材完好率97%以上。共有13家游泳场馆对外开放,累计接待市民37.55万人次。区体育局牵头开展游泳池联合执法检查,确保安全开放无事故,被评为"上海市游泳场所夏季开放服务工作优秀单位"。 (张青泉)

体育产业

【概况】 年内,区体育局贯彻国务院《关于加快发展体育产业,促进体育消费的若干意见》文件精神,采取措施促进体育产业发展。对原属体育局的奥林实业有限公司进行实体化改制。围绕场馆运营管理、赛事活动运营、体彩销售管理三大板块,开展市场摸底,探索体育产业发展的新模式。

【举办自行车业余比赛9场】 2014年,区体育局筹办上海市业余自行车赛事,通过市场化运作模式,获得斯柯达、红牛、YAKIMA等企业赞助,共举办自行车比赛9场,注册车手参赛总人数2200人次,参赛车队总计172支。参与主办国内首个"格兰枫度"(大规模、长距离非竞争性的骑行赛)公路自行车赛,建立业余自行车竞赛积分系统,促进自行车运动的推广和自行车运动服务产业集聚嘉定。

【奥林实业有限公司划归国资公司】 4月,为增强体育场馆适应市场、自主经营的能力,区政府将原属体育局的奥林实业有限公司划归区国资公司,主营体育场馆开放及体育相关产业。年内,奥林实业有限公司对嘉定体育馆(新馆)建设情况进行考察和评估,做好开放运营的准备工作。

【体育彩票销量1.88亿元】 至年末,全区共有体育彩票销售网点108个,其中传统网点84个、竞彩网点24个。全年体育彩票总销量1.88亿元,比上年增长31.5%。 (张青泉)

民政·社会生活

编辑 王健欣

综　述

2014年，嘉定民政工作围绕区委、区政府工作目标，注重加强和改善民生，发挥民政的兜底作用；不断加强和创新社会治理，发挥民政的基础作用；不断提供和强化社会服务，发挥民政的支撑作用，助推嘉定社会和谐发展。4月，投资767.82万元的嘉定区烈士陵园廉政教育基地建成并对外开放。基地以“革命烈士打江山、反腐倡廉保江山”为主题，为全区党员干部开展理想信念、党风党纪教育和群众路线教育实践活动提供新平台。至年末，累计接待观众375批1.07万人次。年内，区民政局被民政部评为全国殡葬工作先进集体。（王国英　张云映）

双拥优抚安置

【**概况**】 2014年，嘉定双拥工作以争创全国双拥模范城“八连冠”为抓手，着眼军民深度融合发展，将区域特色优势与创新工作机制有机结合，注重“强基础、树品牌、建体系”，不断提升全区双拥优抚安置工作水平，巩固和发展军政军民团结共进和谐局面。各类拥军优属活动形式多样，内容丰富。春节、“八一”期间，区四套班子领导走访慰问驻区部队和优抚对象代表，向优抚对象家庭、驻嘉部队官兵送上节日问候。先后举行“双拥嘉定行”、双拥工作恳谈会和“慰问功臣”活动，举办军嫂亲子夏令营、“走进军营”慰问演出等双拥系列活动。区镇举行拥军优属电影招待会、文艺演出。开展迎春拥军优属送春联活动，由优抚社工和民政青年志愿者上门为优抚对象张贴春联。编印《永葆军魂——嘉定区复转军人风采录（三）》《嘉定英烈故事选编（四）》等双拥教育读物。开展“一切为了群众——嘉定英烈坚持党的群众路线故事展”“热血丰碑”巡展、英烈故事宣讲等主题活动。成立双拥故事宣讲团，宣传各类双拥典型和模范先进事迹，在全区开展巡讲活动13场，近3 000人次参加。推进“关爱功臣”项目试点，开展“九个一”活动，全年累计开展上门服务650余人次，走访对象760余人次、累计1 410多小时，日间照料服务350人次、1万余小时。新建区军地两用人才职业技能培训基地和区复退军人创业实践示范基地，深入推进区军地两用人才果树种植培训实践示范基地建设，继续扶持区复退军人社会实践基地。

【**发放抚恤优待金2 601.06万元**】 年内，发放抚恤补助优待金2 601.06万元。其中，重点优抚对象570人，定期抚恤补助1 048.49万元；义务兵及其家属461人，优待金1 109.96万元；复退军人军龄补贴和定期生活补助987人161.97万元；部分农村籍退役士兵老年生活补助1 384人90.9万元；医疗、临时补助1 135人次109.52万元；春节期间一次性生活补助2 057人80.22万元。组织55~59周

“双拥故事团”巡讲活动　　（区民政局　供稿）

岁非“城保”复退军人免费体检587人，组织4批114人次优抚对象疗休养，为218名残疾军人换发残疾军人证。

【**发放农村籍退役士兵老年生活补助金90.91万元**】 年内，做好农村籍退役士兵老年生活补助对象信息采集、审核、审批和资金发放工作，为1 384名农村籍退役士兵发放老年生活补助金90. 91万元。

【**安置退役士兵203人**】 年内，接收退役士兵203人，其中城镇兵147人（义务兵134人、复员士官10人、转业士官3人），农村兵56人（义务兵50人、复员士官6人）。向城镇兵发放地方一次性经济补助769. 45万元、社会保险和生活补助费448. 9万元；向农村兵发放地方一次性经济补助288万元。自谋职业率和自行就业率均为100%。

【**军休干部安置服务**】 年内，接收军休干部6名。做好军休干部元旦春节慰问金的申报、发放和房改补差经费申领工作。做好41名军队无军籍退休退职职工及易地退休人员补贴调整工作，调整后每月共发放17. 3万元。按时完成3名无军籍退休退职职工审档、接收安置工作。

【**烈士褒扬工作**】 年内，完成136名抗美援朝烈士信息核对工作。做好国家首个烈士纪念日公祭活动组织接待工作。区烈士陵园全年接待1 182批次、31 185人；接待祭扫烈士家属等695批次、2 788人。 （王国英 张云映）

上海市嘉定区与江苏省太仓市界碑——“孺子牛”雕像 （华亭镇 供稿）

基层政权建设

【**概况**】 2014年，基层政权建设工作围绕“健全制度、创新管理、强化督导、重在实效”的思路，坚持以服务群众为导向，以激发村居自治活力为重点，以创新基层社会管理为抓手，夯实工作基础，健全管理机制，稳步有序推进基层政权与社区建设工作。

【**平安边界建设**】 年内，开展“沪苏线”及区界线、界桩的自查工作。区民政局与江苏省民政厅共同做好“沪苏线”24号界桩的原地更换工作。会同苏州市民政局、昆山市民政局完成对原损毁的“沪苏线”16号界桩的恢复埋设工作。12月15日，嘉定区与江苏省太仓市界碑——“孺子牛”雕像落成。

9月30日，嘉定区在区烈士陵园举行全国首个烈士纪念日公祭活动 （区民政局 供稿）

【**基层民主自治**】 年内，梳理修订《村民自治章程（样本）》，指导各村结合社情民意，规范修订自治章程、村规民约等。全面推广组务工作站模式，至年底，89个村建立组务工作站，将村民自治落到最基层。以公开村集体“三资”为重点，调整村（组）务公开统一目录，增设村资产、资源、资金、村民福利等内容，增强村（组）务公开透明度，保障村民知情权。健全村务监督机构，实现村务监督委员会全覆盖和100%挂牌。进一步加大村干部教育培训力度，提高履职能力，先后举办村委会正、副主任培训班，累计培训1 650人次；对6个镇近千名村民组长和村务监督委员会成员实行“送教上门”。

【**村（居）委会变动情况**】 2014年，全区撤销2个村、78个村民小组；共有村委会144个。新建居委会12个、调整1个；共有居委会165个。（王国英 张云映）

社区建设

【**社区事务受理服务中心标准化建设**】

至3月底，全区12个受理中心全部实现“一头管理”“一口受理”“全年无休”。7月，区民政局组织全区257名受理中心工作人员开展接待礼仪、受理流程、系统操作、计算机实务等方面的系统培训。8月，全区受理中心统一双休日服务时间和项目。制定《社区事务受理服务中心绩效考核办法(样本)》，指导各受理中心完善内部管理制度。

【社工培训】 2014年，区民政局组织256人参加社会工作者国家职业资格考前培训，其中10人获三级证书，77人获四级证书；区民政局联合区社建办，以政府购买服务的形式，委托社会组织分批对全区1 144名社区工作者开展业务培训。

【社区风险评估】 年内，新成路街道、嘉定工业区及真新街道分别开展社区风险评估工作，完成社区风险评估报告及社区风险地图制作。（王国英　张云映）

婚姻、收养登记管理

【婚姻登记4 510对】 2014年，区民政局共依法办理结婚登记4 510对，离婚登记1 841对，补领结婚证2 110份，补领离婚证116份，出具无婚姻登记记录证明9 820份。婚姻、收养登记合格率100%。

【收养登记7户】 2014年，区民政局依法办理收养登记7户。

【婚姻登记机关标准化建设】 2014年，民政部授予区民政局“国家3A级婚姻登记机关”称号。年内，收集编写《剑胆琴心——群众路线教育实例选编》。开展“练内功强素质”岗位竞赛系列活动，增强婚姻登记人员为民服务意识，提高综合能力。（王国英　张云映）

社会组织

【概况】 年内，区政府出台《嘉定区政府购买社会组织服务实施办法(试行)》

社区居民参与社区风险评估工作　（区民政局　供稿）

《嘉定区加快公益慈善类、城乡社区服务类社会组织培育发展的实施意见》，探索建立政府购买社会组织服务机制，促进社会组织健康发展。启动运行区社会组织公益实践园，重点孵化培育萌芽型、初创型、支持型及枢纽性社会组织，21家社会组织入驻实践园。举办区首届公益成果展示活动。2014年，全区共准予筹备登记社会团体9家；准予成立登记社会团体8家；办理社会团体变更登记17次；准予社团注销登记2家。至年底，全区经核准登记的社会团体120家。按照性质分类，专业性77家、学术性24家、联合性19家。准予成立登记的民办非企业单位48家；准予民办非企业单位注销登记7家；办理民办非企业单位变更登记32次。至年底，全区经核准登记的民办非企业单位373家。按照性质分类，民政类119家、教育类125家、体育类38家、劳动类25家、文化类14家、中介类16家、卫生类2家、科技类1家，其他类33家。

【社会组织年度检查工作】 年中，完成360家社会组织年度检查工作，其中准予年检合格的单位356家(社团96家、民非260家)，准予年检基本合格的单位2家(社团1家、民非1家)，年检不合格社团2家。全区参检的社会组织2013年度检查合格率为98.9%。57个单位因“名存实亡”或者其他原因未参加网上年检，其中56个单位不合格(社团9家、民非47家)，1家民非企业未给出年检结论。

【预警网络建设与重点防控】 4月28日，嘉定区社会组织预警网络暨社会治安防控体系建设会议召开。编印1.5万本《嘉定区社会组织预警网络及社会治安防控知识手册》，加大对预警网络工作的宣传。11月，区社会组织预警网络工作通过评估，获市社会组织预警网络规范化建设一等奖。

【社会组织规范化评估】 年内，区社团局委托市社会组织服务中心对3家申报4A、5A的社会组织进行实地评估，委托区社会组织服务中心对19家申报3A及以下的社会组织进行实地评估。经评估，全区共有5A级社会组织6家，4A级社会组织19家，3A级社会组织57家。

【公益项目招投标】 年内，16个社会组织承接18个市级公益招投标项目，项目金额456.7万元；17个社会组织承接21个区级公益招投标项目，项目金额381.5万元。（王国英　张云映）

殡　葬

【概况】 2014年，区殡葬管理工作围绕贯彻落实殡葬法规，积极倡导文明治丧，扎实推进殡葬改革。松鹤墓园被评为全国生态文明示范墓园，清竹园晋升为上海市一级公墓。清明节期间，实施“轨交+短驳”接待服务，实行错时祭扫、人车分流，全区共接待祭扫市民157.69万人次,同比下降13.5%;车辆15.58万车次,同比下降10%;落葬2 645穴,同比下降13.7%。其中,清明日接待祭扫市民68.07万人次、车辆6.09万辆次、落葬1 983穴。冬至期间,全区共接待祭扫市民55.07万人次、车辆6.05万辆次、落葬7 660穴。其中,冬至日接待祭扫市民19.41万人次、车辆2.06万辆次、落葬3 687穴。

【深化节地葬式】 年内,推行小型墓和葬式改革,全区6家经营性公墓推出占地少、造型巧、式样新、工艺精的小型墓,开辟壁葬、廊葬、草坪葬、植树葬等不同葬式,节约殡葬用地。全区销售小型墓穴16 569穴,壁葬、廊葬等节地葬式2 148穴,节地葬占销售总量的82.13%。

【殡葬服务进社区】 年内,继续推进殡葬服务进社区工作,关注民生,服务百姓。全年受理市级补贴290人11.6万元(自2007年始累计补贴960人38.4万元),受理区级补贴299人5.48万元(自2007年始累计补贴1 229人38.75万元)。

【"贴心"殡仪服务】 年内,继续贯彻落实殡葬惠民政策,殡仪基本服务项目实行免费政策,累计为3 926户丧户提供免费殡仪服务。推进"贴心"殡仪全程陪同服务,为1 122家丧户提供免费"贴心"殡仪服务。

【生态墓区建设试点】 年内,为整治乱葬乱埋,加快推进绿色殡葬,积极推广小型绿色环保葬式,在华亭息园实施生态墓区建设试点,规划占地面积5 400平方米,建墓穴8 000个。(王国英 张云映)

2014年嘉定区殡仪馆、墓(息)园一览表

单　位	开办日期	规划面积(公顷)	已售墓穴数(穴)	可建墓穴数(穴)	联系电话	地　址
嘉定殡仪馆	1958年5月	2.4	1 524(格位)	3 600(格位)	39903887	嘉朱公路320号
松鹤墓园	1984年10月	64	228 180	300 000	59506101	嘉松北路3485号
长安墓园	1993年5月	30	63 194	150 000	59563564	嘉安公路3688号
华亭息园	1993年11月	45.8	79 560	180 000	59970155	浏翔公路7794号
清竹园	1994年5月	43.2	44 828	258 000	59588899	嘉松北路633号
白鹤息园	1994年4月	10	30 215	45 000	59123649	翔乐路175号
仙乐息园	1994年8月	16.7	46 153	75 000	39533315	沪太公路8598号
望仙安息园	2009年3月	41.5	6 695	209 000	69932100	外钱公路1515号
合计	-	253.6	500 349	1 220 600	-	-

(王国英 张云映)

人口和计划生育

【概况】 2014年,嘉定区卫生和计划生育委员会(以下简称区卫计委)依托新闻媒体和计生服务网络,稳妥有序宣传执行"单独两孩"政策。推进区级计生特殊家庭扶助政策研究,开展特殊家庭基本情况调查,拓展家庭医生签约服务。制订区计划生育基本公共服务体系规划。组织5个街镇的100户家庭开展计生家庭发展追踪调查,组织12个街镇开展育龄夫妻计生信息核查96 195条。免费孕前优生健康检查项目成为区政府实事项目,全年有1 031对计划怀孕夫妇参检;完成国家、市孕前优生项目任务和质量管理工作。倡导优生优育,开展"5•15"国际家庭日宣传活动,推进"优生优育直通车"系列访谈项目;联合区妇联等部门举办第十届"活力宝宝"主题展示活动,面向婴幼儿家庭推广市政府公益服务项目"育儿周周看",在安亭镇、嘉定工业区开展家庭用生长发育保健卡发放试点工作;开办初、高级育婴师培

计划生育宣传进企业　　(区卫计委　供稿)

训班各1期，培养师资力量。综合治理出生人口性别比偏高问题，成立区综合治理出生人口性别比领导小组，集中开展专项治理。注重村居计生工作过程管理，流动人口孕育信息掌握情况纳入全区村居社会管理考核体系。与区教育局联手，优先为依法规范执行计划生育政策的流动人口家庭子女提供入（小）学、入（幼儿）园的学额。在全市率先实施在校青少年性与生殖健康教育的规范化、项目化运作。计生药具免费自取设施持续投入，完成区中心医院、区妇保院以及12个街镇的社区卫生服务中心统一配备免费药具出样（展示）柜，全面安装计生药具智能自取柜，至年底，全区自助发放点数量增至1 216个，比上年增长9.5%。

【户籍人口自然增长率0.03‰】 2014年，全区常住人口156.62万人，其中户籍人口58.8万人。年内，户籍人口出生4 795人，计划生育率99.23%；流动人口出生10 258人，计划生育率89.35%；出生人口15 053人，出生率9.79‰，比上年增长1个千分点。户籍死亡人口4 780人，死亡率8.2‰。户籍人口自然增长率0.03‰。

【计划生育政策调整】 3月1日起，上海市放宽再生育条件，颁布实施“单独两孩”政策。区卫计委通过门户网站、政务微博、嘉定快讯、公众微信等平台多渠道政策解读和宣传“单独两孩”政策，发放3 000本科普书籍。在嘉定人民广播电台FM100.3《民生热线》栏目推出《优生优育直通车》系列访谈节目，邀请市、区各级优生优育专家一起探讨科学育儿、花季护航和出生缺陷预防等话题，年内共直播4期，其中台外直播2期。全年共办理再生育审批997例，同比增长99%。其中因符合“单独两孩”政策而申请再生育的540例，占比54.1%；符合四种特殊情况再生育申请的5例。

【计划生育情况审核】 10月1日颁布实施《上海市申请享受生育保险待遇计划生育情况审核办法》，对所有享受生育保险待遇的生育妇女开展计划生育情况审核，至年底，共审核933例。

【免费孕前优生健康检查】 2014年，全区共有1 031对计划怀孕夫妇，2 060人接受免费孕前优生健康检查。其中外省市户籍人员531人，占服务总人数的25.78%。

【花季护航计划】 年内，联合区教育局、区科委，实施青少年性与生殖健康教育项目“花季护航计划”。对原有师资队伍进行调整，有固定讲师14人；将青少年“性与生殖健康”课程分别纳入初、高中年级附加课程，由面向高中年级开展教育向初三毕业生延伸；利用暑期组织讲师依据初三、高二、高三男女生特点，编写青少年性与生殖健康统一教案。讲师团深入12所中学，为2 600多名中学生讲授青春期健康知识。

【计划生育政策落实】 年内，修改《嘉定区16岁以上独生子女伤残死亡父母一次性补助金发放办法》，申请人的年龄条件由原来的“女满55周岁，男满60周岁”调整为“女方年满49周岁的夫妻双方或本人年满49周岁”。全年审核发放16岁以上独生子女伤残死亡父母一次性补助199人，发放金额85.9万元；审核发放独生子女父母住院护工费补贴76人，金额6.89万元。全面推进家庭医生签约服务失独家庭工作，推动各街镇“金拐杖”圆梦行动“一镇一品”项目。全年有9 162人领取农村奖励扶持金共计1 059万元，2 222人领取计划生育家庭特别扶助奖励金共计1 112.15万元；完成16周岁以上独生子女伤残、死亡一次性补助名单审核工作，全年办理补助发放167人，发放总额70.1万元。

【综合治理出生人口性别比】 年内，成立区综合治理出生人口性别比领导小组，召开加强出生人口性别比综合治理工作会议，制定区综合治理实施意见和专项整治方案。推动“关爱女孩”行动，强化“生男生女都一样”生育观念，促进出生人口性别比平衡。5月28日-6月4日举办流动人口计划生育宣传周活动。组织街镇流动人口服务志愿者，在流动人口集聚点设摊宣传。“六一”儿童节期间，结合0-3岁早教活动，开展小手牵大手活动，呼吁社会关爱女孩。全区共设摊服务9 000余人次，发放各类宣传折页、宣传品1.6万余份，发放计生药具2 500余盒。以出生登记信息为主要依据，监测常住人口出生性别比数据，定期统计、定期通报区委区政府。建立“两非”涉嫌黑名单，对名单上的人员、车辆、机构，加强检查力度和抽检密度。开展街镇“两非”黑广告治理。加强对全区出生人口性别数据的监控。

【流动人口服务管理】 开展公共服务均等化服务。全年为持有居住证和婚育证明的流动人口提供计划生育基本公共服务10 351人次，支出26.37万元。开展人口信息网上通报2.1万余人次，

流动人口计划生育宣传周活动　（区卫计委　供稿）

配合完成省际协查1.3万人次，录入流动人口出生信息1.02万条，办理生育联系卡8 685份，医院通报单6 915份，完成流动人口“一孩服务登记证”办理1 461份。加强流动人口计划生育技术服务管理，办理流动人口免费技术服务10 351人次，审核报销费用26.37万元。加强违法生育行为查处，配合户籍地计生部门对2013-2014年间流动人口违法生育案件进行调查，结案47例。（杨 焱）

市民生活水平与质量

【概况】 随着近年社会经济的平稳发展以及各项富民政策的推动，全区居民生活质量日益改善。抽样调查显示，2014年，嘉定区城乡居民家庭人均可支配收入继续保持平稳增长，城乡居民收入差距不断收窄。

2014年，嘉定区城镇居民家庭人均可支配收入突破4万元，达到40 042元，比上年同期增长10.2%，增幅同比上升0.8个百分点，扣除物价因素实际增长7.3%。农村居民家庭人均可支配收入23 831元，比上年同期增长11%，增幅同比上升0.5个百分点，扣除物价因素实际增长8.1%。城乡居民收入增长情况与嘉定区经济增长保持同步。

2009–2014年嘉定区城镇居民人均可支配收入增幅情况

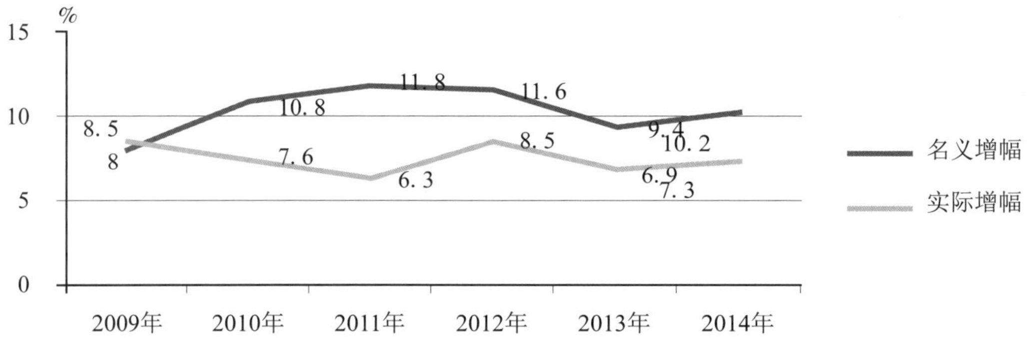

2009–2014年嘉定区农村居民人均可支配收入增幅情况

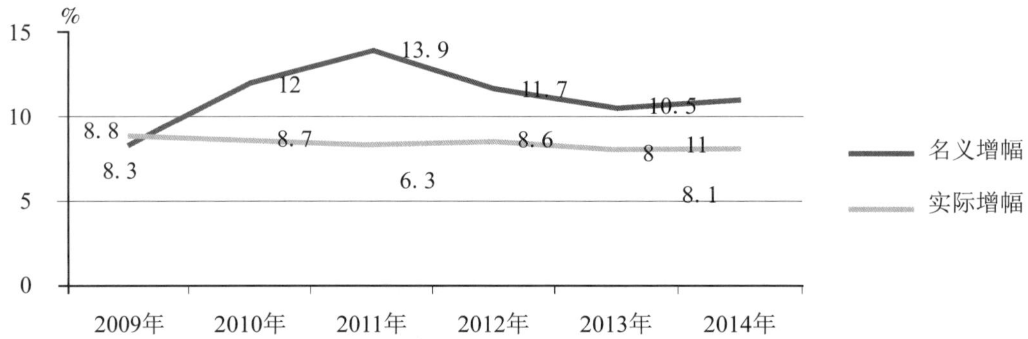

2009–2014年嘉定区城乡居民收入实际增速与GDP增长情况

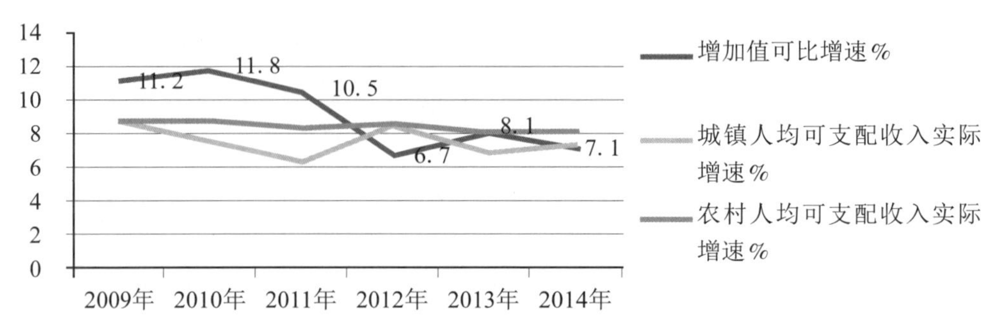

【农村居民收入增幅高于城镇】 嘉定区长期以来重视“三农”问题，各项支农惠农政策取得实效，农村居民收入增幅高于城镇，城乡居民收入之比不断收窄。数据显示，2014年嘉定区农村居民家庭人均可支配收入增幅高于城镇居民家庭人均可支配收入0.8个百分点，城乡收入比不断缩小，从2009年的1.76∶1降至2014年的1.68∶1。

2014年嘉定区城镇居民家庭人均可支配收入增长情况表

	绝对额(元)	增长(%)	拉动百分点	比重(%)
可支配收入	40 042	10.2	-	100
工资性收入	23 902	8.9	5.4	59.7
经营性收入	984	-10.9	-0.3	2.5
财产性收入	892	11.6	0.3	2.2
转移性收入	14 264	14.3	4.9	35.6

2014年嘉定区农村居民家庭人均可支配收入增长情况表

	绝对额(元)	增长(%)	拉动百分点	比重(%)
可支配收入	23 831	11	-	100
工资性收入	16 942	9.8	7	71.1
经营性收入	318	12	0.2	1.3
财产性收入	2 238	9.6	0.9	9.4
转移性收入	4 333	16.7	2.9	18.2

【工资性收入平稳增长】 2014年，嘉定区城镇和农村居民家庭人均工资性收入分别为23 902元和16 942元，分别比上年增长8.9%和9.8%，对可支配收入的贡献率分别为52.5%和64%，拉动可支配收入增长5.4和7个百分点。工资性收入增长的主要原因：一是4月1日起，上海市再次上调职工最低工资标准，由每人每月1 620元调整为1 820元，上调幅度为12.3%，高于上年同期上调幅度0.6个百分点，绝对增加额为近10年最大；二是上海市逐步建立公共服务行业等一线职工工资正常增长机制，适当提高公益性岗位从业人员收入标准，从4月1日起，上海市对实行全日制工作的万人就业项目，公共服务类队伍从业人员在现有收入标准1 740元/月的基础上每人每月增加200元，为1 940元/月；三是嘉定区通过创建“充分就业社区”、实施“万人就业项目”、促进大学生就业、开展职业技能培训、安置就业困难人员就业等多项举措，进一步扩大就业面。

【经营性收入占比仍较小】 2014年，嘉定区城镇居民家庭人均经营性收入为984元，占可支配收入比重为2.5%，绝对值比上年下降120元，降幅10.9%，城镇居民经营收入主要集中在第三产业。农村居民家庭人均经营性收入318元，占可支配收入比重为1.3%，绝对值比上年增长34元，增幅12%，农村居民经营收入在第一、二、三产业均有分布。年内，嘉定区加快创新农业经营体制，积极培育新型农业经营主体，全面推进粮食生产家庭农场经营形式，对符合条件的家庭农场给予50元/亩的考核性奖励以及每人每月700元社保缴费补贴，对嘉定区农村居民经营性收入的增长起到促进作用。

【财产性收入增长较快】 2014年，嘉定区城镇居民家庭人均财产性收入892元，比上年增长11.6%。其中租金收入683元，增长3.3%。农村居民家庭人均财产性收入2 238元，增长9.6%，(其中租金收入1 683元，增长2.1%)。由于农村居民将富余房屋租赁给外来人员，进而获得房租收入的情况远高于城镇居民，造成农村居民财产性收入在可支配收入中的占比为9.4%，远高于城镇居民财产性收入在可支配收入中2.2%的占比。租金水平随市场行情逐年上涨成为带动财产性收入增长的主要推动力。此外，农村居民转让承包土地经营权租金收入的提高也拉高了财产性收入。

【转移性收入保持较高增速】 2014年，嘉定区城镇居民家庭人均转移性收入14 264元，比上年增长14.3%，拉动可支配收入增长4.9个百分点。农村居民家庭人均转移性收入4 333元，增长16.7%，拉动可支配收入增长2.9个百分点。养老金或离退休金是转移性收入的主要构成部分。年内，嘉定区城镇居民养老金或离退休金收入为12 964元，增长12.6%。农村居民养老金或离退休金收入为4 500元，增长15.3%。养老金或离退休金增长较快的原因：一是1月1日起，上海市再次提高退休人员基本养老金标准，其中城镇企业退休人员养老金每人每月增加130元，然后按本人缴费年限，每满1年每月增加3元，月增加额不足30元的，补到30元，并解决当年退休人员养老金“倒挂”问题；二是调整机关、事业单位离退休人员养老金并自6月起补发，对全年居民转移性收入增长带来积极影响；三是“镇保”、征地养老退休人员，在市级增加养老金标准130元的基础上，每人每月再补贴80元。年底，“镇保”退休人员养老金最低发放标准为1 423元/月，征地养老人员的生活费标准为1 425元/月；“农保”人员在承包地流转后生活费补贴每人每月增加80元，达到247.5元/月，“农保”人员收入为1 100元/月。2014年，嘉定区进一步提高机插秧、有机肥等补贴标准，各项惠农补贴促进农村居民转移性收入的增长。 （区统计局）

老龄工作

【概况】 年末，全区60周岁及以上老年人17.26万人，占常住户籍总人数的29.3%。其中百岁老人34人。

2014年嘉定区60周岁以上人口年龄结构分类表

年龄结构	人数(万人)	占老年人比例(%)
60周岁～69周岁	9.81	56.83
70周岁～79周岁	4.48	23.26
80周岁～99周岁	2.97	17.21
100周岁以上	34人	

2014年嘉定区百岁老人一览表

序号	街 镇	姓 名	性 别	出生日期	住 址
1	嘉定镇街道	朱晓华	女	1904年2月7日	塔城路331弄28号101室
2	嘉定工业区	宋洪根	男	1908年12月23日	娄塘村小东街145弄5号
3	嘉定镇街道	张时芬	女	1909年8月29日	金沙路253弄8号402室
4	新成路街道	李树杞	男	1910年2月10日	迎园新村十一坊12号201室
5	真新街道	金金娣	女	1910年4月1日	丰庄村侯家桥36号
6	徐行镇	樊秀英	女	1910年11月19日	曹王村华东村民组
7	嘉定镇街道	朱琴仙	女	1911年2月24日	塔城路470弄23号305室
8	安亭镇	陶秀英	女	1911年7月12日	昌吉路240弄13号403室
9	马陆镇	唐阿大	女	1911年10月24日	樊家村1118号
10	徐行镇	金菊英	女	1911年12月16日	曹王真南613号
11	外冈镇	高练弟	女	1912年1月3日	金沙江路399弄7号401室
12	南翔镇	王湘娥	女	1912年1月24日	裕丰路201弄5号201室
13	安亭镇	蒋汉卿	男	1912年3月20日	墨玉路63弄17号202室
14	徐行镇	朱明珍	女	1912年5月31日	劳动村潘桥401号
15	菊园新区	赵惠贞	女	1912年8月25日	平城路606弄6号401室
16	安亭镇	王纫瑛	女	1912年9月25日	南安路118弄10号602室
17	安亭镇	张佩英	女	1913年1月11日	东街村237号
18	马陆镇	李阿宝	女	1913年2月26日	沪宜公路2800弄457号301室
19	真新街道	楼定清	女	1913年3月1日	宁都六村42号301室
20	外冈镇	钱月林	女	1913年6月24日	温宿路72弄11号302室
21	安亭镇	方忠浩	男	1913年11月2日	昌吉路203弄4号303室
22	江桥镇	赵阿取	女	1913年11月10日	增建村杨湾241号
23	安亭镇	张阿妹	女	1913年12月7日	泽普路175弄22号201室
24	嘉定镇街道	陆庆云	女	1914年1月13日	桃园社区81号101室
25	嘉定镇街道	王云飞	男	1914年1月19日	李园一村15号303室
26	徐行镇	王美英	女	1914年2月10日	伏虎村一组444号
27	安亭镇	朱小妹	女	1914年3月7日	墨玉路685弄86号
28	徐行镇	赵思娟	女	1914年5月19日	红星村2组103号
29	安亭镇	李阿妹	女	1914年9月4日	向阳村向阳别墅41号
30	嘉定镇街道	张安谊	女	1914年9月27日	李园二村94号101室

（续表）

序号	街 镇	姓 名	性 别	出生日期	住 址
31	菊园新区	陶瑞英	女	1914年11月2日	胜竹路2100弄120号102室
32	江桥镇	沈爱珠	女	1914年11月13日	金耀路333弄27号903室
33	嘉定工业区	毛秀英	女	1914年12月20日	泾河村123号
34	嘉定工业区	陆惠英	女	1914年12月29日	中原路28弄11号604室

【养老服务体系建设领导小组成立】 2月，区政府成立嘉定区社会养老服务体系建设领导小组，由区民政、发改委、经委、建交委、财政、规土、人社、房管、食药监、卫生、工商、税务等职能部门和各街镇相关领导组成，办公室设在区民政局，负责全区养老服务体系建设协调、推进事宜。4月，组织召开嘉定区社会养老服务体系建设领导小组会议，听取养老服务体系建设现状及前景规划，着力推进养老设施专项规划和医养融合工作。

【养老实事建设】 年内，新增养老床位448张，全区养老床位增至6 361张。区第一社会福利院一期工程三幢大楼全部结构封顶并通过主体验收，被评为市、区优质工程。启动区第一社会福利院二期项目可行性研究和设计。新（改）建标准化老年活动室17个，总面积10 352. 5平方米，总投资799. 4万元，市区两级补贴资金320万元。新增社区老年人助餐点3家、社区老年人日间服务中心1家。首次对全区23家养老机构运行开展评估考核，根据得分，通过“以奖代补”形式发放补贴660余万元。核拨公用事业费补贴60万元。发放279家标准化老年活动室运作补贴418. 5万元、15家老年人日间服务中心运作补贴71. 56万元、13家老年人助餐服务点运作补贴93. 92万元。完成16家养老机构消防设施达标改造工作。完成6家村级托老所达标改造，补贴资金146. 5万元，在全市率先将农村托老所纳入养老服务体系统一管理，实现托老所服务的标准化和规范化管理。

【养老设施布局专项规划】 年内，区民政局根据嘉定区人口老龄化形势，结合土地利用规划和区域控制性详细规划，与规土部门共同完成《嘉定区养老设施布局专项规划》（以下简称《规划》）。《规划》涉及36处机构养老设施，其中保留13处、改扩建10处、新增13处，用地面积59. 3公顷（其中预留3. 9公顷），建筑面积58. 3万平方米。2020年全区床位总数达到12 742张，实现6张/百位老人的床位拥有率；2030年全区床位总数13 973张，实现5. 9张/百位老人的床位拥有率。

表彰敬老模范单位 （区民政局 供稿）

【居家养老服务惠及1.23万人】 年内，为1. 23万名老人提供居家养老服务，其中2 145人全年享受服务补贴1 063. 71万元；为374名离休干部提供居家养老服务，下拨资金86. 55万元。为9 392人次老人发放助餐补贴93. 92万元，为7 156人次老人发放日间服务补贴71. 56万元。

【养老服务保障】 年中，为37名百岁老人赠送生日贺卡和发放生活补助16. 6万元，发放90~99岁高龄老人补贴386. 47万元。继续推进“老伙伴”公益项目，为6 000名高龄独居老人开展关爱活动。开展“爱心点亮光明”工程，为1. 16万名70周岁以上老人开展免费眼科普查，为1 037人实施免费手术。为全区23家养老机构和6家托老所购买综合责任险30. 7万元，为1 146名养老机构从业人员购买人身意外险11. 5万元。推进“银发无忧”保障工作，完善集意外伤害和伤残等为一体的老年人综合保障项目，斥资179. 42万元为8. 28万名老人购买8. 44万份保险。

【老年人权益保护】 年中，充分发挥区三级老年人维权网络和区老年人权益纠纷人民调解委员会作用，为老年人提供法律服务和信访接待工作，全年受理老年人维权诉求1 313件，调解1 299件。法院处理涉老案件1 287件，其中判决554件、调解501件、撤诉232件。

【老年教育活动】 年内，组织开展文艺进社区、进养老机构巡回演出活动，开展送戏下乡活动678场，服务7. 4万人次。充分发挥老年讲师团作用，全年开设讲座288场，1. 9万人次老年人受益。编写老年人健康百问、老年人安全百问、老年人法律百问系列丛书。参与创作编排锡剧小戏《风波太平村》，巡演13场。开展“孝道文

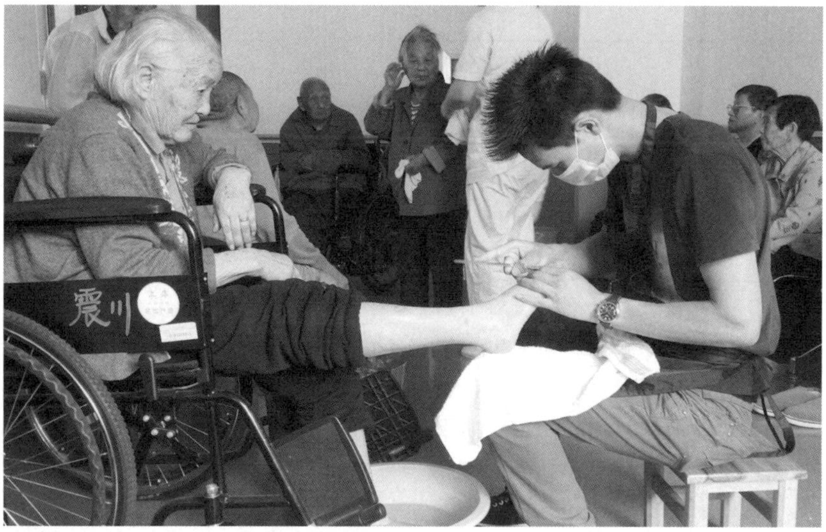

志愿者为敬老院老人扦脚　　（区民政局　供稿）

化进机关”宣传活动，发放《百善孝为先——二十四孝图解》2.6万册，弘扬尊老敬老爱老的传统美德。

【敬老月系列活动】 敬老月期间，区四套班子领导分别走访慰问百岁老人和养老机构代表，送去党和政府的关爱。召开嘉定区庆祝老年节大会，举办区老年人中秋戏曲演唱会、“一条街服务”等活动。区老龄委各成员单位和各街镇普遍开展走访慰问活动，全区共走访慰问老年人7.09万人次、发放慰问金1 228.9万元；为困难老人提供助浴195人次、助洁985人次、送医送药3 452人次；开展文艺演出225场，举办体育赛事227场；召开座谈会、表彰会269场次，参与总人数达4.4万余人次。各街镇共设立老年维权服务点147个，接受老年人法律咨询1 293人次；开设形式多样的为老志愿服务项目，参与志愿者2 246人，惠及5万余人次。

【老年基金会工作】 2014年，区老年基金会共募得资金828.76万元和价值69.4万元的物资。所有捐赠物资全部送给区内养老机构。年内，开设24个助老公益项目，支出资金652.41万元，比上年增长135.57%。其中帮困类项目29.42万元、老年文体类项目17.9万元、公益单位建设类项目584.08万元、助医类项目2.91万元、慰问类项目18.1万元。　　（王国英　张云映）

【区属企业退管工作】 2014年，全区区属企业有退休职工20 917人（男7 385人，女13 532人），比上年增加105人。其中，年龄在59岁以下的5 243人，60~69岁的7 894人，70~79岁的4 709人，80~89岁的2 757人，90岁以上的314人。年内新增退休职工462人，死亡357人。至年底，全区有街镇、委、公司退管会9个，基层退管会24个；有专、兼职干部33人、块长29人。年内，为70周岁以上老人发放优待证526套（累计38 195套）；有48 753名退休职工参加住院补充医疗互助保障，投保金额1 011.96万元；理赔22 028人次，金额1 482.6万元。年中，各级退管会接待来信来访135件（次），均处理落实；组织各类报告会、文体活动121场次，参加人数7 436人。2014年，全区各级退管会共发放退休人员帮困补助金总额970.42万元。其中“冬送温暖，夏送清凉”及节日慰问7.71万人次，金额964.02万元；特困退休职工“三定”帮困，金额2.4万元，10人受助；发放支内回沪特困退休人员一次性帮困补助金4万元，受益80人。年内，开展社区双月为老服务活动58场次，907人次受益；志愿者接待社区老人12 866人次；安亭镇红梅社区、嘉定镇街道桃园社区、三皇桥社区和南翔镇南华社区为老服务示范点，为社区老人建立维修服务、生活护理、家政服务、心理疏导、养生保健、社区娱乐、法律维权等全方位、多层次、人性化的为老服务体系，社区受益老人7.55万人次，取得较好社会效果。至年底，全区有11个单位与16个社区签订《双重关爱，共管企业退休人员协议书》，签约53家，涉及共管退休人员14 042人。桃园、三皇桥、西大、李园一村、叶池、红梅、南华、李园二村、侯黄桥、梅园、玉兰二村、虹翔等12个社区退休职工签约率100%，实现全覆盖。　　（陈　萍）

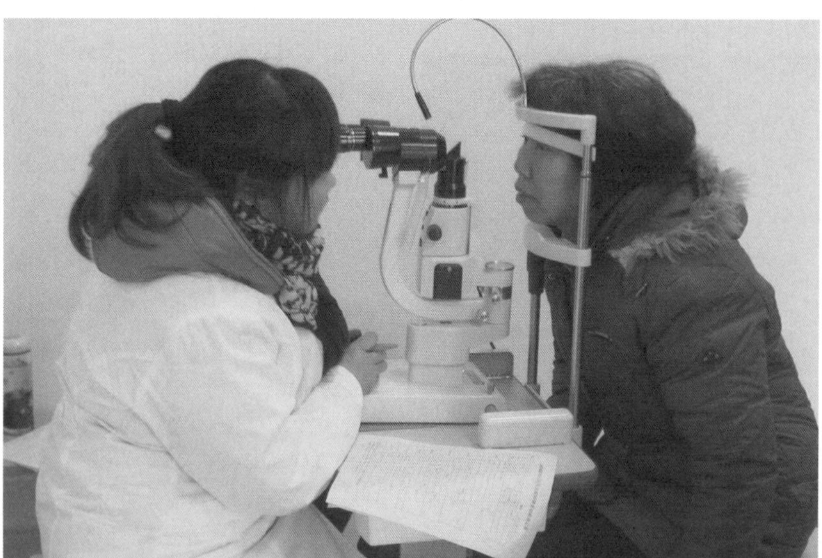

“爱心点亮光明”公益项目为老年人免费眼科检查　　（区民政局　供稿）

消费者权益保护

【概况】 2014年，嘉定区消费者权益保护委员会（以下简称区消保委）共接待消费者来电来信来访咨询554件；受理投诉2 931件，与上年同期2 541件相比，上升15%。其中区消保委直接受理投诉204件，占总投诉的7%；“12315”下转投诉2 727件，占总投诉的93%；已处理投诉2 915件，办结率99%；终止调解217件，调解成功率93%；为消费者挽回经济损失976万余元。“12315”联网单位自行受理投诉6 414件，较上年同期5 062件相比，上升27%。年内，区消保委联合工商嘉定分局、区经委和新成路街道以及注册地经济小区等多部门共同约谈金仕堡健身会所的相关人员。

“消费维权进学校”宣传活动　（区消保委　供稿）

2014年嘉定区投诉类别排行情况表

序　号	类　别	数　量(件)	占总数(%)
1	服　务	633	22
2	服装百货	449	15
3	房屋及装修建材	419	14
4	交通工具	255	8
5	食　品	222	8
6	家用电器	213	8
7	家　具	205	7
8	手　机	185	6
9	首饰及工艺品	37	1
10	其　他	313	11

【开展“3·15”国际消费者权益日大型咨询活动】 2014年新《消费者权益保护法》正式实施。3月15日，区消保委在嘉定镇罗宾森购物广场举行“新消法　新权益　新责任——3·15国际消费者权益日”大型咨询活动。工商、食药监、质监等有关行政职能部门及相关27个单位代表、律师志愿者参加。共发放宣传材料3.2万份，现场接待消费者咨询2 872人次，消费者投诉70件，当场处理62件。

新消法　新权益　新责任——嘉定区“3·15”大型咨询活动　（区消保委　供稿）

【开展网购消费体验活动】 针对新《消费者权益保护法》中网络购物七天无理由退货的规定，区消保委选择京东、中粮我买、九九维康、聚美优品、凡客诚品、齐家、新蛋和国美在线等8家知名电商作为消费体验对象，分别购买商品后，要求七天无理由退货。结果各大商家都能遵守七天无理由退货准则。　（徐丽华）

镇·街道·工业区·新区

编辑 吴庆

综　　述

2014年，各镇、街道和嘉定工业区、菊园新区聚焦“一核两翼”（“一核”为嘉定新城主城区，“两翼”分别为安亭地区，南翔、江桥地区）的城乡发展格局，围绕“新城建设出好形象、产业转型全市率先、社会发展市郊领先”三大奋斗目标，落实“产业转型发展、城市品质发展、社会和谐发展、党建科学发展”的发展举措，进一步推进经济结构转型、空间转型、功能转型和效益转型，地区经济、社会发展态势良好。安亭镇坚持“产城融合”发展战略，推进汽车全产业链建设，规模以上汽车零部件产值达到942亿元，在全镇规模以上工业产值中的占比达到83.3%；全区第一家全球性企业总部德尔福派克事业部全球总部落户，天合亚太研发中心、保时捷研发中心、斯凯孚嘉定园开业；规模以上工业产值、财政总收入、镇级地方财政收入等指标保持全区第一。马陆镇落实嘉定新城核心区规划，加强基础设施建设；推进产业高端化、集群化发展，加大嘉定新城产业招商力度，重点培育软件开发、电子商务、教育培训、信息技术等新兴产业，全年引进规模以上文化信息类企业85家，共有文化信息类企业2 740家；在镇域东部，大力发展以葡萄种植为核心的精品农业，实施“马陆葡萄”品牌战略，成功举办第14届上海马陆葡萄节。南翔镇不断完善“三站三片”（轨道交通11号线南翔站、花园站和沪宁城际铁路南翔北站为骨干节点，以银南翔文化商务区、大型居住社区、历史风貌区为核心区域）城市发展新格局，加大产业结构调整和转型升级力度，启动长三角最大微电影基地“青年梦想电影城”建设，国内首个智能硬件产业基地南翔“科技50”智能硬件产业基地揭牌成立。江桥镇大力实施产业结构调整战略，推动现代服务业发展和地区功能转型，重点发展总部经济、文化创意、电子商务、信息服务及金融服务等五大主导产业，加快融入“大虹桥”进程。嘉定工业区加快电子商务产业发展，中广国际、电子商务两个国家级示范基地成为国内规模最大、产业链最完整的国家级广告和电商产业示范基地，互联网金融产业基地成为上海市首批挂牌的5个互联网金融产业基地之一；持续推进重点项目建设，联影医疗、迅达电梯、京东“亚洲一号”等重点项目建成投产。菊园新区依托科研院所集聚和区位优势，做大科技产业，完善现代服务业，夯实集体经济，推动产业转型升级；推进科研院所总部和产业项目建设，加快物联网产业发展，华东计算所中国电科软件与信息服务产业园一期、中科院上海微系统与信息技术研究所二期、中科院上海硅酸盐所中试基地一期部分建设项目投入使用。外冈镇、嘉定工业区北区、徐行镇和华亭镇在发展战略性新兴产业和现代服务业的同时，大力发展特色农业、精品农业、旅游农业，进一步融入全区城市化发展大局；稳步改造农村人居环境和基础设施，启动美丽乡村建设，逐步提升社会事业配套水平，开展农村宅基地置换工作，推动农民向新市镇集中。嘉定镇街道加快现代服务业发展，推动老城改造工作，成功举办上海孔子文化节；完善社区自治，推广“桃园家园自治”模式，试点实施丽景社区营造，组织成立睦邻家园服务中心，大力发展睦邻文化；坚持“商旅文”联动发展战略，加快飞联文化创意产业园、疁城新天地、州桥民清街的开发建设。新成路街道完善“精细化管理”工作机制，健全居民自治制度，提高来沪人员管理水平，举办邻里节系列活动，社区稳定和谐。真新街道推进创意产业集聚区建设，大力发展现代服务业，成功举办曹安购物旅游节。

全区各街镇有规模以上工业企业1 286家，比上年减少12家；实现工业总产值3 200.57亿元，增长5.22%；实现工业销售产值3 190亿元，增长5.56%；完成主营业务收入3 320.66亿元，增长6.63%；实现利润总额253.68亿元，增长10.85%。

新农村建设稳步推进。全年实现农业总产值12.05亿元，全区村级可支配收入总额13.64亿元。全年成立农民专业合作社15个。至年底，共有农民专业合作社322个。投入“村庄改造”工程资金9 029.01万元，3 062户农户受益。成立美丽乡村建设工作领导小组，启动美丽乡村建设。年内，农民人均纯收入23 358元，比上年增长9.82%；农民劳均分配收入33 490元，增长9.52%。（嘉　音）

安亭镇

镇政府地址 墨玉路79号
邮政编码 201805

曹安公路新源路口 （张建华 摄）

【概况】 镇域面积89.07平方公里，其中耕地面积649.7公顷。全镇户籍总人口90 213人，全年出生852人，人口出生率3.76‰，人口自然增长率2.25‰。有村民委员会42个，社区居委会20个，村民小组321个。全年完成增加值310.2亿元，其中第一产业0.15亿元，第二产业213.9亿元，第三产业96.1亿元。规模以上工业企业全年完成总产值1 165亿元，农业总产值6 574万元。引进外资项目47个，合同外资2.01亿美元。镇级地方财政收入21.6亿元。粮豆总产1 854.9吨，蔬菜总产1.6万吨。家禽上市8 646羽，鲜蛋总产43.3吨，水产品总产111吨。有中小学9所，在校学生9 531人；幼儿园7所，在园幼儿3 091人；全镇教职工996人。

【政府实事】 （1）城市化建设。启动安亭镇总体规划修编，推进安亭北部新区、上海国际汽车城零部件园区、方泰老镇等重点区域规划编制和调整。安亭财富广场、三德商务广场试营业。东方肝胆外科医院和国家肝癌科学中心基本建成。嘉实生活广场开业，填补黄渡社区商业空白。上海国际赛车场配套区娱乐风洞建成营业。（2）房地征收工作。启动11个新动迁基地动迁工作，全年动迁农户877户、企业8家，腾空基地8个，完成土地出让7.2公顷。（3）宅基地置换和违法用地整治。推进兰棠佳苑、方宝佳苑等4个动迁安置基地建设，交付动迁房源335套。全年复垦土地21.89公顷，拆除违法建筑6.6万平方米。（4）民生工程。投资4.87亿元，完成黄渡地区二次水改、红梅小区积水改造、2 281户农民别墅天然气改造等30项政府实事工程。调整3条公交线路走向，新增安亭8路，镇域公交线路数量位于全区第一。推进于田路和前炬路拓宽工程，昌吉东路延伸工程建成通车。（5）城乡统筹发展。完成全镇4 111户农户土地确权，实施33公顷高速公路沿线生态林带建设和25万平方米公共绿地改造，完成顾垒村产权制度改革和黄沈村计家桥等3个村民组撤制。申报“中国美丽宜居小镇”，通过全国重点镇复审。（6）社会事业建设。投入教育、卫生、文化、社会保障与救助等民生资金12.2亿元，占全年财政支出的67.5%，比上年增加1.7亿元。引入华师大、英国德威集团、法兰西商学院等优质教育资源，方泰小学迁建竣工并投入使用，联群中学启动翻建，黄渡小学等4所学校完成校安工程改造。10个家庭医生工作室挂牌。组织老年人健康体检1.67万人、大肠癌筛查2 773人、肺炎疫苗接种2 369人。创建上海市市容环境责任区管理达标镇，扩大生活垃圾分类范围，基本实现人均生活垃圾减量5%的标准。完成安亭图书馆改造、上海国际汽车城羽球中心建设等项目，启动黄渡社区文化活动中心广场改造，在全区率先推出公共文化群众自主管理和场馆预约管理模式。启动安亭福利院扩建，推进黄渡敬老院全护理房和方泰敬老院临终特殊关爱房改建。（7）社会保障和促进就业工作。全年新增就业岗位5 060个，转移农村富余劳动力571人，扶持创业组织开业93家，创业带动就业808人，全镇就业率98%，社会保障覆盖率99.5%。新增养老补贴2 484.2万元，惠及1.6万人。下发各类补贴、生活费及医疗报销费1.97亿元，发放各类救助金775.7万元，惠及1.3万人次。受理调解劳资纠纷案件370件，成功调解284件，追讨工资及各类补偿714.6万元。（8）社会管理。成立安亭镇社会管理中心，理顺社会管理机制。制定安亭镇村居社会管理三年行动计划，确立社会治安、公共安全、人口管理等六大考核指标。全面推广点勤式社会服务管理模式，分别在赵巷村和联群村探索农村私房托管和房屋委托代理模式，完成全镇17万间房屋编码、242户群租户和88户“居改非”整治、17个新村（居）民自我管理组织建设。完成25个小区智能门禁系统安装，新增街面图像监控探头350个。全年新办、续签上海市居住证8 040张，减少来沪人员11 855人。启动文明城区创建“六大工作机制”和“两项专门考核”。完善落实分级分责工作制度，全年受理信访1 555批2 134人次。

【产业结构优化】 2014年，安亭镇推进汽车全产业链建设，“千百十亿”工程（嘉定区在未来5年内，通过政策引导、服务聚焦，重点打造汽车和战略性新兴产业两个产值超千亿元的产业集群，培育5家左右年产值超百亿元规模的企业和一大批年产值超10亿元的骨干企业）成效明显，全年产值超亿元企业有127家；规模以上汽车零部件产值942亿元，占全镇规模以上工业产值的83.3%。全区第一家全球性企业总部——德尔福派克事业部落户，天合汽车亚太研发中心、保时捷研发中心、斯凯孚嘉定园区开业，镇域内企业技术研发中心达81家。上海国际汽车城研发科技港竣工，同济科技园部分建设项目结构封顶。55个项目入驻上海汽车金融港，其中28个股权投资项目注册总资本超过13亿元。全年出口基地保税仓库进出口货值5 588万美元，小拇指汽车维修、康众汽配连锁等汽车后市场连锁服务企业总部落户。上海电动汽车试乘试驾中心引进23个品牌30种车型，累计接待参观和试乘试驾者15.2万人次，在全区建成交直流充电桩836个，在全市建成公共服务充电站54个。启动新能源汽车租赁共享计划，建成8个个人分时共享商业网点。启动安亭健康医疗产业园建设，投资4亿元的上海细胞治疗工程技术研究中心落户。向阳村高水平粮田项目建成启用，完成农产品质量安全示范镇创建。4家企业登陆“新三板”，7家企业在上海股权交易中心挂牌。全年淘汰劣势企业12家，盘活土地10.4公顷，节约标煤591吨。

【天合汽车亚太研发中心建成启用】 6月6日，作为天合汽车亚太研发中心的天合汽车研发（上海）有限公司开业，公司位于泰波路366号，建筑面积6.6万平方米。新研发中心可容纳1 200名科研人员、工程师及技师，是天合汽车集团全球最先进、最大的技术中心，可为国内各主机厂和协作单位提供研究、设计、试验、试制及模拟分析等工程开发服务。

【斯凯孚嘉定园区投入使用】 6月9日，斯凯孚嘉定园区投入使用。园区位于上海国际汽车城汽车零部件配套工业园区内，总投资7亿元，占地面积4.5万平方米。园区包括斯凯孚全球技术中心、乘用车轮毂轴承生产工厂、解决方案工厂和斯凯孚学院4个部分，集聚斯凯孚产品研发、生产、测试及培训等资源，可实现产业链资源的充分整合，提高产品附加值。

【第七届全国生物治疗大会在安亭召开】 10月25日，由中国医药生物技术协会主办，中国医药生物技术协会医药生物技术临床应用专业委员会、东方肝胆外科医院、上海细胞治疗研究院、上海细胞治疗工程技术研究中心承办的第七届全国生物治疗大会在安亭镇召开。来自美国、欧洲的专家和国内从事生物治疗的临床医生、研究人员等400余人参加会议，探讨生物治疗临床应用领域中癌症免疫治疗、复杂疾病干细胞治疗、自身免疫性疾病Treg细胞治疗等方面的最新临床进展和存在问题，为临床医生和研究人员提供交流平台。

【安亭镇成功创建诚信计量示范社区】 4月3日，安亭镇创建诚信计量示范社区通过上海市质监局考评组验收，成为嘉定区首个诚信计量示范社区。考评中，专家组通过听取汇报、咨询交流、现场检查和查阅资料等方式对创建工作进行全面考核，抽查11个参建单位，其中10家优秀、1家良好，创建组织者单位考评得分为满分。创建活动历时两年，涵盖集贸市场、加油站、餐饮企业、超市卖场、医院等领域，有参建单位56个，示范社区范围东至墨玉路，西至新源路，南至南安路，北至民丰路。通过创建，形成“经营者自我承诺为主、政府部门推动为辅、社会各界监督”的三位一体诚信计量运行机制，开创“条块结合、齐抓共管”的计量监管新模式。

【10个家庭医生标准化工作室挂牌】 4月3日，安亭镇10个家庭医生标准化工作室挂牌。家庭医生工作室的服务内容包括建立健康档案，进行健康状况评估，制订个性化健康规划，提供健康教育和健康促进服务，为0～6岁儿童、孕产妇、65岁以上老年人等提供健康管理服务，对高血压、Ⅱ型糖尿病等慢性病患者提供定期随访等。安亭镇自2011年试点推行家庭医生制服务以来，以家庭医生为核心，整合基本医疗与公共卫生服务功能，探索建立健康管理新模式，通过引导签约居民首选家庭医生，实现有序的双向转诊，为社区居民提供优质、便捷、规范、安全的基本公共卫生服务。至3月，全镇签约家庭医生服务居民7万余人，占辖区常住居民的35%，其中老年人占全部签约人数的80%。

【全国定向公开赛上海分站赛在安亭举行】 6月28日，2014年全国定向公开赛“安亭杯”上海分站赛在安亭镇拉开帷幕。赛事持续2天，设短距离赛、中距离赛和百米定向赛3个项目，来自全国大中专院校和中国港台地区选手及爱好者组成的60支代表队近600人参与角逐。其中，黄渡中学代表队是嘉定区内唯一参赛队伍。

【承办“长三角优秀曲艺作品展演”】 2月26日，由中国曲艺家协会和嘉定区政府主办、区文广局和安亭镇承办的“曲苑芬芳”长三角地区优秀曲艺作品展演在区文化馆举行。中国曲艺家协会主席姜昆，江浙沪地区曲艺表演艺术家王汝刚、翁仁康、李九松、黄震良等参加展演，整台演出包含浦东锣鼓书、上海评话、上海说唱、情景故事、弹词开篇、快板书、绍兴莲花落、独角戏等具有地方特色的节目。　（谢作灿）

马 陆 镇

镇政府地址 沪宜公路2228号
邮 政 编 码 201801

"镇管社区"模式调研成果汇报会 （马陆镇 供稿）

【概况】 镇域面积62.52平方公里，其中耕地面积640公顷。全镇户籍总人口55 894人，全年出生531人，人口出生率3.32‰。有村民委员会12个（分设269个村民小组）、社区居委会13个，社区居委会筹建组12个。完成陆家村村民委员会及陆家村、石冈村、众芳村、马陆村的21个村民小组的村、组撤制工作。全年实现增加值163.78亿元。其中第一产业0.34亿元，第二产业113.07亿元，第三产业50.36亿元。规模以上工业总产值422.91亿元，农业总产值8 778.6万元。引进合同外资项目43个，合同外资1.9亿美元。镇级地方财政收入18.72亿元。粮豆总产3 070吨，蔬菜总产1 976.6吨，水果总产7 038吨。家禽上市0.85万羽，鲜蛋总产111.6吨，水产品总产101吨。有中小学7所，在校学生6 659人；幼儿园7所，在园幼儿4 403人；教职工826人。

【政府实事】 （1）基础设施建设。投资2 211万元，完成康年路、崇文西路、立新路、高台路等道路新（改）建工程，完成裕民南路、宝塔路沿线8个港湾式车站改建工程；投资545万元，完成大裕村王家桥等4座桥梁翻建工程，启动陈村樊家桥等5座桥梁改建工程；投资601万元，完成宝安公路沿线工业区雨水排水工程和思诚路、思义路道路隔离设施新建工程。（2）公共设施建设。投资4 412万元，完成育兰、天马小区、戬浜小区综合改造工程，完成澄浏中路、横仓路、彭封路下立交等处积水点改造工程，完成以仁幼儿园、智慧幼儿园等校舍改建和维修工程；投资5 500万元，完成嘉定新城核心区22条道路、20个大型景观绿化补种和绿化养护工作；投资406万元，完成李家村、陈村村、彭赵村、大裕村、马陆村等村18条黑臭河道整治工程，疏浚3 538米。（3）房地征收。全年完成17家企业动迁签约，占地11.53公顷，建筑面积7万平方米；拆除企业22家，拆除建筑24.5万平方米，腾空土地43.07公顷；完成农户签约358户，签约率93%，移交拆除330户，拆除建筑面积10万平方米。（4）社会事业建设。镇级群文团队至基层巡演81场，吸引观众2万人次；举办团队活动756场次，21 340人次参与。（5）促进就业和社会保障工作。新增就业岗位3 790个，转移农村富余劳动力1 674人次，失业率保持在4%以内。全年农村合作医疗参保 2 010人，其中"镇保"参保1 084人。发放征地养老生活费1.33亿元，报销医疗费1 280.98万元。实施救助6 233人次，发放救助金875万元。

【产业结构调整】 2014年，马陆镇创新招商模式，通过平台招商、产业链招商推动产业集群集聚。全年引进规模以上文化信息产业85家，全镇有文化信息企业2 740家，实现税收6.5亿元。11家企业在"新三板"或股交中心挂牌。上市企业总部集聚商务区态势良好，绿地集团、国北科技项目落地。打造上海国际健康产业园，园区建设于10月开工，一期由上海嘉宝灯头厂旧厂房改建，引进行业相关企业52家。调整劣势企业43家，其中关闭16家，迁出27家，腾出厂房9万平方米，节约标煤7 300吨。围绕104区块提升、195区块转型、198区块减量的规划要求，摸清各块区内企业底数。加大节能减排力度，规模以上工业企业能耗比上年下降2.6%。

【上海马陆葡萄节举办】 7月5日，2014年长三角葡萄早熟品种展示研讨会暨上海马陆葡萄节开幕式在马陆葡萄主题公园欢乐广场举行。研讨会上，来自江浙沪的16个单位推介葡萄早熟品种70种，向种植户推广优质早熟葡萄品种、新技术和先进管理理念。葡萄节持续至10月7日，以"品马陆葡萄，游美丽乡村"为主题，分为"邂逅七月""甜蜜八月""品位九月"三大板块举办系列活动，开展包括"相约葡萄架下"——七夕相亲派对、葡萄酒文化讲座、葡萄夜公园、中秋晚熟品种品尝会等活动。

【上海市嘉定区马陆葡萄协会成立】 7月17日，上海市嘉定区马陆葡萄协会成立暨第一次会员大会在马陆葡萄主题公园游客中心召开，全镇72个果园的78名个人会员和一个单位会员参加。会上，选举产生第一届协会理事会成员9人。马陆葡萄协会立足于马陆葡萄产业资源优势，打造马陆葡萄品牌，推广葡萄产业文化；建立产、学、研、商交流合作机构，搭建生产、质量、流通、销售的服务平台；开展与国内同行业交流活动，建立葡萄产销交流平台。年内，马陆镇注册成立上海马陆葡萄销售有限公司及新备案域名；4月，获国家工商总局商标局“马陆葡萄”地理标注证明商标。

【推进“镇管社区”模式】 2014年，马陆镇在嘉定新城核心区实行“镇管社区”模式基础上，探索社会治理创新和社区治理体系建设。统筹整合区域内4个行政村、6个居委会，形成马陆、陆家、石冈、众芳、希望和白银6个社区，社区建有社区总支委员会和社区工作委员会组织架构，设立党建、居务、综治三大办公室，配足管理人员，全面处理辖区内各类管理、服务事务。3月，组织开展“优化‘镇管社区’模式调研”课题，通过走访、考察、座谈等方式，围绕“镇管社区”管理主体关系、公共服务体系建设等六大问题，梳理形成“1篇总报告+6个子课题+7份实施细则+2则工作案例”的调研材料。10月9日，召开“镇管社区”调研成果汇报会，邀请市、区社会管理和建设领域领导专家参与研讨。

【马陆镇第一届市民运动会举办】 5月18日，马陆镇第一届市民运动会开幕式在育才中学操场举行。开幕式上，举行广播操、扁担操、健美操、儿童舞和团体操表演。运动会以“宜居新城、幸福马陆”为主题，历时6个月，万余人次参加28个单项、8个团体项目比赛，3万余人次参与运动会。其间，结合“阿拉健身秀”嘉定区百姓健身团队展示活动，开展基层健身团队海选，在全镇设立19个海选报名点，组织10场海选，37支团队参加。11月18日，运动会闭幕式暨2014年马陆镇全民健身节展示活动举行，为获奖团队进行颁奖，镇内健身团队进行自我展示。

【马陆镇福利院启用】 5月16日，马陆镇阳光家园和残疾人养护机构开园暨葡萄扶贫基地揭牌仪式在马陆镇福利院举行，马陆镇集养老、助残、医疗“三位一体”功能的养老事业启动。入住福利院残疾人养护机构的残疾人有7人，设阅览室、康复活动室，每天由护理员指导入住残疾人进行康复锻炼，参加由阳光家园组织的学习活动。 （季永其）

南翔镇

镇政府地址 沪宜公路8号

邮政编码 201802

轨道交通11号线南翔站 （张建华 摄）

【概况】 镇域面积33.31平方公里，其中耕地面积105.9公顷。全镇户籍总人口55 381人，全年出生549人，人口出生率4.44‰。有村民委员会8个（分设137个村民小组）、社区居委会16个。全年完成增加值90.5亿元。其中第一产业640万元，第二产业52.27亿元，第三产业38.17亿元。规模以上工业企业全年完成总产值180.41亿元，农业总产值1 569万元。全年引进外资项目43个，合同外资4.1亿美元。新增注册企业5 501家，新增注册资本279.59亿元。镇级地方财政收入19.03亿元。粮豆总产587吨，蔬菜总产5 205.8吨。有中小学8所（含2所纳入民办小学），在校学生7 646人；有幼儿园6所（含1所民办幼儿园），在园幼儿2 730人；教职工943人（含成校、劳技中心教职工）。

【政府实事】 （1）基础设施建设。实施红翔圩区、佳通支路积水点、新丰路新勤路沪嘉快速路隧道积水点及德华二村、南华小区、古猗庄园、和平街110弄至50弄、东海别墅小区等5个老小区积水点改造工程。完成德园路366弄、云华小区（三幢房屋）、古猗园路

235号和255号、德华路226弄、猗园新村、和平小区等10个旧小区公共设施改造，惠及1 892户居民。完成南翔福利院和永乐养老院的改扩建工程，新增养老床位150张。优化公交站点设置，南翔2路、5路公交完成线路调整，编制完成《南翔镇交通规划》初稿。基本建成东社区2个公共停车场。东社区邻里中心开始桩基施工，东社区事务受理中心、东社区文化活动中心开展设计方案调整和上报审批工作，开展新镇区事务受理服务中心施工招投标工作。北社区菜场竣工。实施火车站路改建工程。完成东社区的云安南路、棉翔路工程建设及北社区德园北路道板铺设，嘉程路启用。嘉绣东路西延伸接嘉绣路段工程竣工通车。惠平路北段及蕰藻浜大桥竣工通车。(2)教育事业。绿地幼儿园完成前期手续办理，启动桩基施工。浩翔路幼儿园、留云学校高中部、陈翔路小学完成初步设计审批，于年底开工建设。留云幼儿园教学楼进入内部装修和外配套工程建设阶段。(3)公共服务。启动公共自行车租赁建设试点，首期试点投入自行车120辆，设有轨道交通11号线南翔站、古猗园和南翔老街三个点。全面实施家庭医生制，签约居民19 630户，实现城乡全覆盖。(4)社会事业。全面推行垃圾分类减量化，开展绿色行动积分制活动，完成11个小区3 800多户居民的垃圾分类桶前督导和入户宣传工作，开展全区首个小区生活垃圾就地消纳试点。对农村户籍灵活就业人员实施参保补贴，全年支付参保补贴21.56万元。(5)社会治理。实施公共安全培训项目，组织全镇16个居委、70个居民小区、3个商务大楼(经济城)、3个人员密集的大型商场相关人员开展公共安全培训和宣传。

【国内首个智能硬件产业基地在南翔成立】 10月23日，国内首个智能硬件产业基地南翔“科技50”智能硬件产业基地揭牌成立，来自政府机关、科研院所、投资界和产业界等层面的近200名代表出席揭牌仪式。仪式上，6名企业家被授牌成为“科技50”智能硬件孵化器创业导师，举办第四届“科技50”创业大赛首场路演，为智能眼镜产业基地、复旦大学智慧城市研究中心智能可穿戴实验室、“科技50”创业大赛组委会、物联网与云计算杂志社等4个单位揭牌。该基地是南翔智地企业总部园区在智能硬件孵化器和加速器基础上打造的智能硬件产业孵化平台，设有智能硬件体验馆，汇聚国内十余家智能硬件生产企业的产品，展示包括智能眼镜、手表、手环和意志力头箍等各种智能产品。

【“青年梦想电影城”落户南翔智地】 6月9日，长三角最大微电影基地——“青年梦想电影城”在越界•南翔智地产业园(沪宜公路1101号)启动建设。电影城是由玖创嘉世(上海)电影有限公司与南翔智地企业总部园合股创办的电影产业孵化与服务型企业，建立在九分钟电影锦标赛机制上，是实体化青年电影人才的培训创业基地。电影城核心配置包括九分钟电影培训基地、电影制作孵化车间、青年电影工作汇、艺术休闲中心，涵盖电影培训、开放式创意单元、录音棚、摄影棚、器材租赁、美术置景、发行放映等环节，涉及微电影制作全产业链。

【社区居民“五众”自治协会成立】 9月26日，南翔镇社区居民“五众”自治协会揭牌成立。南翔镇于2013年提出“众人走出来，众人说出来，众人议起来，众人动起来，众人聚起来”的“五众自治法”。2014年，全镇16个社区分别成立自治理事会，下设专业委员会76个，有成员16 131人。协会成立后，为各理事会搭建相互学习、相互沟通的平台，引导自治理事会配合政府、社区居委会开展工作，加强社区建设。

【上海南翔小笼文化展举办】 9月28日-10月28日，2014上海南翔小笼文化展举办。活动延续“小笼，让生活更滋味” 主题，设置 “品味南翔”“记忆南翔”“雅韵南翔”三大篇章，其间举办千桌万人小笼盛会、南翔小笼美食节、小笼DIY体验活动、“文化记忆•南翔”摄影比赛、南翔老街“寻龙记”旅游文化体验、上海古猗园竹文化节、第八届南翔戏曲庙会暨中国非遗文化展示、上海云翔寺十周年庆等活动。活动让更多市民在“吃、喝、玩、乐”中走进古镇，领略南翔文化底蕴。

【“南翔小笼馒头制作技艺”入选国家非遗】 12月3日，“南翔小笼馒头制作技艺”成功入选第四批国家级非物质文化遗产代表性项目名录。以“皮薄、馅大、汁多、形美”著称于世的南翔小笼，是上海市首批非物质文化遗产。其制作技艺从1871年诞生至今有143年历史。近年来，南翔镇注重对南翔小笼品牌的保护与发掘：2007年起，每年举办小笼文化展；2009年，集结出版《南翔小笼》一书；2012年，南翔镇成立以南翔小笼第六代传人李建钢命名的工作室，次年在上海市大众工业学校开设学习班，首届招收学生50人；2013年，创编舞蹈《小笼师傅》、音乐剧小品《爱情小笼包》获第十届中国艺术节“群星奖”。

【云翔寺举办重建十周年庆典】 10月25日，上海云翔寺举办重建十周年庆典活动，在大殿广场举行“云翔十方慈善帮困基金”捐赠仪式，受助病人接受20万元捐赠善款。云翔寺自2004年重建起，成立 “云翔十方医疗帮困基金”，设立“和谐人瑞奖”，组织“国学夏令营”，开展医疗帮困、扶贫助学、绿色环保、社区共建等慈善公益活动，累计捐献善款340余万元，成为上海市宗教慈善事业品牌项目。

【启动鹤槎山保护修缮工程】 6月，南翔镇启动鹤槎山保护修缮与环境整治工程，修缮内容包括香雪庵、民国碉堡、古银杏树三部分。香雪庵建于清代，初建时占地0.13公顷，有大小建筑18间，此次按原貌修复，根据“鹤蛇共存”的传说进行景观小品设计。统筹考虑周边环境，对民国碉堡和有300余年历史的古银杏树进行修复和保护，设计木栈道和绿化节点，通过绿化和建筑小品串联古银杏树、碉堡及香雪庵，形成具有整体风格的建筑群落。鹤槎山位于沪宜公路1268号处，相传宋朝抗金名将韩世忠在此驻军筑烽火墩，是区文物保护单位。

【推行粮食生产家庭农场】 2014年秋起，南翔镇开始推行粮食生产家庭农场。凡具备相应生产经营能力和农业生产经验，常年务农人员在1人以上的当地户籍家庭，可依据程序向所在村委会申请经营100亩～150亩土地种植粮食。粮食生产家庭农场土地租赁费标准为每亩700元。为鼓励务农人员经营家庭农场，区、镇、村对家庭农场经营情况进行考核，最高给予每亩100元的考核性奖励，对就业年龄段家庭农场经营者（无缴纳社会保险者）提供每人每月700元社保缴费补贴。

【南翔志愿者联盟成立】 12月5日，南翔志愿者联盟成立。南翔志愿者联盟整合民间志愿者团队，吸纳热心公益的志愿者加入，采用“1+30+N”的管理模式，设1名主席、30名管理人员和若干名志愿者，通过“南翔志愿者联盟”微信公众号倡导人人做公益。 （张 晔）

江 桥 镇

镇政府地址 金沙江西路555号
邮 政 编 码 201803

鸟瞰北虹桥 （江桥镇 供稿）

【**概况**】 镇域面积42.32平方公里，其中耕地面积435.7公顷。全镇户籍总人口73 631人，全年出生676人，人口出生率3.33‰。有村民委员会16个，社区居委会33个，村民小组139个，社区居委会筹备组4个，中心村管委会1个。全年完成增加值66.34亿元，其中第一产业0.14亿元，第二产业44.71亿元，第三产业21.49亿元 。规模以上工业企业全年完成总产值162.88亿元，农业总产值3 767万元。全年引进外资项目15个，合同外资8 240万美元。镇级地方财政收入6.65亿元。蔬菜总产15 399吨。有中小学8所，在校学生8 044人；幼儿园5所，在园幼儿2 564人；教职工846人。

【**政府实事**】 （1）基础设施建设。华江路主车道、爱特路、嘉闵高架江桥段金沙江西路匝道完工并通车；改造、维修农村危桥14座，开展西片圩区建设及新建、改造水闸工作，完成重点小区积水点改造和小区车库驼峰工程。（2）环境设施建设。整治河道19条（段），新增绿化4.45万平方米；改善老旧小区环境，完成16万平方米“平改坡”工程和10.54公里市政管网搬迁、改造工程。（3）社会事业建设。完善养老、助残服务体系，新增10个老年助餐点，建成25个社区阳光睦邻点，创建5个“五星级”残疾人之家；启动星火二期幼儿园、嘉涛路小学的前期准备工作，华江幼儿园开工建设。（4）房地征收工作。征收农户443户、企业81家，腾空基地9个，依法强制征收1户。（5）就业工作。全年新增就业岗位3 254个，城镇登记失业人数控制在1 018人，转移农村富余劳动力972人；扶持自主创业型组织66家，创业带动就业550人；完成职业技能培训3 768人，通过考核鉴定3 399人。（6）社会保障工作。上海市户籍人员各类社会保障覆盖率99.8%，外来从业人员“城保”参保覆盖31 268人。推进医疗服务综合改革，632 596人次享受药品零差率政策。（7）救助工作。全年累计发放社会救助金2 281万元；988人次接受医疗救助，救助金额324万元；受理共有产权保障房（经济适用房）133户，实施廉租房补助100户。（8）违法建筑治理。全镇拆除违法建筑18.08万平方米，其中拆除影响消防安全的违法建筑9万余平方米。推进100项重点消防安全隐患点整治工作，消除火灾隐患（违法行为）941个，关停、搬离企业282家，全镇火警报警数比上年减少20%以上，未发生人员死亡安全生产、火灾和特种设备事故。

【**少数民族服务管理**】 9月10日，江桥镇被国家民族事务委员会命名为第二批“全国民族团结进步创建活动示范单位”（全国有98个单位，其中上海市有3个镇获此称号）。同月，江桥镇被评为“全国民族团结进步模范集体”。11月24日，市委常委、统战部部长沙海林一行到江桥镇调研嘉定区来沪少数民族服务管理工作。年内，江桥镇有少数民族39个3 416人，其中户籍少数民族557人、来沪少数民族2 859人。近年来，江桥镇加强民族工作建设，从身份认同、文化认同、地域认同三方面入手，开展以“在服务中实现融入、在融入中实现发展”为核心的“一条心发展”“一站式服务”“一家人互助”“藏汉一家亲”活动。先后建立镇民族工作领导小组，成立镇少数民族联络组、镇少数民族联分会，建立镇、片、村（居委）3级民族工作网络，发挥少数民族社团“桥梁、纽带、助手”作用。培养少数民族干部，引进12名少数民族教师，推荐3人为区、镇党代表和人大代表。引导少数民族家庭参与文明建设，有少数民族“五好家庭”“精神文明户”“新风户”家庭82户，占少数民族家庭的60%以上。

【江桥老街生活大院开街】 9月27日，江桥老街生活大院开街，为期9天的民俗文化节活动和首届“江桥老街婆媳一家亲”活动启动，包括人物剪影画、糖画、捏面人等15组不同形态的民俗手工艺人进行表演，近千名游客参与活动。老街生活大院融合传统砖墙黑瓦和现代建筑元素，总建筑面积6万平方米，整体商业中心由10幢独栋建筑组成，分布在虞姬墩路及江佳路两侧。老街项目是江桥镇旧镇区改造内容之一，历时4年开发改造，整合申窑、新泽源画家村、沈家祠堂等地域文化和民俗文化资源。近年来，江桥镇以发展商业广场和商业街区为重点，完善居民区配套设施建设，形成现代服务业体系，带动江桥产业能级与经济效益提升。

【举办江桥镇首届文化艺术博览会】 1月20日，文化江桥——江桥镇首届文化艺术博览会在华江支路566号上海书画院开幕，博览会为期一个月。6块展板分别介绍“五头”（纸头、木头、石头、布头和瓶头）的相关展品。展厅内集中展示数百件书画、玉雕、木雕、申窑艺术展品，模特身着创意服饰走秀，以动静结合的方式，展现江桥“五头”并举特色文化。活动期间，通过结合集中展示、分别布点展示等方式，提高市民参与度，让艺术走进生活，提升生活品位。

【上海炎黄书画院揭牌】 9月26日，“云淡峰起”——上海炎黄书画院首届作品展暨“上海炎黄书画院”揭牌仪式在上海书画艺术馆举行。上海炎黄文化研究会会长周慕尧、区委书记马春雷为炎黄书画院揭牌，书法家高式熊宣布开幕。作品展持续到10月3日，共展出国画、书法、油画作品近70幅。

【推行“一口受理”服务模式】 1月28日，江桥镇社区事务受理服务中心实行“一口受理”服务模式。实施社区事务受理服务中心标准化建设，开设8个综合窗口、5个专业窗口和2个机动窗口，将涉及劳动保障、社会救助、人口、计生等193项事项全部纳入“一口受理”网络，实现“一门进入、一口受理、前台受理、后台办理”服务模式。11月6日，举行社区事务受理中心智能机器人云服务系统启用暨信息发布会，全国首个社区智能机器人云服务系统上线。

排舞展示活动　　（江桥镇　供稿）

【“江桥微家园智慧社区生活服务中心”建成】 9月18日，在嘉豪社区建成全市首个“微家园智慧社区生活服务中心”。“微家园” 由社会组织和企业与政府签订协议，通过公益服务和市场化服务相结合的方式，利用网络信息技术，整合政府、市场、社会资源，为社区居民提供涉及衣食住行等的公共服务，通过市场方式让居民自行选择所需服务功能。“微家园”辐射周边8个社区19个小区的1.5万户居民，居民在家门口就可办理有关事项。服务项目包括：从网上购买直供蔬菜、超市物品；查询周边商户、交通信息；办理各类缴费业务；享受储蓄、理财、发工资、投保、赔付等社区金融服务；了解法律咨询、车辆相关业务、家政信息等。

【“白领餐厅”服务园区白领】 9月18日，由江桥镇引进上海新迎园集团餐饮管理公司合作经营的江桥西郊商务区白领餐厅项目试营业。10月中旬，餐厅正式投入使用。餐厅位于沙河路339号，改造面积1 879平方米，改建后一楼餐厅提供自助中餐、面点、西点，二楼咖啡厅以商务、休闲餐为主，用餐人数由100人增至300人。餐厅对镇内孤老提供敬老助餐服务，二楼设立园区党建服务站和白领驿站。10月17日，位于餐厅二楼的“江桥白领微家园”开园，整合园区内共享资源，搭建“乐享学习”“乐享服务”“乐享生活”“乐享交流”“乐享工作”五大平台，服务园区白领。

【江桥公交4路开通】 12月10日，江桥公交4路开通。江桥公交4路连接封浜集镇和太平村，设10组站点，途经火线村、红光村、封浜敬老院等地，缓解太平村及沿途居民、企业员工往来封浜集镇的公交出行问题，填补江桥镇西北部公交空白。　　（王　芳）

徐行镇

镇政府地址 新建一路1588号
邮政编码 201808

“客堂汇”活动 （徐行镇 供稿）

【概况】 镇域面积39.95平方公里，其中耕地面积1 327.6公顷。全镇户籍总人口31 100人，全年出生160人，人口出生率1.76‰。完成2个村民小组（曹王村俞场，红星村一组）撤制工作。至年底，有村民委员会10个（分设197个村民小组）、社区居民委员会2个。全年完成增加值39.98亿元，其中第一产业0.82亿元，第二产业30.68亿元，第三产业8.48亿元。规模以上工业企业全年完成总产值134.42亿元，农业总产值2.46亿元。镇级地方财政收入3.81亿元。完成合同外资709万美元，到位828万美元。新增注册企业836家，注册资金18.7亿元。粮豆总产1.04万吨，蔬菜总产2.45万吨，油菜籽总产42.4吨。生猪出栏3.59万头，家禽上市0.6万羽，鲜蛋总产110.3吨，水产品总产282吨。有中小学5所，在校学生3 794人；幼儿园 5所，在园幼儿1 818人；教职工481人。

【政府实事】 （1）新市镇建设。完成320户农户的置换签约，“绿洲香润园”20余万平方米安置基地工程竣工，佳兆业城市广场项目部分楼盘开盘。推进入城口改造工作。加快9个地块土地储备工作，涉及土地面积31.6公顷。上报立项土地复垦面积26.85公顷，其中“198”区块建设用地减量面积10公顷。完成5家企业、110户农户的房屋土地征收工作。（2）公共设施建设。徐行小学“校安工程”全面竣工并交付使用，完成育红小学等4所学校的校舍维修工程，新徐幼儿园改扩建项目的主体结构封顶。完成徐行公交枢纽项目建设。小庙村、安新村等4个村级公共服务设施用房项目建成。新市镇核心区内嘉盛公路延伸段、启源路等6条道路动工，完成勤学路东段道路维修，翻建施家河桥、北李桥，对全镇道路标识、交通设施及雨污水管道等进行检修和维护。（3）生态环境建设。推进新农村建设，完成小庙村、钱桥村4个村民组村宅环境改造。敷设二级污水管网3.3公里，完成曹王路158弄等3个居民小区和35家企业的污水纳管工程，实施新泾等8 000余米主要河道清淤整治工作。对全镇80余家环保劣势企业进行专项整治。启动启秀路东侧公共绿地和唐家浜创建生态河道相关工作。新增绿化面积8.9万平方米。推进农村生活垃圾分类减量工作，全年实现垃圾减量4 000余吨，减量率13.9%。以创建全国文明城区为契机，开展环境卫生综合整治，累计清除卫生死角2 900处、黑广告8 400处、蚊蝇滋生点1 500余处、垃圾渣土千余吨，新建和改建公厕18座、垃圾箱房5座。（4）社会保障和就业工作。全年新增就业岗位2 223个，转移农村富余劳动力1 068人次，扶持创业组织60个，完成职业技能培训1 536人，城镇失业登记人数持续控制在区下达的指标内。“农保”退休养老金每人每月增加100元、征地养老金每人每月增加210元，“新农合”参保6 605人。稳步推进“万人就业项目”，完成协管员转制工作。（5）民生工作。开展“蓝天下的至爱”慈善募捐活动，募集善款230.63万元。全年累计向4 700人次发放救助款516万余元。实施“老伙伴”计划、“银发无忧”等为老服务项目，新建1个村级托老所和2个老年活动室。（6）公共服务建设。实现社区事务受理“一门办理，一口受理”的管理体制。扩大“家庭医生制”服务覆盖面，为1.5万名群众免费体检。开展健康示范场所和无烟场所创建，新增19个居民健康自我管理小组。举办镇第三届运动会、市民文化节等活动，新建1条健身步道和5个村民健身苑点，设立“嘉定艺坛四友”工作室。（7）社会管理建设。启动实施社会管理三年行动计划，整治历史违法用地9块，面积2.87公顷；拆除违法建筑5.8万平方米；整治无证无照经营436户；取缔地下食品加工窝点17家、非法行医24家、无证网吧23家、废品回收点141处、乱设摊95处、茶水炉79个。成立联勤和城市网格化综合管理中心，落实大小联勤巡防处置等工作机制。2个小区进行监控设施改造，在1个小区安装出入口智能门禁系统，全镇规模以上企业平安创建覆盖率90%以上，万人发案率处于全区低位。全年受理来信来访400起，化解信访积案11起，调处民间纠纷200余起，确保社会面稳定可控。开展安全生产检查和专项整治行动680次，23家企业完成生产安全标准化达标创建。

【产业转型升级】 2014年，加大产业结构调整力度，淘汰劣势企业25家，腾出土地11.93公顷，减少标煤能耗4 500吨。推进节能降耗，完成锅炉（窑炉）清洁能源替代19台，全镇规模以上工业企业能耗总量为10万吨标煤，万元产值能耗为0.075吨标煤，分别比上年下降5%和3%。鼓励优质企业创新升级，全年有40家企业申报市、区各类科技创新项目，其中上海原子科兴药业有限公司、上海磐宇科技有限公司被评为上海市"小巨人"培育企业，上海泰锋精密刀具股份有限公司等4家企业通过上海市高新技术企业认定，上海非力空间设计有限公司等5家企业在股权托管交易中心成功挂牌。全年创建区、镇两级和谐企业、和谐模范企业和示范工业园区50家，在地实业型企业工资集体协商签约435家。

【开米公司环保浓缩型液体洗涤剂项目开工】 6月18日，开米股份有限公司"年产15万吨环保浓缩型液体洗涤剂工程"在徐行工业园区奠基开工。项目位于徐行工业园徐潘路2288号，总投资8亿元，占地12.13公顷，包括国家级行业研发中心、7万余平方米厂房、1万余平方米研发设施。项目建成后，可年生产包括洗衣液、餐蔬清洗、个人护理等各类环保浓缩型液体洗涤剂 15万吨。

【同济大学两岸文创研发中心徐行分中心成立】 10月24日，同济大学两岸文创研发中心徐行分中心在盛创科技园区内揭牌成立，同济大学两岸文创研发中心与徐行镇政府签订共同建立"徐行文创产业园区"合作意向书。两岸文创产业研发中心由同济大学人文学院与中国台湾"中华文化推展协会"共同创办，联合两岸基金平台、企业及30余所高校文创孵化基地共同成立。近年来，徐行镇加强人才引进工作力度，成立"上海盛创科技园人才服务咨询中心""上海徐行—成丰资本"人才创新创业融资服务中心，满足企业人才需求，促进产业结构转型发展。

【"客堂汇"品牌建设】 2014年，徐行镇深化"客堂汇"品牌建设，发挥其在创新社会治理、促进社会和谐方面的独特作用。3月，成立徐行镇"客堂汇"联谊总会，选举产生会长1人、分会长6人，分别联系2～3个村（居委）"客堂汇"活动，建立"客堂汇"联络员制度。4月，创建徐行"客堂汇"微博、微信，至11月，有"粉丝"160余人，发布微信50条，阅读6 000余人次。7–9月，客堂汇联谊分会结合各自"客堂汇"活动，分别举行揭牌仪式。至11月，各"客堂汇"共开展活动200余次，参加5万余人次。年内，区级以上报刊刊登"客堂汇"相关报道4篇，区级以上领导参观调研9次。

【试点产权制度改革】 11月4日，劳动村召开农村集体经济组织产权制度改革成员代表大会，成立上海徐行劳动社区经济合作社。会上，76名村民代表表决通过村级集体经济组织产权制度改革方案、工作小组名单及合作社章程、选举办法，听取合作社成立筹备报告、农龄报告、清产核资情况报告，选举产生合作社的理事会、监事会成员。劳动村社区经济合作社有成员887户4 489人，经营性资产总额3 742.74万元，其中村集体经济组织占股本总额的20%，合作社成员占股本总额的80%。合作社按程序年终进行收益分配，社员拥有财产收益分配权，共享发展红利。

【徐行镇第三届运动会举办】 5月8日，"爱普杯"徐行镇第三届运动会开幕式在徐行中学操场举行，来自镇机关、企事业单位、村（居委）的34支代表队2 000余名运动员参加入场式和大型团体操表演。比赛以"绿色徐行、快乐体育、健康生活"为主题，分村居、企事业两个组别，设篮球、足球、羽毛球、跳踢、拔河、广播操等10个大项、48个小项，5 000人次参赛，是徐行镇历届规模最大、群众参与范围最广的运动会。其中，"缘菊杯"足球比赛、"绿洲杯"跳踢比赛成为徐行镇特色运动品牌。11月20日，徐行镇第三届运动会闭幕式暨全民健身节展示活动在市民广场举行，镇内健身团队进行武术、健身操、广场舞表演。

【徐行草编新品参加中国非物质文化遗产博览会】 10月10–13日，徐行草编新品参加在济南市举行的第三届中国非物质文化遗产博览会。徐行草编艺人制作6件新作品参加展览。展会期间，草编艺人现场展示草编技艺，为参观者介绍黄草编织的制作流程。博览会上，徐行草编获"优秀创意衍生品、非遗保护创新成果展示奖"，此次参会是徐行草编第三次代表上海市参加中国非物质文化遗产博览会。 （李 益）

徐行草编新品参加中国非物质文化遗产博览会 （徐行镇 供稿）

外冈镇

镇政府地址　瞿门路518号
邮政编码　201806

农民集中居住区　　（外冈镇　供稿）

【概况】 镇域面积50.95平方公里，其中耕地面积1 877.6公顷。全镇户籍总人口31 158人，全年出生177人，人口出生率1.84‰。有村民委员会19个（分设227个村民小组），社区居委会3个。全年完成增加值43.31亿元。其中第一产业9 004万元，第二产业29.57亿元，第三产业12.84亿元。镇级地方财政收入5.98亿元。规模以上工业企业全年完成产值169.78亿元，农业产值2.12亿元。全年引进外资项目11个，合同外资639.25万美元。粮豆总产16 027.5吨，蔬菜总产29 119.6吨。生猪出栏3.44万头，家禽出栏1.07万羽，鲜蛋总产41.2吨，水产品总产278吨。有中小学3所，在校学生3 154人；幼儿园3所，在园幼儿1 126人；教职工342人。

【政府实事】 （1）宅基地置换。完成集中居住区南地块和西地块1 158户农户抽签、交房工作，北地块南区13万平方米置换房完成主体施工，北地块东区、西区和中地块35万平方米置换房开工建设，完成嘉北郊野公园区域内徐秦村、陈周村693户农民和26家企业动迁。（2）社会事业建设。启动外冈福利院新建和社区卫生服务中心改扩建工程，新建外冈镇图书馆、社区文化活动中心，启动葛隆幼儿园改扩建工程，实施吴兴禅寺周边综合改造。实施外冈佳苑和外冈新苑新建小区生活垃圾分类减量，成立外冈清运保洁服务有限公司。建设智慧社区远程医疗系统。（3）优化公共交通。开通外冈1路公交车，钱泰线调整更名为外罗线，集镇内增设13个候车亭。推进喜泉路、恒涛路、银龙路、恒荣路等道路施工。（4）生态环境建设。实施小横沥、东周泾、陆泾、瞿门河等四条生态河道综合整治；完成冈峰路二级污水管网建设工程、祁昌支路修建工程和春及路延伸段路面修建工程及雨污水管道工程；完成13条黑臭河道整治工作；完成29个企事业单位、7个小区及6条道路的污水纳管工作；新建生态公益林2.6万平方米，种植“四旁”树3.03万株。（5）社会保障和救助。“农保”退休养老金最低标准提高至每人每月1 200元。实施“‘救’在你身边”“扶一把就好”“千万人帮万家”等项目，全年累计向困难人群提供社会救助689万元。（6）就业和劳动技能培训工作。新增就业岗位2 250个，转移农村富余劳动力1 558人，城镇登记失业人数170人，开展职业技能培训1 581人次，创建区、镇两级劳动关系和谐企业49家。农村居民家庭人均可支配收入21 396元，比上年增长11.9%。（7）创新社会治理。整治违法建筑10.97万平方米。推进城市网格化管理模式，推广综合管理服务站建设；12个村（居委会）建立新村民管理委员会。

【产业转型升级】 2014年，外冈工业园经济城新增注册企业1 472家，比上年增长84.7%；新增注册资本54.54亿元，增长223.4%。莱尼电气系统（上海）有限公司全年完成税收2.73亿元，进入上海市税收贡献百强榜。产业能级进一步提升，东芝三菱电机工业系统有限公司、上海味好美食品有限公司、法雷奥集团等世界500强企业签约入驻。上海威派格环保科技有限公司、上海增欣机电设备制造有限公司等6家企业在上海股权交易中心成功挂牌。上海奉天电子股份有限公司、上海上探工程机械有限公司、上海电驱动股份有限公司等13个项目竣工投产。上海大郡动力控制技术有限公司、博飞特（上海）汽车设备自动化有限公司等15个项目开工建设。年内，新认定国家高新技术企业13家，申报“小巨人”扶持项目115项。完成劣势企业调整18家，节约标煤878吨，盘活土地1.51公顷，完成集中建设区外工业用地减量化任务25公顷。

【现代化农业建设】 2014年，初步完成万亩良田区域9 245亩市级土地整治项目，2.5万头商品猪生产基地完成土建工程，启动245亩周泾村设施菜地建设。小麦、水稻亩产创历史新高，1.22万亩小麦总产4 286吨，产值1 011.5万元；2.15万亩水稻总产12 250吨，产值3 870万元。探索实施当地农民种植经营模式，招收培育19名当地新型职业农民。全年复垦立项565亩，完成复垦并获土地指标900亩。完成11个村农村土地承包经营权确权登记工作，完成周泾村、徐秦村农村集体经济组织产权制度改革工作。

【实行村居集中记账管理】 2014年，外冈镇建立村居集中记账办公室，全镇19个行政村、3个居委会实行集中记账管理,制定《外冈镇关于实行村居集中记账管理的实施办法》,6名集中记账会计人员由镇经济管理事务中心负责管理,工资待遇与村(居委)脱钩,由镇财政统一发放,实行集中办公,由镇对村(居委)财务统一核算和监督,推动村居财务管理法制化、民主化、规范化。

【外冈镇新图书馆建成开放】 10月,历时半年建设,位于新建宅基地置换小区外冈佳苑内的外冈镇新图书馆建成开放。原外冈镇图书馆位于镇政府办公楼内,由多个办公室组成;新图书馆为完整大厅,面积250余平方米,比旧馆增加100平方米。新图书馆藏书量2.5万册。为青少年读者定做四层八格借阅书架4个、少儿期刊书架3个。

【公交外冈1路开通】 12月26日,公交外冈1路开通,由嘉定公交公司负责日常营运,是外冈镇首条镇域公交。公交外冈1路实行双向环线营运,起讫站为外冈车站,沿途设13组站点,途经外冈中学、外冈新苑、外冈佳苑、蜡梅园等地,线路全长6.7公里,实行空调车1元单一票价,有效缓解外冈镇大型居住社区及沿线居民的公交出行难题。

【第二届农事趣味运动会总决赛举行】 11月1日,第二届外冈农事趣味运动会总决赛在外冈中学操场举行。运动会以"新农村、新农民、新体育"和"快乐体育"为主题,打破传统体育竞技模式,设置"挑担运粮""莳秧抛秧"等充满农耕气息和乐趣的项目。在上年成功举办首届运动会的基础上,采用"选拔赛+总决赛"模式,让赛事扎根基层,把"农事乐活"向镇内企业推广,让新外冈人通过活动了解外冈、融入外冈,推动全民健身运动开展。来自村(居委会)、企事业单位的50支代表队1 186名运动员参加决赛。 (姚 明)

华 亭 镇

镇政府地址 嘉行公路3188号

邮 政 编 码 201816

华亭镇创建上海市农业标准化综合示范镇启动仪式 (华亭镇 供稿)

【概况】 镇域面积39.47平方公里,其中耕地面积1 903公顷。全镇户籍总人口24 601人,全年出生120人,人口出生率4.8‰。有村民委员会10个(分设207个村民小组)、社区居委会3个。联华村在全区率先成立社区经济合作社,撤村之后成立华旺社区。全年完成增加值16.7亿元。其中第一产业0.95亿元,第二产业13.2亿元,第三产业2.55亿元。规模以上工业企业全年完成总产值63.6亿元,农业总产值2.73亿元。镇级地方财政收入1.63亿元。粮豆总产1万吨,蔬菜总产2.82万吨,油菜籽总产160吨。生猪出栏1.87万头,家禽上市3.2万羽,鲜蛋总产125吨,水产品总产418.6吨。有中小学2所,在校学生1 639人;幼儿园2所,在园幼儿712人;教职工249人。

【政府实事】 (1)基础设施建设。完成泾塘河桥、黄菇塘桥等4座危桥翻建,完成双塘村、连俊村、北新村等481户村宅改造,完成华亭1路公交线路站点改造。完成毛桥村沪苏文化界碑、农民安置基地基础设施建设。完成建设用地减量50.5公顷。完成2家企业和18户经营用房的协议征收。启动工业园区二期动迁项目和安置基地建设,绿洲华庭茗苑开工建设。(2)生态环境建设。启动水源地保护和河道养护保洁,种植涵养林10.47公顷,配合开展新泾和墅沟引水河道整治、陈行水库原水支线工程。完成工程化造林9.33公顷、绿地建设0.53公顷。拆除违法建筑1.15万平方米,整治黑臭河道13条;完成全镇生猪养殖户147户整治工作。(3)社会事业建设。中医馆建成并投入使用。农村合作医疗参保覆盖率100%,医疗补助2 260万元。

为8 000名老年人和残疾人提供免费体检服务。新增12个村(居委)健身点，完成毛桥村健身步道建设。(4)就业和培训工作。新增就业岗位1 880个，转移农村富余劳动力573人，安置就业困难人员346人。完成职业技能培训588人。(5)社会保障工作。为“农保”退休人员每人每月增加补贴100元，为“镇保”退休人员和征地养老人员每人每月增加补贴80元。

【农业工作】 2014年，北新村71公顷高水平粮田、金吕村和唐行村147公顷小型农田水利项目建成投产。新增农机150台(套)，日烘干能力600吨。机插秧面积占水稻种植总面积的60%。探索“合作社社会化服务+家庭农场规模化经营”新模式，发展家庭农场26户，占全区总数的50%。完成哈密瓜生产基地一期和生梨生产基地建设，“嘉蜜”牌南粳大米获市优质稻米评比银奖。编制《上海华亭农业旅游规划纲要》。推进农产品质量安全可追溯体系建设，“三品一标”(无公害农产品、绿色食品、有机食品认证和农产品地理标志)认证率列全区首位。

【产业结构调整】 2014年，华亭镇调整劣势企业15家，节约标煤625吨，腾出土地5公顷。完成锅炉改造16台、窑炉改造3台，万元产值能耗比上年下降10%。推动文化信息类产业发展，文化信息产业实现营业收入5亿元，增长68%。新增新农村商业网点4家。新增纳税企业564家，增长3%。新增注册资本7.5亿元，增长38%，其中新增注册资本100万元以上的文化信息类企业34家。上海北特科技股份有限公司在上交所主板上市，上海裕荣光电科技股份有限公司在“新三板”挂牌，上海飘香酿造股份有限公司在上海市股交中心挂牌。

【启动美丽乡村建设】 2014年，华亭镇启动美丽乡村建设。制定《华亭镇建设美丽乡村规划纲要(2014-2020)》，出台10项专项规划和4项实施意见，涵盖新市镇建设、村庄布局、农业发展、文化发展等内容。年内，华亭镇按照“规划先行，分步实施，因地制宜，分类指导，整合资源，聚焦政策，以民为本，体现特色”的总体思路，在全区范围内先行先试建设美丽乡村，为美丽乡村建设在全区推开奠定基础。

【成立“五光十色”乡村服务社】 10月18日，华亭镇“五光十色”乡村服务社揭牌成立。作为民办非企业性质的枢纽型社会组织，服务社将全镇志愿者队伍进行整合，对服务群众工作进行统筹安排，在村(居委会)设立服务群众工作站，在村民小组设立服务群众工作点，构建三级服务群众网络，实现服务群众全覆盖，推动服务群众活动常态化开展。其中“五光”代表五个中心(党员服务中心、社会组织服务中心、社区志愿者服务中心、民生志愿者服务中心、青年志愿者服务中心)发出的光芒。年内，服务社有志愿者206人。服务社成立当天，在华亭镇社区文化活动中心广场集中展开20项志愿便民服务文化活动，60余名志愿者为村民提供劳动、消费、计生等政策咨询和义诊、体测、理发、修鞋、磨刀等便民服务，发放《便民服务指南》。

【开通“连心小广播”】 5月5日，连俊村“连心小广播”开通，是沪郊继金山区廊下镇后又一恢复播音的村广播站，500余户村民家庭享受免费安装服务。小广播每天早6点至晚8点连续播放14个小时，除转播中央人民广播电台、上海广播电台新闻节目和嘉定广播电台各档节目外，每周一上午10点到11点，用华亭方言与村民闲话家常，包括“新鲜事一箩筐”“关照侬一声”“村民广播学堂”等栏目，涵盖镇村时政新闻、村民杂谈、和谐邻里、治安防范、环境保护、科学养生、花卉种植等和村民生活相关内容；遇有重大灾害性天气，可在第一时间向村民预报、发布。

【举办华亭乡村欢乐节】 9月2日-10月18日，以“乐享美丽乡村”为主题举办华亭乡村欢乐节。其间，10月1-7日，举办华亭人家主题活动——恐龙园游园，活动内容包括在华亭人家骑乘恐龙、采摘哈密瓜、观赏热带鱼、观看3D电影、学习科普知识等。乡村垂钓节偏重趣味性，通过嘉定都市网和现场两种方式报名，比赛内容由单一垂钓演变为垂钓、浑水摸鱼、疯狂捞鱼3个项目。民俗美食节由30名农妇现场制作小糖心饼、千层饼、春卷饼等嘉定传统小吃。9月中下旬，举办消夏音乐节，游客品尝农家土菜、烧烤和德国黑啤，观摩以轻摇滚为主的音乐演出，500余人参加。乡村欢乐节活动融入绿色环保、乡村文化的概念和节庆、文化、艺术等新元素，实现从“观光踏青”到“主题体验”转变，共接待游客2.3万人次。

【中医馆开业】 10月，华亭镇社区卫生服务中心中医馆开业。中医馆位于华亭镇社区卫生服务中心南楼二楼，面积200余平方米，设有挂号室、候诊室、中药房和3间中医诊室、7间针灸推拿室，配备推拿、针灸、拔火罐、牵引等设备。开设脾胃、心脑血管、消化系统专家门诊，聘请嘉定区中心医院和中医医院3名专家定期坐诊。 (徐占松)

连俊村“连心小广播”开通 (华亭镇 供稿)

嘉定镇街道

街道办事处地址 塔城路885号
邮　政　编　码 201899

纪念中国共产党成立93周年暨"党员到社区,人人做公益"志愿行动启动仪式 (嘉定镇街道　供稿)

【概况】 街道区域面积4.02平方公里。有社区居委会17个,户籍总人口60 399人,全年出生461人,人口出生率6.6‰。全年完成规模以上工业企业总产值16.11亿元,完成社会消费品零售总额46.13亿元,新增纳税企业404家。街道地方财政收入2.07亿元。有幼儿园3所,在园幼儿1 338人,教职工128人。

【实事工程】 (1)市政建设。完成6个小区防汛"小包围"改建工程、道路积水点改造,提升城区防汛抗台能力。实施博乐广场三期改造,推进污染源整治、中小道路改造、河道清淤保洁、垃圾分类等实事项目,市心河河道内试点实施河道水质养护改善项目。(2)老城改造。完成姜家、秦家花园地块房屋征收协议,安置签约居民275户,签约率71.2%。建成飞联文化创意产业园项目,开心麻花、中国音乐产业基地等项目入驻。(3)社区建设。全面推广"桃园家园自治"模式,试点实施丽景社区营造,组织成立睦邻家园服务中心,夯实居民自治基础。实施高昌路邻里中心、阳光家园中心、桃园邻里中心、8 522户居民低压电网改造等实事项目。(4)社会事业建设。成立街道联勤和城市网格化综合管理中心,实现巡查、执法、监管队伍有机整合。实施10个老旧小区综合改造工程,总改造面积42.4万平方米。完成40余个小区实时图像监控探头、州桥景区64个技防探头安装及7个小区门禁系统建设,街道1 300个探头均联接到街道联勤指挥中心和嘉城派出所。街道连续十年被上海市科普工作联席办公室授予"上海市科普示范街道"称号。12月,嘉定镇街道获"全国和谐社区建设示范街道"称号。(5)促进就业工作。全年新增就业岗位4 562个,完成年计划的162.93%;职业技能培训1 008人,完成年计划的272.43%;城镇失业登记人数控制在1 150人的指标以下。(6)社会保障工作。创新社会救助帮扶模式,16个辖区单位对13个社会公益项目进行认领,帮扶资金63.8万元。

【"商旅文"产业推介会举办】 9月22日,嘉定镇街道"商旅文"产业推介会在韩天衡美术馆举行,30家文化类企业代表参加。北京开心麻花娱乐文化传媒有限公司、上海小荧星教育培训有限公司、智课网、文新教育集团等13家企业与街道签订初步合作意向与协议。近年来,街道依托人文底蕴和人才优势,打造以嘉康移动互联网产业园、飞联文化创意产业园为重点的产业园区,依托以州桥AAAA级旅游景区、西门历史文化风貌区为核心的景区,以"民清一条街""疁城新天地"为代表的商区,推进"商旅文"产业融合发展和嘉定老城产业转型升级。

【开展"社区营造"试点工作】 2014年,嘉定镇街道在丽景社区开展"社区营造"(在政府引导下,社区居民持续以集体行动处理社区生活议题,创造共同生活福祉,逐渐建立居民彼此间及居民与社区环境间紧密的社会联系)试点工作,探索建立自下而上、合法有序参与社区营造的机制。3月20日,街道邀请市民政局、复旦大学、华东理工大学等单位的专家和教授召开座谈会,就"社区营造"工作进行指导。4月1日,丽景社区以"创新社会管理,推进社区营造"为主题举办党员群众学习会。年内,3支志愿者队伍成为丽景小区"社区营造"的中坚力量:以退休教师、干部为主的"师言社"定期为居民开办讲座,由社区文艺青年构成的"创意社"承担小区活动策划,由居民志愿者组成的"先锋队"充当文明劝导员。

【举办2014年上海孔子文化节】 9月16日,伴随着《弟子规》诵读声,普通小学一年级新生在嘉定孔庙进行"开笔礼",以"金声玉振　嘉定儒风"为主题的2014年上海孔子文化节拉开序幕。文化节分为"礼""乐""游"三大篇章,融合礼乐文化、传世家训、师道传承、经典吟诵等元素,开展16项主题活动,包括9月20日在州桥景区举行中式婚礼、9月22日在孔庙举行成人礼演绎、秋霞圃书院在孔庙举行《论语》公益讲座等,举办时间首次由一周延长至一个月,展示嘉定历史底蕴和儒家文化魅力。9月27日晚，中华传统经典诵读终极赛、展演暨上海孔子文化节闭幕式在上海保利大剧院举行，1 500余名古诗词爱好者、专家学者和市民参加活动。

【举办品质教育交流展示活动】 9月25日，由嘉定镇街道联合区教育局举办的“练祁河畔追梦人”——嘉定镇街道品质教育交流展示暨全民终身学习季开幕式主题活动在区青少年活动中心举行。活动分外场和内场两部分。在外场，辖区学校的18支艺术团队和街道社区学习团队进行陶瓷、彩墨、竹刻、编织、根雕及童话剧等表演。内场活动在《人文练祁润品质——嘉定镇街道品质教育巡礼》微视频中拉开序幕，活动为18名获“最美教育人”的学校教师和社区教育志愿者颁奖，教育工作者平台“慧龙坛”揭牌成立，辖区学校和幼儿园举行舞蹈、诗朗诵、情景小品、时装秀等表演。区教师进修学院、社区学院、辖区学校代表和老园长、老教师代表及社区居民、终身学习推进员等500余人参加活动。

【启动志愿者“公益反哺”计划试点】 2月，嘉定镇街道启动志愿者“公益反哺”计划试点，组织年轻一代志愿者“反哺”老志愿者，通过政府购买服务的方式，为老志愿者建立服务保障。由大学生、青年团员、社会专业人士组成的新志愿者团队，为老志愿者提供配药陪护、上门照料、精神慰问等服务。通过政府购买方式，提供上门理发、小家电维修、空调清洗、卫生扫除等13项符合老年人需求的服务项目。

【阳光彩虹社工事务所获“全国助残先进集体”称号】 5月，嘉定镇街道阳光彩虹社工事务所获国务院残工委授予的“全国助残先进集体”称号。近年来，阳光彩虹社工事务所采用专业社会工作方法，为残障人士提供个性化、专业化的服务，争取到市级公益服务项目2个、区级公益服务项目4个，获项目资金232万元，服务家庭1 300余户，受益者2万余人次。

【新社区卫生服务中心运行】 5月5日，搬迁至北大街128号(原区妇幼保健院)的街道社区卫生服务中心试运行；5月12日起，正式对外营业。新中心包括门诊全科诊室、中医馆、体检中心、功能检查室、儿童计划免疫门诊和妇幼保健门诊及试运行的老年护理病房。500平方米的计划免疫门诊和妇幼保健门诊区域分为接种室、儿童保健室、孕妇保健室等功能区域。接种区从150平方米增至300平方米，登记窗口从2个增至3个，新增二次叫号系统。计划免疫门诊和妇幼保健门诊取名“儿童乐园”，室内座椅按儿童身高设置，墙壁装饰卡通图案。新中心可承担常见病、保健、康复等“六位一体”综合服务，原塔城路432号的街道社区卫生服务中心仍保留，作为服务点方便居民就医。 (康红霞)

新成路街道

街道办事处地址 迎园路400号
邮 政 编 码 201822

睦邻节 (新成路街道 供稿)

【概况】 街道区域面积5.14平方公里。有社区居委会11个、村委会1个。户籍总人口26 819人，全年出生215人，人口出生率8.02‰。完成社会消费品零售额8.13亿元。完成税收总额3.16亿元。街道地方财政收入1.14亿元。有中小学4所，在校学生3 686人，教职工280人；幼儿园5所，在园幼儿1 368人，教职工227人。

【实事工程】 (1)市政建设。投资1 400万元，完成12个小区和8家企业的雨(污)水管混排整治；投资600万元，完成墅沟路夏泾桥翻修工程；投资220万元，完成市政设施及道路修复；投资137万元，完成蜡烛河绿地景观工程；投资70万元，新建盲道5 800米；投资65万元，完成嘉星绿地改造工程；完成迎园中路、墅沟路、仓场路北、迎园路、迎园西路、迎园北路、迎宾路积水点改造工程。(2)社区治安工作。投资100万元，在4个小区安装大门门禁系统，在6个小区安装边门门禁系统、车库门禁系统。在百合里小区门卫及26个门栋试点安装无线报警器，设立平安报警点。(3)促进就业工作。新增就业岗位1 980人，扶持创业组织27户，带动就业213人；775人次参加职工技能培训，城镇失业人口控制在指标范围内。(4)社会救助。发放救济金184.27万元，发放慰问救助金32.03万元，实现对困难家庭、贫困学生、老年人、残疾人、退伍军人等优抚对象全覆盖。

【学雷锋志愿服务集中行动举行】 3月1日，“青春聚新成，志愿齐创城”——嘉定区学雷锋志愿服务集中行动在街道文体中心广场举行。活动为全国社区志愿者之星——邹洪鸣、嘉定杰出青年志愿者及嘉定区“十佳”优秀青年公益项目颁奖，举行“助圆好人梦”文明结对活动，发放2014版新成路街道志愿者通讯录、志愿者装备和服务工具。全区30支青年学雷锋志愿者队伍现场开展志愿服务。2014版新成路街道志愿者通讯录收录志愿者155人，其中党团员88人，在职人员62人，服务内容增至十三大类五十余项。

【举办庆祝“五一”“五四”主题集会活动】 4月23日，街道总工会、团工委在楼组党建党员服务广场联合举办“服务青年零距离、畅想职工微时代”——新成路街道庆祝“五一”“五四”主题集会活动。活动为“新成路街道村居职工服务点”揭牌，为街道优秀青年、先进团支部颁奖，向小微企业职工服务点代表赠送街道小微企业职工服务点工具包。活动现场开展为民服务及青年职工团队竞技比拼，内容为医疗卫生、公益宣传、社团展示、旅游维权咨询、生活用品修补、育儿早教咨询等，250余人参加活动。

“爱心妈妈”手工坊　　（新成路街道　供稿）

【举行庆祝第30届教师节教育成果展示活动】 9月3日，新成路街道庆祝第30届教师节教育成果展示活动在街道文体中心举行。50名获得 “新成教育奖”的优秀教师和骨干教师受到表彰。学校、幼儿园师生以古诗吟诵、娃娃播新闻、舞台剧、韵律操等形式演绎学校教育成果。辖区中小学、幼儿园负责人、教师和学生代表、各社区(村)负责人、教育干部等300余人参加活动。

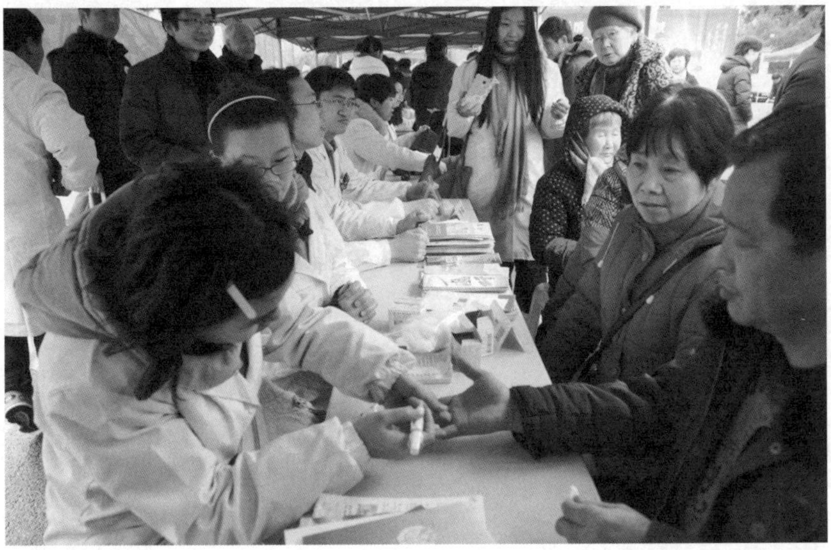

学雷锋志愿服务集中行动　　（新成路街道　供稿）

【举办“助圆好人梦，感动身边人”文明共建活动】 11月6日，街道举办“助圆好人梦　感动身边人”女红编织志愿者培训，74名志愿者报名参加。12月3日，街道开展纪念“12•5”国际志愿者日主题活动，举行“助圆好人梦，感动身边人”文明共建活动公益作品发放仪式。上海嘉弘建设工程发展有限公司和迎园医院分别斥资3 000元，助圆街道“女红坊”团队负责人沈云宝为社区85～89周岁老人编织帽子和围巾的梦想。沈云宝历时8个月，编织完成200套帽子和围巾，全部分发到老人手中。

【举办“邻里节”系列活动】 5-11月，街道举办“邻里节”系列活动。其间，街道及各社区组织开展“邻里淘宝”“巧手裹粽子庆端午”“邻里趣味运动会”“邻里庭院绿化展示”“共聚百家宴”“戏曲、歌曲大海选”“邻里摄影展”等60余项活动，近万人次参加活动。11月22日，街道承办在嘉定体育场广场举办的2014年嘉定区睦邻节闭幕式。

【嘉定区宪法广场落户新成公园】 12月5日，嘉定区依法治区办、法宣办、区司法局和区绿化市容局举办宪法广场落成仪式。嘉定区宪法广场由新成公园东北角广场改造而成，占地3万余平方米，广场东南侧镌刻有孝、悌、礼、义、廉、耻等八块法治文化墙，设有法制知识景观区。　　（王逸宜）

真新街道

街道办事处地址 清峪路885号
邮　编　号　码 201824

“品韵曹安”——茶文化艺术节　　（真新镇街道　供稿）

【**概况**】 街道区域面积5.25平方公里。有社区居委会18个（其中1个属于筹建组、“村改居”社区3个）。户籍总人口47 553人，全年出生329人，人口出生率4.12‰。完成税收7.72亿元，实现商品销售总额167亿元、社会消费品零售总额64.1亿元。街道地方财政收入3.41亿元。实有纳税民营企业3 740家，年内新增793家。有中小学4所，在校学生3 545人；幼儿园4所，在园幼儿2 109人；看护点1个，在园幼儿320人；教职工649人。

【**实事工程**】 （1）小区惠民工程。安装晾衣架191只、睦邻椅305只、不锈钢栏杆77米，铺设无障碍坡道28条，安装非机动车彩钢板棚638平方米，安装围墙刺毛铁丝1 420平方米，社区老年活动室粉刷1 256平方米。丰庄二村等9个小区实施社区智能监控及信息发布系统安装项目，每个小区安装监控摄像头6个、信息发布屏1个。实施校舍加固工程，绿地小学加固校舍5 090平方米，丰庄中学8 670平方米，青草地双语幼儿园1 720平方米。（2）市政基础设施建设。在祁连山南路等10条道路新建盲道5 000余平方米，为14户居民增建无障碍坡道。实施金沙公园改造工程，年内完成前期报批、工程招标工作。（3）旧住房综合改造。完成丰庄西路551弄、金祥坊、嘉秀坊3个小区共17.8万平方米的旧住房改造，2 778户居民受益。（4）促进就业工作。新增就业岗位1 478个，完成职业技能培训637人，新增创业组织45个，工资专项集体合同覆盖企业695家，覆盖劳动者8 499人。（5）垃圾分类处置。在街道办事处大楼和丰庄中学等8所学校实施生活垃圾分类处置工作，配置100个公共区域垃圾分类收集容器和700个干、湿垃圾桶，完成垃圾分类处置站改扩建工程。

【**第二届“321中国创业节”举办**】 3月21日，主题为“无线推新中国服务”的第二届“321中国创业节”在金沙3131电子商务创新园举行。此次创业节由飞马旅聚合多个创业业态，联合投资机构、创业服务支持机构共同发起，设置主题论坛、项目路演、“O2O”创新服务体验展、企业开放日、创业实战公开课、资本对接会、行业沙龙、创业骑行等板块，邀请来自中国香港、中国台湾的创业者及美国硅谷的创业团队和内地创业者交流、互动。创业者、投资人等1 500余人参加现场活动，北京、天津、杭州、南京、成都、重庆、广州、深圳等地的飞马服务联盟的创业者同步举办创业沙龙，网络收看视频直播，和主会场在线互动。

【**曹安购物旅游节举行**】 9月16日，2014年曹安购物旅游节在丰庄茶城开幕。开幕式活动以“露天茶室”形式呈现，10个品茶点免费为市民泡制铁观音、普洱、正山小种等6种茶品，提供歌舞和茶艺表演，发放曹安购物旅游节优惠大礼包。旅游节持续至10月10日，以“商区添活力，游购增趣味，市民得实惠”为宗旨，以“趣游欢购，爱尚曹安”为主题，集结商圈内数十家商家和电商，推出官方微信“GO真新”，以线上线下相结合的方式开展活动。举办“品韵曹安”——茶文化艺术节、“享速曹安”——扮靓爱车节、“欢购曹安”——现代商展节、“指点曹安”——手游欢乐节、“淘乐曹安”——活力网拍节和“悦食曹安”——曹安美食节六大主题活动。

【**真新小学生在全球创新思维大赛获奖**】 5月22–24日，2014年全球DI青少年创新思维大赛在美国诺克斯维尔市田纳西州立大学举行，全球2 000余支队伍参赛。真新小学DI创新思维代表队编排的项目——The light of life（生命之光），讲述在地球人口大爆炸后能源紧缺，两名科考队员在英国尼斯湖探寻可燃冰的故事，获“文艺复兴特别奖”和“想象和创新思维杰出贡献奖”。

【**“百姓梨园情”活动举行**】 10月21–28日，“百姓梨园情”——真新街道第五届长三角地区戏曲演唱大会串在街道社区文化活动中心举行。活动邀请上海戏剧学院附属戏曲学校、湖州青年越剧团等专业院团和嘉定区老年艺术协会、真新街道新韵戏曲社参与演出，举办舞台艺术老照片展、戏曲沙龙专场、折子戏专场及锡剧、沪剧、越剧等传统戏剧专场，吸引观众千余人次。近年来，真新街道打造“百姓梨园情”文化品牌项目，邀请专业戏曲院团到街道演出，聘请专业演员担任群众文化指导员，提升戏曲爱好者欣赏及表演能力，“百姓梨园情”项目连续四年被上海国际艺术节组委会评为群文活动优秀项目。 （马 娜）

嘉定工业区

工业区管委会地址 汇源路200号
邮 政 编 码 201807

全民健身展示活动 （嘉定工业区 供稿）

【概况】 嘉定工业区区域面积72.7平方公里，其中耕地面积2 709.7公顷。户籍总人口64 544人，全年出生412人，人口出生率3.88‰；有来沪人员104 696人。有村民委员会20个(分设330个村民小组)、社区居委会13个，新建(筹备)社区居委会2个。全年完成增加值225.1亿元，规模以上工业企业全年完成总产值826.8亿元，农业总产值2.2亿元，新增私营企业注册资本107.5亿元，完成私营企业税收52.5亿元。镇级地方财政收入20.9亿元。粮豆总产1.45万吨，油菜籽总产138吨，蔬菜总产2.63万吨。生猪出栏2.46万头，家禽上市3.08万羽，鲜蛋总产145.3吨，水产品总产188吨，鸽子出栏50万羽。区内有14所学校(其中成人学校1所，九年一贯制学校2所，初中1所，小学3所，幼儿园5所，幼儿看护点2个)，在校学生和在园幼儿8 500人，在编教职员工607人。

【实事工程】 (1)房地征收工作。全年动迁农户118户、企业32家，征收房屋面积15.8万平方米，拆除违章建筑4.2万平方米，130万平方米的动迁安置房开工建设，确保重大产业项目及动迁安置房基地开工建设。(2)社会事业建设。中广培训中心、中茂世纪商务大厦竣工投入使用，推进嘉隆国际五星级酒店、汇源广场等功能性项目建设。建立和完善“大联勤”“小联勤”对接联动机制，推进“平安工业区”建设，全年未发生重特大安全事故、突发事件和群体性事件。加强来沪人员管理，整治群租户290户。加大社会矛盾纠纷排查和化解力度，建立健全信访分级分责制度，信访量比上年下降15%。(3)社会保障和促进就业工作。教育、社会保障和就业、医疗卫生等民生领域支出1.8亿元，增长27.9%。新增就业岗位5 500个，扶持创业组织59个，投入养老金和各类保障资金3.5亿元，向3万余人次发放救助金。(4)城乡一体化建设。启动村庄布点规划和村庄规划编制试点工作，推进以撤村撤队为重点的产权制度改革，实施农村“三资”信息化管理平台建设。推进农业产业化、规模化发展，加大农机、粮食烘干基地投入和建设，提高产业化水平，全年完成粮食种植面积2 086.7公顷。加大农村环境整治力度，整治田间窝棚3 500平方米，关闭不规范养殖场16家，整治农村违章建筑4万余平方米。(5)旧房改造。总投资近3 000万元，实施南苑七、八、九村修缮改造工程。改造项目包括维修和粉刷房屋外墙和楼道墙面、整修路面、改造疏通排水管道、维修和增设路灯、建造门卫值班岗亭、设置电子门禁设置等，工程涉及房屋建筑面积17.3万平方米，惠及上千户居民。

【招商引资】 2014年，嘉定工业区完成固定资产投资72.3亿元，比上年增长2%。其中完成工业投资39.9亿元，下降17.8%；完成工业技改投资8.3亿元，增长4.8%，占工业投资的20.8%；完成第三产业投资32.4亿元，增长44.9%，其中房地产投资24.4亿元，增长15.3%。全年引进合同外资2.3亿美元，新批外资项目45个，引进内资项目总投资90亿元。新开工项目12个，竣工投产项目10个，项目总投资超过120亿元，联影医疗等重点项目建成投产，VOLVO研发中心、上海金融谷、中广二期、中科院声学所东海研究站嘉定新园区等在建项目有序推进。

【嘉定工业区获评上海市互联网金融产业基地】 12月17日，上海市经信委、金融办认定5家上海市互联网金融产业基地，嘉定工业区互联网金融产业基地位列其中。嘉定工业区互联网金融产业基地由联合•上海金融谷、全通•上海金融谷、中青昆仑产业园三大园区组成，东至新班路，南至芥菜泾，西至城北路，北至金娄路，规划面积87万平方米，在5个基地中规模最大。近年来，嘉定工业区依托上海建设国际金融中心的历史机遇，加快新型金融服务业发展，推动互联网金融和金融服务外包产业发展。至年底，91金融超市、百度小贷公司、京东小贷公司、卡友支付服务有限公司、上海网谷投资有限公司、上海物银金融信息服务有限公司等数十个互联网金融项目入驻园区。

【中广国际广告创意产业基地建设】 3月8日，中广国际市级创业孵化示范基地揭幕仪式举行。4月，国家工商总局发布对全国广告园区的评估结果：在对29个国家级广告产业园区的实地考察评估中，中广国际广告创意产业基地排名第一。8月12日，嘉定工业区商会广告创意产业分会成立。基地全年引进广告企业1 175家、文化信息类企业2 561家。实现收入525.3亿元，比上年增长55%；完成税收11.6亿元，增长24%。年内，鼎艺文化创意产业有限公司、嘉势网络科技（上海）有限公司、弘逸文化创意产业（上海）有限公司等项目入驻基地。

【高端医疗产业基地建设】 9月2日，在中国现代诊疗产业技术创新战略联盟苏州论坛上，上海联影医疗科技有限公司被授予“医学影像产业技术创新示范基地”称号，成为全国首批“产学研医”合作典范。至年底，嘉定工业区聚集上海联影医疗科技有限公司、上海三友医疗器械有限公司、天之纬生命科技产业发展中心、贝瑞和康生物技术有限公司、上海朗泰医疗科技有限公司、上海铭诺医疗科技有限公司、启铭医疗器械（上海）有限公司等高端生物医疗器械项目，初步形成生物医疗器械产业集聚效应。

【京东商城“亚洲一号”一期建成启用】 10月20日，京东商城在上海的首个“亚洲一号”现代化物流中心（一期）在嘉定工业区建成投入使用，时为中国最大、最先进的电商物流中心之一。中心一期定位为中件商品仓库，总建筑面积10万平方米，分为4个区域：立体库区、多层阁楼拣货区、生产作业区和出货分拣区。其中“立体库区”库高24米，利用自动存取系统（AS/RS系统），实现自动化高密度储存和高速拣货能力。“多层阁楼拣货区”采用现代化设备，实现自动补货、快速拣货、多重复核、多层阁楼自动输送能力和高密度存储、快速准确拣货和输送能力。“生产作业区”采用京东自主开发的任务分配系统和自动化输送设备，实现每个生产工位任务分配的自动化和合理化。“出货分拣区”采用自动化的输送系统和分拣系统，分拣处理能力达每小时1.6万件。

梧桐坊业主入住签约　　（嘉定工业区　供稿）

【迅达电梯新厂建成投产】 5月21日，全球最大的电扶梯生产商——瑞士迅达集团在嘉定工业区举行扶梯新工厂开业典礼。迅达新厂区占地15万平方米，集研发、生产、装配于一体，建有运动场、休息区、花园等员工生活服务设施，可年产扶梯2万台，时为业内最大的扶梯生产基地。年内，有序推进新厂区二期建设。

【南苑排涝工程完工】 3月，南苑地区排涝工程项目开工建设。10月，工程完工。工程总投资3 000万元，涉及范围3.84平方公里，建造泵站2座、节制阀3座、6米双泵闸2座、4米节制闸2座、涵闸1座，整治河道1.6千米，开挖、填筑土方6万立方米，新建护岸1.5千米、防汛通道1 600平方米、绿化6 000平方米。南苑地区居住人口6.2万余人，多为老式小区且人口密集，2012年“海葵”台风和2013年“菲特”台风期间，南苑地区排水问题突出。

【嘉定工业区第二届运动会举行】 3-11月，嘉定工业区第二届运动会举行。运动会以“运动有我　无限精彩”为主题，分为“体育生活零距离、职工体育大看台、百姓健身大擂台、特色项目大展台”四大板块，设置游泳、乒乓球、中国象棋等21个比赛项目和活动，村（居）、学校、企（事）业等113个单位2万余人参与。11月29日，运动会闭幕式暨全民健身展示活动在南苑中学体育馆举行，对获优秀组织奖、优秀团队奖、体育风尚奖的单位进行表彰，19支百姓健身队伍分“广播球操”“城市节奏”“快乐摇摆”“阳光校园”“华彩园区”五大板块进行展示。（许　芳）

菊园新区

新区管委会地址 胜竹路2000号
邮 政 编 码 201899

平城路 （张建华 摄）

【概况】 菊园新区区域面积18.61平方公里，其中耕地面积233.1公顷。户籍总人口27 011人。全年出生319人，户籍人口出生率5.84‰。有3个村民委员会（分设41个村民小组）、13个社区居委会，撤销永胜村皇庆3组、昌桥9组和青冈村30组建制，处置组级集体资产1 442.59万元。全年完成增加值22.7亿元。其中第一产业367万元，第二产业9.8亿元，第三产业12.88亿元。规模以上工业企业完成总产值32.81亿元，农业总产值785.64万元。新区地方财政收入4.33亿元。引进外资项目8个，合同外资834万美元，协议引进内资18.65亿元。粮豆总产647吨，蔬菜总产658吨，水产品总产53吨。有幼儿园2所，在园幼儿1 113人，在编教职工78人。

【实事工程】 （1）基础设施建设。6月，投资1 105万元的柳湖路（环城路—平城路）开工建设。投资15万元，改造30处无障碍设施。投资66万元，在6个小区48个地下空间出入口安装挡水板。投资2万元，完成平城路（新成路—柳湖路）68个雨污水井防汛防坠网安装。投资1 910万元，完成清河路420弄小区、善牧堂、嘉华医院外部和宝菊新家园积水点改造，铺设雨水管道1 850米，新建雨水泵站2座、挡水墙61米、小区道路160米，改造小区地面400平方米，翻建健身步道365米，修复绿化4 000平方米。总投资425万元，完成6条河道轮疏，共计5.6公里。（2）房地征收工作。动迁农户872户、企业38家，拆除建筑面积29.1万平方米，腾空基地3个。分四批启动嘉北郊野公园农户动迁，动迁农户723户、企业29家，完成大型居住社区动迁基地扫尾工作，动迁农户5户。动迁配套商品房练祁佳城嘉宝清水园完成交付。（3）社会建设。推动联勤和城市网格化综合管理深度融合，成立联勤和城市网格化综合管理工作领导小组，划分12个城市网格和20个村（居委）网格。完成6个小区智能门禁系统建设，在辖区内50个食品生产经营单位安装网络视频远程监控系统，开展集中整治22次、联合执法32次，整治群租46户、“居改非”60户、无证无照经营45家。拆除城市地区违法建筑23处、农村地区违法建筑370处。启动永胜村1队、2队“城中村”改造，涉及188户农户、221户居民和12家企业，占地28.53公顷；年内签约农户137户，签约率83.5%。（4）民生保障。推动“三全服务”标准化建设，完成3个社区一站式大厅改造和5个社区标准化建设，实现“一门式受理、一站式服务”。整合菊园文化中心、卫生中心、生活服务中心、社区事务受理中心等9个中心，打造菊园市民综合服务中心。全年救助7 375人次，发放民政帮困补助资金及公益性支出313万元；募集“蓝天下的至爱”慈善捐款164万元。城镇失业登记240人，城镇新增就业1 700人，转移农村富余劳动力就业300人。扶持自主创业组织50家，带动就业315人。完成职业技能培训1 796人。办理征地养老人员医药费报销182.75万元。整治不规范职业中介机构10家。调解劳资纠纷69起，涉及金额37.96万元。

【推进科技产业发展】 2014年，菊园新区依托科研院所集聚和张江高新区嘉定园政策优势，推进科技产业园建设，打造创新创业集聚区。华东计算所中国电科软件与信息服务产业园一期办公和研发大楼竣工，一期工程总建筑面积11万平方米。中科院上海微系统与信息技术研究所二期研发大楼竣工启用，建筑面积13万平方米，上海物联网中心入驻。中科院上海硅酸盐所中试基地一期投入使用，建筑面积4万平方米。年内，科研院所下属科技企业实现税收7 500万元，其中华东计算所实现税收1 811万元，上市公司上海华东电脑股份有限公司实现税收1 172万元。市级物联网孵化器有54家企业入驻，实现营业收入1.18亿元、税收865万元。软件信息孵化器晋级区级孵化器，申请市级孵化器，有39家企业入驻。7月7日，2014年清华校友长三角创业行在新区启动，INNOSPRING总部、新微创源国际孵化器、矽翔微机电系统有限公司分别与新区签署项目落户协议。7月16日，新区与清控科创控股股份有限公司签订合作投资协议，清华控股创新基地暨科创慧谷嘉定项目落户。8月21日，新区联合区科委在上海汽车会展览中心举办嘉定移动互联网产业发展论坛，163家科技企业围绕“移动互联网产业培育与发展之环境构建”展开研讨。

【雅昌（上海）艺术中心启用】 4月26日，“新造书运动”书籍艺术展暨雅昌（上海）艺术中心启用仪式在菊园新区拉开帷幕。200余名艺术家、艺术爱好者参加启用仪式。雅昌（上海）艺术中心由始建于1943年的上海毛巾十六厂旧厂房改建而成，通过两年打造，改建成包括艺术书籍印制中心、设计中心、摄影复制中心、雅昌艺术网、首创图书馆式艺术书店、艺品陈列展示区和雅昌艺术馆、咖啡馆等8幢建筑组成的建筑群，建筑面积2.2万平方米。

【菊园新区社区文化活动中心改造竣工】 8月，菊园新区社区文化活动中心完成历时一年的改造并投入使用，新增百姓展厅、365百姓健身房、科技创新屋和数码钢琴室、语音室等特色培训教室，新建直达电梯，实现WIFI信号全覆盖。中心图书馆为嘉定区图书馆菊园分馆，面积增至500平方米，设有借阅区、亲子阅读区和电子阅览区，采取“直管模式”，做到与区馆“五统一”（统一拨款、采购、编目、配置、服务）。11月18日，位于中心内的365百姓健身房对外营业。健身房总面积300平方米，总投资100万元，配置51台健身器材，设前台接待咨询区、更衣区、形体舞蹈练习区、健康状况测试区、力量锻炼区、心肺功能练习区等6个功能区域。

【菊园新区首家E板上市企业挂牌】 12月19日，落户于菊园新区的上海罗亚国际货物运输代理股份有限公司在上海股权托管交易中心挂牌，成为新区在上海股交中心E板挂牌的首家企业。该公司主要从事国际货物运输代理业务，股份名为N罗亚，股票代码100329，股本总额1 200万股，上市前每股价格为1.02元。

雅昌（上海）艺术中心启用　　（嘉定报社　李华成　摄）

【“智慧养老”项目运营】 5月，菊园新区与上海海阳老年事业发展服务中心签订智慧养老建设合作协议。项目涵盖呼叫中心系统建设服务、宣传及咨询活动、委托协议、电子化派工、紧急援助服务、档案系统委托服务、信息发布、“96890”热线服务等，提供包括为辖区内60周岁以上常住老年人建立健康档案、为辖区内150名老人提供每周3次的主动关爱、为辖区独居与失智老人安装“智能居家宝”等服务，打造便民服务生活电子地图。

【嘉定志愿者广场揭幕仪式举行】 12月1日，嘉定志愿者广场揭幕仪式暨菊园新区学雷锋志愿服务制度化成果展示活动在菊园新区市民文化广场举行。嘉定志愿者广场用于集中展示全区道德模范先进事迹，号召全社会向模范学习。揭幕仪式后，开展“党员人人做公益”志愿服务，党员志愿者为居民们提供法律援助、医疗咨询、义卖活动等服务项目。各街镇、委办局宣传负责人和菊园新区学生社区实践站、学雷锋志愿服务站、辖区学校代表等200人出席活动。

【复源社工师事务所获“全国社会工作服务示范单位”称号】 1月9日，民政部发文确定首批180个“全国社会工作服务示范单位”，上海复源社工师事务所名列其中。近年来，复源社工师事务所通过市、区二级公益招投标平台共承接33个公益项目，服务对象包括老年人、智障儿童、大重病患者、计生人口、流动儿童、低保困难家庭，项目总金额891万元，受助34万余人。

（朱　亮）

部市属单位选介

编辑 吴 庆

企　业

【上海大众汽车有限公司】 地址：于田路123号；董事长：陈虹；总经理：陈贤章；电话：59561888（总机）；传真：59572815；邮编：201805

2014年，上海大众汽车有限公司迎来成立三十周年庆典，取得良好经营业绩。全年累计销量突破172.5万辆，比上年增长13.1%。其中大众品牌销售144.2万辆，增长11.5%，继续蝉联单一品牌销量冠军；斯柯达品牌销售28.2万辆，增长22.1%。年内，上海大众汽车推出多款新车型。其中大众品牌陆续上市NewPolo、CrossPolo及七款30周年纪念版车型，首款高级轿跑车Lamando凌渡亮相。斯柯达品牌先后推出越级行旅车RapidSpaceback昕动、Octavia全新明锐、Yeti野帝都会系列。年内，上海大众汽车加强研发能力建设，推进各工厂扩建和产能提升项目，提升产品质量和用户满意度。宁波基地扩建项目于5月开工。10月，上海大众汽车再获“全国质量奖”。12月，上海大众汽车迎来第1 200万辆汽车下线，成为国内首家累计产量突破1 200万辆的乘用车企业。 （宛小芬）

【上海变速器有限公司】 地址：叶城路506号；总经理：钱向阳；电话59165858（总机）；传真：59167656；邮编：201822

2014年，上海汽车变速器有限公司（原上海汽车股份有限公司汽车齿轮总厂）作为上海汽车集团股份有限公司旗下的核心零部件企业，紧跟上汽集团整体发展，全面推进“集中管控”业务模式，提升企业核心竞争能力和管理水平。年内，多款重量级新产品配合整车投放市场。上半年，上汽荣威550Plug-in插电式强混轿车推向市场，搭载自主研发生产的EDU传动系统，综合工况下节油率65%以上，百公里油耗2.5升。配套通用汽车公司（GM）全球平台的M1X六档手动变速器实现批量生产。下半年，与通用汽车公司联合研发的DCT250七速干式双离合自动变速器产品配套上海通用新科鲁兹，上海汽车新一代MGGT成功上市。推进公司整体搬迁工作，新厂区建设初具规模。全年实现销售收入80.06亿元，比上年增长8.82%；销售变速器总成366.36万台（套），增长10.54%，全面完成年度目标。 （俞　瑛）

【上海航天电子有限公司】 地址：叶城路1518号；总经理：金蓬嘉；电话：69058025；传真：69950333；邮编：201821

上海航天电子有限公司的前身上海科学仪器厂，成立于1957年，隶属于中国科学院上海分院，2002年12月整建制划至中国航天时代电子公司（中国航天科技集团公司第九研究院）。公司是中国最早从事航天产品研制的高新技术企业之一，集研究、设计、试制、生产及环模试验为一体，产品获150余项省部级以上科研成果奖。

2014年，上海航天电子有限公司（上海科学仪器厂）顺利完成载人航天、空间探测等多型号研制配套任务，完成年度各项科研生产任务，实现型号质量目标，全年型号产品单机一次交付合格率100%。全年实现销售收入7.03亿元、利润总额7 650万元，分别比上年增长9%和3.4%。其中，航天技术应用产品实现销售收入761万元，超额完成700万元的考核目标，为军民融合发展奠定基础。技术创新取得突破，公司参与研制的某传输系统产业化项目在其他单位得到推广应用，落实600套高速移动网络天线首批需求。公司成功申请“上海市院士专家工作站”，开展高校教授与总工程师队伍结对活动，获6项国防专利授权。和上海交大、南京理工大学、中科院上海光机所等科研院所开展12个“产学研”合作项目，开展研发项目36项，自立研发项目30项。总面积3.18万平方米的二期工程结构封顶。启动“十三五”战略规划编制，完成公司综合发展规划纲要与9个专项规划纲要的编制。顺利通过年度环境及职业健康安全管理体系监督审核、载人航天工程科研生产单位资格审查。年内，公司引进人才67人。其中，大学本科及以上学历占81%，硕士以上学历占52.2%。至年底，公司资产规模6.6亿元，有职工962人，其中专业技术人员648人。 （卞　静）

【上海振华轴承总厂有限公司】 地址:沪宜公路5291号;总经理:夏左鹄;电话:67073800;传真:67073811;邮编:201806

上海振华轴承总厂有限公司隶属于上海集优机械股份有限公司,创建于1958年,专业生产各类汽车特殊轴承、深沟球轴承、推力球轴承、短圆柱滚子轴承、滚针轴承和割草机轴承、传动轴滚轮等汽车零部件,有数百种型号产品,年内有员工258人,其中专业技术人员104人。

2014年,上海振华轴承总厂有限公司做强优势产品,开拓市场,培育核心技术,深化精益生产,实现全年销售、利润等预算目标。年初,通过对走访客户的梳理,制定《目标客户重点跟踪计划》,全年接洽走访全国50余家汽配生产新客户;邀请美国、日本、韩国等国的12家32批次重点客户到公司进行业务洽谈和新产品PPAP的质量、技术评审,完成TN20张紧轮轴承的质量改进、88259.0转向机轴承的出口和6HP外协零件的量产增幅。年内,分别为各地多家汽配公司开发37个型号的新产品,完成35项,进入批量生产和PPAP评审的新产品有15项。其中,部分产品通过美国DV、PV件检测和试验,两家公司的ATG滚轮轴承投入批量生产,转向系统的QJ104-Z、QJ203-2Z、QJ204四点接触球轴承分别进入批产和交付样品试用阶段。柔性轴承研发取得突破,用于谐波减震器的806KAT2、907KAT2、809KAT2等3个柔性轴承克服热处理、沟道超精研、精密测量、超大填球角合套等难点,提供给顾客进行试用和试验,客户反映总体情况良好。公司对产品工艺进行持续改进,开展电涡流探伤应用、热处理新线使用推广、水剂清洗剂替代乳化油、88259.0套圈减少热处理变形、H201平面磨床推广使用、T20张紧轮轴承包装工艺改进和轴承密封技术研究等10个工艺改进项目,成功申报“汽车转向系统用半刚性轴承装配装置”“双列、双半内圈冲压保持架收口模具”和“张紧器的连接结构”等3项实用新型专利。有序推进上海集优机械股份有限公司投资的技改项目,完成新热处理生产线、正时轮系结构软件、滚轮检测线、中小型磨超自动线、外径φ26-62和φ30-58两条装配短线等6个子项目验收。推进机器人装配线调试,年内投入批量试生产。管柱轴承装配线的关键设备数控滚边检测机进入预验收阶段。自筹资金完成多个技术改进项目,其中相关车间的外圆磨床全部实现自动上料和连线,柱塞销的底厚检测和长度检测全部实现自动化,车间新液抛机投入使用;附件装配线完成调试,确保TN20张紧轮轴承上线装配;小型磨加工线顺利投产,确保88259.0转向机轴承批量生产和供货;车间集供管道、控制系统完成设计和安装,实现冷却液集中供应;设计和制造冷冻试验机用装置,解决低温性能试验的需要。年内,公司获国家级“守信用、重合同”企业称号、上海市诚信创建二星级企业和信用资质AAA级企业称号,“上新”商标汽车轴承继续被认定为“上海市名牌产品”。 (褚佳聪)

上海振华轴承总厂有限公司热处理生产线

(上海振华轴承总厂有限公司 供稿)

事业单位

【中国科学院上海应用物理研究所】 地址:嘉罗公路2019号;所长:赵振堂;电话:59553998(总机);传真:59553021;邮编:201800

2014年,中国科学院上海应用物理研究所完成领导班子换届工作,围绕中国科学院“创新2020”和“率先行动”计划总体要求,围绕钍基熔盐堆核能系统先导专项、大科学装置集群建设、有特色的基础前沿交叉研究等战略目标,致力于科研攻关、人才队伍建设和创新成果产出,拓展国际合作,提升管理水平,营造创新学术氛围。钍基熔盐堆核能系统(TMSR)科技攻关和持续发展工作取得进展。经中国科学院院长办公会议审议,将钍基熔盐堆核能系统卓越创新中心调整为创新研究院,批准先进核能创新研究院实施方案。TMSR先导专项完成两种钍基熔盐实验堆概念设计,启动固态燃料实验堆工程设计;掌握氟盐冷却剂制备与净化、镍基合金生产与加工工艺,掌握氟盐强腐蚀等核心技术;完成先导专项中期进展评估。开辟中美核能科技合作新局面,与美国橡树岭国家实验室签订熔盐堆合作研究协议,与麻省理工大学签订科技合作意向书,作为观察员参加国际四代堆论坛熔盐堆技术委员会并承办2014年度执委会会议,后续支持列入相关计划。年内,上海光源装置主要运行技术指标处于国际先进水平,进入持续发展和提升阶段。“中国科学院上海大科学中心”成立,进入全面实施阶段。上海光源全年向用户供光4 624.5小时,用户供光期间开机率98.6%。至年底,共收到用户课题申请8 158份,申请机时556 960小时,涉及实验人员10 007人23 133人次,用户发表科学研究成果论文近2 000篇,其中SCI1区文章400余篇,包括在《科学》《自然》《细胞》等刊物发表论文40篇。上海光源后续工程项目按计划落实、推进。上海光源线站工程(二期)被列入国家“十二五”重大科学基础设施建设规划;X射线自由电子激光试验装置项目于12月30日举办开工奠基仪式;蛋白质科学研究(上海)设施光束线站完成全部光束线设备的安装和在线联调,“梦之线”全面达到验收指标要求;首台国产质子治疗装置研制取得重大进展,完成加速器系统工程设计和治疗系统初步设计。线站实验方法研究与光源关键技术转移转化方面,自装置技术与超高密度纳米阵列研究、超导高频腔备用腔研制、加速器整机出口等取得进展。核科学技术与前沿交叉学科研究领域获重要进展,在中高能重离子碰撞研究、纳米医学及生物传感技术的新方法研究与应用、铝的生物毒性等方面开展特色工作;推进基于大科学装置的in-house研究,在界面分子表征与生物成像等方面取得成果。在多相输运模型中首次引入粒子的平均场势,定量解释束流能量扫描实验中观测到的正反粒子椭圆流的劈裂,从中获取QCD相图及强子-夸克相变临界点的信息,论文发表在《物理学评论通讯》,入选中国科学院业务通讯。采用量子计算、经典分子动力学模拟与同步辐射能谱和X射线光电子谱(XPS)、圆二色谱(CD)、核磁共振谱(NMR)等谱学实验相结合的方法,研究铝对蛋白结构的影响,提出一种铝对人体生物毒性的新分子机制。相关研究结果作为首页插图发表于《德国应用化学》国际版,入选中国科学院业务通讯。全年新争取科研项目125项,其中国家基金委项目47项,科技部973课题1项,国际科技合作专项(中澳合作)1项,中科院项目36项,上海市项目22项,其他横向项目18项,首次获国家自然科学基金委创新研究群体项目。发表论文294篇,其中SCI论文210篇,以第一作者单位发表影响因子大于5的高水平论文38篇。申请专利49个,专利授权22个。引进博士学位人员33人,聘用正高级岗位4人,招收博士研究生66人、硕士研究生104人。至年底,全所有在职职工1 093人,其中科技人员990人,中国科学院院士1人,研究员114人。上海光源稳定高效运行,获“中国科学院综合运行成果奖励”一等奖。上海光源参展第16届中国国际工业博览会,获“特别荣誉奖”。

(蔡　雨)

【中国科学院上海光学精密机械研究所】 地址:清河路390号;所长:李儒新;电话:69918000(总机);传真:69918800;邮编:201800

中国科学院上海光学精密机械研究所(以下简称上海光机所)成立于1964年5月,是国内建立最早、规模最大的激光科学技术专业研究所,重点学科领域包括强激光技术、强场物理与强光光学、空间激光与时频技术、信息光学、量子光学、激光与光电子器件、光学材料等。设有物理学、光学工程、材料科学与工程等3个专业一级学科博士研究生培养点,物理学、光学工程、材料科学与工程、科学技术史等4个一级学科硕士研究生培养点,设有物理学、光学工程、材料科学与工程等3个专业一级学科博士后流动站。

2014年,在某激光驱动器关键技术与系统方面,驱动器升级装置建设全面完成,转入试运行,开展性能达标调试;驱动器新构型技术验证进入全链路集成阶段;光学元器件相关研究工作完成关键技术攻关阶段任务,转入中试验证。作为国内空间全固态激光器唯一承研单位,全年交付9套初样电性件、5套初样鉴定件、1套正样产品、1套模样,无不合格产品。推进航天、航空等重点型号的分系统、单机研制工作,重大专项和重点型号项目立项工作取得进展。在“极端强场超快科学重要前沿与应用开拓”方面,在国际上首次提出高对比度多级啁啾脉冲放大器(CPA)和终端光学参量啁啾脉冲放大器(OPCPA)相结合的混合放大总体创新技术路线,超强超短激光实验装置输出激光脉冲峰值功率突破1拍瓦大关,是同期国际上基于OPCPA放大输出的最高峰值功率;研制成功5拍瓦高增益大能量CPA放大器,两项成果均处于国际领先水平。相对论强激光的角动量效应研究结果被《自然·光子学》杂志专题报道。高功率光纤激光技术研究建立基于四路1.5千瓦光纤激光的被动相干合成系统,实现总功率大于5.3千瓦的相干合成输出,成为国际上同类技术方案的最高水平。单频拉曼光纤放大器技术,采用全新的镱-拉曼集成的光纤放大器结构,在1 120纳米波长,首次获得580W的单横模线偏振拉曼光纤激光和1.3千瓦的近单模拉曼光纤激光输出,达到国际先进水平。高功率大模场光纤光栅刻写技术,研制成功千瓦级高功率光纤光栅,搭建完备的光栅刻写技术平台。新型相干激光通信技术研究提出一种全新的判决决策型相干探测体制。在国内首先实现10Gbps传输速率的相干激光通信桌面实验演示,为30Gbps通信速率的实现奠定基础。建立新一代微波钟与光钟研究平台,开

科技创新　助力圆梦——2014年上海光机所第十届公众科学日活动

(上海光机所　供稿)

展系列高精度小型原子钟技术研究及应用。完成脉冲光抽运(POP)原子钟实验室样机,频率稳定度达2.16×10-12@秒,5×10-14@天。积分球冷原子钟完成全部原理性验证,实现闭环锁定,频率稳定度可达1×10-15@天,可为原子钟频率比对提供高精度的标准频率源。光纤时频传递研究成功建立了基于商用光纤通信链路的实地光纤传递系统,相关技术指标达到国际先进水平。“神光II多功能高能激光系统”成果获国家科学技术进步二等奖。“嫦娥三号着陆避障激光三维成像敏感器技术”项目获2014年度上海市科技进步奖一等奖,“高功率连续波单模全光纤激光器”获上海市科技进步奖二等奖。年内,科技部在修订版《中以创新合作三年行动计划(2015～2017)》(草案)中将“中以高功率激光工程联合研究中心”纳入两国政府间合作声明,与白俄罗斯、意大利、韩国的国际科技合作项目进展顺利。成功主办“第一届国际高功率激光科学与工程学术研讨会”“第五届成丝国际会议”“第十三届多光子过程国际会议”等6个较大规模国际学术会议。李儒新研究员当选美国光学学会(OSA)会士。至年底,上海光机所有在职职工883人。其中科技人员508人、科技骨干人员272人,包括中国科学院院士6人、中国工程院院士1人、发展中国家科学院院士2人、研究员及正高级工程技术人员96人、副研究员及高级工程技术人员225人。共有“青年千人计划”入选者2人、国家“万人计划”入选者1人、“中青年科技创新领军人才”3人、中国科学院“百人计划”入选者25人、国家杰出青年科学基金获得者5人。有在学研究生489人(其中硕士生251人、博士生238人)、在站博士后12人。　(沈　力)

【中国科学院上海硅酸盐研究所中试基地】 地址:城北路215号;主任:宋力昕;电话:69987700;传真:59927184;邮编:201800

中国科学院上海硅酸盐研究所中试基地(以下简称中试基地)有近50年的发展历史,占地4.2万平方米,建筑面积3.9万平方米,是国家“七五”期间的大中型建设项目。中试基地现有职工176人,其中大专以上学历103人,中高级以上职称90人。中试基地主要从事先进无机材料开发研究、中间扩大实验和中试生产工作,涉及人工晶体、功能陶瓷和结构陶瓷。在闪烁晶体方面,对BGO、BaF_2、CeF_3、$PbWO_4$、PbF_2、CsI、LYSO等进行大量的研究开发和中试生产,晶体质量达到国际领先水平,主要应用于高能物理、核物理、核医学、安检、缉私和地质勘探等领域。

2014年,中试基地一线实现88×68mm^{2}截面(100)定向BGO晶体的可控制备,定向BGO晶体制备技术取得突破。中试三线依托TeO_2晶体生长方面优势,瞄准快速增长的超快速激光打标机用声光调制器市场需求,推动TeO_2声光器件研制项目:声光器件工艺做出创新性改进,产品通过用户1 000小时老化验证,产品可靠性获客户高度认可,被选定为国内第一供货商;针对市场的巨大需求,全新研发120MHz声光调制器,拓展硅酸盐所声光器件的种类,产品性能达到同类国外进口产品水平;实现从研发到销售的跨越,全年完成1 000只声光调制器订单。碳化硅晶体在国家重大专项、国家“863”项目、中科院和上海市的项目资助下,开拓多品种小批量碳化硅晶体生长和衬底片加工技术研究,在碳化硅晶体研发方面实力全面提升。通过采用模拟生长烧结原料纯化、多晶过渡层、分离导模套等新技术,有效解决生长组分一致性控制和晶体应力开裂问题,达到初期气相组分Si/C比接近1以及原料纯度在99.99%以上,实现晶体生长初期单点成核和表面呈二维层状生长机制的效果,显著提高晶体质量,降低晶体开裂率。将原有工艺移至进口德国PVA生长炉,在PVA生长炉上生长得到完整4英寸晶锭,顺利完成PVA炉生长技术验证,在此基础上与德方签订生长设备与生长技术整体销售的战略合作协议。年内,中试基地顺利通过高新技术企业复审工作,全年累计申报国家和地方项目14项,完成上海市经信委“无机闪烁晶体的关键制备技术及产业化”项目结题验收和发改委“年产百万片高技术人工晶体产业化”项目验收准备工作。　(贾颖楠)

【核工业第八研究所】 地址:嘉罗公路1719号;所长:周文彬;电话:39523436(总机);传真:39523388;邮编:201899

2014年,核工业第八研究所开展新型专用设备研制,经营工作稳步发展,全年合并主营业务收入2.72亿元,利润总额3 505万元。全面开展安全生产标准化达标建设工作,于9月通过核工业标准化研究所组织的现场审核,达到安全生产标准化二级单位标准。重视科研成果报奖工作,作为第二完成单位的专用设备研制获得集团公司科学技术进步特等奖和国防科学技术进步一等奖。两项技术基础项目通过集团公司组织的成果鉴定。全年申报发明专利1项,专利授权5项。至年底,全所有在册职工120人,其中各类专业技术人员70人(含高级职称14人)。　(徐哲军)

【上海微波设备研究所】 地址:沪宜公路185号;所长:杜方宁;电话:59121051;传真:59125459;邮编:201802

上海微波设备研究所隶属于中国电子科技集团公司,主要从事电子信息类产品专业基础技术研究和设备研制。2014年,实现营业收入5.51亿元,比上年增加1.02亿元,增长22.72%;实现利润总额3 023万元,增加661.74万元,增长28.18%。新签军品科研生产合同6.55亿元、民品合同1.45亿元。全面完成科研、生产任务,其中X09项目突破近10项关键技术,填补国内空白。全年共承担各类科技创新项目18项,实现科技创新收入2 107万元,获7项国防发明专利、1项国家实用新型专利。推动与复旦大学、西安电子科技大学、上海大学、杭州电子工业大学的交流合作,成立技术创新基金,落实校企合作项目17项。按照“军品立所、民品强所”发展思路,开拓民品市场,发展军民结合的高技术产业,全年实现民品产业收入1.26亿元,比上年增加2 771.13万元,增长28.13%。研究所资产总额7.77亿元,比年初增加1.37亿元,增长21.42%。至年末,全所有职工757人。　(温　锐)

【上海激光等离子体研究所】 地址:陈家山路1129号;所长:傅思祖;电话:59927798;传真:59528969;邮编:201800

上海激光等离子体研究所建于1984年,是专门从事高功率激光技术和激光等离子体物理研究的科研实体。2014年,研究所完成全光纤超短脉冲光纤激光系统的研制,实现单脉冲能量60微焦、脉冲宽度300飞秒、重复频率200kHz的激光输出。神光III原型装置开展的物理实验,在国内首次获得高品质的直接驱动轻重介质界面RT不稳定性和烧蚀RT不稳定性强非线性增长阶段的实验图像与数据。深入研究激光直接加载下的预热问题及其对激光状态方程参数测量的影响,相应结果发表在《等离子物理》(Physics of Plasmas),时为国内外同类研究中发表的最为系统的研究成果。研究所先后获国家科技进步二等奖3项、三等奖1项;军队科技进步一等奖6项、二等奖3项;上海市科技进步一等奖2项,三等奖1项。至年底,研究所有在职职工49人,其中科研人员35人,中国科学院和中国工程院院士3人,入选"千人计划"和"新世纪百千万人才工程"各1人,有5人享受国务院政府特殊津贴。 (孙今人)

【上海市众仁慈善服务中心】 地址:南翔镇众仁路1号;主任:景婷;电话:59127991;传真:59173366;邮编:201802

上海市众仁慈善服务中心成立于1998年,是集养老、保健、娱乐功能为一体的标准化安老机构,下辖众仁花苑、众仁乐园两个养老实体,按照"老有所养""老有所医""老有所乐""老有所学""老有所为"的标准,为老人提供衣食住行、护理保健、休闲娱乐、文化社交等全方位服务,中心是市级文明单位、市级花园单位、中华慈善先进机构。2014年,中心接待鄂尔多斯市民政局、福州市民政局、上海市民政局、全国总工会、香港慈善机构联合访沪团等国内外参观团体54批,接待个人参观2 000余人次。中心开展成立15周年系列庆祝活动,举办新老职工座谈会、老人主题摄影展、书画作品展等活动。

众仁乐园二期护理院建设年中竣工

(张建华 摄)

众仁花苑位于众仁路1号,占地面积3.4公顷,绿化面积60%。共有13层、15层、17层3幢老人居住楼和1幢3层综合活动楼,拥有独立成套的公寓式住房200套,床位400张,综合活动楼可供老人开展休闲、娱乐、学习、健身等活动。年内,引入社工"助人自助"理念。成立"嘎讪胡"聊天角、"众仁摄影沙龙"兴趣小组。开展共建活动,和嘉定消防中队南翔支队开展迎春互送春联赠字活动,举办天使知音沙龙、冠群驰骋到众仁联欢会、万隆金秋联欢会、挪威铜管兄弟乐队慰问演出等系列活动。年内,综合床位使用率100%,老人满意率92.41%。

众仁乐园位于平城路160号,占地面积10.2公顷,有5幢4层公寓楼、食堂及活动中心,公寓建筑面积2.7万平方米。公寓楼设置单人间和双人间,有房间200余套,床位350张,配有独立卫生间、成套家具及家用电器。活动中心设有多功能厅、多媒体教室、钢琴房、乒乓球室、游艺活动室、阅览室、茶室。众仁乐园坚持"乐"字当头的服务方针,为老人提供优质、人性化服务。年内,乐园举办春节联欢会、元宵猜谜、第三届"重拾童趣"小游戏等活动。邀请"菊园有戏"市民艺术课堂百姓戏曲专场到乐园为老人演出,菊园新区"送好戏文化配送服务基地"揭牌。组织老人参观嘉定消防中队及消防展示馆、城市规划展示馆、上海展览中心改革开放成果展、嘉定博物馆、上海民政博物馆。邀请菊园社区卫生中心为院内患糖尿病、高血压老人进行回访,联系嘉华医院开设医疗讲座和医疗班车。坚持"来电记录""乐园探视记录""每日工作记录""开门记录""护工登记管理记录""家属电话记录"等业务工作制度。乐园综合床位使用率91.7%、老人满意率90.77%。众仁乐园二期护理院建设于6月竣工。 (陈依莎)

荣 誉 榜

编辑 袁黛英

先 进 个 人

【全国优秀共青团员1人】
古成龙

【全国乡村好青年1人】
张 彪

【全国农村青年致富带头人1人】
赵 芸

【全国城乡妇女岗位建功先进个人1人】
顾月兰

【全国“双有”主题教育活动先进个人1人】
陆海川

【全国工会贯彻落实集体协商工作三年规划先进个人1人】
杨炳康

【全国工会经审工作优秀干部1人】
胡素丰

【全国社会工作领军人才1人】
金婉仙

【入选“中国好人榜”5人】
张 彪　王玉英　腾允瑜
沈启华　艾博彬

【第三次经济普查国家级先进个人1人】
朱 艳

【全国质量监督检验检疫系统践行社会主义核心价值观先进人物1人】
俞建高

【全国社会扶贫先进个人1人】
谢岳林

【上海市五一劳动奖章1人】
王引婷

【2013–2014年度上海市职工职业道德建设十佳标兵个人1人】
王引婷

【上海市“劳模年度人物”1人】
苏兴华

【上海市“劳模年度人物”推荐奖1人】
石永明

【全国“安康杯”竞赛(上海赛区)先进个人3人】
沈 激　邵健华　杜惠琴

【上海市社会主义精神文明好人好事提名2人】
黄保川　彭 蓉

【上海市“两新”组织优秀党建之友3人】
孟明荣　鲍建生　郭进财

【上海市司法行政系统“践行核心价值观,凝心聚力促发展”专项记功工作个人三等功1人】
费 萍

【上海市司法行政系统先进个人3人】
吴 斌　周少云　王品祺

【上海市社区矫正专职干部大比武个人二等奖1人】
明 玉

【上海市优秀公证员1人】
罗竞坚

【上海市“让人民群众能感知的公信力活动”先进个人1人】
李亚萍

【上海市优秀公证员助理1人】
李 毅

【上海市文化科技卫生“三下乡”活动先进个人1人】
王为农

【上海市社会组织优秀女性工作者暨巾帼建功标兵1人】
金婉仙

【2013–2014年度上海市三八红旗手13人】
王春丽　余海芬　张 凡
陆 燕　陈勤娟　金惠娟
周丽萍　祝 郁　费雪英
徐 芬　董利群　蔡丽菁
薛文华

【上海市创建示范性家政服务站实事项目金牌家政服务员2人】
朱莉莉　徐业萍

【上海市先进军转工作者1人】
张志娟

【2010–2014年度上海市劳动模范、先进工作者12人】
石照利　陈秋华　张晋盼
蔡锦山　徐 珺　刘少兵
黄莎琳　白清良　申 河
徐满红　陈崇高　卢 波

【上海市区县知识产权工作先进个人1人】
陈蕴珠

【上海市建筑建材业优秀受理员2人】
戴革勤　张燕华

【上海市重大工程立功竞赛优秀建设者2人】
白俊英　叶孟洋

【上海市重大工程立功竞赛先进个人1人】
李 力

【上海市重点工程实事立功竞赛铁路赛区优秀建设者1人】
胡丽娟

【上海市交通委员会农村道路建设和管理工作先进个人1人】
周士浩

【上海市青年五四奖章个人6人】
甘丽纳　沈 洁　谭 斌
唐 伟　李书静　许玮盛

【上海市优秀共青团干部3人】
苏 彪　江丹丹　马芹芬

【上海市优秀共青团员3人】
吴云天　陆淼苗　王引婷

【第十三届“上海市青年岗位能手”5人】
李治刚 吴桂香 何 蔚
邵 思 程 琦
【上海共青团信息工作先进个人1人】
潘 菲
【上海市企事业单位治安保卫先进个人2人】
杨洪兴 陆殿钢
【第三次经济普查市级先进个人12人】
邓志华 卢浩林 印晔枫
朱 青 孙 健 严 亚
李效武 张 雯 陆陈明
周敏敏 顾仁杰 顾明珠
【上海市十佳家庭医生1人】
蔡琦英
【上海市优秀青年药师3人】
张艳萍 金 芸 陈学慧
【上海市第一届全科医师“基层服务卓越奖”1人】
陈 亮

先进集体

【全国文明镇1个】
江桥镇
【全国文明单位4个】
嘉定镇街道办事处
上海大众经济城发展中心
上海新时达电气股份有限公司
上海古猗园
【全国殡葬工作先进集体1个】
区民政局
【全国城乡妇女岗位建功先进集体1个】
嘉定工业区“双学双比”竞赛活动协调小组
【全国巾帼文明岗2个】
公安嘉定分局110报警服务台
迎园医院老年病房护理组
【全国“双有”主题教育活动优秀集体1个】
区妇联
【全国看守所管理机制创新先进单位1个】
区看守所
【全国公安机关执法规范单位1个】
公安嘉定分局刑侦支队
【全国公安机关打击整治传销集中行动成绩突出单位1个】
公安嘉定分局经侦支队
【全国五一巾帼标兵岗1个】
区妇幼保健院产科病区
【全国工会基层组织建设工作创新成果奖1个】
区总工会
【全国省属市级工会财务先进单位1个】
区总工会
【全国工会“职工书屋”示范点建设单位1个】
富士通将军（上海）有限公司
【全国“安康杯”竞赛优胜单位3个】
上海嘉实（集团）有限公司
上海安亭科学仪器厂
上海松鹤经济发展有限公司
【全国“安康杯”竞赛优秀班组1个】
上海嘉定汽车客运场站管理有限公司安全保卫科
【第五届全国年鉴编纂出版质量评比综合一等奖1个】
《嘉定年鉴》编辑部
【全国青少年综合服务平台1个】
嘉定镇街道丽景居民区青年中心
【全国青年文明号1个】
马陆工商所
【第三次经济普查国家级先进集体1个】
嘉定区第三次经济普查领导小组办公室
【2012–2014年全国农产品成本调查工作优秀集体1个】
区物价局价格监测监督科
【上海市临床药师管理优秀单位1个】
区中医医院
【第三次经济普查市级先进集体（街道、乡镇）4个】
嘉定镇街道第三次经济普查办公室
安亭镇第三次经济普查办公室
嘉定新城（马陆镇）第三次经济普查办公室
嘉定工业区第三次经济普查办公室
【2013–2014年度上海青年志愿者工作优秀组织奖1个】
共青团嘉定区委员会
【上海共青团媒体工作优秀集体奖1个】
共青团嘉定区委员会
【上海青工系统先进团组织标兵1个】
共青团嘉定区委员会
【上海市优秀少工委1个】
少先队嘉定区工作委员会
【上海市社区青少年工作先进集体1个】
共青团嘉定区委员会
【上海市五四红旗团委1个】
共青团嘉定区民政局委员会
【上海市五四特色团委1个】
共青团嘉定区安亭镇委员会
【上海市五四红旗团支部4个】
嘉定区建设和交通委员会团总支
嘉定区个体劳动者协会青年工作委员会团支部
上海熙风电子商务有限公司九九维康团支部
上海科科阀门有限公司团支部
【上海市青年五四奖章集体4个】
真新街道“小清新”同盟青年服务社
“七彩红盾 青春有爱”嘉定工商青年志愿者服务队
上海科世达—华阳汽车电器有限公司前期开发部
嘉定社会组织服务中心（嘉定社会组织公益实践园）青年团队
【2013–2014年度上海市青年文明号14个】
松鹤墓园总业务厅
嘉定区行政服务中心发改委窗口（投资计划科）
上海太太乐食品有限公司鸡精流化床生产线
上海建腾建筑工程监理有限公司第五监理部
上海嘉定水务工程设计有限公司水工室
嘉定华亭人家旅游服务组
嘉定区第一中学青年教师教研组
南翔镇社区事务受理服务中心
工商嘉定分局注册大厅
嘉定区国家税务局第四税务所
嘉定区国家税务局第七税务所办税服务厅
嘉定区妇幼保健院妇科病区
嘉定区广播电视台
嘉定区人民法院房屋征收与补偿专业审判庭（行政二庭）
【上海市青少年维权岗4个】
震川中学“菁菁杏园”青少年维权岗
华亭镇青年志愿者服务中心
嘉定区人民检察院“新小村民成长之家”
上海市阳光社区青少年事务中心嘉定工作站
【上海市优秀青年突击队4个】
上海大众经济城招商服务青年突击队
嘉定区“多彩的音符”青年突击队
中国干细胞集团上海生物科技有限公司临床服务部青年突击队
上海嘉定融资担保有限公司青年突击队
【上海市青年突击队6个】
嘉定镇街道社会组织服务突击队
公安嘉定分局G15沈海高速朱桥检查站“铁闸”青年突击队

区文广局周末故事会青年突击队
嘉定水利普查青年突击队
嘉定区练祁佳城盛蕾坊动迁安置房青年工程突击队
嘉定区“七彩阳光”助残服务青年突击队

【上海市青年安全生产示范岗1个】
上海连成（集团）有限公司调试组

【上海市“两新”组织廉洁文化优秀组织工作单位2个】
安亭镇社工委
真新街道社工委

【上海市五星级社会组织党组织2个】
嘉定镇街道社会组织服务中心
安亭社会福利院

【2013-2014年度上海市三八红旗集体3个】
安亭社会福利院
嘉定镇街道社区事务受理服务中心
嘉定自来水有限公司女子抄表班

【上海市“十佳妇女之家”示范点1个】
嘉定新城（马陆镇）石冈社区“妇女之家”

【上海市“妇女之家”示范点13个】
江桥镇江丰社区“妇女之家”
嘉定新城（马陆镇）北管村“妇女之家”
徐行镇徐行村“妇女之家”
华亭镇华旺社区“妇女之家”
外冈镇杏花社区“妇女之家”
安亭镇迎春社区“妇女之家”
南翔镇虹翔社区“妇女之家”
嘉定镇街道丽景社区“妇女之家”
新成路街道新望社区“妇女之家”
真新街道丰二社区“妇女之家”
菊园新区嘉保社区“妇女之家”
嘉定工业区裕民社区“妇女之家”
西上海（集团）有限公司 “妇女之家”

【上海市司法行政系统“践行核心价值观，凝心聚力促发展”专项记功工作嘉奖集体2个】
区司法局
区司法局社区矫正科

【上海市文化科技卫生“三下乡”活动先进集体1个】
区司法局

【上海市司法行政系统集体三等功1个】
嘉定公证处

【上海市“五好”司法所2个】
新成路司法所
菊园司法所

【上海市基层依法行政规范化建设示范点2个】
安亭镇
嘉定镇街道

【上海市社区矫正安置帮教工作示范社工点1个】
叶城司法所

【上海市“工人先锋号” 2个】
嘉定区行政服务中心房地产交易中心受理部窗口
上海沪工阀门厂（集团）有限公司油漆（包装）车间

【上海市工会经审工作规范化建设标准考核特等奖1个】
区总工会经审会

【上海市团队创先特色班组3个】
上海新时达电气股份有限公司机器人控制系统开发部软件组
区妇幼保健院妇科
上海城建建设实业集团恒捷木业有限公司动力班组

【全国“安康杯”竞赛（上海赛区）优胜单位6个】
飞利浦灯具（上海）有限公司
安科瑞电气股份有限公司
上海南亚覆铜箔板有限公司
上海大华电器设备有限公司
上海市轻纺市场经营管理有限公司
上海奥托立夫汽车安全系统有限公司

【全国“安康杯”竞赛（上海赛区）优秀班组4个】
上海中西制药有限公司固体制剂车间机修组
上海三牛食品有限公司机电工程班组
上海坚弗特种涂料有限公司“EHS”班组
上海师伟企电器有限公司微动开关加工班组

【全国“安康杯”竞赛（上海赛区）优秀组织单位2个】
南翔镇总工会
徐行镇总工会

【2013-2014年度上海市推动厂务公开民主管理工作先进单位1个】
嘉定区

【2013-2014年度上海市十佳厂务公开民主管理工作先进单位1个】
维美德（中国）有限公司

【2013-2014年度上海市厂务公开民主管理工作先进单位2个】
上海汽车齿轮三厂
上海贝通色彩科技有限公司

【上海市五一劳动奖状1个】
维美德（上海）有限公司

【上海市工会财务竞赛优秀奖1个】
区总工会

【2010-2014年度上海市模范集体7个】
安科瑞电气股份有限公司徐军工作室
上海新时达电气股份有限公司研发中心驱动软件部
真新街道办事处联勤和城市网格化综合管理中心
徐行镇敬老院护理二组
区农业技术推广服务中心哈密瓜研究班组
税务嘉定分局行政服务中心税务局窗口
上海联影医疗科技有限公司联影设计创新中心

【上海市区县专利管理工作先进集体1个】
嘉定区

【上海市区县知识产权宣传培训工作先进集体1个】
嘉定区

【上海市重大工程实事立功竞赛路政赛区先进集体1个】
区公路署计划工程科

【上海市重点工程实事立功竞赛铁路赛区优秀集体1个】
区建交委建管科

【上海市重点工程实事立功竞赛市重大办赛区优秀集体1个】
区重大办

【上海市水产养殖病害防治管理工作一等奖1个】
嘉定区水产技术推广站

【上海市档案渔业（水产养殖）管理工作一等奖1个】
嘉定区水产技术推广站

【上海市农经统计管理工作一等奖1个】
嘉定区农经站

【上海市镇级集体资产产权界定工作一等奖1个】
嘉定区农经站

【上海市优质草莓“评优、推优”银奖1个】
上海农灯草莓生产专业合作社

【上海市优质蟠桃评比银奖2个】
上海嘉定维高蔬果专业合作社
上海嘉定文兴葡萄园艺场

【上海市水稻高产创建优秀方评比优秀组织奖1个】
嘉定区农业技术推广服务中心

【2013–2014年度上海市文明小区82个】

安亭镇（9个）

玉兰二村　玉兰一村
绿苑小区　紫荆小区
红梅小区　玉兰三村
花园小区　莱英社区
迎春小区

嘉定新城（马陆镇）（7个）

育苑小区　育兰小区
永盛公寓　天马小区
沥苑小区　戬浜小区
马陆新村

南翔镇（8个）

同盛公寓　虹翔公寓
嘉宝新苑　民主东街27弄小区
民主街368弄　云翔小区
新城公馆　翔华新村

江桥镇（4个）

曹安社区一村小区
杨柳社区河东小区
江华社区锦华茗园小区
嘉城社区海蓝路318弄

徐行镇（1个）

曹王小区

外冈镇（1个）

外冈新苑489弄

华亭镇（1个）

华亭佳苑

嘉定镇街道（14个）

桃园小区　丽景小区
嘉宝公寓　李园一村
汇龙公寓　嘉钟花苑
梅园小区　和华名苑
李园二村　六一小区
嘉丰佳苑　高层小区
小囡桥小区　塔城路小区

新成路街道（6个）

仓场社区　迎园社区
新成社区　南陈社区
新望社区　源珉社区

真新街道（16个）

金沙丽晶苑　都市港湾
丰庄一村　嘉泰花园
嘉乐之春　嘉善坊
汇丰佳苑　明日新苑
嘉美坊　嘉和坊
栅桥小区　嘉德坊
丽景新苑　丰庄二村
嘉秀坊　丰庄北路151弄小区

嘉定工业区（9个）

清水颐园　南苑二村
南苑一村　南苑五村
叶城五街坊　南苑八村
新世纪公寓　叶城二街坊
右岸嘉园

菊园新区（6个）

嘉富社区　嘉宏社区
嘉枫社区　嘉邦社区
嘉馨社区　宝菊新家园

【2013–2014年度上海市文明村59个】

安亭镇（16个）

塔庙村　联西村　林家村
顾浦村　向阳村　顾垒村
新泾村　前进村　横河村
黄墙村　联群村　星塔村
黄沈村　钱家村　杨木桥村
东街村

嘉定新城（马陆镇）（7个）

大裕村　石冈村　新联村
陆家村　戬浜村　仓场村
大宏村

南翔镇（4个）

永乐村　新丰村　曙光村
静华村

江桥镇（10个）

太平村　华庄村　新华村
先农村　高潮村　星火村
封浜村　江丰村　沙河村
幸福村

徐行镇（4个）

徐行村　钱桥村　劳动村
小庙村

外冈镇（5个）

外冈村　马门村　泉泾村
徐秦村　巨门村

华亭镇（3个）

联华村　毛桥村　联三村

嘉定工业区（7个）

娄塘村　灯塔村　胜利村
三里村　虬桥村　旺泾村
雨化村

菊园新区（3个）

永胜村　六里村　青冈村

【2013–2014年度上海市文明单位124个】

安亭镇（14个）

上海大众经济城发展中心
松鹤墓园
上海绿地私营经济发展有限公司
安亭社会福利院
上海大众联合发展有限公司
上海安亭工业经济发展有限公司
上海众达汽车冲压件有限公司
上海凯泉泵业（集团)有限公司
上海安亭科学仪器厂
上海德尔福派克电气系统有限公司
上海国际汽车城零部件配套工业园区有限公司
长安墓园
上海国际汽车城世茂实业有限公司
安亭镇文化体育服务中心

嘉定新城（马陆镇）（6个）

上海嘉定新城发展有限公司
嘉定新城（马陆镇)马东园区工作委员会
上海希望城经济发展有限公司
上海沪嘉经济发展中心
飞利浦灯具（上海）有限公司
上海新马建设（集团)有限公司

南翔镇（9个）

上海新时达电气股份有限公司
南翔福利院
上海古猗园经济城发展有限公司
上海南翔经济城实业有限公司
上海南亚覆铜箔板有限公司
上海信电通通信建设服务有限公司
上海新翔清运保洁服务有限公司
上海环球经济城发展有限公司
上海长园电子材料有限公司

江桥镇（5个）

江桥镇文化体育服务中心
上海封浜自来水有限公司
江桥镇社区事务受理服务中心
嘉定区规划和土地管理局江桥管理所
上海申江锻造有限公司

徐行镇（4个）

爱普香料集团股份有限公司
上海华荣科技股份有限公司
上海徐行经济城
上海沪太经济发展中心

外冈镇（4个）

上海新望经济服务中心
上海台安实业集团有限公司
上海申冈经济城发展有限公司
上海强劲地基工程股份有限公司

华亭镇（1个）

上海沪工阀门厂（集团)有限公司

嘉定镇街道（4个）

嘉定社会福利院
嘉定镇街道社区事务受理服务中心
上海华中实业（集团)有限公司
上海嘉定百联东方商厦有限公司

新成路街道（1个）

上海嘉弘建设工程发展有限公司

真新街道（2个）

真新街道社区事务受理服务中心
真新工商所

嘉定工业区（3个）

上海美农生物科技股份有限公司
上海雷诺尔科技股份有限公司
中国干细胞集团上海生物科技有限公司
菊园新区（4个）
菊园新区文化体育服务中心
上海水之园经济城有限公司
上海菊园经济发展中心
上海天灵开关厂有限公司
区级机关党工委（7个）
区级机关后勤服务中心
区人民法院
区物价检查所
区气象局
区人民检察院
区财政局
区残疾人联合会
区社工委（1个）
上海嘉定宾馆有限公司
区建交委（3个）
区园林绿化管理署
区房地产交易中心
区建筑业管理所
区农委（1个）
区农业技术推广服务中心
区国资委（6个）
嘉定自来水有限公司
上海烟草集团嘉定烟草糖酒有限公司
上海医药嘉定药业有限公司
上海二手车交易市场有限公司
区国有资产经营（集团)有限公司
上海绿洲投资控股集团有限公司
公安嘉定分局（1个）
公安嘉定分局
区司法局（1个）
嘉定公证处
区民政局（1个）
嘉定殡仪馆
区教育局（24个）
上海同济黄渡小学
嘉定一中
嘉定二中
震川中学
新成路小学
曹王幼儿园
安亭幼儿园
黄渡中学
上海科学技术职业学院
清河路幼儿园
清水路小学
实验小学
江桥小学
城中路小学
区教师进修学院
桃园幼儿园
徐行小学
南翔小学
普通小学
上海市行政管理学校
封浜小学
迎园中学
实验幼儿园
中光高级中学
区文广局（3个）
嘉定区广播电视台
区图书馆
嘉定博物馆
区卫计委（12个）
区中医医院
区妇幼保健院
区中心医院
华亭镇社区卫生服务中心
安亭镇黄渡社区卫生服务中心
真新街道社区卫生服务中心
外冈镇社区卫生服务中心
区迎园医院
区疾病预防控制中心
马陆镇社区卫生服务中心
安亭镇社区卫生服务中心
江桥镇社区卫生服务中心
其他（7个）
区委党校
中国移动通信集团上海有限公司嘉定分公司
中国农业银行股份有限公司上海市嘉定支行
嘉定供电公司
嘉定电信局
嘉定海关
邮政嘉定分公司

【2014年度嘉定区社会主义精神文明十佳好人好事】

十五年拾金不昧，四十万物归原主
安亭镇　张学峰
传递无私爱心，点燃生命希望
嘉定工业区　莫宏亮　尹琦
五年义务助残，换得邻里幸福
南翔镇　王雨生
热心小伙伸援手，白发阿婆危转安
上海博莱特压缩机厂　黄保川
社区老娘舅，善断百姓事
新成路街道　童永昌等
孝老爱亲情谊长，家庭重担一肩挑
上海嘉旺物业管理有限公司　袁霞
捐款捐物热心肠，公益精神永传扬
清水路小学　孙和平
肾友会暖人心，架起医患连心桥
嘉定区中心医院　李缨　王蕾
43年扎根农村，义务诊疗百姓福
外冈镇　马春元
水闸职工勇救落水七旬老太
嘉定区河道水闸管理所　周锦明

干部名录

编辑 孙培兴

区领导班子和各镇(街道)、各部门、区管事业单位及群众团体干部名录

【中共嘉定区五届委员会书记、副书记、常委、委员、候补委员】(2011.12-)

书　　记　马春雷(2013.7-)
副 书 记　杲　云(2013.7-)
　　　　　周金林(2013.8-)
常　　委　郝立宽(2011.12-2014.5)
　　　　　费小妹(女,2011.12-)
　　　　　倪耀明(2011.12-)
　　　　　林　峻(2011.12-)
　　　　　方顺民(2011.12-)
　　　　　单少军(2014.5-)
　　　　　陆奕绎(2011.12-)
　　　　　董依雯(女,2013.8-)
委　　员(按姓氏笔画为序)
　　　　　王其明(2011.12-)
　　　　　王建新(2011.12-)
　　　　　甘永康(2014.12-)
　　　　　朱建江(2011.12-)
　　　　　朱健民(2011.12-)
　　　　　刘　骏(2011.12-)
　　　　　刘海涛(2011.12-)
　　　　　阮祝军(2011.12-)
　　　　　孙　伟(女,2011.12-)
　　　　　严菊明(2011.12-)
　　　　　李　政(2011.12-2014.9)
　　　　　李　雪(女,2011.12-)
　　　　　李贵荣(2011.12-2014.10)
　　　　　吴　辰(2011.12-)
　　　　　沈培新(2011.12-)
　　　　　张　潮(2014.12-)
　　　　　张德祺(2011.12-)
　　　　　张黎平(2011.12-)
　　　　　陈　技(2011.12-)
　　　　　陈　宾(2014.12-)
　　　　　范意萍(女,2011.12-)
　　　　　郁建华(2011.12-)
　　　　　金伟荣(2011.12-)
　　　　　周上游(2011.12-)
　　　　　郑艳辉(女,2014.12-)
　　　　　赵志坚(2011.12-)
　　　　　姚　伟(2011.12-)
　　　　　袁　航(2011.12-)
　　　　　唐　忠(2011.12-)
　　　　　章　华(2011.12-2014.5)
　　　　　燕小明(2011.12-)
候补委员　甘永康(2011.12-2014.12)
　　　　　陈　宾(2011.12-2014.12)
　　　　　郑艳辉(女,2011.12-2014.12)
　　　　　张　潮(2011.12-2014.12)
　　　　　金林泉(2011.12-)
　　　　　汤　艳(女,2011.12-)
　　　　　俞　敏(女,2011.12-)

【中共嘉定区纪律检查委员会书记、副书记、常委,室主任、纪检员,调研员、副调研员】

书　　记　郝立宽(2011.12-2014.5)
　　　　　单少军(2014.5-)
副 书 记　陆俊敏(2010.6-)
　　　　　陈洪飞(2011.9-)
常　　委　许莉萍(女,2007.1-)
　　　　　张彩明(2011.11-)
　　　　　顾颖健(女,2011.11-)
　　　　　邵启胜(2014.1-)
办公室主任　张　杰(2012.10-2014.8)

案件检查室主任　张彩明(2011.11-2014.8)
审理法规室主任　顾颖健(女，2009.8-2014.8)
党风廉政室主任　邵启胜(2014.1-2014.8)
信 访 室 主 任　李　震(2009.11-2014.8)
宣传教育室主任　邵启胜(2009.8-2014.1)
　　　　　　　　孙　莉(女，2014.1-2014.8)
(2014年8月区纪委区监察局内设机构调整)
办 公 室 主 任　张　杰(2014.9-)
宣传教育室主任　孙　莉(女，2014.9-)
党风政风监督室主任　许莉萍(女，2014.9-)
信 访 室 主 任　邵启胜(2014.9-)
第一纪检监察室主任　张彩明(2014.9-)
第二纪检监察室主任　李　震(2014.9-)
案件审理室主任　顾颖健(女，2014.9-)
纪　检　员　万伟忠(2002.9-2014.2)
　　　　　　孙　莉(女，2009.11-2014.1)
　　　　　　陆永庆(2014.4-)
　　　　　　周颂华(2014.12-)

【中共嘉定区委所属机构负责人、调研员、副调研员】

区委办公室
主　　任　傅　俊(2013.8-)
副 主 任　何志军(2007.3-)
　　　　　李　超(2009.8-)
　　　　　吴伟民(兼，2009.11-2014.11)
　　　　　张　斌(2012.4-)
　　　　　任少杰(2013.4-)
区委机要局
局　　长　王晓华(副处，2007.3-2014.8)
区委组织部
部　　长　董依雯(女，2013.8-)
副 部 长　顾惠文(女,正处，2011.7-)
　　　　　甘晓兵(2013.4-)
　　　　　夏　峰(兼，2013.8-)
　　　　　陈　杰(2013.8-)
组 织 员　姚　芳(女，2009.8-)
　　　　　赵　良(2010.6-)
　　　　　肖丽青(女，2012.7-)
　　　　　曾宪亚(2013.3-)
　　　　　赵兴明(2013.12-)
调 研 员　朱明荣(2013.3-)
　　　　　黄正德(2013.8-)
区编办
主　　任　甘晓兵(兼，2013.4-)
副 主 任　赵林华(2010.9-)
　　　　　杜文明(2014.7-)
区委党史研究室
主　　任　陈　杰(2013.8-)
副 主 任　张明强(2009.11-)
　　　　　居培红(女，2012.4-)
区党代会代表联络工作办公室
主　　任　唐　军(女，2009.8-)

区海外人才引进工作专项办公室
主　　任　徐　慧(女，2010.4-)
区委宣传部
部　　长　林　峻(2011.12-)
副 部 长　顾惠清(2007.5-)
　　　　　燕小明(兼，2009.11-2014.7)
　　　　　徐　嵘(2010.4-)
　　　　　朱　健(女，2012.4-)
宣 传 员　杨祖柏(2011.1-)
调 研 员　许燕华(女，2012.4-)
区精神文明建设委员会办公室
主　　任　徐　嵘(兼，2010.4-)
副 主 任　金　芳(女，2011.7-)
区委统战部
部　　长　陆奕绎(2011.12-)
副 部 长　沈　峰(2011.7-)
　　　　　杨海龙(2012.4-)
　　　　　倪　琴(女,兼，2012.4-)
　　　　　邓惠娟(女，2013.8-)
区委台湾工作办公室
主　　任　杨海龙(兼，2012.4-)
区社会主义学院
院　　长　沈　峰(2011.7-)
副 院 长　陈　攀(2012.4-)
区委政法委
书　　记　倪耀明(2011.12-)
副 书 记　沈绍裘(2006.11-)
　　　　　王　浙(正处，2008.6-)
　　　　　夏　彬(正处，2013.9-)
政 法 员　陆晓明(2011.7-)
调 研 员　赖浪平(2013.9-)
区委老干部局
局　　长　夏　峰(2013.8-)
副 局 长　邓苏加(女,回族，2007.7-)
　　　　　孙　巍(2013.3-)
副调研员　黄家善(2013.3-)
区级机关党工委
书　　记　严伟中(2013.9-)
副 书 记　陈彩兴(2004.11-)
调 研 员　魏滨海(2013.9-)
区社会工作党委
书　　记　汤　艳(女，2012.12-)
副 书 记　赵俊明(2010.9-)
　　　　　王国忠(2013.3-)
区委政策研究室
主　　任　吴伟民(2010.4-)
副 主 任　张　旗(女，2003.11-)
　　　　　万　刚(2012.4-)
　　　　　李　伟(2012.7-)
区委、区政府信访办公室
主　　任　袁　军(2013.12-)
副 主 任　沈元雄(2009.12-)

浦忠明（正处，2013.12–）
王文瑜（女，2013.12–）
调研员 陈品良（2008.7–2014.2）
汪志平（2011.7–）

区督解办
主任 浦忠明（兼，正处，2013.12–）

区档案局（地方志办公室、档案馆）
局长 沈越岭（女，2013.9–）
副局长 牛洪义（2011.7–）
顾建清（2013.12–）
主任 沈越岭（兼，女，2013.9–）
副主任 宋振宇（2012.7–）
馆长 沈越岭（兼，女，2013.9–）
调研员 蔺乐平（2012.4–）
高加明（2013.12–）
副调研员 陈启宇（2004.11–）
张建华（2012.4–）

区委610办公室
主任 韦战锋（2006.12–）
副主任 游卫华（2012.4–）
副调研员 李培林（2007.11–）

区委党校
校长 周金林（兼，2013.8–）
常务副校长 金林泉（2001.12–）
副校长 金友良（2007.3–）

区委农村工作办公室
主任 朱维强（兼，2013.12–）
副主任 朱承广（兼，2012.7–2014.11）
诸宏（兼，2012.7–）

区人武部
政治委员 方顺民（2010.8–）
部长 于森鹤（2011.12–）
副部长 夏志昌（2013.3–）

【中共嘉定区委下属党委（党工委、党组、直属党总支）书记、副书记】

区五届人大常委会党组
书记 吴辰（2012.1–）
副书记 张敏（2012.1–）

区政府党组
书记 杲云（2013.7–）
副书记 费小妹（女，2013.12–）

区五届政协党组
书记 刘海涛（2013.8–）
副书记 章宇慧（女，2012.1–）

区人武部党委
第一书记 马春雷（兼，2013.8–）
书记 方顺民（2010.8–）
副书记 于森鹤（2011.12–）

区委党校党总支
书记 金林泉（2001.12–）

区法院党组
书记 章华（2006.11–2014.4）
殷勇（2014.4–）

区检察院党组
书记 阮祝军（2011.11–）

区总工会党组
书记 金伟荣（2009.8–）

团区委党组
书记 董爱华（2012.12–）

区妇联党组
书记 俞敏（女，2011.7–）

区工商联党组
书记 倪琴（女，2012.4–）

区侨联党组
书记 邓惠娟（女，2013.3–）

区残联党组
书记 时洁（女，2010.4–）
副书记 王建平（2009.8–2014.11）

区红十字会党组
书记 张丽萍（女，2011.7–）

区档案局（地方志办、档案馆）党组
书记 沈越岭（女，2013.9–）

区发展改革委党组
书记 朱健民（2012.2–）

区经济党工委
书记 陈旭（2009.2–）
副书记 朱灵（女，2011.7–）

区粮食局党组
书记 沈硕（2009.2–）

区科委科协党组
书记 周勇（2013.9–）
副书记 陈蕴珠（女，2013.9–2014.11）

区建设交通党工委
书记 王其明（2004.11–）
副书记 陆曙华（2005.9–）
肖惠兴（2008.7–）

区农业党工委
书记 朱承广（2013.9–）
副书记 朱维强（2013.12–）

区国资委党委
书记 金惠萍（女，2013.12–）
副书记 汪巍忠（2011.1–）
沙建秋（2013.8–）

区卫生计生委党委
书记 郑艳辉（女，2013.12–）
副书记 郑益川（2013.12–）
方云芬（女，2013.12–）

公安嘉定分局党委
书记 李贵荣（2006.12–2014.10）
邢培毅（2014.11–）
副书记 季平（2009.7–）

国家安全嘉定分局党委
书记 徐骏（2009.9–）

区民政局党委
书　　　记　归华芳（女，2006.11–）
副 书 记　沈浩平（2010.6–）
　　　　　赵志坚（2013.12–）
区司法局党委
书　　　记　宫红军（2010.1–）
副 书 记　吴建军（主持党委工作，2009.2–2010.1；2010.1–）
　　　　　潘定生（2009.2–）
区财政局党组
书　　　记　周上游（2005.9–）
区人力资源社会保障局党委
书　　　记　娄庆梅（女，2009.2–）
副 书 记　陈　技（2009.2–）
　　　　　李　倩（女，2013.9–）
区环保局党组
书　　　记　桑健明（2005.5–）
区规划土地局党委
书　　　记　宗　伟（2012.12–）
副 书 记　陈　曦（2009.2–）
　　　　　金　跃（2009.2–）
区水务局党委
书　　　记　杨莉萍（女，2010.1–）
副 书 记　俞　鑫（2012.2–2014.7）
　　　　　王庆平（2011.1–2014.7）
　　　　　汤大元（2014.7–）
区教育局党委
书　　　记　王晓燕（女，2012.7–）
副 书 记　姚　伟（2012.7–）
　　　　　金立新（2012.7–）
区文广影视局党委
书　　　记　燕小明（2006.12–2014.1）
　　　　　闫加伟（2014.1–）
副 书 记　郭洪其（2006.12–）
　　　　　燕小明（2014.1–2014.7）
区审计局党组
书　　　记　柏永明（2011.7–）
区统计局党组
书　　　记　吴雪芬（女，2013.3–）
副 书 记　吴　刚（2008.2–）
区体育局党组
书　　　记　赵晓波（2013.3–）
区旅游局党组
书　　　记　封建华（女，2009.2–）
区绿化市容局党委
书　　　记　王庆德（2003.12–）
副 书 记　张家平（2001.12–）
　　　　　仇鸣峰（2011.7–）
区住房保障房屋管理局党组
书　　　记　谢志音（2009.2–2014.4）
　　　　　周志良（2014.4–）
区交通局党委
书　　　记　唐忠云（2005.5–）
副 书 记　赵鑫宝（2011.1–）
　　　　　陆建新（2013.3–）
区安全监管局党组
书　　　记　顾忠宝（2011.07–）
区民防办党组
书　　　记　叶晓华（2011.7–）
区行政服务中心党委
书　　　记　张惠芳（女，2011.7–）
税务嘉定分局党组
书　　　记　郑继明（2011.5–）
工商嘉定分局党委
书　　　记　陈　怡（2013.4–）
副 书 记　陆铁龙（2013.7–）
区质量技监局党组
书　　　记　陈　钢（2011.10–）
食品药品监管嘉定分局党组(2014年3月撤销)
书　　　记　丁耀臣（2007.10–2014.3）
副 书 记　王小云（女，2012.7–2014.3）
食品药品监管嘉定分局党委(2014年3月成立)
书　　　记　丁耀臣（2014.4–）
副 书 记　王小云（女，2014.4–）
区土地储备中心党总支(2014年11月成立)
书　　　记　褚建国（2014.11–）

【嘉定区五届人大常委会主任、副主任、委员】(2012.1–)
主　　　任　吴　辰（2012.1–）
副 主 任　张　敏（2012.1–）
　　　　　张国民（2012.1–2014.7）
　　　　　王庆建（女，2012.1–）
　　　　　陆　晞（2012.1–）
　　　　　余卓平（不驻会，2012.1–）
委　　　员（按姓氏笔画为序）
　　　　　于森鹤（2013.1–）
　　　　　王炜芳（女，2012.1–）
　　　　　卞亚芳（女，2012.1–）
　　　　　关宇辉（女，满族，2012.1–）
　　　　　汤　艳（女，2012.1–）
　　　　　李向东（2012.1–）
　　　　　杨建华（2012.1–）
　　　　　张志勇（2012.1–）
　　　　　陆俊超（2012.1–）
　　　　　林凯文（2012.1–）
　　　　　金伟荣（2012.1–）
　　　　　金洁民（2012.1–）
　　　　　周　敏（2012.1–）
　　　　　俞　敏（女，2012.1–）
　　　　　秦高荣（2012.1–）
　　　　　顾惠文（女，2012.1–）
　　　　　倪建平（2012.1–2014.5）
　　　　　徐秀龙（2012.1–）
　　　　　唐解颐（2012.1–）

黄旭元（2012. 1–）
潘志荣（2012. 1–）

【嘉定区人大常委会工作委员会负责人，办事机构负责人，调研员、副调研员】

内务司法工作委员会
主　　任　关宇辉（女，满族，2007. 1–）
副 主 任　周雪芳（女，2013. 4–）
财政经济工作委员会
主　　任　倪建平（2011. 11–2014. 5）
　　　　　张　枫（2014. 5–）
副 主 任　许　音（女，2006. 7–）
教科文卫工作委员会
主　　任　徐秀龙（2011. 11–）
城建和环保工作委员会
主　　任　周　敏（2011. 11–）
人事代表工作委员会
主　　任　卞亚芳（女，2007. 1–）
副 主 任　张骞倩（女，2008. 12–）
　　　　　顾惠文（女，正处，兼，2011. 7–）
华侨民族宗教事务工作委员会
主　　任　杭永兴（2013. 3–）
副 主 任　顾建清（2009. 11–2014. 1）
农业与农村工作委员会
主　　任　倪建平（兼，2013. 1–2014. 5）
　　　　　张　枫（兼，2014. 5–）
副 主 任　许　音（女，兼，2013. 1–）
办公室
主　　任　王炜芳（女，2011. 8–）
副 主 任　肖拥军（2011. 2–2014. 12）
　　　　　黄伟杰（2013. 4–）
研究室
主　　任　肖拥军（2014. 1–）
副 主 任　周光华（2011. 8–）
　　　　　肖拥军（2013. 1–2014. 1）

【嘉定区人民政府区长、副区长、巡视员、副巡视员】

区　　长　杲　云（2013. 8–）
副 区 长　费小妹（女，2006. 12–）
　　　　　李　原（女，2011. 11–）
　　　　　李贵荣（2006. 12–2014. 12）
　　　　　朱建江（2011. 11–）
　　　　　李　政（2011. 11–2014. 7）
　　　　　孙　伟（女，2012. 1–）
　　　　　杲　云（2013. 7–）
　　　　　蔡潇飞（2013. 9–）
　　　　　周文杰（2014. 10–）
　　　　　邢培毅（2014. 12–）
　　　　　吴自强（挂职，2014. 5–）
巡 视 员　郝立宽（2014. 5–）
副巡视员　王炜芳（女，2014. 9–）

【嘉定区人民政府所属部门负责人、调研员、副调研员】

区政府办公室
主　　任　张玉利（2013. 9–）
副 主 任　沈　燕（女，2006. 10–）
　　　　　滕　云（2007. 3–）
　　　　　印耀华（2011. 8–）
　　　　　盛卫华（2011. 8–）
　　　　　潘晓红（女，2012. 4–2014. 11）
　　　　　邵　刚（2012. 4–）
　　　　　王永刚（2012. 10–）
　　　　　龚　律（2013. 8–）
区政府法制办公室
主　　任　张玉利（兼，2013. 9–）
副 主 任　陆　敏（2012. 4–）
区政府外事办公室
主　　任　张玉利（兼2013. 9–）
副 主 任　潘晓红（女，2012. 4–）
区政府合作交流办公室
主　　任　陶维平（正处，2009. 1–2014. 1）
　　　　　郁　标（正处，2014. 1–）
副 主 任　顾春华（2009. 3–）
　　　　　王巍清（2012. 11–）
　　　　　郁　标（正处，2013. 8–2014. 1）
调 研 员　陶维平（2013. 12–）
区政府机管局
局　　长　张锦良（2013. 10–）
副 局 长　沈建民（2005. 10–）
　　　　　吕　明（2010. 5–）
　　　　　陈霞芳（女，2011. 8–）
调 研 员　蔡国荣（2012. 10–）
副调研员　胡加明（2011. 7–）
区发展改革委
主　　任　朱健民（2012. 3–）
副 主 任　庄明秋（正处，2003. 11–）
　　　　　姚铁力（2009. 9–2014. 5）
　　　　　俞红辉（2011. 8–）
　　　　　龚梅辉（女，2012. 4–）
　　　　　沈邵军（2014. 5–）
副调研员　潘展平（援滇，2013. 5–）
　　　　　周黎明（2013. 9–）
　　　　　程章生（2014. 11–）
区物价局
局　　长　庄明秋（正处，兼，2009. 1–）
副 局 长　蔡　军（副处，2010. 5–）
　　　　　汤大元（副处，2013. 1–2014. 7）
区经委
主　　任　谈　兵（2012. 3–）
副 主 任　沈　硕（正处，2001. 12–）
　　　　　肖　伟（2005. 10–2014. 5）
　　　　　陈惠芬（女，2008. 8–）
　　　　　吴文华（2009. 3–）

梁东红（2012. 4-）
周婉婉（女，2012. 4-）
徐慧泉（2014. 5-）
副调研员 韩金祥（2012. 4-）
徐泉础（2012. 4-2014. 9）
陶振兴（2012. 12-2014. 9）

区粮食局
局长 沈　硕（正处，兼，2009. 3-）
副局长 李守康（副处，2007. 9-）

区金融服务办公室
主任 谈　兵（兼，2012. 4-）
副主任 周婉婉（女，兼，2012. 4-）

区科委
主任 陈蕴珠（女，2012. 3-）
副主任 周　健（2009. 3-）
陈　烨（2010. 5-2014. 5）
焦统骞（2012. 4-）
浦剑锋（2013. 1-）
周　勇（2013. 10-2014. 11）
陆　凤（女，2014. 5-）

区建设交通委
主任 陆曙华（2006. 4-）
副主任 潘玉龙（2003. 5-2009. 11；正处，2009. 11-）
李　华（2005. 1-）
沈邵军（2006. 1-2014. 5）
柳　顺（2013. 8-）
管红梅（女，2014. 5-）
副调研员 杜永生（2011. 7-2014. 7）
张　浩（2012. 4-）
朱　明（2012. 12-）
李家东（2013. 8-）

区农委
主任 徐叶根（2001. 10-2014. 1）
朱维强（2014. 1-）
副主任 朱建忠（2006. 2-）
陈建明（2007. 9-）
诸　宏（2012. 4-）
徐　兰（女，2012. 4-）
朱承广（2013. 10-2014. 11）
调研员 沈飞龙（2010. 4-2014. 7）
副调研员 邱建荣（2012. 12-）
李泉有（2014. 1-）

区国资委
主任 沙建秋（2013. 9-）
副主任 赵志坚（2013. 4-2014. 1）
张嘉辉（2006. 12-）
张雪华（2007. 4-）
陆　琴（女，2011. 10-）
调研员 梅旭江（2013. 3-）
杨正球（2013. 8-）
副调研员 刘　鹭（2011. 11-）

区卫生计生委
主任 郑益川（2014. 1-）
副主任 陆　璇（女，2014. 1-）
徐　锋（2014. 1-）
杨　波（2014. 1-）
许文忠（2014. 1-）
许琦星（女，2014. 1-）
副调研员 严　鸣（2013. 12-）
朱平德（2013. 12-）

公安嘉定分局
局长 李贵荣（兼，2006. 12-2014. 12）
邢培毅（2014. 12-）
政委 季　平（2009. 7-）
副局长 邓荣平（2008. 11-2012. 12；正处，2012. 12-）
刘　为（2008. 11-2013. 9；正处，2013. 9-）
陈　琦（2009. 5-2013. 11；正处，2013. 11-）
侍金波（2011. 7-）
孙兴洲（正处，2014. 3-）
调研员 程青山（2011. 11-）

国家安全嘉定分局
局长 徐　骏（2009. 9-）

区监察局
局长 陆俊敏（2011. 8-）
副局长 许莉萍（女，2007. 4-）
宋虹霞（女，2012. 4-）
（2014年8月区纪委监察局内设机构调整）
监察综合室主任 许莉萍（女，2009. 12-2014. 8）
纠风室主任 宋虹霞（女，2012. 8-2014. 8）

区民政局
局长 陈　宾（2010. 10-2014. 1）
赵志坚（2014. 1-）
副局长 沈浩平（2006. 12-2010. 7；兼区社团局局长，2010. 7-）
刘　浩（2009. 1-）
李广奇（2009. 1-）
王　伟（2010. 7-）
副调研员 邱裕春（2009. 12-）
刘　韬（2013. 8-）

区司法局
局长 吴建军（2007. 7-）
副局长 浦忠明（2006. 5-2014. 1）
陶　京（女，2006. 8-）
陈家龙（2011. 8-）
徐红斌（2012. 4-）
仇建良（2014. 1-）
副调研员 朱晓兰（女，2013. 9-）

区财政局
局长 周上游（2005. 10-）
副局长 张　枫（2003. 7-2014. 5）

刘菊英（女，2008. 8–）
夏伟芳（女，2013. 4–）
罗剑龙（2014. 5–）
调研员 卢伟（2013. 3–）
副调研员 朱德兴（援青，2013. 5–）

区人力资源社会保障局
局长 陈技（2009. 2–）
副局长 娄庆梅（女，2009. 3–2014. 11）
沈洪明（2009. 3–）
倪建平（2012. 4–）
方键（2013. 8–）
毛家焕（2013. 10–；兼区公务员局局长，2013. 8–）
副调研员 万京生（2012. 4–）
张卫忠（2012. 12–）
吴顺民（2013. 9–）

区环保局
局长 桑健明（2005. 6–）
副局长 顾勇国（2005. 6–）
王永国（2006. 12–）
副调研员 赵永珍（女，2011. 11–）

区规划土地局
局长 陈曦（2009. 2–）
副局长 宗伟（2009. 3–2014. 11）
高雷平（2009. 3–2011. 7；正处，2011. 7–）
管红梅（女，2009. 3–2014. 5）
周建斌（2009. 3–）
孙华新（2011. 10–）
周志良（正处，2012. 8–2014. 5）
周芳珍（女，2014. 5–）
调研员 温大健（2012. 10–）
褚建国（2014. 4–2014. 9）
副调研员 瞿亚飞（2012. 12–）
杨建华（2013. 8–）

区水务局
局长 俞鑫（2012. 3–2014. 7）
副局长 陈周（2001. 12–）
赵云峰（2011. 10–）
杨莉萍（女，2012. 4–2014. 11）
卢雯（女，2012. 4–）
调研员 汪金其（2011. 7–2014. 9）
副调研员 王庆平（2014. 7–）

区教育局
局长 姚伟（2012. 3–）
副局长 张德海（2001. 12–2012. 7，正处，2012. 7–）
俞勇彪（2003. 11–）
朱芳（女，2006. 8–）
赵国兴（2012. 8–）
副调研员 何军（2014. 1–）

区文广影视局
局长 燕小明（2005. 6–2014. 7）
副局长 王漪（2001. 12–2009. 8；正处，2009. 8–）
管育民（2002. 10–2009. 11，正处，2009. 11–2014. 12）
姚强（2006. 1–）
杨昌盛（苗族，2013. 4–）
调研员 燕小明（2014. 7–）
副调研员 盛仲清（2012. 12–）

区审计局
局长 柏永明（2011. 8–）
副局长 谭思翔（2002. 7–）
徐青（女，2007. 3–）
苑鼎宏（2011. 10–）

区统计局
局长 吴雪芬（女，2013. 4–）
副局长 朱青（2006. 12–）
郑东曙（2012. 4–）
调研员 王月新（2013. 3–）
副调研员 蔡海林（2012. 12–）

区体育局
局长 赵晓波（2013. 4–）
副局长 宣明华（2006. 8–）
徐葵（女，2012. 4–）
调研员 杨阳（2013. 3–）
副调研员 刘福建（2011. 11–）

区旅游局
局长 封建华（女，2005. 10–）
副局长 朱建忠（2009. 3–）
谢恩（2011. 8–）
副调研员 朱长得（2012. 5–2014. 4）

区绿化市容局
局长 张家平（2001. 12–）
副局长 王瑞民（2001. 12–）
张建强（2004. 5–）
调研员 张大棣（2011. 7–2014. 10）
副调研员 蔡可洵（2011. 11–）
沈永福（2012. 4–）

区住房保障房屋管理局
局长 谢志音（2009. 2–2014. 5）
周志良（2014. 5–）
副局长 王肖君（2009. 3–）
沈伟法（2011. 8–）
王延枫（2012. 4–）
李怡玲（女，2013. 1–）
副调研员 许俊明（2012. 12–）

区交通局
局长 陆建新（2013. 4–）
副局长 陆凤（女，2005. 10–2014. 5）
顾雪跃（2007. 3–）
朱洪标（2010. 12–）
调研员 陈彪（2013. 3–）

副调研员 赵　军（2007.3-）
叶华中（2014.11-）

区安全监管局
局长 顾忠宝（2011.8-）
副局长 李建忠（2002.7-）
肖建忠（2009.1-）
潘金根（2012.4-）
吴兴勇（2014.2-）
调研员 陆建林（2011.7-2014.6）

区民防办公室
主任 叶晓华（2011.8-）
副主任 朱　苏（2004.3-）
徐　嘉（2010.12-）
周　飚（2012.4-）
调研员 孙敏理（2008.10-）
袁俊健（2011.7-2014.11）
副调研员 刘　忠（2010.11-2014.2）
周金平（2012.4-）

区政府台湾事务办公室
主任 杨海龙（兼，2012.4-）
副主任 龚丽亚（女，2011.2-）

区政府民族和宗教事务办公室
主任 邓惠娟（女，兼，2013.9-）
副主任 张爱华（2013.10-）

区政府侨务办公室
主任 杨海龙（兼，2012.4-）
副主任 孟　懿（2009.12-）
副调研员 孙运晔（女，2009.11-）

区政府新闻办公室
主任 朱　健（女，兼，2012.4-）
副主任 石中军（2011.8-）

区社会治安综合治理办公室
主任 沈绍裘（2006.11-）
副主任 宗毅华（2007.5-）
周信伟（2013.8-）
副调研员 倪政一（2013.9-）

区社会建设办公室
主任 汤　艳（女，2013.2-）
副主任 强仁良（2010.11-）
陈　钢（2010.11-）
副调研员 严　龙（2013.9-）

区行政服务中心
主任 费小妹（女，兼，2007.2-）
常务副主任 张惠芳（女，正处，2011.8-）
副主任 周　超（2004.12-）
秦高荣（正处，2006.12-）
杜文明（2009.12-）

税务嘉定分局
局长 郑继明（2011.5-）
副局长 宋其峥（2005.4-）
黄建军（女，2011.10-）
王建华（2013.8-）
彭大伟（2013.8-）
副调研员 龚全芳（2005.9-）
龚孝良（2008.9-）
浦世农（2012.11-）
杨德奎（2013.11-）
孟建新（2013.11-）

工商嘉定分局
局长 陈　怡（2013.4-）
副局长 陶　伟（2008.2-）
陈登宇（2009.6-）
张　峰（2013.9-）
陆海英（女，2014.7-）
调研员 赵明华（2013.7-）
副调研员 刘正斌（2009.7-）
王玉虎（2013.7-）

区质量技监局
局长 陈　钢（2011.10-）
副局长 陈培新（2008.9-）
陈　洁（女，2013.3-）
闵慧平（2014.1-）
副调研员 苏建华（2011.9-2014.7）
李　勇（2014.6-）
李淑君（女，2014.11-）

食品药品监管嘉定分局
局长 丁耀臣（2007.5-）
副局长 丁　喆（2006.9-）
张红英（女，2014.4-）
陈新苗（2014.4-）
副调研员 苏元康（2012.7-）

区气象局
局长 计浩军（2012.5-）
副局长 胡建龙（2012.5-）

【嘉定区区管事业单位负责人、调研员、副调研员】

嘉定报社
社长 林　峻（兼，2011.12-）
总编 黄友斌（2012.4-）
副总编 顾洪行（2012.4-）
鄢春生（2012.12-）

区广播电视台
台长 管育民（兼，2009.11-2014.12）
副台长 赵　铭（2004.12-）
陈　坚（女，2010.11-）
薛　松（2013.06-）

区联勤和网格化中心（2013年12月成立，为区政府直属正处级事业单位）
主任 宗毅华（2014.1-）
副主任 程　勤（女，2014.1-）
赵国震（2014.1-）
李莉坤（女，2014.1-）
陆晓明（兼，2014.1-）
侍金波（兼，2014.1-）

沈邵军（兼，2014.1-2014.5）
邵　刚（兼，2014.1-）
焦统骞（兼，2014.1-）
杨　威（兼，2014.1-）
管红梅（女,兼，2014.5-）

区土地储备开发中心(2014年9月调整为区政府直属正处级事业单位,增挂区房屋土地征收中心牌子)

主　　任　宗　伟（兼，2009.3-2014.10）
褚建国（2014.10-）
副 主 任　周志良（兼，2006.11-2009.2；正处，2009.2-2014.5）
赵伟刚（2009.11-）
陈　平（女，2012.5-）
褚建国（正处，2014.5-2014.10）

【嘉定区政协五届委员会主席、副主席、秘书长、常委】（2012.1-）

主　　席　刘海涛（2013.9-）
副 主 席　章宇慧（女，2012.1-）
严菊明（2012.1-）
王　漪（不驻会，2012.1-）
高雷平（不驻会，2012.1-）
朱　芳（女,不驻会，2012.1-）
秘 书 长　朱楚龙（2012.1-）
常　　委(按姓氏笔画为序)
丁耀臣（2012.1-）
王　浙（2013.1-）
王庆德（2012.1-）
尤羚浩（2012.1-）
白岸杨（女，2012.1-）
包秀银（2012.1-）
孙　武（2012.1-）
孙建华（2012.1-）
李正秀（2012.1-）
李立寒（女，2012.1-）
杨炳康（2012.1-）
吴　良（2012.1-）
何冬英（女，2012.1-）
宋虹霞（女，2012.1-）
张永娥（女，2012.1-）
张锡淼（2012.1-）
陈　旭（2012.1-）
陈兴华（2012.1-）
陈蕴珠（女，2012.1-）
周其林（2012.1-）
赵　波（2012.1-）
俞　龙（2012.1-）
倪　琴（女，2013.1-）
徐　兰（女，2012.1-）
徐　锋（2012.1-）
郭维忠（2012.1-）
谈　兵（2012.1-）
梁东红（2012.1-）
董爱华（2012.1-）
嵇人凤（女，2012.1-）
蔡　宁（2012.1-）
慧　禅（2012.1-）

【嘉定区政协副秘书长,办事机构负责人、调研员、副调研员】

副秘书长　杨小弟（2009.7-2014.12）
水　洁（2012.6-2014.12）
张维兴（2007.1-）
办公室主任　杨小弟（2009.7-）
副 主 任　冒乃平（2011.11-）
郑　璐（女，2012.8-）
专委办主任　水　洁（2011.8-）
副 主 任　袁伟青（女，2011.1-）
调 研 员　胡　婷（女，2009.6-）

【嘉定区人民法院院长、副院长】

院　　长　章　华（2007.1-2014.5）
殷　勇（2014.8-）
代理院长　殷　勇（2014.5-2014.8）
副 院 长　钱　燕（女,正处，2007.1-）
俞大庆（正处，2007.3-）
滕继红（正处，2012.7-）
徐　伟（正处，2012.11-）
殷　勇（正处，2014.5-2014.8）

【嘉定区人民检察院检察长、副检察长】

检 察 长　阮祝军（2012.2-）
副检察长　王群智（正处，2003.1-2014.8）
王忠卫（正处，2005.10-2014.7）
周　敏（2009.11-2010.9；正处，2010.9-）
郭　箐（女，2013.9-）
孔　杰（2014.9-）
叶慧娟（女,挂职2013.4-2014.4）
赵　辉（挂职，2014.12-）

【各镇、街道党(工)委书记、副书记】

江桥镇党委

书　　记　袁　航（2013.8-）
副 书 记　汪　洁（2011.7-）
魏晓栋（2013.9-）
陈政江（2013.12-）

安亭镇党委

书　　记　张黎平（2009.6-）
副 书 记　陆　强（2009.6-）
孙亚明（2011.7-）
童伟跃（2011.7-）
李　坚（2014.1-）

南翔镇党委

书　　记　严菊明（2006.10-2014.7）

副书记 严健明(2006.11-)
陈　懿(2008.12-)
陈瑾芳(女，2011.7-)

嘉定新城(马陆镇)党(工)委
书记 刘　骏(2011.7-)
副书记 李　俭(2011.7-)
胡　芳(女,回族，2011.7-)
常先善(2011.7-)
甘永康(2013.9-)

外冈镇党委
书记 唐　忠(2003.12-)
副书记 陈庆明(2006.11-)
沈　飚(2011.7-)
张　杰(2014.1-)

徐行镇党委
书记 张德祺(2005.5-)
副书记 胡明华(2006.10-)
迟宁山(2011.7-2014.4)
王宇伟(女，2011.7-)
吴国平(2014.4-)

华亭镇党委
书记 陈　宾(2013.12-)
副书记 万　平(2010.4-)
朱　敏(女，2011.7-)
郑红兵(2011.7-)

嘉定镇社区(街道)党工委
书记 范意萍(女，2011.7-)
副书记 张　锋(2006.10-)
金国耐(2011.7-)
沈　杰(2011.7-)

新成路社区(街道)党工委
书记 王建新(2010.4-)
副书记 徐亚兴(2004.11-)
钱小萍(女，2011.7-)
徐胜祥(2011.7-)

真新社区(街道)党工委
书记 李　雪(女，2011.7-)
副书记 田晓余(2011.7-)
朱正福(2011.7-)
赵　杰(2012.2-)

菊园新区党工委
书记 陆晓忠(2013.9-)
副书记 何　蓉(女，2011.7-)
徐海云(2011.7-)
杨　燕(女，2011.7-)

嘉定工业区党工委
书记 郁建华(2005.5-)
副书记 韩　强(2006.11-)
谈亚芬(女，2011.7-)
雷文龙(2012.7-)
组织部部长 陈冬梅(女，2008.4-)

【各镇镇长、副镇长、人大主席、副主席、调研员、副调研员，街道办事处主任、副主任、人大代表联络室主任】

江桥镇
镇长 汪　洁(2011.8-)
副镇长 匡德华(2006.12-2014.1)
冯正局(2011.3-)
钱伟勤(女，2011.8-)
李　峰(2011.8-)
姚铁力(2014.6-)
人大主席 张　潮(2013.1-)
人大副主席 李春龙(2011.12-2014.6)
陈　刚(2014.6-)
调研员 沈耀明(2012.10-)
徐叶根(2013.12-)
李国强(2013.12-)
副调研员 王卫民(2006.10-)
郭剑锋(2011.7-)
张仲华(2011.7-2014.8)
严建荣(2011.7-)
樊卫东(援青，2013.9-)
李春龙(2014.4-)

安亭镇
镇长 陆　强(2011.8-)
副镇长 张晓华(2009.6-)
徐绮红(女，2009.6-)
黄月珠(女，2011.8-)
袁　浩(2011.8-)
管春华(2011.8-)
人大主席 潘志荣(2011.12-)
人大副主席 茅建平(2011.12-)
调研员 肖康元(2009.6-)
万伟龙(2009.11-)
王　明(2006.9-)
钱　力(2011.7-)
张伟良(2011.7-2014.12)
徐遐蓉(女，2013.12-)
邱惠华(2013.12-)
副调研员 张建良(2009.6-)
王建明(2009.6-)
褚宝忠(2009.6-)
刘　兴(2009.6-2014.1)
赵学飞(2009.6-)
邱林兴(2009.6-)
赵路明(2009.6-)
查家生(2009.6-)
王生兴(2009.6-2014.6)
高志明(2011.7-)
叶　青(2011.7-)

南翔镇
镇长 严健明(2010.1-)
副镇长 张　军(2011.8-)

浦浩东(2011.8-)
王春辉(2011.8-)
罗惠兰(女，2011.8-)
人大主席　唐解颐(2007.1-)
人大副主席　赵维克(2011.12-2014.7)
余　群(女，2014.7-)
调研员　陈建平(2012.1-)
副调研员　桂　鑫(2007.11-)
张德昌(2011.7-)
赵维克(2013.12-)

嘉定新城(马陆镇)

主任　刘　骏(2011.8-2014.2)
常务副主任　李　俭(2011.8-2014.2)
甘永康(2013.10-2014.2)
副主任　朱维强(2011.8-2014.1)
张　敏(女，2011.8-2014.2)
陈　良(2011.8-2014.2)
王　春(2011.8-2014.2)
王玉华(2013.8-2014.2)

嘉定新城(马陆镇)(2014年2月嘉定新城管委会管理体制调整)

主任　蔡潇飞(兼，2014.3-)
常务副主任　刘　骏(2014.3-)
副主任　李　俭(2014.3-)
甘永康(2014.3-)
委员　陈　良(2014.3-)
王玉华(2014.3-)
张　敏(女，2014.3-)
王　春(2014.3-)
俞红辉(兼，2014.3-)
张　枫(兼，2014.3-2014.5)
高雷平(兼，2014.3-)
罗剑龙(兼，2014.5-)
肖　伟(2014.5-)
镇长　张玉利(2011.8-2014.1)
甘永康(2014.1-)
副镇长　朱维强(2005.1-2014.1)
陈　良(2007.1-)
王　春(2009.1-)
张　敏(女，2011.8-)
肖　伟(2014.7-)
人大主席　金洁民(2011.12-)
人大副主席　彭黛耘(女，2011.12-)
调研员　王雅禄(2003.12-)
朱培华(2011.7-2014.11)
副调研员　潘雪芳(2005.9-)
周建明(2011.7-2014.5)
石玉明(2011.7-)
陈金兴(2011.7-)

外冈镇

镇长　陆晓忠(2003.3-2014.1)
张　杰(2014.3-)
副镇长　项　平(2007.1-2013.5；正处，援青，2013.5-)
陈　枫(女，2011.8-)
陈　彪(2011.8-)
何冬英(女，2011.8-)
人大主席　吴耀祥(2011.12-)
人大副主席　顾拥民(2011.12-2014.7)
调研员　邵永明(2011.7-)
宋惠明(2013.8-)
耿荣发(2013.12-)
副调研员　刘　勇(2004.9-)
许德林(2004.11-2014.5)
张　敏(2006.11-)
潘祁明(2011.7-)

徐行镇

镇长　胡明华(2007.1-)
副镇长　丁新华(2010.7-)
俞正新(2010.7-)
金耀明(2011.8-)
顾建业(女，2011.8-)
人大主席　陆俊超(2011.12-)
人大副主席　潘加生(2011.12-)
副调研员　杜成立(2006.10-)
陈振华(2011.7-)
张亦栋(2011.7-2014.12)
孙雪林(2010.12-)
迟宁山(2014.4-)

华亭镇

镇长　万　平(2011.8-)
副镇长　朱永杰(2006.2-)
冯建华(2010.7-)
万斌斌(2011.8-)
杨叶芳(女，2011.8-)
人大主席　沈　阳(2007.1-2014.8)
人大副主席　何柯文(2011.12-)
调研员　钱锦良(2011.7-2014.3)
谢志音(2014.4-)
沈　阳(2014.7-)
副调研员　章文旗(2006.11-)
陈克树(2011.7-)

嘉定镇街道办事处

主任　张　锋(2006.10-)
副主任　高纪文(2006.12-)
单东萍(女，2010.7-)
樊　珠(女，2011.8-)
陈兴华(2011.8-)
人大代表联络室主任　李军民(2011.7-)
调研员　甘建樑(2011.7-)
副调研员　田耀清(2005.9-)
吴　葵(女，2009.12-)
王宝根(2011.7-)
于海联(2014.4-)

新成路街道办事处

主　　任　徐亚兴（2005.6-）
副 主 任　王陈芳（女，2005.10-）
　　　　　秦文忠（2011.8-）
　　　　　缪立云（2011.8-）
　　　　　徐慧泉（2011.8-2014.5）
　　　　　戈敏燕（女，2014.5-）
人大代表联络室主任　王瑛瑾（女，2011.7-）
副调研员　任金国（2006.10-）
　　　　　许继光（2011.7-）
　　　　　郁根兴（2013.8-）

真新街道办事处

主　　任　赵　杰（2012.2-）
副 主 任　徐惠忠（2011.8-）
　　　　　林　英（女，2011.8-）
　　　　　杨旭春（2011.8-）
　　　　　陈　彪（2013.10-）
人大代表联络室主任　颜康平（2011.7-）
调 研 员　张伯龙（2010.9-2014.3）
副调研员　李全荣（2006.11-2014.9）
　　　　　王建明（2008.12-）
　　　　　蒋洁民（2011.7-）
　　　　　陆建平（2013.9-）
　　　　　李晓岌（2014.4-）

菊园新区管理委员会

主　　任　何　蓉（女，2011.8-）
副 主 任　褚建国（2006.12-2014.5）
　　　　　秦　良（2006.12-）
　　　　　冯传生（2011.8-）
　　　　　沈华强（2011.8-）
　　　　　陈　烨（2014.5-）
人大代表联络室主任　毛长红（2012.2-）
调 研 员　毛文元（2013.12-2014.2）
　　　　　倪建平（2014.4-）
　　　　　俞　鑫（2014.7-）
副调研员　朱永明（2006.11-）

嘉定工业区管理委员会

主　　任　费小妹（女，兼，2007.2-）
常务副主任　郁建华（正处，2005.6-）
副 主 任　雷文龙（正处，2006.12-2014.10；兼，2014.10-）
　　　　　丁根龙（正处，2009.9-）
　　　　　王方文（女，正处，2011.8-）
　　　　　沈　杰（2011.8-2013.8；正处，2013.8-）
　　　　　赵　烨（女，2011.8-2013.8；正处，2013.8-）
　　　　　冯　根（2012.8-）
人大代表联络室主任　郑　红（女，2011.7-）
地区工作部部长　陈　剑（2009.1-）
社会发展部部长　张　敏（2005.1-）
规划建设部部长　印忠明（2009.1-）
经济运营部部长　周　红（女，2008.5-）
调 研 员　俞建忠（2011.7-）
　　　　　冯卫星（2011.7-）
副调研员　邢洪翔（2003.7-）
　　　　　钱晓龙（2007.11-）
　　　　　王煜明（2011.7-）
　　　　　谢　铭（2011.7-）
　　　　　陈　龙（2014.7-）
　　　　　蔡彩平（女，2014.7-）
　　　　　张莉静（女，2014.7-）

【群众团体负责人、调研员、副调研员】

区总工会

主　　席　陆　晞（兼，2012.3-）
副 主 席　金伟荣（2009.9-）
　　　　　龚　英（女，2006.12-）
　　　　　杨炳康（2007.3-）
　　　　　刘　勤（女，2012.4-）

团区委

书　　记　董爱华（2012.12-）
副 书 记　朱　虹（女，2011.04-）
　　　　　朱利益（2013.3-）
　　　　　张懿溢（不驻会，2011.04-）

区妇联

主　　席　俞　敏（女，2011.8-）
副 主 席　张永娥（女，2007.9-）
　　　　　沈　蓉（女，2011.8-）
　　　　　钱　燕（女，不驻会，2012.9-）

区科协

主　　席　陈蕴珠（女，2014.2-）
副 主 席　陆荣荣（2014.2-）
　　　　　朱志远（不驻会，2001.12-2014.9）
　　　　　李儒新（不驻会，2001.12-2014.9）
　　　　　周文彬（不驻会，2001.12-2014.9）
　　　　　施　敏（不驻会，2001.12-2014.9）
　　　　　施永鹏（不驻会，2001.12-2014.9）
　　　　　赵之凡（不驻会，2001.12-2014.9）
　　　　　牛胜福（不驻会，2014.9-）
　　　　　杜岩峰（不驻会，2014.9-）
　　　　　杨建华（不驻会，2014.9-）
　　　　　张　程（不驻会，2014.9-）
　　　　　陈卫伟（不驻会，女，2014.9-）
　　　　　陈启军（不驻会，2014.9-）
　　　　　陈跃宇（不驻会，2014.9-）
　　　　　金光杰（不驻会，2014.9-）
　　　　　单　涛（不驻会，2014.9-）
　　　　　郭耀华（不驻会，2014.9-）
　　　　　浦剑锋（不驻会，2014.9-）
　　　　　曹光宇（不驻会，2014.9-）
　　　　　魏中浩（不驻会，2014.9-）

区工商联

主　　席　林凯文（不驻会，2011.10-）

副主席 倪琴（女，2012.5-）
周坚钢（2004.12-）
朱兴（2013.10-）
包秀银（不驻会，2011.10-）
朱建新（不驻会，2011.10-）
邬百根（不驻会，2006.11-）
刘海韵（不驻会，2001.12-）
刘强东（不驻会，2011.10-）
张锡淼（不驻会，2006.11-）
其实（不驻会，2011.10-）
周其林（不驻会，2011.10-）
封德华（不驻会，2001.12-）
赵慷（不驻会，2011.10-）
姚薇（女，不驻会，2011.10-）
顾杰（不驻会，2006.11-）
陶伟（不驻会，2011.10-）
章宏伟（不驻会，2006.11-）
魏中浩（不驻会，2001.12-）

区侨联
主席 邓惠娟（女，2013.5-）
副主席 孟懿（2010.1-）
杜幼平（不驻会，2002.6-）
傅月琴（女，不驻会，2007.7-）
张启华（不驻会，2012.9-）

区残联
理事长 时洁（女，2010.5-）
副理事长 王建平（2008.11-）
管卫红（女，2012.7-）
孙建华（不驻会，2003.6-）

区红十字会
会长 李原（女，兼，2012.2-）
常务副会长 张丽萍（女，2012.2-）
副会长 汪丽萍（女，2008.12-）
毛长红（不驻会，2004.5-）
郑益川（不驻会，2006.5-）
陈宾（不驻会，2011.1-）

区管企业负责人名录

【区管企业党组织书记、副书记】

上海市嘉定区国有资产经营（集团）有限公司党委
书记 肖惠方（2013.1-）
副书记 李峰（2013.1-）
朱建明（2013.8-）

上海嘉定新城发展有限公司党委
书记 李俭（2010.6-）
副书记 顾玉峰（2014.4-）

上海嘉定城市发展集团有限公司党委
书记 张耀光（2013.1-）
副书记 徐崧鹏（2013.1-）

上海嘉定交通发展集团有限公司党委
书记 严凌（2013.1-）

上海嘉加（集团）有限公司党委
书记 蒋丽敏（女，2013.8-）
副书记 徐军（2013.8-）

上海新嘉商业投资有限公司党委
书记 许为民（2011.4-）
副书记 祝加林（2011.4-）
李峰（2011.9-）

上海嘉宝实业（集团）股份有限公司党委
书记 沈培新（2013.12-）
副书记 钱明（2008.4-）
曹萍（女，2006.5-2014.4）
孙红良（2014.4-）

上海国际汽车城（集团）有限公司党委
书记 荣文伟（2013.9-）
副书记 吴敏敏（2014.1-）

西上海（集团）有限公司党委（2014年11月起不再列为区管企业）
书记 吴建良（2011.9-）
副书记 江华（女，2002.11-）
朱燕阳（2011.9-）

上海绿洲投资控股集团有限公司党委
书记 范长云（2009.11-2014.11）
管育民（2014.11-）
副书记 王惠琪（2009.12-）
肖方方（2009.12-）

上海市嘉定区公共租赁住房运营有限公司党总支（2014年8月成立）
书记 李伟忠（2014.8-）

【区管企业行政负责人】

上海市嘉定区国有资产经营（集团）有限公司
董事长 杨正球（2013.1-2014.2）
总经理 李峰（2013.1-）
监事会主席 蔡国荣（2013.4-）
副董事长 肖惠方（2013.1-）
副总经理 赵琴（女，2013.1-）
羊利锋（2013.1-）
茅健（2013.1-）
副协理员 朱灏（2013.8-）

上海嘉定新城发展有限公司
总裁 李俭（2004.5-）
监事会主席 黄正德（2013.8-）
副总裁 沈玉玲（女，2009.1-）
王玉华（2013.8-）
陆叶青（女，2014.5-）

上海嘉定城市发展集团有限公司
董事长 张耀光（2013.2-）
监事会主席 汪金其（2013.2-2014.9）

副　总　经　理　徐崧鹏（2013. 2-）
陈　波（2013. 2-）
邢志刚（2013. 2-）
赵　强（2014. 1-）

上海嘉定交通发展集团有限公司
董　事　长　严　凌（2013. 4-）
总　经　理　蔡　宁（2013. 4-）
监事会主席　陈　彪（2013. 5-）
副　总　经　理　罗剑龙（2013. 4-2014. 5）
王大勇（2013. 4-）
王建锋（2014. 1-）

上海嘉定工业区开发（集团）有限公司
董　事　长　郁建华（2005. 6-）
总　经　理　雷文龙（2012. 9-）
监事会主席　杨正球（2013. 9-）
副　总　经　理　张慰达（2007. 3-）
陈　龙（2008. 6-2014. 8）
张建华（2014. 9-）
黄　欢（女，2014. 9-）
招商一部部长　张莉静（女，2005. 1-2014. 8）
招商二部部长　王杰英（女，2008. 6-）
招商三部部长　黄　欢（女，2012. 8-2014. 9）
招商四部部长　陈　龙（2003. 7-2014. 8）
招商五部部长　张建华（2011. 11-2014. 9）
投资审计部部长　蔡彩平（女，2009. 1-2014. 8）
财务部部长　李霞芳（女，2012. 8-）

上海嘉加（集团）有限公司
董　事　长　蒋丽敏（女，2013. 9-）
总　经　理　徐　军（2013. 9-）
监事会主席　袁俊健（2011. 8-2014. 11）
副　总　经　理　徐　申（2006. 8-）
协　理　员　陆永清（2013. 8-2014. 7）
张建良（2013. 8-）

上海新嘉商业投资有限公司
董　事　长　杨正球（2009. 9-2014. 2）
总　经　理　祝加林（2009. 9-）
监事会主席　赖浪平（2013. 11-）
副　总　经　理　龚庆华（2009. 9-）
庞月根（2013. 9-）
副　协　理　员　严杏明（2013. 8-）

上海市嘉定区供销合作总社
主　任　祝加林（2006. 2-）
副　主　任　龚庆华（2007. 1-）

上海嘉宝实业（集团）股份有限公司
董　事　长　钱　明（2003. 5-）
副　董　事　长　阎德松（2011. 5-2014. 1）
沈培新（2014. 6-）
总　裁　钱　明（2000. 11-）
监事会主席　沈飞龙（2010. 6-2014. 6）
杨正球（2014. 6-）
副　总　裁　孙红良（2008. 6-2014. 6）
陈正友（2008. 6-）
王幸千（2012. 4-）
曹　萍（女，2014. 6-）

上海国际汽车城（集团）有限公司
董　事　长　张黎平（2009. 12-2014. 8）
总　经　理　荣文伟（2009. 12-）
监事会主席　王月新（2013. 5-）
副　总　经　理　龚侃侃（2009. 12-）
徐　敏（2009. 12-）
曹光宇（2011. 8-）
杨海兵（2011. 8-）
王新南（2013. 8-2014. 5）

西上海（集团）有限公司（2014年11月起不再列为区管企业）
董　事　长　曹抗美（1998. 3-）
总　经　理　吴建良（2001. 3-）
监事会主席　江　华（女，2011. 11-）
副　总　经　理　陆永元（2009. 2-）
林金华（自聘，2010. 3-）
曹志平（自聘，2010. 3-）
潘厚泉（自聘，2013. 3-）

上海绿洲投资控股集团有限公司
董　事　长　范长云（2009. 12-2014. 11）
管育民（2014. 12-）
总　经　理　王惠琪（2009. 12-）
监事会主席　陆建林（2011. 8-2014. 6）
副　总　经　理　李晓林（2009. 12-）
徐敬松（2009. 12-2014. 5）
陆振华（2009. 12-）

上海市嘉定区公共租赁住房运营有限公司
董　事　长　杨正球（2011. 9-2014. 2）
总　经　理　蒋丽敏（女，2012. 6-2014. 10）
李伟忠（2014. 10-）
监事会主席　温大健（2012. 11-）
副　总　经　理　赵　刚（2011. 9-）
徐表德（2011. 9-2014. 1）
副　协　理　员　徐表德（2014. 1-）

（区委组织部）

附　　录

编辑 宋怀常

·文件选录·

上海市嘉定区第三次经济普查主要数据公报
（第一号）

根据《国务院关于开展第三次全国经济普查的通知》（国发〔2012〕60号）要求，本区于2013年与全国同步进行了第三次经济普查。这次普查的标准时点为2013年12月31日，普查时期资料为2013年年度资料。普查的对象是在本区行政区域内从事第二产业和第三产业的全部法人单位、产业活动单位和个体经营户。通过此次普查，摸清了本区第二产业和第三产业的发展规模及布局，了解了本区产业组织、产业结构的现状以及各生产要素的构成，查实了服务业、战略性新兴产业、文化产业和小微企业的发展状况。通过对全区的数据质量抽查，数据填报综合差错率为0.2%，普查数据质量达到预期目标要求。

根据《全国经济普查条例》，嘉定区统计局和嘉定区第三次经济普查领导小组办公室现分三个公报，将嘉定区第三次经济普查的主要综合数据予以公布。其他普查数据将随着普查资料开发应用的进度，以不同方式陆续公布。

一、单位基本情况

2013年末，本区共有从事第二产业和第三产业活动的法人单位48 794个，比2008年末（2008年是第二次全国经济普查年份。下同）增加9 249个，增长23.4%；法人单位分支机构2 933个（详见表1-1）。

表1-1　按机构类型分组的法人单位和分支机构

	单位数（个）	比　重（%）
一、法人单位	48 794	100
企业法人	47 656	97.7
机关、事业法人	475	1
社会团体和其他法人	663	1.4
二、法人单位分支机构	2 933	100

2013年末，在第二产业和第三产业法人单位中，位居前三位的行业分别是：批发和零售业19 456个，占39.9%；工业12 492个，占25.6%；租赁和商务服务业4 976个，占10.2%（详见表1-2）。

表1–2　按行业分组的法人单位

	法人单位（个）	比　　重（%）
总　　计	48 794	100
第二产业	15 193	31. 1
工　业	12 492	25. 6
建筑业	2 071	5. 5
第三产业	33 601	68. 9
批发和零售业	19 456	39. 9
交通运输、仓储和邮政业	1 281	2. 6
住宿和餐饮业	612	1. 3
信息传输、软件和信息技术服务业	1 252	2. 6
金融业	30	0. 1
房地产业	1 120	2. 3
租赁和商务服务业	4 976	10. 2
科学研究和技术服务业	2 058	4. 2
水利、环境和公共设施管理业	155	0. 3
居民服务、修理和其他服务业	1 221	2. 5
教　育	269	0. 6
卫生和社会工作	126	0. 3
文化、体育和娱乐业	403	0. 8
公共管理、社会保障和社会组织	642	1. 3

2013年末，本区共有第二产业和第三产业的企业法人单位47 656个，比2008年末增加9 169个，增长23. 8%。其中，内资企业45 944个，占96. 4%；港、澳、台商投资企业637个，占1. 3%；外商投资企业1 075个，占2. 3%。内资企业中，国有企业70个，占全部企业法人单位的0. 1%；私营企业43 122个，占90. 5%（详见表1–3）。

表1–3　按登记注册类型分组的企业法人单位

	企业法人单位（个）	比重（%）
总　　计	47 656	100
内资企业	45 944	96. 4
国有企业	70	0. 1
集体企业	518	1. 1
股份合作企业	70	0. 1
联营企业	50	0. 1
有限责任公司	1 924	4
股份有限公司	87	0. 2
私营企业	43 122	90. 5
其他企业	103	0. 2
港、澳、台商投资企业	637	1. 3
外商投资企业	1 075	2. 3

二、从业人员

2013年末，本区第二产业和第三产业法人单位从业人员965 745人（不包括个体从业人员），比2008年末增加167 330人，增长21%。

在法人单位从业人员中，位居前三位的行业分别是：工业514 052人，占53. 2%；批发和零售业158 945人，占16. 5%；租赁和商务服务业60 046人，占6. 2%（详见表1-4）。

表1-4　按行业分组的法人单位从业人员

	从业人员（人）	比　重（%）
总　计	965 745	100
第二产业	571 379	59.2
工　业	514 052	53.2
建筑业	57 327	5.9
第三产业	394 366	40.8
批发和零售业	158 945	16. 5
交通运输、仓储和邮政业	32 390	3.4
住宿和餐饮业	13 524	1.4
信息传输、软件和信息技术服务业	15 980	1.7
金融业	390	-
房地产业	22 462	2.3
租赁和商务服务业	60 046	6.2
科学研究和技术服务业	29 232	3
水利、环境和公共设施管理业	6 640	0.7
居民服务、修理和其他服务业	14 185	1.5
教　育	14 519	1.5
卫生和社会工作	7 905	0.8
文化、体育和娱乐业	3 971	0.4
公共管理、社会保障和社会组织	14 177	1. 5

三、企业资产总计

2013年末，本区第二产业和第三产业企业资产总计10 909. 8亿元。其中，第二产业企业资产总计占全部企业资产总计的41. 8%，第三产业企业资产总计占58. 2%。

四、小微企业

2013年末，本区共有第二产业和第三产业的小微企业法人单位46 878个，占全部企业法人单位98. 4%。小微企业从业人员599 186人，占全部企业法人单位从业人员64. 8%。小微企业法人单位资产总计5 438. 3亿元，占全部企业法人单位资产总计49. 8%。

五、主要经济结构的变化情况

2013年末，在本区第二产业和第三产业法人单位中，企业法人单位占97. 7%，比2008年末提高了0. 3个百分点；机关、事业法人单位占1. 0%，下降了0. 3个百分点；社会团体和其他法人占1. 4%，下降了0. 1个百分点。企业法人单位从业人员占全部法人单位从业人员的95. 8%，比2008年末提高了0. 3个百分点；机关、事业法人单位占2. 9%，下降了0. 1个百分点；社会团体和其他法人占1. 3%，下降了0. 3个百分点。

在法人单位中，第二产业占31. 1%，比2008年末下降了3. 8个百分点；第三产业占68. 9%，提高了3. 8个百分点。第二产业法人单位从业人员占全部法人单位从业人员的59. 2%，比2008年末下降了9. 8个百分点；第三产业法人单位从业人员占40. 8%，提高了9. 8个百分点。

在法人单位中，街道占9. 8%，比2008年末提高了1. 1个百分点；菊园新区和嘉定工业区占18. 5%，下降了2. 4个百分点；镇级占71. 7%，提高了1. 3个百分点。街道的法人单位从业人员占6. 7%，比2008年末下降了0. 8个百分点；菊园新区和嘉定工业区占18. 8%，提高了2. 4个百分点；镇级占74. 5%，下降了1. 6个百分点（详见表1-5）。

表1–5　按地区分组的法人单位和从业人员

	法人单位		从业人员	
	数量（个）	比重（%）	数量（人）	比重（%）
总计	48 794	100	965 745	100
新成路街道	1 225	2. 5	17 855	1. 8
真新街道	2 054	4. 2	22 481	2. 3
菊园新区	3 721	7. 6	57 347	5. 9
嘉定镇街道	1 492	3. 1	24 299	2. 5
南翔镇	11 121	22. 8	150 491	15. 6
安亭镇	6 487	13. 3	207 127	21. 4
嘉定新城（马陆镇）	6 910	14. 2	151 354	15. 7
徐行镇	2 039	4. 2	49 501	5. 1
华亭镇	1 247	2. 6	26 252	2. 7
外冈镇	2 859	5. 9	52 438	5. 4
江桥镇	4 334	8. 9	81 993	8. 5
嘉定工业区	5 305	10. 9	124 607	12. 9

六、在地经营情况

2013年末，本区从事第二、第三产业的在地经营法人单位数23 183个，比2008年末增加4 190个，增长22. 1%。其中，第二产业单位10 910个，增长6. 7%，第三产业单位12 273个，增长40%。法人单位的分支机构2 795个。法人单位从业人员746 251人，比2008年末增长13. 8%。其中，第二产业528 579人，增长3%，第三产业217 672人，增长52. 3%。

在街镇级单位中，第二、三产业在地经营法人单位数名列前5位的依次是：安亭镇、江桥镇、嘉定新城（马陆镇）、南翔镇、嘉定工业区，占全部法人单位数的66. 6%。法人单位从业人员名列前5位的依次是：安亭镇、嘉定新城（马陆镇）、嘉定工业区、江桥镇、南翔镇，占全部法人单位从业人员的74. 3%（详见表1–6）。

表1–6　在地经营情况表

	在地经营单位（个）	从业人员（人）
一、按机构类型分	23 183	746 251
企业法人	22 049	705 866
机关、事业法人	475	28 179
社会团体和其他法人	659	12 206
二、按产业结构分	23 183	746 251
第二产业	10 910	528 579
工　业	10 141	489 941
建筑业	769	38 638
第三产业	12 273	217 672
批发和零售业	6 187	62 725
交通运输、仓储和邮政业	749	26 505
住宿和餐饮业	566	12 970
信息传输、软件和信息技术服务业	222	6 890
金融业	28	368

（续表）

	在地经营单位（个）	从业人员（人）
房地产业	901	18 975
租赁和商务服务业	1 340	23 610
科学研究和技术服务业	353	13 350
水利、环境和公共设施管理业	100	6 131
居民服务、修理和其他服务业	539	6 997
教　育	248	14 143
卫生和社会工作	125	7 765
文化、体育和娱乐业	273	3 066
公共管理、社会保障和社会组织	642	14 177
三、按地区分	23 183	746 251
新成路街道	745	14 972
真新街道	1 560	19 043
菊园新区	891	28 105
嘉定镇街道	877	18 221
南翔镇	2 494	69 459
安亭镇	4 194	189 019
嘉定新城（马陆镇）	3 156	122 535
徐行镇	1 434	44 788
华亭镇	801	23 084
外冈镇	1 442	43 612
江桥镇	3 407	74 526
嘉定工业区	2 182	98 887

七、个体经营户情况

2013年末，本区从事第二产业和第三产业活动有证照的个体经营户14 951户，从业人员34 986人。其中，第二产业349户，占2. 3%，从业人员1 011人；第三产业14 602户，占97. 7%，从业人员33 975人。

本区个体经营户较为集中的行业是：批发和零售业11 847户，占79. 2%；居民服务、修理和其他服务业1 383户，占9. 3%；住宿和餐饮业1 020户，占6. 8%（详见表1–7）。

表1–7　按行业分组的个体经营户数

	户　　数（户）	比　　重（%）
总　　计	14 951	100
工　业	311	2.1
建筑业	38	0.3
批发和零售业	11 847	79.2
交通运输、仓储和邮政业	58	0.4
住宿和餐饮业	1 020	6.8
信息传输、软件和信息技术服务业	7	–

（续表）

	户　　数（户）	比　　重（%）
房地产业	9	0.1
租赁和商务服务业	120	0.8
科学研究和技术服务业	58	0.4
水利、环境和公共设施管理业	6	–
居民服务、修理和其他服务业	1 383	9.3
教　育	7	–
卫生和社会工作	43	0.3
文化、体育和娱乐业	44	0. 3

注释：

1.三次产业的划分：

第一产业是指农、林、牧、渔业（不含农、林、牧、渔服务业）。

第二产业是指采矿业（不含开采辅助活动），制造业（不含金属制品、机械和设备修理业），电力、热力、燃气及水生产和供应业，建筑业。

第三产业即服务业，是指除第一产业、第二产业以外的其他行业。第三产业包括：批发和零售业，交通运输、仓储和邮政业，住宿和餐饮业，信息传输、软件和信息技术服务业，金融业，房地产业，租赁和商务服务业，科学研究和技术服务业，水利、环境和公共设施管理业，居民服务、修理和其他服务业，教育，卫生和社会工作，文化、体育和娱乐业，公共管理、社会保障和社会组织，国际组织，以及农、林、牧、渔业中的农、林、牧、渔服务业，采矿业中的开采辅助活动，制造业中的金属制品、机械和设备修理业。

2.单位的划分：

法人单位是指具备以下条件的单位：(1)依法成立，有自己的名称、组织机构和场所，能够独立承担民事责任；(2)独立拥有（或授权使用）资产或者经费，承担负债，有权与其他单位签订合同；(3)具有包括资产负债表在内的账户，或者能够根据需要编制账户。

法人单位包括企业法人、事业单位法人、机关法人、社会团体法人和其他成员组织法人、其他法人。

法人单位分支机构是指具备以下条件的单位：(1)在一个场所从事一种或主要从事一种社会经济活动；(2)相对独立组织生产活动或经营活动；(3)能提供收入、支出等相关资料。

有证照个体经营户是指除农户外，生产资料归劳动者个人所有，以个体劳动为基础，劳动成果归劳动者个人占有和支配的一种经营组织。即按照《民法通则》和《城乡个体工商户管理暂行条例》规定经各级工商行政管理机关登记注册、领取《营业执照》的个体工商户。

3.登记注册类型的划分：

根据国家统计局、国家工商行政管理总局《关于划分企业登记注册类型的规定调整的通知》（国统字〔2011〕86号），将企业登记注册类型分为以下几种：

内资企业：包括国有企业、集体企业、股份合作企业、联营企业、有限责任公司、股份有限公司、私营企业、其他企业。

港、澳、台商投资企业：包括合资经营企业、合作经营企业、独资经营企业、投资股份有限公司、其他投资企业。

外商投资企业：包括中外合资经营企业、中外合作经营企业、外资企业、外商投资股份有限公司、其他外商投资企业。

4.从业人员：是指2013年12月31日在第二、三产业单位（或有证照个体经营户）在岗的从业人员。

单位从业人员是指在本单位工作并取得劳动报酬或收入的期末实有人员数。包括在各单位工作的外方人员和港澳台方人员、兼职人员、再就业的离退休人员、借用的外单位人员和第二职业者。但不包括离开本单位仍保留劳动关系的职工。

5.企业资产总计：是指企业拥有或控制的能以货币计量的经济资源，包括各种财产、债权和其他权利。

6.小微企业：

根据工业和信息化部、国家统计局、国家发展改革委、财政部《关于印发中小企业划型标准规定的通知》（工信部联企业〔2011〕300号），国家统计局制定的《统计上大中小微型企业划分办法》确定。本办法按照行业门类、大类、中类和组合类别，依据从业人员、营业收入、资产总额等指标或替代指标，将我国的企业划分为大型、中型、小型、微型等四种类型。

7.表中的合计数和部分计算数据因小数取舍而产生的误差，均未作机械调整。

上海市嘉定区第三次经济普查主要数据公报
（第二号）

根据上海市嘉定区第三次经济普查结果，现将本区第二产业的主要数据公布如下：

一、工业

（一）企业法人单位数和从业人员

2013年末，本区共有工业企业法人单位12 492个，从业人员514 052人，分别比2008年末增长16. 9%和3. 4%。

在工业企业法人单位中，内资企业11 175个，占89. 5%；港、澳、台商投资企业470个，占3. 8%；外商投资企业847个，占6. 8%。内资企业中，国有企业14个，占全部内资企业的0. 1%；集体企业195个，占1. 7%；私营企业10 300个，占92. 2%。

在工业企业法人单位从业人员中，内资企业占56. 1%，港、澳、台商投资企业占10. 1%，外商投资企业占33. 8%。内资企业中，国有企业占全部内资企业的0. 4%，集体企业占2. 3%，私营企业占75. 5%（详见表2-1）。

表2-1　按登记注册类型分组的工业企业法人单位和从业人员

	企业法人（个）	从业人员（人）
总　计	12 492	514 052
内资企业	11 175	288 318
国有企业	14	1 258
集体企业	195	6 664
股份合作企业	43	656
联营企业	21	1 885
有限责任公司	557	49 653
股份有限公司	32	10 124
私营企业	10 300	217 817
其他企业	13	261
港、澳、台商投资企业	470	51 948
外商投资企业	847	173 786

在工业企业法人单位中，制造业12 481个，占99. 9%；电力、热力、燃气及水生产和供应业11个，占0. 1%。

在工业企业法人单位的从业人员中，制造业占99. 8%，电力、热力、燃气及水生产和供应业占0. 2%。在工业行业大类中，汽车制造业、通用设备制造业、电气机械和器材制造业从业人员数位居前三位，分别占18. 2%、12. 1%和11%（详见表2-2）。

表2-2　按行业分组的工业企业法人单位和从业人员

	企业法人（个）	从业人员（人）
总　计	12 492	514 052
制造业	12 481	513 033
农副食品加工业	80	4 522
食品制造业	126	8 043
酒、饮料和精制茶制造业	25	1 337
纺织业	197	9 517
纺织服装、服饰业	467	18 218
皮革、毛皮、羽毛及其制品和制鞋业	45	2 160
木材加工和木、竹、藤、棕、草制品业	325	5 774

（续表）

	企业法人（个）	从业人员（人）
家具制造业	409	16 320
造纸和纸制品业	482	8 705
印刷和记录媒介复制业	233	5 713
文教、工美、体育和娱乐用品制造业	210	10 387
石油加工、炼焦和核燃料加工业	29	921
化学原料和化学制品制造业	555	15 926
医药制造业	37	1 797
化学纤维制造业	12	123
橡胶和塑料制品业	901	29 416
非金属矿物制品业	479	16 236
黑色金属冶炼和压延加工业	96	4 576
有色金属冶炼和压延加工业	99	5 277
金属制品业	1 766	48 441
通用设备制造业	2 311	62 122
专用设备制造业	1 240	38 494
汽车制造业	472	93 476
铁路、船舶、航空航天和其他运输设备制造业	79	4 387
电气机械和器材制造业	781	56 388
计算机、通信和其他电子设备制造业	383	28 522
仪器仪表制造业	240	9 284
其他制造业	300	5 121
废弃资源综合利用业	27	541
金属制品、机械和设备修理业	75	1 289
电力、热力、燃气及水生产和供应业	11	1 019
电力、热力生产和供应业	1	160
燃气生产和供应业	2	167
水的生产和供应业	8	692

（二）资产总计

2013年末，工业企业法人单位资产总计4 310. 3亿元，比2008年末增长113. 2%（详见表2-3）。

表2-3按行业分组的工业企业法人单位资产总计

	资产总计（亿元）
总　　计	4 310. 3
制造业	4 282. 6
农副食品加工业	19
食品制造业	44. 7
酒、饮料和精制茶制造业	12
纺织业	37. 1
纺织服装、服饰业	41. 5

（续表）

	资产总计（亿元）
皮革、毛皮、羽毛及其制品和制鞋业	5. 4
木材加工和木、竹、藤、棕、草制品业	29. 3
家具制造业	88. 7
造纸和纸制品业	36. 5
印刷和记录媒介复制业	23. 4
文教、工美、体育和娱乐用品制造业	55. 4
石油加工、炼焦和核燃料加工业	14. 1
化学原料和化学制品制造业	169
医药制造业	13. 1
化学纤维制造业	0. 5
橡胶和塑料制品业	131. 1
非金属矿物制品业	139. 7
黑色金属冶炼和压延加工业	43. 9
有色金属冶炼和压延加工业	63. 9
金属制品业	235. 3
通用设备制造业	386. 9
专用设备制造业	257
汽车制造业	1 769. 8
铁路、船舶、航空航天和其他运输设备制造业	19. 5
电气机械和器材制造业	402
计算机、通信和其他电子设备制造业	173. 5
仪器仪表制造业	40. 8
其他制造业	22. 7
废弃资源综合利用业	4
金属制品、机械和设备修理业	2. 8
电力、热力、燃气及水生产和供应业	27. 8
电力、热力生产和供应业	2. 7
燃气生产和供应业	1
水的生产和供应业	24. 1

（三）资产贡献率

2013年，规模以上工业企业法人单位总资产贡献率为23. 1%，比2008年提高12. 2个百分点。其中，制造业为23. 2%，比2008年上升12. 2个百分点；电力、热力、燃气及水生产和供应业为6. 7%，比2008年上升2. 8个百分点（详见表2-4）。

表2-4　按行业分组的规模以上工业企业法人单位总资产贡献率

	总资产贡献率（%）
总　　计	23. 1
制造业	23. 2
农副食品加工业	4. 5
食品制造业	20. 3

（续表）

	总资产贡献率（%）
酒、饮料和精制茶制造业	16.2
纺织业	12
纺织服装、服饰业	-1.2
皮革、毛皮、羽毛及其制品和制鞋业	6.6
木材加工和木、竹、藤、棕、草制品业	-1.2
家具制造业	19.7
造纸和纸制品业	3.8
印刷和记录媒介复制业	7.2
文教、工美、体育和娱乐用品制造业	5.8
石油加工、炼焦和核燃料加工业	34.5
化学原料和化学制品制造业	10.7
医药制造业	32.2
橡胶和塑料制品业	10.2
非金属矿物制品业	12
黑色金属冶炼和压延加工业	3.7
有色金属冶炼和压延加工业	11.9
金属制品业	10.8
通用设备制造业	9.7
专用设备制造业	9.9
汽车制造业	35.4
铁路、船舶、航空航天和其他运输设备制造业	6.9
电气机械和器材制造业	16.2
计算机、通信和其他电子设备制造业	2.8
仪器仪表制造业	10.2
其他制造业	-0.2
废弃资源综合利用业	0.9
金属制品、机械和设备修理业	50.7
电力、热力、燃气及水生产和供应业	6.7
电力、热力生产和供应业	30.4
燃气生产和供应业	3.4
水的生产和供应业	4.4

（四）企业研发活动

2013年，本区开展研究与试验发展（简称R&D或研发）活动的规模以上工业企业法人单位191个，比2008年增长135.8%，占全部规模以上工业企业法人单位的14.6%。

2013年，规模以上工业企业法人单位R&D人员折合全时当量1.1万人年，比2008年增长159.2%。

2013年，规模以上工业企业法人单位R&D经费支出59.2亿元，比2008年增长304.8%；R&D经费投入强度为1.2%，比2008年提高0.57个百分点（详见表2-5）。

2013年，规模以上工业企业法人单位全年专利申请量2 394件，其中发明专利申请756件，分别比2008年增长239.1%和276.1%；发明专利申请所占比重为31.6%，比2008年提高3.1个百分点。

表2-5　按行业分组的规模以上工业企业法人单位R&D经费支出及投入强度情况

	R&D经费支出（亿元）	R&D经费投入强度（%）
总　　计	59.2	1.2
食品制造业	0.6	1.07
纺织业	0.2	0.71
纺织服装、服饰业	-	0.08
家具制造业	0.4	0.49
文教、工美、体育和娱乐用品制造业	0.2	0.49
石油加工、炼焦和核燃料加工业	0.3	1.27
化学原料和化学制品制造业	0.9	0.7
医药制造业	0.1	1.22
橡胶和塑料制品业	0.4	0.38
非金属矿物制品业	0.4	0.47
有色金属冶炼和压延加工业	0.1	0.1
金属制品业	0.9	0.46
通用设备制造业	3	1.25
专用设备制造业	1.5	0.99
汽车制造业	40.5	1.41
铁路、船舶、航空航天和其他运输设备制造业	1.5	10.06
电气机械和器材制造业	6	1.24
计算机、通信和其他电子设备制造业	1.7	1.12
仪器仪表制造业	0.4	1.96
废弃资源综合利用业	0.1	3.4
金属制品、机械和设备修理业	-	2.72

（五）高技术产业（制造业）

2013年末，本区共有规模以上高技术产业（制造业）企业法人单位98个，与2008年末持平；占规模以上制造业的比重为7.5%，比2008年下降1.1个百分点。

2013年，规模以上高技术产业（制造业）企业法人单位研究与试验发展（以下简称R&D或研发）经费支出3.7亿元，比2008年增长120.9%；占规模以上制造业的比重为6.3%，比2008年下降5.2个百分点；R&D经费投入强度为1.96%，比2008年提高1.06个百分点，比规模以上制造业平均水平高0.76个百分点（详见表2-6）。

2013年，规模以上高技术产业（制造业）企业法人单位全年专利申请量212件，其中发明专利申请94件，分别比2008年增长94.5%和44.6%；发明专利申请所占比重为44.3%，比规模以上制造业平均水平高12.7个百分点。

表2-6　按领域分规模以上高技术产业（制造业）企业法人单位R&D经费支出及投入强度情况

	R&D经费支出（亿元）	R&D经费投入强度（%）
高技术产业（制造业）	3.7	1.96
1. 医药制造业	0.1	1.22
2. 电子及通信设备制造业	1.5	1.12
3. 计算机及办公设备制造业	0.1	1.58
4. 医疗仪器设备及仪器仪表制造业	0.7	1.66

二、建筑业

(一)企业法人单位数和从业人员

2013年末，本区共有建筑业企业法人单位2 701个，比2008年末下降13. 5%；从业人员57 327人，比2008年末增长8. 4%。

建筑业企业法人单位中，内资企业2 697个，占99. 9%，港、澳、台商和外商投资企业4个，占0. 1%。

建筑业企业法人单位从业人员中，内资企业占99. 7%，港、澳、台商和外商投资企业占0. 3%（详见表2-7）。

表2-7　按登记注册类型分组的建筑业企业法人单位和从业人员

.	企业法人（个）	从业人员（人）
总　　计	2 701	57 327
内资企业	2 697	57 183
国有企业	2	1 105
集体企业	2	6
股份合作企业	3	32
联营企业	0	0
有限责任公司	77	5 927
股份有限公司	6	883
私营企业	2 607	49 230
港澳台商投资企业	3	140
外商投资企业	1	4

建筑业企业法人单位中，房屋建筑业占5. 4%；土木工程建筑业占15. 7%；建筑安装业占23. 1%；建筑装饰和其他建筑业占55. 8%。

建筑业企业法人单位从业人员中，房屋建筑业占38. 9%；土木工程建筑业占14. 6%；建筑安装业占14. 5%；建筑装饰和其他建筑业占32. 1%（详见表2-8）。

表2-8　建筑业企业法人单位和从业人员的行业分布

	企业法人（个）	从业人员（人）
总　　计	2 701	57 327
房屋建筑业	146	22 292
土木工程建筑业	425	8 358
建筑安装业	624	8 302
建筑装饰和其他建筑业	1 506	18 375

(二)资产总计

2013年末，建筑业企业法人单位资产总计254. 6亿元，比2008年末增长143. 1%（详见表2-9）。

表2-9　建筑业企业法人单位资产总计的行业分布

	资产总计（亿元）
总　　计	254. 6
房屋建筑业	123. 4
土木工程建筑业	47. 7
建筑安装业	36. 5
建筑装饰和其他建筑业	47. 1

注释：

1. 规模以上工业：是指全部年主营业务收入2 000万元及以上的法人工业企业。

2. 规模以上高技术产业（制造业）企业法人单位：规模以上企业法人单位指年主营业务收入2 000万元及以上的法人单位。按照《高技术产业（制造业）分类（2013）》，高技术产业（制造业）具体包括医药制造业，航空、航天器及设备制造业，电子及通信设备制造业，计算机及办公设备制造业，医疗仪器设备及仪器仪表制造业等。

3. 研究与试验发展：是指在科学技术领域，为增加知识总量，以及运用这些知识去创造新的应用而进行的系统的、创造性的活动，包括基础研究、应用研究、试验发展三类活动。

4. R & D经费投入强度：是指R & D经费支出与主营业务收入之比。

5. 表中的合计数和部分计算数据因小数取舍而产生的误差，均未作机械调整。

上海市嘉定区第三次经济普查主要数据公报
（第三号）

根据上海市嘉定区第三次经济普查结果，现将本区第三产业的主要数据公布如下：

批发和零售业

（一）企业法人单位数和从业人员

2013年末，本区共有批发和零售业企业法人单位19 456个，从业人员158 945人，分别比2008年末增长55.7%和75.5%。

在批发和零售业企业法人单位中，批发业占82%，零售业占18%。在批发和零售业企业法人单位从业人员中，批发业占80.7%，零售业占19.3%（详见表3-1）。

表3-1　按行业分组的批发和零售业企业法人单位和从业人员

	企业法人单位（个）	从业人员（人）
总　　计	19 456	158 945
批发业	15 946	128 324
农、林、牧产品批发	74	636
食品、饮料及烟草制品批发	491	5 711
纺织、服装及家庭用品批发	2 022	21 475
文化、体育用品及器材批发	853	5 716
医药及医疗器材批发	199	1 728
矿产品、建材及化工产品批发	3 878	28 301
机械设备、五金产品及电子产品批发	7 364	54 394
贸易经纪与代理	52	379
其他批发业	1 013	9 984
零售业	3 510	30 621
综合零售	465	6 061
食品、饮料及烟草制品专门零售	199	1 215
纺织、服装及日用品专门零售	329	2 308
文化、体育用品及器材专门零售	223	1 265
医药及医疗器材专门零售	198	1 247
汽车、摩托车、燃料及零配件专门零售	372	4 435
家用电器及电子产品专门零售	443	2 985
五金、家具及室内装饰材料专门零售	872	4 284
货摊、无店铺及其他零售业	409	6 821

在批发和零售业企业法人单位中，内资企业占99%，港、澳、台商投资企业占0.4%，外商投资企业占0.6%。内资企业中，国有企业占企业法人单位的0.1%，股份有限公司占0.1%，有限责任公司占2.5%，私营企业中95.6%。

在批发和零售业企业法人单位从业人员中，内资企业占91.6%，港、澳、台商投资企业占4.7%，外商投资企业占3.7%（详见表3-2）。

表3-2　按登记注册类型分组的批发和零售业企业法人单位和从业人员

.	企业法人单位（个）	从业人员（人）
总　　计	19 456	158 945
内资企业	19 256	145 523
国有企业	17	2 044
集体企业	97	762
股份合作企业	8	51
联营企业	9	84
有限责任公司	490	13 260
股份有限公司	13	256
私营企业	18 598	128 938
其他企业	24	128
港澳台商投资企业	79	7 512
外商投资企业	121	5 910

（二）资产总计

2013年末，批发和零售业企业法人单位资产总计1 724.6亿元，比2008年末增长343.4%。其中，批发业企业法人单位资产总计1 475.4亿元，零售业企业法人单位资产总计249.2亿元，分别比2008年末增长349.5%和310.8%（详见表3-3）。

表3-3　按行业分组的批发和零售业企业法人单位资产总计

	资产总计（亿元）
总　　计	1 724.6
批发业	1 475.4
农、林、牧产品批发	6.3
食品、饮料及烟草制品批发	51
纺织、服装及家庭用品批发	96.6
文化、体育用品及器材批发	21.2
医药及医疗器材批发	11.4
矿产品、建材及化工产品批发	380.9
机械设备、五金产品及电子产品批发	818.7
贸易经纪与代理	8.2
其他批发业	81.1
零售业	249.2
综合零售	66.7
食品、饮料及烟草制品专门零售	3.1
纺织、服装及日用品专门零售	20.3
文化、体育用品及器材专门零售	5.7

（续表）

	资产总计（亿元）
医药及医疗器材专门零售	3.1
汽车、摩托车、燃料及零配件专门零售	33.6
家用电器及电子产品专门零售	14.8
五金、家具及室内装饰材料专门零售	21.6
货摊、无店铺及其他零售业	80. 3

交通运输、仓储和邮政业

（一）企业法人单位数和从业人员

2013年末，本区共有交通运输、仓储和邮政业企业法人单位1 281个，从业人员32 390人，分别比2008年末增长84. 6%和6. 36%。

在交通运输、仓储和邮政业企业法人单位中，内资企业占98. 8%，港、澳、台商投资企业占0. 5%，外商投资企业占0. 8%。

在交通运输、仓储和邮政业企业法人单位从业人员中，内资企业占96. 2%，港、澳、台商投资企业占0. 9%，外商投资企业占2. 9%（详见表3-4）。

表3-4　按登记注册类型分组的交通运输、仓储和邮政业企业法人单位和从业人员

.	企业法人单位（个）	从业人员（人）
总　　计	1 281	32 390
内资企业	1 265	31 148
国有企业	5	37
集体企业	17	489
股份合作企业	6	219
联营企业	3	14
有限责任公司	68	12 117
股份有限公司	2	204
私营企业	1 160	17 897
其他企业	4	171
港澳台商投资企业	6	299
外商投资企业	10	943

（二）资产总计

2013年末，交通运输、仓储和邮政业企业法人单位资产总计117. 6亿元，比2008年末增长160. 7%（详见表3-5）。

表3-5　按行业分组的交通运输、仓储和邮政业企业法人单位资产总计

	资产总计（亿元）
总　　计	117. 6
道路运输业	60. 2
水上运输业	0. 6
管道运输业	0. 2
装卸搬运和运输代理业	22. 4
仓储业	33. 5
邮政业	0. 8

三、住宿和餐饮业

(一)企业法人单位数和从业人员

2013年末，本区共有住宿和餐饮业企业法人单位610个，从业人员13 512人，分别比2008年末增长36. 8%和23. 9%。

在住宿和餐饮业企业法人单位中，住宿业占29. 2%，餐饮业占70. 8%。在住宿和餐饮业企业法人单位从业人员中，住宿业占24. 9%，餐饮业占75. 1%（详见表3-6）。

表3-6　按行业分组的住宿和餐饮业企业法人单位和从业人员

	企业法人单位（个）	从业人员（人）
总　　计	610	13 512
住宿业	178	3 365
旅游饭店	15	1 446
一般旅馆	140	1 733
其他住宿业	23	186
餐饮业	432	10 147
正餐服务	289	6 344
快餐服务	33	756
饮料及冷饮服务	36	476
其他餐饮业	74	2 571

在住宿和餐饮业企业法人单位中，内资企业占98. 4%，港、澳、台商投资企业占0. 8%，外商投资企业占0. 8%。内资企业中，国有企业占企业法人单位的0. 5%，股份有限公司占0. 2%，有限责任公司占6. 6%，私营企业占88. 9%。

在住宿和餐饮业企业法人单位从业人员中，内资企业占90%，港、澳、台商投资企业占3. 3%，外商投资企业占6. 6%（详见表3-7）。

表3-7　按登记注册类型分组的住宿和餐饮业企业法人单位和从业人员

.	企业法人单位（个）	从业人员（人）
总　　计	610	13 512
内资企业	600	12 166
国有企业	3	440
集体企业	8	64
股份合作企业	0	0
联营企业	3	47
有限责任公司	40	2 655
股份有限公司	1	55
私营企业	542	8 845
其他企业	3	60
港澳台商投资企业	5	448
外商投资企业	5	898

(二)资产总计

2013年末，住宿和餐饮业企业法人单位资产总计为33. 9亿元，比2008年末增长53. 4%。其中，住宿业企业法人单位资产总计22. 4亿元，餐饮业企业法人单位资产总计11. 5亿元，分别比2008年末增长69. 5%和29. 5%（详见表3-8）。

表3-8 按行业分组的住宿和餐饮业企业法人单位资产总计

	资产总计（亿元）
总 计	33.9
住宿业	22.4
旅游饭店	16.5
一般旅馆	4.9
其他住宿业	1
餐饮业	11.5
正餐服务	5.9
快餐服务	0.7
饮料及冷饮服务	1.6
其他餐饮业	3.2

四、信息传输、软件和信息技术服务业

（一）企业法人单位数和从业人员

2013年末，本区共有信息传输、软件和信息技术服务业企业法人单位1 250个，从业人员15 973人，分别比2008年末增长11.1%和154.9%。

在信息传输、软件和信息技术服务业企业法人单位中，内资企业占98.6%，港、澳、台商投资企业占0.6%，外商投资企业占0.9%。

在信息传输、软件和信息技术服务业企业法人单位从业人员中，内资企业占94%，港、澳、台商投资企业占0.7%，外商投资企业占5.4%（详见表3-9）。

表3-9 按登记注册类型分组的信息传输、软件和信息技术服务业企业法人单位和从业人员

	企业法人单位（个）	从业人员（人）
总 计	1 250	15 973
内资企业	1 232	15 007
国有企业	2	17
集体企业	4	38
股份合作企业	2	11
联营企业	1	6
有限责任公司	24	938
股份有限公司	8	1 985
私营企业	1 187	11 990
其他企业	4	22
港澳台商投资企业	7	109
外商投资企业	11	857

（二）资产总计

2013年末，信息传输、软件和信息技术服务业企业法人单位资产总计113亿元，比2008年末增长440.9%（详见表3-10）。

表3-10 按行业分组的信息传输、软件和信息技术服务业企业法人单位资产总计

	资产总计（亿元）
总 计	113
电信、广播电视和卫星传输服务	12.4

（续表）

	资产总计（亿元）
互联网和相关服务	24.5
软件和信息技术服务业	76.1

五、金融业

2013年末，本区共有金融业服务业法人单位30个，从业人员390人。金融业法人单位资产总计55.5亿元；法人单位分支机构177个（详见表3-11）。

表3-11 按行业分组的金融业法人单位、从业人员和资产总计

	法人单位（个）	从业人员（人）	资产总计（亿元）
总计	30	390	55.5
货币金融服务	22	307	36.9
资本市场服务	5	30	18.4
保险业	3	53	0.2

六、房地产业

（一）法人单位数和从业人员

2013年末，本区共有房地产业法人单位1 120个，比2008年末增长90.2%。其中，房地产开发业273个，比2008年末增长89.6%；物业管理业260个，中介服务业250个，分别比2008年末增长91.2%和72.4%。

2013年末，本区房地产业法人单位的从业人员为22 462人，比2008年末增长89.9%。其中，房地产开发业5 080人，比2008年末增长101.2%；物业管理业12 662人，中介服务业1 062人，分别比2008年末增长78.9%和40.7%。（详见表3-12）。

表3-12 按行业分组的房地产业法人单位数和从业人员

	单位数（个）	从业人员（人）
总　计	1 120	22 462
房地产开发	273	5 080
物业管理	260	12 662
中介服务	250	1 062
其他房地产业和自有房地产经营活动	337	3 658

（二）资产总计

2013年，本区房地产业法人单位的资产总计为2 589.2亿元，比2008年增长276.8%。其中，房地产开发业2 406.9亿元，比2008年增长377.1%；物业管理业27亿元，中介服务业6.4亿元，分别比2008年增长128.8%和97.4%（详见表3-13）。

表3-13 房地产业法人单位资产总计

	资产总计（亿元）
总　计	2 589.2
房地产开发	2 406.9
物业管理	27
中介服务	6.4
其他房地产业和自有房地产经营活动	148.9

七、租赁和商务服务业

（一）企业法人单位数和从业人员

2013年末，本区租赁和商务服务业企业法人单位4 931个，从业人员59 568人，比2008年末下降12. 9%和增长60. 8%。

在租赁和商务服务业企业法人单位中，内资企业占98. 9%，港、澳、台商投资企业占0. 4%，外商投资企业占0. 6%。

在租赁和商务服务业企业法人单位从业人员中，内资企业占95. 1%，港、澳、台商投资企业占1%，外商投资企业占3. 9%（详见表3-14）。

表3-14　按登记注册类型分组的租赁和商务服务业企业法人单位和从业人员

.	企业法人单位（个）	从业人员（人）
总　　计	4 931	59 568
内资企业	4 879	56 656
国有企业	7	1 919
集体企业	102	1 711
股份合作企业	3	48
联营企业	2	37
有限责任公司	287	5 964
股份有限公司	8	1 128
私营企业	4 449	45 716
其他企业	21	133
港澳台商投资企业	21	592
外商投资企业	31	2 320

（二）资产总计

2013年末，租赁和商务服务业企业法人单位资产总计1 245亿元，比2008年末增长96. 5%。

八、科学研究和技术服务业

（一）企业法人单位数和从业人员

2013年末，本区共有科学研究和技术服务业企业法人单位2 030个，从业人员25 920人，分别比2008年末下降2. 3%和增长50. 9%。

在科学研究和技术服务业企业法人单位中，内资企业占98. 1%，港、澳、台商投资企业占0. 4%，外商投资企业占1. 4%。

在科学研究和技术服务业企业法人单位从业人员中，内资企业占87. 3%，港、澳、台商投资企业占2. 7%，外商投资企业占10%（详见表3-15）。

表3-15　按登记注册类型分组的科学研究和技术服务业企业法人单位和从业人员

.	企业法人单位（个）	从业人员（人）
总　　计	2 030	25 920
内资企业	1 992	22 637
国有企业	2	201
集体企业	10	468
股份合作企业	0	0
联营企业	2	51
有限责任公司	51	1 554
股份有限公司	0	0
私营企业	1 919	20 294

（续表）

.	企业法人单位（个）	从业人员（人）
其他企业	8	69
港澳台商投资企业	9	689
外商投资企业	29	2 594

（二）资产总计

2013年末，本区科学研究和技术服务业企业法人单位资产总计159. 1亿元，比2008年末增长189. 2%（详见表3-16）。

表3-16　按行业分组的科学研究和技术服务业企业法人单位资产

	资产总计（亿元）
总　　计	159.1
研究和试验发展	39.1
专业技术服务业	68.9
科技推广和应用服务业	51. 1

九、居民服务、修理和其他服务业

（一）企业法人单位数和从业人员

2013年末，本区共有居民服务、修理和其他服务业企业法人单位1 195个，从业人员13 475人，分别比2008年末下降8. 9%和增长10. 3%。

在居民服务、修理和其他服务业企业法人单位中，内资企业占99. 2%，港、澳、台商投资企业占0. 4%，外商投资企业占0. 4%。

在居民服务、修理和其他服务业企业法人单位从业人员中，内资企业占98. 4%，港、澳、台商投资企业占1. 3%，外商投资企业占0. 3%（详见表3-17）。

表3-17　按登记注册类型分组的居民服务、修理和其他服务业企业法人单位和从业人员

.	企业法人（个）	从业人员（人）
总　　计	1 195	13 475
内资企业	1 185	13 264
国有企业	3	84
集体企业	19	287
股份合作企业	2	14
联营企业	5	372
有限责任公司	38	1 586
股份有限公司	1	3
私营企业	1 113	10 894
其他企业	4	24
港澳台商投资企业	5	174
外商投资企业	5	37

（二）资产总计

2013年末，居民服务、修理和其他服务业企业法人单位资产总计109. 1亿元，比2008年末增长324%（详见表3-18）。

表3-18　按行业分组的居民服务、修理和其他服务业企业法人单位资产

	资产总计（亿元）
总　　计	109.1
居民服务业	16.1
机动车、电子产品和日用产品修理业	16.4
其他服务业	76.7

十、水利、环境和公共设施管理业

(一)法人单位及从业人员

2013年末，本区共有水利、环境和公共设施管理业法人单位155个，其中，行政事业及非企业法人单位19个。水利、环境和公共设施管理业从业人员6 640人。其中，行政事业及非企业法人单位767人。

(二)资产

2013年末，水利、环境和公共设施管理业企业法人单位资产总计169.9亿元，行政事业及非企业法人单位年末资产2.1亿元(详见表3-19)。

表3-19　按行业分组的水利、环境和公共设施管理业企业法人单位资产

	资产总计（亿元）
总　　计	169.9
水利管理业	21.2
生态保护和环境治理业	21.4
公共设施管理业	127.3

十一、教育

(一)法人单位及从业人员

2013年末，本区共有教育法人单位269个。其中，行政事业及非企业法人单位226个。教育从业人员14 519人。其中，行政事业及非企业法人单位13 165人。

(二)资产

2013年末，教育企业法人单位资产总计6.4亿元;行政事业及非企业法人单位年末资产45.8亿元。

十二、卫生和社会工作

(一)法人单位及从业人员

2013年末，本区共有卫生和社会工作法人单位126个，其中，行政事业及非企业法人单位97个。卫生和社会工作法人单位从业人员7 905人。其中，行政事业及非企业法人单位7 071人。

(二)资产

2013年末，卫生和社会工作企业法人单位资产总计0.8亿元;行政事业及非企业法人单位年末资产15.5亿元。

十三、文化、体育和娱乐业

(一)法人单位及从业人员

2013年末，本区共有文化、体育和娱乐业法人单位403个。其中，行政事业及非企业法人单位50个。文化、体育和娱乐业从业人员3 971人。其中行政事业及非企业法人单位704人。

(二)资产

2013年末，文化、体育和娱乐业企业法人单位资产总计20.7亿元，行政事业及非企业法人单位年末资产5.3亿元。

十四、公共管理、社会保障和社会组织

2013年末，本区共有公共管理、社会保障和社会组织法人单位642个，从业人员14 177人。

注释：

表中的合计数和部分计算数据因小数取舍而产生的误差，均未作机械调整。

上海市嘉定区统计局

上海市嘉定区第三次经济普查领导小组办公室

2015年3月24日

·文件选目·

中共上海市嘉定区委员会文件选目

嘉委发〔2014〕2号　中共上海市嘉定区委关于深入开展党的群众路线教育实践活动的实施方案
嘉委发〔2014〕7号　区委、区政府印发《嘉定区关于加强和规范村居台账(含报表)的若干意见》的通知
嘉委发〔2014〕8号　区委、区政府印发《2014年度嘉定区"三农"工作要点》的通知
嘉委发〔2014〕11号　中共嘉定区第五届委员会第六次全体会议决议
嘉委发〔2014〕13号　印发《中共上海市嘉定区委常委会党的群众路线教育实践活动整改方案》的通知
嘉委发〔2014〕14号　区委、区政府关于进一步深化嘉定国资改革促进区属企业发展的实施意见
嘉委发〔2014〕15号　区委、区政府印发《关于进一步加强少先队工作促进少年儿童健康成长的意见》的通知
嘉委发〔2014〕19号　中共嘉定区第五届委员会第七次全体会议决议

中共上海市嘉定区委员会办公室文件选目

嘉委办发〔2014〕1号　印发《中共上海市嘉定区委巡察组回访工作暂行规定》的通知
嘉委办发〔2014〕2号　区委办、区府办关于做好2014年春节期间有关工作的通知
嘉委办发〔2014〕4号　印发《2014年嘉定区信访工作要点》的通知
嘉委办发〔2014〕5号　转发《区联席办关于进一步组织开展区领导信访调研督导工作的通知》的通知
嘉委办发〔2014〕14号　区委办、区府办印发《关于进一步吸引与鼓励海外高层次人才创新创业的实施办法》的通知
嘉委办发〔2014〕15号　印发《嘉定区加强基层服务型党组织建设的若干意见》的通知
嘉委办发〔2014〕16号　印发《嘉定区"零距离服务群众工程"长效运行机制》的通知
嘉委办发〔2014〕18号　印发《嘉定区贯彻〈关于培育和践行社会主义核心价值观的意见〉的实施意见》的通知
嘉委办发〔2014〕19号　印发《2014年嘉定区党风廉政建设责任制专项检查办法》的通知
嘉委办发〔2014〕21号　区委办、区府办印发《关于进一步精简和规范会议、文件简报的若干规定(试行)》的通知
嘉委办发〔2014〕26号　区委办、区府办印发《关于开展2014年度嘉定区党风廉政建设责任制专项检查的通知》的通知
嘉委办发〔2014〕27号　印发《关于开展2014年嘉定区基层党建责任制落实情况专项检查工作的通知》的通知
嘉委办发〔2014〕29号　转发《区委组织部、区国资委党委关于分类完善区管企业法人治理结构加强企业领导人员任期管理的若干规定(试行)》的通知
嘉委办发〔2014〕30号　区委办、区府办关于做好2015年元旦春节期间有关工作的通知

上海市嘉定区人民政府文件选目

嘉府发〔2014〕1号　印发《嘉定区食品药品监督管理体制改革方案》的通知
嘉府发〔2014〕2号　批转区审计局关于《嘉定区2014年重点审计项目计划》的通知
嘉府发〔2014〕8号　印发《上海市嘉定区2013年国民经济和社会发展计划执行情况与2014年国民经济和社会发展计划(草案)的报告》的通知
嘉府发〔2014〕9号　印发《政府工作报告》的通知
嘉府发〔2014〕10号　关于调整本区征地养老人员生活费发放标准的通知
嘉府发〔2014〕23号　关于2014年提高本区镇保退休和征用地养老人员养老补贴待遇的通知
嘉府发〔2014〕26号　关于表彰嘉定区劳动关系和谐模范企业、嘉定区劳动关系和谐企业、嘉定区劳动关系和谐示范工业园区(村)、嘉定区劳动关系和谐工业园区(村)、嘉定区和谐劳动关系优秀企业家的决定

嘉府发〔2014〕28号　批转区人社局、区财政局《关于对本区农业户籍灵活就业人员实行参保补贴的试行意见》的通知
嘉府发〔2014〕29号　关于调整本区征用地镇保人员就业和参保补贴的通知
嘉府发〔2014〕33号　批转《关于加强本区道路下立交设施防汛防台管理工作的通知》的通知
嘉府发〔2014〕34号　印发区发改委、区经委、区财政局《嘉定区鼓励新能源汽车推广应用实施意见》的通知
嘉府发〔2014〕35号　印发《嘉定区2014年改革工作提示》的通知
嘉府发〔2014〕40号　关于延长《上海市嘉定区人民政府关于执行〈上海市征收集体土地房屋补偿暂行规定〉若干具体问题的通知》有效期的通知
嘉府发〔2014〕41号　关于下达嘉定区2014年度集中建设区外现状低效建设用地减量化任务的通知
嘉府发〔2014〕42号　关于2014年度嘉定区科学技术奖励的决定
嘉府发〔2014〕43号　印发《嘉定区2014年违法用地专项治理行动实施方案》的通知
嘉府发〔2014〕44号　批转区审计局《嘉定区财政性资金建设项目委托社会中介机构审计管理办法》的通知
嘉府发〔2014〕59号　印发《嘉定区政府购买社会组织服务实施办法(试行)》的通知

上海市嘉定区人民政府办公室文件选目

嘉府办发〔2014〕6号　印发《2013年度区人大代表书面意见和政协提案办理工作评估结果》的通知
嘉府办发〔2014〕7号　关于2014年嘉定区人力资源和社会保障工作考核指标和考核统计等事项的通知
嘉府办发〔2014〕8号　转发区体育局、区教育局、区财政局《嘉定区学校体育场地建设与向社区开放管理补充实施意见》的通知
嘉府办发〔2014〕10号　转发区教育局等四部门《关于嘉定区来沪人员随迁子女招生入学(园)工作的实施意见》的通知
嘉府办发〔2014〕11号　印发《关于2014年本区无偿献血工作的实施意见》的通知
嘉府办发〔2014〕16号　转发区教育局、区职业技能大赛组委会《嘉定区第九届职业技能竞赛实施意见》的通知
嘉府办发〔2014〕19号　转发区劳动关系和谐企业创建活动领导小组办公室《关于2014年嘉定区深入开展和谐劳动关系创建活动的实施方案》的通知
嘉府办发〔2014〕20号　转发《嘉定区第四届残疾人运动会暨第三届特殊奥林匹克运动会实施方案》的通知
嘉府办发〔2014〕27号　转发区民政局关于《嘉定区2013年指令性安置的冬季退役士兵就业安置指标》的通知
嘉府办发〔2014〕30号　转发《关于加强嘉定区农民宅基地置换房使用管理的若干意见》的通知
嘉府办发〔2014〕32号　关于2014年政府系统承办区人大代表书面意见和区政协提案工作情况的通报
嘉府办发〔2014〕33号　印发《2014年嘉定区政府信息公开工作要点》的通知
嘉府办发〔2014〕35号　关于2014年嘉定区劳动关系和谐企业创建活动考核验收工作的通知

2014年媒体报道嘉定部分目录

一、经济建设

报刊名称	日期	版次	标　　题
《文汇报》	1.6	2	91金融入驻嘉定金融谷
《上海商报》	1.9	6	嘉定区将“复制”自贸区创新政策
《东方早报》	1.22	A14	制造业大区转型记:嘉定汽车城要升级“国际化汽车产业中心”
《第一财经日报》	1.22	B6	专访上海市嘉定区区长杲云:打造下一批千亿级产业
《文汇报》	2.19	1	十万平方米“巨无霸”仅五百人运作
《中国青年报》	2.19	1	上海嘉定:“点对点”服务留住青年人才
《上海商报》	3.18	3	总投资300.9亿元,嘉定将上马314项政府投资项目
《每日经济新闻》	3.28	14	政府应为企业找寻平台,嘉定欲打造5张产业名片
《新民晚报》	4.4	B3	比赛中挖来创业“第一桶金”,“科技50南翔创业大赛”带来的启示
《中国青年报》	4.22	1	上海嘉定:创业青年宜业又宜居

（续表）

报刊名称	日期	版次	标　　题
《新华每日电讯》	5.25	3	高端医疗设备几乎全靠进口——自主发展打破进口依赖时不我待
《文汇报》	6.12	1	上海机器人产业加快自主创新脚步，明年产值有望突破200亿元
《新民晚报》	7.16	A32	葡萄专家引领果农走上致富路
《解放日报》	7.20	1	联影加速追逐“健康梦”
《解放日报》	8.17	8	经济小区：在转型中重塑“吸引力”
《解放日报》	8.31	8	嘉定外冈镇推进粮食生产规模化——万亩粮田里“不一样”的种田人
《联合时报》	9.2	2	马陆“葡萄经济”渴求“升级”
《文汇报》	9.8	1	嘉定工业区转变引资思路，变项目招商为平台招商，“外部效应”明显
《解放日报》	9.16	2	嘉定促互联网金融产业——总投资15.5亿元打造产业园
《解放日报》	10.13	2	嘉定人才创业活动周启动
《上海商报》	10.16	17	上海公务用车率先租赁新能源汽车——嘉定食药监局昨获26辆纯电动车
《解放日报》	10.19	2	去年逾万名海归在沪创业——海归创业千人大会在嘉定举行
《东方早报》	10.21	A19	京东首个“亚洲一号”在沪运营
《东方城乡报》	10.24	B7	杨柳经济城全面加强服务中小企业力度
《解放日报》	11.11	8	上赛场，驱动中国赛车新经济
《城市导报》	12.2	6	嘉定电动汽车租赁每分钟0.5元
《上海商报》	12.3	11	推动出口加工区转型综合保税区

二、社会民生

报刊名称	日期	版次	标　　题
《文汇报》	1.6	1	嘉定基本形成梯级分布的公共文化服务体系——陈阿婆的“五分钟文化圈”
《光明日报》	1.7	9	嘉定图书馆：把图书馆建到每个人身边
《文汇报》	1.8	29	嘉定：以礼乐之本铸就城市之魂
《文汇报》	1.13	2	嘉定开通数字化公共文化服务门户——只要有电脑随时逛“博物馆”
《文汇报》	1.22	12	志愿服务成为常态，一个电话上门解难
《解放日报》	2.12	1	嘉定城市管理平台大撤并增效能
《解放日报》	2.28	2	让群众更满意——苏兴华先进事迹报告会侧记
《新民晚报》	2.19	A18	上海自行车运动联盟发展中心落户嘉定，政府为社团当好“服务生”
《解放日报》	2.23	2	社区文化，如何形成“磁场”效应
《解放日报》	3.18	8	草根足球也有梦想舞台——上海嘉定博击队征战足协杯
《文汇报》	4.6	1	162项服务“一个窗口”办理——嘉定推进社区事务受理标准化建设，9个街镇已达标
《解放日报》	4.30	2	供水管线“活地图”——嘉定自来水布局王振乾烂熟于心
《解放日报》	5.11	8	一座小镇敬老院里的“改革”
《文汇报》	7.28	8	用实际行动把主体责任落到实处
《组织人事报》	7.31	10	解决“最后一公里”，短板究竟在哪里？——对话特邀嘉宾、上海嘉定区委书记马春雷
《新民晚报》	8.5	A6	换位思考才能真正发现问题——嘉定区区长杲云做客“夏令热线”
《文汇报》	9.12	3	瑞金医院肿瘤质子中心将开建——有望运营首台国产质子治疗装置

（续表）

报刊名称	日期	版次	标　　　题
《解放日报》	9.22	8	外冈“老大人”绵延“乡贤文化”
《文汇报》	9.24	11	嘉定区马陆镇白银社区成立物业管理专委会
《解放日报》	10.12	8	小镇百姓看病的金字塔图
《劳动报》	10.23	13	小小客堂间变身居民议事厅——社区教育促进社区自治
《解放日报》	11.6	6	电子保姆“私人订制”养老服务——依托大数据引入第三方，嘉定菊园试点打造老年宜居社区
《解放日报》	11.10	16	嘉定区婚姻登记管理所—— “剑胆琴心”二三事
《新民晚报》	11.12	A22	美丽上海离不开美丽村庄——嘉定马陆北管、彭赵、仓场村走访记
《文汇报》	12.10	8	嘉定新城探索网格化治理新路径——网格定人人负其责
《解放日报》	12.30	15	共治与自治：重塑“社区”

三、精神文明

报刊名称	日期	版次	标　　　题
《解放日报》	1.2	6	教化之城•礼乐嘉定
《新民晚报》	1.18	B13	郑午昌与古镇钱门塘
《文汇报》	2.18	11	可以看一看毛桥村
《东方早报》	3.3	C12	谈陆俨少的诗书画
《解放日报》	4.14	8	上海汽车博物馆珍藏馆开放——近四十款珍贵古董车亮相
《新民晚报》	4.27	A1	白铁侠：敲敲打打出精彩
《解放日报》	5.16	3	嘉定8万志愿者参与“邻里守望”
《新民晚报》	5.17	B14	“石童子”与“撒尿小孩”
《解放日报》	5.20	4	创建文明城区：根植群众，才能枝繁叶茂
《东方早报》	5.26	A29	“2014嘉定•宝山读书月”启动
《美术报》	6.14	6	尚画美术馆开馆
《新民晚报》	6.25	A14	“漂”于湖面上，“融”于天地间——探访即将启用的上海保利大剧院
《上海商报》	7.1	10	马陆葡萄文化村变身青年艺术家集聚区
《劳动报》	7.7	10	九分钟微电影锦标赛落幕
《解放日报》	8.27	11	上海保利首个演出季公布菜单——郑明勋执棒奏响第一声
《上海商报》	9.17	19	昨2014上海孔子文化节迎客
《文汇报》	11.3	2	“字砖文化”研究保护中心成立
《解放日报》	11.5	10	90余件真迹展现陆派山水魅力——展览昨起在嘉定陆俨少艺术院开幕，将持续至12月21日
《新闻晨报》	11.11	A10	唐诗宋词响彻嘉定76所中小学——嘉定区将古诗“唱诗班”引入课堂，推广传统文化已成为品质教育新名片
《中国体育报》	11.19	3	阿拉的团队梦想的舞台——记上海嘉定百姓健身团队展示总决赛
《劳动报》	11.21	5	嘉定区首届职工文化艺术节昨开幕
《解放日报》	12.19	7	上海首个公共文化服务云平台—— “文化嘉定云”上线
《新民晚报》	12.22	A6	嘉定区政协委员呼吁启动保护性开发工作——让600年娄塘古镇“容颜重现”
《文汇报》	12.29	6	嘉定民间博物馆再添新军

·统计资料·

2014年嘉定区经济和社会发展基本情况一览表

行政区划、人口、土地、劳动力统计

项　　目	单　位	2014年	2013年
一、行政区划			
镇政府	个	7	7
街道(新区)	个	5	5
居民委员会	个	165	153
村民委员会	个	144	146
村民小组	个	1 886	1 964
二、人口			
全区总户数	万户	21.3	20.7
全区总人口	万人	58.8	57.6
其中:农业	万人	8	8.2
非农业	万人	50.9	49.4
其中:男性	万人	29.4	28.7
女性	万人	29.4	28.9
出生数	人	4 795	3 920
出生率	‰	8.24	6.86
死亡数	人	4 780	4 644
死亡率	‰	8.21	8.12
自然增长率	‰	0.03	-1.26
三、土地			
全区面积	平方公里	463.16	463.16
人口密度	人/平方公里	1 270	1 244
可耕地	公顷	10 514.8	10 546
每一农业人口占耕地	公顷	-	0.1287
四、农村劳动力	万人	46.99	49.5
第一产业	万人	0.92	1.1
第二产业	万人	37.87	39.2
第三产业	万人	8.19	9.2

增加值、工农业总产值统计

项　　目	单　位	2014年	2013年
一、增加值合计	万元	16 301 553	14 605 833
增加值(属地)	万元	11 333 439	10 505 853
其中:第一产业	万元	45 596	45 120
第二产业	万元	6 850 241	6 403 547

（续表）

项　　　目	单　位	2014年	2013年
其中:工业	万元	6 455 780	6 046 782
建筑业	万元	394 461	356 765
第三产业	万元	4 437 602	4 057 186
其中:运输邮电仓储业	万元	260 783	239 266
批发零售业	万元	1 209 165	1 064 343
住宿餐饮业	万元	104 948	97 601
金融业	万元	431 867	322 668
房地产业	万元	599 437	619 073
居民和其他服务业	万元	212 554	188 807
二、农业总产值(现行价)	万元	122 141.9	128 835.4
1. 种植业	万元	77 637.1	83 517
粮食作物	万元	16 339.2	15 586.2
2. 林业	万元	2 203.2	2 062.4
3. 畜牧业	万元	22 838	24 482.2
猪	万元	17 459.1	19 445.5
禽	万元	480.1	583.7
蛋	万元	1 941.7	1 735.2
奶	万元	1 603.9	1 406.6
4. 渔业	万元	10 653.8	9 602.1
5. 农林牧渔服务业	万元	8 809.7	9 171.7
三、规模以上工业总产值	亿元	5 163.4	4 800.7
规模以上工业总产值(属地)	亿元	3 200.6	3 041.8
1. 内资	亿元	1 229.8	1 121.7
2. 三资	亿元	1 970.8	1 920.1
3. 私营	亿元	538.3	449.6

注:2013年起增加值增加全口径统计数据。

农业统计

项　　　目	单　位	2014年	2013年
一、种植业			
(一)粮食总产量	吨	56 642	54 900
夏粮总产	吨	16 421.5	16 123.5
晚秋粮总产	吨	40 220	38 776
(二)油菜籽总产	吨	370	406
单产	公斤	2 292	2 066
面积	公顷	162	197
(三)蔬菜总产	吨	147 912	151 900
播种面积	公顷	6 387	7 854

（续表）

项　　目	单　位	2014年	2013年
（四）其他农作物			
1. 西甜瓜总产	吨	10 015	10 473
面积	公顷	353	325
2. 水果总产	吨	21 194	26 265
面积	公顷	1 283	1 328
3. 蘑菇总产	吨	42.4	78.4
4. 香菇总产(鲜)	吨	45	35
5. 其他食用菌	吨	1 468.1	1 423.2
二、畜牧业			
1. 猪饲养量	万头	19.2	22.7
猪出栏数	万头	13.8	13.8
猪圈存数	万头	5.38	8.87
#母猪	万头	0.5	0.8
2. 奶牛圈存量	头	779	724
牛奶产量	吨	3 407	3 421
3. 羊圈存量	头	9 622	8 008
羊毛产量	吨	6	6
羊出栏头数	头	8 425	11 875
4. 家禽上市量	万羽	17.66	23.77
家禽圈存量	万羽	20.16	21.87
5. 鲜蛋产量	吨	2 073.8	2 037.3
6. 肉鸽上市量	万羽	68.7	63
三、渔业生产			
淡水产品	吨	1 400	1 720
淡水养殖面积	公顷	215	231
四、农业机械化			
（一）农业机械总动力	千瓦	33 485.7	32 064.7
耕作机械	千瓦	15 487.7	14 513.9
收获机械	千瓦	11 358.4	11 370.4
植保机械	千瓦	2 233.6	2 390.1
渔业机械	千瓦	880.3	965
（二）农业技术应用			
有效灌溉面积	公顷	9 561.8	9 797.8
五、农副产品商品产值	亿元	11.41	12.05
农副产品商品率	%	93.4	93.5
六、农业综合指标			
农业增加值	万元	45 596	45 120

邮电、用电、商业等统计

项　　　目	单　位	2014年	2013年
一、固定资产投资	亿元	485.1	479.7
城市基础建设投资	亿元	46.4	38.3
房地产投资	亿元	299.3	293.4
房屋施工面积	万平方米	1 573.5	1 584.9
房屋竣工面积	万平方米	248.9	486.6
二、邮电			
邮政业务收入	万元	14 653	13 951
电信业务收入	万元	91 300	86 319
出口函件	万件	2 573	3 014
#普通包件(出口)	万件	24.6	25.2
进口函件	万件	3 369	3 635
#普通包件(进口)	万件	4.9	5.5
投送报刊杂志	万份	3 499	3 530
邮送广告	万份	84.4	61.6
家庭固定电话用户数	户	238 691	244 421
政企固定电话用户数	户	161 416	157 940
宽带用户数	户	290 457	274 090
IPTV用户数	户	98 502	78 100
三、用电			
全区用电	万千瓦时	910 924	917 068
1. 大工业	万千瓦时	601 463	596 817
2. 非普工业	万千瓦时	188 915	185 213
3. 农业	万千瓦时	3 046	3 145
4. 居民照明	万千瓦时	107 431	118 836
5. 非居民照明	万千瓦时	10 068	13 057
四、商品销售总额	亿元	4 279.8	3 802.3
商品销售总额(属地)	亿元	1 699.4	1 515.6
社会消费零售总额	亿元	714.1	564.5
#吃	亿元	103.1	89
穿	亿元	18.7	18.9
用	亿元	560.6	431.8
烧	亿元	31.7	24.8
五、物价指数			
居民消费价格总指数		102.7	102.3

（续表）

项　　目	单　位	2014年	2013年
食品		103.2	104.4
衣着		103.7	100
家庭设备用品及维修服务		101.8	101.3
医疗保健和个人用品		100.4	100
交通和通信		100.1	100.4
文娱用品		101.8	100.1
居住		104.6	103.9
六、集市贸易成交额	万元	248 300	221 292
七、主要专业市场成交额	亿元	270.1	246.4
汽车市场	亿元	63.4	52.7
轻纺市场	亿元	11.7	16
东方汽配城	亿元	30.8	30.4
真新粮食交易市场	亿元	17.1	21.8
江桥批发市场	亿元	69.4	61.5
金翔木材市场	亿元	10.2	10
江桥批发市场华江分公司	亿元	20.3	1.6
曹安钢材交易市场	亿元	2.8	7.4
曹安工程配套市场	亿元	8.4	7.9
国际机电五金城	亿元	6.6	6.7

财政、金融统计

项　　目	单　位	2014年	2013年
一、财政			
（一）财政总收入	亿元	745.7	660
财政总收入（属地）	亿元	552.3	495.2
中央级收入	亿元	228.5	218.8
市级收入	亿元	156.1	131
区级收入	亿元	167.8	145.4
税收收入合计	亿元	715.6	630.3
税收收入合计（属地）	亿元	522.2	465.5
1. 两税小计	亿元	211.1	206.3
增值税	亿元	209.9	205.2
消费税	亿元	1.2	1
2. 营业税	亿元	50.2	46.3
3. 两项所得税	亿元	194.6	161.8

（续表）

项　　　目	单　位	2014年	2013年
个人所得税	亿元	47.6	40.3
企业所得税	亿元	147	121.5
4.其他各税	亿元	57.6	41.7
（二）财政支出合计	亿元	197.8	177.3
一般公共服务	亿元	22.8	22.8
公共安全	亿元	10.9	9.6
教育	亿元	28.4	26.5
科学技术	亿元	6.3	5.7
文化体育与传媒	亿元	5.8	5.3
社会保障和就业	亿元	20.8	19.2
医疗卫生	亿元	13.9	10
节能环保	亿元	1.8	1.6
城乡社区事务	亿元	42.6	37.9
农林水事务	亿元	8.1	6.9
交通运输	亿元	4.6	3.8
工业商业金融等事务	亿元	25.9	20.1
其他支出	亿元	3.6	5.7
基金预算支出	亿元	107.2	143.4
二、金融			
（一）金融机构存款余额	亿元	2 068.6	1 931.8
企业存款	亿元	1 057.3	1 005.8
居民储蓄存款余额	亿元	1 011.2	926
（二）金融机构贷款余额	亿元	1 031.4	913.5
个人贷款	亿元	255	226.8
其中：个人住房贷款	亿元	190.1	168.5
短期贷款	亿元	334.5	273.7
中长期贷款	亿元	589.6	503.6

科技活动情况统计

项　　　目	单　位	2014年	2013年
一、企业认定			
市科技“小巨人”（培育）企业	户	123	95
高新技术企业	户	510	483
市技术先进性型服务企业	户	8	5
市知识产权优势企业	户	9	6
市专利工作示范试点单位	户	31	16
二、获奖项目			
获市级奖励项目	项	29	19

（续表）

项　　目	单　位	2014年	2013年
获区级奖励项目	项	66	54
三、重点新产品认定			
国家级	项	10	9
四、技术市场			
技术合同认定登记	项	296	267
技术贸易额	万元	87 900	98 200
五、专利			
专利申请量	件	5 892	6 029
专利授权量	件	3 903	4 157
六、开展科研、科普活动	项	6 541	6 113

文化、教育、体育、卫生、计划生育、广播、电视统计

项　　目	单　位	2014年	2013年
一、文化			
区（镇）图书馆（室）	个	14	14
图书馆（室）藏书	万册	190.4	164.5
市级文物保护单位	个	10	4
区级文物保护单位	个	43	54
影剧院	个	13	10
座位数	只	12 931	10 218
全年放映场次	场次	144 043	112 020
观众人次	万人次	354	189
区（镇）文化馆（站）	个	13	13
二、教育			
幼儿园	所	71	70
幼儿生	人	31 329	31 073
幼儿园工作人员	人	2 965	2 846
小学	所	39	39
小学学生	人	48 486	49 025
小学教职员工	人	2 247	2 138
中学	所	37	37
中学学生	人	29 026	28 742
中学教职员工	人	3 023	2 985
中等教育	所	4	4
中等教育学生	人	5 899	6 585
中等教育教职职工	人	528	538
三、体育			

（续表）

项　　目	单　位	2014年	2013年
区级运动竞赛	项次	131	235
参加运动员	人次	59 590	152 470
参加市级竞赛	项次	163	219
获团体冠军	个	22	43
获个人第一名	个	110	100
破区田径记录	人	1	2
等级运动员发展数	人	51	35
等级裁判员发展数	人	218	66
通过国家学生体质健康标准	个	76 184	-
小学组	人	47 897	-
中学组	人	28 287	-
四、卫生			
医疗机构(卫生系统)	所	31	31
区级医院	所	5	5
社区卫生服务中心	所	13	13
医院病床	张	3 604	3 388
区级医院	张	2 613	2 446
社区卫生服务中心	张	991	942
在岗职工(全区合计)	人	7 762	7 230
卫生技术人员	人	6 275	5 952
其他技术人员	人	44	57
管理人员	人	652	589
工勤人员	人	738	632
村卫生室	个	77	77
五、计划生育			
人口出生数（户籍人口）	人	4 795	3 920
计划内出生人数	人	4 758	3 890
计划生育率	%	99.23	99.23
出生一孩人数	人	4 124	3 559
独生子女发证数(户籍人口)	人	4 407	4 632
领证率(户籍人口)	%	27.92	32.84
女性初婚人数(户籍人口)	人	1 773	2 033
晚婚率	%	88.61	86.47
六、广播			
全区广播机构	个	11	11

（续表）

项　　目	单　位	2014年	2013年
电缆	公里	9 327	6 195
光缆	公里	4 205	3 078
区台平均每天播音时间	时分	14:00	14:00
转播中央台节目	时分	1:00	1:00
转播市台节目	时分	1:00	1:00
自办节目	时分	8:30	8:30
七、电视			
电视台	座	1	1
覆盖人口	万人	156.62	155.65
覆盖率	%	100	100
有线电视用户	万户	35.5	32
全年购买电视放映时间	小时	3 695.3	3 540
电视节目频道数	个	1	1
平均每周播出时间	时分	84:00	84:00
全年制作节目时间	小时	1 365	1 743

人民生活统计

项　　目	单　位	2014年	2013年
一、全部在岗职工人数、工资			
（一）全部在岗职工数	人	345 338	333 766
国有	人	3 007	3 273
集体	人	4 743	3 799
其他	人	337 588	330 079
（二）全部在岗职工工资总额	万元	2 794 447	2 366 419
国有	万元	36 493	34 616
集体	万元	28 941	19 129
其他	万元	2 729 012	2 312 675
（三）全部在岗职工年平均工资	元	81 357	71 395
国有	元	120 639	103 548
集体	元	60 483	48 835
其他	元	81 300	71 336
二、农村家计调查			
（一）调查户数	户	280	280
平均每户人口	人	3.2	3.3
每户整半劳动力	人	2	2
（二）全年人均可支配收入	元	23 831	21 469

（续表）

项　　　目	单　位	2014年	2013年
（三）人均年生活消费支出	元	16 143	14 971
#食品	元	6 689	6 507
衣着	元	1 171	998
居住	元	2 029	2 169
设备用品	元	827	662
医疗保健	元	1 464	1 052
交通、通讯	元	2 416	2 228
文娱用品	元	1 138	918
其他商品和服务	元	409	437
（四）人均居住面积	平方米	60.4	60.3
三、城镇家计调查			
（一）调查户数	户	250	250
平均每户人口	人	2.8	2.78
就业人口	人	1.4	1.43
（二）人均可支配收入	元	40 042	36 336
（三）人均住房建筑面积	平方米	32.4	31.35

2014年各镇、街道（新区）经济和社会发展基本情况一览表

工农业总产值、工业产值、农业产值(属地)

单位：万元

单　　位	工农业总产值	规模以上工业总产值	农业总产值
新成路街道	–	–	–
真新街道	–	–	–
菊园新区	325 568	324 507	1 061
嘉定镇街道	161 537	161 537	–
南翔镇	1 805 633	1 804 064	1 569
安亭镇	11 656 631	11 650 057	6 574
马陆镇	4 237 923	4 229 144	8 779
徐行镇	1 368 846	1 344 212	24 634
华亭镇	601 310	574 051	27 259
外冈镇	1 852 388	1 831 202	21 186
江桥镇	1 632 532	1 628 765	3 767
嘉定工业区	8 480 196	8 458 194	22 002
农场	5 313	–	5 313

油菜籽、蔬菜总产量

单位：吨

单　位	油菜籽总产	蔬菜总产
菊园新区	—	1 579.7
南翔镇	—	5 205.8
安亭镇	16.5	15 674
马陆镇	3	1 976.6
徐行镇	42.4	24 462.4
华亭镇	160	28 206
外冈镇	10.2	29 119.6
江桥镇	—	15 398.8
嘉定工业区	138	26 288.7

生猪出栏、家禽上市和鲜蛋、水产品总产量

单　位	生猪出栏数(头)	肉用禽上市量(万只)	鲜蛋产量（吨）	水产品产量(吨)
南翔镇	—	—	—	—
安亭镇	—	0.86	43.4	111
马陆镇	—	0.85	111.6	101
徐行镇	35 916	0.6	110.3	282
华亭镇	18 729	3.2	125	381
外冈镇	34 404	1.07	41.2	278
江桥镇	—	—	—	—
菊园新区	—	—	—	53
嘉定工业区	24 567	3.08	145.3	188
农场	24 354	8	1 497	6

总人口、农村劳动力、出生率、出生人数、耕地面积

单　位	户籍总人口（人）	常住农村从业人员（人）	户籍人口出生率（‰）	户籍人口出生人数（人）	耕地面积（公顷）
新成路街道	26 819	857	8.1	215	—
真新街道	47 553	—	6.96	329	—
菊园新区	27 011	7 131	12.13	319	233.1
嘉定镇街道	60 399	—	7.6	461	—
南翔镇	55 381	34 244	10.15	549	105.9
安亭镇	90 213	72 318	9.57	852	649.7
马陆镇	55 894	76 530	9.74	531	649.5
徐行镇	31 100	66 636	5.14	160	1 327.6
华亭镇	24 603	31 648	4.63	114	1 573
外冈镇	31 158	42 653	5.67	177	1 877.6
江桥镇	73 631	74 780	9.39	676	435.7
嘉定工业区	64 544	63 056	6.34	412	2 709.7

农村营业收入和劳均、人均收入

单　位	人均收入（元）	劳均收入（元）
新成路街道	24 607	26 371
真新街道	—	—
菊园新区	23 126	33 042
嘉定镇街道	—	—
南翔镇	21 802	30 365
安亭镇	29 680	43 044
马陆镇	23 114	35 067
徐行镇	17 665	24 720
华亭镇	17 722	26 752
外冈镇	21 665	27 951
江桥镇	26 333	39 016
嘉定工业区	20 720	28 025

上海市郊区县统计信息交流资料(一)

指标名称	单　位	闵行区		宝山区		嘉定区		松江区	
		2014年	±%	2014年	±%	2014年	±%	2014年	±%
常住人口	人	2539500	0.3	2024000	0.7	1566200	0.6	1755900	1.1
户籍人口	人	1045177	2.5	936043	1.8	588306	2.1	605710	1.7
区域面积	平方公里	370.8	-	293.7	-	463.2	-	604.6	-
增加值	万元	18437476	7.1	9646060	6	16301553	8.6	9694560	5.5
#第一产业	万元	13737	-9.5	22775	-8.6	45596	1.4	87300	0.6
第二产业	万元	10103052	0.7	3907524	3.1	11374513	9.1	5616281	4.7
#工业	万元	9332799	-0.2	3193500	1.4	10980052	9.1	5253398	4.5
第三产业	万元	8320687	16.1	5715761	8.1	4881444	7.5	3990979	6.8
财政收入	万元	5802199	9.6	2936107	5.6	7457137	13	3287600	8.6
#区县地方财政收入	万元	1903317	11.2	1126675	10.8	1677758	15.4	1117412	8
银行存款余额	万元	29840300	2.8	24706529	3.9	20685502	7	21683990	6.6
#城乡居民储蓄余额	万元	16840200	5.4	14410823	7	10112292	9.2	7847046	7.8
银行贷款余额	万元	12720800	9	12310402	8.8	10314161	12.3	12769874	7.7
合同外资额	万美元	262268	50.5	52587	16.7	116997	44.7	46111	-42
外贸出口商品总额	万美元	1852065	-13.5	481039	3.8	994755	0.6	3698998	3.3
社会消费品零售总额	万元	6414167	6.8	5608104	8	7140777	26.5	4567807	7.2
#集市贸易成交额	万元	543300	21.5	483973	7.8	248300	12.2	181411	2.6
规模以上工业总产值	万元	33869711	-5.8	14187442	-3.5	51633809	7.6	35183152	0.4

（续表）

指标名称	单　位	闵行区		宝山区		嘉定区		松江区	
		2014年	±%	2014年	±%	2014年	±%	2014年	±%
规模以上工业利润总额	万元	2396944	-11.8	558564	-25.2	6297976	16.7	1095103	-1.9
固定资产投资额	万元	4667416	-6.5	3372245	3.7	4850771	1.1	3148104	9
#第二产业	万元	655994	4.7	212479	-14.7	995166	-14.3	667028	-10.6
#工业	万元	655994	4.7	212479	-14.7	995166	-14.3	667028	-10.6
第三产业	万元	4011422	-8.1	3159766	5.2	3853735	6.1	2481076	15.8
#房地产业	万元	3172115	-4.6	2617694	7.6	2993445	2	1939279	10.4
在岗职工平均工资	元	83541	-	81426	7.5	81357	14	64046	12.9
城镇居民人均可支配收入	元	40637	9.8	39881	9.7	40042	10.2	39510	10.1
农村居民人均可支配收入	元	27560	10.7	24670	10.3	23831	11	21736	10.8

注:增加值增长速度按可比价计算。

上海市郊区县统计信息交流资料(二)

指标名称	单位	金山区		青浦区		奉贤区		崇明县	
		2014年	±%	2014年	±%	2014年	±%	2014年	±%
常住人口	人	797079	2.1	1208300	0.9	1167600	1.2	701600	2.6
户籍人口	人	517905	0.2	469399	0.4	526911	0.3	677792	-0.6
区域面积	平方公里	586	-	668.5	-	720.4	-	1411	-
增加值	万元	5700496	8.5	8274333	7.2	6684310	3.3	2721583	7.9
#第一产业	万元	137917	-1.4	93345	-3.6	172884	-5.3	234020	2.1
第二产业	万元	3328281	6.6	4426440	3.3	3975379	1.4	1283378	3.1
#工业	万元	3090392	6.2	4227060	3	3647362	0.1	928258	1
第三产业	万元	2234298	12.2	3754548	12.5	2536048	19.2	1204185	14.8
财政收入	万元	2766628	10.1	3084316	13.4	2341771	11.8	977759	15.2
#区县地方财政收入	万元	565852	12.2	1041406	17.4	729109	10.4	715450	14.3
银行存款余额	万元	8932600	3.5	12061280	7.8	11436117	6	7090867	1.5
#城乡居民储蓄余额	万元	4737382	5.9	5581393	7.5	6241020	7.3	4238435	1.3
银行贷款余额	万元	6916662	6	7079671	5.6	8862689	8.6	3825146	13.5
合同外资额	万美元	48890	0.2	50233	-	61097	38.8	5532	63.9
外贸出口商品总额	万美元	454852	9.6	760825	11.8	730095	3.7	37988	19.8
社会消费品零售总额	万元	3313600	12.1	4743760	14	3979800	12	867272	15.1
#集市贸易成交额	万元	518000	12.9	293228	1.5	436912	9.5	219407	11.3

（续表）

指标名称	单位	金山区		青浦区		奉贤区		崇明县	
		2014年	±%	2014年	±%	2014年	±%	2014年	±%
规模以上工业总产值	万元	18721092	-7.6	15796636	3.5	16232954	-1	3183949	-1
规模以上工业利润总额	万元	414682	-45.8	883550	2.2	1085852	14.2	20935	-
固定资产投资额	万元	1910856	2.5	4093344	13.9	2909081	-0.3	1353467	0.2
#第二产业	万元	1027269	-11.2	529860	-19.9	1136073	-13.5	169542	-53.5
#工业	万元	1027269	-11.2	529860	-19.9	1136073	-13.5	169542	-53.5
第三产业	万元	877814	26.9	3553359	21.6	1772508	11	1134287	24.6
#房地产业	万元	607529	47.6	2384503	6.9	1267339	2.4	366165	-2.9
在岗职工平均工资	元	58387	2.5	61119	11.2	59823	14.8	57973	-21.1
城镇居民人均可支配收入	元	36433	10.1	37624	9.7	36444	10.1	35058	10.1
农村居民人均可支配收入	元	19436	11.1	20100	10.9	20611	10.8	14910	11.1

注:增加值增长速度按可比价计算。

沿海部分地区统计信息交流资料(一)

指标名称	计量	江苏武进区		江苏常熟市		江苏张家港		江苏锡山区		江苏江阴市		江苏昆山市	
	单位	2014年	2013年	2014年	2013年	2014年	2013年	2014年	2013年	2014年	2013年	2014年	2013年
年末户籍总人口	万人	104	102.9	106.9	106.7	92	91.5	43.2	42.7	123.2	121.7	77	75.3
常住人口	万人	160.9	160.6	151	150.9	125.3	125.1	70.2	70	163.5	163	165	164.4
区域面积	平方公里	1245.8	1245.8	1094	1094	986.7	986.7	399	399	987	987	931.5	931.5
地区生产总值(现行价)	亿元	1905.3	1737.1	2009.4	1980.3	2180.3	2145.3	620.7	590.5	2754	2636.1	3001	2920.1
#第一产业	亿元	49	47.2	38.4	40.5	32.1	30.4	20.7	19.6	54.4	51.5	28.8	26.9
第二产业	亿元	1047.5	981.2	1061.6	1048.3	1186.6	1192.3	325.6	321.7	1520.9	1477.4	1687.8	1691.1
第三产业	亿元	808.8	708.7	909.4	891.5	961.6	922.6	274.4	249.2	1178.7	1107.2	1284.5	1202.1
农林牧渔业总产值	亿元	85	80.8	72.3	68	56.2	53.6	33	31.2	88.6	84.5	49.2	46
规模以上工业总产值	亿元	4268.4	3946.6	3668.7	3582.3	4961.8	4933.6	1128	1120.1	6021.3	6185.2	8041.8	8188
规模以上工业企业利润	亿元	208.9	181.2	172.8	179.1	119.7	115.1	56.3	47.9	353.7	339.1	393.4	379.9
全社会固定资产投资	亿元	1003.1	909.1	650.4	715.2	780	770.6	596.8	513.9	1046	948.8	850.1	842
#工业投资	亿元	580.3	563	344.3	400	434.8	440.2	266.1	231.6	478.6	462.5	271.2	302.5
房地产业投资	亿元	192	173.4	147.8	134.2	145.7	98.2	138.4	110.9	328.9	234	371.8	306.1
进出口总额	亿美元	100	103.7	201.8	186.3	301	322.2	46.2	44.6	223	200	847.9	889.8
#出口总额	亿美元	70	64	125.5	116.4	136	128.2	35.6	32.8	130.2	108.3	535.8	546.7
外资企业到位资金	亿美元	9.1	10.2	10.5	10.2	7.2	7	3.3	3.8	8.6	8.1	12.8	18
社会消费品零售总额	亿元	449.1	401.1	618.7	564.4	455.1	413.8	196	175.7	643.1	577.9	640.4	561.3
财政总收入	亿元	382.8	355.2	380.9	391	409.8	450.7	122.8	131.3	569.2	487	661.1	673.6
#地方财政收入	亿元	129.6	125.8	147.4	138.6	162.7	154.2	60.6	54.7	200.7	182.3	263.7	243.5

（续表）

指标名称	计量	江苏武进区		江苏常熟市		江苏张家港		江苏锡山区		江苏江阴市		江苏昆山市	
	单位	2014年	2013年	2014年	2013年	2014年	2013年	2014年	2013年	2014年	2013年	2014年	2013年
金融机构各项存款余额	亿元	2050.3	1934	2265.9	2212.7	2418.9	2383.4	797.7	694.6	2942.2	2725.7	3210.8	2955
#居民储蓄余额	亿元	947.6	889	1022	987.4	881.9	837.5	365.8	334.6	943.3	876.5	976.8	887.3
金融机构各项贷款余额	亿元	1477	1385	1816.3	1661.2	2015.2	1980.9	704.4	613.7	2357.4	2157.2	2257.2	2001.2
农村居民人均可支配收入	元	21777	19655	23767	21587	23722	21526	22489	20385	23965	21739	23921	21726
城镇居民人均可支配收入	元	41363	38330	46571	42883	46852	43142	39820	37679	46880	43152	46920	43165

注:增加值增长速度按可比价计算。

沿海部分地区统计信息交流资料(二)

指标名称	计量	江苏宜兴市		江苏通州区		江苏靖江市		江苏启东市		江苏江宁区		江苏海门市	
	单位	2014年	2013年	2014年	2013年	2014年	2013年	2014年	2013年	2014年	2013年	2014年	2013年
年末户籍总人口	万人	108.2	107.9	126.7	126.3	66.8	66.8	112.3	112.4	97.3	95.6	100.2	100.1
常住人口	万人	125.2	125	114.2	114.2	68.7	68.6	95.6	95.8	118.3	117.9	90.3	90.2
区域面积	平方公里	1996.6	1996.6	1525.7	1525.7	655.6	655.6	1233.8	1233.8	1563	1563	1148.7	1148.7
地区生产总值(现行价)	亿元	1233.9	1170.2	860.7	759.5	712	670.4	739.1	658.3	1405.6	1260	836.5	740
#第一产业	亿元	49.9	46.9	57.1	53.1	21.1	20.2	68.6	65.3	53.2	51.7	54.6	50.8
第二产业	亿元	643.2	617.4	447	404.1	381.9	368	369	333.4	778.8	706.9	443.2	407.6
第三产业	亿元	540.8	505.9	356.7	302.2	309	282.2	301.6	259.7	573.6	501.5	338.8	281.7
农林牧渔业总产值	亿元	88.5	83.6	88.2	82	35	33.7	121.5	115.7	90.2	81.7	86.4	80.4
规模以上工业总产值	亿元	2812.9	2952.7	1854.1	1618.9	2018.7	1965.9	1500.1	1365.9	2890	2491.4	1801.6	1636.4
规模以上工业企业利润	亿元	100.9	105.3	126.9	108.1	160.1	140.6	105.3	114.5	292.7	247.7	195.8	179.5
全社会固定资产投资	亿元	602.2	555.3	520.1	436.4	405.8	342.4	483.4	407.2	900.1	880.5	501.4	423.5
#工业投资	亿元	331.5	322.3	311.1	280.2	188.4	163.5	301.9	272.7	475	512.4	315.7	284.7
房地产业投资	亿元	134.4	130	67.8	42.9	53.7	48.5	47	44.2	136	119.9	43.7	40.1
进出口总额	亿美元	55.5	58.1	33.2	28.8	27.4	27.3	30.7	32.3	115.3	107.5	20.4	18.8
#出口总额	亿美元	36.8	36.6	29.4	26	12.7	16.3	23.1	26.5	66.3	66	14.6	15.4
外资企业到位资金	亿美元	1.9	3.5	3.3	2.6	0.3	0.8	0.6	2.5	7.2	8.5	1.6	2.5
社会消费品零售总额	亿元	464.4	416.3	297	267.1	152.2	138.3	266.4	238.1	379.6	332.1	297.9	266.4
财政总收入	亿元	223.4	237.1	182	145.6	116.6	128.8	168.4	139.5	343.8	305.2	161.9	140.2
#地方财政收入	亿元	94.5	86.6	70.4	61.2	59.1	57.5	67.3	58.5	166.8	156.4	68.6	61.2
金融机构各项存款余额	亿元	1758.9	1666.5	1107.7	957.2	839.9	791	951.2	835.5	1728.2	1493.9	1021	876.4
#居民储蓄余额	亿元	822.9	745.3	716.5	630	382.5	355.9	639.7	566	587	526.4	628.2	559.2
金融机构各项贷款余额	亿元	1391.5	1348.1	606.8	528.8	585.1	551.1	562.5	507.3	951.3	797.6	640.3	532.2
农村居民人均可支配收入	元	20178	18277	16835	15194	16570	15347	16762	15766	18108	16432	17419	16920
城镇居民人均可支配收入	元	39492	36265	34565	31740	33864	31597	31708	29482	41331	37988	34280	32387

注:增加值增长速度按可比价计算。

沿海部分地区统计信息交流资料(三)

指标名称	计量单位	江苏太仓市		江苏吴江市		江苏惠山区		浙江柯桥区		浙江萧山区		浙江鄞州区	
		2014年	2013年	2014年	2013年	2014年	2013年	2014年	2013年	2014年	2013年	2014年	2013年
年末户籍总人口	万人	47.7	47.5	81.4	80.9	44.9	43.9	65	64.3	125.5	124.4	85.2	84
常住人口	万人	70.9	70.7	129.6	129.5	70.5	70.3	-	-	154.2	153.5	138.2	136.8
区域面积	平方公里	809	809	1176.6	1176.6	325.1	325.1	1066	1066	1420.2	1420.2	1346	1346
地区生产总值(现行价)	亿元	1065.3	1002.3	1486.5	1415.5	652.5	632.3	1137.6	1076.4	1728.3	1659.2	1297.8	1207
#第一产业	亿元	35.2	36.8	39.5	38.1	17	18.4	32.9	32.4	61.4	58.5	39.1	39.3
第二产业	亿元	556.7	532.5	794.5	773.9	394.9	392.6	630.7	611.6	934	935.3	770.3	724.6
第三产业	亿元	473.4	433	652.4	603.5	240.5	221.3	474	432.3	732.9	665.5	488.4	443.1
农林牧渔业总产值	亿元	66.3	63.1	69	64.2	30.1	29	48.5	47.6	100.4	95.7	57.7	57.9
规模以上工业总产值	亿元	2082.3	1983.7	3080.7	3096.2	1193.9	1165.7	3546.7	3490.3	4151.6	4151.8	2361.9	2195.5
规模以上工业企业利润	亿元	113.2	104.1	106.5	101	78	59.5	183.3	167.8	223.5	224.1	144.8	135.9
全社会固定资产投资	亿元	530.4	520	757.3	721.4	517.1	441.3	577	491.6	850.9	730.7	593.3	505.1
#工业投资	亿元	288	258.9	350.2	370	173.1	148.7	291.8	249.1	288.8	270.2	173.3	160.1
房地产业投资	亿元	71.7	67.8	197.1	146.7	208.7	175.4	143	121.4	318.7	247.8	306.6	254.9
进出口总额	亿美元	138	127.7	233.4	220.4	27.3	24.8	126.1	125.5	138.5	140.9	146.5	144.3
#出口总额	亿美元	60.8	55.2	144.9	124.8	22.5	20.1	110.1	105.3	99.9	94.6	120.7	110
外资企业到位资金	亿美元	4	6.2	9.7	11.5	3	2.5	2.1	2	12.6	9.7	5.6	4.7
社会消费品零售总额	亿元	239	218.7	388.9	356.8	147.8	132.4	210.3	182.5	471.6	445.6	405	356.3
财政总收入	亿元	244.1	262.4	380.4	389.8	142.5	131.4	145.1	132.6	243.2	229	279.5	258.6
#地方财政收入	亿元	106.5	100.1	137.4	129.5	70.8	64.9	82	75.8	133.9	126.5	166.2	153.3
金融机构各项存款余额	亿元	1172.3	1145.2	2040.9	2039	586.5	543	1468.5	1480.7	3106.9	3004.2	1767.3	1725.3
#居民储蓄余额	亿元	459.8	420.8	738.3	700.9	338.3	319	619	620	1209.3	1118.6	821.9	772.8
金融机构各项贷款余额	亿元	1068	994.9	1971.3	1773.9	436.1	437.5	1285.2	1249.1	2849.6	2659.1	1582.4	1492.1
农村居民人均可支配收入	元	23590	21605	23411	21436	22564	20532	26743	24312	26758	23077	26682	24048
城镇居民人均可支配收入	元	46377	43010	46741	43439	40478	37272	46809	42918	47195	44412	46324	42344

注:增加值增长速度按可比价计算。

沿海部分地区统计信息交流资料(四)

指标名称	计量单位	浙江余杭区		浙江诸暨市		浙江慈溪市		广东顺德区		广东南海区		广东三水区	
		2014年	2013年	2014年	2013年	2014年	2013年	2014年	2013年	2014年	2013年	2014年	2013年
年末户籍总人口	万人	92.5	90.3	108	107.7	104.6	104.4	127.1	125.9	126.5	124.5	40.5	40.2
常住人口	万人	121.2	120.1	115.8	115.8	148.9	147.1	251	249.3	266.8	263.9	63.6	63.1
区域面积	平方公里	1228.2	1228.2	2311	2311	1360.6	1360.6	806.6	806.6	1073.8	1073.8	827.7	827.7
地区生产总值(现行价)	亿元	1101	980.1	980.5	900.9	1111.6	1033.7	2765	2556.8	2373.1	2172.4	920.8	840.5
#第一产业	亿元	45.5	46.8	49.1	48.8	48.5	48.1	43.9	43.6	49	43.7	31.4	29.8
第二产业	亿元	442.5	418.2	532.9	497.7	633.3	584.6	1453.4	1356.5	1222.7	1130.9	700.4	639.8
第三产业	亿元	613	515.1	398.5	354.5	429.8	401	1267.6	1156.7	1101.4	997.8	189	170.9
农林牧渔业总产值	亿元	72	72	76.3	74.3	72.3	71.8	84.8	86.8	85.2	84.3	63.5	61.5

（续表）

指标名称	计量单位	浙江余杭区		浙江诸暨市		浙江慈溪市		广东顺德区		广东南海区		广东三水区	
		2014年	2013年	2014年	2013年	2014年	2013年	2014年	2013年	2014年	2013年	2014年	2013年
规模以上工业总产值	亿元	1492.3	1455.5	2288	2156.6	1983.1	1744.9	5968.6	5473.7	4986.9	4510.3	2803.7	2603.1
规模以上工业企业利润	亿元	76.2	63.9	136.7	134.1	82.4	74.1	354.8	284.8	–	–	186.7	173
全社会固定资产投资	亿元	786.2	631.2	568.8	482.3	636.1	545	550.4	499.2	792	712.6	500.1	459.2
#工业投资	亿元	134.2	130.8	252.7	249.9	248.8	221.5	131.8	126.7	177.5	238.1	336	288.8
房地产业投资	亿元	350.6	264.8	166.7	117.1	228	220	195.8	171.8	362.3	285.4	69	76.9
进出口总额	亿美元	60.1	55.6	56.5	54	113.6	108	265.1	243.4	218.9	207.9	24.8	22.9
#出口总额	亿美元	55.8	51.2	49.1	46.2	93.7	88.2	206.4	186.8	121.6	109.6	15.4	14.7
外资企业到位资金	亿美元	10.8	11.8	1	2.1	4.4	4.1	8.1	7.7	8.1	7.7	–	–
社会消费品零售总额	亿元	315.5	277.8	316.2	274.5	484.9	444.9	826.3	730.3	831.5	734.4	181.6	165.7
财政总收入	亿元	240.8	200.1	109.5	100	196.9	164.5	552.7	525.8	375.7	306.3	204.6	149.9
#地方财政收入	亿元	148.8	126.1	66.3	59.6	100	92.1	173.9	154.1	166.6	146.1	39.4	32
金融机构各项存款余额	亿元	1821.7	1687.5	1158.6	1108.7	1718.2	1696.1	3155.8	3453.2	4062.8	3850.5	558.8	505.6
#居民储蓄余额	亿元	823.5	724.2	588.3	548.8	882.8	851.3	1952.9	1904	2081.2	1971.5	322.3	297.9
金融机构各项贷款余额	亿元	1305.6	1218.4	1111.2	991.2	1839.5	1645.1	2652	2516	2317.4	1902.1	381.7	308.2
农村居民人均可支配收入	元	26581	22647	25583	23097	25041	22702	24537	18111	23655	–	18903	14798
城镇居民人均可支配收入	元	45329	40559	45790	41940	43526	41254	38767	42748	36886	–	26143	28880

注:增加值增长速度按可比价计算。

沿海部分地区统计信息交流资料（五）

指标名称	计量单位	广东高明区		上海嘉定区		上海青浦区		山东莱州市		山东荣成市		山东滕州市		福建晋江市	
		2014年	2013年	2014年	2013年	2014年	2013年	2014年	2013年	2014年	2013年	2014年	2013年	2014年	2013年
年末户籍总人口	万人	30.1	29.9	58.8	57.6	46.9	46.7	85.4	85.4	66.9	24.4	169.3	169.3	110.8	109
常住人口	万人	42.9	42.5	156.6	155.7	120.8	119.8	88.3	88.3	66.9	66.9	168.4	166.4	206.5	204.5
区域面积	平方公里	937.8	937.8	463.2	463.2	668.5	668.5	1928	1928	1526	1526	1496	1496	649.3	649.3
地区生产总值（现行价）	亿元	608.1	558.7	1630.2	1460.6	827.4	771.9	685.1	642.7	971	878.6	981.8	902.6	1492.9	1363.9
#第一产业	亿元	17.4	16.6	4.6	4.5	9.3	9.6	68.3	65.9	82.2	78.2	74.4	71.9	18.6	19.1
第二产业	亿元	472.6	434.7	1137.5	1011.5	442.6	428.5	364.9	349.5	480.3	444.3	515.9	481.5	999	919.8
第三产业	亿元	118.1	107.5	488.1	444.6	375.5	333.9	251.9	227.3	408.5	356.1	391.5	349.3	475.3	425.1
农林牧渔业总产值	亿元	34.6	33.1	12.2	12.9	23.8	24.5	120	116.5	147.9	140.9	137.3	132.7	37	36.6
规模以上工业总产值	亿元	2514.7	2319.7	5163.4	4800.7	1579.7	1525.6	1636.6	1502.6	2669.3	2440.7	1360.1	1374	3203.2	2941.9
规模以上工业企业利润	亿元	256.4	246.7	629.8	539.9	89.3	87.5	132.6	129.5	133.5	124	78.1	78.7	224.4	216.2
全社会固定资产投资	亿元	305.6	283.4	485.1	479.7	409.3	359.3	443.1	331	643.2	551	526.9	457.1	765.9	632
#工业投资	亿元	256.3	211.8	99.5	116.1	53	66.1	196.9	169.2	403.1	148.3	232.7	200.4	269	234.4
房地产业投资	亿元	24.4	22.6	299.3	293.4	238.5	223.1	17.9	17.9	67.9	63.7	81.4	85.5	174.6	142.3
进出口总额	亿美元	25.2	22.7	216.1	209.5	134.3	120.6	20.3	18.9	30.1	27.9	5.3	4.7	145.2	127.8
#出口总额	亿美元	21.6	18.7	99.5	98.9	76.1	68.1	11.6	11.5	22.9	20.7	4.1	3.4	75.9	65.3
外资企业到位资金	亿美元	1.6	1.5	4.7	4.1	5.2	7	1.8	1.7	1.3	1.1	0.6	0.6	5.1	5

（续表）

指标名称	计量单位	广东高明区		上海嘉定区		上海青浦区		山东莱州市		山东荣成市		山东滕州市		福建晋江市	
		2014年	2013年	2014年	2013年	2014年	2013年	2014年	2013年	2014年	2013年	2014年	2013年	2014年	2013年
社会消费品零售总额	亿元	101.7	93.4	714.1	564.4	474.4	416.1	272	241.2	294	260.3	319	282.9	454.1	399.1
财政总收入	亿元	79	77.7	745.7	660	308.4	272	112.5	110.6	118.2	112	-	120	198	182.8
#地方财政收入	亿元	26.8	23.3	167.8	145.4	104.1	88.7	52.1	46.5	60	52.2	64.1	61	114.1	100.3
金融机构各项存款余额	亿元	262.8	270.7	2068.6	1931.8	1206.1	1118.9	576.6	532.6	564.9	525.7	450.3	420.4	1345.1	1258.4
#居民储蓄余额	亿元	177.6	168.4	1011.2	926	558.1	519.1	420.2	373.9	372.4	342.9	343	302.8	671.1	657.4
金融机构各项贷款余额	亿元	211.3	192.7	1031.4	913.5	708	670.4	269.4	269.1	396	356.3	406.3	402.9	1021.7	910.4
农村居民人均可支配收入	元	16673	12032	23831	21469	20530	18124	18060	16205	16382	-	13493	12053	16611	15018
城镇居民人均可支配收入	元	25353	-	40042	36336	37624	34297	35977	33013	32350	30754	28791	25238	37070	33819

注:增加值增长速度按可比价计算。

（嘉定区统计局）

索 引

编辑 孙培兴

说 明

(1)本索引采用主题分析索引法,按主题词首字汉语拼音字母顺序排列。

(2)索引名称后的数字表示内容所在的页码,数字后面的a、b、c表示栏别(即指该页码自左至右的版面区域)。通栏文章所作的索引,页码后面无a、b、c栏别之分。

(3)栏目、分目和特载、专记、附录中的文章标题用黑体字标明;附表索引、串文图片索引按页码顺序排列。

(4)党政机关、企事业单位名称一般不冠以"嘉定""区",如"人大""政府"等,易产生歧义者除外,如嘉定工业区、嘉定影剧院等。

(5)为便于读者检索,有的内容在本索引中将重复出现。

条目索引

A

B

C

D

E

F

J

K

L

P

Q

R

S

T

Y

附表索引

串文图片索引

生态景观

至2014年，新城核心区内生态景观工程已建设完成199万平方米，在建生态景观工程15.5万平方米。其中远香湖一期、紫气东来（一期、二期、三期）、石冈门塘、环城林带（一期、二期）全面建成。完成河道整治19公里，建成生态景观湖泊13个，“千米一湖，百米一林，河湖相串，荷香满城”的生态景观体系初步显现。

伊宁路两侧区域：以公共绿地和水系景观为资源，利用水体、岛屿和公共建筑的和谐处理，提供观光、游玩的活动空间，丰富市民生活。

阿克苏路——赵泾轴线：该轴线串起西云楼、远香湖、东云街、研发创业区、南部高档居住区等重要建设项目及元素，是以生态绿地为主、功能性建筑为辅的景观区域。

道路、河流景观开放空间：包括沪宜公路、永盛路、胜辛路、双丁路等景观轴线。根据道路的不同功能类别，利用道路绿化带、道路与水系的结合等要素，营造风貌特色鲜明的街区。

远香湖周边区域和“紫气东来”轴线：是中心区风貌集中展示的区域。以重要节点的风貌创造为基础，融入“千米一湖、百米一林”的理念，注重街头小游园、小湖泊的建设，体现人与自然的和谐、亲近。以大面积的湖面为景观资源，有效利用水和岛的空间关系，形成以“海”字为大体轮廓的滨水空间。通过对滨水空间水体与建筑的和谐处理，营造自然而丰富的滨水岸线，丰富市民生活，打造“城市公园”的绿化生态系统。

远香湖——地处嘉定新城核心区的中轴东端，向四周辐射。“远香湖”是嘉定区域内有统领作用的水面，也是“千米一湖”规划的18个湖中最大的一个。

远香湖取义宋代周敦颐的《爱莲说》：“予独爱莲之出淤泥而不染，濯清涟而不妖，中通外直，不蔓不枝，香远益清，亭亭净植，可远观而不可亵玩焉。”其意境与嘉定新城“千米一湖，百米一林，河湖相连，荷香满城”规划格局相符。

远香湖由世博会设计者之一、世界知名的荷兰NITA公司设计。远香湖形态以“海”字为意象，与位于中轴西端的F1赛道的“上”字型相呼应。整个湖面不再是一眼到头的整体水域，而被分成错落有致的大小湖区。以远香湖为核心，荷香潭、绿竹池等17个湖泊交相串联，宛如一颗颗晶莹的珍珠镶嵌在新城之中，湖湖相串、湖中有湖、湖中有岛，满城景色一重又一重。漫步湖堤，两侧水波荡漾，每走一步、每过一桥都别具风景。远香湖北侧以商务办公、商业服务功能为主，南侧以商务休闲、酒店为主；用地65.5公顷(其中陆地面积31.5公顷、水体面积34公顷)；总投资3.41亿元。

石冈门塘——作为嘉定新城“四大景观”之一的石冈门塘绿色景观带，总占地面积23公顷，预算总投资12 780万元。石冈门塘是嘉定新城“划着小船去看F1”水上游线的重要组成部分，贯穿新城中心区，以自然水系的冲击肌理，提炼其演化的主要结构，把石冈门塘从一条河道提升为城一座自然、生态的湿地公园，与“紫气东来”绿轴的公共城市景观形成鲜明对比，丰富新城中心区的景观多样性，为市民创造新的生活体验。

紫气东来——地处嘉定新城中心区域，东起阿克苏路，西至香莲路，南靠天祝路，北至塔秀路。总用地面积65万平方米，全长2.5公里，宽350米。是链接上海国际赛车场"上"字型赛道与"海"字型远香湖的中央景观轴线。景观绿地建成后将形成赛车场和远香湖之间的一条景观廊道和视觉走廊，将嘉定的现代和传统有机地结合，体现现代的活力和历史的沉淀。

紫气东来公园是嘉定新城的中心景观。设计重点是推进公共空间的可持续性和吸引不同的人群，使公园成为一年四季、一周七天、一天二十四小时对市民具有吸引力的地方。

环城林带—— “绿色城墙”概念源自嘉定老城的城墙印象。城墙是一种文化的象征，它培育了嘉定城市的根基和底蕴，并且小心翼翼地保护着它。城墙是构筑中国城市的框架，设有城墙的城市正如没有屋顶的房屋。

环城林带项目位于嘉定新城西北侧，南起伊宁路（A5与温泉路间），北至郊区环线（A30），东临沪嘉高速，全长5 600米，规划总面积42. 89平方公里。预算总投资12 867万元。与A5相邻段长1 800米，宽50米；靠A5、A30立交东侧长800米，宽50米～ 150米；与A30相邻段长3 100米，宽70 ～ 100米。

连续的生态树墙，系列的绿色感受。A5高速防护绿带以及马陆塘绿带作为新城“绿色城墙“的重要组成部分，形成了连续的生态“树墙”，通过现状地形分析和地形设计，抬高基地地形，提升“绿墙“的基底高度，加大植被的种植面积，丰富植被种植层次，增加”绿墙“的厚度。环城林带的腹地宽度被加宽，以此确保”绿墙“的整体厚度，为游客和居民提供丰富饱满的绿色感受。

功能项目

根据市委、市政府对嘉定区的功能定位及区域规划纲要的要求，嘉定新城中心区立足长三角，依托上海和嘉定的综合优势，优先发展附加值高、辐射能力强的现代服务业，要以汽车产业为核心，重点培育以大型制造业、企业营销、研发和行政总部集聚地为特征的总部经济，着力促进体育运动业、旅游业、房地产业、商贸物流业、中介服务业、广告业以及文化教育业同步发展，形成具有鲜明特色的第三产业高地。着力促进城市化和产业化的融合联动，使嘉定新城中心区成为具有较强凝聚力、辐射力和综合实力，从而形成资金流、物流、信息流、科技流、人才流的集聚，充分凸显产城结合、和谐发展的组合型现代化新城中心区。

嘉定新城中心区域图

“十一五”期间，是嘉定新城中心区的重要战略机遇期，是使中心区城市基础设施三年形成基本框架，五年城市雏形初步建成的关键时期，是嘉定经济社会新一轮大发展的机遇凸显的重要时期，着力实现新城中心区产业化和城市化融合、互动，进一步推进嘉定新城——新市镇——居住社区三级城镇体系，构筑梯度辐射、层次分明、各具特色、功效互补的组合型的嘉定新城中心区。

生产性项目：创业创新，产业与城市完美融合

“十二五”规划指出：嘉定新城是上海重点发展的新城之一，将建设成为“文化特色鲜明、社会和谐发展、具有综合实力和较强辐射能力的组合型现代化新城”。如果说过去的10年，新城中心区是基础设施建设阶段，那未来将是功能全面提升阶段，这种提升靠的是产业、靠的是人才。

上市企业总部经济和嘉定“金融硅谷”——在嘉定产业布局大背景下，嘉定新城着力于推进现代服务业发展，把新兴产业作为引进重点，聚焦软件及信息服务、文化创意、金融投资等领域，吸引更多科技创新成果孵化转化。重点涵盖：企业总部生态办公服务业；法律、咨询、中介、培训等商务中介服务；以物联网产业为基础，打造“智慧城市”的信息技术服务业，这些都将成为嘉定产业结构调整和经济发展方式转变的动力引擎。上市企业总部聚集商务区，一方面是产业转型需要，另一方面也是嘉定新城产城融合的基础。

在打造嘉定“金融硅谷”的背景下，嘉定新城上市企业总部商务区，未来聚集三方面的新型金融产业：一是新型金融产业发展示范区，引进股权投资及管理类企业，小额贷款公司、融资担保公司、融资租赁公司等；二是资本市场上市企业总部示范区，引导上市企业及总部向嘉定聚集，培育和引进上市企业；三是长三角地区配套的专业金融服务示范区。引导专业金融服务企业进入嘉定，培育和引进金融咨询、会计师事务所、律师事务所、保荐机构、资产评估和信用评级等专业服务机构。

嘉定区政府已成立5亿元的创业投资引导基金并搭建上市企业俱乐部平台、资本和产业对接活动平台、银企合作沙龙平台和产业、资本、科技有效对接的平台，有力地促进金融、股权相关企业聚集，提升嘉定新城金融产业发展。

无线互联，智慧城市——2006年，嘉定新城在中国大陆率先提出“无线城市”理念，一期于2008年投入使用，为嘉定新城市民提供方便快捷的室外无线免费上网服务。“无线城市”的基本定位是社会管理和公共服务为重点、提升商务和生活环境，惠及全体市民。城市管理方面：交通信号灯绿波试点应用，试点建设智能交通系统，交通更顺畅；视频监控信息资源管理中心平台，探索在无线网络下“平安城市”建设的新模式。公共服务方面：基于无线宽带城域网的社区医疗新模式。商务服务方面：联合相关科技产业园区，探索无线网络服务科技产业园区的商业模式。

2010年全面启动“物联网”试点应用，并打造集物联网研发、展示、应用、生产于一体的上海物联网中心，通过与相关领域龙头企业的合作，培育、孵化一批研发、生产、集成企业，形成物联网产业链的聚集。

房地产开发建设——上海市“十二五”规划纲要指出，“优化提升嘉定新城综合功能，建设长三角地区综合性节点城市。”嘉定区“十二五”规划纲也指出，要“全面推进新城主城区建设”，“实现新城建设出好形象、产业转型全市率先、社会发展市郊领先”。

嘉定新城中心区房地产市场是以2008年7月区内首个新建商品住宅项目——保利家园开启，当月以8 477元/平方米均价热销158套房源。这在当时席卷全球的金融危机和国内房地产调控的大背景下，显得格外惹眼，这也充分显示嘉定新城的吸引力。

2012年，嘉定新城实现住宅现房销售额31.74亿元，2013年为60.84亿元，2014年嘉定新城住宅成交面积61.89万平方米，在嘉定城区住宅销售总量中占近50%。其中新城香溢澜庭共成交986套，成为当年销售冠军。

嘉定新城版块的优势铸就了嘉定新城楼盘的关注度，也是嘉定新城楼盘受关注的主要因素。

良好的区域和产业规划前景提升嘉定新城楼盘的品质。在内外通连的同时，嘉定新城本身的产业结构调整所带来的巨大产业支撑，以总部经济和社会经济为代表的现代服务产业快速扩张，推动人口导入，宜居宜业的城市氛围，带动住房需求持续旺盛。

嘉定区图书馆（文化馆）——嘉定区图书馆（文化馆）是由马达思班设计事务所设计，建筑沿袭江南书院的风格，屋顶像一本本打开的书，“前庭后院中天井”的景观设计，使之整体园林层叠、出入有致、空间交错、明亮通透、别具中国风格的意境和谐美。建设用地面积22 623平方米，总建筑面积18 500平方米，地上两层，地下一层，总建筑高度13.65米。项目于2009年11月30日开工，2012年10月完成室外景观及绿化并交付使用。

嘉定区图书馆（文化馆）是一所综合性、多功能、多载体、智能化的城市公共图书馆（文化馆）。图书馆运用成熟、先进的信息技术，与上海的各大图书馆、高校图书馆形成信息共享。该图书馆已成为嘉定城区文化的重要亮点。

保利大剧院——上海·保利大剧院位于嘉定新城中心区D10-15地块，面向远香湖，地基北侧为白银路，西侧为环湖路，东侧和南侧临远香湖。主要功能配置包括一个1 500座剧院和一个400座多功能厅，能满足舞剧、话剧、综合文艺演出以及其他现代剧目演出的需要，具备接待世界优秀表演艺术团体演出的条件和能力。该项目于2010年6月开工建设，2014年9月投入使用。总建筑面积5万平方米，总投资7亿元。

保利大剧院引入建筑与自然环境融合的设计理念，被称为上海首座"水景剧院"，其"水景"来自与远香湖的自然亲近，剧院外围的水台与远香湖自然衔接，水域面积达2万平方米。并在建筑的各方向都建了相应的观水平台，湖水区域还建有100平方米的水上芭蕾舞台，与不设隔离的观众坐席融为一体。大剧院中，能充分感受到这座建筑与水、风、光等自然元素相结合所产生的奇妙效应。

保利大剧院的各个空间都是由室内空间自然伸展而成，与室外景观形成过渡自然的连接，从剧院的四面八方都可以进入这个公共空间，没有"围墙"，打造一个"让市民可以亲密接触的专业剧院"。上海保利大剧院已成为上海西部地区的重要文化地标之一。

瑞金医院北院——上海交通大学医学院附属瑞金医院(北院)项目规划用地面积9.07公顷,总建筑面积72 000平方米。其中,地下建筑面积11 182平方米,地上建筑面积60 818平方米,项目主楼(住院楼)为九层,裙房(门急诊医技楼)为三层,设600个床位,项目总投资概算为4.38亿元。项目由上海励翔设计事务所和上海江南设计院共同设计,上海第七建筑工程有限公司施工总承包;2009年12月开工,获2011年度上海市优质结构工程奖、上海市文明工地、上海市绿色施工观摩工地、上海市平安工地等称号。2012年10月正式开诊。

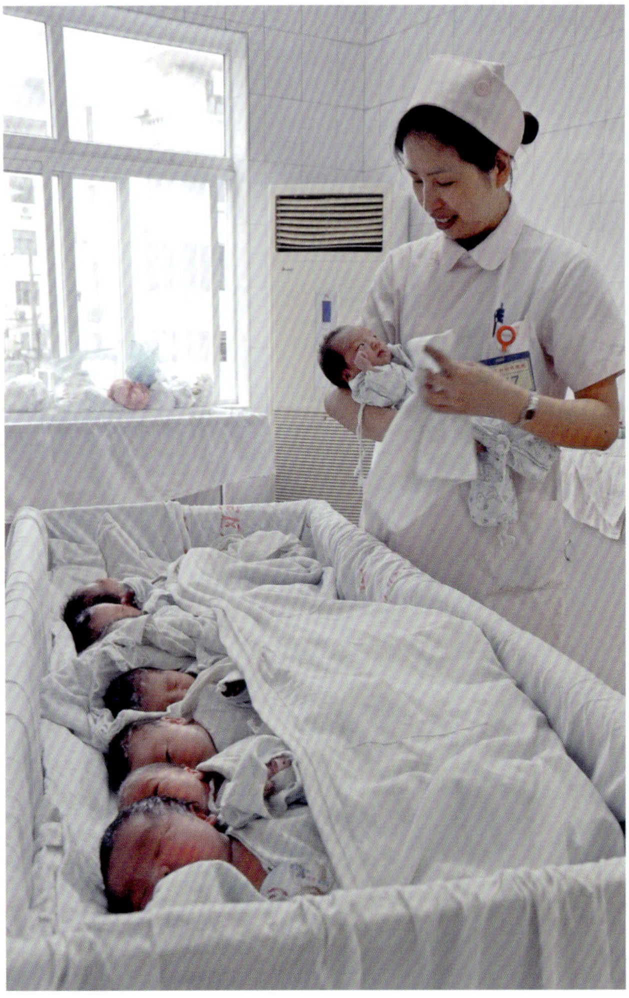

嘉定区妇幼保健院——2012年3月23日,新建成的嘉定区妇幼保健院完成整体搬迁并正式启用。新院位于上海三大新城之一的嘉定新城核心区,邻近上海F1赛车场,与上海瑞金医院北院遥相呼应。用地面积23 150平方米,由住院楼、门诊医技综合楼、后勤楼及配套辅助用房组成,总建筑面积33 995平方米。其中,地上建筑面积29 389平方米,地下建筑面积4 606平方米,设床位300张。

医院拥有现代化层流手术室和中心供应室,配备数字化乳腺钼靶机、数字化X光摄影系统、数字化多功能胃肠机、四维实时彩超、母婴生命监护系统、宫腹腔镜及乳腺旋切微创系统、全自动麻醉系统、监护仪、全自动生化仪等先进的诊疗设备。

上海交通大学附属中学嘉定分校——位于嘉定新城，东至合作路，南至洪德路，西至胜辛路，北至城固路。项目总建筑面积67 450平方米，由办公楼、实验楼、教学楼、图书馆、体育馆等16个单体组成，建筑层数1~6层，建筑高度最高为23.40米。2012年8月投入使用。

上海华二初级中学——总建筑面积20 586平方米，规模为24个班。按照功能分为运动区、生活区和学习区。生活区和学习区被整合到一个完整的建筑体量中，内部分为教学区、教师办公区及生活区。该项目于2008年12月25日开工，2010年9月投入使用。

上海嘉定新城幼儿园(嘉定区实验幼儿园)——地处嘉定新城中心区合作路与洪德路口，总建筑面积6 636平方米。建筑分为南北两部分，南侧15个班级和专用活动室、大活动室等。北侧一层设办公、会议接待、教工餐厅等；二至三层是由水平交通、垂直交通为核心功能的中庭空间，并设置主入口、晨检、保健、观察、图书资料等功能。该项目于2009年12月20日竣工，2010年1月投入使用。

市场项目

嘉定新城在规划中坚持宜居宜业的思路，以商业发展提升城市品质，避免出现“睡城”现象。商业规划小到社区邻里中心，大到城市综合体、商业街，甚至于上市企业总部经济集聚区，都进行梳理和整合。新城中心区共有市场性项目15个，总建筑面积超过400万平方米，总投资近200亿元，保利置业、龙湖、盘谷、绿地、中信泰富等一批知名开发商的房产项目陆续开盘销售，市场反应热烈。整个区域形成“三街、三购、七邻”的商业格局。

“三街”即三条商业街：东云街、西云楼以及台北时尚风情街；

“三购”即三大购物中心：嘉定宝龙城市广场、中信泰富又一城、上海大融城购物中心等。

“七邻”就是七个社区邻里中心。

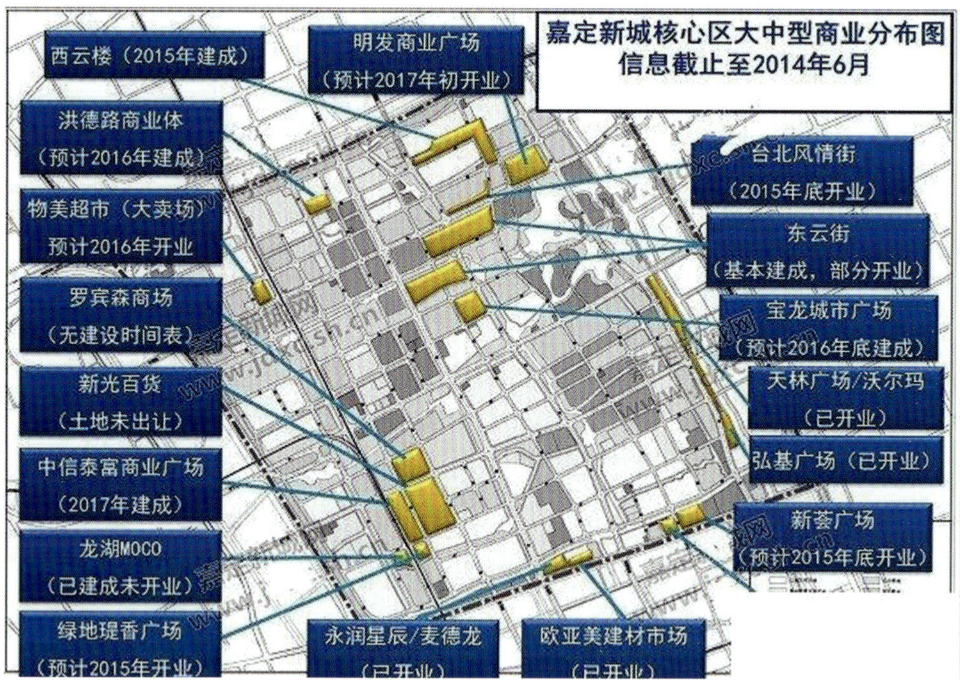

大中型商业分布图

凯悦酒店、茂盛宾酒店、喜达屋艾美酒店等多家国际著名五星级酒店的开建，有效提升嘉定新城中心区的品质。

东云街——位于嘉定新城中心区核心位置，由四个街区组成，占地14.47公顷，总建筑面积34万平方米，其中商业面积15万平方米，商务办公面积19万平方米。其集购物、美食、休闲、健身、娱乐等多业态的城市级综合商业体，随着各大商家的入驻，成为新城内居民首选消费地。

东云街景观小品位于嘉定新城中心区核心位置，龚家浜水体南北两岸，是新城首轮建设项目集中的区域。受东云街高强度复合功能的影响，小品追求建筑和环境、生态景观和历史文化的融合互动，旨在通过高品质设计，严格的施工管理，带动和提升整个街区的环境品质和东云街地域的土地价值。

东云街

"海上映像——西云楼文化休闲商业水街"由上海易铭置业有限公司投资开发建设，是嘉定新城重点规划的重大商业项目之一。它是一条长逾千米、沿河沿街伸展的"曲尺"状商业步行街，西起阿克苏路洪德路口，东跨裕民南路至规划路，并沿裕民南路向南拐弯，延伸至清溪潭，建筑面积9万多平方米，由26幢单体建筑组成。

西云楼商业街结合上海石库门等艺术装饰风格，并收藏以杜月笙公馆、张啸林公馆等为代表的一批老上海名人名宅，保留原有中西合璧的建筑风格、形态，对结构空间予以创新优化；且包括鱼行、米行、丝织会馆、王家宅等在内的一批移建、复建历史建筑群，以再现老上海二三十年代"十里洋场"风情，是一个集餐饮、购物、休闲、文化、旅游于一体的大型综合性商业街区。

西云楼

西云楼

台北风情街——由保利置业集团投资建造，总建筑面积12.8万平方米。台北时尚风情街采用当下流行的开放式街区模式设计，分地下二层和地上七层，是集美食、休闲、娱乐、时尚、文化和艺术六大业态的特色商业综合体，设时尚体验馆、精品文化馆、婚纱礼品馆、儿童职业体验城、创意集市、宠物城、主题餐厅风味美食街、观光夜市小吃等多个版块。以开放的院落式商业广场形式与家园社区完美相连，人们走出家门，就能享受一站式的时尚消费。

宝龙城市广场——位于阿克苏路天祝路口，总建筑面积20万平方米，其中商业面积8.8万平方米、酒店式公寓2.4万平方米，设1 500个停车位。依托宝龙丰厚的商业品牌合作资源，招商先行，未来项目将拥有嘉定新城唯一的IMAX影院、大型儿童主题乐园，并意向引进ZARA、优衣库、Vero Moda等国际国内知名的服饰品牌，20多家全国知名餐饮品牌，吃喝玩乐可以在这里得到一站式的满足。

上海大融城购物中心——位于宝安公路、沪宜公路交界处。总建筑面126 439平方米，其中地上建筑面积78 286平方米，地下两层建筑面积48 153平方米。引入卢米埃影城、乐购超市、HM、星巴克、屈臣氏以及孩子王、玩具反斗城等品牌。

为营造舒适、浪漫、独特的感觉，上海大融城打造一条临河风情街，规划有特色餐饮、酒吧、特色零售等项目，消费者可以一边漫步于风情街，一边欣赏沿河风景。

保利凯悦酒店——位于新城中心，临远香湖，北至白银路，东至环湖路，西至裕民南路，南至塔秀路，酒店面积45 841.9平方米，是超高层综合体建筑。地上共40层，客房305间。裙房部分为商业及文化设施；地下两层为车库和酒店候场区。

新城展望

展望未来，嘉定新城将进一步实现产城融合发展。“百鸟归林”工程将得到大力实施，区内相关总部项目将向新城核心区集中，城市的综合竞争力将大幅提升。

进一步完善“延伸周边、辐射江浙”的城市形态布局，全面建成“有轨电车网、高速公路网、宽带信息网”为重点的基础设施网络，启动有轨电车1号线的建设，推进瑞金医院质子中心、市民中心、区中医医院等重大项目的建设，完善教育文化体育等公共设施，大幅提升公共服务的能级水平，逐步实现向长三角综合性节点城市的跨越发展。

图书在版编目(CIP)数据

嘉定年鉴.2015/《嘉定年鉴》编纂委员会编.
——上海:上海锦绣文章出版社,2015.12
ISBN 978-7-5452-1730-8

Ⅰ.①嘉… Ⅱ.①嘉… Ⅲ.①嘉定区-2015-年鉴 Ⅳ.①Z525.13

中国版本图书馆CIP数据核字(2015)第288014号

责任编辑 姚琴琴
装帧设计 张建华
技术编辑 李 荀

书　　名 嘉定年鉴（2015）
编　　者 《嘉定年鉴》编纂委员会

出　　版 上海世纪出版集团　上海锦绣文章出版社
发　　行 上海世纪出版股份有限公司发行中心
网　　址 www.shp.cn
锦绣书园 shjxwz.taobao.com
地　　址 上海市长乐路672弄33号（邮编200040）
印　　刷 上海画中画包装印刷有限公司
开　　本 889×1240　1/16
印　　张 27.375
字　　数 1,000千
版　　次 2015年12月第1版
印　　次 2015年12月第1次印刷
印　　数 2200册
I S B N 978-7-5452-1730-8/J.1053
定　　价 180.00元